U0887627

21 世 纪 本 科 金 融 学 名 家 经 典 教 科 书 系

国家精品课程配套教材
"十二五"普通高等教育本科国家级规划教材

货币金融学

（第五版）

The Economics of Money and Financial Markets

主　编　朱新蓉
副主编　陶雄华

中国金融出版社

责任编辑：张菊香
责任校对：潘　洁
责任印制：陈晓川

图书在版编目（CIP）数据

货币金融学/朱新蓉主编．—5版．—北京：中国金融出版社，2020.12
21世纪本科金融学名家经典教科书系
ISBN 978－7－5220－0940－7

Ⅰ.①货…　Ⅱ.①朱…　Ⅲ.①货币和银行经济学—高等学校—教材
Ⅳ.①F820

中国版本图书馆CIP数据核字（2020）第270593号

货币金融学（第五版）
HUOBI JINRONGXUE（DI-WU BAN）
出版
发行　中国金融出版社
社址　北京市丰台区益泽路2号
市场开发部　(010)66024766，63805472，63439533（传真）
网上书店　www.cfph.cn
(010)66024766，63372837（传真）
读者服务部　(010)66070833，62568380
邮编　100071
经销　新华书店
印刷　河北松源印刷有限公司
尺寸　185毫米×260毫米
印张　31.5
字数　740千
版次　2021年5月第5版
印次　2022年12月第2次印刷
定价　69.00元
ISBN 978－7－5220－0940－7
如出现印装错误本社负责调换　联系电话（010）63263947
编辑部邮箱：jiaocaiyibu@126.com

21 世纪高等学校金融学系列教材
编审委员会

顾　　问：

吴晓灵（女）　清华大学五道口金融学院　教授　博士生导师

陈雨露　中国人民大学　教授　博士生导师

王广谦　中央财经大学　教授　博士生导师

主任委员：

郭建伟　中国金融出版社　总编辑

史建平　中央财经大学　教授　博士生导师

刘锡良　西南财经大学　教授　博士生导师

委　　员：（按姓氏笔画排序）

丁志杰　对外经济贸易大学　教授　博士生导师

王爱俭（女）　天津财经大学　教授　博士生导师

王效端（女）　中国金融出版社　副编审

王　稳　对外经济贸易大学　教授　博士生导师

王　能　上海财经大学　美国哥伦比亚大学　教授　博士生导师

王　聪　暨南大学　教授　博士生导师

卞志村　南京财经大学　教授　博士生导师

龙　超　云南财经大学　教授

叶永刚　武汉大学　教授　博士生导师

邢天才　东北财经大学　教授　博士生导师

朱新蓉（女）　中南财经政法大学　教授　博士生导师

孙祁祥（女）　北京大学　教授　博士生导师

孙立坚　复旦大学　教授　博士生导师

李志辉　南开大学　教授　博士生导师

李国义　哈尔滨商业大学　教授

杨兆廷　河北金融学院　教授

杨柳勇　浙江大学　教授　博士生导师

杨胜刚　湖南大学　教授　博士生导师

汪　洋　江西财经大学　教授　博士生导师

沈沛龙　山西财经大学　教授　博士生导师

宋清华　中南财经政法大学　教授　博士生导师
张礼卿　中央财经大学　教授　博士生导师
张　杰　中国人民大学　教授　博士生导师
张桥云　西南财经大学　教授　博士生导师
张志元　山东财经大学　教授
陆　磊　国家外汇管理局　副局长
陈伟忠　同济大学　教授　博士生导师
郑振龙　厦门大学　教授　博士生导师
赵锡军　中国人民大学　教授　博士生导师
郝演苏　中央财经大学　教授　博士生导师
胡炳志　武汉大学　教授　博士生导师
胡金焱　山东大学　教授　博士生导师
查子安　金融时报社　总编辑
贺力平　北京师范大学　教授　博士生导师
殷孟波　西南财经大学　教授　博士生导师
彭建刚　湖南大学　教授　博士生导师
谢太峰　首都经济贸易大学　教授　博士生导师
赫国胜　辽宁大学　教授　博士生导师
裴　平　南京大学　教授　博士生导师
潘英丽（女）　上海交通大学　教授　博士生导师
潘淑娟（女）　安徽财经大学　教授
戴国强　上海财经大学　教授　博士生导师

主编简介

朱新蓉，女，金融学教授，博士生导师，享受国务院政府特殊津贴专家，湖北名师。

现任中南财经政法大学“产业升级与区域金融”湖北省协同创新中心主任、金融学博士生导师组组长；兼任中国金融学会常务理事、中国金融学年会理事、中国金融人才专业委员会常务理事、湖北省金融学会副会长、全国金融专业学位教学指导委员会委员。

在《管理世界》《金融研究》等学术期刊上发表论文50余篇；多次获得湖北省优秀科研成果奖、湖北省优秀教学成果奖、湖北发展研究奖；有多部国家级教材和著作公开出版；主持完成国家社科基金项目，教育部、财政部、湖北省、武汉市人文社科项目和企事业单位委托课题20多项。

主要研究方向：货币理论与政策、金融机构与市场、区域金融发展。

第五版前言

人类文明进程中关于金融问题的认知在20世纪中后期发生了一次革命性的转变，随后出现的以资产配置和资本运作为研究主体的金融理论框架称为现代金融学，而把之前以货币供求和资金流动为主要研究对象的金融理论体系称为经典金融学。金融学科专业体系从宏观的抽象理论描述转变为更多的市场化的具体探究，并增强了微观化、技术化、工程化、实证化的特征。在金融学科的研究范式多维度、研究方法多样化发展的同时，现代金融学与其他学科还跨界联合并产生了许多新的分支，新的理论与方法不断衍生。当代金融学正以一种海纳百川、兼收并蓄的学术精神，不断开拓与创新，成为经济学和管理学两大门类交叉融合、协同发展的最富有活力和生命力的组成部分。

“货币金融学”是国内外高等院校金融学科专业的主干课程，也是高等院校经济类、管理类专业的学科基础课程，还是高等院校非经济管理类的专业选修课程。它既要全面地反映人类金融文明进程的最新贡献，阐释成熟的金融运作机理和机制，又要紧密结合中国金融改革和发展的实际，用中国语境讲中国的故事，注重在学习和掌握基本原理、专业知识的同时关注中国金融改革和开放的理论演进和实践发展。

《货币金融学》教材由三大部分共十八章组成。第一部分是金融学基础篇，系统诠释了货币、信用、利息、外汇、金融的基本原理；第二部分是金融机构与市场篇，全面展现存款性金融机构、非存款性金融机构的主要业务活动，深刻揭示货币市场与资本市场的运行规律，具体描述国际间货币与资本运动的特殊性及相关的营运管理体系；第三部分是金融与经济发展篇，重点研究货币供应与需求、货币均衡、货币政策与宏观调控、金融风险与金融监管，以及金融发展与金融创新趋势。这些内容不仅全面、精准地链接现代金融理论前沿和业务创新，又秉承教材内容上系统性、完整性和相对稳定性的基本属性，充分体现了融学术性、知识性、针对性和启发性于一体的鲜明特色，努力做到金融调控与金融运行的自如切换、融合性与协同性的有机结合。

我们认真贯彻落实习近平总书记关于教育的重要论述和全国教育大会的精神，始终坚持以立德树人作为根本任务，在《货币金融学》教材的编写上，注重务虚与务实有机结合，深入浅出、图文并茂，相得益彰。为了增强教学的灵动性，每章都选用经典故事或重要事件作为引子，设计了知识结构图；各章节中还附有代表性案例和讨论专栏，线上线下有效衔接，通过二维码链接教学共享资源库，方便反复温习和常规训练。

《货币金融学》教材由中南财经政法大学金融学院的国家级精品课程、国家资源共享课程团队的老师们精心编著完成，朱新蓉教授担任主编，陶雄华教授担任副主编，负责全书基本框架的设计和定稿。撰写的具体分工如下：唐彬博士，第一、第二、第三章；王年咏教授，第四、第五章；黄孝武教授，第六、第七、第八章；康立博士，第九、第十、第十一章；鲁臻博士，第十二、第十三章；周奕博士，第十四章；朱新蓉教授，第十五、第十六章；陶雄华教授，第十七、第十八章。

《货币金融学》教材从国内外优质教材和同行的学术成果中获得了许多灵感和素材，并一直得到中国金融出版社教材部的信任和支持。对教材付梓提供帮助的学界和业界的同仁，对以王效端主任、王君、张菊香老师为代表的编辑团队的辛勤付出我们由衷感激。

按照新文科建设的战略性、创新性、融合性和发展性的新特征，构建《货币金融学》知识体系应体现“宽口径、厚基础、强技术”的基本要求。新中国70多年的沧桑巨变，尤其是改革开放40多年的伟大实践，在解释中国现象的同时，为经济、金融学作出贡献的时机成熟。与时俱进地将发展中的金融理论和实践纳入教材体系，形成高度、深度、宽度和拓展性互为支撑的知识整合平台，应该是本教材在内容和结构上的有益探索，我们用初心和坚守，努力追求高质量。然而，即使教材经历了多次的修订改进，仍感到还有许多问题需要深化，还有不足之处。我们将坚持不懈地打磨和完善，恳请学界和业界的同行及各位读者不吝赐教。

朱新蓉

2021年5月

目　录 Contents

第一章
货币与货币制度

本章知识结构

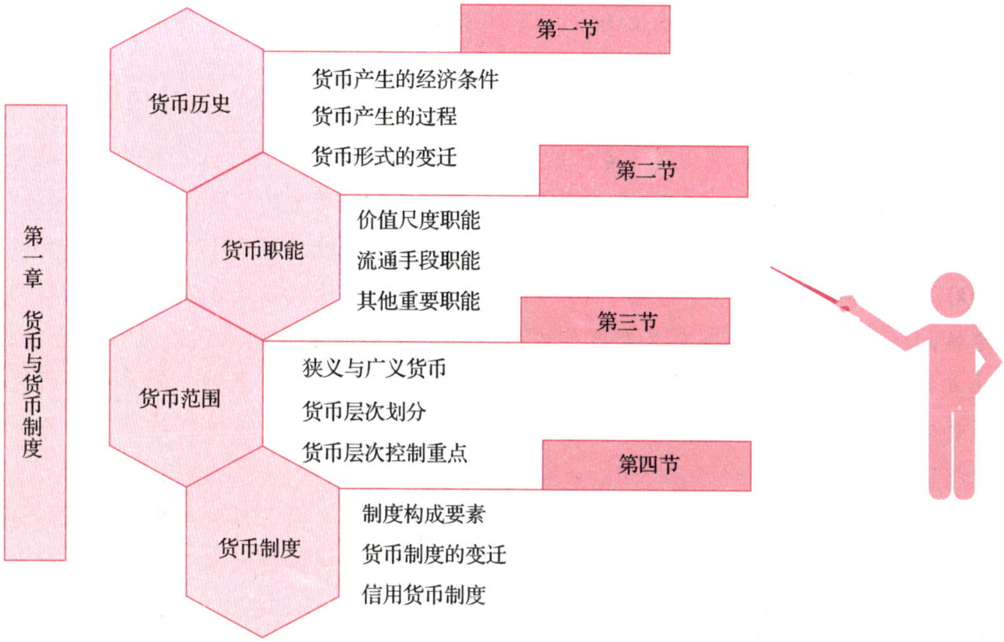

本章学习目标

- 掌握货币的内涵、货币的产生与发展的过程及其现代形式；
- 界定货币的外延并掌握货币层次的划分与流动性；
- 理解货币的职能与作用，尤其是货币对实体经济的作用；
- 了解货币制度的主要构成要素与现代信用货币制度。

章前引例

2019 年可以被认为是数字货币发展的一个重要时间点。首先是虚拟数字货币或加密资产比特币，在经历了 2018 年的低迷以后，2019 年比特币价格开始强力反弹，到 6 月

26日突破了14 400美元[①]，这是在2017年12月10日比特币创下19 345.5美元纪录以后出现的又一高点。此后比特币价格震荡回调，2019年底稳定在7 000美元左右。其他虚拟数字货币或加密资产如火币、莱特币和以太币等的价格也都有近似的表现。然后更有爆炸性的消息是脸书（Facebook）希望发行自己的数字货币Libra。而在我国，人民银行正式公布了数字货币与电子支付系统（DC/EP）计划，直接将数字货币提升到政府层面。

数字货币始于比特币。比特币源于2008年11月，一个叫“中本聪”的网络编程小组设计了一套复杂的函数，任何网络节点都可以通过下载和运行开源的算法来获取函数的解。为奖励人们去“挖矿”（求解），每挖出一个解，就获得相应的比特币。随着越来越多的比特币被挖出来，人们开始赋予它新的含义，即分布式的数字货币。中本聪小组也发布了《比特币：一种点对点的电子现金系统》白皮书，使得比特币具有了一定的理论基础，比特币的挖掘也就变成了很多人所说的数字货币的发行。为更好地进行比特币的发行和交易，各国民间都组建了专门的比特币网络交易平台。由于当初将比特币的总量设定为2 100万枚，越往后“挖矿”成本就会越高，因此比特币的价格也就开始大幅波动。

比特币自2009年初诞生以来，价格从最初1美元1 000枚到2017年最高点[②]1枚近20 000美元，再到7 000美元左右，10年间的价格跌宕起伏既表明了市场对其认知的不确定性，也表明了各国政府对其态度的左右摇摆。少数国家开始承认比特币的合法性，因此其可以在一定范围内进行购买和支付，但多数国家实施严格限制，如人民银行将比特币认定为“代币票券”，因此根据相关法律禁止其通过银行系统进行结算，也不允许其直接购买和支付。

不管比特币的未来是怎样的，它所引起的法定货币与自由货币、集中式货币与分布式货币之间的争论都将持续很长时间，而且由其引出的区块链技术也已经成为互联网时代的一个重要发展趋势。

第一节　货币的产生与发展

货币在现代市场经济体系中的重要性是毋庸置疑的。从微观层面上看，每个家庭和个人都需要通过支付货币来实现生存与发展，如购买食物和缴纳学费等；从宏观层面上看，每个国家都要通过货币政策来完成对经济的调控，如2008年全球金融危机后美国的QE[③]政策和中国的稳健货币政策等。

---

① 比特币资讯网（Bitcoin86），http：//www.bitcoin86.com/price.html。

② 2021年2月28日，比特币价格为4.39万美元，2月高点曾触及5.8万美元。

③ QE（Quantitative Easing），量化宽松，可以简单地理解为美国政府扩大美元发行的政策。

那么，什么是货币？这个问题自货币诞生以来就一直引起人们的广泛思考与争论。要想准确理解货币这个范畴，需要从其历史逻辑和现实逻辑两个方面把握：历史逻辑是分析其产生和发展的过程；现实逻辑是分析其内涵和外延。首先，我们来把握货币的历史逻辑。

货币即一般等价物，具备体现一切商品价值并同一切商品相交换的基本特征。

一、货币的产生

货币是一个历史范畴，它不是从来就有的，也不会永恒存在。货币起源于商品交换，伴随着商品交易从低级阶段向高级阶段的发展而产生和发展。

商品交换的低级阶段是直接的物物交换阶段，如神农氏时出现的“日中为市，致天下之民，聚天下之货，交易而退，各得其所”。低级的物物交换有极大的局限性，因为要满足“需求的双重巧合”，所以成交的概率很低。

为克服直接交换的局限性，人们在长期的交换过程中尝试用一种或几种特定商品来充当交换媒介，这些商品一般具有如下特点：人们的可接受程度较高，可以较长时间保存，数量足够多，较为贵重等。人们先用自己的产品交换成这类商品，然后在需要的时候用这类商品去交换其他产品，商品交易由此进入高级阶段。

有了交换媒介的商品交换克服了局限性，极大地促进了商品交换和生产力的发展。当交换媒介固定在某几种商品上时，这几种商品就成了一般等价物，一般等价物就是货币。

二、货币形式的发展

货币自产生以后，自身经历了多种形式。其发展过程遵循一个规律：货币形式要适应经济形势，适应生产力发展水平。

（一）实物货币

中外历史上有许多实物商品充当过货币，如贝壳、羽毛、金银、珊瑚、布帛等，甚至于活的牲畜。“夏后以玄贝”表明我国远古时期曾以贝壳为主要货币，这一点可以从新中国成立后发掘出的位于殷墟西南角的妇好墓中大量的殉葬贝壳得到实证。

除贝壳以外，我国古代还有其他多种实物货币形式。“货币”一词在古汉语中实际包括两个部分——“货”和“币”。“货”指珠、贝、金、玉等，“币”指皮、帛、布等，直到唐朝两者才合为一个概念。司马迁在《史记·平准书》中这样描述秦朝统一币制之前的情景：“……农工商交易之路通，而龟贝金钱刀布之币兴焉。所从来久远，自高辛氏之前尚矣，靡得而记云。”

所有这些实物货币，都有这样的几个共同特点：相比其他商品而言较为珍贵，人们都愿意接受和使用，比其他商品更容易保存，等等。随着生产力的进一步发展，大部分实物货币因其数量少和内在价值低而不能适应经济的需要了，于是人们选择金、银、铜、铁等金属作为货币材料，也就是马克思所言的一般等价物固定在金银等金属上了。

专栏 1－1

妇好墓中的贝壳

1976 年，由我国两位著名的殷商考古专家郑振香先生和陈志达先生主持，相关部门对殷墟进行了后续性发掘，结果发掘出了妇好墓，出土了大量珍贵的文物，位居当年全国十大考古成果的前列。妇好是商代第23世王武丁的配偶，生前常带兵打仗，死后被厚葬。从妇好墓中，不仅出土了大量青铜或玉质的礼器和装饰品，还出土了6 800多枚各式贝壳，包括珍贵的阿拉伯绶贝和脉红螺贝等。同时出土的一批甲骨文被破译后，人们才确定这些贝壳并不是作为装饰品而是作为当时的货币来殉葬的。

资料来源：百度百科。

（二）金属货币

严格地说，金属货币也是一种实物货币或叫商品货币，只是因为马克思有“货币天然是金银”的论述，再加上金属货币在历史上所起的作用极其巨大，所以单独进行讨论。

相对其他实物货币而言，金属货币具有价值含量高、体积小易携带、不易变质等优点，其自身也经历了从贱金属到贵金属、从金属秤量制到金属铸币制的发展。

金属秤量制是直接以金属的自然形状流通，并以重量单位为流通计价单位的货币制度，如流通的金锭、银锭、金元宝、银元宝等均以“斤、两、钱”等重量单位为流通标准。金属铸币制是将货币金属铸造成特定的统一形状，并由国家统一规定每枚铸币的金属含量，由此节约流通费用并规范货币流通。

1. 贱金属货币在我国流通的时间较长。秦朝统一全国后，开始铸造铁质圆形方孔钱，从此贱金属就一直以这种“制钱”的方式流通，这也是“孔方兄”的来由。宋代开始大量流通铜制钱，因而又有了“铜臭”的说法。铜板一直到清朝末年才逐渐退出流通。

2. 我国流通贱金属铸币的同时，还流通着金属秤量制的贵金属如金和银。在金属秤量制下，因对货币金属的成色和形状都无明确规定，流通中往往需要有专门的评估师予以鉴定，所以流通非常不方便。

金属秤量制的必然发展就是金属铸币制。国外进入贵金属铸币制较早，而且铸币的主辅币体系也较完善。我国直到清末民初才改银两制为银元制，其中清末政府铸造的“龙洋”和袁世凯伪政权铸造的“袁大头”是两种较有名的银元。

不管是金属秤量制还是金属铸币制，贵金属在历史上的流通时间都较长，作用也非常重要，所以马克思才总结：“金银天然不是货币，但货币天然是金银。”① 但最终贵金属还是退出了历史舞台，其原因很多很复杂，比较主要的包括：产量跟不上经济的发展，造成币材的日益匮乏；金银的国际分布极不平衡，动摇了作为金属货币流通根基的三大自由即自由铸造、自由输出入和银行券自由兑换黄金；在金银复本位条件下，金贵银贱引起“劣币驱逐良币”现象；货币信用理论的发展和奥匈帝国打破“黄金桎梏”的实践使各国商业银行开始大量发行银行券，人们也普遍接受了银行券等信用货币；经济危机和战争使各国在贸易、金融等方面纷纷竖起了壁垒，使金属货币的流通尤其是国际流动受到阻碍；等等。但这些都不是导致贵金属货币退出的根本原因，根本原因仍然是金属货币已经不适应经济形势了，生产力的发展选择了新的货币形式，即信用货币。

① 马克思．资本论（第一卷）[M]．北京：人民出版社，2004：108.

专栏 1－2
劣币驱逐良币

“劣币驱逐良币”规律也叫“格雷欣法则”（Gresham's Law），是指当一个经济体中同时存在两种或两种以上的货币形式时，如果其中一种或几种货币币值下跌，则人们在使用货币时会尽量先使用这种疲软货币，而将币值稳定的硬通货保存起来，从而使疲软货币即“劣币”充斥市场，引起持续的币值下跌、物价上涨，导致流通的混乱。

“劣币驱逐良币”现象最早由16世纪英国伊丽莎白王朝的造币局局长汤姆斯·格雷欣向国王上书建议改革币制时提到，当时是指成色差的铸币驱逐成色好的铸币。我国古代的一些士大夫也对此有过认识，如汉代贾谊在一篇上疏中就提到“奸钱日繁，正钱日亡”，从而“法钱不立”。

“劣币驱逐良币”现象是导致贵金属退出货币领域的一个重要原因。在现代信用货币条件下，这个现象也存在，而且现代经济中在信息不对称条件下由道德风险引起的逆向选择问题也被认为是该现象的一种延伸。

“劣币驱逐良币”规律生效有一个基本的前提条件：良币和劣币均为法定货币，两者保持固定的兑换比例或均按法定偿付力流通。如果这个条件不具备，则会发生“良币驱逐劣币”，也叫“反格雷欣法则”。如浮动汇率体系下，两个国家的货币一个坚挺，一个疲软，则人们只会接受硬通货而不会接受软通货。

资料来源：MBA 智库。

（三）信用货币

金属货币退出流通后，取而代之的就是信用货币。信用货币也经历了传统信用货币到现代信用货币的过程，前者也称票券货币，后者即存款货币。

信用货币是通过信用渠道投入流通的价值符号，是一种负债货币，一般具有强制性的特征。

1. 传统信用货币。传统信用货币主要有两种形式：一是银行券，二是纸币。

在金银货币流通的同时，各国的商业银行或类似商业银行的金融机构就开始发行银行券以代替不便携带的黄金。此时的银行券作为典型的黄金凭证均是可兑换银行券，持有者可随时随地向发行者兑换面额标注的黄金。如我国古代的一些钱庄和票号发行的银票就是一种可兑换银行券。早期资本主义国家的商业银行更是大量发行各种面额的可兑换银行券，均可按面额进行兑换。

我国清嘉庆年间发行的大清宝钞

在银行券流通的同时，一些国家政府出于军备和弥补财政赤字的需要，还强制发行了无任何保证也不允许兑换黄金的纸币。纸币的发行流通是货币名目主义和货币国定论在实践中的体现，它是一种纯粹的价值符号，无任何保证，只有法律赋予的名义价值，如我国宋代曾经流通过的交子、元初发行的中统元宝钞、明朝发行的大明宝钞，日本曾经发行过的大日本帝国纸币，美国曾经发行过的绿背钞票，等等。现在所称的纸币概念也是由此而来的。

纸币和不可兑换银行券都是不可兑换信用货币，它们的出现是货币发展史上的一个重大飞跃，正如一些西方经济学家所说："在英国，1931 年是货币史的界标，因为它不仅标志着在和平时期撤销可兑换，而且几乎可以肯定地看到可兑换的钞票的废止。"①

到 19 世纪末 20 世纪初，各国的中央银行陆续垄断了货币发行权，所发行的货币名义上有含金量规定，实际兑换却非常复杂。1972 年，当美国宣布美元与黄金脱钩从而使布雷顿森林体系崩溃后，贵金属才最终退出历史舞台。此时的信用货币也不尽同于前面所谈的纸币。事实上，当前经济中使用的现金（包括钞票和硬币）可以说是银行券和纸币的统一，它既没有含金量的规定，也不会因为财政赤字或军备而任意发行。我国的货币理论界也曾经有过人民币到底是什么的争论，现在较统一的看法是：只要人民币的发行坚持足够的商品物资保证，那么人民币是银行券还是纸币都不重要了。

2. 现代信用货币。现代信用货币就是存款货币。存款货币是一种以支票或信用卡等为支付工具，依靠商业银行转账结算业务进行支付的信用货币。存款货币实质上是商业银行存款账户上的数字余额，完全由商业银行的信誉作支撑，永远存在于商业银行的存款账户上。支付宝和财付通等第三方支付体系也能完成存款货币的周转，但仍然要以银行转账结算为核心。虽然从货币供给体系看，存款货币的发行是受中央银行调控的，但因其直接的发行者是商业银行，因此存款货币相比现金而言具有了一定的分布式货币的特征。由于商业银行的存款派生过程可以源源不断地创造出存款货币，因此，存款货币突破了实物货币在数量上的局限性和票券货币在发行机构上的局限性，具备无限可创造能力，这也是存款货币时代经常出现流动性过剩的原因之一。

无论哪种性质和形式的信用货币，都具有这样几个特点：

其一，作为价值符号，被用来表示和象征价值，其名义价值高于实际价值。这里的名义价值是指货币面额所标注的价值，即其象征的价值；实际价值即其内在价值，是指生产货币本身所凝聚的价值。

其二，都是负债货币，是发行者对持有者的负债，在发行者的资产负债表上记入借方。如现金是中央银行发行的，在中央银行资产负债表中记入"现金发行"的负债科目，而在其他各部门的资产负债表中现金都记入资产方。

其三，具有强制性。中央银行垄断货币发行权，强制发行，强制流通，无限法偿。强制性对于信用货币而言是非常重要的，因为信用货币本身无实际价值或实际价值很低，必须靠发行者强制性赋予它的名义价值才能流通。没有强制性，人们根本不会接受它作为流通物或贮值物。

3. 电子货币。电子货币是网络技术发展条件下信用货币发展的必然趋势。20 世纪 90 年代开始出现基于芯片卡、基于软件的电子现金方案，发展到现在，又出现了基于国

电子货币(electronic money)指在电子技术的支持下，能够在交易或消费过程中充当"支付"职能的货币替代品，包括接触式与非接触式的各种各样的卡，以及能在因特网流通的电子钱包。

① ［英］J. L. 汉森. 货币理论与实践［M］. 北京：中国金融出版社，1988：6.

家控制的银行、支票和纸币等现有流通网络或在其之外能通过因特网大量流通的电子钱包（electronic wallet）等形式。随着数字经济的发展，电子货币日益成为主要的支付形式。

在 1998 年欧洲中央银行（ECB）发布的《电子货币报告》中，电子货币被宽泛地定义为："电子化存储于技术设备中的货币价值，可以广泛地用于向除了发行者之外的其他方进行支付，并且作为一种无记名的预付工具在交易中不需要与银行账户相关联。" 2002 年欧洲议会与理事会发布的《电子货币指令》（*EMI Directive*）将电子货币的法律概念定义为：对发行者的债权代表的货币价值，并满足两个条件，即存储于电子设备中和作为支付方式能够被除了发行者之外的其他方所接受。

从欧洲中央银行的定义来看，电子货币的范围是非常宽泛的，但都是为了节约现金或支票支付的费用成本，并为支付人提供方便快捷的服务。目前流行的电子货币主要有四种类型：

（1）储值卡型电子货币。它一般以磁卡或 IC 卡形式出现，其发行主体除了商业银行之外，还有电信部门（普通电话卡、IC 电话卡）、IT 企业（上网卡）、商业零售企业（各类消费卡）、政府机关（内部消费 IC 卡）和学校（校园 IC 卡）等。

（2）信用卡应用型电子货币。它指商业银行、信用卡公司等发行主体发行的贷记卡或准贷记卡，可在发行主体授权的信用额度内贷款消费，之后于规定时间还款。

（3）存款利用型电子货币。它主要有借记卡、电子支票等，用于对银行存款以电子化方式支取现金、转账结算、划拨资金。

（4）现金模拟型电子货币。主要有两种：一种是基于因特网网络环境使用的且将代表货币价值的二进制数据保存在微机终端硬盘内的电子现金；另一种是将货币价值保存在 IC 卡内并可脱离银行支付系统流通的电子钱包。

电子货币就现阶段而言，大多是以既有的实体货币（现金或存款）为基础而存在的，与实体货币之间以 1:1 的比率交换，具备价值尺度和价值保存职能，只是作为支付手段时，以互联网为平台进行电子化的传递和转移，因此实际上是存款货币的网络延伸并附加了一些特定功能，如电子钱包中的支付管理功能。

值得注意的是，随着网络的发展，出现了越来越多的"虚拟货币"，如腾讯 Q 币、新浪 U 币、盛人点券和百度币，以及近几年非常火爆的比特币（Bitcoin）和莱特币（Litecoin）等加密资产。前面几类都可以在网络这一虚拟世界中购买虚拟物品，如游戏装备、会员服务和购物折扣等，而且大多在网络中有非常完善的流通体系，甚至有时会与现实货币产生直接联系，如许多人愿意支付现实货币购买虚拟货币，但很难成为现实流通的货币。而比特币等新型虚拟货币的出现，是分布式自由货币对集中式法定货币的一种挑战。如果这类虚拟货币被公众广泛接受，将会对当前的货币体系产生颠覆性的影响，因此各国中央银行目前还对其保持观望态度，其发展趋势也还很难预测。与此同时，一些中央银行已经开始进行中央银行数字货币（CBDC）的尝试，比如中国人民银行正在进行数字货币与电子支付系统（DC/EP）的开发，以期取代现金的流通。如果正式推出，我国将会成为第一个运用法定数字货币的大型经济体。

三、货币的本质

不管货币的形式如何发展，作为一般等价物，它都具备一些基本特征并反映一定的社会经济关系。

1. 货币作为一般等价物，具有一般等价物的两个特点：体现一切商品的价值；可以同一切商品相交换。

2. 具有独占性和排他性，即货币形式唯一和计价方式统一。货币形式唯一可以防止“劣币驱逐良币”现象的出现，计价方式统一则可以防止价值尺度多重化带来的不便。

3. 货币的一般使用价值突出而特殊使用价值弱化，现代信用货币尤其如此。一般使用价值就是作为货币的使用价值，而所谓特殊使用价值则是指组成货币的材料本身的使用价值。如钞票作为传统信用货币形式，其一般使用价值就是用作货币，其特殊使用价值则是作为纸或印刷品所具有的用途。而存款货币作为现代信用货币的形式，除了其一般使用价值外，根本没有特殊使用价值。

4. 货币是价值的外在尺度。劳动时间作为价值的内在尺度，虽然能体现和衡量价值量，但其自身却无法具体直接表达，必须有一个具体物作为劳动时间的外化，所以马克思指出：“货币作为价值尺度，是商品内在的价值尺度即劳动时间的必然表现形式。”①

5. 有一定的相对独立性。现代信用货币有相对独立的发行渠道和流通渠道，可以相对独立于商品流通，尤其是货币支付手段职能和贮藏手段职能的扩大，使货币独立流通的能力更强，因而具有货币危机性，即货币与商品脱节引致通货膨胀或通货紧缩等。

专栏1－3 金属主义与名目主义的货币本质观之争

在金属货币向信用货币转换的过程中，当时的各主要西方资本主义国家都经历了一次理论上和政策上的关于金属主义和名目主义货币本质观的大争论。

货币金属主义认为，贵金属货币就是财富，货币的增加意味着财富的增加，增加货币的唯一源泉是对外贸易。金属主义起源于重商主义，经过古典和新古典经济学阶段，一直到第一次世界大战以后仍然存在。其主要代表人物包括托马斯·孟、亚当·斯密、大卫·李嘉图等。

货币名目主义认为，货币不是财富，而仅仅是便利交换的技术工具。货币虽然可以由贵金属铸造，但货币的价值不是货币本身所具有的，而是由国家的权威规定的，因此国家可以建立货币国定的制度，发行任何材料和形式的货币，只要在国家权威之下人们能普遍接受即可。其主要代表人物有尼古拉斯·巴本、查理·路易·孟德斯鸠和约翰·梅纳德·凯恩斯等。

两种货币本质观之争体现了货币形式发展的渐进性。虽然金属主义早已式微，但并不表示金属主义就应该完全被淘汰或者货币形式就永远固定在信用货币形式上。货币形式的发展会是一个永无止境的进程。

资料来源：知网空间。

① 马克思．资本论（第一卷）[M]．北京：人民出版社，2004：114.

第二节　货币的职能与作用

一、货币的职能

> 货币的职能是指货币本质所决定的内在的功能，它不因人们使用与否而变化。

绝大多数经济学家们都认为货币具有两个基本的职能，即交易的媒介和计算的单位。比如亚当·斯密在《国民财富的性质和原因的研究》（《国富论》）一书中指出：货币首先是为克服直接交换的困难而产生的，因此最基本的职能当然是交易媒介。在交易过程中，必须解决一个价值度量问题。价值是由劳动量决定的，但无形的劳动量作为对商品的评价和比较尺度在技术上是行不通的，而货币（当时是指金属货币）也是由价值量构成或代表一定的价值量，因此用货币来作为评价和比较的工具是可行的，这样就形成了货币的第二个基本职能即价值度量。货币名目主义的代表人物之一查理·路易·孟德斯鸠和伟大的经济学家约翰·梅纳德·凯恩斯也特别强调了这两种货币职能。而这两种基本职能在逻辑上的一种自然而然的延伸就是价值的贮藏职能。

卡尔·马克思在货币职能方面的论述远远多于其他经济学家。在亚当·斯密和大卫·李嘉图的基础上，马克思不仅更详细地讨论了价值尺度、流通手段和贮藏手段三种职能，还特别地提出了支付手段职能和国际货币职能。后三种职能虽然都是前两种基本职能的延伸，但又各自具备不同的特点，且在流通中都发挥着重要的作用，所以要全面地讨论货币职能，还得从马克思的五种职能角度来进行。

专栏1－4
你身边的五种货币职能

假如你来到一个超市或商场，看中了一件你喜欢的衣服，接下来你肯定会详细查阅衣服的价格标签，如果价格在可接受的范围内，你很可能就会欣然地将衣服买下来；如果觉得衣服不值它所标的价格，你当然不会当冤大头。因此，你的消费行为在很大程度上取决于你用货币来对商品进行价值判断，即“这件商品值不值这么多钱”。即便你去的是一个可以还价的市场，讨价还价的过程仍然体现了价值判断过程。此时，货币实际上是在执行价值尺度职能。

如果衣服的价格在你的承受范围内，或者与货主经过激烈的讨价还价达成了一个双方都可以接受的价格，那么接下来你与商家要做的一件事情就是“一手交钱，一手交货”，在这个过程中，货币就在发挥流通手段职能。

假设商家愿意接受延期缴款的话，那么当你一段时间后付款时，货币发挥的就是支付手段职能。当然，更典型的支付手段是这样一些形式：你将剩余货币存入银行或向银行申请个人贷款；商家把所收货款中的一部分用于缴税或者支付员工工资；等等。

如果你现在暂时不想将货币收入全部消费光，而是想将一部分货币作为储备金用于未来的消费，那么你会存放一部分现金在家里或者存到银行去，这笔钱会有相当长一段时间不会动用。这种行为表明你是将货币视同为一种财富，与你的住房、汽车和首饰一样是财富的积累和贮藏，此时货币发挥的就是贮藏手段职能。

未来当人民币实现资本项目的自由可兑换，与美元、欧元和日元一样，可以被其他国家的政府和居民作为流通、计价和贮藏手段后，人民币也就成了国际货币。

你现在发现了，货币的五种职能与我们的经济生活是息息相关的。可以说，我们经济生活的任何一方面都有货币发挥着这样或那样的职能。

（一）价值尺度职能

货币执行价值尺度职能时具备以下这样一些特点。

1. 可以是观念上的货币。正如马克思所描述的那样，人们并不需要一堆现实的货币放在商品旁边才能完成货币价值尺度职能，而是只需要运用长期积累的有关货币衡量商品的经验和知识，直接在头脑中就可以完成了。观念上的货币存在的前提条件是货币币值相对稳定，否则人们头脑中原有的概念就会失效，从而无法完成或无法精确完成对商品的衡量。

2. 必须是十足的货币。这是价值尺度职能存在和正常发挥的先决条件。在金属货币流通时，货币是用其实际价值来衡量商品价值的，故“十足”是指货币的金属含量必须符合国家规定的标准，其实际价值须与名义价值相等；在信用货币流通时，货币是用发行者强制赋予的名义价值来衡量商品价值的，所以“十足”是指信用货币的名义价值量相对稳定，也就是币值必须稳定。

价值尺度职能是货币体现商品的价值并衡量商品价值量的功能，这是货币最基本、最重要的职能之一。

3. 具有独占性和排他性，即货币形式的唯一性和计价方式的统一性。货币形式唯一不仅可以防止“劣币驱逐良币”现象出现，还可以防止价值尺度多重化带来的不便。不管怎样，“价值尺度的二重化是同价值尺度的职能相矛盾的”。①

4. 要通过价格标准来完成。价值尺度职能是货币的一种功能，抽象而不具体，必须通过价格标准来完成。当价格标准的等分足够细时，通过各级货币单位的累加就可以精确地衡量商品的价值量了。在人民币的价格标准中，“元”是基本单位，“角”和“分”是对基本单位的进一步等分，计价方式是十进制的累加，于是我们可以用这些基本单位及其等分精确地为商品标价了。

价格标准是人们所规定的货币单位及对货币单位的等分。这是一种为统一计价方式而作的技术性规定，等分越细则计量越精确。

专栏 1－5

价格标准的演变

最初的价格标准与重量标准一致。如我国古代的贵金属秤量制，其贵金属货币流通的货币单位与重量单位斤、两、钱、分、厘完全一致。与此同时的贱金属铸币也是按重量单位铸造和流通

① 马克思．资本论（第一卷）［M］．北京：人民出版社，2004：116.

的，如秦汉时期的重量单位是“两”和“铢”，1 两合 24 铢，秦的货币单位为“半两”，即含铢 12 铢，汉的“五铢”钱则含铜 5 铢。

价格标准与重量标准的这种联系随着货币制度的演变而不断变化。如我国的原银两制在经过废两改元后变成了银币制，每 1 银元重库平银七钱二分，因其纯度为 90%，则每 1 银元含纯银为六钱四分八厘，货币单位名称也改称为“圆”。再如英镑的变化，原 1 英镑银币含 1 磅纯银，改成金本位制后，按 1∶15 的金银比价，1 镑金币含 1/15 磅纯金而非 1 磅。这种币制中的货币单位与重量单位已经逐渐分离了。

现代信用货币的价格标准中除货币单位名称的规定可能有所沿袭以外（如我国现行的“元”即从银元单位沿用而来），实际上与重量标准已经没有直接的联系了。因为信用货币是依靠国家强制赋予的名义价值来流通的，其本身的实际价值很低，所以价格标准不可能也不需要与重量标准挂钩，而是一种纯粹的技术规定。

那么这样的价格标准能不能完成价值尺度职能呢？应该说，只要国家规定了统一的价格标准并保持其延续性，价值尺度职能同样能正常发挥。正如在天平上我们可以用砝码的质量去衡量物体的质量，而在弹簧秤上我们则可以利用规定好的刻度去得知物体的重量，两者的效果是一样的。

资料来源：百度百科。

价格标准完成价值尺度职能的方式是形成商品价格。价格是商品价值量的货币表现，它主要受商品价值量、货币价值量和货币数量三个因素的影响。当商品价值量下降时，用来衡量该商品价值量的货币量减少，表现为价格的下降，反之则价格上升；当货币价值量（或代表的价值量）下降时，单位商品能交换到的货币增多，价格上升，反之则价格下降；当货币数量增多时，全部商品对应的货币量增多，单位商品对应的货币也增多，即币值下降，则价格上升，反之则价格下降。

由此可见，商品价格与货币价值量成反比，与商品价值量成正比，与货币数量也成正比。故货币发行越多，物价越高，通货膨胀越厉害。

（二）流通手段职能

流通手段职能将直接的物物交换变成了有媒介的交换，从而使商品交换在规模上、地域上、品种上、速度上都有了极大的进步。执行流通手段职能的货币具有以下特点：

流通手段职能是货币作为商品交换媒介促进商品交换的功能。这也是最基本、最重要的职能之一。

1. 必须是现实的货币。流通手段体现“一手交钱，一手交货”的等价交换原则，所以货币必须是具体的和现实的。

2. 可以是不足值的货币，因而可以用价值符号来代替。原因在于：货币作为交换媒介，不断地从一个商品所有者手中转移到另外一个手中，货币在商品所有者手中只是一个转瞬即逝的因素，人们关心的只是货币能否换回与自己交换出去的商品相等值的商品，而货币本身是什么或者是否足值并不重要。因此，“在货币流通中就隐藏着一种可能性：可以用其他材料做的记号或用象征来代替金属货币执行铸币的职能”。[①] 这就是为什么金属货币在流通中

① 马克思．资本论（第一卷）［M］．北京：人民出版社，2004：148.

不断被磨损失去了原有的成色而能够继续流通。

3. 具有一定的货币危机性。货币危机性是指货币与商品脱节引起两者数量失衡，从而使物价波动不定的可能性。危机性源于两方面：一是由于流通手段将商品交换分割成两个环节，内部联系而外部独立，也就是说货币流通渠道和商品流通渠道相对独立；二是因为人们愿意接受不足值货币作为流通手段，价值符号取代足值金属货币就具备了现实条件。而当货币发行当局在理论上和技术上也具备了垄断发行信用货币的条件时，货币发行也就成了相对独立的环节，成了货币供求中的主观因素，更有可能与商品流通脱节了。

（三） 贮藏手段职能

在私有制条件下，人们为了防备不测之需或为了以后生活更好而必须进行当前剩余产品的贮藏，也就是价值或财富的贮藏。商品是不易保存的，作为一般等价物的货币就成了贮藏的首选。货币在执行贮藏手段职能时具有以下特点：

1. 必须是现实的货币，但在经济货币化加强的条件下，货币的贮藏方式发生了巨大的变化。人们进行价值贮藏时更注重价值的增值而不是保值，因此除使用固定资产如房产、汽车进行价值贮藏之外，更多的是选择生息性的金融资产，如债券和股票而不是现金和活期存款进行价值贮藏。

2. 必须是十足的货币。货币的贮藏实质上是价值的贮藏，为保证货币退出贮藏时的购买力与进入时等同，金属货币必须足值，信用货币必须币值相对稳定。这就说明了为什么每当通货膨胀较高时人们会更多地提取存款进行消费。

> *贮藏手段职能是货币退出流通，被当做价值的独立形态或社会财富的一般形式保存起来的功能。*

3. 质上的无限性和量上的有限性。贮藏货币在可购买的商品数量上是有限的，但货币作为一般等价物，是可以同任何商品相交换的，所以贮藏状态下的货币何时出笼和购买何种商品都有一种无限性。

在金属货币流通条件下，贮藏手段职能发挥的主要形式是“窖藏”。但在现代信用货币流通条件下主要形式是保值性投资，如存放银行、购买理财产品和购买国库券等。

不同货币形式的贮藏手段职能发挥的作用是不一样的。在金属货币流通条件下，贮藏手段可以自发地调节货币流通量，并以此调节物价，即古典经济学中的现金—物价流动机制。但在信用货币流通条件下，贮藏手段无法调节货币流通量和物价，亦即经济的自动均衡机制无效，这就需要宏观调控机制发挥作用了。

（四） 支付手段职能

> *支付手段职能是货币作为价值的独立形态进行单方面转移时的功能。*

货币的支付手段有两种类型：一种与商品交换直接相联系，如预付、赊销、大宗商品交易的付款方式等，这实际上是流通手段的延长。一般认为，当流通手段中款货两讫的时间差超过三天时，货币就在执行支付手段。这种支付手段往往与债权债务关系同时发生。另外一种与商品交换脱钩，如财政收支、信贷收支、工资费用收支、捐赠与赔款等。表面上看它们与商品无直接联系，实际上是代替实物商品的流通，是应该由商品来承担的价值量的转移而由货币来承担了。

综上所述，不管是哪种支付手段类型，都不是真正地独立于商品和商品交换，货币并没有成为社会生产的基本要素。

货币支付手段职能具有以下特点：必须是现实的货币，可以是不足值的货币，出现货币危机的可能性大。

支付手段的货币危机性给货币管理当局提出了一个现实问题，即怎样进行货币发行和流通管理才能避免或减少货币危机性。对于信用货币而言，由于货币发行由中央银行垄断，是一个主观因素，因此必须严格遵循货币流通规律，使货币供给向货币需求靠拢而不是相反。另外，在货币流通管理中，要严密监测货币沉淀和其他信用工具取代货币执行某些货币职能的情况，以保证货币流通的可控性。

（五）世界货币职能

世界货币职能也叫国际货币职能，是指货币越出国境，在国际上发挥一般等价物作用时的功能。

货币具备了世界货币职能后，其作用大致有三个方面：作为支付手段以平衡国际收支差额，作为购买手段进行国际贸易，作为一般性财富转移到他国。

金属货币因其含有充足的实质价值，所以可以自动取得国际货币职能；而信用货币因其名义价值都是发行国强制赋予的，越出国境后，其强制力量不再有效，所以世界上只有少数几种货币具有此职能，如美元、英镑、欧元、日元等。这些货币在国际汇率体系中充当关键货币，并广泛地被其他国家用作国际储备和国际购买支付手段。

信用货币取得国际货币职能的一般性条件包括：(1) 发行国的经济实力足够强大且国际贸易足够发达；(2) 是自由兑换货币，并在国际市场上有较大的需求量；(3) 币值相对稳定，发行国愿意承担维护和调节该货币币值的相应义务；(4) 有国际协议支撑，这一点也是最重要的条件。

虽然黄金已不再作为固定的货币形态而存在了，但黄金仍然是国际支付的最后手段。当一国其他的国际购买或支付手段如外汇储备、国际货币基金组织特别提款权及其他储备头寸均已告罄时，黄金就要再次承担起国际购买和国际支付的任务。所以，各国的国际储备中，黄金都是重要组成部分。

专栏1－6

稳步推进人民币国际化

曾规划1999年是人民币完成资本项目自由可兑换的时间，但由于1997年亚洲金融危机给我国敲了一记警钟，所以对资本项目自由可兑换实施了延缓，由于此前已经完成经常项目的自由可兑换。资本项目延缓后，当前主要讨论的问题是如何稳健地推动人民币的国际化。

毫无疑问，一国货币的国际化肯定能提升其国际地位，并在国际支付体系中占据一个比较有利的位置。比如美元，不管是在布雷顿森林货币体系中，还是在牙买加体系中，都扮演世界第一关键货币的角色，而且通过所谓的“美元霸权”为美国取得了巨大的债务减免效应，促进了美国经济的发展。

但当一国市场体系还不够完善、经济实力尚不足以影响世界经济时，货币的国际化则很可能带来巨大的风险，如国际政治风险、国际游资狙击风险和国际收支恶化风险等，亚洲金融危机就是一个绝好的例证。

从信用货币国际化的基本条件来看，人民币是具备相关条件的，而且从中国周边的一些国家和地区的情况看，人民币已经是一种区域性国际货币了。但同时中国的市场体系尤其是金融市场的建设还不够完善，所以当前的策略是先进行人民币的区域化，如推进周边国家的人民币跨境结算并通过“一带一路”倡议巩固人民币区域化成果。同时，2015 年人民币加入特别提款权（SDR）货币篮子，也为资本项目的开放奠定了坚实的基础，因此人民币的完全国际化指日可待。

资料来源：潘功胜．人民币国际化十年回顾与展望［J］．中国金融，2019（14）．

二、货币的作用

货币的作用是指货币职能在社会经济中的具体用途。

从微观的角度看，货币作为价值的衡量器，成为计价、统计、核算、预测等经济管理工作的工具。诸如国民生产总值、国民收入、财政预算、利润、工资收入等各类经济指标的统计核算预测都是以货币为工具的。同时，货币作为交换媒介，极大地促进了商品流通，因而使社会总供给迅速扩大。由此可见，货币在微观层面的作用是直接与货币的基本职能相关的。

从宏观的角度看，货币是社会分配的工具，服务于工资分配、利息分配、财政分配等，并且作为生产的第一推动力和持续推动力，促进生产资料和劳动力结合。在现代市场经济体系中，货币的这种宏观作用更为重要。

在凯恩斯之前，包括亚当·斯密、大卫·李嘉图、让·巴蒂斯特·萨伊、阿尔弗雷德·马歇尔、里翁·瓦尔拉斯、维弗雷多·帕累托和欧文·费雪等在内的绝大多数经济学家，都认为货币只具有微观层面的作用，即只能作为价值尺度和流通手段来服务商品交换，货币的变动只能引起商品绝对价格的变动，而决定价格体系的相对价格则不会因货币因素而变化，因此货币只是覆盖在商品上面的一层“面纱”，这就是“货币面纱论”和“货币与经济两分法”。

20 世纪初，瑞典经济学家纳特·维克塞尔首先对“货币面纱论”和“货币与经济两分法”提出质疑，并形成了“累积过程理论”，认为货币的变动可以通过改变借贷利率与自然利率的结构来影响投资者消费者的心理预期，并进而导致产出与消费的变动。也就是说，货币应该具有宏观层面的作用力。

将“货币经济一体化”思想发扬光大的是梅纳德·凯恩斯。面对 1929 年爆发的世界性经济危机，凯恩斯于 1936 年出版了《就业、利息和货币通论》一书。在这本划时代的著作中，他根据维克塞尔的“累积过程理论”提出了“管理通货”的概念，认为货币对经济有实质性作用，政府应该运用货币的作用对经济进行积极干预，唯有如此才能缓解有效需求不足的状况，克服并消除经济危机。这就是凯恩斯“经济干预主义”的主要内容。

凯恩斯之后的经济学家们都承认货币对经济的宏观作用，但大多提倡经济自由主义，反对经济干预，因此讨论重点放在如何消除货币对经济的周期性影响上面。以美国经济学家弗里德曼为代表的货币学派对这个问题概括得最全面。弗里德曼提出“单一规则”，建议政府不要在经济问题上进行干预，只要按一个固定的增长率提供货币就行了，这样就可以最大可能地消除货币的周期性影响。

综合起来讲，不管对于货币作用的认识以后将会如何发展，至少现在没有任何经济学家和政府会无视货币对经济的巨大影响力，货币和货币政策也成为所有国家宏观调控的重要工具。只要合理利用货币的积极作用，消除其负面作用，货币就可能发挥其应有的功能。

同时，我们也要辩证地看待货币和货币的作用。“金钱不是万能的，没钱却是万万不能的”，这句话虽属戏谑，但也通俗地表达了对货币的一种辩证的理解。但是，也不能过分地夸大货币在微观和宏观上的作用。“珠玉金银，饥不可食，寒不可衣。”货币不是社会再生产的基本要素，它是服务于生产资料和劳动力这两个基本要素的，因而必须受客观经济规律的支配。如果人们过于崇拜金钱，难免会被金钱所异化，变成金钱的奴隶。在宏观上也不能一味依靠货币和货币政策来调控经济，尤其不能经常性地用扩大货币发行的方法来刺激经济增长。货币的发行和流通必须以经济发展为基础，以科学测算的货币需求量为依据。最后，还必须认识到货币是一个历史范畴，它随着私有制的产生而产生，也会随着私有制的消亡而消亡，在人类历史长河中它的作用整体是有限的。

第三节　货币的计量

任何事物都具有内涵和外延两方面的规范性。了解了货币的本质和职能，并不能保证在现实经济生活中能准确合理地使用货币。要做到这一点，还要了解货币的外延，包括货币的范围、总量及层次。

一、货币数量的界定

要了解货币的范围，不妨从现实经济中我们使用货币的具体方式来获得感性认识。

现金（包括钞票和硬币）毫无疑问是最为人们所熟知且最方便的货币，在中国许多人存在现金偏好；银行卡（包括可透支的信用卡和无透支的储蓄卡）可通过 POS 终端和网络平台进行购买和支付；支票多用于机构支付，现在个人也开始使用支票，但使用最广泛的还是发达国家；汇票仍然在一定范围内使用，但使用频率不断下降；发达国家还使用一些特殊的支付工具如可转让支付命令书和自动转账凭证等；一些流动性较强的其他金融工具，如商业票据和国库券等，也可以在特定范围内执行货币的支付职能。

如果从货币职能的角度来界定，那么所有上述金融工具都可纳入货币的范围。但显然这个范围太广，不利于理论上的分析和政策上的管理，所以需要进行货币层次的划分。首先可以进行一个粗层次的划分，即将货币划分为狭义和广义两个大的层次。

（一）狭义和广义的货币量

狭义货币量包括现金和活期存款，活期存款又包括支票类和银行卡类活期存款。

广义货币量通常包括现金、全部存款和某些短期流动性金融资产。这里的流动性金融资产是指那些人们接受程度较高的可在一定程度上执行货币某些职能的信用工具，如商业票据、可转让存单、国库券、金融债券、保险单、契约等。

（二）狭义货币与广义货币的划分标准

狭义货币与广义货币划分的一般性标准应该是金融工具能否作为直接购买力。很多信用工具被纳入广义货币范畴，是因其能在一定程度上执行货币的某些职能尤其是支付手段和贮藏手段，如偿债、质押、保值等，但它们又不可能具备全部的货币职能尤其是流通手段，也就是不能直接用于购买。因此，如果要严格地按货币本质和职能来界定狭义货币，其标准只能是能否作为直接购买力。

准货币(quasi money)又叫亚货币或近似货币，是一种以货币计值，虽不能直接用于流通但可以随时转换成通货的资产。准货币主要由银行定期存款、储蓄存款以及各种短期信用性金融资产构成。准货币虽不是真正意义上的货币，但因可随时转化为狭义的货币，故对货币流通有很大影响。

一般我们将广义货币口径中除狭义货币以外的部分称为准货币或亚货币。

专栏1－7
货币的无纸化

货币无纸化最初是指现金的消失。由于现金（包括钞票和硬币）的发行流通费用较高，且流通不方便，所以许多国家大力发展以支票和信用卡为主要支付工具的存款货币，使现金的占比逐年下降，一些国家甚至已经完全没有了现金。我国的现金占比近年保持在8%左右，发达国家则一般保持在3%左右。

由于支票的流通也存在费用高的问题，所以许多国家又开始建设资金调拨电子系统（EFTS），支票的使用率也逐年下降。当电子货币成为唯一的货币形式时，就达到了真正意义上的货币无纸化。我国则通过电子清算系统的建立，大力推广以银行卡为基础的存款货币使用方式，支票和汇票的使用也逐年减少。

随着互联网金融的不断发展，第三方支付异军突起。虽然支付宝等第三方支付平台不能进行货币的供给，但通过手机等移动支付终端，人们使用存款货币更加方便快捷，随着“刷脸”等生物特征识别技术的发展，手机也会从货币支付体系中消失，未来将会出现货币完全互联网化的支付形式。

资料来源：《消失的纸币：货币无纸化VS交易匿名性等需求》，每经网，2018－10－01.

二、货币层次的划分

对货币进行了广义和狭义划分，还不足以描述不同形式货币的特性差异，需要进行更加深入和清晰的划分。

（一）货币层次基本模式

$$M_1 = C + D_d$$

$$M_2 = M_1 + D_s + D_t$$

$$M_3 = M_2 + D_n$$

$$M_4 = M_3 + L$$

式中：M_1 表示第一层次；C 表示现金；D_d 表示活期存款；D_s 表示储蓄存款；D_t 表示定期存

款；D_n 表示其他所有存款；L 表示除存款以外的短期流动性金融资产。

（二）货币层次划分依据

货币层次划分的基本依据是流动性。流动性的概念在金融活动中非常重要，包含以下三重要求。

1. 不受损失。这是指规避各种风险，本息双保的能力。风险是指因各种原因而遭受损失的可能性。风险来自多方面，有系统性风险，也有非系统性风险；有原发性风险，也有偶然性风险。按照《巴塞尔资本协议》，金融风险主要包括信用风险、市场风险和操作风险。

流动性(liquidity)是指金融资产不受损失地及时转化成现实购买力的能力。

信用风险也叫违约风险，是指信用工具债务人道德风险引发的逃废债的可能性；市场风险是指市场供求对比发生变化、市场价格变动引起损失的可能性；操作风险是指制度因素或人为因素引起损失的可能性。

信用的本质决定了任何信用工具都面临着或多或少这样那样的风险。有的信用工具面临的风险较少或较小，这时我们就可以说它们的流动性较强；反之，有的面临较多或较大的风险，则其流动性可能较弱。

2. 及时转化。这包含两层意思，一是需不需要转化，二是转化的速度快不快。绝大多数信用工具可以作为支付手段，不能直接作为流通手段，需要转化成现金或活期存款后才能表现为现实购买力。需要转化的工具流动性差。

3. 现实购买力。现实购买力即交换商品的能力。有时我们从转化的直接过程来看，将流动性解释为不受损失转化成现金的能力，这种解释更容易理解。

总体来说，流动性的强弱可从转化效率与转化速度之间的关系来判别。因为提高转化的速度往往可能增加转化过程中的风险，即转化速度与转化效率总是相矛盾的，所以两者协调得好，流动性就强，反之流动性就弱。比如定期存款，如果想提前兑现以加快其转化速度，则面临着定期利率变成活期利率的利息损失，也就是转化效率下降了。差不多所有的信用工具都存在着这种矛盾，因此托宾的资产组合理论就认为不可能靠持有一种资产来达到最佳效应，只有将不同特性的资产合理地组合起来才能达到最优化效果，即在总体转化速度最快时转化效率最高。

根据衡量流动性的标准，我们可以对不同的信用工具进行初步的流动性划分。例如，现金基本上只面临信用风险和币值风险，而且在国家政权稳定的情况下，信用风险也几乎不可能，所以现金面临的风险最少，再加上现金本身是购买力，不需要转化，所以在所有的信用工具中现金的流动性是最强的。再如股票，它不是直接购买力，而且面临的风险大且多，尤其是市场风险，所以它的流动性是很弱的，一般在广义的货币范畴内也不包含股票。

（三）我国货币层次划分

中国人民银行曾于1994年正式公布过一个货币层次划分方法：

M_0 = 流通中现金

M_1 = M_0 + 企业活期存款 + 机关团体存款 + 个人信用卡类存款 + 农村存款

M_2 = M_1 + 企业定期性质存款 + 居民储蓄存款 + 信托存款 + 外币存款

M_3 = M_2 + 金融债券 + 商业票据 + 大额可转让定期存单 + 其他

随着我国金融体系的飞速发展，原有的各种货币层次划分方法都不再适合现实的需要，因此在进行相关研究时，更多地直接运用中国人民银行统计报表中的货币层次（见表1-1）。

表1-1　2013—2019年我国货币供应层次与规模

单位：亿元人民币

年份	2013	2014	2015	2016	2017	2018	2019
M_0	58 574.44	60 259.53	63 216.58	68 303.87	70 645.60	73 208.40	77 189.47
M_1	337 291.05	348 056.41	400 953.44	486 557.24	543 790.15	551 685.91	576 009.15
M_2	1 106 524.98	1 228 374.81	1 292 278.11	1 550 066.67	1 676 768.54	1 826 744.22	1 986 488.82

数据来源：中国人民银行网站。

M_0＝流通中现金

M_1＝M_0＋活期存款

M_2＝M_1＋准货币（企业单位定期存款＋城乡居民储蓄存款＋证券公司的客户保证金存款＋其他存款）

随着金融体制改革的进一步深入和社会经济生活的进一步发展，货币层次的划分会不断地适应新形势而发生变化。

（四）货币层次控制重点确定原则

对广义货币口径进行了层次划分还不足以保证货币管理当局对货币进行有效控制，需要从不同的层次中找出最有利于也最容易进行货币管理的部分，以便于重点对待。

1. 相关性，指货币的某个层次与其他经济量的相关程度，即货币量的变化能在多大程度上影响物价、市场供求、投资规模等经济变量。影响力越大，则相关性越大。从计量分析的角度来看，考察相关性就是考察其他经济量对某个货币层次的边际效应。边际效应越强，则其他经济量对该层次的弹性越大，两者的相关性就越大。衡量相关性的量化指标是相关度。

2. 可控性，指中央银行等货币管理当局对货币总量或某个货币层次的变化，以及货币引起的经济量的变化，是否有直接、迅速的控制力度和精确的控制效果，从而使货币量和经济量始终处于政策意志轨道上。

3. 可测性，指中央银行等货币管理当局是否拥有系统化的、科学化的信息反馈、整理、分析能力，能否建立科学的数学统计分析模型体系，是否有精确的预测能力，等等。可测性是可控性的前提保证。

依照上述确定原则，在基本模式划分中，一般确定M_3为控制重点。相对应地，根据我国货币层次划分的特殊性，中国人民银行将M_2定为监控重点。

第四节　货币制度

一、货币制度的构成要素

货币制度的宗旨是加强对货币发行和流通的管理，维护货币的信誉，管理金融秩序，促进经济发展。它主要包括四个方面的内容：币材和货币单位的规定；本位币和辅币的铸造与偿付能力的规定；银行券与纸币发行流通的规定；黄金准备制度。

货币制度是指一国由法律所确定的关于货币发行和流通的结构和组织形式。

货币制度的发展并不完全与货币本身的发展同步。远古的实物货币流通阶段几乎没有成形的货币制度。金属货币阶段开始有对货币铸造和流通的一些具体规定，但在资本主义之前由于自然经济占统治地位，商品经济不发达，存在着币材众多、铸币权分散、货币规格各不相同、成色降低、平砝混乱等状况，所以货币制度也是分散而且混乱的。

随着资本主义生产方式的确立，不规范的货币制度很难适应资本主义国家建立统一的市场体系和稳定的市场环境的要求，于是各国都通过法律程序建立起严格的、统一的和规范的货币制度。到现代信用货币流通阶段，货币制度的宗旨和要求没有变化，但其内容已经有了较大的改变，一些传统的构成要素不再是重点了。

（一） 币材和货币单位的规定

币材规定在金属货币阶段是非常重要的，它决定了哪种金属作为基本货币金属，即作为本位币的铸造材料，因而也就确定了整个货币制度和货币流通的基础。

币材的确定是受客观经济规律制约的，绝不是国家机关或主管部门的主观意见可以决定的。一旦原有的币材不能适应生产力水平的发展，经济就会“自动”选择新的材料来取代之，货币制度实质上只是对这种客观选择的确定。

历史上曾有许多商品充当过货币材料。金属货币阶段的币材则相对较集中，但不同的国家和时期会有所偏重，如商品经济不发达的国家和时期一般选择银本位制或贱金属本位制，而发达国家和时期就可能实行金本位制。另外，币材也可能不是单一的，有时多种币材同时并存，比较典型的如19世纪前欧洲实行的金银复合本位制。我国清末之前也长期实行金银秤量制与铜铸币制并行的货币制度。

现在各国都实行不兑现的信用货币制度，法令中没有任何关于何种材料充当币材的规定，也就是说，传统货币制度中最重要的一个构成要素消失了。其原因是信用货币不具有实际价值，它是靠国家强制力量赋予的名义价值流通的，货币发行权又由中央银行垄断，所以币材的规定已经毫无实际意义了。

货币单位的规定即价格标准，包括货币单位名称和货币单位价值量的规定。

金属秤量制下的货币单位与重量单位完全一致。其后的金属铸币制中货币单位名称开始与重量单位名称分离，而货币单位价值量就是货币的含金量，仍以重量单位为标准。如1816年英国的《金本位制度法》（又称铸币条例）规定货币单位为镑，每1英镑含纯金123.27格令（约合7.97克）。再如我国1914年颁布的《国币条例》规定流通银元，其名称为“圆”，每1圆含库平银6钱4分8厘（约合23.977克），以之为主币，并割圆而得弧角，折角而得分厘，确定“角”“分”为辅币单位。

可兑现信用货币制度下，货币单位名称与铸币相同，货币含金量为可兑换的金币量或金块量。到现代信用货币制度阶段，货币单位名称可能会沿用铸币名称，但币值与金属完全分离，国家对货币名义价值也无具体规定，只是在货币发行管理中按经济发行原则，以商品物资为基础，通过各种措施保证币值的稳定。

另外，货币单位名称与货币名称是两个不同的概念。大部分国家货币单位名称就是货币名称，或在货币单位名称前冠以国名即为货币名称，如瑞士货币单位名称是法郎，货币名称为瑞士法郎。我国情况特别，货币单位名称是“元”，货币名称为“人民币”，所以在国内人民币的缩写为“RMB”，而在国际上按外国习惯将人民币缩写为“CNY”。

（二）本位币和辅币的铸造与偿付能力的规定

本位币又称主币，是一个国家法定的作为价格标准的主要货币，是用于计价、结算的唯一合法的货币单位，具有无限法偿的能力。

1. 金属货币制度下的本位币和辅币。在金属本位制下，本位币有如下两个重要特点：其一，多以贵金属为币材，是足值的货币，可以自由铸造。足值是指货币的名义价值（面额）与内在价值相等，也就是法定含金量与实际含金量相等。考虑到铸造技术和流通磨损问题，国家同时规定了两种价值间的最大差距，称为铸币公差，凡实际含金量低于法定标准超过公差者，禁止流通并可兑换新币。自由铸造是指任何部门和个人均可将货币金属交予国家广泛设立的造币机构铸造成本位币，并且可以将流通中的本位币熔化为金属条块。自由铸造的意义在于可以保证本位币为足值货币，并自动调节货币流通量，进而调节物价和国际收支。其二，是无限法偿的货币，即具有无限的法定偿付能力。凡使用足值本位币进行的购买和支付，不论数额多少，受款人均不得拒绝接受。

辅币是主币单位以下的小面额货币，主要用于零星支付和主币找零。

因为辅币流通速度快、流通磨损大、贮藏能力弱，为节约流通成本，辅币多为贱金属不足值货币。同时，国家为防止私人通过铸造这种不足值货币来牟利而垄断辅币铸造，即实行限制铸造，公差部分形成铸币收入，是财政收入的重要来源。鉴于上述特点，国家规定辅币为有限法偿货币，但辅币纳税或辅币兑换主币不受数量限制。

主币与辅币同时在市场上流通，两者间有固定的兑换比例。如英国原1/20镑为1先令，1/240镑为1便士，后来才改为1镑等于100新便士。

2. 信用货币条件下，主辅币的铸造与偿付规定有了极大的变化。现在绝大多数国家的主币都是钞票，即通常所谓的纸币，并有少量基本单位的硬币，均为无限法偿货币，由中央银行统一发行。辅币多为不足值硬币，大都由财政部门委托中央银行发行，一般也是无限法偿，铸币公差仍形成财政的铸币收入。另外，中央银行还发行一些辅币的钞票，与硬辅币同时流通，如我国第四套人民币保留发行了伍角、贰角和壹角的钞票，第三套人民币及之前还发行了伍分、贰分和壹分的钞票，不过从第五套人民币开始都停止发行了。信用货币的主辅币间也按固定比例兑换，大部分国家主辅币结构为两档，实行百进制，如1美元等于100美分，1卢布等于100戈比等。

为方便本国货币流通，不同国家都会根据市场情况设定现金的面额。如美元纸币有1美元、2美元、5美元、10美元、20美元、50美元和100美元共7种。1美元同时有硬币流通。辅币没有角的设置，只有分（cent）的单位，且全部为硬币。美元的硬币共有1分（one cent）、5分（five cents）、10分（one dime）、25分（quarter dollar）、50分（half dollar）和1美元6种。

我国第五套人民币的纸币有1元、5元、10元、20元、50元和100元，其中20元面额是增设的，同时也取消了此前一直存在的2元面额。硬币则有三种——1元、5角和1角，这样1元也有纸币和硬币两种流通形式。第五套人民币不再发行分币，但“分”作为一个货币单位仍然存在，而且此前所发行的尚未回收的分币仍然可以流通使用。

我国人民币全部是无限法偿货币，并统一由中国人民银行发行，原先由财政部门发行的硬辅币从1995年《中华人民共和国中国人民银行法》实施后也归口到人民银行。人民币主币单位是元，元以下设角和分两档辅币单位，以十进制进行兑换。人民银行除发行全部的流通用钞票和硬币外，还可根据需要限量发行具有特定主题的纪念币，包括普通纪念币和贵金属纪念币。

专栏1－8

《中华人民共和国人民币管理条例》（节选）

第一条　为了加强对人民币的管理，维护人民币的信誉，稳定金融秩序，根据《中华人民共和国中国人民银行法》，制定本条例。

第二条　本条例所称人民币，是指中国人民银行依法发行的货币，包括纸币和硬币。从事人民币的设计、印制、发行、流通和回收等活动，应当遵守本条例。

第三条　中华人民共和国的法定货币是人民币。以人民币支付中华人民共和国境内的一切公共的和私人的债务，任何单位和个人不得拒收。

第四条　人民币的单位为元，人民币辅币单位为角、分。1元等于10角，1角等于10分。人民币依其面额支付。

第二十二条　办理人民币存取款业务的金融机构应当按照中国人民银行的规定，无偿为公众兑换残缺、污损的人民币，挑剔残缺、污损的人民币，并将其交存当地中国人民银行。

第二十七条　禁止下列损害人民币的行为：

（一）故意毁损人民币；

（二）制作、仿制、买卖人民币图样；

（三）未经中国人民银行批准，在宣传品、出版物或者其他商品上使用人民币图样；

（四）中国人民银行规定的其他损害人民币的行为。

前款人民币图样包括放大、缩小和同样大小的人民币图样。

第三十条　中国公民出入境、外国人入出境携带人民币实行限额管理制度，具体限额由中国人民银行规定。

第三十一条　禁止伪造、变造人民币。禁止出售、购买伪造、变造的人民币。禁止走私、运输、持有、使用伪造、变造的人民币。

第四十条　印制人民币的企业和有关人员有下列情形之一的，由中国人民银行给予警告，没收违法所得，并处违法所得1倍以上3倍以下的罚款，没有违法所得的，处1万元以上10万元以下的罚款；对直接负责的主管人员和其他直接责任人员，依法给予纪律处分：

（一）未按照中国人民银行制定的人民币质量标准和印制计划印制人民币的；

（二）未将合格的人民币产品全部解缴中国人民银行人民币发行库的；

（三）未按照中国人民银行的规定将不合格的人民币产品全部销毁的；

（四）未经中国人民银行批准，擅自对外提供印制人民币的特殊材料、技术、工艺或者专用设备等国家秘密的。

第四十八条　本条例自 2000 年 5 月 1 日起施行。

（三）银行券与纸币发行流通的规定

在金属本位制中，银行券是一种黄金凭证，是商业银行通过商业票据贴现程序投入市场的货币符号，规定了含金量，其发行必须有黄金保证和信用保证这样的双重保证。可兑换银行券的持有者可在任何时候向发行者或指定商业银行兑换足额黄金。19 世纪中叶以后，可兑换银行券演变成了不可兑换银行券，只规定了含金量，不需要严格的双重保证，也不可兑换黄金。但国家为防止通货膨胀，对不可兑换银行券的发行管理仍很严格。纸币是由于战争、赤字或其他需要而由国家强制发行的既无任何保证也不规定含金量的货币符号，信用和国家机器是其存在的基础。

现代信用货币体系与黄金无直接联系，故传统货币制度中有关银行券和纸币的规定已无实际意义。现代货币制度中一般只规定实行信用货币本位制，货币由中央银行垄断发行，国家承担维护币值的义务，等等。

（四）黄金准备制度

金属货币制度中，黄金准备制度的主要目的是建立国家的黄金储备，保存在中央银行或国库，用于三个方面：作为兑付银行券的准备金，作为货币量调节准备金，作为国际支付准备金。现代的黄金准备制度已经没有前两方面的用途了，只是形成国家储备中的黄金储备，作为国际支付的最后手段，用于国际购买、国际支付和国际转移等。

二、货币制度的演变

货币制度以币材为代表。从前述币材的变化过程可以大致看出，货币制度主要经历了金属货币本位制和信用货币本位制两大阶段，其中金属货币本位制包含的具体形式很多。不同的本位制之间可能是历史发展关系，也可能是同时存在的关系（见图 1－1）。

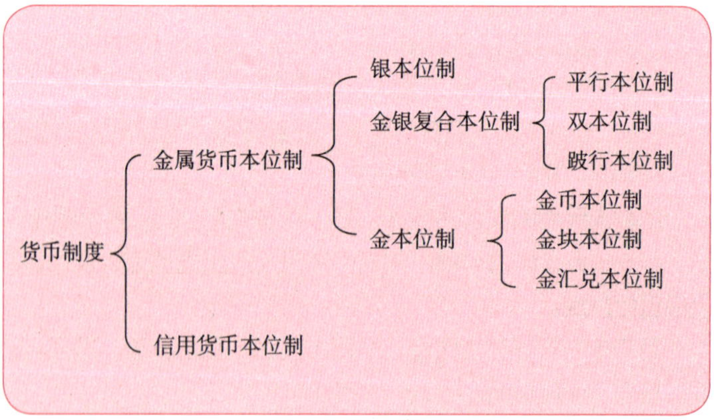

图 1－1　货币制度变迁示意图

（一）银本位制

银本位制是最早的货币制度之一，16 世纪开始盛行，以银为主币币材，无限法偿，自由铸造，自由输出入国境。但银本位制作为独立的货币制度存在的范围并不广泛，时间也不长。随着生产力的发展，银货币越来越显得价值含量低且币材短缺，不能适应经济形势。为此，许多国家相继采用了金银复合本位制或直接进入金本位制阶段。

（二）金银复合本位制

金银复合本位制是指金和银两种金属货币同时流通，都作为主币材料，均可自由铸造、自由输出入且无限法偿。根据金货币与银货币间兑换比例的确定方式，复合本位制又可分为平行本位制、双本位制和跛行本位制三种类型。

平行本位制是指金银两种金属货币间的兑换比例完全按各自的价值量由市场供求决定的制度。

平行本位制是金银复本位制的早期形式；双本位制是在金银比价波动较大，尤其是金贵银贱引起流通混乱时出现的；跛行本位制则是当国家无力再维持金银固定兑换比率时宣布对银货币实行限制铸造且有限法偿，使银成为金货币的辅币材料。跛行本位制实际上已不是复合本位制，而是介于复合本位制和金本位制之间的过渡性制度。

金银复合本位制曾广泛实行于早期资本主义国家，这种制度使流通的币材充裕，很大程度上推动了资本主义的原始积累和商品贸易。但它是一种不稳定的货币制度，尤其容易出现“劣币驱逐良币”现象，所以复合本位制逐渐被金本位制取代。

双本位制是指在金银复合本位制下国家强行规定两种货币金属的法定兑换比例，以维持两者的平等地位的货币制度。

（三）金本位制

金本位制是指黄金被作为主币币材的货币制度，它又可分为以下三种形式。

1. 金币本位制。金币本位制是最典型的金本位制，虽然存在的时间并不长，但却是一种稳定的货币制度，而且发挥的历史作用极其巨大。金币本位制的主要特点是：

金币本位制是指黄金作为主币材料并流通，由国家统一规定样式和含金量的铸币的货币制度。

其一，以黄金为主币材料，流通金铸币，无限法偿，国家对铸币有法定的样式和含金量规定。

其二，具有三大自由。首先是金币可以自由铸造或熔化，从而可以保证主币的足值；其次是可以自由输出入国境，并自动取得国际货币职能，促进国际贸易；最后是银行券按面额可以自由兑换金币，不受时间和数量的限制。

其三，金币本位制具有自发调节货币流通量、物价和国际收支的能力。自由铸造使货币贮藏职能充分发挥作用，因而可以自发调节货币量，进而调节物价；自由输出入则可以自动调节汇率，使汇率以铸币平价为基础维持在黄金输送点之内，而稳定的汇率又可以促进国际贸易的发展。

金币本位制的自动调节机制是市场机制这只“无形的手”充分发挥作用的基础，也是自由主义经济完成自动均衡的基础。可以说，金币本位制对于社会生产力的推动作用是无可估量的。但是，由于资本主义经济内在矛盾的激化，其稳定性因素逐渐被削弱，再加上信用制度发展、战争、财政赤字等原因使银行券和纸币开始大量流通，金币本位制于19世纪末20世纪初完成了其历史使命。

2. 金块本位制。金块本位制也叫生金本位制，是20世纪二三十年代西方资本主义国家主要的货币制度。其特点是：不再流通金币或其他金货币而流通银行券，黄金统一由国家储备；银行券规定含金量，可以在限制额度内（最高限和最低限之间）兑换生金；私人持有的金块可以自由输出入。金块本位制是西方国家在第一次世界大战后试图恢复金币本位制未取得成功而采用的变通性的金本位制，其稳定性不强，实质上是金属本位向纸币本位过渡的一种形式。

3. 金汇兑本位制。金汇兑本位制是一种殖民地或附庸国的货币制度。作为货币发行的黄金准备必须存放到被挂钩国，要兑换黄金必须先将本币兑换成外币才能换成黄金。这种货币制度如第一次世界大战与第二次世界大战之间以美元、英镑和法国法郎为核心形成的三大货币区，1935 年国民党政府进行法币改革后采取的货币制度（规定法币挂靠美元和英镑，而当时这两者分别实行着金币本位制和金块本位制），第二次世界大战以后以美国为首的西方阵营成立的布雷顿森林体系等，其中布雷顿森林体系最为典型。到 20 世纪 70 年代，由于经济危机、能源危机等各种原因，美国再无力维持黄金比价，遂宣布美元与黄金脱钩，布雷顿森林体系至此土崩瓦解，世界货币制度完全进入信用货币本位制阶段。

金汇兑本位制也叫虚金本位制，本币为规定了含金量但不直接兑换黄金的银行券，它与某一种跟黄金保持固定兑换比率的外币挂钩，实行固定汇率，即实行“双挂钩”。

专栏 1－9
布雷顿森林体系

布雷顿森林体系是指第二次世界大战后以美元为中心的国际货币体系。在布雷顿森林体系以前，国际货币体系由美元、英镑和法国法郎三大货币区构成，各货币集团之间矛盾重重，国际货币体系极不稳定。20 世纪 30 年代世界经济危机和第二次世界大战后，美国登上了资本主义世界盟主地位，这就使建立一个以美元为支柱的有利于美国对外经济扩张的国际货币体系成为可能。

在这一背景下，1944 年 7 月，44 个国家或政府的经济特使聚集在美国新罕布什尔州的布雷顿森林，商讨战后的世界货币和贸易格局。会议通过了《国际货币基金组织协定》，决定成立国际复兴开发银行（即世界银行）和国际货币基金组织，以及一个全球性的贸易组织（即现在的世界贸易组织）。

1945 年 12 月 27 日，参加布雷顿森林会议的国家中的 22 国代表在《布雷顿森林协定》上签字，正式成立国际货币基金组织和世界银行，并开始了一个新的国际货币体系即布雷顿森林体系。

资料来源：百度百科。

（四）信用货币本位制

信用货币本位制也叫纸币本位制，是指以不兑现的纸币为本位币，不规定含金量，也不可兑换黄金的货币制度。中央银行垄断货币发行，所发行的货币通过信用程序投放到经济流通中去，并由国家法律的强制力量赋予其无限法偿的能力。

信用货币本位取代黄金本位，可以说是货币制度演变过程中质的飞跃，它突破了货币的“黄金桎梏”，使具有个别使用价值的商品形态的货币形式发展成为无个别使用价值的信用货币，不仅大大地节约了社会流通费用，而且使金属本位制下经常出现的币材匮乏问题得到了一劳永逸的解决。

但是，信用货币本位制本身也具有很大的危机性，主要体现在：其一，现代信用货币为不兑现货币，没有特定的发行保证，其发行过程缺少内在的制约机制，很容易出现财政发行，导致通货膨胀。其二，信用货币不具备自发调节货币流通量的能力，只要货币供给量超过需要量的容纳弹性就会直接表现为币值下跌、物价上涨，影响人民的生活水平。其三，信用货币中的存款货币可以通过商业银行的资产业务尤其是放款业务进行大规模的存款派生，而商业银行作为企业，受经济效益的驱使又往往突破存贷款控制比例，导致信用膨胀。因此，信用货币必须在中央银行垄断发行的基础上，严格遵循经济发行原则，并时时采用各种货币政策工具对货币流通进行直接或间接的调控，以保证信用货币流通的正常性。

我国的人民币也是一种信用货币，其发行原则包括统一发行原则、经济发行原则和计划发行原则，以此保证人民币垄断性、适度性的发行和流通管理。

本章小结

1. 货币的作用是非常巨大的，但它只是私有制商品经济内在矛盾不可调和的特定产物。货币与商品保持着相互追逐的关系。货币作为一般等价物，成为社会价值量的体现物，并由此作为交换媒介促进了商品交换的质变。

2. 现代货币形式是信用货币形式，它是一种价值符号，因此在发行和流通过程中必须严格遵循货币流通规律。信用货币的职能相比金属货币而言发生了一些变化，这种变化导致信用货币流通量无法进行自我调节，即货币的自动均衡无法完成，从而货币危机性增大。

3. 货币的本质衍生出五种职能，其中最基本的是价值尺度和流通手段。其他职能是基本职能的延伸或组合。货币职能的发挥会对经济产生巨大的影响，尤其是当货币转化为资本时，可以完成和促进社会资源的优化配置。

4. 在市场经济条件下，货币作为生产的推动力，引导和促进劳动力与生产资料结合，这是货币首要的也是根本的作用。在此基础上，货币已经成为市场机制发挥作用和国家进行宏观调控的重要工具。

5. 如果按货币职能来界定，信用货币的量包括货币和准货币；如果从流动性的角度来细分，则可以划分成多个货币层次。货币层次划分是货币管理当局进行货币发行和流通管理的重要依据。

6. 货币制度可以规范一国货币的发行和流通。金属货币条件下的货币制度内容繁多，而信用货币条件下的货币制度主要是关于主币和辅币的发行及偿付能力方面的规定。

关键词

货币（money；currency） 信用货币（credit money）
货币职能（monetary functions） 货币层次（monetary levels）
流动性（liquidity） 货币制度（monetary system）

重要概念

价值形式 一般等价物 银行券 劣币驱逐良币 信用货币 电子货币 价值尺度 流通手段 支付手段 贮藏手段 国际货币 生产第一推动力 流动性 相关性 货币层次控制重点 准货币 风险 本位币 辅币 无限法偿 金币本位制 金块本位制 金汇兑本位制 铸币平价 金币流通三大自由

思考题

1. 为什么说货币形式从实物货币到金属货币再到信用货币是必然的规律？
2. 支付手段职能导致货币危机性的原因何在？它与通货膨胀有何关系？
3. 金属货币的贮藏手段职能为什么可以自发调节货币流通量，而信用货币不能？
4. 电子货币的发展会对货币层次及货币范围产生怎样的影响？
5. 货币作为生产的推动力起怎样的作用？为何说货币是宏观调控的重要工具？

练习题

1. 货币产生的经济根源是什么？货币是在什么过程中逐渐产生的？
2. 金属货币和信用货币之间主要的区别是什么？
3. 货币五大职能中的基本职能是哪两个？其他职能是如何在基本职能上演化出来的？
4. 为何要进行货币层次划分？划分的依据是什么？
5. 准货币主要包括哪些金融资产？货币层次控制重点的确定原则有哪些？
6. 货币制度一般包括哪些内容？金币本位制下的三大自由和一大功能是什么？

案例题

2013 年 3 月我国广义货币余额（M_2）突破 100 万亿元大关，到 2019 年底更是达到 198.65 万亿元，在全球新增 M_2 中占比高达 47%；与 2019 年我国 GDP 总量 99 万亿元相比，我国的货币化指数（M_2/GDP）已经超过 200%，远高于美国的 67%，也远高于发达国家的平均 80% 左右。

中国仍然面临严重的“流动性过剩”问题。“流动性过剩”最大的直接后果就是我国的通货膨胀。针对“流动性过剩”讨论下面的问题：

（1）流动性是什么？它对经济有何影响？

（2）人民银行对流动性的控制是强还是弱？为什么？

（3）2019 年初中央经济工作会议要求人民银行坚持稳健性货币政策，同时又要求保持合理、充裕的流动性，那么其真实意图是什么？

扫描二维码可阅读本章精选案例

第二章
信用与信用工具

本章知识结构

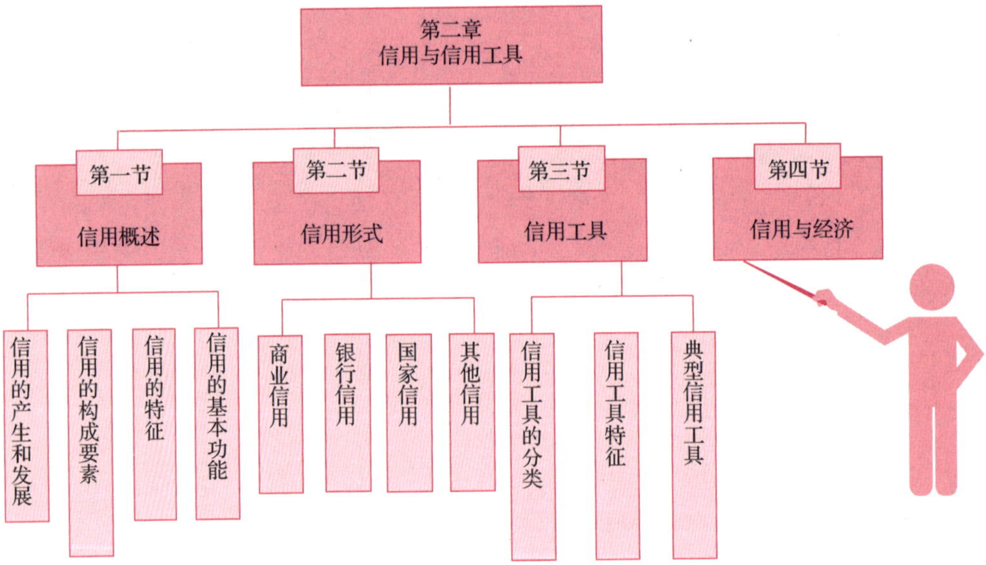

本章学习目标

- 了解信用的历史，掌握信用的基本概念与范畴；
- 把握信用的主要形式，并尝试进行融资规划；
- 熟悉主要的信用工具及相互间的区别；
- 初步理解主要的信用理论，并客观地认识信用的作用。

章前引例

随着互联网金融的发展，P2P 理财平台越来越成为新的信用渠道。2007 年我国第一家 P2P 借贷平台拍拍贷上线运行，到 2012 年网贷平台大爆发，同类平台数量超过2 000 家，总交易规模突破 1 万亿元。在监管滞后的情况下，经过无序竞争和野蛮生长，越来

越多的网贷平台开始出现风险。以2015年12月e租宝公司涉嫌非法集资被立案调查为引爆点，开始频繁出现P2P的“爆雷”。虽然同样从这一年开始人民银行和银监会等机构密集出台防控风险的措施，但积重难返，2018年出现集中的“爆雷”潮，以牛板金为代表的四大过百亿元规模的平台和以钱宝网为代表的四大高返现平台全部倒闭，整个2018年倒闭或停业的P2P平台超过1 000家，2019年也超过100家[①]，到2021年已全部关闭。集中的“爆雷”潮让人们越来越怀疑这些P2P平台实际上都是在从事“庞氏骗局”。[②]

“庞氏骗局”源自一个名叫查尔斯·庞兹（Charles Ponzi，1878—1949）的美国人，他在1919年第一次世界大战刚刚结束时，对外宣称投资欧洲的某种邮政票据可以赚大钱，并承诺所有的投资在45天之内都可以获得50%的回报。在第一批投资者如期拿到承诺的回报后，投资者就如潮水般加入进去，直到最后崩盘。美国的类似案例是莫道夫案。纳斯达克股票市场公司前董事会主席伯纳德·莫道夫（Bernard L. Madoff）因涉嫌制造“庞氏骗局”诈骗500亿美元资金，2008年12月被美国联邦调查局（FBI）逮捕，并被FBI和美国证券交易委员会（SEC）诉至美国曼哈顿联邦法院。莫道夫通过早年创立的伯纳德·莫道夫投资证券公司，大量吸收投资者的资金，然后宣称投资于复杂的金融产品，直到事发前，人们才发现“他旗下的投资顾问业务在2008年初时管理的170多亿美元资产似乎全都消失了”。

这些案例说明投资者正确、理性地认识信用活动和金融市场是非常重要的。

第一节 信用概述

信用是人类社会古老的客观存在，它甚至比货币的产生更早。早期的信用与金属货币形式相适应，主要发挥的是平衡社会资金余缺、加快社会资金周转的作用；当信用与信用货币联系在一起时，信用本身也具备了创造功能，由此信用的社会经济作用就远远超越了资金周转媒介的作用，而成为社会经济运行的推动者。了解信用产生发展的历史过程，掌握信用的基本概念和特点，对于把握信用的社会经济作用十分必要。

一、信用的产生和发展

信用与货币一样，不是从来就有的，也不是永恒存在的。它的产生有其必然的社会经济基础，并且将会随着社会经济的发展不断发展变化。

① 资料来源：网贷之家。

② 截至2020年底，全国实际运营的P2P网贷机构完全归零。

（一） 产生根源

信用产生的社会制度根源是私有制；产生的社会经济根源是社会资金流动的不平衡，即经济各部门资金流动的余缺存在。

信用(credit)是经济活动中以偿还和付息为条件的借贷行为。

1. 私有制商品货币经济是信用产生的可行性条件。私有制或多种经济所有制形式，存在所有权的划分和经济利益的差异。不同经济主体之间的资金重新分配，不可能像原始共产主义社会或未来高级共产主义社会那样直接划拨，而只能在保证所有权不变更的情况下，用有借有还、附带利息的方式进行，从而导致信用产生。

2. 资金余缺的存在是信用产生的必要性条件。在经济运行过程中，社会经济各部门的资金运动在时间上继起、在空间上并存，各环节紧紧衔接，稍有脱节，就会出现资金分布的不均衡，引起余缺；同时社会再生产各环节的不同特点，如投入的一次性与产出的多次性、生产消费的持续性和收入的间断性等，也使各经济部门可能出现资金收支不平衡，出现闲置或短缺。

通常情况下，家庭部门是最主要的资金盈余部门，因为大多数家庭都会为防备未来之不测、未来大额消费或者对家庭老幼的抚养而进行强制性储蓄。但在出现意外事件或者必须进行大额消费时，家庭部门也会出现资金短缺，尤其是在美国这类消费型国家。

政府部门也就是财政部门是国家最经常的赤字部门。财政出现巨额赤字的原因有很多，其中有两个主要的原因：一是财政收入与支出具有不同的特点，财政收入一般是连续性和分散性的，而财政支出则是阶段性和集中性的，这样就产生了收支的不平衡。二是财政政策是国家进行宏观调控的重要手段，为刺激经济加快发展，往往需要用赤字型的财政政策与扩张型的货币政策相配合。但如果政府部门的赤字率太高，则有可能引发债务危机。

赤字率是指财政赤字占国内生产总值的比重。按照国际上通行的《马斯特里赫特条约》标准，赤字率3%为安全线。

企业部门也是经常性的赤字部门，最主要的原因是企业在激烈的竞争中必须尽可能快地发展壮大，也就需要不断地投入资金。解决企业资金短缺可以通过内源和外源两个渠道。内源融资主要是通过企业自身积累来完成，其速度非常慢，一般不能满足企业发展的需要；外源融资包括证券融资和向金融机构融资等，都是典型的信用形式。

金融部门作为社会信用的主要中介人，会大量吸收存款并发放贷款，其经营管理的基本目标是收支平衡，但在其实际的经营过程中，同样可能出现资金短缺的情况，也需要通过信用形式来解决，如进入货币市场进行拆借和回购等，或者在资本市场上通过股权或债权的方式进行融资。

（二） 发展过程

伴随着人类社会的历史进程，信用也经历了漫长的发展过程，不管是信用形式、信用规模还是信用对经济所起的作用，现代信用都与传统信用有巨大的差异，这种差异实际上是一种发展，是与人类社会的发展相适应的。因此，可以总结的一个基本规律是：信用形式的变化必须适应经济基础的变化。这也是未来信用形式必须遵循的基本规律。

在封闭的、低效率的社会经济环境中，相对应的信用形式是高利贷；在存在广泛竞争的市场经济体系中，信用形式采用了大规模的社会化运行方式——借贷资本信用形式。

1. 高利贷信用。高利贷信用是生息资本的古老形式，是简单商品经济的特定产物。在简单商品经济条件下，包括奴隶制和封建制社会，由于各经济单位和经济区域非常封闭，缺乏开展大规模竞争的社会化条件，信用只能在非常狭小的范围内展开，而且只能由特定的主体来经营，所以当时信用的最基本特征就是高息。我国古代高利贷一般的利率约为月利率20% ~50%。

高息的基本特征决定了高利贷的其他特点：剥削性、非生产性、保守性、破坏性、局限性等。其中破坏性决定了高利贷信用的历史命运。破坏性是指高利贷的高息使借款人无力还贷而破产，社会财富分配严重失衡，从而破坏经济基础、激化社会矛盾。正是因为早期的信用形式主要是高利贷，而其高息具有破坏性，所以历史上才存在相当长时间的反利息思想。

2. 借贷资本信用。借贷资本信用是生息资本的现代形式，也是现代信用的典型形式，它以金融机构主要是现代商业银行为中介，通过存款、贷款等业务进行社会化的资金有偿分配，完成储蓄向投资的转化，它主要包括资本主义借贷资本信用和社会主义市场经济借贷资本信用。

借贷资本信用具有特殊的运动过程，即“双重支付和双重归流”的过程：

$$G \rightarrow G \rightarrow W\begin{Bmatrix} A \\ P_m \end{Bmatrix}\cdots P\cdots W' \rightarrow G' \rightarrow G'$$

金融机构用贷款方式将资金借给企业及其他经济主体，企业将资金用于购买生产资料和劳动力，并将这两大生产要素投入生产过程中去，生产出附加了剩余价值的商品，商品销售出去后收回投资成本，并形成一定利润，再归还金融机构贷款，其中既包含本金，也包含应付利息。整个过程中贷款和购买生产要素为两重支付过程，销售与偿还贷款为两重归流。如果再考虑金融机构的主要资金来源是吸收公众存款，到期必须偿还，则整个借贷资金运动过程就变成下面的“三重支付和三重归流”：

$$G \rightarrow G \rightarrow G \rightarrow W\begin{Bmatrix} A \\ P_m \end{Bmatrix}\cdots P\cdots W' \rightarrow G' \rightarrow G' \rightarrow G'$$

借贷资本信用形式以金融机构为核心，按照市场规则进行社会化的资金动员，完全克服了高利贷信用的封闭性、局限性和破坏性的特点，能在最大限度上促进生活、流通、分配和消费，因此对现代经济的作用是决定性的。

二、信用的构成要素

与任何经济活动都是由人、物及人与物之间的关系这三大要素构成一样，信用活动也是由这几个要素构成。

（一）信用主体

信用主体即信用活动中人的要素，表现为各方信用当事人。最基本的当事人是借贷两方：贷放者即债权人，是资金盈余者和供应者，在金融市场上表现为投资者；借款者即债务人，是资金短缺者和需求者，在金融市场上表现为融资者或筹资者。双方直接洽谈或通过中介人接触，签订信用协议，形成信用标的，并按协议展开借贷和偿还。

在现代信用活动中，往往还有一个非常重要的当事人，就是信用中介人。中介人的作用在于联系借贷双方，运用自身的专业技术能力进行社会化资金再分配，从而扩大全社会的融资总量和提高融资效率。信用中介人一般是较大的金融机构，其中最典型的是商业银行。商业银行与其他金融机构形成金融中介体系。围绕金融中介体系的活动形成了相对独立于实体经济的虚拟经济。虚拟经济的运行对经济发展具有无可估量的作用，同时也可能会给实体经济带来负面的冲击。因此，在信用活动中，信用的各方当事人必须要保持足够的理性，不能盲目进行投机活动，否则就可能陷入“金字塔”骗局，成为“最大的笨蛋”。

专栏 2－1
荷兰“郁金香事件”与凯恩斯的“最大笨蛋原理”

1593 年，一位维也纳的植物学教授将一种荷兰人从没见过的植物——郁金香带到荷兰。一些年以后，普通郁金香逐渐发生变异，其花瓣生出一些艳丽的彩色条。物以稀为贵，荷兰人很快开始了对变异郁金香的炒作。人们不断地高价买进这些变异郁金香，并以更高的价卖出。最高峰的时候，一个珍稀品种的郁金香球茎比同等体积的黄金还要值钱。到 1638 年，终于再没有人愿意出远超过球茎自身价值的钱购买球茎时，持续了数年的游戏崩溃了，荷兰人的郁金香狂热也就悲惨落幕，球茎价格跌到了一只洋葱头的售价，许多人为此倾家荡产。

伟大的经济学家凯恩斯从 1919 年开始做远期外汇投机生意，后来又涉足棉花期货交易和股票交易。经过多年的沉浮跌宕，到 1937 年他因病金盆洗手的时候，已经积攒起一生享用不完的巨额财富。凯恩斯根据荷兰“郁金香事件”和自己进行投机交易的心得，总结出了信用活动和金融市场交易的一个至上规律——“最大笨蛋原理”。

任何的投机活动都有一个共同的特征，即购买者并不管购买对象的实际价值是多少。比如投机者可能以 500 盾的价格购买实际价值仅为 50 盾的郁金香球茎，或者以 20 元的价格购买账面价值仅为 2 元的股票。投机者之所以这样，是基于一个预期，预期会有人以更高的价格从自己手上把这些东西买走。因此，投机品的实际价值是不重要的，重要的是有没有比自己更笨的笨蛋。如果不幸地没有比自己更笨的笨蛋了，那么自己就成了“最大的笨蛋”。投机行为的关键是判断有无比自己更大的笨蛋，只要自己不是“最大的笨蛋”就是赢多赢少的问题，因此投机活动也就成了“博傻”活动。这种心理预期所形成的市场规律，就是凯恩斯的“最大笨蛋原理”。

资料来源：MBA 智库百科。

（二） 信用标的物

信用活动中物的要素，表现为信用对象。信用标的物一般可概括为资金，包括货币资金和实物资金。由于现代信用主要是围绕货币资金展开，所以信用标的物一般就是货币或者货币性的金融资产。

信用标的是指信用合约中当事人之间存在的权利义务关系；信用标的物是指信用当事人双方权利义务指向的对象。

（三） 信用条件

信用条件实际上体现了人与物之间的关系。信用条件主要是关于期限长短和利息高低的条件。期限是信用关系延续的时间，利息是信用活动的报酬，这两个基本的条件确定下来后，信用标的基本也就确定下来了。其他的条件如是否有抵押、是否展期和如何追索等，都可以在基本条件下根据双方意愿来灵活决定。

（四）信用工具

信用工具作为记录信用标的的书面凭证，是伴随着经济活动的法律化和市场化进程而出现的。早期的信用工具主要是为了满足“口说无凭，立字为据”的需要而出现的，是为了在出现债务纠纷时发挥法律依据的作用。但仅凭这个作用，信用工具还不足以成为现代经济中如此重要的要素，因为随着法律制度的完善，在很多情况下即便没有书面凭证，只要有旁证来证明或根据法律推定原则可以确认，债权债务关系一样受法律保护。现在信用工具如此重要，更主要的原因是在经济市场化进程中，要求信用标的具备可转让性，以充分满足市场的资源配置功能。这就要求信用标的物由标准化的、可精确定价的和可广泛接受的载体来承载，这个载体就是具备充分流动性的信用工具。

信用工具又称为金融工具，是记载信用标的、保护债权人权利、具备法律效力的书面凭证。

三、信用的特征

信用活动起源于商品生产和商品交换，但与生产与交换活动都存在很大的差别，它具有一些独特的性质。

1. 信用标的所有权和使用权相分离。信用活动的开展是以债权人保留信用标的物的所有权为前提，暂时让渡出去的是使用权，债务人必须承诺在一定期限后向债权人归还使用权并支付使用的报酬即利息。所以，信用活动将信用标的物的所有权与使用权相分离，既增加了信用活动本身的不确定性，同时也为虚拟经济的存在创造了条件。由于被出借的使用权有向所有权回归的本性，这就决定了信用活动具有偿还性，偿还性又决定了信用期限。

2. 价值的有偿运动。价值运动形式有三种：一是无偿的运动形式，如捐赠、赔款等；二是等价形式，最典型的是商品交换过程，一手交钱，一手交货；三是有偿的运动形式，主要就是信用活动。信用活动不仅包含了偿还，还包括利息的支付。实际上，学习了第三章关于利息与利率的内容后，就可以知道利息是对出借资金而引起消费与收益损失的补偿，所以信用活动仍然是一种等价交换的形式，只是利息毕竟是在本金基础上额外存在的，因此一般地说信用具有了增值性。

3. 特殊的运动过程。如前所述，信用尤其是现代信用归根结底是建立在商品生产和商品交换基础之上的，其运动过程以产业循环为核心，信用资金的正常归还尤其是利息的正常支付必须以剩余价值的生产为前提，否则，信用就成了无源之水，信用风险被放大，信用链条也会随时断裂。

4. 风险性。信用活动面临很多风险，而且风险主要集中在债权人身上。从《巴塞尔资本协议》重点讨论的信用风险、市场风险和操作风险这三种主要金融风险来看，信用风险尤其如此。由于风险主要集中在债权人身上，所以到期由债务人支付给债权人的利息应包括两个部分：一是无差异的资金时间价值；二是风险溢价或叫风险贴水。任何信用活动的资金时间价值都是一致的，但不同信用活动的利率不同，就是因为风险大小不同。

风险（risk）是某个事件结果的不确定性。经济活动中的风险是指收益的不确定性。风险的统计学度量方法是计算收益率的标准差或方差。

四、信用的基本功能

（一） 资金配置功能

1. 促进储蓄向投资转化。信用活动调剂余缺、互通有无，使闲置的资金流向需要的部门或经济主体，加快了资金流通速度，提高了资金使用效率，促进了利润率的平均化，客观上起到了优化资金配置的作用，实际上通过资金的配置完成了社会资源的配置。

2. 促进规模效应形成。现代经济中有许多经济活动需要动员巨额的资金。信用活动将许多分散的经济主体手中的小额资金募集起来，迅速地变成大额资本，来完成小额资金根本无法完成的任务。不管是以银行为核心的间接信用，还是以证券为核心的直接信用，对于现代经济中达到资金的规模效应并进而完成产业的规模效应，都是至关重要的。

3. 促进社会合理分配。信用活动必然完成利息的分配，利息分配完成收入分配，收入分配推动产品分配，最终进行的是社会财富的重新分配。社会主义公有制要求以按劳分配为基本的分配形式，但在建设社会主义市场经济阶段，也允许按资分配等多种分配形式。不管何种分配形式，只要是有利于生产力的发展，就是合理的。信用活动促进按资分配，也是社会分配体制的重要补充。

（二） 信用创造功能

信用发展到以各类金融中介机构为核心的阶段，信用本身也具备了传统信用所不具备的功能，即信用创造功能。通过特定的金融机构，尤其是中央银行和商业银行，信用可以源源不断地创造出新的支付能力，对经济形成持续的推动力。

根据熊彼特的“非常信用理论”，现代信用体系创造出超过现有经济总量的资金，调动更多的社会资源，使经济处于加速发展的状态，而不是维持在现有水平上。从更广义的角度看，信用创造功能还包括了为市场机制提供更多更新的交易方式和工具，使市场向纵深发展，提高市场的深度、广度与弹性，这就是后面将要讨论的金融创新。

当然，信用创造功能实际上也给经济带来了更多的不确定性，如信用风险、通货膨胀以及经济周期等。如何更好地发挥信用创造功能的正面作用而规避其负面影响，是当前金融理论的一个重要前沿问题。

（三） 信息传播功能

市场经济中各经济主体都是依靠信息来确定其行为的，因此市场运行有效性的一个重要条件就是经济信息能够被广泛地、充分地传播，如果存在不对称信息，则市场交易成本就会提高，市场交易效率就会下降。社会化的信用活动将所有的经济主体都联结起来，所有经济主体的相关信息，不管是宏观的还是微观的，也都可以汇集在一起，通过特定的组织或机构进行广泛的、充分的传播，从而不断地提高市场的效率。比如在证券交易所上市的股份公司，必须定期或不定期地将自身的相关信息通过交易所的信息渠道公之于众，这样投资者就可以根据信息进行投资决策。

（四） 宏观调控功能

上述信用所具备的各项功能，使信用对于宏观经济运行具有了决定性的作用。总体上讲，当信用规模扩大时，社会总供给和总需求都会随之扩大，反之则收缩；同时，当信用结构调整时，社会供求结构也会调整。因此，各国政府的宏观调控机制主要就是由信用调控机制构成。如一国政府运用货币政策调节经济，货币政策的各项工具基本都是用来调节信用规模和信用结构的。

第二节 信用形式

由于信用活动是在不同的经济主体之间开展的，并且开展的各种条件也不尽相同，因此信用形式是丰富多样的。不同的信用形式特点不同，因而在取得的难易程度、利率的高低、可取得的规模大小及经营管理的策略等方面都不同。了解不同的信用形式之间的区别，对于灵活地采用信用形式进行投融资规划非常重要。

专栏2－2

一个企业可能取得的融资方式

企业通过签发商业票据以赊销方式补充原材料——商业信用。

企业以土地和存货等为抵押品向商业银行取得商业性贷款，或由地方政府担保向政策性银行取得政策性贷款——银行信用。

企业将优质资产捆绑上市，在资本市场上发行股票以融资；或以固定资产为抵押，通过某个投资管理公司建立偿债基金以发行企业债券——证券信用。

与金融租赁公司合作，通过定期缴纳租金的方式获得大型设备的使用权——租赁信用。

向小额信贷公司或者P2P信贷平台举借过桥资金——民间信用。

在得到股东同意后，减少当年红利分配，提取更多的自由公积金——内源融资。

在其他国家发行外国债券或在欧洲货币市场上发行欧洲债券，或者与他国企业签订背对背贷款协议——国际融资。

资料来源：百度百科。

信用形式可以从不同角度来进行划分。从信用过程来划分，可分为直接信用和间接信用；从地域划分，可分为国内信用和国际信用；从源头来看，可分为内源融资和外源融资；从信用主体划分，可分为商业信用、国家信用、银行信用等，稍后会按这种划分方式进行详细的描述与讨论。

内源融资具有自主性、低成本和抗风险的特点，因此，家族企业和比较成熟的大企业更倾向于内源融资；外源融资主要是向银行借贷或在资本市场上通过发行有价证券来融资，要么增加债务负担，要么会稀释股权，所以往往是处于高速成长期的公司采用。

内源融资是指企业不断将自己的储蓄，主要包括留存盈利、折旧和定额负债等，转化为投资的过程。

直接信用与间接信用是一种重要的信用分类。现代信用体系中，最典型的直接信用是证

间接信用是指由专门的信用中介联系资金供求双方，并在此过程进行资金重新分配的信用活动。

券信用，最典型的间接信用是银行信用。区别直接信用与间接信用的根本标准是看有没有中介人以及中介人在信用过程中有没有进行资金的重新分配：有中介人且进行了资金重新分配的是间接信用，没有中介人或有中介人但没有进行资金重新分配的是直接信用。

直接信用最大的优点是交易成本低，但在规模上、范围上和期限上都会受到很大限制，存在较大的信息不对称，风险也较大，从而整体的社会成本高，即形成的资金时间价值浪费较大；间接信用虽然交易成本高，但能进行社会化的资金重新分配，通过商业银行等中介能最大效率地动员和配置资金，克服信息不对称，降低融资成本，提高融资效率，因而是完成信用社会功能的最好方式。

因为间接信用具有更突出的优点，所以多数国家在信用体系发展历程中，都会经历间接信用为核心的阶段，如美国曾经出现以银行为核心的垄断组织金融寡头，德国发展出全能银行模式，日本曾经大量运用主办银行模式，我国的四大商业银行也曾经占据统治地位。

当间接信用体系发展到一定程度时，为保证信用体系的全面性，各国相继开始大力发展直接融资模式，尤其是发展证券市场。20 世纪 50 年代开始，美国的证券市场快速发展，到现在已经形成了银行信用和证券信用并重的比较完善的信用体系。我国近年也积极拓展直接融资渠道，虽然规模仍然较小，但也基本形成了层次完整、渠道丰富、范围广泛的证券市场体系。

一、商业信用

商业信用是企业之间以商业票据为工具所形成的短期资金融通活动。商业信用是历史非常悠久的信用形式，在简单商品经济时期就出现了，到资本主义完全自由竞争阶段时达到顶峰。其后随着资本主义进入垄断时期及社会主义信用体系的出现，商业信用逐渐成为信用补充形式，甚至在某些时期几乎完全消失或被禁止，社会信用形式的重点转移到银行信用上。不过，从 20 世纪 50 年代开始，在发达国家，由于金融机构的参与，商业信用以创新形式重新回到主要信用形式的行列中。

商业信用在发展的早期具有很强的商品性，即商业信用只能在现实的商品交换的基础上开展。由于商业信用直接关系到商品生产和商品交换，所以其期限一般都很短，而且自偿性很高，即法律规定商业信用到期必须无条件偿还，而且债务人负无限责任。由于期限短和自偿性，所以商业信用所产生的商业票据又具有很强的货币性，是典型的准货币。不过现代商业信用的商品性已经很弱，期限也逐渐变长，其范围不再限于企业之间，许多金融机构如商业银行积极参与其中。

商业信用作为典型的直接信用，具有交易直接而迅速、交易费用低等特点。此外，商业信用在一定程度上扩大了商品交换渠道，调剂了商品市场，节约了社会流通费用，加速了资金的周转，对于商品生产和商品交换有较大的积极作用。

但是，商业信用的缺陷也是非常突出的。首先，它具有很大的局限性，如规模上、期限上、方向上、资金形态上和范围上的局限性等；其次，它具有分散性和盲目性，对货币流通影响大而货币管理者对其控制力度较弱；最后，商业信用虽有法律上的严格规范，但仍然容易导致投机性，并最终损害商品生产和商品流通。

二、银行信用

银行作为典型的信用中介人进行资金来源与资金运用之间的重新分配，克服了其他信用形式的各种局限性，大规模地促进社会资金全方位、多层次流动，因而毫无疑问是社会信用体系中最重要、最有效的信用形式，其融资额在我国占社会融资总额的95%以上，即便在美国其比例也在60%以上。

银行信用是指通过各类金融中介机构，将货币转化为借贷资本进行社会化资金分配的信用形式，其典型方式就是商业银行的存贷款业务。

银行体系中商业银行的地位最重要：商业银行提供各种存款业务，既有活期存款，也有定期存款；既有结算类账户，也有储蓄类账户；既有大额定期存款，也有小额储蓄存款。总之，商业银行面对社会经济各阶层各类主体，提供多样化的存款服务，最大限度地吸收动员社会闲置资金，加快资金周转，提高资金使用效率。同样地，银行体系的贷款业务也种类繁多，从数百亿元的银团贷款到数百元的小额信贷，从几个月的通知贷款到数十年的住房抵押贷款，各种金额和各种期限的贷款都发放，因而又能进行全面的社会资金分配。

银行信用的重要性还体现在信用货币的提供方面。从第一章中我们已经学习到，现代信用货币中现金是直接由中央银行发行的，存款货币则是由商业银行直接提供的，从这点看，银行信用已经深入我们生活的每个方面。关于银行信用的其他方面，如银行职能、主要业务和经营管理理论等，将在后面的章节详述。

三、国家信用

严格地说，国家信用既包括财政以债务人身份所形成的债务，也包括以债权人身份所提供的信用，许多国家尤其是一些经济大国，都是国家债务和国家债权并存。但由于国家债务的数额一般远大于债权，而且国家债权多为象征性的，所以这里只讨论国家债务。

国家信用是指一国政府通过财政部门向国内外各类主体举借债务而形成的信用。

如前所述，国家财政部门是最经常的赤字部门，为弥补赤字，财政部门要么增加税收，要么举借债务。增加税收一方面可能激起民众的强烈反应，另一方面根据“拉弗曲线”的三个基本结论①，增加税收仅能弥补赤字但可能牺牲经济发展，而减税却可能扩大供给带动经济发展，所以弥补赤字的办法主要就是举债。

政府借债包括外债和内债。举借外债的形式包括向国外政府借款、向国际金融机构借款、向国际银团借款和发行国际债券等。在这些外债形式中，政府借款往往附带一些政治条件，所以一般国家很少使用，或者在政府债务中所占比例会非常小。外债中经常使用且数额可以较大的是国际金融机构借款，如向国际货币基金组织（IMF）、世界银行集团和亚洲金融公司等机构借款。由于国际金融机构借款一般期限较长且利率较低，所以是外债使用方式中比较好的一种。

外债余额中除各部委形成的外，其余外债则是国内团体、企业、事业单位、金融机构或

---

① 税收量不一定与边际税率同方向变化；降低边际税率将鼓励人们用劳动代替休闲；高税收将降低投资率，而降低边际税率将鼓励投资和生产。“拉弗曲线”是新经济自由主义学派供给学派的理论基础，用于说明减税对于经济发展的重要性。

者其他机构通过国际金融组织贷款、外国政府贷款、外国银行和金融机构贷款、买方信贷、外国企业贷款、发行外币债券、国际金融租赁、延期付款、补偿贸易中直接以现汇偿还的债务及其他形式所形成的。通常政府外债在国家外债中所占比例并不大，且全部政府债务中外债所占比例也不会很大。

内债包括向中央银行借款和发行国债。向中央银行借款会打乱中央银行的货币发行计划，导致货币的财政性发行，所以多数国家都以法律形式禁止。如《中华人民共和国中国人民银行法》第二十九条明确规定："中国人民银行不得对政府财政透支，不得直接认购、包销国债和其他政府债券"；同时第三十条也规定："中国人民银行不得向地方政府、各级政府部门提供贷款"。

于是，发行国债就成为政府债务的主要形式。国债实际上是以未来的财政收入为抵押而形成的信用形式。国债包括政府公债券和国库券，其中国库券是主要形式。政府公债券指长期国债，最长可达三五十年，用途是公用事业、重点项目、基本建设等，利率较高，不定期以私募方式发行；国库券则为短期债券，用于弥补财政赤字，利率低，定期公募发行。我国国库券形式比较独特，一般都是 1 年期及以上的期限，虽然也进行过半年期和 3 个月期国库券发行的尝试，但效果不好，最终都放弃了。之所以出现这种"短债长发"的现象，既有我国金融市场尤其是债券市场整体的交易机制不健全的原因，也有财政部门偏好长期债务的原因。

最常用的评价国债规模合理性的指标主要有三个：国债负担率、国债偿债率和国债依存度。国债负担率的公认警戒线为 60%，国债偿债率的国际警戒线为 10%，国债依存度的国际警戒线为 30%。

国债负担率是指某年国债余额与当年国内生产总值(GDP)的比例；国债偿债率是指某年国债应还本付息额与当年财政收入的比例；国债依存度是指某年国债收入与当年财政支出的比例。

合理规模的国家债务不仅具有弥补财政赤字的作用，更具有宏观调控的重要意义。一方面，国家债务所筹措的资金用于政府投资，可以带动社会投资，从而增加投资总额。发达国家政府投资对于社会投资往往存在"挤出效应"，而我国则存在明显的"示范效应"，所以政府投资在我国的经济意义非常突出。另一方面，国家债务作为财政政策的构成部分，与货币政策积极配合可以有效调节社会信用规模，发挥宏观调控的作用。

四、消费信用

消费信用按信用对象不同可分为卖方信用和买方信用。卖方信用是信贷机构对商品批发商或零售商融通资金，以使其有能力对消费者提供分期付款服务；买方信用是信贷机构直接对消费者提供融资，以使其能一次性向销售商购买消费品，然后按协议定期向信贷机构偿还贷款本息，典型的买方信用形式如房地产按揭。当前主要的消费信用形式是买方信用，除商业银行专门针对住房和汽车消费发放消费信用外，许多商业银行还以信用卡为载体向消费者提供小额消费信贷。此外，很多小额信贷机构、汽车金融公司、典当行和 P2P 信用平台也提供消费信用，但风险较大，往往会出现很多法律纠纷甚至恶性案件。

消费信用是商业银行或专门的消费信用机构向消费者提供的以大型耐用消费品为抵押的信用形式。

消费信用一般有一个保证金比率的规定，即消费者个人首付比率，这是消费信用机构为规避信用风险和市场风险而采取的风险管理措施。消费信用保证金比率是调节消费信用规模和结构的有效工具，因而也就成为货币政策选择性工具中的一种。当保证金比率下降时，消费者通过消费信用进行消费的动机增强，消费规模也就扩大；反之则规模缩小。宏观调控部门经常通过调整保证金比率基准来调节社会信用规模和消费规模，如近些年人民银行将住房贷款保证金比率从20%提高到30%，将第二套房购置的保证金比率提高到50%，可以一定程度地遏制房地产价格上涨。

按揭是抵押（mortgage）一词英文的粤语音译，原指以私人资产（不动产或动产）为抵押向信贷机构获得贷款的过程，现主要指私人房地产抵押贷款。

消费信用可以刺激经济增长，从而拉动经济发展。但任何事物都有两面性。通过消费信用所进行的消费是一种超前消费，即将未来的收入用于当前消费，这固然可以扩大当前消费规模，拉动短期内需，但也存在加剧经济过热引发经济周期的风险。随着观念的变化，我国许多年轻人忽略社会保障体系的现状与个人收入的实际水平，过度使用消费信用，尤其是在买房买车方面，导致个人收支失衡，成为所谓的“房奴”或“车奴”，买房买车后相当长的时期都将为月供而节衣缩食，在影响实际的个人生活水平的同时，也使社会消费呈现周期性波动的状况。

五、租赁信用

租赁信用是一种以融物的方式进行融资的信用活动，它通过出借实物商品以收取租金。租赁信用表面上是融物，实际上仍然是融资，因为除了信用标的物是实物外，标的物的计价与租金的收取都是货币形式，而且融资租赁由专门的金融租赁公司经营，它是典型的非银行金融机构。

租赁信用的形式主要包括两种，一种是经营性租赁，另一种是金融性租赁。经营性租赁又叫服务性租赁，标的物通用性较强，租赁期短，承租人变更快，由出租人负责保养和维修管理工作。经营性租赁与日常生活联系较为紧密。

金融性租赁又称融资性租赁，比经营性租赁更接近货币信用，标的物专用性强、金额大且期限较长，租期满后一般将残值作价出售给承租人。金融性租赁形式多样，包括直接租赁、转租赁、回租租赁、杠杆租赁等。转租赁是指多家金融租赁公司联合进行一项大额租赁业务；回租租赁是指承租人将自己拥有产权的资产卖给租赁公司并租回使用，可取得资金回笼的效果。

杠杆租赁是指出租人在自身资金也短缺的情况下向其他金融机构融资，从而分散风险、降低费率。

金融性租赁活动中租金的支付不同于普通贷款的利息支付，因为每期租金除包含应付利息外，还包含租赁品的折旧，即本金的摊销。本金的摊销要运用复利原理，以精确计量资金的时间价值，其摊销方式包括直线摊销法和加速摊销法等，具体的方式可由出租人与承租人根据实际情况由合约确定。

六、证券信用

证券信用是最典型的直接信用方式，其典型方式是某个发行者面向广大投资者发行具有广泛流动性的证券，因而可以迅速而有效地完成资本

证券信用是以发行股票或债券等有价证券的方式完成资本集中的信用形式。

集中。证券信用实际上是一种社会集资的方式，但由于有规范的证券作为融资凭证，所以风险会更小、效率会更高。

相比银行信用而言，证券信用不仅速度快、规模大、效率高，而且证券是面向广大投资者以公募方式发行的，所以将投资风险分散到了全部投资者身上，而银行信用的信用风险几乎全部集中在银行身上，因此发达国家尤其是美国更注重证券信用，其证券融资额也几乎与银行信用不相上下。

证券信用最典型的方式就是股份制。股份制信用采用发行所有权凭证的方式而不是债权凭证的方式来筹措资金。由于股票是永久性的工具，发行公司在持续经营过程中没有偿还的压力，所以公司能够更合理地运用资金，资金的使用效率可以得到提高；同时由于认购了股票的股东对股份公司有归属感，并能通过一定形式参与公司管理，因此其主观能动性能更好地发挥，经营管理的效率也可以提高。所以，股份制信用是处于创业期或成长期的公司最好的筹资方式。

不过，在发达国家，成熟的股份公司一般都更倾向于债券融资而不是增发股票，因为增发股票会稀释股权，导致原有股东对公司的控制权被削弱，所以即便债券融资会增加公司债务清偿的压力，公司的融资策略也会倾向于此。在中国，由于多数公司处于起步阶段或成长期，急需长期稳定的资金来源，而且由于中国证券市场特定历史原因造成的股权分置问题，因此公司对股权融资有特殊的狂热偏好。

证券信用必须依托完善的、有效率的证券市场，这是因为证券信用的一个重要条件是所发行的证券具有完全的流动性。如果证券市场组织架构不完善、交易规则不健全，就会出现证券发行者恶意“圈钱”的情况，破坏筹资者与投资者之间的市场平等关系，带来市场信心的丧失，使市场变成一个恶性投机场所，最终使筹资、投资双方两败俱伤。我国以两个证券交易所为核心的证券市场虽经 30 年的建设，但完善程度仍然不高，市场充满投机，这集中体现在股票市场的暴涨暴跌上，尤其是在股权分置改革完成之前，存在着上市公司与投资者的严重对立现象。因此，到目前为止，我国的融资体系仍然是以银行信用为绝对主体。显然，要发展我国的证券信用，关键还是要建设与完善证券市场。

随着互联网金融的发展，出现了“众筹”这种新的社会集资形态。众筹包括公益众筹和创业众筹等方式。众筹不仅方便快捷，而且因为范围广泛、可参与性强，集中资金的速度更快，将会是未来主要的社会集资形态。当前，众筹面临的最大问题是缺乏有效的监管，信用风险比较突出，尤其是公益性众筹出现了很多的欺诈事件，不仅损害了社会公信力，也影响了互联网金融的健康发展，因此加强对众筹的规范和监管是当务之急。

七、民间信用

民间信用是指社会各微观经济主体之间，尤其是居民个人之间所形成的直接信用形式。民间信用在各类信用形式中历史是最悠久的，由于金融监管部门很难进行有效监管，因此往往具有高利贷性质。民间信用除随机发生的个人之间的借贷活动外，在我国的一些地区，往往发展成为特定的信用组织，如合会、标会、抬会和帮会等形式，类似于国外的轮转储蓄与信贷组织。这些民间信用组织有的是长期性的，有的是短期性的；有的组织结构比较规范，有的则非常零散。因为缺乏统一监管，所以有些合会所筹集的资金被用于非生产性的活动如赌博等，利率也越抬越高，演变成“金字塔式”的信用活动，最终崩溃并导致社会问题。

民间信用的信用风险往往会非常大，但不管是在新中国成立前，还是在改革开放后，民间信用在我国都一直存在，一个原因是其成立和运转都很简单、直接，而更主要的原因还是金融体系的不完善。如许多落后的农村地区，金融机构数量少，金融业务品种单一，群众的金融观念落后，所以民间信用有很大的生存空间。在我国许多传统观念浓厚的经济发达地区，民间信用也很发达，但在缺乏监管的情况下，最后多数出现了信用危机，如2011年温州地区和鄂尔多斯地区民间借贷者的“跑路”风潮，以及2018年P2P平台的“爆雷”潮等。因此，民间信用作为一种补充性的信用形式，必须被纳入有效的金融监管体系中，才能发挥其应有的作用。

第三节　信用工具

信用工具也叫金融工具，是具备法律效力的、代表所有权或债权并据以享受相应权益的书面凭证，必须具有规范性、可接受性和一定的可转让性。

信用工具的产生是信用的必然结果，它是维系信用活动的纽带。最早的信用工具就是借条。在此基础上其形式不断完善、法律效力不断增强。到现代，信用工具已经不仅仅是信用的凭证，更成为虚拟经济的基础。当然，信用的风险性也集中体现在信用工具的风险性上。在现代金融市场上，对信用工具风险的管理已成为微观金融的重点。

专栏2－3
对比金融工具、证券与有价证券

金融工具即信用工具，泛指所有信用活动产生的书面凭证，是最宽泛的一个概念。

证券是指各类记载并代表一定权利，用于证明持有人有权依其内容而取得相应权益的法律凭证的统称。

广义的证券包括货币证券、资本证券、商品证券和凭证证券等四类：货币证券是指本身能使持券人或第三者取得货币索取权的凭证，如商业汇票、商业本票、银行汇票、银行本票和支票等，国库券也可属此类；资本证券是指由金融投资或与金融投资有直接联系的活动而产生的证券如股票、债券及其衍生品种如基金证券、可转换证券等；商品证券也叫财物证券，如提货单、运货单、仓库栈单等；凭证证券又称无价证券，如存款单、借据、收据等。

狭义的证券则是指具有流通性的金融工具，主要包括资本证券和货币证券。现在各国努力推进的资产证券化即旨在促进资产的流通性。美国次贷危机是证券化的副作用所致。

有价证券是指标有票面金额，证明持券人有权按期取得一定收入并可自由转让和买卖的所有权或债权凭证。因为持有者可凭此直接取得一定量的商品、货币，或是取得利息、股息等收入，并且可以在证券市场上买卖和流通，所以有价证券客观上具有了交易价格。广义的有价证券包括货币证券、资本证券与商品证券，狭义则仅指资本证券。通常意义上，在金融市场的实践活动中，有价证券就是资本证券，尤其指股票和长期债券两种。

简单地理解，证券是可流通的金融工具，有价证券是可流通的长期金融工具。

此外，还有一个重要概念是金融资产，这是站在投资者的角度来说的。一项金融工具，对于投资者而言是资产，对于筹资者而言则表示负债。

资料来源：李扬. 金融学大词典［M］. 北京：中国金融出版社，2014.

一、信用工具的分类

信用工具从不同的角度来观察，可进行不同的分类。

（一） 权益性工具与债权性工具

权益性工具是一种所有权凭证，表示持有人对发行主体的所有权权益，最典型的是股票中的普通股，其持有人可据以参与公司经营管理和红利分配；债权性工具是债权凭证，表示持有人对发行主体拥有债权，最典型的如债券和存款凭证等，其持有人可据以获得利息收入并到期收回本金。

（二） 直接信用工具和间接信用工具

在直接信用活动中发行的信用工具就是直接信用工具，商业票据和有价证券是典型的直接信用工具，都具有流通性；间接信用工具主要是银行工具，如银行票据和银行存贷款凭证等，一般不具有流通性。

（三） 无限可接受工具和有限可接受工具

凡可为全部或绝大部分经济主体所接受的就是无限可接受工具，最典型的就是狭义口径的货币，在我国可接受程度最高的是流通中的现金；有限可接受工具范围非常广泛，准货币和非货币性金融资产都属此类。无限可接受与有限可接受的区别取决于经济主体尤其是居民对其风险和购买能力的判别与预期，能直接执行货币流通手段职能且风险非常小的就会成为无限可接受工具，否则就是有限可接受工具。

（四） 长期信用工具和短期信用工具

凡信用工具从发行日至到期日之间的期限超过 1 年的，均为长期信用工具，也可叫资本性工具，其中可流通的即为前述之资本证券，亦即有价证券。银行长期存贷款凭证也是长期信用工具，但不属于有价证券。期限在 1 年及以下的信用工具即为短期信用工具，也叫货币性工具，各类票据、可转让存单和国库券等都属此类。

（五） 固定收益工具和非固定收益工具

固定收益工具也叫固定收益证券，一般都是债权性工具，其收益为固定的利息收入，到期时归还本金，大部分信用工具都是固定收益工具；非固定收益工具主要指股票，尤其是普通股，其收益为不固定的红利收入，具有永久性，没有偿还的要求。两类工具在定价上有较大区别，固定收益工具定价可以比较精确，因而市场价格波动较小，投资风险也较小；非固定收益工具因为具有收益的不确定性，所以市场价格波动大，风险也大。

固定收益证券（fixed-income instrument）是指持券人可以在特定的时间内取得固定的收益，并预先知道取得收益的数量和时间的证券，如固定利率债券、优先股股票等。

（六）基础性工具和衍生性工具

基础性工具也叫原生性工具或传统性工具，是指可依据其自身收益情况来进行定价的工具，是引导资金进入产业领域的媒介，体现真正意义的资金融通，一般历史相对比较悠久，市场体系比较成熟和完整。

衍生性工具是在基础性工具之上衍生出来的，其存在与定价必须基于原生性资产或资产价格，其回报率和回报时间完全由基础工具的表现来决定。衍生工具不能完成引导资金进入产业领域的任务，是主要的套利和风险转移手段。如股票现货市场上的股票是基础性工具，而基于股票指数的股票指数期货则是衍生性工具；再如美国次贷危机中住房抵押贷款凭证是基础性工具，而基于此的证券化产品如抵押支持债券（MBS）、按揭支持商业票据（ABCP）、债务抵押凭证（CDO）和信用违约掉期（CDS）等都是衍生性工具。随着金融创新的不断发展，衍生性工具本身也可以进行衍生，如 CDS 就是基于 MBS 和 CDO 的衍生品，被称为衍生性工具中的衍生性工具。

二、信用工具的基本要求

信用工具尤其是证券一般具有如下的法律特征：直接代表财产权利，票面文字表明的财产权利和证券不能分离；持有人只能向特定的、对证券负有支付义务的人主张财产权利；对证券负有支付义务的人是单方履行义务，无权要求对方给予相应的对价，义务人也无权追究持券人的证券来源和使用的原因等。信用工具的法律特征决定了其一般性市场特征与要求。

（一）偿还性

偿还性体现了偿还本金的基本要求。如前所述，由于信用活动是将信用标的物的所有权与使用权相分离的活动，而使用权有向所有权回归的要求，这就决定了信用活动必须是有特定期限的，亦即具有偿还性。

对于债权性工具而言，偿还性是显而易见的，但是对于权益性工具如股票来讲，因为是永久性的，偿还性就无法直接体现出来。实际上，股票的偿还性可通过两点体现：一是股票作为产权凭证，其收益是不固定的红利形式，红利中既包含了资金的时间价值，也包含了所投资额的回流，租赁信用中租金的性质也与此类似；二是股票发行公司在撤销或破产清算时，股东有剩余资产的分配权，这也体现了偿还性。

（二）安全性

安全性体现了规避各类风险以实现保值的基本要求。金融工具所面临的三种主要风险是信用风险、市场风险和操作风险，这三种风险可以具体表现为诸如政策风险、国际风险、财务风险、投机风险、币种风险、利率风险和汇率风险等。金融风险的客观存在，使金融工具的安全性非常突出。为满足安全性的要求，投资者必须采取一定的风险管理策略，如分散策略和对冲策略。风险分散策略就是将资金分散到不同的资产形式上以形成有效资产组合，从而有效规避非系统性风险；风险对冲策略就是利用多种交易的反向操作来化解风险，如利用金融衍生工具进行套期保值。

（三）流动性

流动性体现了金融工具变现的基本要求。流动性也叫流通性，是可以将未到期的金融工具提前在金融市场上转让出来以回笼资金的特性，实际上就是提前实现偿还性。流动性不仅具备资金回笼的功能，还为投资者进行资产转换提供了渠道。当投资者预期当前所持有的证券收益率会下降时，随时可以将现有证券卖掉并购入预期收益率高的证券，以实现个体利益最大化。要保证流动性，就必须要有一个规范的、有效的金融市场体系。

（四）收益性

收益性体现了金融工具增值的基本目的。投资者投资于各类金融资产，其根本目的就是获得各类收益，包括利息、股息、红利和价差收益，价差收益也叫资本利得。当然，投资者只顾收益性而不顾安全性也是不行的。实际上，当投资者权衡是否投资于某项金融资产时，必须综合对比风险与预期收益，如果预期收益可以补偿所承担的风险则为之，否则就会放弃。

衡量收益性的标准是收益率，其基本的公式是收益率 = 收益/本金。因为收益率都是按一定期限来计量的，而且期限一般以年为单位，所以常用的是年收益率，这就需要将总收益摊薄到各年上去，其基本公式是年收益率 = 年收益/本金。

偿还性、安全性、流动性和收益性四个要求之间既存在统一的关系，也存在矛盾的关系。总体上，偿还性与其他三性之间基本是统一的，安全性与流动性之间也是统一的，主要矛盾集中在安全性与收益性、流动性与收益性之间，这个矛盾恰好体现风险与收益成正比的经济规律。在金融市场上运用投资组合理论进行资产选择，目的就是要处理好这个矛盾，以实现风险最小条件下的收益最大化。

三、典型信用工具

不同的信用形式产生不同的信用工具。不同的信用工具既具有共性，也具有特性。对于经济活动中比较常见的和影响力较大的信用工具，我们可从货币市场和资本市场两个角度来进行考察与讨论。

（一）货币市场工具

1. 票据。票据是承诺或命令付款的短期支付凭证，一般具有流通性、自偿性、无因性、要式证券等特点。流通性是指票据可通过背书或贴现的方式变现；自偿性是指票据往往对应于商品生产和销售，随着产销过程的完成，形成了销售收入后，可用收入来偿还票据债务；无因性即不可争议性，付款与出票原因无关，到期债务人必须无条件付款，一般负无限责任，背书人负连带责任；要式证券是指票据的签发有法定格式。

票据包括商业票据和银行票据两大类：商业票据主要是商业本票和商业汇票；银行票据有支票、银行汇票、信用证和信用卡等。商业票据是商业信用所产生的票据，一般期限比较短，商品性较强；银行票据多为支付凭证，用于资金的划拨结算。

（1）商业本票，又称商业期票，是债务人签发给债权人的付款保证书，其自偿性和无因性最强；期限短，一般7天以下；可以背书转让，包括全式背书和略式背书。

（2）商业汇票是另一种主要的商业票据，它必须经过承兑才能生效。承兑汇票主要的变现方式是贴现。贴现是指客户持未到期的商业票据到商业银行申请融通资金的过程。

商业票据（commercial paper）是一种短期的无担保证券，是由发行人（多为信誉高、实力雄厚的大公司）为了筹集短期资金或弥补短期资金缺口在货币市场上向投资者发行，并承诺在将来一定时期偿付证券本息的凭证。

（3）支票是用于同城资金结算的凭证，性质与商业期票相同，其种类很多。在发达国家，支票是非常普遍的支付工具，既可用于大额支付，也可用于小额支付。

商业汇票(commercial bills)是出票人签发的，委托付款人在指定日期无条件支付确定的金额给收款人或持票人的票据。

（4）银行汇票是用于异地资金结算的凭证，可分为即期汇票和远期汇票。

（5）信用证是金融机构尤其是商业银行承诺付款的凭证，性质与商业期票和支票相类似，也是一种支付工具，主要包括旅行信用证和商品信用证。商品信用证是主要用于国际结算的一种付款承诺书，它与承兑汇票一起使用，形成现在非常普遍的国际信用证结算方式。

（6）信用卡是一种卡基的支付工具，它以磁卡来存储相关信息，并具备储蓄、消费、转账结算、存取现金和透支等功能。银行卡是主要的信用卡形式，在我国主要分成借记卡和贷记卡：借记卡也叫储蓄卡，是以活期储蓄账户为基础，具备透支功能以外的所有信用卡功能；贷记卡就是真正意义的信用卡，除具备一般的功能外，最重要的就是在取得银行或信用卡公司授权后可以透支，因此多用于消费信用。

2. 国库券。国库券是财政部门为弥补财政赤字而发行的短期国债。国库券具有流动性高、风险小、投资方便和收益较高等特点，是将流动性与收益性协调较好的信用工具。

我国国库券少有 1 年期以下的品种，主要包括凭证式和记账式两类，前者可流通，后者不可流通。

3. 可转让大额定期存单。可转让大额定期存单是金融创新的典型，将活期存款的流动性与定期存款的收益性较好地结合在一起。它的主要特点包括：不记名，不允许提前支取；期限固定，一般为 1 个月、3 个月、6 个月、9 个月、12 个月五个档期；面额固定，有一个最低额度，往上必须是最低额度的整数倍；利率较普通定期存款低；流动性较高，有专门的二级市场。

4. 货币市场基金单位。货币市场基金是以短期金融工具为投资对象的投资基金形式，货币市场基金单位则是该类基金所发行的组合式投资工具。其特点是综合流动性强，安全性高，多为开放式基金，可随时赎回，等等。

（二）资本市场工具

资本市场工具主要指资本证券，亦即通常所说的有价证券。资本市场工具代表一定的所有权或长期债权，有专门的二级市场，主要受市场利率和预期收益的影响，市场价格波动较大，主要包括股票和长期债券。此外，证券投资基金单位、外汇凭证和金融衍生工具一般也归为此类。

1. 股票。股票是股份有限公司公开发行的代表股东权益，股东到期据以获得红利或股息收入的所有权凭证。发行者将全部资产分成等额股份，因而每股股票有固定面额，如我国所有上市股票的面额均为 1 元人民币，而国外可自行确定股票面额。股东依据所持有的股票数量分享权利、分担义务。

股票的价值分为面值、净值、清算价格、发行价格和流通价格。面值即面额，为发行时资产总额按股份数的等分；净值是每股股票所对应的净资产；清算价格是公司破产清算时每股股票所对应的实际价值；发行价格是股票发行时参照同类公司股票价格并考虑投资者需求和市场情况而确定的价格；流通价格是股票在二级市场上进行转让时的价格，主要由现值理论和收益资本化规律来决定，并包含了市场投机因素。一般蓝筹股的发行价格和流通价格都比较高，往往能对股票市场指数形成较大影响力。

股票有多种划分方法，最主要的是按股东权益划分，可分为普通股和优先股。普通股有参与公司管理的权限，收益方式为红利，分配顺位在优先股之后；优先股无管理权，按固定的股息率获得股息，分配顺位在普通股之前。优先股相当于永久性债券，是一种投资型工具，发达国家主要是一些大公司发行，而我国当前则没有优先股。

我国股票有一些独特的种类，如国家股、法人股、职工股和流通股，它们是特定历史阶段的产物，随着股权分置改革的完成，已经成为一个历史名词；再如 A 股和 B 股的划分，也将随着 A 股市场的合格境外机构投资者准入制度（QFII）的实施和 B 股的完全对内开放而成为历史。其他如 H 股、N 股和 S 股的划分则可能长期存在。

股票区别于其他有价证券的特点是没有偿还期以及收益的不确定性，这就使股票定价非常困难，其理论流通价格波动非常大，因而股票投资的风险也非常大。

2. 长期债券。债券是债务人出具的在约定时间内承诺还本付息的书面凭证。短期债券一般划归货币市场，而长期债券则属于资本市场。债券作为典型的固定收益证券，具备信用工具所有一般性的特征。债券与股票的主要区别包括：表明的关系不同，前者是债权凭证，后者是所有权凭证；投资者的权利和义务不同，前者无管理权，后者可参与管理；收益的方式及顺位不同，前者获得利息，分配在前，后者获得红利，分配在后。

债券最主要的分类是按发行主体不同而分为政府债券、金融债券和公司债券。

政府债券按行政层级可分为中央政府债券和地方政府债券。中央政府债券包括公债券和国库券；地方政府则只能发行地方政府公债券。

金融债券是金融机构所发行的长期债券，主要用于补充资本金和筹集长期投资资金，其主要的发行者是专业银行、政策性金融机构和非银行金融机构，商业银行也有少量发行。

公司债券有时也称为企业债券，大体可分为信用公司债券和抵押公司债券，前者是一些大公司仅凭信誉而发行的无抵押债券，后者则需向特定第三方出具抵押品。公司债券的具体种类非常多，如可转换公司债券、重整公司债券和偿债基金公司债券等。重整公司债券是濒临破产的公司所发行的用于置换原高利率债券的低息或无息的债券；偿债基金公司债券是发行者通过投资管理机构成立专门基金的方式所发行的债券。

债券按发行及流通地域可分为国内债券和国际债券。国际债券主要包括外国债券和欧洲债券。外国债券是指在某外国发行的以该国货币计价并且只在该国流通的国际债券；欧洲债券则是指以某种欧洲货币为计价币种并且可在国外多个国家同时发行和流通的国际债券。由于外国债券限于特定外国，所以一般以该外国的特定形象为别称，如在美国发行的叫扬基债券，在英国发行的叫猛犬债券，在日本发行的叫武士债券，在中国发行的就叫熊猫债券，在东亚和东南亚发行的统称为龙债券，等等。

3. 证券投资基金单位。证券投资基金是一种由不确定多数投资者不等额出资组成并交给专业性管理机构管理的集合投资形式，证券投资基金单位则是证券投资基金发行的证明持有人享有投资基金资产和相应收益的有价证券。

证券投资基金的一种分类是契约型基金和公司型基金。前者按信托原则，以某个金融机构为发起人设立基金，并对公众发售受益凭证，基金单位持有人无权参与基金管理，而由托管人行使监督权；后者设立公司，对外公开发行股份，投资者即股东，可通过股东大会行使管理权。我国目前只有契约型基金。

按管理方式划分，证券投资基金可分为封闭式基金和开放式基金。前者在发行期结束后基金单位就封闭起来，既不允许直接赎回，在未经证券管理部门允许时也不得增加基金单位，投资者只能在二级市场转让；后者可随时申购或赎回，主要通过柜台市场交易。我国目前开放式基金较多，原有的封闭式基金也多希望进行“封转开”。

按筹集对象划分，证券投资基金可分为公募基金和私募基金，后者只对特定对象发行。我国目前没有明确界定私募基金的合法性，所以其一般以半公开的方式运行。

4. 外汇凭证。外汇是以外国货币表示的用于国际结算的支付凭证，包括外币、外币支付凭证、外币有价证券及其他。外汇凭证的特点是自由兑换、普遍可接受和可偿付。在国际货币体系中，有一些货币如美元、英镑和欧元等充当着国际关键货币，即欧洲货币，通常所说的外汇就是指这些货币和相应的货币资产。这些外汇由于相对比较坚挺，所以可作保值性投资；同时由于汇率波动较大，也可作外汇投机。当然，近年来随着美元贬值较大，以美元资产为核心的我国外汇储备缩水严重，所以政府将以前外汇储备中美元超过90%的比例下调到70%左右。

5. 金融衍生工具。金融衍生工具是在基础性工具或原生性工具基础上通过拆解、重组或创新而得来的派生性工具，其价格随基础性工具的价格或数值变动而变动。基础性工具的范围非常广泛，不仅包括资产（如商品、股票和债券等）、价格（如利率和汇率）和各种指数（如股票指数、物价指数甚至天气指数）等，也包括金融衍生工具本身，即衍生工具本身可以再衍生。这些基础性要素的表现将会决定衍生工具的回报率和回报时间。

金融衍生工具的主要品种包括金融期货、金融远期、金融期权和金融互换。期货交易是指交易者在期货交易所内进行的标准化的约定一定期限后按约定价格交易某项资产或资产价格的交易；远期交易与期货交易性质相同，但不必标准化；期权交易是交易双方交易一种选择权，该选择权在特定时间可以按约定价格买卖某项资产或资产价格，或者不买卖；金融互换是指交易双方按不同的支付率或支付方式向对方进行支付，以达到优势互换的效应。

金融衍生工具具有避险的功能，同时又具有高风险的特征，这两者并不矛盾，最终出现哪种结果取决于交易者的选择。如果运用套期保值交易，将基础性交易与衍生交易结合起来，可以避险保值；如果单纯进行衍生工具交易，则必然面临高风险。这表明衍生工具是一柄“双刃剑”，即具有突出的利弊两面性。

第四节　信用与经济

信用对于现代经济的作用是巨大的甚至在一定程度上是决定性的。一方面，信用活动进行社会资金的再分配，提高了经济运行效率；另一方面，信用活动创造出信用货币和其他信用工具，为经济提供持续推动力。同时，信用可能带来负面影响，如经济周期的形成。

一、信用与经济发展

人们很早就认识到信用具备调剂资金余缺的功能，但信用活动作为经济加速发展的直接推动力，这一点很晚才为人们所认识。对于信用与经济长期发展之间的关系，理论上经历了信用媒介理论到信用创造理论的发展，并由此形成了非常信用理论。这种理论上的发展恰与货币形式从金属货币向信用货币发展的轨迹相适应。

在金属货币流通条件下，信用媒介理论认为信用是转移和再分配现有资本的工具，并不能创造出新的资本；银行的作用在于媒介信用而不是创造信用。因此信用只能发挥调剂资金余缺的功能，不具备创造新的生产推动力的功能。

信用创造理论则在货币名目主义的基础上，认为信用就是货币，就是资本，信用能够形成新的资本；银行可以通过其主要的存贷业务创造更多的信用；通过信用的创造过程，形成更多的社会生产推动力，促进国民经济加速发展。

熊彼特等人在信用创造理论的基础上进一步提出了“正常信用”（normal credit）和“非常信用”（abnormal credit）的概念。前者是以现实商品流通为基础的信用，如依据商业票据向银行请求的贷款；后者则为不具有现实商品流通基础的信用。

正常信用只能保证生产的正常循环流转，非常信用才是经济发展一个不可缺少的因素，因为它可使企业在正常的生产范围以外获得所需要的资金。当企业获得非常信用并实行了生产资料的新组合后，可以提高生产效率和降低成本，因而利润增加，收入增加，物价上升，经济发展。

非常信用理论在经济学说史上第一次指出了货币信用因素对于长期的经济发展所具有的重要意义，因此成为当代货币增长理论的先驱。此后，在几乎所有的宏观经济增长理论中，不管是哈罗德—多马模型、索洛—斯旺模型还是托宾模型，都将非常信用考虑为一个重要的经济增长变量，这也为现代虚拟经济的发展奠定了理论基础。

二、信用与经济周期

经济周期（business cycle）也称为商业周期或景气循环，指社会经济状况会沿着繁荣—衰退—萧条—复苏的过程周而复始地变动。

货币、信用与经济周期之间的关系，是自新古典主义以来的各学派经济学家研究的重要内容之一。这些经济学家们首先认识到了信用与经济周期之间存在极强的相关性，于是就深入地研究相关的原因与状态，并在此基础上提出了许多解决问题的理论对策。

（一）信用的顺周期特征

信用活动具有典型的顺周期特征，即当经济繁荣时，信用活动规模越来越大，金融泡沫越来越丰富；当经济趋于衰退时，信用就会急剧收缩，进一步加剧市场的资金短缺，直到出现危机并进入长时间的萧条。信用的这种顺周期特征实际上加大了经济周期的振幅，拉长了周期的时间。这个特征的形成有其内在的必然性。

信用活动本身对于经济具有放大作用，亦即通常所说的杠杆效应。当许多借贷活动的保证金比率较低时，就能推动更多的实体经济交易。如果社会需求的增长跟不上供给增长时，经济的危机性就存在了。另一个重要原因是信用活动的趋利性。随着经济的不断发展，实体经济的平均利润率慢慢降低，借贷资本逐渐流向高收益的部门，如房地产部门或者股票市场等虚拟经济部门，经济泡沫日益增多，实体经济与虚拟经济进一步脱节，形成经济的周期性发育。

“萧条的唯一原因是繁荣。”这是法国古典经济学家朱格拉对经济周期所作的最经典的论断。此后的许多经济学家研究了信用对经济周期的影响。瑞典学派创始人维克塞尔在其累积过程理论中，从累积性增长或衰退的角度讨论了货币及信用推动经济周期的机理；英国经济学家霍曲莱提出了“纯货币”的商业循环理论，认为商业循环纯粹是一种货币现象；哈耶克更是直接地指出，正是因为国家垄断了货币发行，货币发行量和社会信用量都波动不定，最终引发经济周期。

熊彼特的非常信用理论中也包含了信用周期的内容。他认为，非常信用可以促进企业的技术革新，技术的新老交替就是经济周期的原因。他还对商业循环的周期加以系统化，将基钦周期、朱格拉周期和康德拉季耶夫周期联结起来，3 个基钦周期构成 1 个朱格拉周期，6 个朱格拉周期构成 1 个康德拉季耶夫长周期。

分别作为凯恩斯主义和新经济自由主义旗手的凯恩斯和弗里德曼各自提出了自己的周期理论。凯恩斯认为外生性的货币供给降低利率，刺激投资，必然引起经济周期，因此重要的是政府对经济积极干预，运用相机抉择原则来抹平经济周期；弗里德曼则针锋相对地指出，既然外生性货币供给是造成经济周期的罪魁祸首，那么政府就不应该干预经济，而是实行“单一规则”来实现经济的长期稳定发展。

（二） 相机抉择与逆风向调节

信用的顺经济周期特征及其放大功能，不仅会加大周期的幅度，而且会延长周期的时间，这一点是现代经济学家们所共同承认的。如果按弗里德曼的自由主义思想，政府实行单一规则，那么长期内经济是具有稳定性的，但并不见得能克服经济的短期波动性。实际上现代经济的脆弱性使得短期的经济衰退和失业增加也是不可容忍的。鉴于此，当今各国政府大多采用凯恩斯的干预主义理论，按相机抉择原则，即灵活机动地运用货币政策进行反周期的调节，在经济繁荣阶段进行信用收缩，在经济衰退阶段进行信用扩张，人为地使信用成为逆周期的活动，这样政府的宏观调控功能就能抹平哪怕是短期的经济波动。相关的理论还会在第十六章详细讨论。

本章小结

1. 社会经济各部门都可能出现资金的盈余和短缺，家庭部门是最大的盈余部门，而财政部门往往是最大的短缺部门。在私有制或多种经济成分并存的条件下，解决资金余缺问题的主要方式是信用。信用从高利贷形式发展到大规模的借贷资本形式，标志着信用在社会经济中的影响作用日益巨大。

2. 信用活动中信用标的物的所有权与使用权的分离，决定了信用最基本的特征是偿还和付息，同时也使信用活动天生具备了信用风险；信用的基本构成要素包括人、物、条件和工具；信用最基本的功能是资金和资源的配置功能，现代信用所具有的信用创造功能和信息传播功能又促使宏观调控功能的出现。

3. 从现代金融中介机构发挥的作用角度看，信用可分为直接信用和间接信用两大类，两者各有利弊，但主要的信用形式仍然是以商业银行为核心的间接信用。两类信用各自发展，产生了诸如国家信用、商业信用、银行信用、证券信用和民间信用等具体形式。

4. 信用工具是信用活动必不可少的记录凭证，必然具有偿还性、安全性、流动性和收益性的特征。信用工具从传统的票据、股票和债券等发展出投资基金和金融衍生工具，既丰富了市场交易品种，满足了市场多样化需求，也使信用工具的定价和交易复杂化。

5. 在信息不对称条件下，信用活动可能出现逆向选择和道德风险，由此形成的信用风险必须通过有效的风险管理来化解。现代银行体系的信用创造能力使信用对经济的推动作用极其巨大，也使虚拟经济与实体经济之间的相关性越来越大，在很多时候，信用可能加剧经济周期性波动甚至直接引发经济周期性波动，因此信用管理已经成为必要。

关键词

信用（credit）　信用形式（type of credit）
银行信用（credit of banks）　信用工具（credit tools）
虚拟经济（fictitious economy）

重要概念

高利贷　借贷资本　信用标的物　信用创造　规模效应　直接信用
间接信用　内源融资　商业信用　按揭　国家信用　负债率
消费信用　证券信用　租赁信用　民间信用　证券　有价证券
权益性工具　固定收益证券　金融衍生工具　偿还性　安全性　流动性
商业票据　商业期票　商业汇票　信用卡　国库券　货币市场基金
股票　普通股　债券　不对称信息　逆向选择　信用周期

思考题

1. 信用标的物的所有权与使用权相分离会带来哪些效应？
2. “三重支付、三重归流”的信用运动过程体现了信用与经济之间怎样的关系？
3. 在直接信用与间接信用对比中为什么间接信用更具有优势？
4. 融资者进行融资方式选择时应注意哪些影响因素？
5. 信用工具的基本特征之间是怎样的关系？如何协调？
6. 为什么说金融衍生工具具有两面性？
7. 信用的顺周期特征能否改变？应该实行相机抉择还是“单一规则”？

练习题

1. 社会经济各部门经常性的资金余缺分布状况是怎样的？
2. 信用的基本构成要素有哪些？
3. 信用具有哪些经济功能？
4. 信用工具应具备哪些基本特征？

5. 普通股与优先股有哪些区别？
6. 债券按发行主体分类可分为哪几种？
7. 在信息不对称条件下，信用活动的事前和事后分别可能发生怎样的行为？

案例题

2009 年 6 月 30 日，震惊美国的伯纳德·莫道夫涉嫌制造“庞氏骗局”诈骗案终于尘埃落定：由于可能诈骗的金额高达 1 000 多亿美元，这位时年 71 岁、制造了美国历史上最大金融诈骗案的犯罪嫌疑人被纽约地方法院的法官判处 150 年监禁，并处 1 710 亿美元的罚款。

法院同时宣布没收莫道夫约 8 亿美元的个人全部财产及其夫人自称拥有的 8 000 万美元资产，这些固定资产将会被尽快拍卖。法官认定，莫道夫给投资者造成了至少数百亿美元的直接损失和更大的间接损失，因此被判入狱 150 年，这一判罚具有重大象征意义，将对那些有意从事此道的犯罪分子起到震慑作用。

2018 年中国出现的 P2P 信贷平台“爆雷”潮，使人们再次想起“庞氏骗局”和莫道夫案。很多 P2P 平台成立之初，承诺给投资者极高的回报，但对于资金运用项目却往往含糊其词。投资者虽然也会担心风险，但在巨额回报的引诱下，将自己的血汗钱投入其中，最终伴随着这些平台的资金链断裂，这些血汗钱也全部化为乌有。

针对以上事例讨论以下问题：

（1）“庞氏骗局”中是否存在信息不对称问题？

（2）以上案件中的投资者应不应该承担一定的责任？

（3）如何判断一个融资活动是否为“庞氏骗局”？

扫描二维码可阅读本章精选案例

第三章
利息与利率

本章知识结构

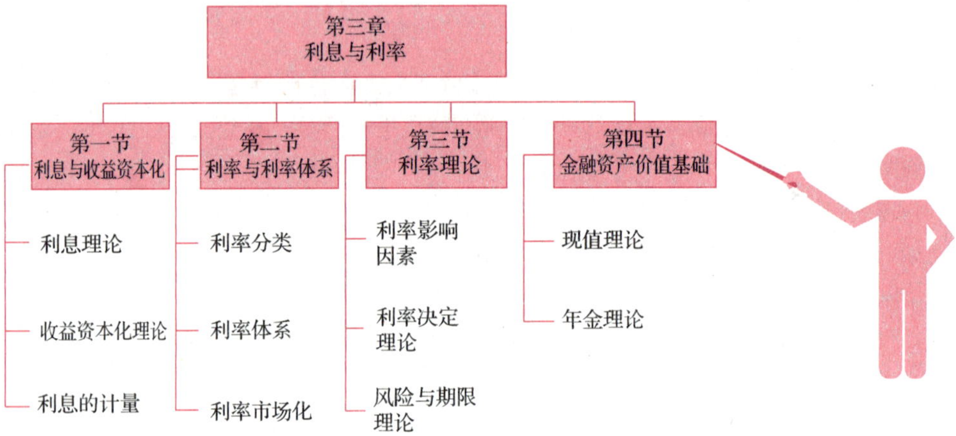

本章学习目标

- 理解利息的本质与收益资本化规律，认清利息的来源；
- 熟悉利率的基本类型，构建利率体系和利率市场化的概念；
- 了解利率结构及利率决定理论；
- 掌握市场利率的作用，了解金融资产定价的基础。

章前引例

2017 年 8 月，巴西足球明星内马尔·达·席尔瓦以 2.22 亿欧元[①]的历史第一转会价从巴塞罗那俱乐部转会到巴黎圣日耳曼俱乐部（简称大巴黎）。这次转会之所以引人注目，除各种波折和纠纷外，更多的是内马尔为何值这么多钱，2.22 亿欧元的价格又是如何确定的呢？

---

① 资料来源：搜狐资讯。

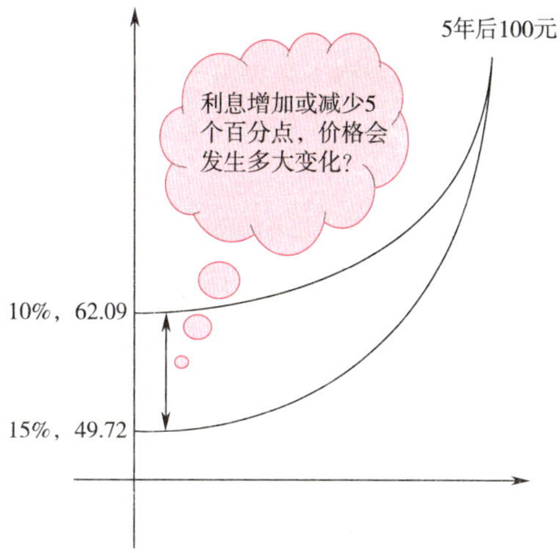

内马尔成名于巴西桑托斯队，转会巴塞罗那队后相继随队获得西甲冠军和欧冠冠军，2016年又率队获得里约奥运会冠军，因此其价值不菲是应该的。至于2.22亿欧元的身价，则是运用收益资本化原理计算出来的。

我们假设当前的市场利率——一般是银行存款利率或国库券利率，它可以作为市场上收益率的一般代表——是5%，如果大巴黎有2.22亿欧元的资金，那么通过银行存款或投资国库券，就可以获得每年1 110万欧元的收益。

现在大巴黎的财务师们通过计算，发现如果购买内马尔就可以通过各种方式为俱乐部每年增加1 110万欧元的收益，因此用2.22亿欧元购买内马尔是值得的，因为这实际相当于将2.22亿欧元存入银行而取得收益。

当然，投资于内马尔的风险明显高于银行存款，所以2.22亿欧元应该是大巴黎所能承受的最高价格了。在实际操作中，要么大巴黎支付2.22亿欧元，但内马尔能带来的收益不止1 110万欧元；要么收益为1 110万欧元，但最终支付的转会费低于2.22亿欧元。最终大巴黎支付了2.22亿欧元，表示俱乐部预期从内马尔身上获得的收益率高于银行存款的收益率。

收益资本化原理可以广泛用于对无价值之物进行定价，如人力资源、土地和金融资产等，而市场利率水平在此过程中发挥极其重要的作用。

第一节 利息与收益资本化

利息是信用活动的基本前提之一，也是信用活动的必然结果。利息的古老存在使利息成为信用运行的基本特征。在现代金融活动中，利息作为资金的时间价值以及利率作为基本的经济杠杆，都成为现代金融的核心内容。在宏观金融中，利率是货币政策调节经济的重要手段；在微观金融中，利率是金融产品设计及相关的风险管理活动的出发点。

一、利息理论

（一）对于利息合理性的认识

利息是对资金使用权让渡而引起即期消费和机会收益损失的报酬。

人类社会对于利息存在的合理性问题，经历了一个从否定到肯定的认识过程。古希腊时期的大部分思想家都反对利息，如柏拉图和亚里士多德等人都认为利息是违反自然的，会养成人们利己和贪婪之心，因而应该禁止放款收息行为；13 世纪欧洲经院哲学的代表人物阿奎那也从神学的角度反对利息。这些思想表面上从人性或神性的角度来反对利息，实质上是反对高利贷。随着市场经济的发展，尤其是随着高利贷从法律意义上被消灭掉，合理的利息越来越被人们所普遍接受，关于利息的争论也逐渐从存在的合理性转移到其来源问题上了。

（二） 对于利息来源的认识

利息成为合理的存在以后，对于利息是一种报酬或补偿，人们的意见是非常统一的，引起广泛争论的是利息的来源问题，这些争论就形成了不同的利息理论。

西方经济学体系中有代表性的利息理论大体上有如下一些：威廉·配第的地租派生理论；约翰·洛克的货币分布不均理论；巴本、诺思和马西等人陆续提出的资本租金论，该理论对后世的利息理论有深刻影响；理查德·坎蒂隆的风险补偿论；亚当·斯密产业利润学说；萨伊的资本生产力论；西尼尔的利息节欲论；庞巴维克的利息时差论；马歇尔的等待与资本收益说；维克塞尔和费雪的人性不耐理论以及凯恩斯的灵活性偏好理论；等等。

灵活性偏好也叫流动性偏好，是时间偏好的具体表现之一，是指人们出于交易动机、预防动机和投机动机而愿意保留流动性资产尤其是货币的偏好，这种偏好随着收入的不断上升而有历史性的增强，因此凯恩斯的灵活性偏好理论认为当人们将货币贷放出去时，利息就是“在一特定时期内，人们放弃货币周转灵活性的报酬”。

马克思在古典经济学的基础上，对亚当·斯密和大卫·李嘉图的理论进行了扬弃。他运用劳动价值理论和剩余价值学说，从商品货币关系分析入手，在透彻地分析了借贷资本和产业资本关系、资本所有权和使用权关系、借贷资本家和职能资本家关系的基础上，科学地解释了利息的本质与来源。他认为，利息表面上来源于利润，反映为资金的价格，实质是剩余价值的转化形式。这不仅解释了利息的来源，也厘清了利息和利率的界限，即 $0<$ 利息 $<$ 利润和 $0<$ 利率 $<$ 平均利润率。马克思的利息理论在剖析利息来源和界限的基础上，进一步提出了收益资本化理论，为现代信用与金融市场的运行奠定了坚实的理论基础。

二、收益资本化理论

（一） 利息成为收益的一般形式

信用、利息和利率的悠久历史及现实存在使利息是资本所有权的必然果实这一观念根深蒂固，使资本天然能带来收益的理念成为理所当然。

利润是由生产力水平、外部环境、经营能力等多方面决定的，不确定因素多，因而不固定；利息是借贷行为成立时就确定了的。利润和利息的这种区别使利息成为资本收益的最低标准，即一般形式，利率尤其是市场利率也就成为资本收益率的一般形式。

（二） 收益资本化

任何能取得收益的事物都可视同为资本。通过与借贷资本的比较，用市场利率和收益进行计算，可以将该事物折换成一定的资本量，可以用资金价格来衡量，这样就使一些无价值的事物也具有了价格。这一过程被称为资本化，如土地价格、人力价格等。

收益资本化过程实际隐含了两个市场规律：一是在充分的自由竞争条件下，随着资金与劳动力的自由流动，不同部门和不同投资活动最终会取得趋于一致的收益率，这就是收益率的收敛性。这个规律也就是马克思所形容的社会收益率平均化过程。在这个过程中，经济活动要最终完成同等资金获得同等收益，或者不同等资金获得同等收益率的目标。二是在市场上投入一定量的资金或实物，或者投入某种能带来收益的无价值之客观存在，都应带来趋近于平均收益率的收益。这样当市场利率成为社会收益率的一般形式后，如果无价值之物需要进行转让，则其价格相当于能带来平均收益率的资金量。

两个规律共同作用，使我们能对土地、人力资源和金融资产这样一些无法运用价值定价法来确定其转让价格的客观存在进行近似的定价，即通过预期收益和市场利率来将这些无价值之物换算为一定量的资本，资本的量就是其市场价格的基础。本书其他部分将要提到的运用年金理论对金融工具进行定价即是收益资本化原理的具体运用。

三、利息的计量

（一）会计期间假定

利息作为资金时间价值的具体体现，它的产生是连续性的，但出于计量方便的需要，必须按一定的会计期间来进行，一般假定在一个特定的会计期间内利息不产生，只在期末一次性产生。企业财务管理中会计期间的设定主要包括年、半年、季度和月，在界定利息计量的期限标准时，半年期间和季度期间就不用了，再加上一个日的期限，就形成了利息计量活动中常用的年、月和日三种期间，这也是年利率、月利率和日利率三种利率的来源。之所以加上一个日的期限，是因为信用活动不同于企业活动，有许多信用活动的时间非常短，比如拆借和回购，大多只有几天时间，再如信用卡透支，往往也只有几天，所以需要按日来计算利息。

会计期间假定又称会计分期假定，是按一定的方法，将会计主体的整个存续时间划分为若干个较小的期间，以便分段地核算出会计主体的经营成果等会计信息，而无须等到会计主体整个存续期结束后才核算。

（二）单利与复利

利率是按会计期间来计量的，这存在一个问题，即当某一期结束时，利息已经产生，但如果权益人并不取走利息，该利息在下一期仍由债务人使用，那么该利息是否应该计量时间价值。如果不计量利息本身的时间价值，每期都按初始本金来计量利息，就是单利；如果计量利息本身的时间价值，即上一期利息自动滚入下一期本金，则为复利。

$$S = P(1 + r \times n)$$

$$S = P(1 + r)^n$$

上述两个公式分别为计算到期本利和的单利公式和复利公式。式中：S 表示到期本利和；P 为本金；r 为利率；n 为期限。

单利不包含利息本身的利息，没有精确反映资金的时间价值，但其便于计算，所以许多固定收益证券都按单利计息；复利虽然计算不太方便，但因其精确地反映了资金的时间价值，所以运用范围十分广泛，尤其是在进行金融资产定价或投资项目评估时，所运用的现值理论就是复利原理的体现。

第二节 利率与利率体系

利率是衡量利息水平高低的指标，其基本的计量方法是利息除以本金。利率与收益率是两个不同的概念。利率作为衡量利息水平高低的指标，一般都是金融交易活动发生前就规定好了的，如银行的挂牌存贷利率和国库券公示利率等。收益率也叫回报率，是交易结束后或者交易前预测投资者可实际获得的盈利水平。对于很多金融资产，如果其票面利率与市场利率不一致，就会使资产的实际流通价格偏离其面额，那么投资者就会面临额外的价差收益或损失，收益率也就偏离了票面利率。

由于利率的运用范围极其广泛，所以利率的种类也非常繁多，了解利率不同角度的分类，对于熟悉利率的特性并进行具体运用非常重要。另外，不同的利率对经济发挥着不同的作用，并且相互之间紧密联系，由此形成了有机的利率体系。研究利率体系的结构及其整体对经济的作用机制，又是发挥利率工具、提高利率杠杆的有效性的基本前提。

一、利率分类

（一）年利率、月利率和日利率

年利率是用一年的利息除以本金，其符号为百分号；月利率是用月利息除以本金，对应于千分号；日利率则是用日利息除以本金，适用万分号。在通常情况下，不同期限的利率对应的符号是固定的，如“利率5%”就是指年利率，但在加以特别说明时也可以交叉使用，如“月率1%”的说法也是成立的。三种利率之间的换算方法是：凡从长期限换算为短期限的，除以360、30、12等进制，同时变号；凡从短期限换算为长期限的，乘以相应进制并变号。如前述之10‰为月利率，其对应的年利率为10‰×12=12%。或者6%对应的月利率为6%÷12=5‰。

这种分类对于利率的实际运用非常重要，因为利率作为衡量利息水平高低的主要指标，更多的是用来进行对比分析，如果不确定一个统一的和明确的对比期限，则无法进行精确的衡量。如同为100万元的资金，一个投资者在2年时间内获得16万元的利息，另一个投资者在5年时间内获得35万元利息，看上去前者收益水平不高，但都折算为年利率后，实际上前者年利率为8%，后者为7%，前者高于后者，也就是说前者的投资效率高于后者。

我国以前曾用“分”和“厘”来计息，其来源是“圆、角、分、厘、毫”的货币单位，以圆为一，则分为百分之一，厘为千分之一，但这种计息方式多用于月息的计算。现代金融活动中还有“基点”的概念，一个基点为万分之一，即0.01%，广泛用于外汇交易和拆借活动等，也用于中央银行的基准利率调整，如存款基准利率下调25个基点，就是下降0.25%。

（二）名义利率和实际利率

名义利率是未剔除物价变动因素的利率，而实际利率则是剔除了物价变动因素的利率。

名义利率一般都是实际执行的利率，如商业银行挂牌利率。在存在物价波动情况时，由于出借的资金面临币值波动，名义利率并不能真实反映资金的时间价值，所以应剔除物价变动因素，用实际利率来反映真实的时间价值。根据费雪效应，在物价变动时，为保持实际利率的稳定，名义利率会不断发生变化，因此形成以下简单的公式：

$$r = i + p$$

式中：r 表示名义利率；i 表示实际利率；p 表示物价变动率。

如果通货膨胀率高于名义利率，那么实际利率为负值，表示不仅没有利息，连本金都贬值。在这种情况下，一般对长期信用活动实行保值贴补制度，否则信用活动尤其是长期信用活动将会大幅减少。保值贴补制度的基本原则是使实际利率至少不低于零，其基本公式是

$$名义利率 + 保值贴补率 - 通货膨胀率 = 实际利率 \geqslant 0$$

专栏 3－1

我国的保值贴补制度

为在高通胀时期解决居民储蓄存款利率倒挂（即负利率）问题，改变居民通货膨胀预期，我国曾于 20 世纪 50 年代初和 80 年代末至 90 年代中，多次对居民储蓄和长期国债实行保值贴补。改革开放后有两次，第一次是 1988 年至 1992 年，第二次是 1994 年至 1996 年。这两次都是对 3 年及 3 年以上的长期储蓄和国债实行保值贴补，其具体做法是由中国人民银行根据通货膨胀情况，每个季度发布一个适用的保值贴补率，将其加到名义利率上，贴补资金由中国人民银行和财政部提供。具体的保值贴补率由下式形成：

$$R = \frac{\frac{P_n}{P_0} - 1 - r \times n}{n} \times 100\%$$

式中：R 表示保值贴补率；P_n 表示存款到期时的物价指数；P_0 表示存入时的物价指数；r 表示名义利率；n 表示存期。

在实行保值贴补制度期间内，若一笔存款到期，而季度保值贴补率已经公布，就按此贴补率执行；若季度保值贴补率未公布，则按前一季度公布的贴补率执行。保值贴补制度在我国的实施，有力地保障了存款人的利益，并在很大程度上遏制了通货膨胀的恶性发展。

资料来源：爱问知识人。

（三） 固定利率和浮动利率

> 固定利率是指借贷期内不发生变动的利率；浮动利率是指借贷期内可随某种标准不断变化的利率。

在信用活动中，如果实行固定利率，则便于计算收益分布，而且收益固定则信用工具的流通价格也比较稳定，但固定利率不利于防范利率风险。比如在某投资者持有固定利率债券期间内，市场利率上升而导致债券流通价格下降，该投资者面临损失。多数存款种类和债权类证券都实行固定利率。

浮动利率更符合利息原理且可以有效规避利率风险，因此存款和证券的利率设定有向浮动利率发展的趋势。浮动利率工具现在已经比较多见，如前述之保值贴补制度，即是一种浮动利率制度；再如近些年我国存贷款基准利率调整频繁，许多长期存贷款业务实行分段计

息，也是一种浮动利率制度；另如英国有些 4～5 年期的企业债券每半年利率自动上浮 0.5%。最典型的浮动利率工具是欧洲货币市场 3～6 个月存单，它以伦敦银行间同业拆放利率（Libor）为基准，每日进行浮动。

固定利率与浮动利率可以理解为长期不变的官定利率和完全由供求关系决定的市场利率。在国际金融领域，固定利率与浮动利率也可以表现为国与国之间的利率关系。如果多个国家保持利率联动，是为固定利率；反之则为浮动利率。

（四）官方利率、公定利率和市场利率

基准利率是在整个利率体系中起核心作用并能制约其他利率的基本利率。

官方利率包括基准利率和官方规定的其他利率标准，它是由中央银行规定并强制执行的。官方利率在利率体系中居主导地位，并在货币政策实施中发挥极其重要的作用。在我国，基准利率主要是指再贷款利率和再贴现利率；美国的基准利率是其联邦基金利率；欧盟的基准利率是德国中央银行的再贴现利率；欧洲货币市场的基准利率主要是伦敦银行间同业拆放利率。

专栏 3－2

我国货币政策中的利率工具

一、调整人民银行基准利率

1. 再贷款利率：中国人民银行向金融机构发放再贷款所采用的利率。
2. 再贴现利率：金融机构将所持有的已贴现票据向中国人民银行办理再贴现所采用的利率。
3. 存款准备金率：中国人民银行规定的金融机构交存法定存款准备金的比率。
4. 存款准备金利率：中国人民银行对金融机构交存的法定存款准备金支付的利率。
5. 超额存款准备金利率：人民银行对金融机构交存的准备金中超过法定存款准备金水平的部分支付的利率。

二、调整金融机构法定存贷款利率

三、制定金融机构存贷款利率的浮动范围

四、制定相关政策对各类利率结构和档次进行调整

资料来源：百度学术。

公定利率是银行同业公会或类似组织所形成的，对会员具有一定指导作用的利率。如中国银行间同业拆借中心计算发布的金融机构同业拆借利率，不是基准利率，但对于金融机构同业间的融资有直接的影响，同时也对社会融资产生了广泛的影响。

广义的市场利率是指完全由市场供求决定的利率，准确地说应该叫市场化利率；狭义的市场利率是指在整个利率体系中，市场交易量最大、信息披露最充分从而也是最有代表性的利率，它代表一种平均水平并具有广泛影响力和参照性，在时间价值计算中也叫贴现率。

（五）存款利率和贷款利率

存款利率是可吸收存款的金融机构尤其是商业银行在吸收公众存款时约定向存款人支付

利息时适用的利率；贷款利率则是发放贷款时约定向借款人收取利息所适用的利率。存贷款利率之间存在一个利差，这个利差就是金融机构弥补业务成本费用并形成合理利润的主要来源。

存贷款利率对于微观经济主体如企业和居民个人的信用活动有直接而广泛的影响作用，因此，各国在运用货币政策进行宏观调控时，都非常注重通过调整存贷款利率来调节微观主体的行为。我国自改革开放后，人民银行越来越注重对于存贷款基准利率的调控，从表3－1中可以看出存款利率调整的幅度、频率和方向，通过分析还可知调整的趋势与凯恩斯所倡导的“逆风向调节”思想完全相吻合。

表3－1　1990—2015年我国商业银行一年期定期存款利率调整表　单位：%

时间	利率	时间	利率
1990.04.15	10.08	2007.09.15	3.87
1990.08.21	8.64	2007.12.21	4.14
1991.04.21	7.56	2008.10.08	3.87
1993.05.15	9.18	2008.10.29	3.60
1993.07.11	10.98	2008.11.26	2.52
1996.05.01	9.18	2008.12.22	2.25
1996.08.23	7.47	2010.10.20	2.5
1997.10.23	5.67	2010.12.26	2.75
1998.03.25	5.22	2011.02.09	3
1998.07.01	4.77	2011.04.06	3.25
1998.12.07	3.78	2011.07.07	3.5
1999.06.10	2.25	2012.06.08	3.25
2002.02.21	1.98	2012.07.06	3
2004.10.29	2.25	2014.11.22	2.75
2006.08.19	2.52	2015.03.01	2.5
2007.03.18	2.79	2015.05.11	2.25
2007.05.19	3.06	2015.06.28	2
2007.07.21	3.33	2015.08.26	1.75
2007.08.22	3.60	2015.10.24	1.5

资料来源：中国人民银行网站。

（六）优惠利率和惩罚利率

优惠利率是指在普通利率基础上给予存款人或借款人一定优惠，使其享受更高收益或付出更低成本的利率；惩罚利率则是为减少存款人收益或提高借款人成本而实行的利率。两者合称差别利率。差别利率的实施有一定的对象和条件限定，比如可通过政策性银行对符合国家产业发展方向的企业发放优惠利率贷款，也可能对应被淘汰企业发放惩罚利率贷款甚至干脆不贷。再如当信用对象信用等级高且没有不良信用记录时，可实施优惠利率，而当信用对象的信用等级低或违反了某些约定时，可实施惩罚利率。

（七）短期利率和长期利率

长期与短期的一般界限是1年，所以1年期及以下的信用活动所适用的利率叫短期利率，而1年期以上的利率就是长期利率。不过，因为许多信用活动可能长达几十年，所以有时在短期利率和长期利率之间使用一个中期利率的称谓，其标准是1～5年。

（八）即期利率和远期利率

即期利率是指当前正在实施的或者即将确定实施的利率；远期利率是未来某一个时点开始并在更远的未来时点结束的、按特定时间价值原理来估算的利率。当即期利率中的长期利率与短期利率的结构不符合时间价值原理从而存在套利空间时，人们基于市场均衡的预期对长短期利率期限差的那段时间的利率进行预测，从而形成远期利率。远期利率的表示方法中包括起始期限和利率两个要素，如（3/6，5%）表示3个月后开始6个月后结束的远期利率为5%。

二、利率体系

> 利率体系是经济运行机体中存在的各种利率由内在因素联结而成的有机系统，包括利率结构和相互传导机制。

经济活动中存在着各种各样的利率，不同的利率对经济的影响力不同，不同的利率作为经济宏观调控工具的效率也不一样。分析利率结构，包括品种结构、风险结构和期限结构，对于深入认识利率对经济的作用非常重要。同时，作为内生性的经济要素，不同利率之间存在着紧密的相互影响作用，分析利率的相互作用机制，寻找利率变动过程中起关键作用的利率，对于发挥利率的整体性作用也非常重要。正如任何系统都是由节点和节点间的联结所构成的，利率结构与利率相互传导机制就构成了利率体系。

（一）利率品种结构

利率结构有多种形式，除品种结构外，还有风险结构和期限结构等。这里只讨论品种结构，风险结构与期限结构将在下一节描述。利率品种结构从利率的实施主体角度来看，主要包括中央银行利率、商业银行利率和市场利率等。

1. 中央银行利率。中央银行利率一般是基准利率，即由中央银行控制并对利率体系有直接决定作用的利率。中央银行利率主要包括再贴现利率、再贷款利率、法定存款准备金利率和超额存款准备金利率等。

再贴现利率简称再贴现率，是商业银行向中央银行申请再贴现时中央银行收取利息的比率，它通过调节再贴现规模与结构来调节商业银行的信用规模；再贷款利率简称再贷款率，是中央银行向商业银行或其他金融机构发放再贷款时所适用的利率，也是形成商业银行再融资成本以调节其信用规模；法定存款准备金利率是金融机构向中央银行缴存了法定存款准备金形成中央银行存款后，中央银行向金融机构支付利息时所适用的利率，虽然此利率较低，但对于缴存准备金的金融机构来说也是一种收益；超额存款准备金是金融机构存放中央银行资金中超过法定准备金的部分，超额存款准备金利率则是中央银行对超额部分支付利息所适用的利率。

以上几种中央银行利率都只对商业银行等金融机构直接使用，因此直接调节的是金融机构的资金状况和信用规模，对于普通的经济主体无法直接起作用，所以其宏观调控效应的发挥需要通过商业银行利率来传导。

2. 商业银行利率。商业银行利率可分成两类：一类是直接对微观经济主体如企业和居民起作用的利率，有时称为商业利率，包括存款利率、贷款利率、可转让大额存单利率和贴现利率等；另一类是金融机构同业之间进行资金融通时适用的利率，或称同业利率，如拆借利率和回购利率等。

贴现利率是客户持未到期的商业票据到商业银行贴现，商业银行收取贴现利息时所适用的利率；拆借是金融机构同业间进行短期资金融通的活动，拆借利率是金融机构同业间进行拆借时采用的利率；回购利率则是同业间进行债券回购时逆回购方收取利息时适用的利率。

同业利率往往比商业利率要优惠。由于同业市场所调动的资金量要比银行与客户之间所调动的资金量大得多，所以同业利率的变动也更频繁，市场化程度也更高；商业利率由于是直接面对微观经济主体的，会对微观经济主体行为带来直接的影响，所以重要性更突出，中央银行也更注重对商业利率的管理，如我国对同业利率一般不规定基准水平，而对商业利率尤其是存贷款利率规定基准水平。

商业银行利率不仅可以有效传导中央银行利率的效力，更对微观经济主体具有广泛而直接的影响，因此在利率体系中居于关键性地位，各类市场利率也大多以其为参照标准。

专栏 3－3

中国拆借市场及拆借利率

中国外汇交易中心暨全国银行间同业拆借中心是中国人民银行直属事业单位，其总部设在上海总中心，在北京设有北京中心，在深圳设有南方中心，在上海外滩和北京建有数据备份中心和异地灾备中心。交易中心负责全国拆借市场运行（同时负责外汇、票据、回购市场的运行）并提供计算机交易系统服务（www. china money. com. cn）。

拆借利率由交易者公开竞价确定。在每个交易日里拆借市场会员都会通过拆借市场报价系统提起双边报价，即拆入利率和拆放利率。报价可直接向交易系统提起，也可向拆借中介人提起。每个营业日终了，交易中心都要按当天交易情况将 1 天、7 天、14 天、21 天、1 个月、2 个月、3 个月、4 个月、9 个月和 1 年共 10 个品种的具体交易利率进行加权平均，形成全国银行间同业拆借利率（China inter bank offered rate，Chibor）并公布。其计算方式如下：

$$Chibor = \frac{\sum_{k=1}^{M} V_k R_k}{\sum_{k=1}^{M} V_k}$$

式中：V 表示拆借金额；R 表示利率；M 表示单个交易品种每个交易日发生的交易笔数；k 表示单个交易品种的交易序号。

除 Chibor 外，我国还有上海银行间同业拆放利率（Shanghai interbank offered rate，Shibor），Shibor 在同业市场上更有影响力（www. shibor. org）。而在国际货币市场上有代表性的拆借利率有四种：最有代表意义的是伦敦银行间同业拆放利率（Libor），该利率是各银行在伦敦拆借市场上拆借英镑、欧洲美元和其他欧洲货币时形成的，自 20 世纪 60 年代以来已经成为伦敦金融市场的关键利率，也成为国际金融市场的关键利率，许多国际货币市场的浮动利率融资工具在发行时都以它作为浮动的参照依据，但因多家报价银行涉及操纵 Libor 丑闻而将于 2021 年 12 月 31 日停用。美国的联邦基金利率不仅是美国货币政策的重要工具，也对全球金融活动有重要影响；另外两种比较有代表意义的拆借利率是香港银行同业拆借利率（Hibor）和新加坡银行同业拆借利率（Sibor），这两种利率在亚洲货币市场各有自己的重要作用，并对全球货币市场也有一定影响力。

资料来源：东方财富网数据中心。

3. 市场利率。这里所指的市场利率既不特指市场化利率，也不是指市场代表性利率，而是指除中央银行利率和商业银行利率之外的、在直接融资活动中由信用双方自行商定的利率。从这个含义看，它既是市场化利率，其中一种或几种也可能成为市场代表性利率，如国库券利率。具体地说，它包括票据利率、债券利率、股息率和直接借贷利率等。

票据利率主要是指商业票据利率，尤其是一些融资性商业票据，其利率往往会比银行贷款利率要高。债券利率包括长期债券利率和短期债券利率，长期债券利率因要符合利率期限结构，所以利率水平相对较高，如金融债券虽然是金融机构发行的，但属于直接融资范围，所以其利率也较高；短期债券利率如国库券利率，一般与银行存款利率大体持平。优先股的股息率因为包含了一定的本金偿还，所以水平较高。直接借贷由于没有金融中介，信用风险比较突出，因此其利率一般会远远高出平均利率水平。

市场利率作为市场化程度很高的利率，其波动性较大，可管理性也较差，但因为其直接反映市场供求关系，竞争性强，所以作为市场状况的综合反映者和自动调节者，有着非常突出的社会经济意义。

（二） 利率传导机制

各类利率相互影响、相互作用，相互之间有的相关性较强，有的相关性较弱，总体上存在一个基本的传导方向和路径：中央银行利率→商业银行利率→市场利率。

在此传导路径中，中央银行各类基准利率是主导，它直接影响商业银行各类利率；商业银行利率居于路径的中间，起着承上启下的作用，它的变动影响微观经济主体的预期，导致微观主体行为的变化，改变直接融资市场资金供求状况，并进而影响市场利率变动。

利率体系中的利率结构和利率传导机制也不是一成不变的。不仅不同的经济系统的利率体系不一样，而且同一个经济体系随着经济环境的变化，利率体系本身也会不断发生变化。比如美国联邦储备委员会主要运用的基准利率是再贴现率和联邦基金利率，但在中国，再贴现率的影响力远不如美国，同业拆借市场利率也不如联邦基金利率的影响面大，而是法定存款准备金利率、再贷款利率和中央银行票据利率对商业银行行为更有影响力。利率体系的变动受许多因素的影响，包括政治经济体制、经济发展程度、金融市场状况、微观经济主体行为模式及国际关系等。

三、利率市场化

利率市场化是指各国中央银行在保留必要的宏观调控工具的前提下，将更多的利率品种的定价交给市场来完成。利率市场化是为了满足市场经济发展的需要，充分发挥利率的杠杆作用而推进的。利率作为三大传统的经济杠杆，至少要具备两个方面的基本特征：一是要完整地、充分地和及时地反映经济运行状况；二是要对各类微观经济主体具有直接的、全面的和迅速的影响力。两个特征合在一起，就表现为利率与经济之间高度的内生性和相关性。

（一） 利率工具发挥作用应具备的经济条件

1. 完全竞争的市场经济体系。市场经济是依靠市场机制这只“无形的手”完成资源配置的，而“无形的手”起作用的推动力是市场竞争。在完全竞争市场上，所有经济部门和经济主体在三类价格杠杆作用下，对经济状况作出理性预期，并根据其他经济主体的行为不断修正自己的偏好和需求，最终使经济总体趋近于帕累托最优。只有在完全竞争市场上，利率才能真实地反映经济运行的状况，也才能正常发挥经济杠杆的调节作用。

2. 自主决策的微观经济主体。在市场经济中，每个微观经济主体都应该在符合法律规范的条件下谋求个体经济利益的最大化。唯有出于逐利性，微观主体才能对各类经济杠杆尤其是利率产生足够的敏感性。另外，要保持利率敏感性，微观主体还应该有权对其资金交易的规模、价格、偿还期限、担保方式等具体条款进行讨价还价，即具有自主定价的权利。不管微观主体最终的行为是理性的还是非理性的，保证其定价权利都是必需的，否则利率就会丧失对这些主体的影响力。

3. 充分传播的市场经济信息。利率作为经济杠杆，发挥作用的方式是信息传播，各微观经济主体正是基于信息而作出预期和决策的，因此信息传播的充分性、及时性和真实性就极其重要。如果存在信息不对称现象，许多经济主体要么不能获取或不能及时获取对自己有用的相关信息，要么获得的是失真的或误导的信息，其经济行为必然与市场规律相悖，利率的影响力也会下降。

4. 健全完善的金融市场体系。利率虽然是普遍性的经济杠杆，但其发挥作用的主要阵地是广义的金融市场，主要是银行信贷市场和证券市场。一个有效率的金融市场可以反映所有相关的信息，而一个强式市场可以反映所有可得的信息。只有在强式市场至少是半强式市场，利率才能通过信息渠道充分地发挥调节作用。

综上所述，利率正常发挥作用的基本条件就是利率市场化。按利率市场化的含义和要求，重点是中央银行放松对商业银行利率的直接控制，把利率的决定权交给市场，由市场主体自主决定利率，中央银行则通过制定和调整再贴现率、再贷款率以及在公开市场买卖有价证券等间接调控手段，通过基准利率来调节整个利率体系。因此，利率市场化实际上就是要寻找中央银行基准利率确定与市场利率形成之间的平衡点。

（二） 我国的利率市场化

20 世纪 80 年代以来，世界各国利率市场化进程纷纷展开，比较成功的如美国于 1986 年 3 月基本实现了利率市场化，日本于 1994 年 10 月也最终实现了利率市场化。

1995 年，《中国人民银行关于“九五”时期深化利率改革的方案》初步提出利率市场化改革的基本思路，其后根据经济发展的实际情况将我国利率市场化改革的基本步骤定为“先外币、后本币；先贷款、后存款；先大额长期存款、后小额短期存款”。

利率管理体制是指一国金融管理当局尤其是中央银行进行利率管理的权限、范围程度等方面的相关规定，以及对应的调节措施之总和。

从 1996 年开始，人民银行开展了大规模的利率市场化改革，一些重要的举措包括：放开了银行间同业拆借利率；放开银行间债券回购利率；国债发行开始采用市场招标形式；改革了贴现利率生成机制；扩大金融机构贷款利率浮动幅度，并逐步推行贷款市场报价利率（LPR）制度；放开外币贷款利率和大额外币存款利率；等等。经过二十多年的改革，利率市场化进程已经取得了巨大的阶段性成果，目前除金融机构存款准备金利率和存款基准利率等少数几种利率尚处于人民银行直接管理以外，其他利率均已放开，未来则将在“两轨并一轨”的市场化整体思路下，将剩下的这几种官定存款利率逐步并轨到市场利率体系中去。

除放开利率定价权以外，还有一个重要的举措是 2015 年正式颁布了存款保险制度，此举不仅是对存款人保护的重要内容，也是促进商业银行稳健经营并完全市场化的重要政策。

根据中国人民银行的思路，未来利率市场化改革应该是以调整利率结构、优化利率传导机制为重点，具体包括：强化基准利率和其他利率的自主决定性；协调好利率市场化与利率管理体制的关系；转换市场利率；增加利率档次；建设金融市场和微观金融基础；等等。

第三节　利率理论

讨论利率的影响因素并进而找到其决定性的因素，是现代金融理论中非常重要的构成部分。同时，因为利率问题涉及金融市场的多要素综合变动和经济主体的心理偏好问题，所以利率的风险溢价和期限结构又成为金融学的前沿课题。

一、市场利率水平的影响因素

（一）社会平均利润率

根据马克思的利息与利率理论，平均利润率是利率最基本的影响因素。平均利润率水平直接决定利率的波动区间，在正常情况下利率只可能在零到平均利润率间波动。因为社会平均利润率有下降的趋势，故利率也有下降的历史趋势。

（二）借贷资金供求状况

这也是一个基本的影响要素。平均利润率决定了利率波动的区间，而在此区间内具体的利率水平则是由借贷资金供求状况决定的。当供小于求时，利率趋于上升，靠近区间的上部；当供大于求时，利率下降，靠近区间的下部。

（三）货币供求状况

货币供求既可以通过表现为借贷资金供求的方式影响利率，也可以通过其他途径直接影响利率。当货币供给增加时，或者说是货币需求小于货币供给时，利率下降；当货币需求大于货币供给时，则利率上升。根据凯恩斯的观点，货币供求是利率的决定因素。

（四）期限与风险

根据利率期限结构理论，期限越长则利率水平越高，而且长期利率并不是短期利率的简单加总，而是随着期限的延长而呈现增长趋势。

根据利率的风险结构理论，风险越大则利率水平越高，因为利率中所含风险贴水越多。

（五）通货膨胀程度

通货膨胀可以理解为币值风险，所以通货膨胀越厉害则利率水平越高。如果市场利率的升高慢于通货膨胀率的上升，则国家可能实施保值贴补制度。

（六）经济周期的影响

一般来说，在繁荣阶段，由于出现金融泡沫，利率水平较高，且上升较快；在危机阶段，由于存在严重的资金供小于求，因此利率水平最高，其上升趋势加快；在萧条阶段，资金供求都不旺盛，利率总水平较低，并呈现下降趋势。

到了复苏阶段，会有两股力量拉动利率向不同方向变化。一是市场的力量，由于百业待兴，资金需求非常旺盛，利率快速上升；二是政府的力量，由于市场的力量使利率的变化趋势不利于经济的快速复苏，因此政府会运用扩张型的货币政策，增加货币供给，扩大信用规模，通过经济干预的方式来降低利率水平。两股力量形成一个合力，在短期内往往是政府的力量占优，所以合力的方向是利率水平降低，但在长期内，市场的力量起决定作用，所以长期内利率水平会升高。

（七）政策因素

当凯恩斯干预主义思想成为许多国家政府的经济指导思想后，市场利率就不再是单纯的市场表现形式了。在很多情况下，利率的变动取决于政府的意图和政策，尤其是在短期如两三年的时间内。所以但凡政府实施扩张型的货币政策和赤字型的财政政策，利率水平就会短期下降，反之就会上升。

（八）传统和国际因素

一国的传统习惯对于该国利率变动有较大影响。一般传统高息的国家其利率水平也会较高。我国是一个传统的高息国家，1996 年以前存款利率都在 10% 以上，因此多年来整体的利率水平都相对较高。同时，在当前各国经济国际化、全球化甚至一体化的趋势下，各国利率水平有趋于一致的可能性，因为利率的差异会引起国际资本的套利交易，而国际资本的流动本身就具有拉平各国利率的功能，再加上开放经济体系中的微观经济主体往往存在国际心理示范效应，所以更会促进利率的趋同化。

（九）银行成本与经营策略

金融中介机构尤其是商业银行是社会资金融通的枢纽，其经营成本和经营管理策略会在很大程度上影响利率水平，尤其是影响存贷款利率水平和存贷款利率差。当银行成本上升时，存贷款利差会加大，反之则缩小；当银行更多地通过其他渠道获取资金来源时，存款利率会下降，而银行将收益重心转移到中介业务和服务业务时，贷款利率可能下降。

二、利率决定理论

利率决定理论讨论经济体系中哪些因素对利率尤其是市场利率具有决定性作用。该理论对于有效发挥利率杠杆的作用并有效运用货币政策有非常重要的意义。现代西方经济学的利率决定理论也在不断发展和完善，并且从不同的角度形成了不同的学派。但总的来说，利率决定理论均讨论利率变动取决于怎样的供求关系。在凯恩斯以前，西方经济学的利率决定理论可以概括为以下几种。

（一）古典学派的投资储蓄理论

投资储蓄理论也叫真实利率理论，它是古典学派所提出的利率决定理论，新古典学派的利率理论也以此为基础。投资储蓄理论建立在货币数量论和萨伊定律的基础之上，认为工资和物价的变化可以自动促进充分就业，其他因素如货币对实物经济的影响不存在，经济完全可以自动均衡。在此条件下，利率只由投资（I）和储蓄（S）决定。

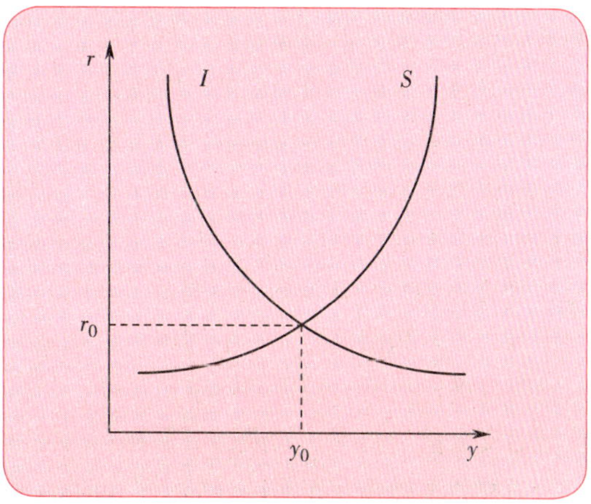

图 3－1　古典学派的投资储蓄理论

从图 3－1 中可以看出，投资曲线（I）与利率成反比，储蓄曲线（S）与利率成正比，两者的交点所决定的利率水平是均衡利率（r_0），所决定的收入是均衡收入（y_0）。

（二）凯恩斯的流动性偏好理论

凯恩斯作为一个划时代的经济学家，他所发动的干预主义革命直接导致了古典经济学和新古典经济学被颠覆。凯恩斯理论体系中最具特色的就是流动性偏好理论。该理论指出，利率与实质因素和生产率无关，而是由人们的流动性偏好决定，也就是由货币供给（M）和货币需求（L）决定。

图3－2中M表示货币供给，由于货币供给是一个完全由政府和中央银行控制的外生变量，因此如果政策不变动，则货币供给（M）为一条垂线；L为货币需求，主要是指投机动机所形成的货币需求，该曲线末端形成水平线，即表示利率低到一定程度时出现了“流动性陷阱”，货币需求趋于无穷大。当M与L相交时，表示货币供求的均衡，其交点所对应的货币需求为L_0，表示均衡货币需求；对应的利率水平为r_0，表示均衡利率。

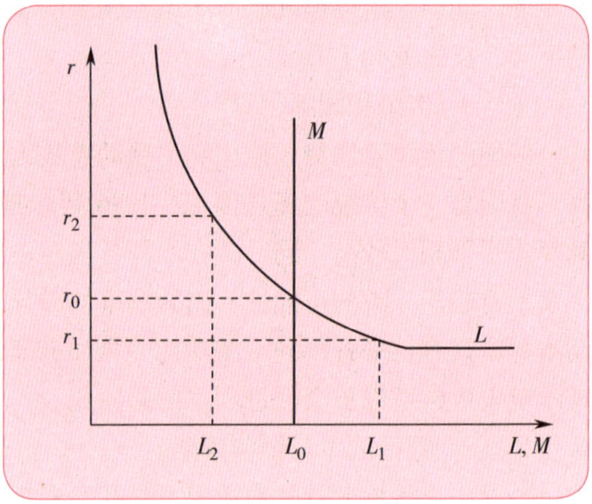

图3－2 凯恩斯的流动性偏好理论

如果市场利率为r_1，其对应的货币需求为L_1，因为$r_1 < r_0$，所以$L_1 > L_0$，表示货币需求旺盛，则利率水平必然上升；当市场利率变动到r_2时，因为$r_2 > r_0$，所以$L_2 < L_0$，表示货币需求减弱，则利率水平就会下降。因此，市场利率围绕着由货币供求尤其是货币需求所决定的均衡利率波动。如果政府想要总体降低利率以刺激经济增长的话，就可以扩大货币供给，即使M曲线向右侧移动，降低均衡利率，从而也降低市场利率。

（三）新剑桥学派的可贷资金理论

可贷资金理论与维克塞尔的“累积过程理论”一脉相承，先由英国剑桥大学的经济学家罗宾逊夫人创立，后由瑞典学派的经济学家俄林和米尔达尔等人完善，最后由英国经济学家勒纳公式化，因此也叫罗宾逊—俄林模型。该理论一方面反对以费雪等人为代表的古典学派对货币因素的忽视，同时又反对凯恩斯完全否定非货币因素影响的观点，认为利率决定因素既有实物因素，也有货币因素，综合起来讲，利率是由可贷资金的供和求两个方面决定的。

可贷资金供给（F_s）包括储蓄（S）、出售固定资产的收入（过去S的转化）、窖藏现金的启用和扩大的货币供给（ΔM_s）；借贷资金需求F_d则包括投资（I）、资产的重置（及折旧与报废的补偿）和新增的现金窖藏（ΔM_d）。用公式表示为$F_s = S + \Delta M_s$和$F_d = I + \Delta M_d$。实物市场的投资和储蓄形成一个利率，也就是维克塞尔“累积过程理论”中的自然利率，它表示投资者进行投资时的预期资本回报率；货币供求也形成一个利率，称为货币利率，是实际执行的资金借贷利率，如银行贷款利率，可以理解为投资者的融资成本。

两种利率的相互作用过程如下：如果自然利率＜货币利率（见图3－3a），投资者认为收益小于成本，投资受到压抑，经济总规模缩小，收入下降，窖藏需求下降，即ΔM_d减少，货币利率下降，直至与自然利率平齐，完成均衡过程；如果自然利率>货币利率（见图 3－3b），预期收益大于成本，则形成超额投资，在未达到充分就业以前，收入上升，ΔM_d 上升，货币利率上升，直至均衡完成。不管哪种方式，当自然利率与货币利率一致时，该利率就是市场利率。

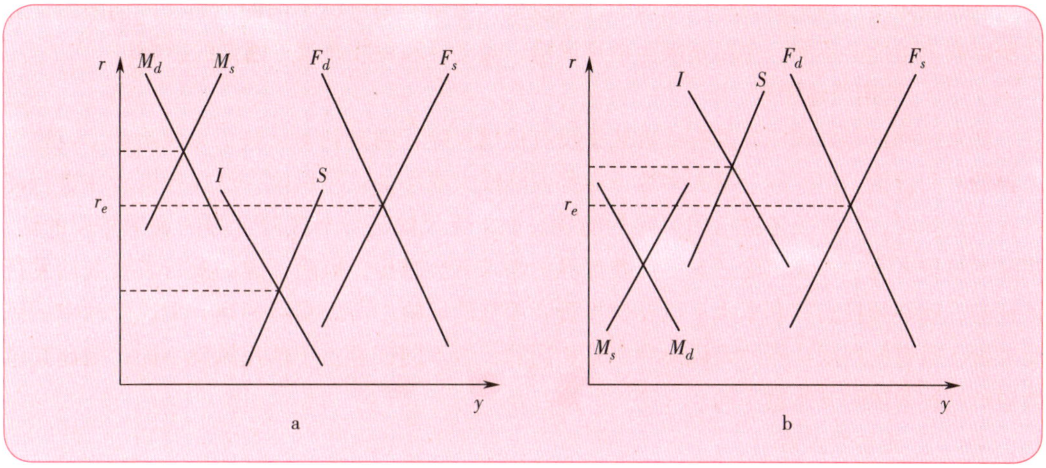

图 3－3　可贷资金理论

（四）新古典综合学派的 IS－LM 模型

新古典综合学派作为后凯恩斯主义的重要学派，比新剑桥学派更有学术影响力，在 20 世纪 60 年代以后几乎都占据着主流经济学的地位。新古典综合学派在利率问题上，与新剑桥学派一样，试图将投资与储蓄这一对实质因素与货币供求这一对货币因素结合在一起，而且也确实更进了一步，一个重要的标志就是由英国经济学家汉森和美国经济学家希克斯共同创立了 IS－LM 模型。

在图 3－4 中，IS 曲线表示在一定收入和利率条件下的 I 与 S 的均衡；LM 曲线表示在一定收入和利率条件下的 L 和 M 的均衡。这样，IS 曲线和 LM 曲线的交点即实质因素与货币因素都达到均衡的一般均衡点，它所对应的利率（r_0）就是均衡利率，对应的收入水平（y_0）就是均衡收入。IS－LM 模型经过推广，已经不仅仅是利率决定因素的分析模型，它更是宏观经济分析的一般性工具。

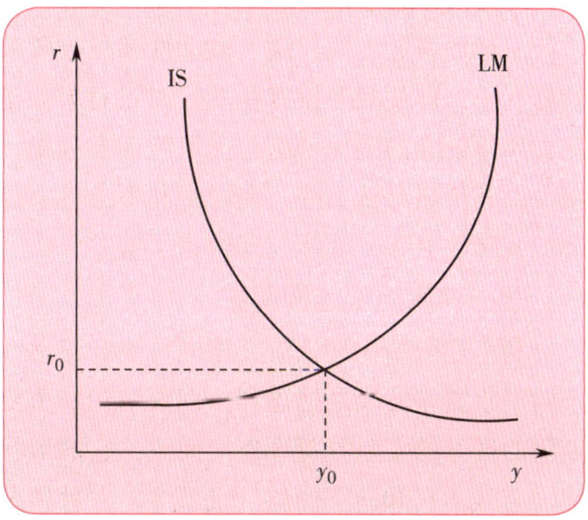

图 3－4　新古典综合的 IS－LM 模型

从西方经济学 100 多年来利率决定理论的发展过程来看，利率决定理论始终是围绕非货币因素或称实质因素和货币因素两个因素中哪个因素对利率起决定作用的角度来进行考察的。赞成非货币因素发挥作用的人认为对利率及经济其他方面政府不应进行干预，因为国家对货币供给量可以干预，但对非货币因素本身是不可干预的；相反，主张货币因素发挥作用的人则认为利率是由货币供给量决定的，而货币供给量是由货币当局决定的，因此政府要对利率发挥作用，就应采纳积极的干预主义经济思想。

三、利率风险结构理论

利率风险结构理论研究相同期限的证券或贷款为何利率可能不同的问题。同期限的证券之所以利率可能会不同，主要是因为信用风险、流动性和税收政策等因素的影响。

（一）信用风险因素

如果一种证券如国库券没有或者几乎没有信用风险，则其利率反映了无风险利率或称无差异的时间价值。但实际上绝大多数证券都面临或大或小的信用风险，这样投资者在进行证券投资选择时，就必须考虑信用风险的问题。如果无风险证券与风险证券的利率相同的话，很显然投资者会选择无风险证券，风险证券的需求就会减少，风险证券的发行者要如期发行该证券，就必须提高其利率水平以补偿投资者面临的风险。所以实际利率 = 无风险利率 + 风险溢价，所有同期限证券的无风险利率是相同的，但不同证券由于信用风险不同，因此其风险溢价或称为风险升水就不同。

（二）流动性因素

不同证券的流动性不同。因为投资者都存在流动性偏好，即倾向于持有更容易变现的金融资产，所以当同期限的证券风险也相同时，投资者必然会选择流动性更强的证券，而流动性差的证券因需求减少而必须提高利率或通过市场价格下降来提高实际收益率。正如第一章中所描述的，衡量流动性的标准是金融资产变现的速度与效率之间的协调性。变现速度可通过交易时间的长短来看，变现效率则可通过交易可能面临的成本和预期损失来看。流动性强弱除了金融资产本身的特征原因外，金融市场的完善程度也很重要，一个不完善的金融市场可能使交易成本上升，交易时间延长，从而降低流动性。

（三）税收等间接成本因素

金融交易除佣金等直接交易成本外，还有税收等一些间接成本。不同交易的契税、印花税和所得税可能不同，尤其是所得税。如政府债券一般会对利息所得免征所得税，这样其他征收所得税的债券品种如企业债券等就必须提高利率以弥补投资者的成本开支。

一般而言，不同风险、流动性和税收政策的证券在发行时就会按利率风险结构的规律设计好利率，即便利率没有在发行时设计好，通过市场竞争和投资选择这种偏差也会被修正。比如风险证券的票面利率与无风险证券利率一样时，投资者选择无风险证券，风险证券需求减少，其价格必然下降，在固定利率条件下以低价买入该证券的投资者就会获得高于票面利率的实际收益率，实际上就纠正了偏差。

四、利率期限结构理论

利率期限结构理论研究相同风险和流动性的证券或贷款在期限不同时为何利率水平可能不同。收益率曲线是描述利率期限结构的重要工具。收益率曲线是由同风险和流动性但不同期限的证券的实际收益率连接而成，它的形状主要有向上倾斜（如图 3 - 5 中的曲线 C）、平缓（直线 B）和向下倾斜（曲线 A）三种情况。当收益率曲线向上倾斜时，长期利率高于短期利率；当收益率曲线平缓时，长期利率等于短期利率；当收益率曲线向下倾斜时，长期利率低于短期利率。

以债券为例，利率期限结构理论除了要解释收益率曲线在不同的时间有不同的形状外，还应该解释三个重要的事实现象：不同期限债券的利率随时间变化；当短期利率较低时收益率曲线斜率较大，而短期利率较高时收益率曲线斜率较小甚至为负（如直线 B 和曲线 A）；收益率曲线几乎总是向上倾斜（如曲线 C）。为了解释上述现象，人们提出了几种理论假说，主要有预期假说、市场分割假说和流动性升水假说。

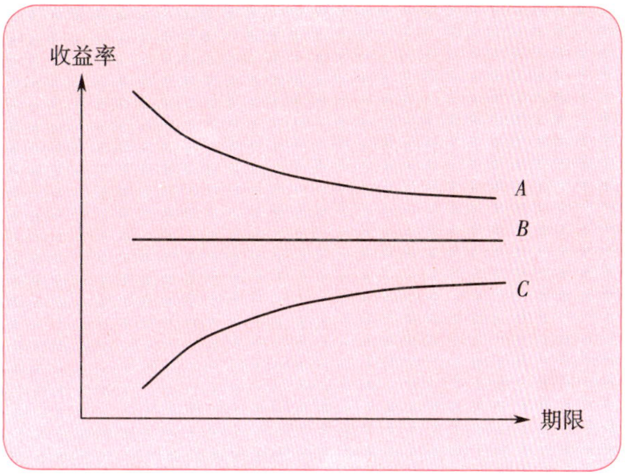

图 3－5　三种不同的收益率曲线分布

（一）预期假说

预期假说的基本命题是：长期利率相当于在该期限内人们预期出现的所有短期利率的平均数，因而收益率曲线反映所有金融市场参与者的综合预期。预期假说中隐含着这样几个假定：

1. 投资者对债券的期限没有偏好，其行为取决于预期收益的变动，而且所有市场参与者都有相同的预期。

2. 在投资者的资产组合中，期限不同的债券是完全替代的。

3. 金融市场是完全竞争的。

4. 完全替代的债券具有相等的预期收益率。

根据这些假定可以推导出：长期债券的利率等于在这个长期债券的期限内出现的所有期限为 1 期的债券的利率平均数。因为未来的短期利率是不确定的，所以作为短期利率平均值的长期利率必然随着时间的变化而变化。当人们预期未来短期利率会上升时，则长期利率大丁短期利率，出现曲线 C 形状；当人们预期未来短期利率不变或下降时，则会出现直线 B 或曲线 A 的收益率曲线。显然，预期假说能解释三个重要事实现象中的前两个，但不能解释第三个，即为什么曲线总是向上倾斜的。

（二）市场分割假说

市场分割假说的基本命题是：期限不同的债券市场是完全分离的或独立的，每一种债券的利率水平在各自的市场上由对该债券的供给和需求决定，不受其他不同期限债券的收益变动的影响。该假说隐含着这样几个前提假设：

1. 投资者对不同期限的债券有不同的偏好，因此只关心他所偏好的那种期限的债券的预期收益水平。

2. 在期限相同的债券之间，投资者将根据预期收益水平的高低决定取舍，即投资者是理性的。

3. 理性的投资者对其投资组合的调整有一定的局限性，许多客观因素使这种调整滞后于预期收益的变动。

4. 期限不同的债券不是完全替代的。这一假定和预期假说的假定正好截然相反。

按照市场分割假说的解释，收益率曲线形式之所以不同，是由于对不同期限债券的供给和需求不同。如果市场对短期债券的需求相对高于对长期债券的需求，那么短期债券具有较高的价格和较低的利率水平，则长期利率高于对短期利率，收益率曲线向上倾斜；如果对长期债券的需求相对高于对短期债券的需求，则收益率曲线向下倾斜；如果两种需求相同，则曲线水平。就一般情况而言，出于流动性偏好，大多数人更愿意持有短期债券，因而收益率曲线通常向上倾斜。显然，市场分割假说解释了三个重要事实现象中的第三个，但却不能解释前两个尤其是第二个。

（三） 流动性升水假说

流动性升水假说的基本命题是：长期利率等于在该期限内预计出现的所有短期利率的平均数，再加上一个流动性升水或称正的时间溢价。该假说吸收了前两种理论的内容，认为不同期限的债券是可以相互替代的，但基于市场偏好，相互不是完全替代，因此能够比较全面地解释三个重要事实现象：

1. 在流动性升水水平一定的条件下，投资者预期未来短期利率上升则长期利率水平也会上升，反之长期利率就会下降，这解释了不同期限债券的利率随时间变动的原因。

2. 当短期利率水平较低时，投资者预期未来短期利率上升，再加上一个正的时间流动性升水，长期利率大大高于现行短期利率，收益率曲线比较陡峭地向上倾斜；当短期利率水平较高时，预期短期利率将来会下降，未来短期利率的平均数会相对低于现行短期利率水平，即便时间溢价是正的，长期利率也有可能降到短期利率水平以下，从而使收益率曲线向下倾斜。这样就解释了第二个重要事实。

3. 在时间溢价大于零的条件下，即使短期利率在未来的平均水平保持不变，长期利率仍然会高于短期利率，这就是收益率曲线通常向上倾斜的原因。

第四节　金融资产定价基础

一、现值理论

在复利规则下，一笔资金经过一段时间的运行后，必然会产生一定的时间价值。在这段时间的起点上，没有包含时间价值的资金量称为现值（present value，PV）；在时间的终点上，包含了时间价值的资金量称为终值（future value，FV）。现值与终值之间的换算由复利公式可得

$$FV = PV(1 + r)^n$$

$$PV = \frac{FV}{(1 + r)^n}$$

现值理论的运用非常广泛。当已知未来存在一笔现金流，需要计算其对应的当前价值量时，就要使用现值公式。如固定收益证券的未来利息是确定的，在市场利率变化时，其当前

市场价格需要用年金公式计算，而年金公式就是现值公式的扩展；再如进行投资项目评估时，对于不同方案的对比分析就是要计算各自的现值总和，现值总和低的方案更好。在一个有机的利率体系里，市场利率发挥着极其重要的市场杠杆作用，尤其是在金融市场上，它决定着各类有价证券的定价机制。

二、年金理论

如前所述，在收益资本化理论与现值理论指导下，运用预期收益和市场利率两个基本因素，就可以对无价值之物如金融资产进行定价。但在实际的金融市场上，一笔交易的资金流可能并不是一次性支付和一次性偿还的，它可能是分次支付一次偿还，或者一次支付分次偿还，还有可能是分次支付分次偿还。这种分次运动的资金流就是年金。年金公式在证券定价中更有实际意义。

（一）普通年金

普通年金具有以下特征：每期现金流金额和时间间隔固定不变；支付期限为有限期限；每期现金流偿还发生在期末；每期贴现率相同，贴现率即用于计算的市场利率。

普通年金在现实经济生活中是比较常见的，如一次付款投保并即时生效的养老保险以及租赁信用中租金的支付等。现在假定经过核算，一个投保人退休后每年的基本生活费用为 C，于是与保险公司签订协议，自退休之日起每年保险公司将支付给投保人 C 的现金流，总支付期限为 n 年，那么退休之日该投保人应该向保险公司缴纳多少保费（PV）呢？这实际上是一个已知未来有限期限内每年终值 C 而求现值总和（PV）的过程。若市场利率即贴现率为 r，计算公式应为

$$PV=\frac{C}{1+r}+\frac{C}{(1+r)^2}+\frac{C}{(1+r)^3}+\cdots+\frac{C}{(1+r)^n}$$

即

$$PV=C\left[\frac{1}{r}-\frac{1}{r\times(1+r)^n}\right]$$

（二）永续年金

永续年金是在普通年金基础上将有限支付期限改为无限期限。如优先股和永久件债券等都是永续年金的形式。永续年金的公式为

$$PV=\frac{C}{1+r}+\frac{C}{(1+r)^2}+\frac{C}{(1+r)^3}+\cdots$$

即

$$PV=\frac{C}{r}$$

（三）永续增长年金

永续增长年金是指无限期限中每期支付额按固定比率增长的年金，其公式为

$$PV=\frac{C}{r-g}$$

（四）延期支付年金

像上述普通年金中养老金的例子在现实中当然很少发生，实际的情况一般是投保人在离退休还有相当长时间时就会购买养老保险。按莫迪利安尼的生命周期理论，大多数人会在其

壮年时期如40岁左右购买，或者像我国基本养老保险制度所规定的，在退休前必须连续或间断缴满15年保费，方可自退休之日起享受基本养老保险。这就是延期支付年金。

提前购买养老保险可以一次性缴款或者分次缴款，如果是一次性缴款，则计算保费时，可先根据普通年金公式计算出退休之日的现值，然后根据缴款日与退休日之间的期限进行一次性贴现；如果是分次缴款，则形成了分次支付分次偿还的情况，那么要计算每次缴款额，可先用普通年金计算退休日现值，然后再根据零存整取公式计算每次缴款额。

三、根据年金公式进行单一资产定价

一次性还本付息的债券可直接根据一次性贴现公式计算流通价格；定期付息的永久性债券和固定股息率的优先股都可以直接运用永续年金公式计算流通价格；如果是红利稳定增长的普通股，可在永续增长年金模型基础上形成红利稳定增长模型，但精确度极低。

1. 分次付息一次还本长期债券的定价模型。

$$P_B = \sum_{t=1}^{n} \frac{C}{(1+r)^t} + \frac{M}{(1+r)^n}$$

式中：P_B 为债券理论流通价格；C 为定期支付的利息；t 为利息支付期数；r 为市场贴现率；M 为债券面额；n 为债券未到期期限。

该公式的形成是基于这样的思路：分次支付的利息可以根据普通年金公式计算出对应的现值，到期一次偿还的面额可根据一次性贴现公式计算出对应的现值，两者之和即为该债券未来现金流的现值总和，亦即该债券的理论流通价格。

2. 普通股的红利贴现模型。

$$P_S = \frac{D_1}{1+r} + \frac{D_2}{(1+r)^2} + \cdots$$

即

$$P_S = \sum_{t=1}^{\infty} \frac{D_t}{(1+r)^t}$$

式中：P_S 为股票理论流通价格；D_1、D_2…为每期支付的红利，它实际上有无穷多个值；r 为市场贴现率。

由于每期红利的值都不一样，又是无限期限，所以红利贴现模型只是一个理论公式。在实际运用中只能根据公司红利分配的历史数据来预测未来红利，这样计算出的流通价格就非常不精确，股票实际流通价格也就波动非常大。

本章小结

1. 利息作为借出资金的报酬，历史上许多人对其本质和来源进行了探讨。马克思主义利息理论认为利息是剩余价值的转化形式，并通过收益资本化理论深刻地揭示了无价值之物的价格形成过程。利息的精确计量需要运用复利规则，这也为现代金融资产定价过程奠定了理论基础。

2. 利率是衡量利息水平的方式，在具体运用过程中它以不同的形式出现，其中

存款利率和贷款利率对消费和生产的影响最为直接。不同形式的利率及其相互关系共同构成了利率体系，利率体系的完善程度直接决定了信用体系的完善程度。

3. 社会平均利润率和借贷资金供求状况是影响利率变动的两个最重要因素。在利率的决定因素问题上，不同的学派和不同的经济学家提出了不同的观点，新古典综合学派还在此问题的基础上发展出了 IS - LM 模型用于宏观经济的一般均衡分析。现代经济学更深入地分析利率结构，并形成了利率期限结构理论和利率风险结构理论。

4. 收益资本化理论和现值理论结合起来形成了年金理论，而年金理论是单一金融资产定价的基础。由于在资产定价和市场运行中市场利率发挥着重要作用，所以必须推进利率市场化，而这一过程的关键是协调好利率自由化与利率管理之间的关系。

关键词

利息（interest） 利率（interest rates）
收益资本化（earning capitalized） 利率结构（structure of interest rates）
利率理论（theory of interest rates） 利率市场化（market-oriented interest rate）

重要概念

货币报酬论 利息时差论 流动性偏好 剩余价值 年利率 名义利率
保值贴补制度 固定利率 基准利率 市场利率 复利 利率体系
利率传导机制 利率影响因素 投资储蓄理论 流动性偏好理论 可贷资金理论
IS - LM 模型 利率风险结构 利率期限结构 流动性升水假说 普通年金
永续年金 单一资产定价 红利贴现模型 市场利率

思考题

1. 马克思关于利息来源于剩余价值的学说与西方经济学中各类报酬理论有何区别？
2. 收益资本化过程的基本前提条件是什么？
3. 利率传导机制为宏观调控提供了怎样的理论基础与现实条件？
4. 利率风险结构理论与利率期限结构理论对经济有何指导作用？
5. 针对中国现实情况应该如何设计利率市场化进程？

练习题

1. 单利规则与复利规则的区别是什么？

2. 保值贴补制度在什么情况下实施？其主旨是什么？
3. 不同期限的利率如何进行换算？
4. 影响利率变动的经济因素大致有哪些？
5. 市场利率发挥作用的条件有哪些？

案例题

2018 年 10 月 19 日，中国财政部公募发行了该年最后一期电子式储蓄国债，其中 5 年期的面额最低为 100 元，票面利率为 4.27%，每年按票面利率支付一次利息（即附息发行方式），到期偿还面额。某投资者购买并获得第一年利息后欲将其卖出，如果此时商业银行一年期存款利率为 1.5%，试以存款利率为贴现率计算该国债的市场转让价格。

扫描二维码可阅读本章精选案例

第四章
外汇与汇率

本章知识结构

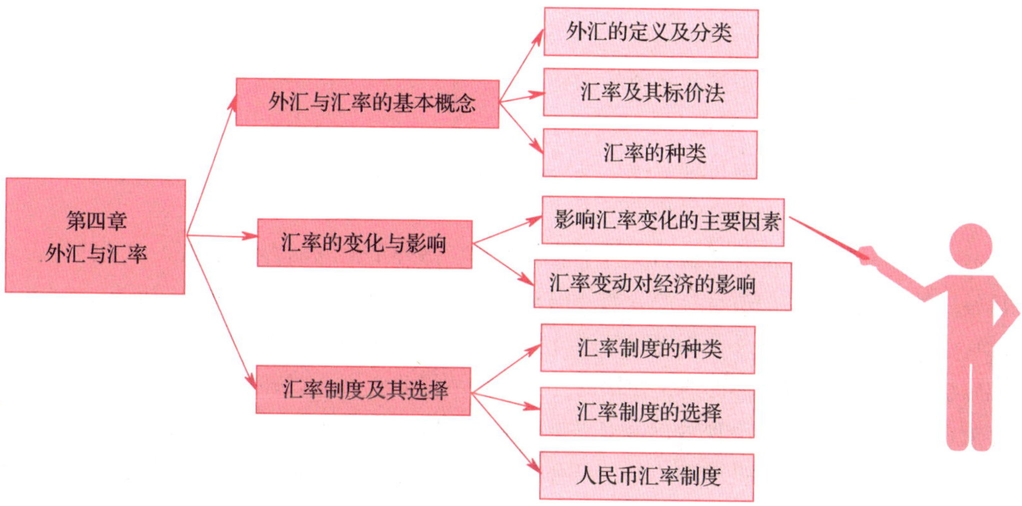

本章学习目标

- 了解外汇与汇率的基本知识；
- 理解汇率的决定及汇率变动；
- 熟悉汇率制度的种类及选择；
- 把握人民币汇率制度的演变。

章前引例

1988 年以来，美国财政部每半年均向国会提交一份《国际经济与汇率政策报告》，评估美国主要贸易伙伴国的汇率政策，确定其是否存在“汇率操纵”，违反国际贸易准则。一旦确定某国或经济体常年操纵汇率（包括对美贸易顺差过大、经常项目顺差较大、持续单边干预本币汇率），美国不仅通过谈判敦促该国采取纠正行动，更可能通过对该国输美商品加征关税、从美国政府购买合同中移除该国等手段进行报复。

1989—1994年，中国几乎每年都被美国列为“汇率操纵国”。1995年起，美国财政部不再将中国列为“汇率操纵国”，但美国国会对此的论争从未停息，每年均有威压人民币升值的动议。2019年8月，在美中贸易摩擦中，美国财政部将中国列为“汇率操纵国”，2020年1月移除。

美国对“汇率操纵国”的评估与认定，彰显了汇率对国际贸易的重大影响。人民币汇率低估抑或高估之争，又关涉汇率的决定与影响因素。

第一节 外汇与汇率的基本概念

一、外汇的定义及分类

（一）外汇的定义

外汇的最初含义和动态含义是国际汇兑，即通过特定的金融机构（外汇银行）将一国货币兑换为另一种货币，并借助各种金融工具对国际间的债权债务关系进行非现金结算的行为。

外汇（foreign exchange），指以外国货币表示的用于国际结算的支付手段。

静态的外汇是国际汇兑活动的支付手段和工具，是外汇的物质存在形态。广义的静态外汇泛指以外国货币表示的所有资产，如外国货币、外币有价证券、外币支付凭证等，这也是国际货币基金组织和各国外汇管理政策对外汇的界定。狭义的静态外汇是指以外币表示的用于国际结算的支付手段，亦即通常使用的外汇概念。据此定义，以外币表示的有价证券及暂时存放在持有国境内的外币现钞，由于不能直接用于国际支付而不属于外汇；在国际间自由兑换受限制的外币资产，也不是外汇，只有存放在国外银行的存款，以及可凭之索取在国外银行存款的外币票据和外币凭证（汇票、支票、本票和电汇凭证）才是外汇。狭义外汇的主体是外币存款，这既是因为外币存款是银行汇票等外汇支付凭证的开立基础，更是因为外汇交易主要依托于在国外银行的外币存款。

专栏4－1

国际货币基金组织和中国对外汇的界定

国际货币基金组织认为，外汇是货币当局（中央银行、货币管理机构、外汇平准基金组织即财政部等）以银行存款、国库券、政府公债等形式所保有的，在国际收支逆差时可以使用的债权。它包括中央银行及依据政府间协议而发行的在市场上不流通的债权，无论是以债务国货币还是债权国货币表示。

2008年8月1日修订的《中华人民共和国外汇管理条例》第三条规定，外汇是指以外币表示的可以用做国际清偿的支付手段和资产，它包括：（1）外币现钞，包括纸币、铸币；（2）外币支付凭证或支付工具，包括票据、银行存款凭证、银行卡等；（3）外币有价证券，包括债券、股票等；（4）特别提款权；（5）其他外汇资产。

（二）外汇的分类

按能否自由兑换或自由支付，外汇可以划分为自由外汇和记账外汇。

自由外汇又称可兑换货币或自由外汇货币，是无须货币发行国的批准，可以随时动用，自由兑换成其他货币，或向第三国办理支付的外汇。自由外汇的基本特征是：（1）自由兑换性，即能自由地兑换成他国货币资产；（2）普遍接受性，即在国际经济交易中能被各国普遍接受和使用；（3）可偿付性，即可以保证得到偿付。目前，世界上能作为自由外汇使用的货币有50余种，但在外汇市场广泛交易的仅限美元、英镑、欧元、瑞士法郎、日元、港元等10余种，它们是各国普遍接受的主要支付手段。

记账外汇又称协定外汇、清算外汇或双边外汇，是不经货币发行国允许，不能自由兑换成其他货币，或对第三国进行支付，只能用于清算协定订立国双方（或多方）结算的外国货币及以其表示的债权。依据清算协定，两国（或多国）之间的贸易完成后，进出口商各自向本国结算银行支付、收取本国货币，结算银行则分别用记账外汇记账，并在一定期限内集中轧平彼此的债权债务，结算账户余额既可结转至下一年度，也可用自由外汇结算。用记账外汇从事国际经济交易通常发生于两个非自由兑换货币国之间，它能节约自由外汇，但对贸易盈余国不利，因为贸易盈余国所得的记账外汇不能用于偿付其对第三国的债务，亦即盈余国向赤字国提供无偿信贷。

二、汇率及其标价法

（一）汇率的定义

汇率（foreign exchange rate）是不同货币之间的兑换比率，或以一种货币所表示的另一种货币的价格。

国际经济交易必然涉及任何两种货币，一国（或地区）货币与他国（或地区）货币之间的兑换比率即汇率。国际经济交易所产生的债权债务关系均需按期或到期结算，国际结算的方式是货币兑换或外汇买卖，而外汇买卖又以汇率为基础，故汇率又称汇价或外汇行市。

（二）汇率标价法

在国际汇兑中，不同的货币均可相互表示对方的价格。因此，以报价货币或基准货币为标准，汇率主要有两种标价方法，即直接标价法和间接标价法。

1. 直接标价法。用本国货币（报价货币）表示外国货币的价格，或一定单位的外国货币（基准货币）折算成若干单位本国货币的汇率标价法，被称为直接标价法。

在直接标价法下，外国货币的数量固定不变，本国货币的数量随着外国货币与本国货币的币值变化而变化。若一定单位的外币折合的本国货币数量比以前增加，则外汇汇率上升，外国货币升值，本国货币贬值。反之，若一定单位的外币折合的本国货币数量比以前减少，则外汇汇率下跌，外国货币贬值，本国货币升值。目前，包括中国在内的绝大多数国家都采用直接标价法，外汇市场的汇率也大多采用直接标价法。

2. 间接标价法。用外国货币（报价货币）表示本国货币的价格，或一定单位的本国货币（基准货币）折算成若干单位外国货币的汇率标价法，被称为间接标价法。

在间接标价法下，本国货币的数量固定不变，外国货币的数量随着外国货币与本国货币的币值变化而变化。若一定单位的本币折合的外国货币数量比以前增加，则外汇汇率下跌，外国货币贬值，本国货币升值。反之，若一定单位的本币折合的外国货币数量比以前减少，则外汇汇率上升，外国货币升值，本国货币贬值。

目前，仅有英国、美国采用间接标价法。由于英镑是最早的国际结算货币，英国长期以来一直采用间接标价法。美国在 1978 年前采用直接标价法，但由于美元逐渐成为国际结算和国际储备的主要货币，为便于计价结算，美国自 1978 年起采用间接标价法，但美元对英镑的汇率仍依循传统惯例沿用直接标价法。

此外，用其他货币表示美元的价格，或一定单位的美元折合成若干单位其他国家货币的汇率标价法，被称为美元标价法。第二次世界大战以后，欧洲货币市场开始形成并迅速发展，全球外汇交易量猛增。为便于在日常交易中比较各种货币的汇率，尤其是与美国外汇市场的汇率进行比较，以便迅速、准确地进行国际外汇交易，全球金融中心的各大银行及离岸金融市场的外汇标价多采用美元标价法。美元标价法的特点是，美元的数量固定不变，美元和其他国家货币的币值变化均通过其他国家货币的数量变化来表现。汇率越高，则 1 美元兑换的其他货币越多，因而美元币值越高，其他货币币值越低。

上述汇率标价方法都是以报价货币来表示基准货币的价格。其中，数量固定不变的货币被称为基准货币或被报价货币，数量不断变化的货币被称为报价货币。在直接标价法下，基准货币是外国货币，报价货币是本国货币；间接标价法正好相反。在美元标价法下，美元是基准货币，其他各国货币是报价货币。三种标价法都是以报价货币来表示基准货币的价格。

三、汇率的种类

（一） 基本汇率和套算汇率

按制定汇率的不同方法，汇率可划分为基本汇率和套算汇率。全球货币种类繁多，一国分别制定本国货币与其他国家货币之间的汇率不仅相当困难，而且没有必要，因此，各国一般先制定基本汇率，然后据此套算本国货币与其他货币之间的汇率。

1. 基本汇率，是指本国货币与关键货币之间的汇率。关键货币是本国国际经济交易中使用最多、在国际储备中占比最大、可自由兑换的货币。第二次世界大战以后，美元取代英镑成为关键货币，因而各国大多选择本国货币与美元之间的汇率为基本汇率，并据此套算汇率。

2. 套算汇率，又称交叉汇率，是根据基本汇率及其他货币与关键货币之间的汇率计算出的本国货币与其他货币的汇率，亦即通过两种货币的基本汇率计算出的汇率。例如，2019 年 12 月 31 日某一时点，人民币、港元的基本汇率中间价分别为 USD100 = CNY697.62、USD100 = HKD778.79，则由此可得 HKD100 = CNY89.58，即为人民币对港元的套算汇率中间价。

（二） 官方汇率和市场汇率

按外汇管制的程度划分，汇率可分为官方汇率和市场汇率。

1. 官方汇率，又称法定汇率，是由政府授权的官方机构（如中央银行、财政部或外汇管理当局等）制定并公布的汇率。在外汇管制比较严格的国家，官方汇率一旦制定通常不能频繁变动，一切外汇交易均以官方汇率为准。这保证了汇率稳定，但也使得汇率缺乏弹性。在外汇管制较松或取消的国家，政府制定官方汇率，一是用于官方机构之间的货币兑换，二是为政府干预市场汇率提供基准，私人外汇交易则按市场汇率进行。

2. 市场汇率，是在外汇市场自由买卖外汇所形成或采用的汇率，它由市场供求关系决定，并围绕某一均衡汇率上下波动。货币能自由兑换或外汇管制较松，是市场汇率存在的前提。市场机制较发达的国家和地区大多实行市场汇率，官方机构仅在汇率波动频繁或波幅过大之时干预外汇市场交易及汇率变化。外汇管制严格的国家通常不允许市场汇率存在，市场汇率以黑市价的形式表现。

（三） 买入汇率和卖出汇率

从银行买卖外汇的角度，汇率可分为买入汇率和卖出汇率。

1. 买入汇率，又称买入价，是银行向同业或客户买入外汇时使用的汇率。

2. 卖出汇率，又称卖出价，是银行向同业或者客户卖出外汇时使用的汇率。

买入汇率与卖出汇率一般相差1‰~5‰，两者的差额即为银行买卖外汇的利润。银行对客户（如进出口商等）的买卖汇率差额通常大于银行同业的买卖汇率差额。

外汇牌价及银行买卖外汇均须同时报出买入价和卖出价，两个汇率的排列顺序均为前小后大。在直接标价法下，前一汇率为买入价，后一汇率为卖出价，分别表示银行买入、卖出一定数量的外汇需要支付、收取的本国货币数量。在间接标价法下则相反，前一汇率为卖出汇率，后一汇率为买入汇率，分别表示银行收取、支付单位本国货币所需要卖出、买入的外国货币数量。

买入汇率和卖出汇率的算术平均数为中间汇率，又称中间价。中间汇率被广泛应用于新闻媒体的外汇行情报道及外汇投资者对汇率走势的分析和预测，部分银行同业之间买卖外汇也使用中间汇率。

此外，还有现钞汇率（又称现钞买卖价），是银行买卖外币现钞时使用的汇率。现钞买卖价在理论上与外汇买卖价相同。但外币现钞一般只能在其发行国流通，或存入其发行国或外国银行。因此，外币现钞需积累到一定数额才值得运送或存入其发行国或外国银行，买进外币现钞的银行既要蒙受一定的利息损失，又要支付现钞的运费和保险费。为将这些损失和费用转嫁给卖出外币现钞的客户，银行的现钞买入价低于外汇买入价的幅度较大，而现钞卖出价与外汇卖出价相差不大。2019 年 12 月 22 日中国银行的外汇交易牌价见表 4－1。

表 4－1 中国银行人民币汇率交易牌价 （直接标价法）
（2019 年 12 月 22 日 10：30：00，
基准货币/外币数量为 100）

货币名称	现汇买入价	现钞买入价	现汇卖出价	现钞卖出价
澳大利亚元	481.86	466.89	485.41	487.08
加拿大元	530.94	514.18	534.86	536.69
欧元	773.36	749.33	779.06	781.56
英镑	908.00	879.79	914.69	917.82
日元	6.3806	6.1823	6.4275	6.4374
新西兰元	461.16	446.93	464.40	470.79
卢布	11.21	10.52	11.30	11.72
新加坡元	515.16	499.26	518.78	521.36
美元	699.33	693.64	702.30	702.30

资料来源：中国银行网站，https://www.boc.cn/sourcedb/whpj/。

（四）同业汇率和商业汇率

按外汇买卖的对象划分，汇率可分为同业汇率和商业汇率。

1. 同业汇率，是外汇银行之间相互买卖外汇时所采用的汇率。外汇市场上银行的外汇报价都是指同业汇率。

2. 商业汇率，是外汇银行同个人、企业等一般客户买卖外汇所采用的汇率。商业汇率的买卖差价大于同业汇率的买卖差价。

（五）电汇汇率、信汇汇率和票汇汇率

按外汇交易的支付手段划分，有电汇汇率、信汇汇率和票汇汇率。

1. 电汇汇率，又称电汇价，指银行卖出外汇后，立即用电信方式通知境外联行或代理行支付外汇给收款人时使用的汇率。电汇是速度最快的汇款方式，银行一般无法或很少能在传递时间内占用客户资金，加之国际加押电报费用较高，因此电汇汇率较高。电汇汇率是外汇市场上的代表性汇率，信汇汇率和票汇汇率都是以电汇汇率为基础计算出来的。各国公布的外汇汇率，一般是指电汇汇率。

2. 信汇汇率，又称信汇价，指银行卖出外汇后，开具委托支付书并用邮政信函方式通知国外分支行或代理行支付外汇给收款人时所使用的汇率。由于邮寄委托支付书的时间长于电报或电传所需的时间，银行可在邮程时间内占用客户资金，因此信汇汇率低于电汇汇率。我国的信汇汇率主要用于我国香港地区和东南亚地区。

3. 票汇汇率，指银行卖出外汇后，开立以其国外分支机构或代理行为付款人的汇票交给汇款人，由汇款人自带或寄送汇票给收款人所采用的汇率。票汇汇率的买卖及其汇票所需时间也较长，因而票汇汇率低于电汇汇率。

（六）即期汇率和远期汇率

按外汇交易的交割时间划分，汇率可分为即期汇率和远期汇率。

1. 即期汇率，又称现汇汇率，指交易双方成交后在两个营业日内办理外汇交割时使用的汇率，它反映买卖双方成交时的市场汇率。外汇交易发生后，银行体系通常需要两个工作日完成买者付出本币、卖者付出外汇的付款交割指令，故交割日滞后交易日两个工作日。外汇市场汇率和官方牌价未标明“远期”字样者，均为即期汇率。

2. 远期汇率，又称期汇汇率，指买卖双方事先约定的在未来某一时间进行外汇交割时所使用的汇率。远期汇率有两种报价方法：一是直接报价法，即直接标出远期外汇的实际汇率。日本和瑞士采用这种报价法。二是点数报价法，即以升水（premium）、贴水（discount）、平价（par）标出远期汇率与即期汇率的差额，再计算远期汇率的方法。远期汇率与即期汇率的差额即为远期差价，其大小用基本点表示，1 个基本点等于 0.0001；升水、贴水、平价分别表示远期汇率高于、低于、等于即期汇率。英、法、美、德等国采用这种远期汇率报价方法。

由于远期汇率以即期汇率为定价基础，加之远期差价相对稳定，因此，采用点数（升贴水）报价法，可避免即期汇率频繁波动引致的远期汇率频繁改动。同时，远期差价主要根据两种货币一定期限的存款利率差而确定，采用点数报价法便于外汇市场投资者观察远期汇率升贴水数与两种货币利差的相关程度。

不同汇率标价法下的远期汇率计算原则不同。在间接标价法下，升水时的远期汇率等于即期汇率减去升水数字，贴水时的远期汇率等于即期汇率加上贴水数字，平价则不加不减。在直接标价法下，计算方法则相反。此外，由于即期汇率的排列顺序都是前小后大，而远期差价的排列可分为前小后大和前大后小两种情形，因此，无论采用何种汇率标价方法，上述远期汇率的计算原则可简记为：（远期差价）前小后大用加法，前大后小用减法。

（七） 名义汇率和实际汇率

按是否经由价格水平调整划分，汇率可分为名义汇率和实际汇率。

1. 名义汇率，指由官方公布或各种媒体发布的、没有剔除物价变动因素的汇率。人们通常观察到的汇率都是名义汇率。

2. 实际汇率，是用两国价格水平对名义汇率进行调整之后的汇率，即实际汇率 = 名义汇率 × 两国价格水平之比（国外价格指数/本国价格指数）。它反映用同种货币表示的两国商品的相对价格水平，从而可用来衡量两国商品在国际市场上的相对（价格）竞争力。

第二节　汇率的变化与影响

一、影响汇率变化的主要因素

（一） 国际收支

国际收支对汇率变动有直接影响。若一国国际收支发生顺差，则外国对该国的货币需求上升，外汇供给增加，故顺差国的货币汇率上升。反之，若一国国际收支出现逆差，则该国的货币汇率下降。因此，国际收支决定理论认为，汇率决定于由国际收支所决定的外汇供求，这是最基本的汇率决定理论。

在固定汇率时期，国际收支是最重要的汇率决定因素，国际收支的大量顺差或逆差，通常成为本币升值或贬值的先导。20 世纪 70 年代浮动汇率取代固定汇率后，通货膨胀和利率对汇率变化的影响更为重要。

（二） 通货膨胀

一国货币价值的总水平是影响汇率长期走势的主导因素。通货膨胀及其引起的货币购买力变化，必然影响一国商品、劳务的国际竞争力及其货币在外汇市场的信用地位，进而引起汇率水平的变化。由此形成了汇率为两国物价之比的绝对购买力平价理论，即如果本国物价高于国外物价，则本币对外币贬值。

但通货膨胀对汇率的影响，取决于本国与其他国家的通货膨胀率差异，即相对通货膨胀率。由此形成的相对购买力平价理论认为，汇率的变化幅度决定于两国通货膨胀率的差异。若美国、英国的通货膨胀率分别为 10%、5%，则美元对英镑将贬值 5%。

通货膨胀率差异通过影响经常账户、资本账户引起汇率变化。在国际贸易联系紧密的情况下，一国通货膨胀率相对较高，一般会抑制本国出口、刺激进口增加，引致国际收支变化，改变外汇市场的货币关系，导致该国汇率下跌。同时，一国的相对通货膨胀率持续走高，市场将预期该国货币进一步贬值，从而减少对该国货币的持有量，造成该国货币贬值。

高通货膨胀率还会降低实际利率，阻碍资本流入，刺激资本流出，引起该国货币对外贬值。一国货币从对内贬值转移到对外贬值，可能耗时半年甚至数年。但从长远看，汇率终将根据货币实际购买力而自行调整到合理水平。

（三） 利率水平

在开放经济条件下，利率水平的国内外差异将引发短期资本的跨境流动（套利投资），进而通过资本账户变化，改变外汇市场的供求关系，影响汇率变动。一国利率水平较高，则该国金融资产的收益率相对较高，对投资者更有吸引力，由此导致资本流入，市场对该国的货币需求上升，该国货币升值。反之，则该国货币贬值。

由此形成的利率平价决定理论认为，在外汇市场上，利率高的货币升值（远期贴水），利率低的货币贬值（远期升水），其升值或贬值（贴水或升水）的幅度大致相当于两种货币的利率差。但短期国际资本流动通常需要兼顾利差与汇率因素，即需综合考虑两国利率差异与汇率变动的关系。只有在外国利率与汇率预期变动率之和大于本国利率时，套利投资引起的资本跨境流动才会发生，从而影响汇率变化。

（四） 经济增长率

实际经济增长率对汇率变动的影响比较复杂。一般说来，经济增长率提高会导致进口增加，国际收支逆转或恶化，从而加大本币汇率下跌的压力。但高经济增长率又是一国经济实力增大、国际竞争力提升的反映，有利于增强本国货币在国家市场的信用地位，从而驱动本币汇率上升。

就长期趋势而言，高经济增长率能持续有效地支撑本国汇率的稳定和上升，但经济增长率绝非孤立地影响汇率变动，而是与国际收支、通货膨胀率和利率的变化相互交织，共同作用于汇率变化。

（五） 宏观经济政策

一国的宏观经济政策，如财政政策和货币政策，直接或间接地影响国际收支、通货膨胀、利率、经济增长等，从而影响汇率变动。一般而言，宏观紧缩政策通常导致一国货币汇率上升，而宏观膨胀政策则可能致使该国货币汇率下跌。例如，为刺激经济增长而实施赤字财政政策造成财政支出过大，或将导致通货膨胀上升和经常项目收支恶化，从而汇率自动下浮。然而，庞大的财政赤字将促使利率上升，而高利率又将吸引资本流入，使本国货币趋向坚挺。

基于宏观经济政策的汇率决定理论主要是货币决定理论、资产组合理论。货币决定理论认为，汇率决定于货币市场上的货币供求存量，后者的任何变化都会影响汇率变动；一国货币供给增加或减少，则外汇汇率上升或下跌，本币汇率下跌或上升。货币供应量决定于货币当局，名义利率是影响货币需求的重要因素，其差异又源自预期通货膨胀率差异，故各国货币当局政策、预期通货膨胀率是短期内影响汇率变化的主要因素。

资产组合理论则认为，外汇是人们的资产选择构成之一，其价格（汇率）和利率均同时决定于各国国内财富持有者的最佳资产组合及调整。为分散风险，并使本币、外币金融资产的预期边际收益率相等，投资者必须不断选择并调整最佳资产组合，由此引起的资本跨境流动必然导致汇率变动。宏观经济政策调整导致的货币供应量变动、经常项目盈亏及财政收支失衡，都将致使本币资产、外币资产的存量发生变化，从而导致汇率与利率发生变化。

（六）心理预期

随着国际资本流动频率提高、规模膨胀，心理预期的作用日益增大。心理预期变化快、影响大，且具有自我增强特质，是影响短期汇率变动的主要因素。它不仅综合反映了汇率变动的各种因素，而且对汇率走势推波助澜，加剧汇率波动幅度。

预期有稳定型和破坏稳定型之分。稳定型预期，指市场预期一种货币汇率不再继续下跌时，买进该货币，从而缓和该货币汇率下跌程度；反之，则抛出该货币，从而减缓该货币汇率升值幅度。破坏稳定型预期则相反，基于这种心理的外汇买卖使得某种货币在预期贬值时被持续抛售，在预期升值时被持续买进，导致汇率暴涨暴跌，加剧汇率的不稳定。

此外，外汇市场的投机行为和货币当局（中央银行）对外汇市场的干预等因素，都会影响汇率变动。各种因素对汇率交互发挥作用，影响方向和强度各有差异，故而应结合国际和各国实际进行全面具体的分析。

二、汇率变动对经济的影响

（一）汇率变动对国际收支的影响

1. 汇率变动对贸易收支的影响。汇率变动并不改变进出口商品本身的价值，但它会影响进出口商品在国际贸易中的相对价格，从而影响贸易收支。在微观上，它影响进出口企业的成本和利润；在宏观上，它影响贸易收支差额，导致国际收支差额发生变化。

在其他条件不变时，一国货币汇率下跌，则该国出口商品或劳务的外币价格下跌，出口数量增加或/和利润上升；同时，进口商品或劳务的本币价格随之上升，进口量会减少。出口增加、进口减少，则该国外汇收入增加，贸易收支得以改善（贸易顺差扩大或贸易逆差减少）。反之则相反。

汇率变动对一国进出口和贸易差额的影响，取决于进出口商品的供求价格弹性。假定一国进出口商品的供给价格弹性为无穷大（进出口商品的价格不变，而其供给可无限增加），若出口商品的需求价格弹性大于1，则汇率下降会刺激该国出口额增加，因为出口数量的增加幅度大于出口商品外币价格的下降幅度。若进口商品富有需求价格弹性，则汇率下降引起的进口数量下降幅度大于进口商品的本币价格上升幅度，进口额将会减少。出口额增加、进口额减少，贸易收支必然改善，这就是进出口商品的需求弹性之和大于1时，本币贬值改善贸易收支的马歇尔—勒纳条件。进出口商品若缺乏供求弹性，则引起相反的结果。

本币贬值后，贸易收支会先恶化后改善（变化趋势形似英文字母J）。因而，从本币贬值到贸易收支改善之间存在时间长度不等的时滞，此即本币贬值的“时滞效应”或“J曲线效应”。

2. 汇率变动对非贸易收支的影响。

（1）汇率变动对无形贸易收支的影响。若一国货币汇率下跌，外币的购买力相对提高，本国商品和劳务价格相对低廉；同时，本币购买力相对降低，国外商品和劳务价格对本国居民而言显得昂贵，这就有利于改善该国旅游与其他劳务收支。若一国货币汇率上升，其结果则相反。上述汇率变动对无形贸易收支的影响，以货币贬值国物价不变或上涨相对缓慢为前提。

（2）汇率变动对单方转移收支的影响。一国货币汇率下跌，且国内价格不变或上涨相对缓慢，一般会对该国的单方转移收支产生不利影响。以侨汇为例，侨汇大多为赡家汇款，一国货币对外贬值后，旅居国外侨民对国内侨眷支付等额生活费所需的外汇数量较此前减少，从而该国侨汇收入减少。若一国货币对外升值，其结果则相反。

3. 汇率变动对资本流动的影响。汇率变动对资本流动的影响在很大程度上取决于对汇率后续变动的心理预期，且对长短期资本流动的影响有所不同。

如果市场预期一国货币汇率下跌是一步到位，这将吸引长期资本流入，因为它使单位外汇能够兑换更多的该国货币，亦即等量外资可支配更多的该国资源，从而投资该国能获取更高的利润。如果市场预期一国货币汇率下跌是它将进一步贬值的前导信号，则将阻碍长期资本流入，因为这将使外资投资利润汇回本国蒙受汇率损失。从长期看，汇率波动的影响可部分地相互抵消，故汇率变动对长期资本流入的影响较小。

汇率变动对短期资本流动的影响更为直接和快捷。一国货币汇率开始下跌时，为避免该国货币再贬值而蒙受损失，外资投资者和国内资本持有者会将该国货币兑换成他国货币，引起资本外流，造成货币替换（抛售本币或抢购外币）或资本外逃。相反，则资本流入增加。当然，汇率变动对资本流动的上述影响是以利率、通货膨胀率等因素不变或变动相对缓慢为前提，还与一国的投资环境和外汇管制程度相关。

4. 汇率变动对外汇储备的影响。外汇储备是一国国际储备的主要构成，汇率变动直接影响一国的外汇储备。第一，一国货币汇率变动通过影响贸易收支、非贸易收支和资本流动，而直接影响本国外汇储备的增减。第二，汇率的变动会改变储备货币的实际价值。如美元汇率下跌而欧元汇率上升，则美元储备的实际价值下降而欧元储备的实际价值上升。此时，若动用美元储备偿还欧元债务，则债务负担将加重。第三，储备货币的汇率变动会导致外汇储备资产的币种结构调整。从长远看，汇率不断上升的外汇（如欧元）在外汇储备中的比重将不断提高，而汇率逐步下降（如美元）的外汇在外汇储备中的份额会有所下降。

（二）汇率变动对国内经济的影响

1. 汇率变动对国内物价的影响。

（1）汇率变化直接影响贸易品（进出口商品）价格。从进口角度看，一国货币汇率下降导致以本币表示的进口商品价格上升，触发国内同类商品价格上升。若进口商品属于资本货物或中间产品，还会通过本国生产成本上升推动最终商品的价格上升，诱发或加剧国内通货膨胀。从出口角度看，一国货币汇率下跌引起本国出口量扩大，若出口商品的供给数量不能相应地扩大，则出口商品的国内价格必然上涨。反之，若一国货币汇率上升，则其结果相反。

（2）汇率变化间接影响非贸易品价格。汇率变化通过影响贸易品价格而影响非贸易品价格。非贸易品有三类：第一类是随时可转供出口的国内商品；第二类是进口替代品；第三类是完全不能进入国际市场或替代进口的国内商品。若一国货币的汇率下降，贸易品的价格上涨，第一类商品转化为出口商品，从而其国内供给减少，价格上升；第二类国内可以生产的进口替代品的价格自动上升；由于本币汇率下降造成出口扩大，出口商利润增加，在平均利润率规律的作用下，第三类商品因厂商或提高价格，或转产出口品，而价格上升。反之，则结果相反。

2. 汇率变动对国民收入与就业的影响。汇率变动影响进出口贸易，后者又通过乘数作用影响国民收入和就业。在存在资源闲置的条件下，一国货币汇率下跌，由于有利于出口而不利于进口，将会使闲置资源转向出口品生产部门，并促使进口替代生产部门发展，使生产扩大、国民收入和就业增加。一国货币汇率上升，则一般会造成生产缩减、国民收入下降和就业降低的负面影响。

（三） 汇率变动对国际经济的影响

主要发达国家货币汇率的变动和波动对国际贸易和国际金融有重要影响。它们为实现贸易顺差、摆脱经济困局而推行的货币贬值，不利于其他国家，从而或将引发贸易战和汇率战，加剧发达国家之间、发达国家与发展中国家之间的矛盾，阻碍世界经济发展。

从全球角度看，各国汇率的频繁波动加大了国际贸易和国际金融运行的风险，触发了外汇交易投机，不利于世界经济的发展。这一负面效应是区域性货币集团得以发展的重要原因。

（四） 汇率变动影响经济的制约因素

1. 货币兑换性。一国货币的自由兑换程度越高，在国际支付中使用的频率越高，则该国受汇率变化的影响越大。

2. 对外贸易系数，又称贸易依存度，指一国的对外贸易额占国民（国内）生产总值的比重。对外贸易依存度越高的国家，受汇率变化的影响越大；相反则越小。

3. 商品的多样化程度。汇率变化对单一商品生产国的经济影响大，而对商品生产多样化的国家影响较小。

4. 金融市场发育度及开放度。一国金融市场越成熟、对外开放度越高，则该国受汇率变化的影响越大。

5. 政府的干预程度。政府干预会改变市场配置资源的运行机制，使得汇率变动的经济影响复杂化。

第三节　汇率制度及其选择

汇率因多种因素的交织和作用而复杂多变。但作为有关汇率的确定、变动的基本原则，汇率制度具有普遍适用性和相对稳定性。汇率制度的主要构成是：（1）确定汇率的依据；（2）汇率的波动界限；（3）维持汇率的措施；（4）汇率的调整。

一、汇率制度的种类

根据汇率的波动幅度，汇率制度有两种基本类型，即固定汇率制和浮动汇率制。介于两者之间的还有可调整的固定汇率制或钉住汇率制、管理浮动汇率制和爬行汇率制等。

汇率制度（foreign exchange rate system）又称汇率安排，是一国货币当局对本国货币汇率变动的基本方式所作的系列安排或规定。

（一）固定汇率制度

固定汇率制度（fixed exchange rate system）是汇率受平价制约，只能围绕平价在很小范围内波动的汇率制度。在国际货币制度演变中，19 世纪中后期到第二次世界大战前的国际金本位制下的汇率制度，以及从第二次世界大战后到 1973 年布雷顿森林体系下的汇率制度，都属于固定汇率制度。

1. 金币本位制下的固定汇率制度。19 世纪中后期至第一次世界大战以前，世界上大多数国家相继实行典型的金本位制度，即金币本位制。在金币本位制下，作为本位币而被铸造和流通的金币具有一定的成色和重量，即含金量；金币是足值货币，可以自由铸造、自由兑换，黄金可以自由输出、输入。因而，在金币本位制下，决定两国汇率的基础是两国货币的含金量之比，即铸币平价。市场汇率则因供求关系变动而围绕铸币平价上下波动，并以黄金输送点（gold points）为波动界限。

黄金输送点是指引起黄金流入与流出时的汇率。黄金输送点与铸币平价之间的差异取决于单位货币黄金在两国之间的运送费用，包括包装费、运输费、保险费等。因此，黄金输送点 = 铸币平价 ± 黄金运送费用，它限定了汇率的波动幅度。其中，引起黄金流出的汇率是黄金输出点（铸币平价 + 黄金运送费用），引起黄金流入的是黄金输入点（铸币平价 − 黄金运送费用）。由于单位货币黄金运送费用在所运送黄金价值中的占比很小，汇率的波动幅度也就很小，故金币本位制下的汇率基本上保持稳定。

专栏 4－2
铸币平价与黄金输送点

第一次世界大战以前，1 英镑、1 美元的纯金含量分别为 113. 0016 格令、23. 22 格令。两种货币的铸币平价（含金量之比）为 4. 8666，英镑对美元的汇率平价为£1 = $4. 8666。当时在英、美两国之间运送 1 英镑黄金的费用约为黄金价值的5‰ ~7‰，按均值 6‰计算，约合 0. 03 美元。因此，英镑对美元的汇率将在4. 8366 ~4. 8966 的区间内波动。其中，4. 8966 为黄金输出点，4. 8366 为黄金输入点。

一旦市场汇率高于黄金输送点，对美国债务人（如进口付汇）而言，偿还同样数量的英镑债务，直接运送黄金（在国内用美元兑换黄金）比在市场购买英镑（按市场汇率将美元兑换成英镑）再偿还债务更便宜。由此导致黄金大量流出美国，对英镑的市场需求下降，从而英镑汇率下跌，直至市场汇率不高于 4. 8966。

同样地，一旦市场汇率低于黄金输入点，对美国债权人（如出口收汇）而言，直接输入黄金（用英镑兑换黄金运回美国）比先收取英镑再在市场兑换（按市场汇率将英镑兑换为美元）获利更多。由此导致黄金大量流入美国，外汇市场上的英镑供给下降，从而英镑汇率上升，直至市场汇率不低于 4. 8366。

第一次世界大战结束后，由于战争改变了国家间经济力量的对比，尤其是世界范围内的黄金分配极不均衡，金币本位制渐遭摒弃。取而代之的金块本位制或金汇兑本位制，废弃了

金本位制的竞赛三原则（自由铸造、自由兑换、自由输入输出），是残缺不全的金本位制，具有内在的不稳定性。在金块本位制或金汇兑本位制下，决定汇率的基础是两国货币法定含金量之比，即法定平价（或黄金平价），实际汇率也随着供求关系变动而围绕法定平价波动，但由于国家集中管理黄金或外汇储备，银行券对黄金的直接或间接兑换受到限制，实际汇率的波动幅度不再以黄金输送点为限度，而是由政府设立的外汇平准基金来决定和维护，国家通过买卖外汇控制汇率波动的幅度，因此，其汇率的稳定性低于金币本位制。

2. 布雷顿森林体系下的固定汇率制度。1929—1933 年经济危机后，国际金本位制度彻底崩溃，以金本位制为基础的固定汇率制度也随之消亡，各国先后实行不兑换的纸币流通制度，汇率制度由此演变为纸币流通条件下的固定汇率制。

1944 年 7 月，在第二次世界大战即将结束之际，44 国代表在美国新罕布什尔州的布雷顿森林召开会议，通过《国际货币基金组织协定》，确立了以美元为中心的固定汇率制度。其基本内容是：

（1）美元与黄金挂钩。美元与黄金的比价固定为 35 美元兑换 1 盎司黄金（此即黄金官价），美国政府承担的义务是成员国政府或中央银行可随时按黄金官价用美元向美国兑换黄金，使美元享有与黄金等同的特殊地位。

（2）其他货币与美元挂钩。其他成员国的货币以各自规定且不得轻易变动的含金量，或通过直接规定本国货币对美元的汇率，而与美元挂钩；各国货币含金量变动率超过 10% 须经国际货币基金组织批准。

（3）汇率波动设有上下限。根据布雷顿森林体系的规定，市场汇率和金价的变动不得超过黄金平价和黄金官价的 ±1%（1971 年 12 月的《史密森协议》将这一幅度扩大至 ±2.25%），否则，各国有义务进行干预，以使市场汇率波动控制在规定范围之内。

上述内容可概括为“双挂钩、一固定、上下限、政府干预”。双挂钩，指美元与黄金挂钩，各国货币与美元挂钩。一固定，指各国货币平价一经国际货币基金组织确定就基本固定，不得随意变动。上下限，指外汇市场上现实汇率的变动幅度不得超过平价 ±1%。政府干预，指汇率波动幅度超过规定的区间时，各成员国货币当局有义务采取市场干预措施。

3. 两种固定汇率制度的比较。金币本位制下的固定汇率制度与布雷顿森林体系下的固定汇率制度，均有汇率平价和汇率波动范围限制，但两者仍存在本质差别。

（1）汇率决定的基础不同。金币本位制下的固定汇率以两国货币的实际含金量之比即铸币平价为基础，是自发形成的；纸币流通条件下的固定汇率则以两国货币的（法定）名义含金量即黄金平价（法定平价）为基础，是人为建立起来的。

（2）汇率的调整机制不同。在金币本位制下，汇率的波动幅度受黄金输送点的限制，通过黄金自由输出入的自动调节机制可使汇率稳定在黄金输出点和输入点之间；在纸币流通条件下，汇率的波动幅度是人为规定的，需要政府干预将汇率稳定在一定范围之内。

（3）汇率的稳定程度不同。在金币本位制度下，汇率受黄金输送点的制约而十分稳定；在纸币流通条件下，一国在国际收支发生根本性不平衡时，其黄金平价可经由国际货币基金组织的认可而调整。因此，布雷顿森林体系实际上是一种可调整的固定汇率制或钉住汇率制。

（二）浮动汇率制度

浮动汇率制（floating exchange rate system）是汇率不受平价制约，主要随外汇市场的供求状况而变动的汇率制度。1971 年和 1973 年美元连续两次贬值后，固定汇率制度难以为继，各国大多实行浮动汇率制度，形成了多种类型的浮动汇率。

1. 自由浮动和管理浮动。按政府是否干预市场汇率，浮动汇率制可分为自由浮动和管理浮动。自由浮动（free floating），又称清洁浮动（clean floating），指货币当局不进行任何干预或调控，汇率根据市场供求的变动而自由涨落。在现实中，市场的自发作用存在一定盲目性，容易导致市场机制失灵。因此，各国政府会基于本国经济利益，对汇率进行不同程度的干预，从而绝大多数国家采用管理浮动制。

管理浮动（managed floating），又称肮脏浮动（dirty floating），指一国政府或货币当局对外汇市场进行干预，以使市场汇率向有利于本国的方向浮动。在管理浮动汇率制下，一国政府有责任对外汇市场进行公开或隐蔽的引导和干预，以期在不影响汇率长期趋势的基础上，熨平汇率的短期波动，避免短期汇率波动过度而冲击本国经济运行。政府干预汇率的方式主要有三种：（1）在外汇市场上直接进行外汇买卖，但干预的形式各有不同，既有一个国家单独干预的，也有几个国家联合干预的，还有代理干预的。（2）运用货币政策，通过调整本国银行利率或贴现率来影响汇率。（3）实行外汇管制，主要通过各种措施影响国际资本流动的方向和规模。

与固定汇率制及可调整钉住汇率制不同，管理浮动汇率制既无汇率平价，又无汇率波动幅度约束。若将固定汇率制和自由浮动汇率制视为两极，则可调整钉住汇率制和管理浮动汇率制处于两极之间，但前者更接近固定汇率制，后者更接近自由浮动汇率制。

2. 单独浮动、联合浮动和钉住浮动。按浮动形式的不同，浮动汇率制可分为单独浮动、联合浮动和钉住浮动。

单独浮动（single floating），指一国货币不与其他国家货币发生固定联系，其汇率根据外汇市场供求而单独调整变动。采用这种制度的主要是发达国家，如美国、英国、日本和加拿大等，但新兴工业化国家和发展中国家逐步采用这一方式。

联合浮动（joint floating），指若干国家组成某种形式的经济联合体或货币集团，各成员国货币之间保持固定汇率，而对非成员国货币则采取共同浮动的汇率安排。原欧洲货币体系曾采用联合浮动方式，成员国货币之间实行固定汇率，汇率波动的幅度为 1.125%；对非成员国的货币实行联合浮动，以保持对该种货币汇率的波动幅度大体一致。

钉住汇率制（pegged exchange rate），是一种将本国货币同某一外国货币或一篮子货币保持固定比价关系的汇率安排。发展中国家的经济实力大多不强，国际储备通常较少，应对金融危机冲击的能力有限，因此许多发展中国家采用钉住浮动汇率制。根据汇率实际浮动幅度，国际货币基金组织将钉住汇率制划分为三类：（1）传统的钉住汇率制（conventional pegged arrangement）。采取这一汇率制的国家将本币钉住对象确定为单一货币或一篮子货币，但汇率波动幅度为钉住汇率的 ±1%。（2）水平带的钉住汇率制（pegged exchange rate within horizontal bands）。实行这一汇率制的国家，其汇率浮动幅度为大于钉住汇率 ±1% 的某一窄带范围。（3）爬行钉住汇率制（growling pegged exchange rate）。采用这类汇率制国家的货币当局经常地按一定的时间间隔，以事先确定的百分比对本币与被钉住货币的汇率平价作小幅度调整，直至达到均衡汇率为止。

目前，大约有 50 个发展中国家将本国货币钉住美元、英镑等单一货币。还有一些国家为使本国货币免受某一国货币的支配，将本币与由若干种货币组成的一篮子货币挂钩。这一货币篮子主要由与本国经济联系最为密切的国家货币、对外支付中使用最多的货币组成。实行钉住汇率制的国家，其货币与被钉住货币之间仍规定汇率平价，市场汇率对汇率平价的波动幅度为零或被限制在很小的范围内。

二、汇率制度的选择

（一） 固定汇率制与浮动汇率制的争论

固定汇率制和浮动汇率制的争论始于 20 世纪 20 年代，争论焦点在于是否应当恢复金本位制度。20 世纪 60 年代及 70 年代前期，随着可调整钉住汇率制度弊端的日益暴露，这一争论更为激烈。可调整钉住汇率制度崩溃后，浮动汇率制度取而代之，但表现不尽如人意，由此再次触发固定汇率制和浮动汇率制的争论，争论的焦点主要集中在三大方面。

1. 对国际贸易和国际投资的影响。浮动汇率论者认为，浮动汇率制（指自由浮动汇率制）有利于均衡汇率的建立，实现资源的有效配置，并借此推动国际贸易和国际投资；汇率波动风险则可以通过远期交易等方式进行规避。在固定汇率制（主要指可调整的钉住汇率制）下，市场汇率常常是非均衡的，非均衡汇率将阻碍全球范围内的资源配置，甚至损害市场机制的作用，从而阻碍国际贸易和国际投资。这主要表现在：（1）可调整的钉住汇率通常不能反映外汇市场的供求关系，造成本币被高估或低估。为了维持本币汇率，政府随时可能实施直接管制，且管制的变动及效果难以预料。诸如此类的不确定性不利于国际贸易和国际投资。（2）在固定汇率制下，贸易商承担的汇率风险较小，但必须承受国内价格水平变动的风险，而后者同样会给国际贸易和国际投资带来不确定性，而在浮动汇率制下，汇率与物价的同向变动则可能消除物价变动的影响。

固定汇率论者认为，固定汇率可以避免日常汇率的大幅波动，有利于全球范围内的生产分工协作，并为国际贸易和国际投资提供相对稳定的发展环境。但在浮动汇率下，汇率变幻莫测，进出口商和投资者无法确定未来的汇率，国际贸易和国际投资的不确定性增加。虽然汇率浮动的风险可通过远期交易规避，但此类交易本身也存在成本；同时，许多经济活动的汇率风险是无法规避的。因此，在浮动汇率制下，进出口商和投资者倾向于固守国内市场，不愿进行国际贸易和国际投资。

2. 对通货膨胀的影响。浮动汇率论者认为，浮动汇率能有效阻隔通货膨胀的国际传递。这是因为，当国外发生通货膨胀时，一国可通过本币汇率升值来抵消国外通货膨胀对国内物价的直接影响，从而避免国际输入型通货膨胀。而在固定汇率制下，一国货币当局有义务维持本币汇率。当一国推行膨胀性货币政策而使国际收支恶化时，大量外汇会流入顺差国，为避免本币汇率升值，顺差国不得不动用本币购买大量流入的外汇，导致货币供应增加、国内出现通货膨胀，从而致使通货膨胀从逆差国传递到顺差国。

固定汇率论者认为，固定汇率制下的“物价纪律”可以避免政策采取膨胀性货币政策，有利于国内物价稳定。一国若采取膨胀性货币政策，增加货币供给，就会使该国物价水平提高，导致国际收支逆差，这意味着国际储备流失，但因储备流失不可能长久持续下去，该国必然谨小慎微地推行通货膨胀政策，因此通货膨胀不易发生。与此形成鲜明对比的是，浮动汇率制度却具有通货膨胀的内在倾向。首先，在浮动汇率制度下，汇率变动在理论上可自动调节国际收支失衡，因而，国际收支经常保持平衡，没有国际收支逆差、国际储备流失的顾虑，货币当局较易推行膨胀性货币政策，“物价纪律”不复存在。同时，一国若实行膨胀性货币政策，造成较高的通货膨胀率，则随着国际收支逆差的出现及加剧，本币汇率下跌，进口品价格上升，进而直接或间接推动国内物价进一步上升，形成“物价上升—汇率下浮—物价再上升”的恶性循环。其次，在浮动汇率制下，一国本币汇率下浮将提高进口品的国内价格，带动国内物价水平上升，但当一国本币汇率升值时，由于物价的刚性，国内物价并不下降，结果汇率变动的净效应是通货膨胀率的提高。这就是所谓的“棘轮效应论”。

3. 对调节国际收支的影响。浮动汇率论者认为：（1）浮动汇率可以自动地对国际收支失衡进行及时、迅速的调整，避免国际收支长期失衡。一国国际收支失衡（如逆差），则该国货币汇率会相应变动（如贬值），进而影响该国进出口贸易（如扩大出口）及国际资本流动（如资本流入），从而改善该国的国际收支。（2）浮动汇率可提高国内政策的自主性。在浮动汇率制下，由于汇率变动保证了国际收支平衡，一国国内政策遭遇的外部平衡约束极少，财政政策、货币政策可从对外平衡中解脱出来，全部用于实现内部均衡，而在固定汇率制下，一国的国内政策经常受制于对外平衡约束，独立性大打折扣。例如，当一国因经济增长导致进口大增、国际收支趋于恶化时，该国将不得不采取紧缩措施，从而阻碍后续经济发展。（3）浮动汇率制可增强货币政策的有效性。例如，一国采取反通货膨胀政策，则货币供给下降、利率提高，将使进口支出下降，资本流出减少、流入增加，国际收支改善，本币汇率上升。本币汇率上升又会刺激进口，阻碍出口，进一步减轻国内通货膨胀的压力。

固定汇率论者则认为，浮动汇率未必能有效改善国际收支。首先，浮动汇率的国际收支调节作用是有限的，因为汇率下跌不一定导致出口增加、进口减少，这取决于进出口品的需求弹性。其次，本币贬值后，国内物价会上涨，最初因本币贬值而拉开的相对价格差异就会被重新抹平，进出口数量又会回到原来的水平。最后，汇率变动既影响贸易收支，同时也影响资本流动，本币贬值导致的贸易顺差，不一定大于本币贬值导致的资本净流出，因此从长期来看，汇率变动对国际收支没有任何影响，也不能确保国际收支平衡。此外，浮动汇率制不能保证一国政策的自主性，因为无论在何种汇率制度下，一国经济政策都无法避免外部平衡的制约，总要积极设法应对。

（二）汇率制度选择的理论

由于固定汇率制（或钉住汇率制）、浮动汇率制（或弹性汇率制）各有利弊且难以取舍，汇率制度的选择成为各国重大的政策问题，也是国际金融领域争论最激烈的主题。目前，四种汇率制度选择理论影响较大。

1. 经济论。经济论主要由美国前总统肯尼迪的国际经济顾问罗伯特·赫勒提出。他认为，一国汇率制度的选择主要取决于经济方面的五大因素：（1）经济规模；（2）经济开放程度，即一国对外贸易在国民生产总值中的比重；（3）进出口贸易的商品结构和地域分布；（4）国内金融市场的发达程度及其与国际金融市场的一体化程度；（5）较之世界平均水平的相对通货膨胀率。具体地说，经济规模较大的国家通常在经济上更独立，不愿使本国经济政策受制于人，故多采用浮动汇率制。一国经济开放度越高，贸易品价格在物价变动中的权重就越大，汇率变动对物价的影响也就越大，为最大限度地稳定国内价格水平，通常倾向于选择钉住汇率制。一国若贸易品种单一或贸易地域集中，则通常选择钉住汇率制。一国同国际金融市场联系密切，资本流出流入频繁，趋向于实行浮动汇率制。一国若国内通货膨胀率与世界主要国家不一致，则倾向于选择浮动汇率制或爬行钉住汇率制。这一理论可归纳为表 4－2。

表 4－2 经济论的汇率制度选择标准

选择固定汇率制的国家	选择浮动汇率制的国家
经济规模较小	经济规模较大
经济开放程度较高	经济开放程度较低
贸易品种单一且地域集中	贸易品种多样且地域分散
金融市场封闭	金融市场开放
与他国通货膨胀一致	与他国通货膨胀悬殊

2. 依附论。依附论主要由一些发展中国家的经济学家提出。这一理论认为，一国汇率制度的选择决定于其对外经济、政治、军事等方面的联系特征。该理论强调发展中国家同西方发达国家之间的联系，集中探究了发展中国家实行钉住汇率制时的参考货币（被钉住货币）选择问题，认为这一选择取决于该国对外关系的集中程度，亦即其经济、政治、军事等方面的对外依附关系。从美国得到大量军事援助或购买大量军需物资的国家，以及同美国有复杂条约关系的国家，大多将本国货币钉住美元。同法国有传统殖民地关系的非洲国家，则趋向于钉住法国法郎。与美、英等主要工业国关系较为“温和”的国家，则多选择钉住合成货币。

许多发展中国家（或地区）选择钉住汇率制或联系汇率制，这源于历史上的殖民地宗主国与附属国关系。这些国家在 20 世纪中期取得民族独立、建立主权国家后，经济依然落后，本国外汇市场欠发达，缺乏足够的国际储备和国际清偿力，国家对汇率波动风险的承受能力较低，因此，实行钉住汇率制或联系汇率制是历史延续和现实窘境的无奈选择。

3. 政策搭配理论。政策搭配理论以 2008 年诺贝尔经济学奖得主克鲁格曼（Krugman）为代表。其理论依据是著名的“三元悖论”，即在开放经济条件下，一国不可能同时实现稳定的汇率制度、货币政策独立性及国际资本流动这三个目标，而只能同时实现其中的两个目标。因而，一国进行汇率制度的选择，必须综合考虑汇率制度、货币政策独立性及国际资本流动。例如，一国实施资本管制政策，又想保持货币政策的独立性，那么它适宜选择固定汇率制；反之，一国如果旨在放松资本管制，实现资本自由流动，同时又想保持货币政策的独立性，则应该选择浮动汇率制。一国货币当局必须全面考虑本国货币政策、资本流动和汇率制度三者之间的关系，决定政策目标取舍与汇率制度选择。

4. 成本收益决定理论。克鲁格曼和奥布斯菲尔德（Krugman & Obsffeld）提出，开放经济条件下一国汇率制度的选择，取决于其加入某一货币区的收益与成本的比较。如果一国与某货币区的经济联系非常密切，则加入该货币区将享受巨大的货币效率收益，跨国贸易和要素流动将越广泛，这是加入货币区的收益。但加入货币区，必须相应地放弃运用汇率和货币政策调节经济的权力，极易导致本国经济不稳定，这是加入货币区的成本。比较成本和收益就可得到一国加入货币区的临界点，当一国与货币区的一体化程度大于临界点时，加入货币区就有净收益，否则就会带来净损失。

汇率制度选择还有其他理论，在此不赘述。各种汇率制度各有优劣，没有一种能适用于任何国家或任何时期的汇率制度。一国的汇率制度选择必须结合本国具体实际，并与国内宏观经济环境和经济政策协调配合。

三、人民币汇率制度

自 1949 年 1 月 18 日人民币汇率产生至今，人民币汇率制度经历了七大阶段，其基本趋势是汇率决定从行政管理转向以市场供求为基础，从盯住汇率转向有管理的浮动汇率，汇率决定及形成机制的市场化程度不断提高。

（一）国民经济恢复时期（1949—1952 年）

这一时期人民币汇率先抑后扬。从 1949 年到 1950 年 3 月，由于国内物价不断上涨，加之“奖入限出，照顾侨汇”的汇率政策要求，人民币汇率从 1949 年 1 月 18 日的 USD1 = CNY80（旧币），频繁下调至 1950 年 3 月 13 日的 USD1 = CNY42 000（旧币）。此后直到 1952 年底，由于国内物价稳步下跌，并为打破西方主要国家对中国日益严厉的“封锁禁运”，加速必要物资的进口，汇率政策由“奖入限出，照顾侨汇”调整为“鼓励出口，兼顾进口，照顾侨汇”，因而，人民币汇率不断调高，1952 年 12 月的人民币汇率为 USD1 = CNY26 170（旧币）。

（二）稳定不变时期（1953—1972 年）

1953 年计划经济体制开始导入中国，并逐步挤占市场体制的活动空间。1956 年“三大改造”基本完成后，中国建立了高度集中的计划经济体制，此后不断完善和巩固。在此背景下，国家计划逐步覆盖并几乎完全控制商品价格、对外贸易及外资利用，外汇由国家统收统支，因而，人民币汇率的主要职能是便利经济核算和计划编制，不再充当调节对外经济交往的工具。这就为人民币汇率稳定提供了扎实基础，也提出了必然要求。同期布雷顿森林体系下的固定汇率制度，又为人民币汇率稳定不变提供了良好的外在环境。这一时期，中国人民银行参照物价对比法计算确定的人民币汇率，长期稳定在 USD1 = CNY2.4618 的水平。1971 年 12 月 18 日美元汇率贬值 7.89% 后，人民币汇率相应上调为 USD1 = CNY2.2673。

（三）按一篮子货币计算时期（1973—1978 年）

1973 年 3 月布雷顿森林体系崩溃后，西方国家开始实行浮动汇率制，国际市场汇率波动频繁，人民币汇率也随之频频调整。这一时期人民币汇率的确定原则，也由此前的物价对比法改为按一篮子货币计算，即选择中国对外经济交易中使用频繁的若干货币组成货币篮子，根据各币种的重要性和国家政策需要加权计算人民币汇率，并依据篮子中货币浮动等实际情况进行经常性调整。例如，仅 1978 年，人民币对美元汇率调整高达 61 次。

（四）多重汇率并存时期（1981—1984 年）

为配合外贸体制经营改革，调动地方和外贸企业出口的积极性，平衡外汇收支，1979 年 8 月国务院决定改革人民币汇率制度。自 1981 年起，人民币汇率实行双重汇率制。一是贸易外汇内部结算价，按 1978 年全国平均出口换汇成本加一定利润确定为 USD1 = CNY2.80；且在 1981—1984 年一直未变。二是公布的外汇牌价，按原来的一篮子货币加权平均计算，主要用于非贸易外汇结算；人民币外汇牌价随篮子货币的汇率而相应变动，从 1980 年的

USD1 = CNY1.4984，逐步下调至1984年初的USD1 = CNY2.3200。

除上述双重汇率外，这一阶段实际存在着外汇调剂汇率。1979年实行外汇留成制度后，中国银行于1980年10月获准开办外汇调剂业务；外汇调剂价格的波动幅度为贸易内部结算价的5% ~10%，现汇调剂价格不得超过3.08元人民币/美元。外汇调剂市场及调剂汇率的出现，标志着人民币市场汇率的萌芽。

（五）双轨汇率并存时期（1985—1993年）

1985年，中国取消贸易内部结算价，人民币汇率由双重汇率制恢复为单一汇率制。1986年，国家允许外汇额度参与调剂，并逐步放松调剂价格管制，由此逐步形成官方汇率与调剂汇率并存的新双轨制。

这一时期，人民币官方汇率阶段性大幅调低，试行有管理的浮动。为改变人民币长期高估的状况，1985年1月9日、1986年7月5日、1989年12月16日、1990年11月17日，人民币官方汇率先后4次大幅度贬值，它与调剂汇率的差距有所缩小。同时，由于国家不断提高外汇留成比例，放宽外汇调剂范围，逐步放松直至最终解除对外汇调剂价格的管制（1988年）①，调剂汇率的市场形成机制不断改善。这些改革措施为人民币汇率的市场化改革奠定了初步基础。

（六）汇率并轨与市场化改革时期（1994—2004年）

1994—2004年，人民币汇率市场化改革开始起步，主要表现在三个方面：

第一，结束双轨汇率，实行单一汇率。适应取消外汇留成和额度管理、实行银行结售汇制的外汇管理体制改革的需要，自1994年1月1日起，人民币汇率官方汇率和调剂汇率并轨，统称为人民币市场汇价，实行以市场供求为基础的、单一的、有管理的浮动汇率制度。

第二，市场供求开始决定人民币汇率。建立全国统一的银行间外汇市场，主要为外汇指定银行平补结售汇头寸服务，并在此基础上生成人民币汇率。中国人民银行根据前一日银行间外汇交易市场形成的价格，参照国际外汇市场的变化，每日公布人民币汇率。银行间外汇市场的供求关系成为人民币汇率的决定基础。

第三，人民币汇率是有管理的浮动汇率。中央银行通过市场手段（直接参与外汇市场交易）干预人民币汇率的生成；主要运用货币政策等调节外汇供求，保持汇率的相对稳定。各外汇指定银行向客户挂牌公布的汇率，可在人民币市场汇价上下2.5‰的幅度内浮动。

（七）汇率形成机制完善时期（2005年至今）

2005年7月21日中国人民银行发布《关于完善人民币汇率形成机制改革的公告》，人民币汇率改革由此进入形成机制完善时期。

首先，人民币汇率更具弹性。人民币不再盯住任何一种单一货币，而是以市场供求为基础，参考一篮子汇率进行调节。盯住一篮子货币有助于减缓人民币汇率的波动性，并使人民币汇率更富弹性。

---

① 每1美元的外汇调剂限价，1980年为0.28元人民币，1985年（上海试点）则提高至1元人民币，1988年初提高至2元人民币，随后完全放开，改由市场供求决定调剂价格。这样，官方汇率+调剂价格就十分接近于市场供求决定的市场汇率。

其次，汇率形成机制不断完善。银行间外汇市场参与主体扩大，新增外币对、人民币远期、人民币掉期等交易品种，引入询价交易和做市商制度（2006 年）。2015 年，人民银行基本退出常态外汇干预，人民币对美元汇率中间价报价基准改为上日银行间外汇市场收盘汇率；2016 年，初步形成“收盘汇率 + 一篮子货币汇率变化”的人民币对美元中间价形成机制；2017 年，在该中间价报价模型中引入“逆周期因子”，以适度对冲市场情绪的顺周期波动。2018 年起，“逆周期因子”暂停使用，2020 年 10 月基本淡出。

最后，汇率浮动区间逐步扩大。2005 年 7 月 21 日，银行间外汇市场人民币对美元的浮动幅度增至 3‰；人民币对非美元汇率的浮动幅度统一为 1.5%（此前的浮动幅度不一，如欧元为 10%，日元为 1%），2005 年 9 月 24 日又扩大到 3%。2007 年 5 月、2012 年 4 月、2014 年 3 月，人民币对美元汇率的浮动区间渐次扩大至中间价上下 0.5%、1%、2%。

本章小结

1. 动态的外汇是国际汇兑的简称，是指将一国货币兑换成另一国货币的行为。广义的静态外汇是指用外币所表示的一切资产，狭义的静态外汇是指以外币所表示的用于国际结算的支付手段。

2. 汇率是指一种货币以另一种货币表示的价格，它有直接标价法和间接标价法之分。金币本位制下，铸币平价是决定两种货币汇率的基础；纸币制度下，纸币所规定的金平价的对比是两国货币汇率的决定基础。

3. 在固定汇率制时期，国际收支是最重要的汇率决定因素，国际收支的大量顺差或逆差，通常成为本币升值或贬值的先导。20 世纪 70 年代浮动汇制率取代固定汇率制后，通货膨胀和利率对汇率变化的影响更为重要。

4. 由于固定汇率制（或钉住汇率制）和浮动汇率制（或弹性汇率制）各有利弊且难以取舍，汇率制度选择成为各国重大政策问题。如何选择适合本国的汇率制度，一直是国际金融领域持续的探究论题。

5. 自 1949 年 1 月 18 日人民币汇率产生至今，人民币汇率制度经历了七大演进阶段，其基本趋势是汇率决定从行政管理转向以市场供求为基础，从盯住汇率转向有管理的浮动汇率，汇率决定及形成机制的市场化程度不断提高。

关键词

外汇（foreign exchange）　　汇率（foreign exchange rate）

汇率制度（foreign exchange rate system）

人民币汇率制度（RMB exchange rate system）

重要概念

外汇　汇率　直接标价法　间接标价法　即期汇率　远期汇率

升水　贴水　基本汇率　套算汇率　官方汇率　市场汇率

电汇汇率　信汇汇率　票汇汇率　套汇交易　固定汇率制度

浮动汇率制度　一篮子货币　自由浮动　管理浮动

思考题

1. 一国货币成为自由外汇必须具备哪些条件？
2. 不同标价法下如何区分买入汇率和卖出汇率？
3. 本币汇率贬值必然促进本国出口吗？为什么？
4. 本币汇率变动经由哪些途径影响国内物价？

练习题

1. 汇率变动的主要影响因素及影响机制是什么？
2. 汇率变动如何影响国际收支、国内经济？
3. 人民币汇率制度的总体演进趋势是什么？

案例题

作为历史上首个区域共同货币，欧元自 1999 年诞生之日起就直接冲击美元的主要国际货币地位，挑战美国在国际经济和金融舞台上的霸权地位。2009 年元旦，欧元迎来 10 周岁生日。在欧元导入的第一个 10 年间，欧元对美元汇率走出了颇具戏剧性和昭示意义的“V”形。试分析：

（1）欧元对美元汇率走出“V”形的原因。

（2）欧元对美元汇率的未来趋势及对人民币汇价的影响。

扫描二维码可阅读本章精选案例

第五章
金融与金融体系

本章知识结构

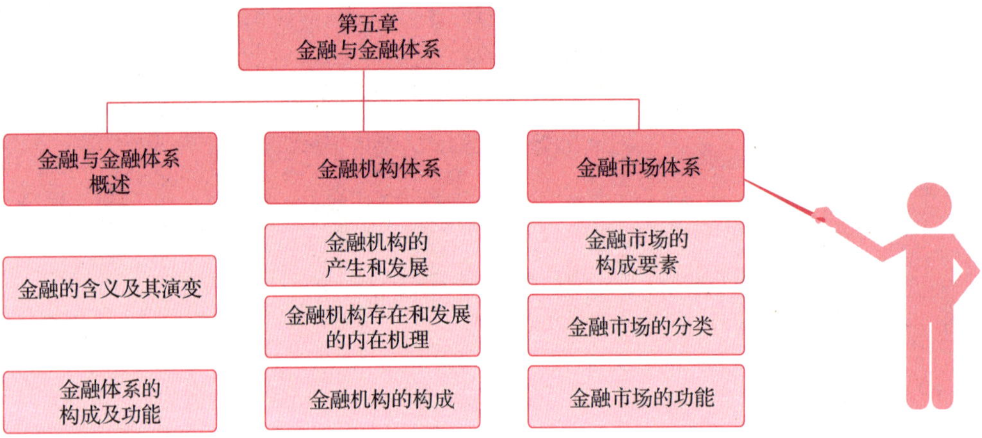

本章学习目标

- 认识金融的含义及其演变；
- 了解金融体系的构成；
- 熟悉金融机构的分类；
- 认识金融市场的功能。

章前引例

既往40年，计算机和通信技术迅猛发展、经济全球化迅速推进等因素，导致全球经济运行发生了重大变化。

首先，金融交易规模不断扩大。全球日均外汇交易量，从1989年的0.57万亿美元，逐步升至1998年的1.5万亿美元、2006年的2.70万亿美元，2019年高达6.60万亿美元。

其次，金融部门利润快速膨胀。20世纪70年代以来，金融部门急剧膨胀。其利润增速大大高于非金融公司。许多大型制造企业通过附属机构提供金融服务（从最简单的消费信贷到复杂的租赁交易），既成功促销了产品，又获取了可观利润。

再次，生活过程日趋商品化诱致了更多的金融需求。这就导引并强化了“人是四肢支撑的成本—利润中心”的理财观念，催生了信用卡营销或贷款抵押安排等金融服务，促使金融机构竞争年率为15%～16%的信用卡业务大肆发放消费信贷。

最后，信用衍生品市场发展迅猛。2001年以来，全球信用衍生品市场以每年超过100%的速率增长，其标的价值在2007年度达到近60万亿美元。次贷危机以后，信用衍生品市场逐渐萎缩，2014年为46.86万亿美元，到2020年上半年仅为9.05万亿美元。由此，金融工程师、金融分析师成为炙手可热的“超级精英”。

上述重大变化表明，全球经济活动的重心逐渐从产业部门和其他服务部门逐步转向金融部门，这一趋势被美国学者概括为“金融化”。“金融化”彰显了金融在现代经济中的核心地位，并深刻影响着各国宏观政策抉择和全球经济运行。

第一节　金融与金融体系概述

金融是随货币、信用的发展而内涵逐渐丰富、外延不断扩展的概念，至今尚无广被接受的统一定义。

金融通常被理解为货币资金融通（简称融资），即在盈余部门、短缺部门之间调剂货币资金。由于融资的对象主要是货币或货币资金，融资大多采用信用方式、通过买卖（交易）金融资产而进行，融资的中介或组织形式是银行、非银行金融机构及金融市场，融资过程内含着资源、风险的转移与配置，催生了融资管理、调控机构，因而，金融活动涉及货币、信用、金融机构、金融市场、金融监管等诸多方面。这样，金融可被界定为货币流通、信用活动及由此形成的经济组织、交易行为、运行机制的集合。功能观视角的金融则是为筹集资金、转移资源、配置风险而形成的所有交易行为的总和。金融体系则被视为金融机构、金融市场、金融基础设施（法规、制度等）的总和，并在促进资金融通、优化资源配置、管理和控制风险等方面，发挥着主导性的重大作用。因此，金融是现代经济的核心。

一、金融的含义及其演变

（一）中国对金融的理解

“金融”是近代由日本传入中国的舶来词。中国古代文字中有“金”、有“融”，但在截至《康熙字典》的所有工具书中，均未出现“金”“融”连用的“金融”词条。中国是世界上最早使用货币的国家之一，信用活动起源较早，因而，中国古代虽无“金融”一词，却有金融活动之实。

官方使用“金融”一词，始于中国近代银行业（以1897年中国通商银行成立为标志）兴起之后。1912年，北洋政府财政部文件中曾有“自去秋以来，金融机关一切停滞”之语，但当时“金融”因含义不明确，使用范围有限。1920 年，为解决中国银行、交通银行停止兑换的风潮，北洋政府发行了“整顿金融公债”。自此，“金融”便成为与银行业务相结合、与“财政”相区别的专有词汇，并被广泛使用。新中国成立初期及传统计划经济时期（1957—1978 年），“金融”一词的使用频率逐渐降低，一度几乎绝迹。改革开放以来，随着市场导向经济体制改革的逐步推进和全面深入，“金融”成为使用频率最高的词汇之一。

最早收录“金融”条目的工具书，当属 1908 年开始编纂、1915 年初版的《辞源》和 1905 年酝酿编纂、1937 年刊行的《辞海》。《辞源》对“金融”的释文是“今谓金钱之融通状态曰金融，旧称银根。各种银行、票号、钱庄，曰金融机构”；《辞海》的释文是“谓资金融通之形态也，旧称银根”。两者的金融界定均为货币资金融通说。

改革开放初期，《辞海》的“金融”的释文是：“货币资金的融通，一般指与货币流通与银行信用有关的一切活动，主要通过银行的各种业务来实现。如货币的发行、流通和回笼，存款的吸收和提取，贷款的发放与回收，国内外汇兑的往来，以及在资本主义制度下贴现市场和证券市场的活动等，均属于金融的范畴。”这一界定仍属资金融通说，但包含了金融市场的内容。《中国金融百科全书》对“金融”词条的释义是：“货币流通和信用活动以及与之相关的经济活动的总称。”这一界定将货币流通、信用活动与经济活动连在一起，超越了货币资金融通说。一方面，金融是与货币流通相关的经济活动，货币流通作用于经济活动全过程；另一方面，货币流通以信用关系为基础，并与后者紧密相连。

此后，国外现代金融理论开始导入中国并广被应用。由此，国内对金融含义、金融运行核心（金融机构还是资本市场）的认识视野日益开阔，探讨日益深入，形成了广义、狭义两种理解。广义金融是由货币流通、信用活动、银行与非银行金融机构、货币市场、资本市场、保险系统及国际金融等构成的大系统，既包括宏观运行机制，也包括微观运行机制。狭义金融包括有价证券市场及金融衍生品市场，甚至仅指资本市场。

（二）西方对金融的定义

在西方发达国家，金融部门从实体经济部门中分离出来并初步形成独立产业，发生于 17 世纪。此后大约两个世纪，金融部门逐步成为体系完整、规模庞大的现代金融产业。在此期间，“金融”这一概念逐步进化演变。

中文的“金融”译自英文的 Finance。Finance 在英文中有财政、理财、融资等含义。直到 18 世纪，Finance 才被赋予货币资财及其管理（management of monetary resources）或理财的现代含义。其中，个人理财（personal finance）指个人或家庭的储蓄、投资、保险、消费贷款等，涉及储蓄决策、投资决策、融资决策、风险管理决策。在现代股份公司兴起、发展后，企业理财演化为公司理财（corporation finance），包括公司的融资决策（融资途径与次序选择）、投资决策、风险管理决策等。政府理财（public finance）是指各级政府的税收征集、财政开支、发行公债和国库券等。由于个人、公司和政府的理财行为导引着货币、银行和金融活动的演进并受它们的影响，因而，上述词汇又分别被翻译为家庭金融、公司金融、政府金融。

目前，国际经济理论界对金融的含义及侧重点仍存在认识差异。这既体现在学术观点的分歧上，也体现在大学经济学院和商学院的金融学课程设置和讲授内容上。

《新帕尔格雷夫经济学大辞典》将“金融”定义为“资本市场的运营，资本资产的供给与定价”；“金融”的基本内容包括四个方面：有效率的市场、风险与收益、替代与套利（期权定价）、公司金融。兹维·博迪和罗伯特·莫顿将“金融”界定为不确定环境下的资源跨期配置，最能体现金融是跨期动态经济关系的例证是货币的时间价值及现金流贴现分析。

美国1999年通过的《金融服务现代化法》，将金融服务的范围规定为银行、证券公司、保险公司、储蓄协会、住宅贷款协会以及经纪人等中介服务。联合国计划统计署把金融的范围规定为金融中介服务，包括中央银行、存贷业务和银行中介业务、投资银行、非强制性保险和养老基金、再保险、房地产、租赁等服务，以及为这些机构服务的各种金融服务。

上述四类定义中，前两类舍弃了金融宏观管理与金融政策，属于典型的狭义金融；后两类属于广义金融。据此分类及金融系统中个体与整体的差异，西方学界将金融划分为微观金融与宏观金融。微观金融是指金融市场主体（个人、公司、政府和金融机构）的投融资决策、金融资产的交易与价格决定等。宏观金融则是以微观主体的投融资行为为基础，金融工具、金融机构、金融市场和金融制度等要素相互作用，并与经济系统中其他子系统交互影响的有机系统。前者多为商学院模式的金融界定，后者则广被大学经济学院所采用。

（三）金融范畴的演进

金融范畴随着商品货币经济、信用活动的发展而不断演进。了解金融范畴的演进有助于进一步理解金融的含义。

在商品货币关系发展初期，货币并存着实物形态、铸币形态，信用包括实物借贷、货币借贷两种形式。货币不是信用产品，不依赖于信用创造；实物借贷十分盛行，并长期占据主导地位。但信用的产生和发展推动着货币流通。货币借贷赋予被贮藏的货币以流动性，加快了货币流通速度；基于信用的汇兑业务便利了货币在更大地域内流通，两者提高了货币在商品流通、信用活动中的重要性。因此，这一时期的绝大部分时段中，货币范畴与信用范畴各自独立发展，而联结二者的金融以货币经营业（从事货币兑换、汇兑与借贷）为主要形式，尚处于萌芽阶段。

资本主义生产方式兴起、确立后，近代、现代银行业渐次诞生，银行券开始代替铸币执行流通手段、支付手段职能。在银行券逐步演化为不兑现信用货币的过程中，货币制度与信用制度的联系日益紧密，最终促成货币运动与信用活动的有机结合。基于银行信用的银行券是日常小额支付的手段；用于转账结算中的存款货币是大额支付的主要形式。任何信用活动必然伴随货币运动，信用扩张、紧缩意味着货币供给的增加、减少，信用活动影响货币流通速度、货币资金的时空转移和重新配置。货币范畴、信用范畴的相互渗透和有机结合，形成了新的金融范畴，即既涉及货币又涉及信用的所有经济关系与交易行为的集合，并以银行业及其业务为主要形式。

在货币与信用长期渗透并逐步形成金融范畴的过程中，投资、保险、信托、租赁等领域，由于或完全或大部分与金融活动相结合，而被金融范畴所覆盖。以债券和股票交易为特征的资本市场投资，通过聚集闲散、零星的资金，投向耗资巨大的长期建设项目，使信用关系得到进一步完善。保险业逐步发展为保险与个人储蓄、保险与投资相结合的一种信用形式，它集中的货币资金主要投放于金融市场，保单等保险合约也是金融市场的重要交易工具之一。金融信托与金融租赁是传统的信托、租赁与金融活动相结合的产物，它们同样是重要的投资、融资方式。金融范畴的扩展使得信用关系不再仅仅局限于银行借贷关系，而发展成为复杂多样的债权债务关系或所有权关系。

综合以上梳理和分析，金融可被界定为货币流通、信用活动及由此形成的经济组织、交易行为、运行机制的集合。从功能观的角度，金融又可定义为为筹集资金、转移资源、配置风险而形成的所有交易行为的总和。

二、金融体系的构成及功能

（一） 金融体系的构成及类型

1. 金融体系的构成。人们对金融体系有不同的认定和判断。一般而言，金融体系是金融机构、金融市场和金融基础设施的总和。据此定义，金融体系的构成有广义和狭义之分。

金融体系（financial system）又称金融系统或金融体制，是金融机构、金融市场和金融基础设施的总和。

广义的金融体系由三大要素构成：(1) 为订立金融合约、交易金融资产而成立的金融机构（含金融监管机构，详见本章第二节）；(2) 为融通资金而交易（买卖）金融资产的金融市场（详见本章第三节）；(3) 金融基础设施，即为规范金融交易行为、促进金融业有序运行和有效履行功能的法规和制度，主要包括完备的法律体系、良好的会计标准、规范的公司治理和透明的金融制度。

狭义的金融体系，亦即通常理解的金融体系，仅由金融机构和金融市场构成。主要原因在于，金融体系最基本的经济功能是促进资金流动、优化资源配置，它经由两种途径将资金从盈余部门导向赤字部门。

第一条途径是盈余部门的资金通过银行等金融机构流向赤字部门（见图 5－1 的下半部分）。这些金融机构通过发行债务工具（如存单、票据）、股权工具（如股份、股票）筹集盈余部门的资金，然后通过贷款、投资等方式导向资金赤字部门。这种资金融通方式被称为间接融资。

第二条途径是盈余部门资金通过金融市场而不通过金融机构流向赤字部门（见图 5－1 的上半部分），即通过交易（买卖）金融资产（债务工具、股权工具），实现资金由盈余部门向赤字部门的转移。这种资金融通方式被称为直接融资。部分金融机构（如投资银行等）为直接融资提供服务，或充当资金赤字部门的受托发行人。

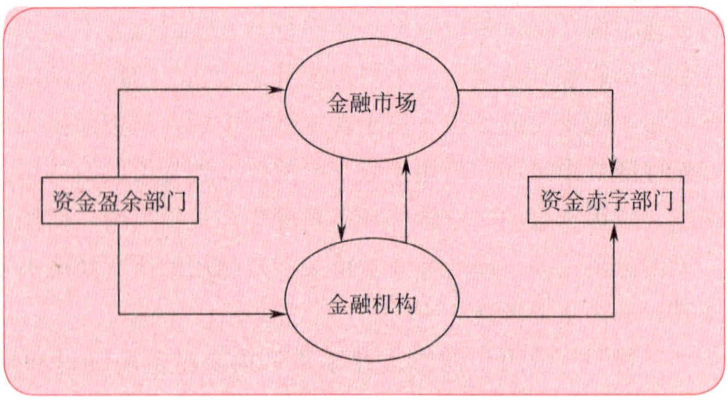

图 5－1　金融体系中的资金流动

金融机构既经常将资金导向金融市场，也常常从金融市场获取资金（见图 5－1 纵向的中间部分），从而成为金融市场的主要参与者。例如，保险公司大多将出售保单所筹集的资金投资于金融市场，而金融公司则通过发行债券、票据从金融市场筹集资金。

2. 金融体系的类型。依据金融机构和金融市场在资源配置中的相对重要性，金融体系可划分为市场主导型、银行主导型两种类型。

市场主导型金融体系的代表国家是美国和英国。由于长期奉行竞争性市场理念，美国存在众多的中小银行，银行业相对不集中，金融市场在资源配置中发挥着重要作用。在英国，金融市场历史悠久，且至今作用重大，但较之美国，英国的银行业高度集中。

银行主导型金融体系的代表国家是德国、日本和法国。在德国，金融市场相对不重要，银行在资源配置中发挥着极为重要的作用，德意志银行等 3 家全能银行控制着对公司部门的金融服务。日本拥有成熟的金融市场，但在既往 60 余年的绝大部分时段，高度集中的银行体系一直掌控着资源配置。法国的银行在历史上处于主宰地位，对企业部门而言，金融市场一直不重要。

其他国家的金融体系处于这两种类型之间。20 世纪 80 年代中期以来席卷全球的金融改革，促使各国（包括日本、法国）改革既有的金融体系，形成了以市场主导型金融体系为基本取向或以金融市场补足银行主导型金融体系的总体趋势。

专栏 5－1
不同金融体系下的家庭投资与公司治理

金融市场和金融机构的相对重要性，对家庭直接持有金融资产和公司外部治理的含义不同。

在银行主导型的德国、日本和法国，家庭大多直接持有银行等金融机构发行的固定收益证券。在市场主导型的美国和英国，股票等价格随行就市的证券在家庭资产中的份额接近半数。两者的区别在于，前者暴露的风险相对较小，后者承担着大量的市场风险。

在美国和英国，股票市场为公司控制权的转移提供了市场，公司控制权市场（如敌意接管）能有效约束经理层行为，促使他们为公司创造优良业绩。日本、德国允许敌意接管，但在实践中几乎没有发生，主办银行制、主持银行制（hausbank system，也译为开户银行制）取代了市场对企业的控制，银行监督履行了与敌意接管相同的公司外部治理功效。

资料来源：摘编自富兰克林·艾伦，道格拉斯·盖尔．比较金融系统［M］．王晋斌，等译．北京：中国人民大学出版社，2003：4－5，38－40.

（二）金融体系的职能

金融体系最基本的经济职能是高效配置资源。从这一根本职能出发，金融体系具有六项核心职能。

1. 在时间上和空间上转移资源。金融决策涉及对当前和未来经济行为的时间偏好选择，引致了经济资源在时间点上的转移需求。家庭储蓄是削减当前消费、偏好未来消费的行为选择；利用消费信贷购置消费型住房，则是提前并提高消费的行为选择。金融体系通过金融中介吸收家庭存款、发放个人消费贷款，有助于资源在时间点上的转移。同时，金融体系提供了许多实现资本资源空间转移的有效机制。例如，一国未被充分利用的资本资源就可通过跨境银行贷款、证券投资，转移到其他国家进行充分利用；储蓄率较高的亚洲国家通过购买美国国债，为美国提供了巨额融资。金融创新还使稀缺资源在时间上、空间上从低收益的行业、部门转向高收益的行业、部门，从而提高了资源的配置效率。

2. 配置和管理风险。经济资源的时空转移与配置必然伴随风险的时空转移和配置。金融体系在跨时间、跨国境、跨行业转移经济资源的同时，也在转移风险，并提供管理风险的方法和机制。金融机构、金融合约的创设初衷大多为转移和管理风险。保险公司是主要进行风险转移的金融中介，商业银行的贷款抵押或担保协议，远期、期货、期权、互换等衍生工具，就是为转移和控制风险而设计和开发的。

3. 清算和支付结算。金融体系为完成商品、服务和资产的交易提供清算和支付结算的途径。金融体系先后创造了低成本的支票、信用卡、电子划拨系统，替代黄金及纸币作为支付手段，从而提供了高效率的清算及支付系统。

4. 聚集资金和分割股份。现代经济中的最低投资大多超过单个个人甚至大家族的能力。金融体系通过股票市场和银行机构等机制，聚集或储备资金，并在投资中分割股份，这为众多中小投资者参与无法分割的大型投资提供了途径和机会。银行等存款机构通过吸收众多闲置资金，并借助贷款或银团贷款等方式，就能支持任何单个投资者无法企及的大型投资项目。互助基金通过发行股份汇聚众多小额资金，并由专业团队进行组合投资，就为中小投资者有效参与市场投资、分享市场收益，创造了具有规模经济效应的投资方式。

5. 提供信息。金融体系提供信息，帮助协调不同经济部门的决策。最常见的金融信息是利率、汇率、股票价格等金融资产价格。在家庭的消费和储蓄决策、个人投资（储蓄方式选择）决策中，利率、股票价格是重要的参考变量。资产价格和利率是公司项目投资和融资安排必需的关键信息。标准的期货合约、期权合约交易扩大了经济、金融变量波动性的市场信息，有助于制定风险管理决策。金融资产价格及其变动趋势，则为政府经济决策提供了市场参照及回馈信息。

6. 解决激励问题。信息不对称、委托人（决策风险的承担者）与代理人（决策权的行使者）之间的利益冲突，导致了逆向选择、道德风险及委托—代理难题等激励问题。结构合理、职能健全的金融体系能有效缓解甚至解决激励问题，进而有助于实现金融体系的其他功能。贷款抵押或担保协议、高净值（净资产）要求是银行等为缓解逆向选择和道德风险而普遍使用的方法。股票期权激励为促进代理人（如公司管理层、基金经理）和委托人（如股东、基金投资者）之间的一致利益和共同行为、确保“利为股东谋”提供了有效机制。在贷款协议中引入允许放贷人分享股东权益的“准权益条款”，则可防范公司管理层利己（股东）损人（放贷人）的道德风险，减少放贷人与股东之间的利益冲突。

第二节 金融机构体系

在金融市场上，金融机构主要提供六种金融商品或金融服务。一是通过发行债务或/和股权工具取得资金，并通过发放贷款或证券投资取得资产，发挥金融中介职能，此类金融机构的代表是银行等存款类金融中介机构。二是代理业务，即代理客户买卖金融资产，充当市场经纪人。三是自营业务，即为自己的账户买卖金融资产，充当市场交易商。四是承销业务，即协助发行人创造并销售金融资产。五是咨询业务，即为客户提供投资咨询。六是资产管理业务，即管理其他市场参与者的投资组合。结构合理、功能完善、运行良好的金融机构体系，在促进经济发展、改善社会福利中发挥着关键作用。

金融机构（financial institution），又称金融中介、金融中介机构，是以提供各种金融商品和金融服务为主要业务的企业。

一、金融机构的产生和发展

金融机构是商品经济不断发展的伴随物，是逐步适应社会经济融资、投资需求及转移、管理风险的必然产物。

最早的金融机构是银行，它起源于古代的银钱业和货币兑换业，货币兑换业则是现代银行业的先驱。早在公元前700年到公元前500年，美索不达米亚的奴隶主、商人、庙宇及皇室财库开始提供满足消费及耕种所需的种子贷款，违约者及其家人将被迫成为放贷人的奴隶。公元前6世纪至公元前4世纪，由于银币被用作支付手段，加之希腊其他城邦及波斯的大量银币在雅典市场上并存流通，货币兑换商在希腊出现；公元前5世纪晚期，希腊出现了接受存款并发放贷款的银行，贷款主要用于消费需要，也为对外贸易融资（如贷款和保险相结合的“押船贷款”），并用贵重物品作抵押。公元前1世纪至公元1世纪，在地域广阔的罗马帝国版图上，金币和银币广被使用，货币兑换商的地位进一步提高。货币借贷者既向挥霍的富人发放消费贷款，也向穷人和暂时困难的小农场主发放贷款。银行家接受存款、发放贷款，并在帝国范围内兑换货币。税收—农场公司则代表政府将富裕者分组归类以便征集税收，并发放抵押贷款、消费贷款及（地主贷给）佃农贷款。

古代的银钱业及货币兑换交易大多发生在寺庙周围，以及在中世纪西欧数月一次的定期集市（如著名的香槟集市）上。从商人阵营中逐渐分离出来的货币兑换商，最初只为各国的朝拜者和国际贸易商兑换货币，并收取手续费。随着商品生产和交换的持续扩大和发展，为避免自己保管货币和长途携带货币的不便和风险，部分异地贸易商和国际贸易商便将货币交由拥有良好保管设施的货币兑换商保管，并委托后者办理异地支付、结算业务。此时的货币兑换商就转变为货币经营商，他们在从事收取手续费的货币兑换、保管、异地划拨等业务中，积聚了大量货币，并利用商人货币存（保管）、取（取款）或汇（汇兑）之间的稳定余额，开展放贷业务，牟取更多利润。为获取更多资金发放更多贷款，货币经营业者不再向存款者收取保管费，而是支付利息，此前的保管凭条相应转化为存款凭证。贷款利率与存款利率的差额，成为货币经营商的主要利润。这种货币经营业职能与借贷职能的有机结合，推动了货币经营业的充分发展，并使其转化为银行业。

现代意义的银行起源于文艺复兴时期的意大利。当时，地中海沿岸各国和地区经济发展较快，贸易也异常活跃，处于地中海中心的意大利成为世界贸易和金融中心，产生了世界上最早的银行。此后，随着世界商业贸易、金融中心逐步北移至荷兰的阿姆斯特丹，银行业扩展至西北欧其他国家。1117年成立的威尼斯银行（Bank of Venice）、1397年佛罗伦萨设立的麦迪茨银行（Bank of Medici）、1407年设立的热那亚银行（Bank of Genoa）以及1609年成立的阿姆斯特丹银行（Amsterdam Bank），都是早期著名的银行。早期银行由于规模小、风险大、经营成本较高，因此它们主要向政府提供贷款，且贷款利率极高。16 世纪后期，一批主要为商人服务的银行陆续建立，但其贷款仍带有高利贷性质，不能满足工商企业的发展需要。

1694 年，在政府的支持下，英国建立了第一家股份制商业银行——英格兰银行。它规定的贴现率不超过 6%，大大低于早期银行业的贷款利率。因此，英格兰银行的成立标志着高利贷银行垄断地位的终结，昭示着现代银行制度开始建立。继英格兰银行之后，到 18 世纪末 19 世纪初，欧洲主要资本主义国家先后建立了股份制银行。这些股份制银行由于资本雄厚、规模巨大、业务全面，具有极强的规模经济效应，因而收取的利率水平极低，极大地促进了工商企业的发展。同时，股份制银行的迅猛发展，也迫使高利贷性质的早期银行降低利率，转化为资本主义银行。这样，适应资本主义生产方式的要求，现代银行通过两条途径而建立：一是早期高利贷性质的银行适应新的经济方式逐步转化而来；二是在与高利贷银行斗争过程中，以股份企业的新型形式组建股份制银行。其中，股份制银行是主要的、典型的现代商业银行。

在银行业发展过程中，保险等其他金融业务相继产生。战争（如英法百年战争）诱发的军费筹措需求、市政建设融资需求以及少数合伙企业和公司的股票发行，导致了政府债券、公司证券的发行和非正式交易，最终催生的证券交易所，逐渐成为大公司融资的重要场所。

金融机构及金融业的快速发展，尤其是银行危机频发、证券投机不断，客观上需要一个有效的协调管理机构与监控系统，早期的中央银行体系由此诞生。中央银行体系的逐步形成与完善，构造了金融体系中的二级银行体制。其中，商业银行是面向公众的商业性机构，从事吸收存款、发放贷款、投资、结算等业务；中央银行则仅为监督管理机构，其主要业务是接受商业银行的存款（包括存款准备金）、向商业银行提供融资支持和管理银行，成为“银行的银行”。

社会分工的日趋细密，市场经济不断发展及其引致的多元金融需求，促成了其他金融机构的产生和发展。各类专业银行，如投资银行、不动产抵押银行、进出口银行等逐步出现；信托投资公司、证券公司、保险公司、金融公司、典当行等专业化金融机构，也渐次出现并在各自领域发挥重要作用。但德国等国家推行的全能银行制，则使商业银行的业务覆盖所有金融领域。因此，现代各国都建立了分工精细、种类多样、规模庞大的金融机构体系。

二、金融机构存在和发展的内在机理

金融机构具备直接融资不能取代的功能，这是金融机构存在和发展的根本原因。

（一）期限中介功能

金融机构（如商业银行）通过发行金融工具实现金融资产的期限结构转换，从而使借款人获得所需的借款期限，存款人或投资者获得所需期限的金融资产，此即金融机构的期限中介功能。它不仅为投资者提供不同期限的投资选择，为筹资者提供灵活的负债期限选择，而且降低了长期借款成本。任何单个投资者因较难把握长期投资风险，故一般不愿长期借出资金，或对长期借款索要较高利息作为风险补偿。金融机构凭借其持续不断的新增资金（如存款），可向长期借款人提供任一单个投资者无法提供的低成本长期资金，并承担相应风险。

（二） 降低交易成本

金融资产的投资者必须掌握、提高投资评估技能，收集、处理、加工金融资产及其发行人的有关信息，并据此进行投资分析、资产管理或签订贷款合同，由此产生了信息处理成本和签约成本，即交易成本。交易成本使得小额储蓄者无缘金融市场交易，也不能从中获得收益。

金融机构聘请受过专门训练的职业投资家，完全承担投资分析和资产管理工作；其法律顾问既可拟定符合标准的合同文本，还可代拟更为复杂交易的合同文本。因此，由于拥有、管理着大量资金，金融中介在信息处理和签订合约方面存在规模经济效应。这既让金融资产的投资者获益，降低了金融资产发行者的筹资成本，也便利了小额储蓄者、小额借款者，从而提高经济社会福利。金融中介机构通过开发计算机、电子通信系统等专门技术，能以极低成本提供流动性等多种服务。

（三） 改善信息不对称

直接融资中存在信息不对称现象，即交易一方（如资金需求方）比交易对手（资金盈余方）拥有更多信息。信息不对称导致两种后果，即交易发生之前的逆向选择和交易发生之后的道德风险。逆向选择可能招致不良信贷风险，道德风险则降低了贷款归还的可能性，两者共同导致金融市场无法正常运转，从而社会效率受损，金融中介机构由此得以存在和发展。

金融中介机构在甄别贷款风险、防范逆向选择造成的损失方面，拥有长期积累的经验和办法；在监督贷款借用者从而减少道德风险造成的损失方面，亦素有专长。例如，金融机构（如银行）通过收集、分析公司财务和经营信息，来辨别信贷风险；通过在债务合约中规定抵押品、借款者的净值（资产－负债）要求，以及监督借款者、制定并执行限制性契约，就能极大地弱化逆向选择的不利后果，有效缓解道德风险问题。这就开辟了将贷款—储蓄者的资金导向生产性投资机会的有效途径，有利于提高经济效率，金融中介机构也借此获取丰厚的收益。金融机构的融资中介作用远大于金融市场的主要原因，就在于前者改善了金融市场的信息不对称。

（四） 分散投资、 降低风险

众多中小投资者因资金规模较小、信息获取渠道及获取能力有限，无法进行广泛的分散化投资。相反，金融机构（如投资基金公司）通过会聚众多中小投资者的资金，并进行资产组合投资，便可将高风险资产转换为低风险资产，达到分散投资、降低风险的目的。同时，较之单个投资者，由于交易规模巨大，金融机构的风险分散过程还具有规模经济优势。

（五） 提供支付机制

特定的金融中介提供了不同类型的支付方式，如使用现金（使用频率及交易规模日渐下降）以及使用支票、信用卡、提款卡和电子划拨系统。签发支票支付及使用信用卡进行支付最初仅为商业银行的特权，但随后其他存款类金融机构及特定的投资公司均提供支票和信用卡服务。提款卡是一种为持卡人购物提供及时划拨款项服务的支付工具，各种金融中介均发行提款卡，大宗交易一般通过电子划拨系统进行支付。计算机、电子通信系统等专门技术的迅猛发展，极大地推进了金融支付体系的完善，提升了金融机构的流动性服务。

三、金融机构的构成

高度发达的市场经济国家均设有种类多样的金融机构。部分非金融公司（尤其是大型制造业公司）的附属金融公司也为母公司的客户提供金融服务，如通用汽车承兑公司和通用电气信用公司。此外，各国政府为辅助实现其他经济目标，或履行部分金融监管职能，一般均设有中央银行及政策性银行、证券交易委员会等政策与监管类金融机构。因而，完整意义的金融机构体系应该涵盖附属金融公司、部分政府机构和政策性金融机构。

种类繁多、形式各异的金融机构，可按不同标准作若干归类。从中央银行货币控制的角度看，金融机构可分为存款类机构（银行）和非存款类机构；以业务特点和基本功能为标准，金融机构可划分为存款类机构（银行等）、契约型储蓄机构（保险公司、养老基金）和投资性金融中介机构（互助基金等）。存款类机构在金融机构体系中处于支配性地位，且能创造作为货币供给重要构成的存款货币，它们在决定货币供给和传导货币政策效力方面发挥着重大作用，进而对总产出和价格水平产生重大影响。基于这一考虑，本书将金融机构划分为存款类金融机构和非存款类金融机构，将中央银行、政策与监管类金融机构单列。

（一）中央银行

中央银行，也称货币当局，是一国金融机构体系的领导和核心，担负着制定并执行货币政策、管理并调节金融运行、维护金融体系安全的特殊职责。

中央银行的主要职能是通过影响货币供应量、利率等特定金融变量，推动实现公共政策目标，因此大多数国家对中央银行实行国有化，并视其为政府机构。中央银行是一国支付系统的核心，它创造本国货币，并经营本国银行的清算系统。一个有效的支付系统至少要求一定程度的价格稳定，中央银行通常将价格稳定作为自己的首要目标和主要目标，有时还要推动充分就业和经济增长，故而必须不断权衡价格稳定与充分就业等目标之间的冲突。在开放经济条件下，中央银行还负有平衡国际收支和调节、稳定汇率的职责。

（二）存款类金融机构

存款类金融机构，也称存款机构、存款货币机构，是以吸收个人和机构的存款，并发放贷款为主要业务的金融中介机构。存款类金融机构包括商业银行及储蓄贷款协会等机构，详见本书第六章。

1. 商业银行。商业银行是历史最悠久、公众接触最多、服务最全面、资产规模最大的金融机构。它主要通过发行支票存款（活期存款）、储蓄存款和定期存款筹措资金，用于发放商业贷款、消费信贷和抵押贷款，从事政府债券、市政债券投资，并提供广泛的金融服务。早期商业银行以活期存款为主要负债，以短期商业贷款、贴现为主要资产，故名“商业银行”。目前商业银行业务呈现全能化或多元化趋势，能从事多种综合性金融服务，故被称为“金融百货公司”或“金融超市”。部分国家的银行实际上是全能型金融中介机构，如德国的全能银行实际发挥着所有金融中介机构的功能。在现代金融体系中，商业银行居于主导地位，是一国金融体系的骨干。

2. 储蓄银行。储蓄银行的资金来源主要是储蓄存款（有的被称为股份）、定期存款、支票存款，其资金运用主要是发放长期抵押贷款。储蓄银行在各国有不同的名称和构成。美国的储蓄银行是储蓄贷款协会（S&L）、互助储蓄银行，英国的储蓄银行是信托储蓄银行，其他国家则是邮政储蓄银行、邮政储金局。

美国的储蓄贷款协会、互助储蓄银行在诸多方面极为相似。1980 年前，它们的主要负债是储蓄存款、定期存款，不能接受支票存款，其资产业务仅限长期抵押贷款。1960 年末至 1980 年初，它们均因利率急剧上升而陷入严重困境。但互助储蓄银行是存款者所有的合作机构，存款人就是股东，拥有一定份额的银行净资产。1980 年，美国国会通过《对存款机构放松管制和货币管理法》，允许它们吸收支票存款，发放消费信贷等其他贷款，从事此前受禁的许多商业银行业务，同时像商业银行一样接受联邦储备体系的准备金约束。这样，储蓄银行与商业银行的界限日趋模糊，它们之间的竞争也日益激烈。

3. 信用合作社。信用合作社是围绕某一特定社会团体（企业职工、工会成员等）而建立的小型合作贷款机构。信用合作社的资金来源主要是社员存款（通常被称为股份），存款人即为股东；资金运用主要是向社员发放消费者贷款。1980 年，美国放松对存款机构的管制后，美国的信用社同样可以接受支票存款，并发放抵押贷款。

（三）非存款类金融机构

非存款类金融机构泛指那些提供金融服务但不以存款为负债的金融机构。非存款类金融机构可分为契约型储蓄机构、投资性金融中介机构、服务类金融机构，详见本书第七章。

1. 契约型储蓄机构。契约型储蓄机构是依据契约定期取得资金（如保险费、养老保险费），并据约提供保险理赔或提供年金的金融机构，它包括各类保险公司、养老基金。

（1）保险公司。保险公司是以收取保险费，建立保险基金，对发生的保险事故进行经济补偿的金融机构。其主要功能是使企业或家庭通过购买名为保单的合约规避特定风险，并在特定事件发生时依合约得到赔付。

其中，以意外事故、盗窃或火灾为保险事件的保险，称为财产和意外保险；以疾病或丧失劳动能力为保险事件的保险，称为健康和养老保险。人寿保险则以被保险人死亡招致的财务损失为保险事件，并销售养老金（向退休者每年支付的收入），称为生命保险。保险公司通过出售保单筹集保费，并将保费用于股票、债券、房地产等中长期投资。因此，保险公司既是契约型储蓄机构，又是金融市场上重要的机构投资者。

（2）养老基金。养老基金是向参加养老金计划的雇员以年金形式提供退休收入的金融机构。养老金计划将社会保障的退休金和私人储蓄结合起来，重新安排个人的退休前收入。养老基金可分为私人养老基金和公共养老基金（或政府退休基金）。

私人养老基金由雇主、工会或个人发起，资金来源于雇主和雇员按照工资的一定比例的定期缴款，政府提供养老基金缴款收入免税的税收优惠；基金主要投资于公司股票、公司债券和政府债券。

公共养老基金包括政府为其雇员设立的养老基金和社会保障体系。政府养老基金的管理和运作与私人养老基金基本相同，但股票投资存在比例限制。社会保障体系一般涵盖在私营部门就业的所有雇员，资金主要来源于雇主和雇员缴纳的社会保障税，其主要任务是向年老、伤残、疾病、失业人员及死亡者家属提供必要的援助。

2. 投资性金融中介机构。投资性金融中介机构主要包括投资银行（investment bank）、金融公司（finance company）、投资基金（investment fund）、货币市场共同基金（money market

mutual fund）以及风险投资公司（venture investment company）。

（1）投资银行。投资银行是专门对工商企业办理各项有关投资业务的银行。投资银行的名称，通用于欧洲大陆及美国等工业化国家，在英国称为商人银行，在日本则称证券公司。

投资银行的主要功能是帮助企业、政府和其他实体通过发行证券筹集资金，为其经营活动融资。投资银行还为公司兼并或收购提供便利，有时还是发起者。投资银行经常承销企业、政府、其他实体发行的证券。传统的投资银行就是证券公司（券商），主要进行证券的承销、证券的自营。现代的投资银行可以称为“金融百货公司”，以各种方式专门从事各种金融业务，与一般商业银行的差别日渐缩小。许多国家的全能银行同时发挥着投资银行的功能。

（2）金融公司。金融公司通过出售商业票据和发行股票、债券筹措资金，并向汽车、家具等耐用消费品的购买者或销售商发放消费者贷款或工商业贷款。金融公司可分为三类：一是销售金融公司，通常由大型制造商或大型零售商建立，旨在通过提供消费信贷的方式，促销公司或企业商品。为促销集团公司生产的汽车而建立的福特汽车信贷公司、通用汽车承兑公司，就是销售金融公司。二是消费者金融公司，它以较高利率为难以获取贷款的消费者提供小额消费贷款，以购买汽车、电器和房屋设施。这类金融公司既可是独立的公司，也可是银行附属机构。三是商业金融公司，它向工商企业发放以应收账款、存货和设备为担保的抵押贷款，或提供大型设备的融资租赁业务。

（3）投资基金。投资基金是通过出售股份或受益凭证会聚众多中小投资者的资金，进行多元化证券组合投资的金融机构，是以证券为主体的投资信托。投资基金凭借规模巨大、专家管理等优势，降低了信息成本和交易成本，并通过分散投资有效降低了风险，受到广大中小投资者的欢迎。投资基金在各国的名称不同，美国称为共同基金或互助基金（mutual fund），英国称为单位信托基金，日本、韩国则称为证券投资信托。

（4）货币市场共同基金。货币市场共同基金是一种兼具共同基金、存款机构特征的特殊投资基金。像其他投资基金一样，它通过出售股份聚集资金，但投资对象主要限于安全性好、流动性高的货币市场工具，如短期国债、大额可转让定期存单等。同时，基金股份的认购者又可依据所持股份的价值来签发支票，从而提供一种存款型账户。然而，投资者开立货币市场共同基金账户，必须存入相当数量的货币，而且支票签发额有起点金额限制。因此，货币市场共同基金的股权实际上是一种支付利息但支票签发额有所限制的支票账户。

（5）风险投资公司。风险投资公司将资金投资于新创设的企业，帮助企业管理团队将公司发展到可以上市的标准后，即将公司股份出售给投资公众，然后通过售出股份退出被投资的公司。风险投资公司类似于投资银行，但其服务对象是起步不久且需要经营管理指导的新公司。

3. 服务类金融机构。许多金融机构提供金融资讯或金融咨询服务，作为主营业务的副产品；部分公司专门从事金融信息服务。最早的金融信息服务机构是评级公司，如专事证券评级的穆迪、标准普尔、惠誉，为保险行业评级的贝斯茨（Best's）。最近发展的其他信息类机构是提供财务数据的公司，如彭博资讯社、路透社的附属部门，以及理柏（Lipper）、晨星（Morningstar）和财富与投资管理方案提供商（SEI）等提供共同基金资讯的公司。

（四）政策与监管类金融机构

1. 政策性金融机构。政府发起或设立政策性金融机构，旨在为商业性金融机构通常不愿提供服务但符合国家战略的特定行业、产业、部门和特殊群体提供金融支持或担保服务，并促进它们的发展。此类金融支持和服务主要通过两条途径提供：一是发起或创建政府信贷机构，二是创建政策性保险或担保机构，为私人贷款提供政府担保。

许多国家鼓励基础产业、农业、对外经济部门和教育部门、私人住宅业的发展，并提供政府金融支持。由此设立的政策性金融机构包括开发银行、农业发展银行、进出口银行，以及学生（助学）贷款体系、住房公积金信贷机构体系。它们的资金来源包括财政拨款、政府投资、发行政策性金融债券等。

2. 监管类金融机构。为加强和完善货币政策控制，防范系统性金融风险，维护金融体系稳定，确保金融市场交易公平有序，保护投资者利益，各国均建立了金融监管体系。一些国家实行单一监管体制，即由一家金融机关（中央银行及其附属机构）对金融业实施高度集中监管，如英联邦国家、比利时、卢森堡、意大利、瑞典、瑞士等。另一些国家实行多头监管体制，即由不同监管机构对不同金融机构、不同金融业务分别实施监管。其中，美国、加拿大推行联邦和各州分权的多头监管模式，日本、德国、法国、新西兰等国实行以财政部和中央银行为主的集权监管模式。政策与监管类金融机构的相关内容详见第八章。

第三节　金融市场体系

一、金融市场的构成要素

> *金融市场（financial market）是通过交易金融资产、实行资金融通而形成的供求关系和交易机制的总和。*

在金融市场上，资金供求双方通过交易金融资产实现资金融通。金融资产的价格反映了资金需求者的融资成本和资金供应者的投资收益。因此，金融资产的交易过程就是它的定价过程，同时也是金融资产收益和风险的市场配置过程，这是金融市场运行的核心机制。

同其他市场一样，金融市场必须同时具备一定的构成要素，主要包括交易主体、交易客体、交易组织形式、交易价格等。

（一）交易主体

交易主体是市场交易活动的参与者。金融市场的交易主体是资金供应方（投资者）和资金需求方（筹资者）。从性质上看，金融市场的交易主体可划分为个人、企业、政府、金融机构和中央银行五类。

1. 个人。个人是以非组织成员的身份参加金融市场活动的居民个人与家庭。在金融市场上，个人既是资金供应方，也是资金需求方，但作为一个部门，个人是最大的净资金供应方。个人参与金融市场交易主要是为了调整资产结构、追求投资收益或满足个人消费。

2. 企业。企业（指非金融公司）部门通常是资金净需求方，为弥补资金缺口而筹资是企业参与金融市场的主要目的。除通过票据贴现、向银行申请贷款外，企业还可在金融市场上多渠道筹措资金，如发行商业票据、股票、债券等。另外，企业也可成为金融市场的资金供给方，企业通常将暂时闲置的资金存入银行，或用于证券投资。

3. 政府。政府大多以资金需求者的身份参与金融市场交易。例如，政府经常通过发行国库券和中长期公债，弥补财政赤字、筹集长期建设资金。但政府也是资金的供应方。它通过向公共部门或民间特定领域、政策性金融机构提供资金，调整经济结构，引导经济运行。

4. 金融机构。金融机构主要是商业银行以及保险公司、投资银行等非银行金融机构，它们是金融市场上最重要的交易主体。金融机构参与金融市场的主要目的是调剂资金余缺，其中，商业银行是最大的资金供应者和需求者，保险公司、投资银行、投资基金等是主要的机构投资者，政策性金融机构大多通过发行金融债券筹集资金。

5. 中央银行。与其他四类市场主体不同，中央银行在金融市场上不是单纯的资金供应方与需求方，而是资金供求的调节者和货币政策的执行者。中央银行参与金融市场活动，主要是为了实施货币政策，调节和控制货币供应量，以稳定币值、促进经济发展。

（二）交易客体

金融市场的交易客体是交易对象和交易工具。金融市场的交易对象是货币资金，它是一种仅转移使用权而不转移所有权的特殊商品，与商品市场的交易对象（商品）被同时转移所有权与使用权存在显著差别。

金融市场的交易工具是货币资金的承载体，也被称为信用工具、金融工具；对其投资者或持有者而言，它又被称为金融资产。金融工具按所有权性质可划分为股权工具、债权债务工具；按偿还期长短，金融工具有短期金融工具、长期金融工具之分，前者主要包括本票、汇票、大额可转让定期存单、国库券等，后者主要是股票及中长期债券。

专栏 5－2
金融资产及相关概念

资产是任何具有交易价值的财产，或具有明确归属关系、能为所有者或投资者带来远期收益的资产或权利。

按存在形态，资产可以划分为有形资产和无形资产。有形资产是具有特定物理属性的物质财产，如地下资源等自然资产、土地、建筑物、机器设备等；无形资产是对未来收益具有合法要求权的资产，或对某种未来收益的法律权利，如专利、商誉等。

金融资产属于无形资产，是能通过市场交易为其所有者提供即期或远期现金流的金融工具的总称。换言之，金融工具是金融资产在市场交易中的表现形式，金融资产则是财富、存量视角的金融工具。信用工具是资金供求双方为融通资金而签发的具有法律效力的各种凭证，故又被称为金融工具。

因此，金融类教科书大多将金融资产、金融工具、信用工具以及证券（定义见下文）相等同，并交替使用。

（三）交易组织形式

为使交易双方相互联系，并有效连接交易主体和交易客体，以便利并促成交易，市场需要一定的组织形式。金融市场的组织形式主要有两种：一是交易所形式，或有形市场（场内市场）。这是一种交易双方在交易所内通过公开竞价进行集中交易的市场组织形式。二是店头交易形式或柜台交易形式，也称无形市场（场外市场）。这是一种没有固定场所的市场组织形式，主要通过（早期及传统上的）银行或券商等做市商柜台及（现代）远程通信技术、电脑网络达成交易。

（四）交易价格

健全的价格机制是市场交易正常运行的前提和关键。金融资产交易所形成的价格即为金融市场的交易价格，主要包括利率和股价，两者构成广义的金融资产收益率。利率是债权债务工具的交易价格，是决定于并灵活调节市场资金供求的价格机制。股价是股权工具的交易价格，是反映公司盈利水平、宏观政策变化并受利率重大影响的价格机制。因此，金融市场要正常运行，就必须建立灵敏、健全的利率机制。

二、金融市场的分类

（一）债务证券市场、资本证券市场和衍生证券市场

根据金融资产的性质和基本类型，金融市场可划分为债务证券（或债券）市场、资本证券（或股权）市场和衍生证券（或衍生工具）市场。

债务证券是一种承诺在某一特定时期定期支付本息的债务性凭证。由于它承诺未来支付的利息数额基本固定，故又被称为固定收益证券。根据偿还期不同，债务证券可分为长期（期限不低于1年）债务证券、短期（期限为1年以下）债务证券。

证券（securities），是一种对其发行者的未来收益或剩余权益具有合法要求权的资产。

资本证券是对公司未来收益和资产的要求权。资本证券因通常可定期取得红利，且没有到期期限，而被视为长期证券。其中，普通股代表对公司的剩余索取权，且具有有限责任的特征（即普通股股东对公司承担的责任以其出资额为限）；优先股因可获得发行公司根据盈利水平支付的（或有）固定回报，也被归为固定收益证券。

衍生证券，又称衍生工具、金融衍生工具或衍生品，是自身价值决定于固定收益证券、资本证券、外汇或商品等一种或几种基础资产价格的金融工具，其主要职能是管理与基础资产相关的风险暴露。最常见的衍生工具是远期合约、期货合约、期权合约和互换协议等。衍生工具市场详见本书第十一章。

（二）货币市场和资本市场

根据金融资产的偿还期，金融市场可划分为货币市场和资本市场。它们的具体构成详见本书第九章、第十章。

货币市场是短期债务证券交易的金融市场。货币市场包括国库券市场、大额可转让存单市场、商业票据和银行承兑票据市场、回购协议市场、同业拆借市场、欧洲美元市场等。与资本市场相比，货币市场工具流动性强，风险较低，同时价格波动较小，是较为安全的投资市场。因此，公司和银行大多将临时性的盈余资金投入货币市场赚取利息。

资本市场是长期债务证券和资本证券交易的市场。资本市场包括股票市场、长期债券市场，以及长期贷款市场，即银行向消费者和工商企业发放消费者贷款和工商业贷款的市场。

保险公司、投资基金、养老基金等金融机构是资本市场的重要参与者。

（三）发行市场和流通市场

以市场功能为标准，金融市场可划分为发行市场和流通市场。

发行市场，也称初级市场、一级市场，是筹资主体向最初购买者发售新证券的金融市场。一级市场的主要功能是筹集资金。

流通市场，也称次级市场、二级市场，是已发行证券的交易市场。二级市场主要有两种功能：一是流动性功能。二级市场便利金融工具的变现出售，提高金融工具的流动性，进而促进一级市场的证券发行。二是价格发现功能。二级市场决定发行公司在一级市场的证券定价基准，并与发行公司的关系最为密切。股票交易所是最著名的二级市场，债券交易市场是交易规模最大的二级市场，其他二级市场还包括外汇市场、期货市场、期权市场等。

（四）直接金融市场和间接金融市场

按照金融中介的特征，金融市场可分为直接金融市场和间接金融市场。

直接金融市场是资金供求双方借助金融工具直接融通资金的市场，通常是指债务证券市场、资本证券市场。在直接金融市场上，投资银行等金融中介机构主要为资金余缺双方的资金融通牵线搭桥、提供服务，发挥市场中介职能。

间接金融市场是通过银行等信用中介机构进行金融资产交易的市场，主要包括银行存款市场、银行贷款市场等。在间接金融市场上，银行等金融中介机构将发行债务工具所筹集的盈余部门资金，通过贴现、贷款、投资等方式导向资金短缺部门，发挥信用中介功能。

（五）现货市场和衍生工具市场

按照交割期限，金融市场可分为现货市场和衍生工具市场。

现货市场是金融资产交易达成后即时交割的市场。即时交割一般立即完成，或在规定的营业日内完成，这主要取决于各国的资金结算或证券交收制度。

衍生工具市场是先约定金融资产的交易价格、数量和种类，在未来某一时期或日期进行交割的市场。期货市场、期权市场是两种主要的衍生工具市场。

（六）有形市场和无形市场

按照市场组织形态，金融市场可划分为有形市场和无形市场。

有形市场是在固定交易场所、有严格交易规则的集中交易市场，一般是指证券交易所、期货交易所、票据交换所等组织严密的特定交易市场。

无形市场是无固定交易场所的金融市场的总称，又称场外市场。早期场外交易大多在咖啡店或银行柜台进行，此类无形市场被称为店头市场、柜台市场。现代金融交易日益通过电话、电报、电传、电脑网络及其他通信工具进行，出现了有形市场无形化的总体趋势。全球外汇市场、部分股票市场实为全球范围内连接证券商和其他客户的计算机和远程通信系统。

（七）资金市场、外汇市场、黄金市场、保险市场

按照交易标的物的性质，金融市场可分为资金市场、外汇市场、黄金市场、保险市场。

资金市场是以本币资金为交易标的物的市场。按资金偿还期长短，资金市场分为短期资金市场、长期资金市场，也就是前述的货币市场、资本市场。

外汇市场是外汇资产的交易市场，有广义、狭义之分。狭义的外汇市场是指银行同业

之间的外汇交易市场，包括外汇银行之间、中央银行与外汇银行之间、各国中央银行之间交易外汇的市场，又称外汇批发市场，它占外汇交易总额的90%以上。广义的外汇市场是外汇银行之间、外汇银行与外汇经纪人之间、外汇银行与客户（如进出口商、个人）之间交易外汇的市场，其中，外汇银行与客户之间的外汇市场又被称为外汇零售市场。伦敦、纽约、新加坡、香港、东京是全球五大外汇交易中心。

黄金市场是以黄金及其衍生品为交易标的物的市场。黄金既是工业投入品、保值性资产，又是各国的储备资产和国际间最后的支付手段。因此，黄金市场是一种特殊金融市场。按各国管制程度和市场参与者的不同，黄金市场可分为三类：（1）自由黄金市场，黄金可以自由输出、输入，居民和非居民均可自由买卖黄金，如瑞士的苏黎世黄金市场；（2）管制的黄金市场，黄金输出、输入受到限制，黄金的自由交易仅限非居民，如伦敦黄金市场；（3）国内的黄金市场，黄金输出、输入被禁止，黄金的自由交易仅限居民，如巴黎黄金市场。黄金主要有现货交易、期货交易两种方式。其中，伦敦、苏黎世黄金市场以现货交易为主，又称欧洲型市场；纽约、芝加哥、香港黄金市场以期货交易为主，又称美国型市场。

保险市场是以保险商品为交易标的物的市场。保险商品是保险人（保险公司等）为投保人（居民、家庭、企业、政府）提供的保险经济保障，它仅在约定风险发生或约定期限届满时，才发挥经济补偿或给付的作用。狭义的保险市场是保险商品交换的固定场所，如保险交易所。广义的保险市场是保险商品交换关系或保险商品供给与需求关系的总和。保险市场也是特殊的金融市场，主要表现为：（1）保险商品的交易过程是保险人聚集与分散风险的过程，无风险即无保险，因此保险市场是直接的风险市场；（2）保险合同订立与保险理赔、保险给付，在时间上是分离的，故保险市场是特殊的期货交易市场；（3）由于风险的不确定性及保险的射幸性，保险商品的供求双方均不可能确切地知道交易的结果，故保险市场是非即时结清市场。

此外，根据成交和定价方式，金融市场可分为公开市场（拍卖市场）、议价市场；根据地域范围，可分为国内金融市场和国际金融市场。

三、金融市场的功能

金融市场活动直接影响个人财富、工商企业行为和经济效率。功能良好的金融市场在促进资金转向生产性用途中发挥着重要作用，对于增进经济福利不可或缺，对于经济的健康运行至关重要。金融市场具有促进资金融通、优化资源配置、转移和分散风险、降低交易成本及调节经济运行等功能。

（一）促进资金融通

融通资金是金融市场最基本的功能。金融市场借助市场机制，聚集了众多市场交易主体，创造和提供了各种金融工具，开辟了范围广阔的筹资、投资渠道及形式多样的资产转换途径，最大限度地便利了资金从盈余部门导向赤字部门，从非生产性用途转向生产性用途，从而引导并促进了资金融通。这既推进了经济增长，提高了经济效率，又使资金短缺部门、盈余部门同时获益，从而改善了社会经济福利。

（二）优化资源配置

金融市场最重要的功能是优化资源配置，即借助价格发现机制将资源从低效率部门转向高效率的部门，实现社会资源的合理配置和有效利用。在现代经济条件下，货币资金总是流向最有发展潜力、带来最大利益的部门和企业。金融市场交易决定了各种金融资产的价格，由此形成的价格发现机制能有效反映经济运行态势和项目投资前景，从而引导货币资金流动和重新配置。

（三）转移和分散风险

资金融通、资源配置充斥着无法根除的风险，金融运行本身就是风险的转移和重新配置过程。金融市场及其推动的金融创新，为各经济主体转移和分散风险，提供了可供利用的众多工具、机构、机制和市场。金融市场推动了金融资产多元化，便利了风险分散化；组合投资可以分散单一金融资产投资面临的非系统性风险，而远期合约、期货合约、期权合约、互换合约等金融衍生工具已成为管理和控制风险的主要工具。

（四）降低交易成本

交易成本主要是搜寻成本和信息成本。搜寻成本是为寻找合适的交易对手而花费的广告支出等显性成本及等待交易对手而消耗的时间等隐性成本；信息成本是为掌握金融资产预期现金流信息、评估金融资产投资价值所花费的成本。金融市场通过会聚众多资金供求主体，以及专事证券发行、承销业务的金融中介机构，而降低了搜寻成本；通过专业信息类服务机构及价格发现机制，降低了信息成本。在有效金融市场上，金融资产的价格能反映所有市场参与者需要收集的全部信息。

（五）调节经济运行

金融市场是实施宏观经济调控的重要载体。金融市场为公开市场业务等货币政策操作及其传导提供了灵活多样的工具和机制。金融资产的市场交易价格，综合反映了资金供求关系、金融运行状况和经济变化态势，为宏观经济决策及其调整提供了灵敏的参照标的和信息反馈。因此，通过转移和配置资金、发现并反映资产价格、传递并反馈宏观政策动向等途径，金融市场能有效调节经济运行。

本章小结

1. 金融通常被理解为货币资金融通。由于资金融通涉及货币、信用、金融机构、金融市场、金融监管等诸多方面，金融可被界定为货币流通、信用活动及由此形成的经济组织、交易行为、运行机制的集合。功能观视角的金融则是为筹集资金、转移资源、配置风险而形成的所有交易行为的总和。

2. 金融体系是金融机构、金融市场及金融基础设施的总和。依据金融机构、金融市场在资源配置中的相对重要性，金融体系有市场主导型（以美国、英国为代表）、银行主导型（以德国、日本、法国为代表）之分。金融体系最基本的经济功能是促进资金流动、优化资源配置，由此衍生的六大核心职能是：（1）在时间上和空间上转移资源；（2）配置和管理风险；（3）清算和支付结算；（4）聚集资金和分割股份；（5）提供信息；（6）解决激励问题。

3. 金融机构是以提供各种金融商品和金融服务为主要业务的企业。金融机构存在和发展的内在机理是它们具有直接融资不能替代的五大功能：（1）期限中介功能；（2）降低交易成本；(3) 改善信息不对称；(4) 分散投资、降低风险；(5) 提供支付机制。

4. 金融机构体系一般由中央银行、存款类金融机构、非存款类金融机构、政策性金融机构与监管类金融机构构成。其中，中央银行是一国金融体系的领导和核心，商业银行是金融体系的主体和骨干。

5. 金融市场是通过交易金融资产、实行资金融通而形成的供求关系和交易机制的总和，它有4个基本构成要素，即交易主体、交易客体、交易组织形式和交易价格。按照不同的标准，金融市场有不同的分类。

6. 功能良好的金融市场对于增进经济福利不可或缺，对于经济平稳运行至关重要。金融市场具有促进资金融通、优化资源配置、转移和分散风险、降低交易成本及调节经济运行等功能。

关键词

金融体系（financial system）
金融机构（financial institution，financial intermediary，financial firm）
金融市场（financial market）
金融资产（financial assets，financial instruments）

重要概念

金融体系	激励问题	信息不对称	金融机构	期限中介	存款类金融机构
契约型储蓄机构	金融市场	金融资产	债务证券	资本证券	衍生工具
发行市场	流通市场	有形市场	无形市场	黄金市场	外汇市场
保险市场					

思考题

1. 金融化对家庭的消费和财产性收入有哪些影响？
2. 不同类型金融体系的优劣及选择标准是什么？
3. 请思考中国现行金融体系所属的类型及后续改革取向。
4. 为什么黄金价格与美元汇率走势反向变动？

练习题

1. 如何理解金融体系6个核心功能之间的关系？
2. 金融机构体系的具体构成及基本功能是什么？

3. 金融市场有哪些构成要素及主要功能？

案例题

2007 年 2 月以来，由美国次贷危机引发的全球金融危机经过波浪式的扩散和深化，于 2008 年逐步演化为全球性经济危机。

美国次贷危机导源于美国房价→次级抵押贷款→次级抵押贷款支持证券→相关金融衍生品这一金融创新链条的过度膨胀。首先，美国次级抵押贷款快速扩张，使大量无法获得优先级贷款的低收入群体或信用等级不高的少数族裔，得以通过次级抵押贷款购买住房。其次，强劲的购房需求刺激房价快速上升，房价上涨预期反过来增强了购房者贷款买房的动机。最后，房价和贷款需求的相互促进催生了大规模的次级抵押贷款，大量的次级抵押贷款经由证券化过程，派生出抵押支持债券（MBS）。MBS 经过进一步的证券化，又衍生出大量资产支持证券（ABS），其中包括大量个性化的债务抵押凭证（CDO）、信用违约掉期（CDS）等。

金融机构在 CDO 和 CDS 等衍生品交易中，还往往运用高杠杆比率进行融资。于是，基于 1 万余亿美元的次级抵押贷款，创造出了超过 2 万亿美元的 MBS，并进一步衍生和创造出数万亿美元的 CDO 和数十万亿美元的 CDS，金融创新的规模呈几何级数膨胀。由此，巨量的 CDO、CDS 对房价处于极其敏感的临界点上，房价的任何风吹草动必然产生一系列连锁反应和放大效应，从而给持有相关金融创新产品的金融机构造成巨大冲击。

2006 年，美国房价开始下跌，美联储开始加息。由此，贷款借用者的还款压力迅速增大，以住房为抵押的次级贷款违约率上升。美国第二大次级抵押贷款公司新世纪金融公司破产，迎来次贷危机第一次风暴。随着次贷损失产生链条式反应，CDO、CDS 等衍生证券价格随后快速下跌，次贷危机迎来第二次和第三次风暴。虽然贝尔斯登、“两房”（房地美、房利美）、雷曼兄弟、美林证券、AIG 的破产和被收购等一系列事件被称为次贷危机，但真正的拖累者和毁灭者不是次贷损失，而是 CDS 和 CDO 等金融衍生品的巨额亏损。

美国金融海啸引发的全球金融危机及其引致的严重负面溢出效应，触发了对金融创新、金融危机、金融风险等若干问题的系统反思。

请结合案例，查阅相关文献和资料，思考并回答：

（1）美国是全球金融创新的策源地和引领者，其金融体系曾被视为全球金融体系的典范。金融体系的核心功能和金融创新的初始动机之一是配置和管理风险，为何美国的金融创新触发并放大了金融风险，加剧了金融体系的系统性风险？

（2）金融史的研究表明，金融危机、经济危机对金融体系的变化有重大影响。请举例说明，并结合次贷危机发生后美国的应对举措，观察并分析美国金融体系的变化。

扫描二维码可阅读本章精选案例

第六章
存款类金融机构

本章知识结构

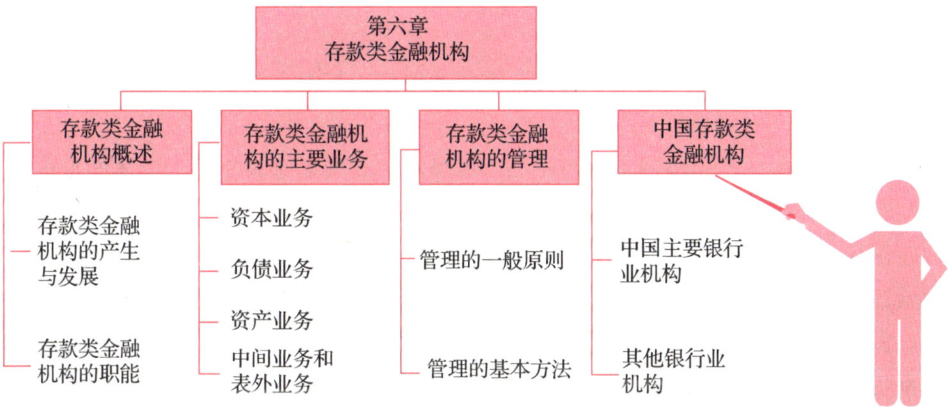

本章学习目标

- 了解存款类金融机构的基本含义；
- 熟悉存款类金融机构的主要业务；
- 理解存款类金融机构的经营管理原理；
- 把握我国存款类金融机构的发展。

章前引例

1897 年 5 月 27 日盛宣怀创办中国通商银行，这是中国人自办的第一家银行，也是上海最早开设的华资银行。

鸦片战争以后，西方国家纷纷在中国设立银行，而中国也需要有自己的银行来调剂资金。1896 年 11 月，盛宣怀向清廷建议：“铸银币、开银行两端，实为商务之权舆。”“要振兴实业，非改革那些资本小、范围狭的金融机构、钱庄、票号、银号不可。”12 月 7 日，清帝正式批准盛宣怀“招商集股，合力兴办”银行。

除发钞外，中国通商银行还代收库银，全国各大行省均先后设立分行，有北京、天津、保定、烟台、汉口、重庆、长沙、广州、汕头、香港、福州、九江、常德、镇江、扬州、苏州、宁波等处，业务极一时之盛。1900 年，八国联军攻占北京，京行首遭焚毁，天津分行业务渐告不振。到 1905 年只剩下北京、汉口两个分行和烟台一个支行了。

第一节　存款类金融机构概述

一、存款类金融机构的产生与发展

存款类金融机构在金融体系中占有非常重要的地位，其中商业银行在全社会的信用活动中起着主导作用。

存款类金融机构的产生与演变是与商品信用经济的发展紧密相连的。具体的机构则产生于不同的背景。

存款类金融机构(depository financial institutions)是指从个人和机构接受存款并发放贷款的金融中介机构，其典型代表有商业银行、信用社等金融机构。

商业银行的起源和发展，历经古代货币经营业、原始银行业和现代商业银行三个阶段。早在古希腊、古罗马时代，地中海沿岸各国中出现的专门鉴别货币成色、称量货币重量、进行货币兑换及保管的货币经营业即为现代商业银行的前身。当货币经营业主从原来的被动接受客户委托保管货币，转而变为积极主动揽取货币保管，并开始向客户发放贷款时，古老的货币经营业就转变成办理存款、贷款和汇兑业务的原始银行业了。而现代商业银行则与 1694 年成立的英格兰银行有关。该行得到英国皇家批准，能吸收工商企业存款、向工商企业发放贷款，同时还作为政府金融代理人发行货币。

现代商业银行主要通过两种途径形成，一是由旧式高利贷银行转变而来。高利贷因利息过高影响了资本家的利润，不利于资本主义经济的发展。为了顺应资本主义经济发展的需要，不少高利贷银行选择降低贷款利率，转变为现代商业银行。二是新组建与资本主义生产方式相适应的商业银行。如 1694 年成立的英格兰银行就是第一家股份制银行，是现代商业银行产生的标志。

二、存款类金融机构的职能

存款类金融机构作为一种企业，必须依法成立，必须有自己的资本，实行独立核算，自负盈亏。除国家或政府政策性金融机构外，存款类金融机构在经营中一般都以追求利润最大化为目标。但存款类金融机构又与一般工商企业不同。一般工商企业经营对象是具有一定使用价值的商品，而存款类金融机构经营对象则是特殊商品，即货币。正是经营对象的差异，导致了它们在经营业务上的差异。

作为经营货币的特殊企业，存款类金融机构主要具有信用中介、支付中介、信用创造和金融服务等四项基本职能。

（一）信用中介职能

信用中介职能又称信用媒介职能，是存款类金融机构最基本的职能，最能反映其经营活动特征。马克思把信用中介职能表述为："（银行）一方面代表货币资本的集中，另一方面代表借入者的集中"，"以货币资本的实际贷出者和借入者之间的中介人身份出现"。[①] 信用中介职能的实质是存款类金融机构通过受信业务（负债业务），把社会上闲置的货币资本集中起来，再通过授信业务（资产业务），把这些货币资本投向社会经济各部门。在此过程中，货币资本的使用权由资金融出方让渡给资金融入方，但货币资本的所有权不发生改变。存款类金融机构同时作为货币资本的贷出者与借入者，发挥了货币资金融通的中介作用。在这一过程中，发放贷款的利息收入与吸收货币资本的成本之间的差额，以及相关投资与服务收益，构成了存款类金融机构的利润。

（二）支付中介职能

这是存款类金融机构特别是商业银行最传统的职能。该职能指存款类金融机构通过为各经济部门开立账户，充当它们之间货币结算与收付的中间人，直接为它们办理资金结算与支付。支付中介职能促成了在经济过程中以存款类金融机构（商业银行）为中心的支付链条和债权债务关系。支付中介职能的发展，一方面大大减少了现金的使用，节约了社会流通费用；另一方面加速了货币资本的周转，维持与促进了社会再生产过程的顺利进行与扩张。在具有支付中介职能的机构中，商业银行是最主要的支付代理人。

（三）信用创造职能

存款类金融机构（特别是商业银行）在经营过程中可进行两个层次的信用创造：一是创造信用工具，如支票、本票等；二是创造全社会信用量。前者是后者的工具。在部分准备金制度下，存款类金融机构在缴纳法定存款准备金后，可利用其吸收的存款发放贷款。在转账结算基础上，贷款会转化为新存款。若该笔新存款不完全提现，就增加了商业银行的资金来源，又可用于发放新的贷款，而贷款又形成新存款。如此循环往复，最后在整个银行体系中会形成数倍于原始存款的派生存款。除原始存款外，其余为商业银行利用信用工具所创造的信用增量。整个信用创造过程由中央银行与商业银行共同完成。中央银行运用货币发行职能调控货币供应总量，而货币派生则在商业银行体系内完成。

（四）金融服务职能

在提供信用中介和支付中介业务过程中，存款类金融机构可获得大量信息，并运用其独特的业务系统和工具方法，为客户提供许多其他服务，如担保、代收代付、财务咨询、信托、现金管理、财富管理、资产管理等。

---

① 马克思．资本论（第三卷）[M]．北京：人民出版社，2004：452.

第二节　存款类金融机构的主要业务

一、资本业务

（一）存款类金融机构资本的意义

同一般的工商企业一样，存款类金融机构在设立之初必须拥有一定数额的原始资金来源，即资本，它是存款类金融机构得以成立和发展的基础和前提。1988 年《巴塞尔资本协议》明确规定：资本是一家银行防止亏损的最终防线，资本是衡量一家银行真正实力的标志。

专栏 6－1

巴塞尔协议

1987 年底，巴塞尔委员会提出了一个统一的国际银行资本充足率标准协议，该协议于 1988 年 7 月正式发表，全称为《巴塞尔银行业务条例和监管委员会统一国际银行资本衡量与资本标准的协议》，通常被人们称为《巴塞尔协议Ⅰ》。该协议要求：凡是从事国际业务的银行，必须将总风险资产中的自有资本比例（即资本充足率）维持在 8% 以上。

亚洲金融危机后，该委员会提出了以三大支柱——资本充足率、监管部门监督检查和市场纪律为主要特点的“有效银行监管核心原则”征求意见稿。这一新资本监管框架于 2006 年 10 月正式定稿，人们通常称之为《巴塞尔协议Ⅱ》或《巴塞尔新资本协议》。

2008 年全球金融危机以后，2010 年 9 月巴塞尔委员会又通过了《巴塞尔协议Ⅲ》，进一步提高了商业银行资本充足率标准。要求商业银行在 5 年内（到 2015 年）逐步把一级资本充足率由 4% 提高到 6%；资本充足率到 2019 年达到 10.5%。

资本在存款类金融机构经营中的作用表现在四个方面：

首先，资本是存款类金融机构存在和发展的先决条件。一方面，在开业之前，存款类金融机构必须筹集足够的资本金，为正式营业准备条件；另一方面，作为一种信用机构，其信誉与自身资本实力密不可分。

其次，资本是补偿意外损失、保护存款者利益的保障。存款类金融机构资本是存款资金安全的缓冲垫。当发生意外损失时，存款类金融机构可先用盈余抵补，不足抵补则需动用资本进行补偿。只要损失不超过盈余和资本金的数额，存款人的资金都会得到保障。

再次，资本是存款类金融机构正常经营活动的重要保证。存款类金融机构经营活动的特点决定了其可能发生资金短缺。从银行的资产负债结构的流动性上看，银行必须满足储户的随时提现要求，但是贷款资产的流动性并不能随时与之匹配。这就需要银行保有一定资本来弥补资产和负债在流动性上的差额。

最后，资本是金融管理部门对存款类金融机构实施调控的工具。存款类金融机构资本为金融管理当局提供了一个限制风险业务的基础。金融管理部门为实施对存款类金融机构的监管，一般会对存款类金融机构资本作出一些规定或要求。

（二） 资本种类

存款类金融机构资本主要有三种形式，即普通资本、优先资本及其他资本。

普通资本是存款类金融机构自有资本的基本形式，包括普通股、资本盈余和未分配利润等，其中普通股是存款类金融机构最主要的股金资本形式。

优先资本一般在股息分配和资产清偿时优先于普通股，具体包括优先股、资本性票据和债券、可转换债券等。

而其他资本，又称储备账户，一般是指存款类金融机构为了避免意外事件，按照一定比例从税前利润中提取的各项准备金，如资本准备金、贷款损失准备、证券投资损失准备等。

专栏 6－2

商业银行监管资本和经济资本

1. 监管资本（regulatory capital，RC），又称最低资本（minimum capital），指监管当局规定银行必须持有的最低资本比例，由权益资本和债务资本组成。最低资本要求是《巴塞尔协议 II》三大支柱之核心支柱。

《巴塞尔协议 I》将银行资本划分为核心资本和附属资本两部分。《巴塞尔协议 II》将银行资本划分为核心资本、附属资本和三级资本。《巴塞尔协议 III》对一级资本提出了新的限制性定义，只包括普通股和永久优先股。

（1）核心资本，也称一级资本，包括永久性股东权益。永久性股东权益由已发行并完全缴足的普通股和永久性非累积优先股构成。核心资本具有透明度、公开性和可比性，是衡量银行资本充足率的基础。

（2）附属资本，也称二级资本，包括非公开储备、重估储备、普通准备金/普通呆账准备金、混合资本工具和次级长期债务。附属资本不得超过核心资本的 100%，计入附属资本的长期次级债务不得超过核心资本的 50%。

（3）三级资本，1996 年《巴塞尔协议》将两年以上、有锁定条款的债券定义为三级资本。

2. 经济资本（economic capital，EC），又称风险资本，指在给定的置信水平下，通过识别和测度银行风险（常用 VaR 模型）来计算银行吸收或缓冲非预期损失所需要的资本金。经济资本反映了银行内部风险管理的需求，是一种与银行风险相关的、概念上的资本。

银行损失分为预期损失（expected loss，EL）、非预期损失（unexpected loss，UEL）和异常损失（catastrophe loss，CL）。预期损失是在正常情况下，银行在一定时期内可预见到的损失，一般通过提取专项准备金来补偿；非预期损失是可能超出正常预期损失的部分；异常损失主要指由不可抗力引发而导致的损失。经济资本将风险水平与对资本的要求相联系，衡量银行抵御非预期风险的能力。所以，经济资本是信用风险的非预期损失、市场风险的非预期损失和操作风险的非预期损失之和。

二、负债业务

负债业务是存款类金融机构的主要业务之一，主要解决其资金来源问题。存款类金融机构为了从资金盈余部门吸收资金，提供了一系列金融工具，它们具有不同的流动性、回报率、到期日和现金流组合等要素。负债业务具体包括存款业务和借款业务。

（一） 存款业务

存款是存款类金融机构最主要的资金来源，存款业务主要包括活期存款、定期存款和储蓄存款等。

活期存款（demand deposit），又称支票存款，无存款期限，客户可随时填开支票支取，存款类金融机构一般向客户支付较低的利息，在美国存款类金融机构甚至向客户收取一定账户管理费用。为了获得一定的利息收入，同时又不失流动性，活期存款中又出现了可转让支付命令账户（negotiated order of withdrawal，NOW）、超级可转让支付账户（super-NOW）、货币市场存款账户（money market deposit account，MMDA）等形式。

定期存款（time deposit）由客户事先确定存款期限以取得较高的利息，是银行稳定的资金来源，期限从3个月至几年不等，定期存款的种类有普通定期存款、大额可转让定期存单（certificate of deposit，CD）、货币市场存单（money market certificate，MMC）、定活两便存款账户（TDA）及市场利率联动型存款等。

储蓄存款（savings deposit），通常指个人为积蓄货币资产和获取利息收入而设定的一种存款金融工具，在中国一般指居民个人的各项银行存款，包括活期储蓄存款和定期储蓄存款。活期储蓄存款不约定存款金额和期限，客户可在储蓄账户内自由存入或在余额内支取款项，对活期储蓄账户支付较低的利息；定期储蓄存款则由客户与储蓄机构约定存期，一次或分次存入本金，其利率高于活期储蓄存款，但储户必须在约定期满方可按定期储蓄存款利率获取利息收入，提前支取按活期储蓄存款利率结算利息。而在国外，储蓄存款通常是指为特定用途积累资金的银行存款，并不能直接签发支票，如美国的401k计划存款。

（二） 借款业务

存款类金融机构的借款业务，通常被称为“主动性负债”，指存款类金融机构以各种方式从金融市场上借入款项而获得资金的业务，包括向中央银行借款、同业拆借、出售回购协议、发行金融债券、从国际金融市场贷款等。

三、资产业务

资产业务即存款类金融机构的资金运用业务。资产包括准备金及现金资产、贷款、贴现、证券投资及其他资产，其中主要资产是贷款。因而贷款业务构成了存款类金融机构营业收入的主要来源。

（一） 准备金业务

准备金是存款类金融机构流动性最强、盈利性最低的资产，由法定准备金、超额准备金和库存现金三部分构成。法定准备金是存款类金融机构根据法定准备金制度必须在中央银行保有的存款，是中央银行对存款类金融机构流动性的强制性要求，也是中央银行进行宏观经济调控的重要政策工具。超额准备金是存款类金融机构在中央银行存款超过法定准备金的部分，主要是为了方便票据交换差额的清算、应付预料外的现金提存，以及等待有利的资产业务机会，其规模决定了存款类金融机构贷款和投资的规模。超额准备金库存现金则是存款类金融机构用于应付日常支付所保有的现金。

（二）贷款业务

贷款又称放款、垫资，指存款类金融机构将吸收的资金按一定的利率贷放给客户并约定还本付息期限，是存款类金融机构最主要的资产业务，构成了存款类金融机构营业收入的主要来源，其规模和结构对存款类金融机构的流动性、安全性也具有重要影响。贷款业务不能按约定期限收回本息的风险较大。

贷款按保障程度可划分为抵押贷款、担保贷款和信用贷款等，按借款对象不同可分为工商企业贷款、不动产贷款、消费者贷款等。

（三）贴现业务

贴现是存款类金融机构买入未到期票据，将扣除贴息后的金额付给客户的过程，本质上是存款类金融机构为客户提供（垫付）的资金融通。贴现额的计算公式为

$$\text{收取客户的贴息} = \text{票据面额} \times \text{年贴现率} \times (\text{未到期天数} \div 360\text{ 天})$$

$$\text{付给客户的金额} = \text{票据面额} - \text{贴息}$$

专栏6－3

票据贴现与贷款的区别

票据贴现和贷款都是存款类金融机构的资产业务，都是为客户融通资金，但二者之间却有许多差别。

1. 流动性不同。存款类金融机构贴现的票据可以通过转贴现、再贴现融通资金，流动性强；而贷款只有到期才能收回本息，流动性较差。

2. 利息收取时间不同。贴现是预先收取利息，而贷款是事后收取利息。

3. 利息率不同，票据贴现的利率要比贷款的利率低，因为持票人贴现票据是为了得到现在资金的融通，并非没有这笔资金。

4. 资金使用限制不同。持票人在贴现了票据以后，就完全拥有了资金的使用权，资金的使用不受限制；而借款人在使用贷款时，存款类金融机构要对资金的使用进行审查、监督和控制，因为贷款资金的使用情况直接关系到存款类金融机构能否很好地回收贷款。

5. 债务债权的关系人不同。贴现的债务人不是申请贴现的人而是出票人即付款人，遭到拒付时才能向贴现人或背书人追索票款；而贷款的债务人就是申请贷款的人，银行直接与借款人发生债务关系。

6. 资金的规模和期限不同。票据贴现期限较短，通常在一年以内，而且金额一般不太大，每笔贴现业务的资金规模有限；而贷款的形式多种多样，期限长短不一，规模一般较大。

资料来源：根据相关材料整理。

（四）同业存款业务

存款类金融机构为了自身清算业务的便利，往往会在其他金融机构存放部分活期性质存款，即同业存款。

（五）应收现金项目

存款类金融机构应收的清算款项，代表对其他存款类金融机构的资金索取权。它是存款类金融机构收到以其他存款类金融机构为付款人的票据，已向票据交换所提出清算或向其他存款类金融机构提出收账但尚未到账的款项。应收款项收到后，可增加其同业存款余额，或者增加其在中央银行准备金账户的存款余额。

准备金、存款类金融机构同业存款和应收现金项目都属于现金项目，是满足存款类金融机构流动性的第一道防线，也称为一级准备金。

（六）证券投资业务

存款类金融机构所持有的证券是重要的盈利资产，主要由债务工具构成。证券资产流动性强，可充当存款类金融机构的二级准备金。

四、中间业务和表外业务

（一）中间业务

中间业务是指银行代理客户办理收款、付款和其他委托事项而收取佣金、手续费和管理费等费用的业务。中间业务不影响存款类金融机构资产负债表的平衡总规模，不占用或很少占用银行资本，但是能够增加银行收益。传统的中间业务包括结算、信托、租赁、代理、银行卡业务等。

1. 结算业务。结算业务又称为货币结算，是由存款业务衍生出来的业务。存款类金融机构使用的结算工具有本票、汇票和支票三种。结算方式依地域不同而异，同城结算可采用支票、同城托收承付、同城托收无承付结算；异地结算可采用汇兑、托收；国际结算主要采用信用证。

2. 代理业务。存款类金融机构接受客户委托，以代理人的身份代办受托事务，主要有代保管、代客买卖业务、代理融通和代理行等。

3. 信托业务。存款类金融机构接受委托，为委托人指定的受益人的利益，依照契约规定，依据谨慎人原则占有、管理、使用信托财产，并处分其收益。信托关系中涉及委托人、受托人和受益人三方，委托人可以同时是受益人。

4. 租赁业务。存款类金融机构等以出租为目的购买设备等有形资产，将其出租给承租人，以租金的形式回收本金和利息，主要租赁形式有融资租赁、经营租赁、杠杆租赁等。

5. 银行卡业务。银行卡分为借记卡和贷记卡（即信用卡），两者均可进行提现、消费、转账支付等业务。区别在于贷记卡具有短期融资功能，其持有人可在授信额度内获取短期资金融通便利。因此，向银行申请办理贷记卡时，银行要对申请人进行信用调查与评估。

专栏6－4
国际发卡组织

目前国际信用卡组织主要包括维萨国际组织（VISA International）、万事达卡国际组织（MasterCard International）、美国运通国际股份有限公司（America Express）。另外，还有一些地区性的信用卡组织，如欧洲的EUROPAY、中国大陆的银联、中国台湾地区的联合信用卡中心等。其中，维萨国际组织和万事达卡国际组织是国际上最主要的两家信用卡组织。

1. 维萨国际组织。维萨国际组织是目前世界上最大的信用卡和旅行支票组织。1959 年，美洲银行发行第一张银行信用卡。1966 年 Bank of America Service Corp.（BSC）成立。1970 年，BSC 公司改名为 National Bank Americard INC（NBI），提供美国各地银行信用卡服务。1977 年，NBI 更名为 VISA International，成为全球性的信用卡联合组织，拥有 VISA、ELECTRON、INTER-LINK、PLUS 及 VISA CASH 等多个品牌。

维萨国际组织本身并不发卡，各种信用卡由维萨国际组织的会员（主要是银行）发行，VISA 主要帮助会员开发各种 VISA 支付工具（即信用卡）和旅行支票业务，为会员、消费者及特约商户提供自动转账结算系统。

2. 万事达卡国际组织。万事达卡国际组织是全球第二大信用卡国际组织，由美国联合银行信用卡协会组成，其会员包括商业银行、储蓄与贷款协会，以及信贷合作社。1966 年美国加利福尼亚州的一些银行成立了银行卡协会（Interbank Card Association），并于 1970 年启用 Master Charge 的名称及标志，统一了各会员银行发行的信用卡名称和设计，1978 年 Master Charge 更名为 MasterCard。

万事达卡国际组织拥有 MasterCard、Maestro、Mondex、Cirrus 等品牌卡种。与 VISA 类似，万事达卡国际组织本身并不直接发卡，MasterCard 品牌的信用卡是由参加万事达卡国际组织的会员发行。

资料来源：根据 VISA 公司和 MasterCard 公司网站相关材料整理。

（二） 表外业务

表外业务（off-balance-sheet activities）是指不在存款类金融机构资产负债表内直接反映的业务。通常，表外业务有担保业务、承诺业务、衍生工具交易等。

1. 担保业务，指担保人作出的当缔约一方不履行或违反合同条款时由担保人代为偿付确定数额的承诺。这种业务在国际结算领域中较为常见。担保业务有票据承兑、跟单信用证和备用信用证等。

2. 承诺业务，主要有贷款承诺、循环保证融资（票据发行便利）、周期性贷款承诺和循环放款协议等。

3. 衍生工具交易，金融工具创新源于规避金融管制、竞争资金来源以及规避金融风险的需要。表外业务中涉及的衍生工具交易是为适应市场环境变化、作为风险管理手段而产生的，如远期外汇合约、远期利率协议、货币互换协议、利率期权合约等。

4. 银行理财业务，主要是金融机构提供的非保本理财保本业务，其本质属于代客理财活动，资金汇集和使用都不列入金融机构资产负债表。

专栏 6－5
中间业务与表外业务的区别

由于传统的中间业务大多也不在资产负债表中反映，因此，人们通常把中间业务视同表外业务。广义的表外业务包括所有的中间业务，其中也包括在表内反映的信用证业务；而狭义的表外业务是指构成存款类金融机构或有负债的表外业务。

严格来说，中间业务和表外业务存在以下区别：第一，存款类金融机构开展业务的角色不同。存款类金融机构在开展传统的中间业务时，一般充当中介人的角色；而在办理金融衍生工具交易等表外业务中，存款类金融机构既可以作为经纪人，又可以作为交易商，它充当的是交易的直接当事人。第二，对表内业务的影响不同。传统的中间业务一般不会发生由表外业务向表内业务的转化，存款类金融机构承担的风险较小；而许多表外业务，如担保、贷款承诺等都构成了存款类金融机构的或有负债，在一定条件下会产生由表外业务向表内业务的转化，存款类金融机构承担的风险较大。

资料来源：根据银行相关业务规程整理。

五、存款类金融机构的资产负债表

存款类金融机构通过借款和吸收存款等其他负债来获取资金，将取得的资金用于贷款和证券等资产，总资产等于负债与自有资本之和。简化的商业银行资产负债表结构如表6－1所示。

表6－1　简化的商业银行资产负债表

资产	负债与所有者权益
准备金和现金项目	存款
库存现金	活期存款
在中央银行存款	定期存款
在其他存款类金融机构存款和在途待收现金	储蓄存款
贷款	借款
工商企业贷款	向中央银行借款
不动产贷款	同业拆借
消费者贷款	其他借入资金
其他贷款	其他负债
证券	所有者权益
公债	资本
地方政府证券及其他证券	资本盈余
其他资产	未分配利润
资产总计	所有者权益与负债总计

第三节　存款类金融机构的管理

一、存款类金融机构管理的一般原则

存款类金融机构的经营管理，必须遵循安全性、流动性和盈利性的“三性”原则。安全

性原则是指存款类金融机构在经营活动中，必须保持足够的清偿力，经得起重大风险和损失、能随时应付客户提存，使客户对存款类金融机构保持坚定的信任。这要求存款类金融机构必须坚持稳健经营理念，实行全面风险管理和严格的内部控制，合理安排资产规模和结构，注重资产质量，保持较高资本充足率。

流动性原则是指存款类金融机构保持随时可以以适当价格取得可用资金的能力，以便随时应付客户提存及支付的需要。

盈利性原则是指存款类金融机构在稳健经营的前提下，尽可能地追求利润最大化。这也是存款类金融机构经营活动的最终目标。它要求存款类金融机构尽量减少现金资产，扩大盈利资产比重；减少贷款和投资损失；加强内部经济核算，提高职工劳动收入，节约管理费用开支；严格操作规程，完善监管机制，减少事故和差错，防止内部人员因违法犯罪活动而造成重大损失。

“三性”原则是存款类金融机构管理的不同方面，三者既相互统一又相互对立，并贯穿于所有管理活动。

二、存款类金融机构管理的基本方法

随着业务重点不断变化，存款类金融机构的业务管理经历了从资产管理阶段到负债管理阶段再到资产负债综合管理阶段，最终进入全面风险管理阶段。这里重点介绍后两种方法。

（一）资产负债综合管理方法

资产负债综合管理理论产生于20世纪70年代中后期，是对资产管理和负债管理理论合理性的发展和深化。该理论将资产和负债理论进行融合，从整体上协调存款类金融机构的资产与负债管理，以流动性、安全性与盈利性“三性”并重为管理目标。其核心是净利差。净利差是利息收入和利息支出的差额，构成了存款类金融机构主要利润来源。由于不同资产与负债对利率的敏感性不同，控制利率敏感性资产与利率敏感性负债，就能控制净利差。

资产负债综合管理主要强调利率敏感性管理即利率风险管理，较常用的方法有资金缺口管理和久期缺口管理等。

1. 资金缺口管理，即对利率敏感性资产与利率敏感性负债之间的差额进行管理。资金缺口存在三种可能，即零缺口、负缺口和正缺口等。零缺口指利率敏感性资产等于利率敏感性负债。负缺口指利率敏感性资产小于利率敏感性负债。而正缺口指利率敏感性资产大于利率敏感性负债。在不同的资金缺口状况下，利率的不断变动会同时影响到存款类金融机构资产的利息收入和负债的利息支出，进而影响到存款类金融机构的净息差收入（见表6－2）。所以，面对不同的资金缺口状况，在利率变动时及时主动地调整资产结构与负债结构，即构成了存款类金融机构资产负债综合管理的主要内容。

表6－2 利率变动对净息差收入影响

资金缺口	利率变动	利息收入	利息支出	净息差收入
正缺口	上升	增加	增加	增加
	下降	减少	减少	减少
负缺口	上升	增加	增加	减少
	下降	减少	减少	增加
零缺口	上升	增加	增加	不变
	下降	减少	减少	不变

2. 久期缺口管理，即对存款类金融机构资产与负债之间存在的久期差额进行积极有效的管理。F. R. Macaulay（1938）提出了久期（duration，又称持续期）概念，用于衡量债券价格对利率变化的敏感性。后来久期概念用于存款类金融机构的资产负债管理中。其数学表达如式（6－1）所示。

$$D \approx -\frac{\Delta p/p}{\Delta r/(1+r)} \Rightarrow \frac{\Delta p}{p} \approx \frac{D}{(1+r)}(-\Delta r) \Rightarrow \frac{\Delta p}{p} \approx D^{*}(-\Delta r) \tag{6-1}$$

式中，D 为金融工具的久期；p 为金融工具的价格，Δp 为价格变动；r 为市场利率，Δr 为市场利率变动；D^{*} 为修正的久期。

显然，该式中久期越长，金融工具对利率变动越敏感，其价格变化也越大。

久期缺口就是衡量存款类金融机构资产久期与负债久期的差额，其数学表达如式（6－2）所示。

$$D_{gop} = D_A - D_L \times \frac{V_L}{V_A} \tag{6-2}$$

式中，D_{gop} 为久期缺口；D_A 为资产的久期；D_L 为负债的久期；V_L 为负债价值；V_A 为资产价值。

利率变动（Δr）对存款类金融机构净值（ΔV）的影响如式（6－3）所示。

$$\Delta V = \frac{(-\Delta r)}{(1+r)} V_A D_{gop} \tag{6-3}$$

在不同久期缺口下，利率的变动对存款类金融机构净资产价值的影响如表 6－3 所示。

表 6－3　利率变动对存款类金融机构净资产价值的影响

久期缺口	利率变动	资产价值	负债价值	净资产价值
正缺口	上升	增加	增加	减少
	下降	减少	减少	增加
负缺口	上升	增加	增加	增加
	下降	减少	减少	减少
零缺口	上升	增加	增加	不变
	下降	减少	减少	不变

（二）全面风险管理方法

20 世纪 80 年代后，随着金融自由化和金融创新的迅猛发展，存款类金融机构风险日趋复杂，对风险管理提出了更高的要求。美国反舞弊性财务报告委员会发起组织（The Committee of Sponsoring Organizations of the Treadway Commission，COSO）于 2003 年发布了《全面风险管理框架》征求意见稿，国际清算银行也于 2004 年发布了《资本计量和资本标准的国际协议：修订框架》（即《巴塞尔协议Ⅱ》）。该协议建立了风险加权资产的计算规则和体系，扩大了风险覆盖范围，涵盖了市场风险和操作风险，使得银行对于风险的识别、计量和管理更加精确、敏感和精细。更为重要的是，该协议真正确立了资本与风险之间的动态联系机制，构建了以三大支柱为核心的资本监管体系。以此为标志，全面风险管理成为国际存款类金融机构管理的新趋势。

根据 COSO 委员会的定义，全面风险管理指从战略目标制定到目标实现全过程的风险管理。金融机构全面风险管理出现了四种基本模式，从不同的角度体现了全面风险管理思想（见表 6－4）。

第一，职能风险管理模式（risk silo management）。存款类金融机构根据《巴塞尔新资本协议》的要求进行风险管理和资本充足率计算，以满足监管要求，在组织内部采用风险桶（risk silo）的形式分别对信用风险、市场风险和操作风险进行度量和控制。

第二，整合风险管理模式（integrated risk management）。该模式关注不同类别风险之间的相关性，采用经济资本管理方法从总体上对信用风险、市场风险和操作风险进行综合度量，测算承担非预期损失所需的资本量，并将经济资本在各项业务之间进行分配。

第三，风险和价值管理模式（risk and value management）。该模式更加关注对价值创造的管理，将价值创造作为风险管理的出发点，强调在对各业务单元或部门进行绩效考核时要将风险与收益结合起来。

第四，战略风险管理模式（strategic risk management）。该模式从公司治理角度出发，认为对风险的管理与控制应根植于业务过程中，以内部风险管理作为实施基础。

表6-4　全面风险管理的四种模式比较

模式	职能风险管理	整合风险管理	风险和价值管理	战略风险管理
背景	银行资本充足率的国际监管	评级机构对银行资本充足率的预期	增加股东价值理念的兴起	基于风险的内部控制的提出
相关主题	风险量化	风险整合	基于风险的绩效度量	非量化风险的管理
重点	度量和控制各种风险；计算最低监管资本；调整资本达到监管要求	为各类风险配置经济资本；根据设定的偿付标准调整资本；设定风险限额	计算股东价值的增加值；将风险管理与绩效联系起来	将非量化风险纳入风险管理体系；为高级管理层提供战略层面的风险管理
技术	损失分布；VaR；信用评级模型；监管当局设定的标准和高级度量法	经济资本	风险调整资本回报率（RAROC）；股东价值增加（SVA）；风险定价；风险转移；组合风险管理	情景模拟；敏感度分析；控制自我评估；特定风险检查

2010年9月12日，巴塞尔银行监管委员会管理层会议在瑞士举行，27个成员国的中央银行代表就加强银行业监管的《巴塞尔协议Ⅲ》达成一致。该协议对资本定义及其标准进行了改进，严格规定了资本质量，要求根据吸收损失能力的不同来确定监管资本层次。比如，对于资本充足率水平设定了多层次的最低要求，包括将普通股比例最低要求从2%提升至4.5%，建立2.5%的资本留存缓冲和0～2.5%的逆周期资本缓冲。同时该协议还提出了杠杆率、流动性监管框架和系统重要性银行监管等措施安排。这些都是在资本充足率监管基础上提出的补充和加强措施，对银行全面风险管理体系建设提出了更高的要求。2017年12月8日巴塞尔委员会公布了《巴塞尔Ⅲ：后危机改革的最终方案》（Basel Ⅲ：Finalising post-crisis reforms）。该最终方案对2010年版《巴塞尔协议Ⅲ》进行了补充修订，以重塑风险加权资产（RWAs）计量的可信度，提升银行间资本比率的可比性，进一步强化了宏微观结合的审慎监管体系，突出了系统性风险管理和系统重要性银行的风险监管。

第四节　中国存款类金融机构

一、中国主要银行业机构

（一）中国商业银行的演变

中国银钱业较早的记载是南北朝之际的寺庙典当业，至明清两代银钱业已有了较好的发展。但由于社会生产力长期停滞，中国古老的银钱业未能实现向现代银行业的转变。

我国境内第一家现代商业银行是1845年英国人设立的丽如银行，而中国自办的第一家银行中国通商银行，于1897年5月27日正式开业，是商办的股份制银行，标志着中国现代银行业的开端。

新中国成立后，在过渡阶段（1949—1952年），主要是接管国民党时期的银行，合并清理原属各革命根据地的银行，形成以中国人民银行为主体，由交通银行、中国银行、公私合营银行和大量农村信用社组成的过渡性的社会主义银行体系。在计划经济时期则是以中国人民银行为中心的“大一统”银行体系，名义上的各银行不划分专业系统，均作为中国人民银行内部的组成部分。中国人民银行既办理存款、贷款和汇兑等商业银行业务，又担负着国家宏观调控的职能，行使着中央银行职责。

1978年具有重大历史意义的中共十一届三中全会召开，党和国家的重心转移到社会主义经济建设上来，银行体制也相应地进行了循序渐进的改革。从1979年初开始，在改革开放方针的指引下，相继恢复了主营农村金融业务的中国农业银行，从中国人民银行中分设出了主管外贸信贷和外汇业务的中国银行，从财政部中分设出了主管长期投资和贷款业务的中国人民建设银行。1983年9月17日，国务院发文明确规定中国人民银行专门行使中央银行的职能，同时决定成立中国工商银行，接办中国人民银行原有的信贷和储蓄等商业银行业务。当时的银行体系以中国人民银行为领导、以四大国家专业银行为骨干。

1987年4月，交通银行重新组建，并同时恢复业务，成为以公有制为主的股份制银行。随后，中信银行、招商银行等商业银行相继成立，成为中国银行业的新生力量。我国银行业又形成了以中国人民银行为领导，以工商银行、农业银行、中国银行、建设银行等四大专业银行为主体，多家股份制商业银行分工协作的社会主义银行体系。

1993年11月，中共十四届三中全会提出要“建立政策性银行，实行政策性业务与商业性业务分离”，1994年相继成立了专门办理政策性信贷业务的三家政策性银行，即国家开发银行、中国进出口银行和中国农业发展银行。

1994—1998年国有四大专业银行开始进行商业化改革。而1995年5月颁布的《中华人民共和国商业银行法》，则明确了商业银行的性质、地位及与其他金融市场主体之间的关系，并为商业银行自主经营、提高资产质量提供了法律保障。

（二）国有大型银行

国有大型银行主要指中国工商银行、中国建设银行、中国银行、中国农业银行、交通银行和中国邮政储蓄银行等。

中国工商银行、中国建设银行、中国银行、中国农业银行等国有大型银行脱胎于国有专业银行的股份制改造。1998 年开始，国有四大专业银行陆续开始进行股份制改造。首先，1999 年四家国有商业银行分别成立了信达、长城、东方、华融四家金融资产管理公司，约 1.4 万亿元人民币的银行不良资产分别剥离给四家资产管理公司。其次，补充四大专业银行资本金。1998 年政府发行 2 700 亿元特别国债，专门用于补充国有商业银行资本金。2003 年，国家允许商业银行发行次级债券增加附属资本，2003 年底国务院决定对中国银行和中国建设银行实施股份制改造，通过中央汇金投资有限公司用外汇储备向这两家银行注资 450 亿美元以补充其资本金。中国银行、中国建设银行按照现代商业银行要求，逐步建立规范的公司治理结构和内部权责制度，形成良好的风险防范机制，并进行了财务重组，分别于 2004 年 8 月 26 日、9 月 21 日由国有独资改组为股份有限公司。2005 年 4 月，中央汇金投资有限公司动用 150 亿美元外汇储备补充中国工商银行资本金，使其核心资本充足率达到 6%；2005 年 6 月和 7 月，中国银行分别在香港、内地成功发行 H 股和 A 股；2005 年 10 月和 2007 年 9 月，中国建设银行分别在香港、内地成功发行 H 股和 A 股。另外，工商银行发行 350 亿元次级债，顺利完成财务重组。2005 年 10 月 28 日，中国工商银行由国有独资商业银行整体改制为股份有限公司，正式更名为“中国工商银行股份有限公司”，注册资本 2 480 亿元人民币。中国工商银行于 2006 年 10 月以 A + H 股同步发行、同步上市的方式，成功在香港和上海两地上市。中国农业银行股份有限公司于 2009 年 1 月 19 日挂牌。2007 年初召开的第三次全国金融工作会议上，确定农业银行改革“面向三农、整体改制、商业运作、择机上市”；明确了农业银行改革的总体思路：强化为“三农”服务的市场定位和责任，实行整体改制，充分利用在县域的资金、网络和专业等方面的优势，更好地服务“三农”。中国农业银行于 2010 年 7 月以 A + H 股分别在内地、香港两地上市。

交通银行是中国主要金融服务供应商之一，集团业务范围涵盖商业银行、证券、信托、金融租赁、基金管理、保险、离岸金融服务等。其创始于 1908 年，是中国历史最悠久的银行之一，也是近代中国的发钞行之 。1958 年除香港分行仍继续营业外，交通银行国内业务分别并入当地中国人民银行和在交通银行基础上组建起来的中国人民建设银行（现称中国建设银行）。1986 年 7 月 24 日为适应中国经济体制改革和发展，作为金融改革的试点，国务院批准重新组建交通银行。1987 年 4 月 1 日，重新组建后的交通银行正式对外营业，成为中国第一家全国性的国有股份制商业银行，总行设在上海。2004 年 6 月交通银行深化股份制改革的整体方案得到国务院批准。2005 年 6 月 23 日，交通银行股票在香港联合交易所上市，成为首家在境外上市的中国内地商业银行。2007 年 5 月交通银行 A 股在上海证券交易所挂牌上市。

中国邮政储蓄银行的前身为邮政储金局，于 1919 年成立，主要办理邮政储金业务。在新中国成立初期，1953 年邮政储蓄业务停办，邮政继续办理汇兑业务。1986 年，邮政储蓄正式恢复开办。2007 年 3 月，根据国务院金融体制改革的总体安排，在改革原有邮政储蓄管理体制基础上，中国邮政储蓄银行有限责任公司正式成立。其承继原国家邮政局、中国邮政集团公司经营的邮政金融业务及因此而形成的资产和负债，并继续从事原经营范围和业务许可文件批准、核准的业务。2012 年 1 月 21 日，经国务院同意并经中国银监会批准，中国邮政储蓄银行有限责任公司依法整体变更为中国邮政储蓄银行股份有限公司。2015 年 12 月开始，中国邮政储蓄银行由单一股东向股权多元化迈进，采取发行新股方式，融资规模 451 亿元。2016 年 9 月 28 日中国邮政储蓄银行在香港联交所主板成功上市。

（三） 政策性银行

1978—1994 年，中国的政策性金融业务主要由中国工商银行、中国农业银行、中国银行和中国建设银行承担。1993 年 12 月 25 日，国务院发布《关于金融体制改革的决定》及其他文件，提出深化金融改革，将工、农、中、建四大行建设成国有大型商业银行，为此，从四大行中剥离出政策性业务，组建了专门承担政策性业务的专业银行，即政策性银行。该文件成为政策性银行筹建的主要法律文件，从此，工、农、中、建四大行由专业银行转型为国有商业银行，不再承担政策性金融业务。

1994 年 3 月 17 日，国家开发银行在北京成立，注册资本 500 亿元人民币，主要承担国内开发型政策性金融业务。1994 年 7 月 1 日，中国进出口银行在北京成立，注册资本 33 亿元人民币，主要承担大型机电设备进出口融资业务。1994 年 11 月 8 日，中国农业发展银行在北京成立，注册资本 200 亿元人民币，主要承担农业政策性扶植业务。国家开发银行、中国进出口银行和中国农业发展银行均直属国务院领导。

2007 年，中央汇金投资有限责任公司和国家开发银行于 12 月 31 日在北京签署协议，向国家开发银行注资 200 亿美元。2008 年 2 月，国务院批准了国家开发银行改革实施总体方案。2008 年 12 月 16 日，国家开发银行股份有限公司在北京挂牌成立，成为第一家由政策性银行转型而来的开发性金融机构，标志着我国政策性银行改革取得重大进展。在相关统计口径中则将中国进出口银行、中国农业发展银行列入政策性银行，将国家开发银行与政策性银行并列统计。

（四） 股份制商业银行

股份制商业银行主要指除国有大型商业银行以外的股份制商业银行。截至 2020 年底主要有中信银行、中国光大银行、招商银行、上海浦东发展银行、中国民生银行、华夏银行、平安银行、兴业银行、广发银行、渤海银行、浙商银行、恒丰银行等 12 家商业银行。其中，有典型意义的股份制商业银行主要有：

中信银行。该行于 1987 年成立，原名中信实业银行。2006 年 12 月，中信银行引入中信国际金融控股有限公司作为股东与中信集团公司共同发起，成立中信银行股份有限公司。2007 年 4 月 27 日，中信银行在上海证券交易所和香港联合交易所同步上市。

中国光大银行。该行于 1992 年 8 月成立并于 1997 年 1 月完成股份制改造，成为国内第一家国有控股并有国际金融组织参股的全国性股份制商业银行。2010 年 8 月 18 日，中国光大银行 A 股成功上市，2013 年 12 月 20 日，中国光大银行 H 股成功上市。

招商银行。该行成立于 1987 年 4 月 8 日，是我国第一家完全由企业法人持股的股份制商业银行；2002 年 3 月，发行 15 亿元普通股，同年 4 月 9 日在上海证券交易所上市，是国内第一家采用国际会计标准上市的公司；2006 年 9 月发行 22 亿 H 股，9 月 22 日在香港联合交易所挂牌交易。

（五）城市商业银行和农村商业银行

1979 年国内第一家城市信用社在河南驻马店成立，1984 年以后，各大中城市相继成立城市信用社，作为向城市集体企业、个体工商户和城市居民提供金融服务的集体性金融机构。1986 年以前，由中国工商银行进行城市信用社管理，1986 年中国人民银行接手对城市信用社的管理工作。1988 年，中国人民银行颁布《城市信用社合作社管理规定》，明确城市信用社受中国人民银行领导和监管，规定设立城市信用社的自有资本金须在 50 万元以上，设立区域主要为大、中城市，不得设立分支机构。1993 年 12 月，国务院在《关于金融体制改革的决定》中提出，要积极稳妥地发展合作银行体系，在城市信用社的基础上建立城市合作银行，为中小企业和地区经济发展服务。1995 年 10 月 12 日，我国首家城市合作银行——深圳城市合作商业银行正式开业。1997 年城市合作银行统一更名为城市商业银行。2004 年 11 月，中国银监会颁布《城市商业银行监管与发展纲要》，明确指出：支持经营状况好、管理能力高、创新能力较强的城市商业银行实现跨区发展；鼓励同一行政区域和经济区划内尚不具备跨区发展条件的城市商业银行在自愿的前提下按市场原则进行资本重组与联合；支持城市商业银行按市场化原则收购、兼并周边地区城市信用社。2007 年 7 月 19 日，南京银行、宁波银行分别在上海、深圳证券交易所上市。截至 2020 年底全国共有城市商业银行 133 家。

农村商业银行是在原农村信用社基础上改组而成的一种金融组织形式，其发展与农村信用社的发展和改革历程紧密相关。根据 2003 年国务院《深化农村信用社改革试点方案》、中国银监会《农村商业银行管理暂行规定》等法规，农村信用合作社按照“明晰产权关系、强化约束机制、增强服务功能、国家适当支持、地方政府负责”的总体要求进行改革，有条件的可以进行股份制改造或完善合作制体制。2004 年 8 月 13 日，江苏吴江农村商业银行成立，这是深化农信社改革试点启动后成立的第一家农村商业银行，也是全国第一家农村商业银行。截至 2020 年底，全国共有农村商业银行 1 539 家，代表如广州农商银行、重庆农村商业银行等。

二、其他银行业机构

（一）农村合作金融机构的发展

1951 年 5 月，中国人民银行召开第一次全国农村金融工作会议，决定在试办的基础上在全国大力发展农村信用社。1977 年农村信用合作社逐步恢复，为适应我国农村经济体制改革，作为农村资金市场的重要组成部分，农村信用社从 1980 年起进行了相应的变革。

1996 年 8 月，国务院发布《关于农村金融体制改革的决定》，农村信用合作社与农业银行脱钩，农村信用合作社按照合作制原则重新规范，标志着中国农村信用合作社重新走上了独立发展道路。提出改革的指导思想是建立和完善以合作金融为基础，商业性金融、政策性金融分工协作的农村金融体系。

2003 年 6 月，国务院印发了《深化农村信用社改革试点方案》，本次改革明确提出：按照“明晰产权关系、强化约束机制、增强服务功能、国家适当支持、地方政府负责”的总体要求，把农村信用社办成“三农”服务的社区和地方金融机构。国务院分别于 2003 年 8 月和 2004 年 8 月分两批次对全国 29 个省市的农村信用社试点改革（见表 6 - 5）。截至 2020 年底，全国共有农村信用社 641 家，如平乡县农村信用合作联社、隰县农村信用合作联社等。

表 6-5　农村信用社改革试点情况

第一批试点省市	浙江、山东、江西、贵州、吉林、重庆、陕西、江苏
第二批试点省市	北京、广东、天津、河北、湖北、云南、甘肃、山西、宁夏、青海、内蒙古、辽宁、黑龙江、安徽、福建、上海、河南、湖南、广西、四川、新疆

资料来源：中国人民银行、中国银监会。

（二）农村新型金融机构

2007 年，中国银监会调整放宽农村银行业金融机构准入的政策，试点村镇银行、贷款公司和农村资金互助社等三类新型机构。其中，村镇银行是指经中国银监会依据有关法律、法规批准，由境内外金融机构、境内非金融机构企业法人、境内自然人出资，在农村地区设立的主要为当地农民、农业和农村经济发展提供金融服务的银行业金融机构。村镇银行不得向关系人发放信用贷款，向关系人发放担保贷款的优惠条件不得优于其他借款人同类贷款的条件。村镇银行不得发放异地贷款。截至 2020 年底，全国共有村镇银行 1 637 家。

（三）外资银行在中国的发展

随着改革开放政策的实施以及 2001 年正式加入世界贸易组织，外资金融机构逐步进入中国市场。外资银行进入中国主要有以下方式：一是参股或控股中资金融机构，中资银行性质未变；二是在华建立代表处，待条件具备升格为分行，最后升级为独立法人银行；三是在中国建立合资银行、村镇银行、小额贷款公司等其他形式的金融机构，但性质上属外资银行。外资银行在中国的发展经历了几个阶段：

1979 年，日本输出入银行获准在北京设立常驻代表机构，这是改革开放后第一家在华设立代表机构的外资银行，成为中国金融对外开放的标志。1982 年，香港南洋商业银行获准在深圳设立分行，这是新中国成立后第一家外资银行的营业机构。1983 年 2 月，中国人民银行颁发了《关于侨资外资金融机构在中国设立常驻代表机构的管理办法》，1985 年 4 月国务院颁发了《中华人民共和国经济特区外资银行、中外合资银行管理条例》。这两个金融法规的制定，为外国银行来华开展业务活动提供了法律依据。1990 年 8 月，上海成为除经济特区以外率先获准引进外资银行营业性机构的沿海开放城市。1991 年，外资银行获准在大连、天津、青岛、南京、宁波、福州和广州等 7 个城市设立营业性机构。

1994 年 8 月，北京、沈阳、石家庄、西安、成都、重庆、武汉、合肥、苏州、杭州和昆明等 11 个城市允许外资银行设立营业性分支机构，对外资银行的开放从沿海扩大到内地。

2001 年 12 月 11 日，中国正式加入世界贸易组织，同时取消了外资银行办理外汇业务的客户限制，并允许在上海、深圳、天津、大连经营人民币业务。2003 年，外资金融机构经营外汇业务已没有地域限制和客户限制，经营人民币业务的地域也在迅速扩大。2004 年，中国银监会修改了有关法规，降低了对外资金融机构资产总额和营运资本金的要求，以鼓励外资金融机构入股中资金融机构。目前，在中国注册的外资法人银行业务范围以及监管标准与中资银行一致，可以经营对企业和个人的外汇及人民币业务，并遵守与中资银行相同的资本充足、授信集中度限制、存贷比、流动性和拨备计提等审慎监管要求。

中国银行业都在循序渐进中稳步推进对外开放。特别是自 2001 年以来，银行业对外开放步伐不断加快，外资金融机构开始以战略合作者的身份入股中资银行。同时，循序渐进、有的放矢地扩大银行业对外开放，进一步加强了市场竞争，有助于中资银行积极发展转型，改变经营理念和发展方式。截至 2020 年底，外资法人银行有 41 家，外国及港澳台银行分行有 116 家。

（四） 民营银行

作为我国银行业对民营资本开放的重要标志，2014 年 3 月中国银监会公布了国务院批准的首批五家民营银行试点名单，正式启动民营银行试点工作。2015 年起民营银行申请设立则不再设限制，成熟一家审批一家。截至 2020 年底，全国共有民营银行 17 家，分别是深圳微众、杭州网商、天津金城、上海华瑞、温州民商、长沙三湘、重庆富民、成都新网、北京中关村、长春亿联、武汉众邦、福州华通、威海蓝海、南京苏宁、梅州客商、合肥新安、沈阳振兴等银行。

专栏 6－6

非银行金融中介

非银行金融中介（Non－Bank Financial Intermediation，NBFI），又叫影子银行体系（Shadow Banking System），或“平行银行体系”（Parallel Banking System），由美国太平洋投资管理公司执行董事麦卡利首次提出并被广泛采用。它包括投资银行、对冲基金、货币市场基金、债券保险公司、结构性投资工具（SIV）等非银行金融机构。这些机构通常从事放款，也接受抵押，是通过杠杆操作持有大量证券、债券和复杂金融工具的金融机构。

2011 年 4 月 12 日，金融稳定理事会（FSB）发表了《影子银行：内涵与外延》报告，从三个方面界定了影子银行体系。从监管标准看，指游离于监管体系之外的与商业银行相对应的金融机构与信用中介业务。从机构标准看，指持有复杂衍生金融工具的非银行金融机构。从功能标准看，指具有信用转换、期限转化与流动性转化的信用中介。

2020 年金融稳定理事会发布的《全球非银行金融中介监督报告》又提示了若干非银行金融中介的创新，主要包括 P2P 借贷，储蓄信贷机构，杠杆借贷市场中的投资基金、SPV、年金，住房按揭首付借贷，基于数字资产的借贷，基于区块链的债券发行，先买后付，商业地产抵押证券化，等等。

资料来源：根据金融稳定理事会相关材料整理。

本章小结

1. 存款类金融机构以资金和信用作为经营对象，具有信用中介、支付中介、信用创造和金融服务四项职能，其中信用创造职能在当今经济生活中具有非常重要的意义。

2. 存款类金融机构资本是其经营的重要资金来源，具有风险缓冲的重要作用。各存款类金融机构都要高度重视资本业务。

3. 存款类金融机构的最主要资金来源是其负债业务，主要包括存款业务和借款业务等。其中存款业务最为重要。

4. 存款类金融机构将取得的资金用于贷款和证券等资产，其中贷款是其最重要的资金运用方式，其利息收入也是其营业收入最重要的来源之一。

5. 存款类金融机构在经营管理中要注重安全性、流动性和盈利性，并寻求最佳统一和均衡。

6. 资产负债管理理论从整体上协调存款类金融机构的资产与负债管理，以流动性、安全性与盈利性“三性”并重为管理目标。资产负债管理的核心是净利差，利率是影响净利差的关键因素，所以控制利率敏感性资产与负债以及其久期结构，就能控制净利差。

7. 全面风险管理包括职能风险管理模式、整合风险管理模式、风险和价值管理模式和战略风险管理模式。其中，战略风险管理模式指从战略目标制定到目标实现的全过程风险管理。

8. 资本充足性始终是巴塞尔系列协议的重要内容。《巴塞尔协议Ⅱ》要求商业银行最低资本充足率为8%。《巴塞尔协议Ⅲ》进一步提高了商业银行资本充足率标准，要求商业银行在5年内（到2015年）逐步把一级资本充足率由4%提高到6%；资本充足率到2019年达到10.5%。

关键词

存款类金融机构（deposit-taking financial institutions）
存款类金融机构业务（deposit-taking financial institutions' business）
资产负债管理（asset-liability management）
风险管理（risk management）

重要概念

派生存款　资本　存款　贷款　贴现　结算　利率缺口　久期缺口　全面风险管理

思考题

1. 阐述存款类金融机构的性质与职能。
2. 阐述存款类金融机构经营管理的一般原则。

练习题

1. 说明存款类金融机构的信用创造职能。

2. 存款类金融机构的主要负债业务有哪些？
3. 存款类金融机构的主要资产业务有哪些？
4. 存款类金融机构的中间业务有何特点？
5. 如何进行存款类金融机构缺口管理？

案例题

次贷危机与存款类金融机构资产负债表

在 2007 年开始的美国次贷危机中，房地产价格下跌，次级抵押贷款债券价格大幅度走低，持有次级债的存款类金融机构的资产严重缩水，同时存款类金融机构的评级被下调，股票价格也大幅度下降，资产负债表严重恶化，银行的净值下降。这将导致两方面的影响：一是由于存款类金融机构的净值下降，该金融机构能够用作担保的资产价值在下降，融资变得更加困难，其他金融机构都不会向其融资；二是为了防止财务状况进一步恶化，该金融机构也不会向外融资或贷款，以最大限度保持一定的货币流动性，应付负债方可能的对外支付。资产负债表的恶化使金融机构对外的贷款供给减少。

进入 2009 年，美国存款类金融机构的资产负债表已变得惨不忍睹，达到了“技术性破产”的边缘。面对巨额的不良贷款，各银行必须提取大量的拨备来防止预期损失，这从根本上制约了银行放贷能力，使得银行间接融资模式出现持续萎靡，市场流动性紧张难以根本好转。同时，次贷危机演化为金融危机，已经远远超出了房地产泡沫所带来的直接影响，更大程度上是金融市场参与者信心的全面崩溃。

根据以上材料，分析下列问题：

（1）美国政府对存款类金融机构注资的作用。

（2）存款类金融机构信用创造的影响因素。

（3）存款类金融机构在经营管理过程要遵守的一般原则。

扫描二维码可阅读本章精选案例

第七章
非存款类金融机构

本章知识结构

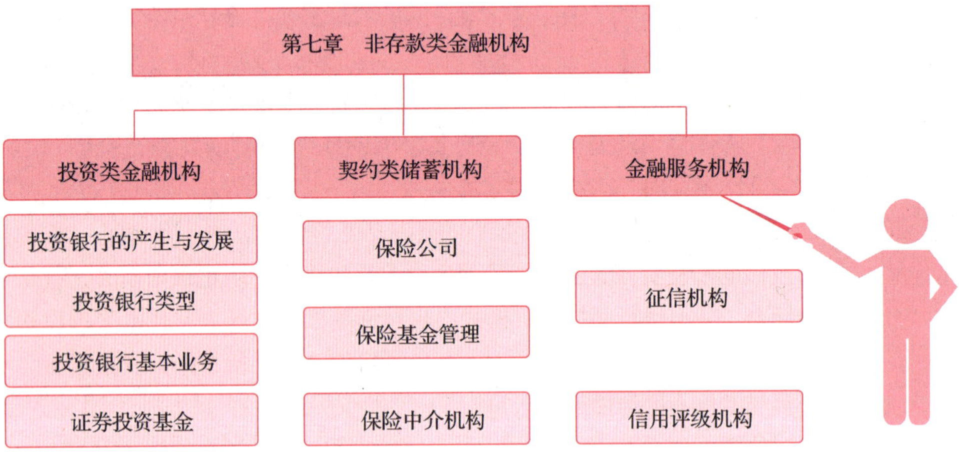

本章学习目标

- 熟悉投资银行和证券投资基金的作用与基本业务；
- 理解保险公司的经营管理基本内容；
- 了解征信机构和信用评级机构的基本业务。

章前引例

1987年9月，经中国人民银行批准，深圳经济特区证券公司正式成立，这是全国第一家证券公司。在最初试运行的一段时间，公司只是相当于原人民银行一个部门，其员工对证券公司的具体业务了解多是空白，在基本承担国债发行流通工作的背景下，大部分时间员工的主要工作是骑着自行车到城市乡镇各处“推销”国债。伴随着一、二级市场的初步形成，上市公司每年的股票分红派息，使得证券公司代理买卖股票业务逐步提上议事日程。1987年5月，就在特区证券公司正式成立前的4个月，深圳发展银行发行股票。但股票这个新生事物一开始无法让老百姓认同，深圳发展银行的股票公开发行进行得并不算顺利，

因而出现了在政府号召下，党员干部带头认购的情形。1988年4月，特区证券公司开始受理深圳发展银行的股票转让业务。1990年，特区证券急速扩充，在深圳营业部就超过10个。在其总部只有一块大黑板，上面用粉笔写着当天打算要交易的每笔股票交易的价格和行情。证券部的工作人员主要做撮合工作。但在1997年以后，特区证券优势不再，而且还占用客户保证金一度高达8亿元。2001年，特区证券增资扩股至6亿元从而成为一家综合类券商，后更名为巨田证券。2006年5月8日，巨田证券因未能按期完成整改，存在较大的客户交易结算资金缺口，被证监会采取了限制业务措施，暂停了保荐、承销业务。自2006年7月31日起，公司证券账户开户代理业务也被暂停。2006年10月13日收市后，巨田证券经纪业务及所属证券营业部被招商证券托管。至此，国内第一家证券公司黯然退出市场。

第一节　投资类金融机构

投资类金融机构（investment intermediaries）是在直接金融领域内为投资活动提供中介服务或直接参与投资活动的金融机构，主要包括投资银行、证券经纪和交易公司、金融公司、投资基金等。这些机构的服务或经营内容都是以证券投资活动为核心，本小节主要介绍投资银行与证券投资基金。

一、投资银行的产生与发展

（一）投资银行的产生

投资银行（investment banks）是与商业银行相对应的一类金融机构，是资本市场上的主要金融中介。在中国投资银行大多数表现为证券公司。

投资银行（机构）是主要从事证券发行、承销、交易、企业重组、兼并与收购、投资分析、风险投资、项目融资等业务的非银行金融机构，主要发挥直接融资功能的金融机构。在中国，投资银行的主要代表有中国国际金融有限公司、中信证券等。

投资银行是从18世纪欧洲早期的商人银行业务（merchant banking）中孕育发展而来。真正意义上的投资银行业务是18世纪后兴起的。自1825年起，在伦敦迅速崛起一批承兑商号，专门承担出口业务中的财务风险。这些承兑商号就是英国投资银行（商人银行）的前身。19世纪美国政府发行了大量政府债券和铁路债券，促使美国的投资商号大量涌现。

中国的投资银行始于1979年成立的中国国际信托投资公司。1985年9月，我国第一家专业性证券公司——深圳特区证券公司经人民银行批准试办，1987年该公司正式成立。随后全国20多个省、自治区和直辖市都成立了证券公司。除了专业的证券经营机构外，信托投资公司、综合性银行也设立证券部兼营证券业务，此外还有财政部门设置的国库券专营机构。1990 年和 1991 年上海和深圳两大证券交易所建立，证券公司数量也迅速增多。截至 2018 年底，全国共有证券公司 131 家，商业银行也都设立了专门的投资银行业务部门。

（二）投资银行与商业银行的分业与混业

尽管在名称上都冠有“银行”字样，但实质上投资银行与商业银行之间存在着明显差异（见表 7－1）。

表 7－1 投资银行与商业银行的区别

项目	投资银行	商业银行
本源业务	证券承销	存贷款
市场定位	资本市场	货币市场
服务功能	直接融资，并侧重长期融资	间接融资，并侧重短期融资
主要利润来源	佣金	存贷款利差
经营方针与原则	在控制风险前提下更注重开拓	追求盈利性、安全性、流动性三者结合，坚持稳健原则
监管部门	主要是证券管理机构	中央银行（或银行监督机构）
风险特征	一般情况下，投资人面临的风险较大，投资银行风险较小	一般情况下，存款人面临的风险较小，商业银行风险较大

但是商业银行与投资银行之间的业务边界随着金融管制的松紧，分业和混业经营的体制不断变化。19 世纪末 20 世纪初，投资银行与商业银行相互融合。1929—1933 年，西方爆发了严重的经济危机，大批银行倒闭，投资银行业也遭受严重的损失。美国在 1933 年颁布了《1933 年银行法》（又称《格拉斯—斯蒂格尔法》），标志着美国现代商业银行与投资银行分业经营格局的形成。20 世纪 70 年代末开始，西方各国金融管制放松，金融环境发生了变化，商业银行再次向投资银行业务领域渗透。而投资银行从 20 世纪 80 年代起跳出证券承销和经纪的传统业务局限，变成大规模的金融公司。再次出现了商业银行与投资银行混业经营的局面。1999 年 11 月，美国国会通过《格朗—利奇金融服务现代化法》，对有关金融监管、金融业务的法律规范进行了突破性修改和清理，为金融分业走向混业扫除了障碍。2007 年美国次级贷款危机爆发，雷曼兄弟、高盛等投资银行纷纷倒闭或转变为商业银行。2009 年 12 月美国通过《多德—弗兰克华尔街改革与消费者保护法》，重申沃克尔法则（Volcker rule），强调把商业银行业务和其他业务分隔开来，也不允许商业银行拥有对冲基金和私人股权基金，限制商业银行从事衍生品交易。

专栏 7－1

美国专家库恩对投资银行定义的四个层次

1. 最广义的定义，实际上包括华尔街大型公司的所有业务，从国际承销到零售交易业务，以及其他金融服务（例如不动产和保险）。

2. 较广义的定义，投资银行从事所有资本市场业务，包括证券承销、公司理财、收购兼并、提供咨询、管理基金和风险资本（创业资本）。不包括向散户零售证券、消费者房地产经纪业务、抵押银行业务、保险产品及其类似业务，但为本身的账户而投资和经营的商人银行业务则包括在内。此外，还包括为金融机构进行的大额证券交易。

3. 较窄的定义则只包括以证券承销与公司并购为重点的某些资本市场活动，而不包括基金管理和风险资本（创业资本）及产品的风险管理，但包括前述商人银行业务。

4. 最狭义的投资银行定义，是回到它的历史作用上，其业务严格限制在证券一级市场的承销、融资和在二级市场上进行交易（经纪商和交易商功能）。

资料来源：罗伯特·劳伦斯·库恩．投资银行学［M］．北京：北京师范大学出版社，1996.

二、投资银行类型

（一）投资银行运营模式

不同的发展背景导致投资银行不同的运营模式。典型的运营模式分别以美国、欧洲和日本的投资银行为代表。

在 2007 年美国次贷危机前，美国投资银行都是独立的专业性投资银行。其特点是投资银行业与商业银行分离，投资银行不得经营零售性的存放款业务，只能从事证券的承购销、分销、自营买卖，金融产品的设计、开发和对发行的协调与安排，充当企业兼并与收购的财务顾问、管理基金等业务。但是次贷危机后，美国五大独立投资银行集体消失，1 家破产，2 家被商业银行收购，2 家经批准转变为商业银行。

而欧洲投资银行的最根本特点是投资银行业务与商业银行业务间存在较大程度的融合与渗透。其又可分为两类：一是英国商人银行模式。英国的商人银行在从事标准的投资银行业务的同时，可在一定程度内从事商业银行的吸收存款发放贷款业务。此外，英国的商人银行数量多、规模小，且多由家族控制，在业务范围、市场份额及网络广度等方面远逊于美国及欧洲的同行。二是欧洲大陆模式。这一模式的显著特征就是其市场由数家大机构主导，而这些机构多依附于大型商业银行，如德国的资本市场几乎被德意志银行、德累斯顿银行等几家机构垄断。

日本的投资银行脱胎于美国模式，经过第二次世界大战后多年的发展形成了自己的特色，主要由证券公司从事投资银行业务，其证券的零售、代理与交易业务占全部业务的较大份额。这些证券公司一般与商业银行同属于某个大企业集团，并可以持有商业银行的股份。

（二）投资银行组织形式

投资银行的组织形式主要有合伙制和股份制两种。在发展中国家存在合资投资银行、国有投资银行，前者是由两个或两个以上国家的出资人共同出资组建，后者是由国家独资组建，其实质都是以出资为限承担有限责任的法人。

合伙制是指企业由两个或两个以上的所有者共同享有企业权益资产的非公司制企业。其主要特点是：合伙人共享企业经营所得，并对经营亏损共同承担无限责任。

三、投资银行基本业务

投资银行业务包括证券公开发行承销、证券交易经纪、证券私募、资产证券化、收购与兼并、商人银行业务（风险投资）、衍生工具的交易和创造（金融工程）、基金管理等，其中，证券公开发行承销和证券交易经纪是其最本源的业务。

（一） 证券公开发行承销

这是投资银行的传统业务。在传统的证券发行过程中投资银行发挥以下功能中的部分或全部：(1) 对发行人就发行的条件或时间提出建议；(2) 从发行人处购买证券；(3) 向公众（投资者）分销。

证券销售的方式有三种：第一种是全额包销，即由投资银行按议定价格购入全部拟发行的证券，而后转售给投资者。第二种是代销，即投资银行只作为发行人的销售代理人，而不承担按规定价格购进证券的义务。第三种是余额包销或助销，即投资银行在发行人的实际发行额达不到预定发行额时，对不足部分承担包销责任。

（二） 证券交易经纪

证券交易经纪指传统的证券二级市场业务。在证券二级市场上，投资银行执行三种不同的交易职能：

1. 经纪人。投资银行作为经纪人是委托代理商，它们通过实际的或电子证券交易互相报价，按照客户提出的价格为他们的交易提供服务，只收取佣金而不承担价格或利率变动风险。

2. 交易商，即投资银行的证券自营业务。

3. 做市商。做市商指投资银行在证券市场以其自有资金和证券与投资者进行交易，从而为市场提供即时性和流动性，并通过买卖价差实现一定利润。

专栏 7－2

投资银行的高杠杆

2008 年 9 月 15 日至 21 日是华尔街历史上最黑暗的一周。雷曼兄弟申请破产保护，美林被美国银行收购，摩根士丹利与高盛宣布转为银行控股公司，加上此前在 2008 年 3 月已被摩根大通收购的贝尔斯登，华尔街五大投行在次贷危机的旋涡中集体消失。究其根由，投资银行没有稳定的资金来源而过分倚重短期资金、财务杠杆比率过高、金融创新的监管跟不上以及按公允市值计价的推波助澜均对投资银行的经营失败具有重要影响。但是，这些原因之中，最饱受诟病的是投资银行的高杠杆化，并由此形成了一股去杠杆化（deleveraging）风潮。投资银行普遍实施了在险价值（Value at Risk，VaR）的资产负债管理模式，而这种模式将财务杠杆的变动内生化。投资银行的财务杠杆比率与投资银行对自身资产风险水平的评估反向变动。如果投资银行认为当前每单位金融资产承担的风险水平较低，则投资银行可以放大财务杠杆，反之则相反。在市场繁荣时期，由于账面资产市场价格上涨，投资银行倾向于低估每股资产承担风险，从而不断提高杠杆比率。在 2007 年美国次贷危机全面爆发前，华尔街五大投行的平均财务杠杆高达 30 多倍。而一旦危机爆发，由于账面资产市场价格下滑，投资银行将会重新评估每股资产承担风险，从而不得不启动去杠杆化过程，即通过出售风险资产来偿还负债，降低杠杆比率。如果所有的投资银行同时出售风险资产，则资产的市场价格将被显著压低，在导致投资银行出现大幅账面亏损的同时，启动新一轮的去杠杆化进程。

资料来源：史蒂芬·普拉特．资本犯罪：金融业为何容易滋生犯罪［M］．赵晓英，张静娟，译．北京：中国人民大学出版社，1997.

四、证券投资基金[①]

投资基金起源于1868年的英国，而后兴盛于美国，现在已风靡于全世界。在不同的国家，投资基金的称谓有所区别，英国称为“单位信托投资基金”，美国称为“共同基金”，日本则称为“证券投资信托基金”。这些不同的称谓在内涵和运作上无太大区别。投资基金在西方国家早已成为一种重要的融资、投资手段，并在当代得到了进一步发展。20世纪60年代以来，一些发展中国家积极仿效，愈来愈普遍地运用投资基金这一形式吸收国内外资金，促进本国经济的发展。投资基金应用最多的是证券投资基金。

中国的证券投资基金业起步于20世纪90年代初期。1997年11月14日《证券投资基金管理暂行规定》颁布实施后，中国证券投资基金进入依法规范发展阶段。2009年1月23日《信托公司证券投资信托业务操作指引》印发，私募基金开始阳光化。2012年12月28日《证券投资基金法》修订完成，私募基金法律地位得以确立。到2020年底，共有公募基金7 913只，资产规模近20万亿元；私募基金96 818只，资产规模达17万亿元。同时，到2020年底，合格境外机构投资者（Qualified Foreign Institutional Investor，QFII）数量达558家。

（一）证券投资基金的性质

根据证券投资基金的含义，其性质主要体现在以下几个方面：

第一，证券投资基金是一种集合投资制度。证券投资基金是一种积少成多的整体组合投资方式，它从广大的投资者那里聚集巨额资金，组建投资管理公司进行专业化管理和经营。在这种制度下，资金的运作受到多重监督。

第二，证券投资基金是一种信托投资方式。它与一般金融信托关系一样，主要有委托人、受托人、受益人三个关系人，其中受托人与委托人之间订有信托契约。但证券投资基金作为金融信托业务的一种形式，又有自己的特点。如从事有价证券投资主要当事人中还有一个不可缺少的托管机构，它不能与受托人（基金管理公司）由同一机构担任，而且基金托管人一般是法人；基金管理人并不对每个投资者的资金都分别加以运用，而是将其集合起来，形成一笔巨额资金再加以运作。

第三，证券投资基金是一种金融中介机构。它存在于投资者与投资对象之间，起着把投资者的资金转换成金融资产，通过专门机构在金融市场上再投资，从而使货币资产得到增值的作用。证券投资基金的管理者对投资者所投入的资金负有经营、管理的职责，而且必须按照合同（或契约）的要求确定资金投向，保证投资者的资金安全和收益最大化。

第四，证券投资基金是一种证券投资工具。它发行的凭证即基金券（或受益凭证、基金单位、基金股份）与股票、债券一起构成有价证券的三大品种。投资者通过购买基金券完成

① 本部分的学习应结合第十章第三节内容进行。

投资行为，并凭之分享证券投资基金的投资收益，承担证券投资基金的投资风险。

（二）证券投资基金的类型

按设立方式分类，证券投资基金可分为契约型基金和公司型基金。二者的区别主要有以下几个方面。

一是资金的性质不同。契约型基金的资金是通过发行受益凭证筹集起来的信托财产；公司型基金的资金是通过发行普通股股票筹集起来的，为公司法人的资本。

二是投资者的地位不同。契约型基金的投资者购买受益凭证后成为基金契约的当事人之一，即受益人，无表决权；公司型基金的投资者购买基金的股票后成为该公司的股东，享有表决权。因此，契约型基金的投资者没有管理基金资产的权利，而公司型基金的股东通过股东大会享有管理基金公司的权利。

三是基金的营运依据不同。契约型基金依据基金契约营运基金；公司型基金依据基金公司章程营运基金。从世界基金业的发展趋势看，公司型基金除了比契约型基金多了一层基金公司组织外，其他各方面都与契约型基金有趋同化的倾向。

按能否赎回分类，证券投资基金可分为封闭式基金与开放式基金。二者的主要区别体现在以下几个方面。

一是期限不同。封闭式基金通常设有固定的封闭期，通常在 5 年以上，一般为 10 年或 15 年。而开放式基金没有固定期限，投资者可随时向基金管理人赎回基金单位。

二是发行规模限制不同。封闭式基金通常设有基金规模，在封闭期限内未经法定程序认可不能再增加发行。而开放式基金投资者可随时提出认购或赎回申请，基金规模会随之发生增减。

三是基金单位交易方式不同。开放式基金单位可在发行结束一段时间（多为 3 个月）后，随时赎回或新增购买，通常不上市交易。而封闭式基金单位在封闭期限内不能赎回，也不能新增购买，但可在证券交易所上市交易。

四是基金单位的交易价格计算标准不同。封闭式基金与开放式基金的基金单位除了首次发行价都是按面值加一定百分比的购买费计算，以后的交易计价方式不同。封闭式基金的买卖价格受市场供求关系的影响，常出现溢价或折价现象，并不必然反映基金的净资产值。开放式基金的交易价格则取决于基金每单位净资产值的大小，其申购价一般是基金单位资产值加一定的购买费，赎回价是基金单位净资产值减去一定的赎回费，不受市场供求影响。

五是投资策略不同。封闭式基金在封闭期内可进行长期投资，基金资产的投资组合能有效在预定计划内进行。开放式基金为应付投资者随时赎回兑现，不能全部用来进行长线投资。从发达国家金融市场来看，开放式基金已成为世界投资基金的主要形式。

第二节　契约类储蓄机构

契约类储蓄机构（contractual savings institutions）是指在契约的基础上按期取得资金的金融中介机构，主要包括各种保险机构和养老基金。因养老基金一方面与保险机构相同，另一方面又与证券投资基金类似，所以本节主要介绍保险机构。

一、保险公司

> 保险公司是经营保险业务的契约类金融机构，是以吸收保险费的形式建立起保险基金，用于补偿投保人在保险责任范围内发生的经济损失的具有法人资格的企业。

根据经营保险业务的种类不同，保险公司可分为财产保险公司、人寿保险公司、意外灾害保险公司、信贷保险公司、存款保险公司、再保险公司等。其中，人寿保险公司以其同时兼有保险和储蓄双重性质的特殊优势，在保险业发展中居于领先地位。

世界上最早的保险单是一名叫乔治·勒克维伦的热那亚商人在1347年10月23日出立的承保从热那亚到马乔卡的海运保险单。早期最著名的保险组织机构是1871年英国议会通过成立的保险社团组织——劳合社。中国出现的第一家保险公司是1835年由英国人在香港开设的保安保险公司，而由中国人自己开办的保险机构早期最著名的是1885年由中国轮船招商局在上海创办的仁济和保险公司。中国目前较大的保险机构主要有中国人民保险公司、中国人寿保险公司、中国再保险公司、中国太平洋保险公司、中国平安保险公司等，还有一些规模较小的保险机构，如泰康人寿保险公司、新华人寿保险公司、华泰财产保险公司、永安财产保险公司、华安财产保险公司、中宏人寿保险公司（中外合资）等。根据1996年颁布的《中华人民共和国保险法》，中国的保险机构按照财产保险和人寿保险分业经营的要求设立。

（一） 保险公司的组织形式

1. 国营保险公司，是由国家投资经营，主要办理国家强制保险和某些特种保险业务的机构。

2. 私营保险公司，是由私人投资经营，多以股份公司形式存在的保险机构，这是市场经济国家最重要的保险组织形式。

3. 个人保险，是以个人名义承揽保险业务的保险组织形式。目前只有英国等少数国家允许这种形式存在。

4. 合作保险，是由需要保险的人或单位采取合作组织的形式，如通过摊收保费或预收保费方式建立保险基金，用于满足合作组织成员即保单持有人对保险保障的要求。

5. 公私合营保险公司，是由国家和私人共同投资经营的保险机构。

6. 自保保险公司，是由一些大企业或托拉斯成立的专为本系统内部提供保险服务的机构，其目的在于节省保费，减轻赋税负担。

专栏7－3

保险合同关系人

在保险关系中，一般会涉及投保人、保险人、被保险人、受益人等合同方。

保险人就是保险公司，与投保人订立保险合同，并承担赔偿或者给付保险金责任。

投保人就是向保险人（保险公司）交纳保险费的人，投保人可以是被保险人和受益人。

被保险人就是以自己的身体生命或者健康、财产等为保险标的的保险关系人，被保险人可以是投保人本人也可以是受益人。

受益人就是当保险事故发生或者约定的保险时间到期，取得利益的人。

投保人、被保险人和受益人都要对保险标的物具有保险利益，即法律上认可的经济利益。

资料来源：魏华林，林宝清. 保险学（第四版）[M]. 北京：高等教育出版社，2017.

（二）保险公司的经营管理

保险公司的经营是建立在科学分析和专业化操作基础上的，其经营的基本原则是大数法则和概率论所确定的原则，保险公司的客户越多，承保范围越大，风险就越分散。这样才能做到保险保障范围的扩大和保险公司自身经营的稳定和扩张。在保险公司业务经营的一般过程中，最主要经过展业、核保和承保、理赔三个主要环节。

大数法则，指在随机现象的大量重复中往往出现几乎必然的规律。它是现代保险的数量基础，意味着承保的危险单位愈多，损失概率的偏差愈小。

1. 保险展业，是保险公司进行市场营销，向客户推销保险商品和服务的活动。其内容包括：调查分析保险市场，设计保险品种，以适应不同客户的投保要求；进行保险宣传，让更多的人了解保险商品和保险公司的服务内容，最大限度地挖掘潜在客户；对投保人提供周到、优质的售后服务，巩固和扩大市场份额。保险公司的展业活动，既可通过自身的业务人员去直接进行，也可通过保险代理人或保险经纪人进行。各国的保险立法均对保险展业者及其活动有明确规定，主要内容包括：规定保险展业者范围，一般只包括保险公司职员、依法领取经营许可证的保险代理人和经纪人；规定保险公司委托他人为其展业的范围及保险展业者展业活动的范围；规定约束保险展业者行为的条件，例如，不允许对投保人或被保险人隐瞒其必须知道的重要事项和阻碍投保人履行告知义务等。

2. 核保和承保，是保险人对投保人或被保险人的投保要求进行审核、判断和决定是否接受投保的过程，是控制保险业务质量的最主要环节。核保是对被保险人与保险内容有关的所有情况进行调查核实，以防保险欺诈。经核保后，保险人认为投保人提出的保险请求符合条件，同意接受其投保并签发保险单，即为保险承保。保险人一旦承保，则按保险条款承担保险标的所发生的在保险合同责任范围内的经济损失的补偿或给付责任，而被保险人则获得了索赔的权利。

3. 保险理赔，是保险人处理有关保险赔偿责任的程序及工作。当保险标的发生事故造成损失时，保险人即开始理赔过程。第一，保险公司受理损失通知，进行立案编号，现场勘查；第二，损失核赔，即通过整理分类，核实保险标的实际损失程度和数额，明确赔偿责任，准确计算应赔金额；第三，处理损余物资，核查施救费用，确定实际赔款金额；第四，处理纠纷和疑难案件，对应由第三者负赔偿责任的损失，由保险人享有代位求偿权，即以被保险人名义行使向第三责任人的追偿权；第五，保险人按理算结果向被保险人给付赔偿金。

二、保险基金管理

保险基金是由保险机构集中起来的后备基金，一般以赔款和已付赔款、未决赔金、未到期责任准备金、人身保险责任准备金、总准备金等形式存在。保险基金管理对于保险公司而言，是除了保险业务经营外又一重要业务。

（一） 保险基金管理原则

1. 保险基金管理应讲求投资安全性原则。保险企业的经营者始终要把随时应付不可预测的风险放在首要位置，使大部分保险基金具有随时变现性，对在短期内难以变现的长期投资必须控制在一定比例内。

2. 保险基金管理要讲求效益性原则。保险基金使用要注重回报，不仅在外部必须投向有回报率的资产，而且在内部包括下投的营运资金以及保险基金在机构内部调剂都应该实行有偿使用。

3. 保险基金使用应适度集中。保险的大数法则表明保险的补偿是不均衡的，保险事故发生在一些企业或者一些地区，特别是发生巨灾时须要支付大量的赔款，这就从客观上要求保险基金除应付平常赔付的资金以外，应适度集中以保证整个公司业务的正常运转，加强服务和提高信誉。从另一个角度看，集中资金有利于规模经营，产生规模效益，通过灵活调度减少铺底资金，从而抽出一块稳定资金投向收益率更高的途径。

4. 保险基金必须由专门机构管理。从国际上看，保险资金运用的组织模式主要有内设投资部门投资模式、委托外部机构投资模式、专业化控股投资模式等。内设投资部门投资模式的优点是：保险公司可以直接掌握并控制投资活动，投资效率相对较高。但是，随着金融活动的专业化和复杂化，内设投资部门投资模式难以适应管理专业化和服务多样化的要求。委托外部机构投资模式有利于充分发挥外部理财机构的专业管理技能，实现保险资金的保值增值，但保险公司将承受外部机构操作失败的风险，从而使其他行业的、其他性质的风险波及保险公司。专业化控股投资模式的优点在于能够有效控制投资风险，投资经营方面的透明度高，其不足在于保险公司与投资公司的关系相对松散。目前，大型保险集团大多采用投资管理公司运作模式。

（二） 保险基金的运用

保险基金可用于以下几个方面：

1. 银行存款、政府债券。这是流动性最强、安全性最高的资金运用形式，其收益较稳定但偏低，仅能基本满足资金的保值要求，很难获得资金的增值。

2. 与金融机构的合作与往来。（1）短期拆借与融资业务。拆借是指通过融资中介进行的一种场内的、有组织的竞价性的资金短期融通方式，这种规范的拆借业务风险小、流动性强，能获得比同期银行存款或国债高出 1～3 个百分点的收益。（2）委托资金运用。选择一些实力强、信誉好的非银行金融机构，如信托公司、投资基金公司等，与其建立长期合作关系，委托其运用资金。在具体操作中，可采取保底收益、超比例分成的形式，或要求以有价证券或有价权益作抵押以确保资金的安全性。

3. 股权投资。保险基金可以选择绩优股或高成长潜力股进行投资，以享受企业成长带来的高回报。同时，也可对一些成长性良好的企业提供早期资金，以便在企业上市后获得巨额回报。

4. 房地产投资。保险公司的实力在资金和资产两方面，房地产投资则是资产增值的主要途径。在运作中，既可以投资房地产以差价赚取利润，也可以建造或改造有潜质的物业出租。特别是后者，既可以每年的租金收入逐步收回投资，也可以获得物业增值的好处，同时，还有利于保险公司营业网点的建设和公司的社会形象塑造。

5. 基础设施项目投资。公路、桥梁、能源等基础设施项目投资的特点是投资大、收益长期稳定、管理简单，往往还能获得政府的支持并有良好的公众形象，能较好地满足保险基金使用周期长、回报要求稳定的特点。由于投资大，实际运作中可采取控股或参股的形式，在获得稳定收益的同时分散风险。

三、保险中介机构

保险中介机构指介于保险经营机构之间或保险经营机构与投保人之间，专门从事保险业务咨询与销售、风险管理与安排、价值衡量与评估、损失鉴定与理算等中介服务活动，并从中依法获取佣金或手续费的单位或个人。

保险中介机构主要包括保险代理人、保险经纪人、保险公估人。保险中介机构是保险市场精细分工的结果。保险中介机构的出现，解决了投保人或被保险人保险专业知识缺乏的问题，最大限度地帮助客户获得最适合自身需要的保险商品。此外，保险中介的出现和发展也使保险经营者从繁重的展业、检验等工作中解脱出来，集中精力致力于市场调研、险种开发、偿付能力管理、保险资金运用以及系统运转高效的管理制度建设等方面。

1. 保险代理人。保险代理人是指根据保险人的委托，在保险人授权的范围内代为办理保险业务，并依法向保险人收取代理手续费的单位或者个人。保险代理人分为专业代理人、兼业代理人和个人代理人三种。其中，专业代理人是指专门从事保险代理业务的保险代理公司；兼业代理人是指受保险人委托，在从事自身业务的同时，指定专用设备专人为保险人代办保险业务的单位，主要有行业兼业代理、企业兼业代理、金融机构兼业代理、群众团体兼业代理等形式；个人代理人是指根据保险人的委托，在保险人授权的范围内代办保险业务并向保险人收取代理手续费的个人。

2. 保险经纪人。保险经纪人是基于投保人的利益，为投保人与保险人订立保险合同提供中介服务，并依法收取佣金的机构。保险经纪人可以从事以下业务：

（1）以订立保险合同为目的，为投保人提供防火、防损或风险评估以及风险管理咨询服务。

（2）以订立保险合同为目的，为投保人拟订投保方案，办理投保手续。投保方案的选择是一项专业技术性很强的工作，被保险人自己通常不能胜任，保险经纪人就可以以其专业素质，根据保险标的情况和保险公司的承保情况，为投保人拟订最佳投保方案，代为办理投保手续。

（3）在保险标的或被保险人遭遇事故和损失的情况下，为被保险人或受益人代办检验、索赔。

（4）为被保险人或受益人向保险公司索赔。

专栏7－4

保险经纪人与保险代理人的区别

保险经纪人和保险代理人均为保险市场的中介人，但两者是有区别的。

1. 代表的利益不同。保险经纪人基于投保人的利益，向保险人或其他代理人洽谈订立保险合同。保险代理人则是根据保险人的委托而代为办理保险业务。

2. 佣金来源不同。保险经纪人根据客户的要求向保险人投保，保险人接受业务后，向经纪人支付佣金，或者由客户根据保险经纪人提供的服务（如为投保人提供保险咨询、充当顾问等），给予一定的报酬。保险代理人代理佣金由保险人支付，保险代理人按代理合同的规定向保险人收取代理人手续费。

3. 法律地位不同。客户与保险经纪人是委托与受托关系，如果因为保险经纪人的过错造成客户的损失，保险经纪人向客户承担法律赔偿责任。保险代理人与保险人是代理与被代理关系，如果因为保险代理人的过错对保险客户造成损失，由被代理的保险人向客户承担法律赔偿责任。

4. 业务范围不同。保险经纪人为客户提供风险管理、保险安排、代为索赔检验等全过程服务。保险代理人为保险人销售保险产品、签订保险合同、代收保险费。

资料来源：郭颂平，赵春梅．保险营销学（第四版）［M］．北京：中国金融出版社，2018.

3. 保险公估人。保险公估人是指依照法律规定设立，受保险公司、投保人或被保险人委托办理保险标的的查勘、鉴定、估损以及赔款的理算，并向委托人收取酬金的公司。公估人的主要职能是按照委托人的委托要求，对保险标的进行检验、鉴定和理算，并出具保险公估报告，其地位超然，不代表任何一方的利益，使保险赔付趋于公平、合理，有利于调停保险当事人之间关于保险理赔方面的矛盾。

保险公估人在保险市场上的作用具有不可替代性，它以其鲜明的个性与保险代理人、保险经纪人一起构成了保险中介市场的“三驾马车”，共同推动着保险市场的发展。保险公估人的作用主要体现在以下几个方面。

（1）促进理赔良好运作。保险公估人能协助保险公司解决理赔领域的一些专业性、技术性较强，诸如经济、金融、保险、财会、法律及工程技术等方面的问题，从而促进保险运作在理赔领域良好地进行。

（2）缓和保险人与被保险人的矛盾。保险公司既是承保人又是理赔人，直接负责对保险标的的检验和定损，作出的结论难以令被保险人信服。而地位超然、专门从事保险标的查勘、鉴定、估损的保险公估人作为中介人，往往以“裁判员”的身份出现，独立于保险双方之外，能使保险赔付更趋于公平合理。

（3）有利于保险理赔工作的专业化分工。这种分工一方面有利于保险理赔技术的不断升级和横向交流，并能促进保险公估业整体执业水平的提高，从而促进整个保险行业的发展；另一方面，由于规模效应以及逆向选择和道德风险的减少，必然会大大降低保险理赔费用从而降低保险成本，最终提高整个社会的福利。

第三节 金融服务机构

征信是指为了满足从事信用活动的机构在信用交易中对信用信息的需要，专业化的征信机构依法采集、调查、保存、整理、提供企业和个人的信用信息活动的过程。

一、征信机构

（一）征信机构的种类

征信机构是指依法设立的专门从事征信业务即信用信息服务的机构，它可以是一个独立的法人，也可以是某独立法人的专业部门，包括信用调查机构、信用信息登记机构（有公共和私营之分，私营信用信息登记机构在国际上也被称为征信局）、信用评级机构以及信用管理机构四类。

1. 信用调查机构。它又可以分为企业信用调查机构和个人信用调查机构，是最基础的业务从事者，也是信用行业发展的起点。信用调查机构主要是接受委托对企业和个人的信用情况进行调查，并将从各方收集到的信用信息进行整理、核对、归类，提供企业信用调查报告和个人信用调查报告的机构。

2. 信用信息登记机构。它是指通过批量初始化和定期更新相结合的方式，集中采集借款人信用信息形成数据库的机构。核心数据是借款人借、还款的历史信息。信用信息登记机构一般只以原始数据或通过数学和统计学的方法客观反映借款人的信用记录或信用状况，不对借款人进行进一步分析判断。由政府运营的信用信息登记机构称为公共征信机构；由非政府机构运营的称为私营征信机构。公共征信机构和私营征信机构在操作上最主要的差异在于，向前者提供信息是强制性的而向后者提供信息是自愿的。

3. 信用评级机构。它主要包括企业资信评级机构和个人信用评分机构。企业资信评级机构一般在资本市场上运作，提供的服务主要有债券评级、金融机构评级、上市公司评级、公用事业单位评级甚至包括国家主权评级等。对于个人信用评分机构而言，征信调查对象主要是消费者。消费者的资信状况可以从众多方面反映出来，信息来源广，内容多，需要建立大型数据库，通过动态数据来评估消费者的信用状况。

4. 信用管理机构。其含义比较宽泛，是广义的征信行业中除信用信息登记机构、信用调查机构和信用评级机构以外的机构，也可以认为是征信的延伸服务类，主要包括非金融类的商账追收、信用培训、信用咨询以及金融类的信用保险、信用保理、信用担保等机构。

（二） 征信机构的运营模式

1. 市场化征信模式。这种模式以美国为代表，指所有征信企业或公司可以依法自由地经营信用调查和信用管理业务，各征信服务机构是民营的。这种纯市场的征信模式已渐渐成为世界各国征信市场上的主流。美国的商业性征信企业、追账公司等是其典型形式。它们都是从盈利目的出发，按市场化方式运作，向社会提供各种以信用为主的有偿服务。

该模式优点是：第一，数据来源广泛，消费者信用调查机构的信息不仅来自银行和相关金融机构，还来自信贷协会和其他各类协会、财务公司或租赁公司、信用卡发行公司和商业零售机构等。第二，能顺应市场发展的规律，通过开展有效的竞争，提高征信企业的服务水平，进而提高全社会的信用水平，使国家的信用体系有序、有效地运转。

2. 政府主导公共征信模式。这种模式以欧洲为代表，指政府出资，由中央银行设立公共信用信息调查（中央信贷登记）机构，并对其实行监管。德国、法国等欧洲国家主要采取这种方式。该模式中数据使用不是商业化的，信用报告不是商品，因此，收费很低。在公共数据比较分散或缺乏的条件下，可以由政府协调社会各方面，强制性地让所监管的所有金融机构参加公共信息登记系统，集中各种力量建立征信数据库。政府建立数据库的目的不在于直接生产征信产品并参与市场竞争，而是出于非营利目的。

3. 由银行协会建立的会员制征信机构与商业性征信机构并存的模式。这是一种混合模式，以日本为代表，对个人征信采用非营利的行业协会的形式（如日本个人信用信息中心），对企业征信则采用商业化运作的形式（如拥有亚洲最大的企业资信数据库，占70%以上的日本征信市场的帝国数据银行等）。

二、信用评级机构

（一）信用评级机构的含义

信用评级机构（credit rating agency）是信用管理行业中的重要中介机构，它在经营中要遵循真实性、一致性、独立性、稳健性的基本原则，向资本市场上的授信机构和投资者提供各种基本信息和附加信息，履行管理信用的职能。评级机构组织专业力量收集、整理、分析并提供各种经济实体的财务及资信状况，储备企业或个人资信方面的信息，如欠有恶性债务的记录、破产诉讼的记录、不履行义务的记录、不执行法院判决的记录等。这种信用评级行为逐渐促成了对经济实体及个人的信用约束与监督机制的形成。

信用评级机构是依法设立的从事信用评级业务的社会中介机构，即金融市场上一个重要的服务性中介机构，它是由专门的经济、法律、财务专家组成的对证券发行人和证券信用进行等级评定的组织。

世界知名的评级机构有美国的穆迪和标准普尔、加拿大的债务评级服务公司、英国的爱克斯坦尔统计服务公司等。由这些机构对证券发行所作出的信用等级评定，对发行公司和投资者都会产生重要的影响。美国的穆迪和标准普尔分别对5 000 万美元和1 000 万美元以上的证券发行实行自动评级，无论其发行者是否申请。

（二）信用评级指标体系

信用评级必须依据一整套指标体系，以保证信用评级的客观性、公正性和科学性。信用评级指标体系是信用评级机构和评级人员从事信用评级工作的依据，也是衡量信用评级结果是否客观公正的标尺。一般地，信用评级指标体系应该全面地反映所有影响评级对象资信状况的各项要素，具有全面性；各项指标必须有机配合，形成体系，具有科学性；应区别评级的不同要求，具有针对性；要符合客观事实，具有公正性；必须符合有关法规，具有合法性；便于操作和设计电脑运算程序，具有实用性。

信用评级指标体系作为一个完整的体系来说，应该包括以下 6 个方面的内容。

1. 信用评级的要素。国际上对形成信用的要素有很多种说法，有 5C 要素、3F 要素、5P 要素等，其中以 5C 要素影响最广。在我国，通常主张信用状况的“五性”分析，包括安全性、收益性、成长性、流动性和生产性。通过“五性”分析，就能对资信状况作出客观的评价。建立信用评级指标体系，首先要明确评级的内容包括哪些方面，一般来说，国际上都围绕 5C 要素展开，国内评级则重视“五性”分析。

5C要素分析法主要分5个方面信用要素，即借款人品德(character)、经营能力(capacity)、资本(capital)、资产抵押(collateral)、经济环境(condition)。

2. 信用评级的指标。信用评级要素的具体项目一般以指标表示。指标的选择，必须以能充分体现评级的内容为条件。通过几项主要指标的衡量，就能把企业资信的某一方面情况充分揭示出来。例如，企业的盈利能力可以通过销售利润率、资本金利润率和成本费用利润率等指标加以体现，企业的营运能力可以通过存货周转率、应收账款周转率和营业资产周转率等指标加以体现。

3. 信用评级的标准。要把资信状况划分为不同的级别，这就要对每一项指标定出不同级别的标准，以便参照定位。明确标准是建立信用评级指标体系的关键。标准定得过高，有可能把信用好的企业排挤出投资等级，反之，标准定得过低，又有可能把信用不好的企业混入投资等级，两者都对信用评级十分不利。因此，标准的制定必须十分慎重。一般来说，信用评级的标准要根据企业所在行业的总体水平来确定，国际上通常采用全球标准，即信用评级的标准要反映整个世界的水平。目前我国信用评级主要用于国内，评级标准可以只考虑国内企业的总体水平。

4. 信用评级的权重。它指在评级指标体系中各项指标的重要性。信用评级的各项指标在信用评级指标体系中不可能同等看待，有些指标占有重要地位，对企业信用等级起着决定性作用，其权重就应大一些；有些指标的作用可能小一些，其权重就相对要小。

5. 信用评级的等级。它是反映资信等级高低的符号和级别。有的采用 4 级，有的采用 5 级，有的采用 9 级或 10 级。有的用 A、B、C、D、E 或特级、一、二、三、四级表示，有的用 AAA、AA、A、BBB、BB、B、CCC、CC、C 表示，也有的用 prime1、prime2、prime3、not prime 表示。如穆迪长期评级共分九个级别：Aaa、Aa、A、Baa、Ba、B、Caa、Ca 和 C，其中 Aaa 级债务的信用质量最高，信用风险最低，C 级债务为最低债券等级，收回本金及利息的机会微乎其微。

一般来说，长期债务时间长，影响面广，信用波动大，采用级别较宽，通常分为 9 级；短期债务时间短，信用波动小，级别较窄，一般分为 4 级。在国际上还有一种惯例，即一国企业发行外币债券的信用等级要以所在国家主权信用评级为上限，不得超过。

6. 信用评级的方法。通常有自我评议、社会公众评议和专家评议三种。如由独立的专业评估机构进行评级，一般多为专家评议。如由政府机关统一组织评级，也可采用自我评议、社会公众评议和专家评议相结合的方法。至于评级的具体方法，可以采用定量分析法或定性分析法，也可两者结合运用。在定量分析法中，还有功效系数法、分段计分法、梯级递减法等多种。

专栏 7-5
信用评级机构在金融危机中的尴尬

国际信用评级机构，如美国三大信用评级机构——穆迪（Moody）、标准普尔（Standard & Poor）、惠誉（Fitch），都在 2007 年由美国次贷危机引发的金融危机中扮演了很不光彩的角色，受到重重责难和质疑。

1. 评级预警功能完全丧失。2001 年 12 月，当年排名世界 500 强中第七位的美国能源巨头——安然公司突然申请破产，可有趣的是，信用评级机构在安然申请破产前 4 天仍然把其债券评级为有“投资价值”，评级机构的预警作用完全丧失。2006 年，美国著名的公司治理评级机构 ISS 将通用汽车公司列为所有汽车制造商中的第一位，并且在标准普尔 500 强公司中，其治理评级位列第三，但与此同时，该公司却亏损了 100 亿美元。2009 年 2 月初，该公司由于严重的财务问题，一度陷入申请破产保护的境地。评级结果与评级对象的实际表现大相径庭是信用评级机构面临的责难之一。

2. 评级结论朝令夕改。次级债自 2000 年美国开始大规模发行以来，各评级机构就一直给予其最高信用评级，直接刺激了次级债市场增长。然而从 2007 年春季开始，各评级机构开始将新发行的次级债评级调低，在 7 月以后又大范围调低几乎全部次级债券的评级。仅在 2007 年 7 月 10 日一天，穆迪就调低了超过 400 种此类证券的评级，标准普尔在同一天将 612 类证券列为“观望”，并在随后两天内调低了大部分证券的评级。这直接导致了全球投资者的恐慌。评级结论变化太快，投资者无所适从是信用评级机构面临的另一个责难。

3. 评级方法不适应评级对象。在次贷危机中，评级机构不十分清楚复杂金融衍生产品基础资产池中每一个债务人的详细信息，但依据它们的历史数据及专业数学模型，把复杂金融产品（如 CDO）的评级评到了 AAA 级。这与事实完全不符，成为次贷危机发生的导火索。

4. 确保自身利益引致道德风险。在信用评级机构中，一些对高风险次级债金融产品进行信用评级的工作人员，会直接参与到评级费用的商谈之中，这些评级费用又由承销商支付。由于得到较高的信用评级将有利于债券的销售，因此，当越来越多的承销商愿意支付更高评级费用的时候，信用评级机构难保绝对中立。美国的一些评级机构允许被评级的公司向其购买有关如何完善本公司治理结构的信息。有些信用评级机构会接受某些公司的请求，将其评级标准出售给公司，以便后者能够自行“预习”这些标准，从而赶在向其客户发布评级报告之前“完善”本公司的治理结构。

资料来源：李凤云．金融危机深度解读［M］．北京：人民邮电出版社，2009.

本章小结

1. 投资银行从商人银行业务中孕育而来，并成为了金融业中的重要金融机构。

2. 投资银行主要从事证券发行、承销、交易，企业重组、兼并与收购，投资分析，风险投资，项目融资等业务，是资本市场上的主要金融中介。

3. 证券投资基金是一种投资方式，更是一种金融机构。它可分为封闭式与开放式基金、契约型与公司型基金等多种形式。其交易方式因基金性质不同而不同。封闭式基金在投资者之间转手交易；开放式基金则是在投资者与基金管理人或其代理人之间进行交易。

4. 保险公司是专门经营保险合同的企业，其经营是建立在科学分析和专业化操作基础上的，其经营的基本原则基于大数法则和概率论。

5. 保险公司业务经营主要有展业、核保和承保、理赔三个主要环节。随着保险市场精细分工，保险市场中还有保险代理人、保险经纪人、保险公估人等保险中介机构。

6. 保险基金管理要遵循安全性、效益性、适度集中以及专业化管理等原则，进行多元化运用。

7. 在金融市场中，还存在一些金融服务机构，主要有征信机构和信用评级机构等，这些机构为市场提供金融相关信息的收集、整理与处理服务。

关键词

投资银行（investment bank）
证券投资基金（securities investment fund）
保险公司（insurance company）
征信（credit investigate）
信用评级（credit rating）

重要概念

投资银行　证券发行承销　证券交易经纪　证券私募　开放式基金　契约型基金
大数法则　保险理赔　保险基金　保险代理人　保险公估人　征信　信用评级

思考题

1. 投资银行在现代金融活动中有什么作用？
2. 投资银行有哪些基本业务？
3. 保险公司业务经营主要有哪些环节？各环节业务重点是什么？
4. 保险中介机构主要有哪些？
5. 信用评级应遵循什么原则？

案例题

高盛的转型

高盛集团（Goldman Sachs Group Inc.）成立于1869年，是全世界历史最悠久及规模最大的投资银行之一，总部设在纽约，并在东京、伦敦和香港设有分部。美国联邦储备委员会在2008年9月21日晚间宣布，已批准了包括高盛集团在内的两家投资银行转型为银行控股公司的请求。这一事件，意味着“长久以来世人熟知的华尔街模式的终结”。

1869年，犹太移民马库斯·戈德门在纽约曼哈顿南部创建马库斯·戈德门公司（Marcus Goldman & Co.），从事商业票据交易，公司只有一个办公人员与一个兼职簿记。每天早上，马库斯从附近的珠宝商手中收购商业票据，然后卖给附近的银行，从中获得微薄的利润。1882年，马库斯·戈德门邀请小女婿山姆·萨克斯（Samuel Sachs）加入公司。1885年，马库斯·戈德门公司采用现在的名称高盛公司。

后来高盛增加贷款、外汇兑换及新兴的股票包销业务，规模虽小，却是已具雏形。股票包销业务使高盛变成了真正的投资银行。20世纪70年代，高盛抓住一个大商机，从而在投资银行界异军突起。当时资本市场上兴起恶意收购，恶意收购的出现使投资行业彻底打破了传统的格局，催生了新的行业秩序。高盛率先打出“反收购顾问”的旗帜，帮助那些遭受恶意收购的公司请来友好竞价者参与竞价、抬高收购价格或采取反托拉斯诉讼，用于狙击恶意收购者。高盛一下子成了遭受恶意收购者的“天使”。1989 年，其并购部门的年收入是 3.5 亿美元，仅仅 8 年之后，这一指标再度上升至 10 亿美元。高盛由此真正成为投资银行界的世界级“选手”。

20 世纪 90 年代，高盛高层意识到只靠做代理人和咨询顾问，公司不会持久繁荣。于是他们又开设资本投资业务，成立 GS 资本合作投资基金，依靠股权包销、债券包销或公司自身基金，进行 5 年至 7 年的长期投资，然后出售获利。短短 3 年内，高盛的资本投资收入翻了近 10 番，而老业务投资银行部只翻了 2 番。1999 年 5 月，高盛在美国纽约证券交易所上市，这是美国历史上最大规模的金融业公司上市案件之一。

正是因为在公司业务中过度倚重市场交易，这家公司的利润开始不稳定，但该公司却更加坚定了增加交易的决心。到其转型为银行控股公司前，其杠杆倍数达到近 30 倍。特别是在 2007 年开始的次贷危机中，公司许多业务都被政府政策所限制（如禁止售空限制）。在其主要竞争对手——美林（Merrill Lynch & Co.）、雷曼兄弟控股公司（Lehman Brothers Holdings Inc.）和贝尔斯登（Bear Stearns Co.）都已并入规模更大的银行或寻求破产保护的时候，高盛面临的选择将是，要么面临愤怒的投资者，进而不可避免地陷入困境，要么转型为银行控股公司，得到美国联邦储备委员会更多的支持。

最终，高盛向美联储递交了转型为银行控股公司的申请。

请结合以上案例，思考以下问题：

（1）投资银行的本源业务是什么？与商业银行的本质区别表现在哪些方面？

（2）高盛为什么要向银行控股公司转型？

扫描二维码可阅读本章精选案例

第八章
金融管理机构

本章知识结构

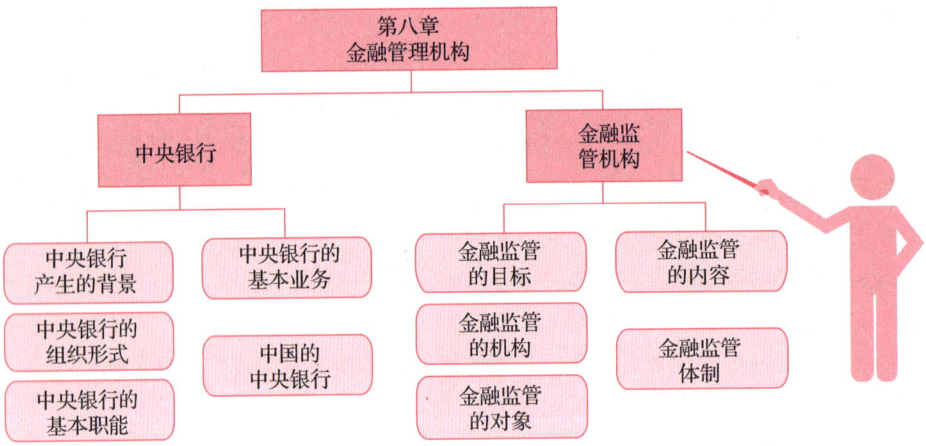

本章学习目标

- 熟悉中央银行的职能；
- 掌握中央银行的基本业务；
- 熟悉金融监管的目标与对象；
- 掌握金融监管机构和金融监管体制。

章前引例

1947 年，随着中国人民解放战争的节节胜利，分散在华北的各个解放区逐渐连成一片，为适应人员、物资的交流需要，解放区急需建立起统一的财政金融机构。1947 年 9 月 14 日，时任华中军区司令员的张鼎丞和中共中央华东局代理书记邓子恢致电中央工委，指出“为适应前线作战，中央应立即创办联合银行或解放银行，越快越好”。中央工委主要负责人董必武在与时任华北财经办事处副主任南汉宸和晋察冀边区银行副行长何松亭商量银行名称时，既考虑了当时解放区货币统一，还考虑了和将来新中国的银行名称联系起来，把新的银行名字定为“中国人民银行”。“人民”两个字，说明了这个银行的性质，它是人民的、大众的，而不是某个官僚资本家或某个财政金融寡头的；同时，也表明了它的地位和作用，它应当是未来的中华人民共和国的国家银行、中央银行。1947 年 10 月 2 日中央同意成立解放区银行即中国人民银行的建议。1948 年 12 月 1 日，中国人民银行正式成立。

第一节　中央银行

一、中央银行产生的背景

中央银行是一国最高的货币金融管理机构，在各国金融体系中居于主导地位。中央银行是商品经济与国家职能发展到一定阶段的产物。1656 年成立的瑞典银行被认为是最早的中央银行。英格兰银行则是第一家现代意义上的中央银行。

中央银行的产生有其客观的基础。

中央银行是由政府组建的机构，负责控制国家货币供给、信贷条件，监管金融体系，特别是商业银行和其他储蓄机构。

第一，发行银行券的需要。各银行发行的银行券由于受发行银行自身的实力、资信状况、经营状况和分支机构设立状况等方面的影响，只能在局部地区流通。为了适应资本主义经济的生产方式，促进经济的发展，需要能在全国范围流通的信用工具。国家以法律限制或取消一般银行的银行券发行权的方式，将信用货币的发行权集中到几家甚至一家大银行，这些被授权的银行就拥有了中央银行的性质。随着资本主义经济的发展，银行制度不断臻于完善，逐渐使商业银行和发行银行的职能分开，商业银行不再发行银行券，而由专门的机构来发行类似银行券的信用工具，中央银行的发行职能就逐渐形成了。

第二，票据交换和清算的需要。随着商品经济的发展和银行业务的不断扩大，银行处理票据的数量急剧增长，各银行之间的债权债务关系日趋复杂，票据的交换业务变得繁重起来。不断增长的票据交换和清算业务导致结算时间延长，经济效率降低。于是，在客观上要求建立一个全国统一和公正的权威性清算机构作为银行体系清算的中心，使资金顺畅流通，助力经济发展。

第三，充当最后贷款人的需要。随着银行贷款业务规模的扩大，当遇到贷款无法按时收回或发生挤提时，银行会出现流动性风险，无法正常支付。当一家银行因无法支付而倒闭时，会危及其他银行乃至整个银行体系的安全。因此，需要有专门的、权威性的机构，适当集中各银行的一部分现金准备，当某银行出现支付困难时，予以流动性支持，充当最后的贷款人。

第四，金融监管的需要。随着商品货币经济关系的发展，银行和金融业在社会经济关系中的作用日益增强，金融运行的稳定成为经济稳定发展的重要条件。为避免金融活动的无序或混乱，为银行的运行提供一个公平有序的竞争环境，促进银行业的健康平衡发展，需要由具有专业技术的专门机构对金融业进行监管和协调。

中央银行的产生途径主要有两种。一种是由实力强、信誉好的商业银行发展演变而来，如瑞典银行和英格兰银行是最早发展成为中央银行的银行。第二种则是由政府明确地创设而来，如1914年建立的美国联邦储备体系。

专栏8－1
美国联邦储备委员会储备区

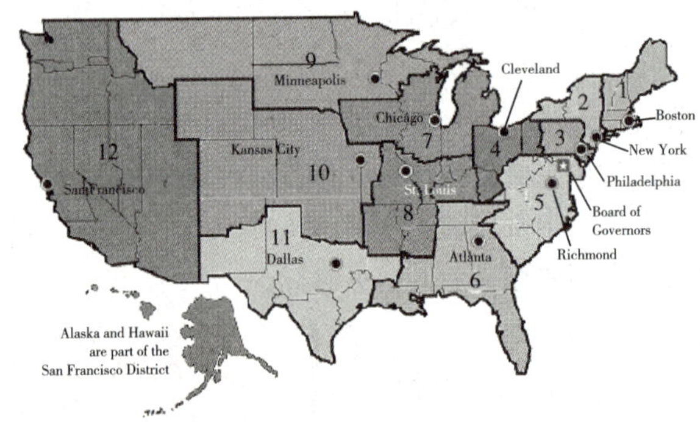

资料来源：美国联邦储备委员会网站。

二、中央银行的组织形式

各国政治、经济、社会状况存在差异，各国中央银行的形成历史、现实地位不同，因而形成了不同的中央银行组织形式。

（一）单一中央银行制度

单一中央银行制度指一个国家单独建立中央银行机构，作为政府的银行、发行的银行和银行的银行，全面执行中央银行职能并领导全部金融事业。根据中央与地方权力划分的不同，可分为一元中央银行制与二元中央银行制两种。

一元中央银行制，指国家只设立一家中央银行作为政府金融管理机构，履行全部中央银行的职能，根据需要在全国各地设立分支机构接受总行的统一领导，形成由总行、分行、支行组成的高度集中的中央银行体制。这类中央银行的特点是权力集中，职能齐全，根据需要在全国各地建立分支机构。世界上大多数国家的中央银行都采用这种组织形式，如英格兰银行、日本银行等。

二元中央银行制，指一国在国内设立中央和地方两级相对独立的中央银行机构，二者分别行使职权：中央级中央银行和地方级中央银行在货币政策方面是统一的，中央级机构是最高金融决策机构，地方级中央银行要接受中央级中央银行的监督和指导。但在货币政策的具体实施、金融监管和中央银行有关业务的具体操作方面，地方级机构在其辖区内具有一定的独立性。中央级机构与地方级机构不是总分行关系，而是按法律规定分别行使职能。这种制度一般与联邦制的国家体制相适应，如美国、德国采用这种中央银行组织形式。

（二）复合式中央银行制度

复合式中央银行制度指在一个国家内不单独设立中央银行，而是把中央银行与商业银行的业务、职能集中于一家银行，可分为一体式中央银行制与混合式中央银行制两种。

一体式中央银行制，又称“大一统”中央银行体制，指集中了中央银行与商业银行的全部业务、职能于一家银行。20 世纪 30 年代的苏联、60 年代中期以前的东欧各国以及中国在改革开放前都曾实行过一体式中央银行制。

混合式中央银行制，指分设中央银行与专业银行，且中央银行业务与专业银行业务由分设的两银行交叉办理。20 世纪 60 年代至 80 年代的苏联、东欧各国曾实行过这种体制。

（三）准中央银行制度

准中央银行制度指一个国家或地区没有建立通常意义上的中央银行制度，或者由政府授权一家或几家商业银行行使部分中央银行的权力，如发行货币、为政府服务、提供最后贷款援助和资金清算等中央银行的部分职能。新加坡、中国香港属于这种体制。香港的金融管理局负责行使制定货币政策、实施金融监管及支付体系管理等中央银行职能，货币发行由汇丰银行、渣打银行和中国银行三家商业银行承担。

（四）跨国中央银行制度

跨国中央银行制度指两个以上主权独立的国家共同组成一个中央银行，由这一共同的中央银行来行使中央银行部分职能的中央银行制度。其主要职能是发行货币、为成员国政府服务、执行共同的货币政策及其有关成员国政府一致决定的事项。跨国中央银行往往与货币联盟联系，并在此基础上形成跨国中央银行制度，其最大特点是跨国行使中央银行职能，如欧洲中央银行、西非货币联盟等。

三、中央银行的基本职能

按中央银行性质划分，中央银行具有三大基本职能，即发行的银行、银行的银行、政府的银行。

（一）发行的银行

中央银行是发行的银行，是指中央银行垄断货币发行权，是一国或某一货币联盟唯一授权的货币发行机构。统一货币发行能保证货币正常有序流通和币值稳定，同时也保证了中央银行通过实施货币政策进行金融宏观调控的基础。

中央银行作为发行的银行，其基本职责包括：

1. 适时发行货币，保持货币供给与货币需求基本一致，满足社会中的流动性需求。

2. 适当调节货币供给增量来实施货币政策，处理好币值稳定与经济增长的关系。

（二）银行的银行

银行的银行职能是指中央银行充当商业银行和其他金融机构的最后贷款人。银行的银行这一职能体现了中央银行是特殊金融机构的性质，是中央银行作为金融体系核心的基本条件。中央银行作为银行的银行需履行的职责如下：

1. 集中商业银行的存款准备金。其必要性在于：第一，为保障存款人的资金安全，以法律的形式规定商业银行和其他存款机构必须按存款的一定比例向中央银行缴存存款准备金，以保证商业银行和其他金融机构具备最低限度的支付能力。第二，有助于中央银行控制商业银行的信用创造能力，从而控制货币供应量。第三，强化中央银行的资金实力，存款准备金是中央银行的主要资金来源之一。第四，为商业银行之间进行非现金清算创造条件。

2. 充当银行业的最后贷款人。最后贷款人指商业银行无法进行即期支付而面临倒闭时，中央银行及时向商业银行提供贷款支持以增强商业银行的流动性。中央银行主要通过票据再贴现和票据再抵押两种途径为商业银行充当最后贷款人。

3. 创建全国银行间清算业务平台。商业银行按规定在中央银行开立存款账户缴存存款准备金，各金融机构之间可利用在中央银行的存款账户进行资金清算，这加快了资金流转速度，节约了货币流通成本。

（三） 政府的银行

政府的银行职能是指中央银行为政府提供服务，是政府管理国家金融的专门机构。具体体现在：

1. 代理国库。主要包括按国家预算要求代收国库库款、拨付财政支出、向财政部门反映预算收支执行情况等。

2. 代理政府债券发行。中央银行代理发行政府债券，办理债券到期还本付息。

3. 为政府融通资金。在政府财政收支出现失衡、收不抵支时，中央银行具有为政府融通资金以解决政府临时资金需要的义务。中央银行对政府融资的方式主要有两种：第一种，直接向政府提供贷款。第二种，直接在一级市场上购买政府债券。

4. 为国家持有和管理国际储备。国际储备包括外汇、黄金、在国际货币基金组织中的储备头寸、国际货币基金组织分配的尚未动用的特别提款权等。主要职责是：对储备资金总量进行调控，满足国际贸易等所需的支付；对外汇资产结构进行调节；对储备资产进行经营和管理，负责储备资产的保值增值；保持国际收支平衡和汇率基本稳定。

5. 代表政府参加国际金融活动。代表本国政府与外国中央银行进行两国金融、贸易事项的谈判、协调与磋商；代表政府签订国际金融协定；管理与本国有关的国际资本流动；办理政府间的金融事务往来及清算；办理外汇收支清算和拨付等国际金融事务。

特别提款权（special drawing right,SDR)是国际货币基金组织创设的一种储备资产和记账单位，亦称纸黄金(paper gold)。它是国际货币基金组织分配给成员国的一种使用资金的权利。成员国在发生国际收支逆差时，可用它向国际货币基金组织指定的其他成员国换取外汇，以偿付国际收支逆差或偿还国际货币基金组织的贷款，可与黄金、自由兑换货币一样充当国际储备。因为它是国际货币基金组织原有的普通提款权以外的一种补充，所以称为特别提款权。

专栏 8－2

欧洲中央银行

欧洲中央银行（European Central Bank，ECB）是根据 1992 年《马斯特里赫特条约》的规定于 1998 年 7 月 1 日正式成立的，其前身是设在法兰克福的欧洲货币局。欧洲中央银行的职能是维护货币的稳定，管理主导利率、货币的储备和发行以及制定欧洲货币政策；其职责和结构以德国联邦银行为模式，独立于欧盟机构和各国政府之外。

欧洲中央银行是世界上第一个管理超国家货币的中央银行。独立性是它的一个显著特点，它不接受欧盟领导机构的指令，不受各国政府的监督。它是唯一有资格在欧盟内部发行欧元的机构，1999 年 1 月 1 日欧元正式启动后，11 个欧元国政府将失去制定货币政策的权力，而必须实行欧洲中央银行制定的货币政策。

欧洲中央银行的组织机构主要包括执行董事会、欧洲中央银行委员会和扩大委员会。执行董事会由行长、副行长和 4 名董事组成，负责欧洲中央银行的日常工作；由执行董事会和 12 个欧元国的中央银行行长共同组成的欧洲中央银行委员会，是负责确定货币政策和保持欧元区内货币稳定的决定性机构；欧洲中央银行扩大委员会由中央银行行长、副行长及欧盟所有 15 个国家的中央银行行长组成，其任务是保持欧盟中欧元国家与非欧元国家接触。

资料来源：根据欧洲中央银行官网资料整理。

四、中央银行的基本业务

中央银行发挥其职能要通过资产、负债与清算业务的操作来实现。中央银行业务的操作过程，一方面是中央银行施行货币政策进行宏观经济调控的过程；另一方面业务操作会形成中央银行的资产负债结构，并且通过中央银行资产负债结构的变动对商业银行信用量施以影响，构成货币政策效果评价的基础。

（一） 负债业务

中央银行的负债形成中央银行的资金来源，是中央银行资产业务的基础。其负债业务主要包括货币发行、存款业务、其他负债业务（中央银行债券、对外负债和资本业务）三方面的内容。

1. 货币发行。在不兑现的信用货币制度下，货币是一种债务凭证，它是货币发行人（中央银行）对货币持有者的一种负债。因此，货币发行是中央银行的负债业务，其有效性来自国家对信用货币规定的法偿效力。中央银行发行货币主要是通过对商业银行及其他金融机构提供贷款、接受商业票据再贴现、在金融市场上购买有价证券、收兑金银和外汇等方式实现的。

中央银行的货币发行必须遵循两个基本原则：第一，统一发行原则，即中央银行独占货币发行权，其发行的货币是唯一法偿货币。第二，经济发行原则，即根据国民经济发展情况和商品流通的实际需要控制和调节货币发行量。坚持经济发行是保持币值稳定的前提。

2. 存款业务。中央银行的存款业务主要包括：

（1）存款准备金业务。这是中央银行存款业务中最重要的业务，与存款准备金制度直接有关。中央银行集中的存款准备金由两部分组成：法定存款准备金和超额准备金。法定存款准备金是中央银行资金来源的重要组成部分，其规模主要取决于中央银行法定存款准备率的高低，而超额准备金主要取决于商业银行资产结构的选择以及持有超额准备金的机会成本。

（2）财政性存款业务。这是中央银行吸收各级财政机关、政府机关、社会团体的存款的业务。

（3）特种存款业务。特种存款是中央银行在货币政策工具发挥作用有限的情况下，根据银根松紧以及宏观调控的需要，采用特种存款方式，集中一部分金融机构一定数量资金而形成的存款，是中央银行调整信贷资金结构和信贷规模的重要工具。

存款准备金制度是中央银行根据法律规定，为了维持金融机构资产流动性和进行宏观经济管理的需要，规定从事存款业务的金融机构缴存中央银行存款准备金的比率和结构，并根据货币政策的要求对既定比率和结构进行调整，实现对社会货币供应量调节控制目的的制度。

中央银行还可以吸收其他存款，如非银行金融机构存款、外国政府和外国金融机构存款。

3. 其他负债业务。中央银行还可以通过发行中央银行债券、对外负债和筹措资本等方式获得资金。中央银行发行债券除了获得资金来源，更多是为了调节流通中的货币。当金融机构的超额准备金过多，而中央银行又不便采用其他货币政策工具进行调节时，可以通过向金融机构发行中央银行债券回笼资金，减少流通中的货币；当公开市场操作规模有限时，可以发行中央银行债券作为公开市场操作的辅助工具，如中国人民银行发行的中央银行票据就是一例。

中央银行票据，是中央银行为调节商业银行超额准备金而向商业银行发行的短期债务凭证，其实质是中央银行债券。

中央银行对外负债的主要目的有三个：平衡国际收支、维持汇率稳定和应付危机。可以采取的形式主要有向外国银行借款、对外国中央银行负债、向国际金融机构借款等。

（二）资产业务

中央银行通过资产业务操作来调控信用规模和货币供应量。资产业务主要包括贷款业务、再贴现业务、证券买卖业务、储备资产业务等内容。

1. 贷款业务。中央银行发放贷款是为了实现货币政策目标，不以盈利为目的。一般以短期放款为主，不提供长期贷款，这是中央银行最后贷款人角色的一种体现。中央银行的贷款业务主要包括：

（1）对商业银行再贷款。再贷款是商业银行扩大信用能力的重要渠道和保证支付的最后手段。再贷款的对象是经营存款、贷款业务的一般性金融机构。

再贷款，指中央银行为了解决商业银行在经营信贷业务中因临时性资金不足而发放的贷款，是中央银行作为银行的银行职能的具体体现。

（2）对政府贷款。政府在提供公共服务的过程中，会发生暂时性的收支失衡。中央银行有提供信贷支持的义务。对政府的贷款可通过直接提供贷款和买入政府债券两条渠道进行。

（3）其他放款。中央银行的其他放款包括对非金融部门的贷款和对外国政府和外国金融机构的贷款。

2. 再贴现业务。中央银行作为银行的银行、最后贷款者，负有接受请求、负责资金融通的义务。中央银行开展再贴现业务的目的是提供短期资金融通。再贴现票据必须以真实商品交易为基础。中央银行通过再贴现投放的资金体现了商品经济发展对货币流通量的需求。

再贴现是商业银行或票据经纪人在急需资金周转时，将其已贴现、尚未到期的商业票据出售给中央银行以融通资金。

中央银行可通过提高或降低再贴现率，影响商业银行以再贴现方式向中央银行融通资金的成本，从而起到收缩或扩大信用的作用。在一些国家，再贴现率作为基准利率发挥作用，反映中央银行的政策意向，其他利率随再贴现率的变化而变化。

3. 证券买卖业务。这是指中央银行通过其公开市场买入或卖出政府债券的行为，包括国库券、政府或政府机构的中、长期债券等市场流动性高的有价证券，其中最主要的是国库券。中央银行买卖政府债券，直接吞吐基础货币，是中央银行调控货币供给量和信用规模的手段。

中央银行进行证券交易的特点：第一，只购买流动性高的证券，主要限定在政府债券、国库券。我国中央银行证券买卖对象限定为短期国债（国债回购）、中央银行融资券和政策性金融债券。第二，为了防止直接购买政府债券可能引起通货膨胀，以及避免中央银行成为政府弥补财政赤字的工具，一般限定证券买卖业务只能在二级市场上进行。第三，对所购证券资质要求高。第四，中央银行不能买卖国外有价证券。

4. 储备资产业务。集中管理国际储备资产是中央银行的一项重要职责，该职责通过中央银行储备资产的买卖业务来实现。绝大多数国家都将外汇和黄金以及其他国际清算手段作为储备资产委托中央银行保管和经营，形成中央银行的储备资产业务。

中央银行的储备资产主要包括黄金、外汇和特别提款权。目前在各国的国际储备中，黄金所占的比重下降，但是黄金的天然属性使其仍然在国际储备中占有重要地位。外汇资产的流动性强，管理成本低，具有一定的收益性，但其风险性较其他两种国际储备资产大。汇率贬值会造成外汇损失，从而降低储备资产的价值，削弱本国的支付能力。特别提款权是国际货币基金组织于1969年9月建立的一种储备资产和记账单位，既安全可靠又具有高流动性，但不能随意持有。

（三）清算业务

清算是指一定经济行为所引起的货币关系的计算和结清。各商业银行等其他金融机构都在中央银行开立账户，因此由中央银行来负责清算它们之间的资金往来和债权债务关系具有客观的便利条件。中央银行作为一国支付清算体系的参与者和管理者，通过一定的方式、途径，使金融机构之间的债权债务清偿及资金转移顺利完成并维护支付系统的平稳运行，从而保证经济活动和社会生活的正常运行。

中央银行的清算业务主要有组织票据交换与清算、办理异地跨行清算、提供跨国支付清算服务、提供证券和金融衍生工具交易清算服务。

专栏8－3

美联储缩表

美国次贷危机后，为应对经济衰退，作为美国的中央银行系统，美联储启动了一系列非常规货币政策，先后实施三轮量化宽松，通过大规模资产购买计划购入国债、机构债和抵押贷款支持债券（MBS）。美联储资产负债表规模由此高速扩张，总资产由2007年8月的8 767亿美元最高升至2017年10月的4.4万亿美元，其中，国债持有量由7 846亿美元增长至2.47万亿美元，

MBS 持有量由 0 增长至 1.78 万亿美元。

随着美国经济趋于稳定复苏，美联储逐步退出量化宽松，进行增量和存量资产的缩减：前者在 2014 年 10 月施行，彼时美联储宣布停止新增购买金融资产，仅以到期本金进行再投资；后者从 2017 年 10 月开始启动，美联储正式缩减资产规模。截至 2018 年 11 月末，美联储持有的国债存量减少了 2 126.1 亿美元（或 8.7%），持有的 MBS 存量减少了 1 214.4 亿美元（或 6.9%）。

按美联储缩表计划，从 2017 年 10 月开始，将国债每月缩减再投资上限定为 60 亿美元，在 12 个月内以每三个月增加 60 亿美元的节奏递增，直到 300 亿美元上限；MBS 最初每月缩减上限 40 亿美元，每三个月增加 40 亿美元，直到 200 亿美元上限。2019 年 3 月美联储终止持续了三年的货币政策紧缩行动，并宣布在 2019 年 9 月停止缩减资产负债表规模。

资料来源：根据美联储官网资料整理。

五、中国的中央银行

中国的中央银行萌芽于 20 世纪初。1904 年清朝设立了户部银行（1908 年改为大清银行）以整顿币制，后北洋政府控制的中国银行（前身是大清银行）和交通银行，又共同承担了中央银行职责。南京国民政府 1928 年 11 月 1 日在上海成立了中央银行，并在全国设立分支机构，基本确立了当时中国的中央银行制度。中国共产党领导下最早的中央银行是中华苏维埃共和国国家银行（1932 年 2 月开业）。

1948 年 12 月 1 日，中国人民银行在河北省石家庄市成立，开创了新中国的中央银行历史。新中国成立后，中国人民银行一方面履行中央银行职能，负责货币发行、货币政策操作；另一方面办理存款、放款等一般的银行业务。这就是“大一统”的中央银行体制。1983 年 9 月 17 日起，中国人民银行专门行使中央银行职能。1995 年 3 月，《中华人民共和国中国人民银行法》正式颁布实施，首次以国家立法形式确立了中国人民银行作为中央银行的地位。

为加强中央银行的独立性、专业性和权威性，进一步理顺中央银行与政府以及政府各部门之间的关系，避免地方政府对人民银行的干涉，1998 年起改革人民银行管理体制，撤销省级分行，设立跨省区分行，全国设 9 个分行和 2 个营业管理部；同时，成立人民银行系统党委，对党的关系实行垂直领导，干部实行垂直管理。

1998 年起，将特定业务监管职能逐步从中国人民银行分离。1998 年原国务院证券委员会与原中国证监会合并，设立中国证券监督管理委员会，负责对证券业进行监管；1998 年 11 月，中国保险监督管理委员会成立，负责统一监管保险业。2003 年将银行、金融资产管理公司、信托投资公司及其他存款类金融机构的监管职能从中国人民银行分离，与原中共中央金融工作委员会的相关职能进行整合，新组建中国银行业监督管理委员会。2017 年 11 月，国务院金融稳定发展委员会成立。2018 年 4 月 8 日，中国银行保险监督管理委员会正式挂牌，不再保留中国银行业监督管理委员会和中国保险监督管理委员会，形成了中国金融监督管理“一委一行两会”的基本格局。

2003 年 12 月，《中华人民共和国中国人民银行法（修正案）》开始实施，中国人民银行制定和执行货币政策有关职能得到进一步强化，突出了其对金融业宏观调控和防范与化解系统性金融风险的职责，同时增加了其反洗钱和管理信贷征信业两项职能。

专栏 8－4
中国货币当局资产负债表（2019 年 12 月）

中国货币当局资产负债表	单位：亿元人民币
国外资产	218 638.72
外汇	212 317.26
货币黄金	2 855.63
其他国外资产	3 465.84
对政府债权	15 250.24
其中：中央政府	15 250.24
对其他存款性公司债权	117 748.86
对其他金融性公司债权	4 623.39
对非金融性部门债权	
其他资产	14 869.26
总资产	371 130.48
储备货币	324 174.95
货币发行	82 859.05
金融性公司存款	226 023.86
其他存款性公司存款	226 023.86
其他金融性公司存款	
非金融机构存款	15 292.04
不计入储备货币的金融性公司存款	4 574.4
发行债券	1 020
国外负债	841.77
政府存款	32 415.13
自有资金	219.75
其他负债	7 884.49
总负债	371 130.48

注：1. 自 2017 年起，对国际金融组织相关本币账户以净头寸反映。
2. “非金融机构存款”为支付机构缴存人民银行的客户备付金存款。

资料来源：中国人民银行。

第二节　金融监管机构

一、金融监管的目标

20 世纪 30 年代出现的世界性经济大危机表明，市场信息不完全和金融体系本身的特点，都会导致市场失灵现象的出现，因此需要由包括政府在内的外在力量对金融机构与金融业务进行监督与管理。20 世纪 80 年代以后，市场金融创新层出不穷，给金融监管带来极大挑战。一方面，金融创新是对金融监管的合理规避；另一方面，金融监管又要对金融创新进行适当的监督与管理。20 世纪 90 年代出现的金融危机浪潮则推动了金融监管逐步向如何协调安全稳定与效率的关系转变，2007 年开始的全球金融危机则更是突出了金融监管对保障金融体系稳健性的影响，进而对宏观审慎的影响。

金融监管是一种具有特定内涵和特征的政府规制行为，指政府通过特定的机构对金融交易行为主体进行的某种限制或规定。

从世界各国金融监管的目标来看，主要包括以下几个层面：

1. 保护处于弱势的利益相关者。在金融交易中处于信息弱势的一方是相对弱势的利益相关者。对于银行业、证券期货业和保险业而言，存款人、投资者和投保人就是处于相对弱势的利益相关者。通过防止垄断、加强退出环节制度设计安排、加强信息披露等措施手段，保护处于相对弱势的相关者利益，构成了金融监管的一个重要目标。

2. 维护金融机构与体系的稳健与效率。对金融机构进行监督管理，可以是直接的指令性管理，也可以是通过规定资本充足率、存贷款比率等审慎性管理，主要目的在于防止金融机构脆弱性的发生，避免金融机构因为逆向选择或道德风险而遭受挤兑甚至倒闭破产。同时通过适当鼓励竞争限制垄断来促进金融机构效率的提高。

3. 维持金融系统的宏观审慎。仅仅在微观层面进行审慎性监管是不够的。在特定情况下，即使微观上审慎监管，宏观上还是有可能出现系统性风险，造成对整体经济的破坏。2007 年开始的全球金融危机便是典型的例子。对金融机构进行更高要求的资本性管理、更为严格的金融交易管理，防止金融风险对经济产生严重冲击，防止金融风险在金融机构间的传染（传递），都体现了宏观审慎的监管要求。

专栏 8 –5
宏观审慎政策框架

宏观审慎政策框架形成于全球金融危机深化以后。在 20 国（G20）匹兹堡峰会上正式引用了“宏观审慎管理”和“宏观审慎政策”的提法。在 G20 首尔峰会上，进一步形成了宏观审慎管理的基础性框架，包括最主要的监管以及宏观政策方面的内容。

宏观审慎性政策框架是一个动态发展的框架，其主要目标是维护金融稳定、防范系统性金融风险，其主要特征是建立更强的、体现逆周期性的政策体系，主要内容包括对银行的资本要求、流动性要求、杠杆率要求、拨备规则，对系统重要性机构的特别要求，会计标准，衍生产品交易的集中清算，等等。

资料来源：中国人民银行西宁中心支行网站。

二、金融监管机构与监管对象

（一） 金融监管机构

金融监管机构作为政府的组织机构体系的组成部分，具有权威性、独立性和公共性等特点。

金融监管机构的权威性强调金融监管机构监管决策具有强制性和不可逆性，被监管对象必须认真执行。金融监管机构的独立性指金融监管机构行为直接对中央政府和国家立法机构负责，其他任何组织、单位和个人都无权对金融监管机构的监管工作进行干预。金融监管机构的公共性指其履行的监管权力属于公共权力范畴。

金融监管机构是一国依法对金融业实施监督与管理的政府机构，是金融监管的主体。

最早的金融监管机构是中央银行。随着金融经营性机构和金融业务的不断发展，中央银行监管职能被部分分离。中央银行作为国家宏观经济管理部门，其重心转移到制定和执行国家的货币政策，而那些微观监督与管理的职能被赋予给一些新的金融监管机构。就世界范围来看，在中央银行行使监管职能的同时，具有金融监管（部分）职能的部门还有财政部、货币政策委员会、人寿保险委员会、证券交易委员会等。这些机构分别对特定的金融经营机构和业务进行监督和管理。

从金融监管机构的组织结构上看，根据世界各国金融监管实践，金融监管职能可被集中于某一监管机构，也可被分散于不同的监管机构。在职能集中模式下，金融监管的权力在政府某一部门内垂直分配，形成单一的金融监管体系，其中中央银行或专门设置的金融监管部门是其核心。在职能分散模式下，按金融机构的业务及其性质来确定监管对象，一般按银行业、证券期货业和保险业来划分并设置相应的监管机构（见表 8－1）。

表 8－1　不同监管机构的监管对象和职责

监管机构	监管对象	具体职责
财政部	各类金融机构	负责监管财务会计、税收等
中央银行	银行类金融机构	负责制定和执行货币政策
银行业监管机构	银行类金融机构	全面具体地监管银行类金融机构的运行
保险业监管机构	保险类金融机构	负责监督保险业的具体运行
证券期货业监管机构	证券类和期货类机构	负责监督证券业和期货业的具体运行

（二）金融监管对象

传统上，各国金融监管的对象主要是国内银行业和非银行金融机构。随着金融工具的不断创新，金融监管的对象逐步扩大到那些业务性质与银行类似的准金融机构。进入 20 世纪 70 年代以后，各国金融监管的范围进一步扩大，曾游离于金融监督网之外的机构，其业务活动对货币政策目标的实现有着非常重要的影响。为了保持公众信心，各国金融监管当局不得不把一些曾经不受监管的机构纳入监管之列。比如，荷兰 1987 年修订了信贷体系监管条例，扩大了监管范围；挪威从 1979 年开始将贷款协会纳入监管范围。

一般来说，整个金融体系都可视为金融监管对象。以中国的情况为例，金融监管对象不仅包括有组织的金融体系，如商业银行、证券公司、资本市场、货币市场、基金管理公司等，还包括无组织的信用活动，如民间借贷、典当、融资租赁、带有金融性的互助合作组织等（见表 8－2）。

表 8－2 职能集中型金融监管机构及监管对象

国家	机构	时间	成立方式	监管对象
挪威	银行保险证券监管委员会	1986 年	银行监管局与保险监管局合并	银行、证券、保险
加拿大	金融机构监管局	1987 年	银行监管机构与保险监管机构合并	所有在联邦注册登记的金融机构和加拿大政府的养老计划
丹麦	金融监管局	1988 年 1 月 1 日	银行、储蓄监管局与保险监管局合并	银行、保险公司、抵押贷款机构、养老基金和社保基金
瑞典	金融监管局	1991 年	银行监管局与保险监管局合并	银行、证券、保险
韩国	金融监管委员会	1998 年 4 月 1 日	银行监管职能从韩国银行分离并与银行监管厅（OBS）、证券监管委员会（SSB）、保险监管委员会（ISB）和非银行金融机构监管局（NSA）合并	各领域的金融活动
澳大利亚	审慎监管局	1998 年 7 月	银行监管部门职能从澳大利亚储备银行分离与银行保险局合并	银行、保险、养老基金、储蓄机构、信用社、住房贷款协会和友好互助协会
日本	金融厅	2000 年 7 月 1 日	金融监管机构和金融体系计划厅从大藏省分离，成立综合性的监管机构	各领域的金融活动

三、金融监管的内容

金融监管的目标和原则决定了监管的内容，对商业银行的监管是传统监管的主要着力点，也是当今监管工作中的重点。金融监管的内容主要包括市场准入、业务运营到市场退出的全过程。

（一）市场准入监管

所有国家对银行等金融机构的监管都是从市场准入开始。所谓市场准入监管是指金融监管当局对具备资格的机构进入金融市场、经营金融产品、提供金融服务的审查批准过程。监管内容主要包括金融机构准入监管、创新业务准入监管和从业人员准入监管。

金融监管当局在核准新设机构时，主要考虑以下因素：一是经济发展的需要，二是新设机构的资本数量。对新设机构要规定最低资本数量以保障金融机构经营稳定和公众利益。金融机构服务和产品创新需经监管部门准许方可推向社会。对从业人员准入监管就是从品德、经验、业务素质等方面对金融机构法人及主要从业人员提出要求，目的是保证开业后机构的健康稳定运行。

（二）业务运营监管

金融机构经批准开业后，监管当局要对金融机构的运营过程进行有效监管，以便更好地实现监管目标。业务运营监管一般从以下几个方面进行：

1. 业务范围限制。在分业经营机制下，监管当局根据各机构的性质分别核定其业务范围或限制其进入某些活动领域，各机构的业务边界是清晰的。例如瑞典规定商业银行不得介入不动产投资、保险和金融租赁业务。而在混业经营机制下，各金融机构的业务边界是模糊的，业务范围多有交叉。

2. 风险控制。资产集中风险监管是监管当局对金融机构进行风险控制的主要方面，其内容一般包括：第一，严格控制大规模资产过于集中于特定对象，如《中华人民共和国商业银行法》规定，商业银行对同一借款人的贷款余额与商业银行资本余额的比例不得超过15%。第二，控制资产在特定行业或部门集中。这是为了避免因一些行业和部门可能出现不景气，从而引起金融机构资产质量大幅度下降。

3. 流动性要求。流动性是金融机构以适当价格获取可用资金的能力，对金融机构流动性的监管和控制也就成了金融机构监管的一项重要内容。各国金融监管当局一般都通过规定一些具体比例指标来量化对金融机构的流动性要求。如2018年8月中国银保监会正式颁布《商业银行流动性风险管理办法》。根据这一办法，中国商业银行流动性覆盖率的监管标准为不低于100%，净稳定资金比例的监管标准为不低于100%，流动性比例的监管标准为不低于25%，流动性匹配率的监管标准为不低于100%，优质流动性资产充足率的监管标准为不低于100%。

4. 资本充足率与风险损失准备。资本作为金融机构应付意外损失的缓冲器，在保护存款人和其他债权人利益、维持市场信心方面有着重要意义。世界各国的金融监管当局均通过立法或其他形式规定了金融机构资本的构成和充足率标准。按照《巴塞尔协议Ⅲ》的要求，商业银行的普通股、一级资本和总资本充足率应分别达到7%、8.5%和10.5%。

5. 处于弱势的利益相关者保护。存款人、投资者和投保人都是各相关金融活动中弱势的利益相关者。保护他们的正当利益是金融监管的重要任务。例如在银行业中，当银行面临破产清算时，自然引出如何保护存款人利益的问题。许多市场经济国家都建立了显性的存款保护制度，这是保护弱势的利益相关者利益、维护整个银行体系安全的一个重要措施。

（三）市场退出监管

金融机构市场退出的原因可分为主动退出和被动退出两类。主动退出是指金融机构因分立、合并或者出现公司章程规定的事由需要解散，因此退出市场，其主要特点是“主动地自行要求解散”；被动退出是指由于法定的理由，金融机构被取消经营金融业务的资格而退出市场。

各国对金融机构市场退出的监管都通过法律予以明确，并且有很详细的技术性规定。一般有接管、解散、撤销、破产等几种形式。无论采用哪种形式，当局都要对金融机构的市场退出过程进行监管，保持其退出的合理性和平稳性。特别地，在2007年次贷危机后，美国《多德—弗兰克华尔街金融改革与消费者保护法》还对过去被认为是“大而不能倒”的金融机构破产程序与成本分摊进行了监管层面的适当安排。

四、金融监管体制

（一）金融监管体制及其类型

金融监管体制是指金融监管的制度安排，是包括金融监管当局对金融机构和金融市场施加影响的一整套机制和监管体系的组织结构总和。金融监管体制是各国历史和国情的产物。确立监管体制模式的基本原则是，既要提高监管的效率，避免过分的职责交叉和相互掣肘，又要注意权力的相互制约，避免权力过度集中。在监管权力相对集中于一个监管主体的情况下，必须实行科学合理的内部权力划分和职责分工，以保证监管权力的正确行使。

按照监管体系中政府监管与行业自律的重要性不同，金融监管体制可分为政府型监管体制和自律型监管体制两类。美国、日本以及许多欧洲大陆国家多倚重规范化的政府监管。英国在传统上倚重行业自律性的监管，是自律型监管体制的典型。

按照监管机构组织体系的不同，金融监管体制可分为统一监管体制、分业监管体制、不完全集中监管体制。统一监管体制是指把金融业作为一个相互联系的整体统一进行监管，监管职能大多由中央银行来承担。典型的如英国以英格兰银行为核心的金融业监管体制。分业监管体制是指根据金融业内不同的机构主体及其业务范围的划分而分别进行监管的体制。典型的如美国、新加坡、芬兰、西班牙、土耳其、挪威等。不完全监管体制又可以分为"牵头式"和"双峰式"两类监管体制。前者是在分业监管机构之上设置一个牵头监管机构，负责不同监管机构之间的协调工作。典型的如巴西金融监管体制。后者则依据金融监管目标设置两类监管机构。一类机构监控金融业的系统风险，专门对金融机构和金融市场进行审慎监管，另一类机构专门对金融机构进行合规性管理和保护消费者利益的管理。

按照金融监管的职责划分和权力分配的不同，金融监管体制可分为双线多头监管体制、一线多头监管体制和单一监管体制。在双线多头监管体制下，中央政府和地方政府都设有平行的多个金融监管机构。美国实行的是典型的双线多头金融监管体制。在一线多头监管体制下，只在中央政府一级设有多个监管机构负责对某一类金融机构实行系统监管，在地方政府一般不再设置监管机构。这种体制比较典型的是法国和德国。单一监管体制则是指只由一家金融机构（通常是该国中央银行）对金融机构和业务进行监管。

中国金融监管体制基本上属于分业监管的组织体制。在2003年4月28日以后，中国形成了"一行三会"的监管机构体系。在明确金融监管的最高权限集中于中央人民政府的条件下，中国人民银行负责对货币市场、黄金市场、外汇市场进行监管，中国银行业监督管理委员会主要负责银行业、信托业的监管，中国证券监督管理委员会主要负责证券市场、证券业和投资基金的监管，中国保险监督管理委员会主要负责保险市场和保险业的监管。随着近年来金融行业的交叉融合和跨市场金融创新的增多，在监管实践中出现了监管职责不清、监管交叉盲区等分业监管的固有问题。2017年11月成立了统筹协调金融稳定和改革发展重大问题的议事协调机构，即国务院金融稳定发展委员会。2018年中国银行业监督管理委员会和中国保险监督管理委员会进行整合，合并成为中国银行保险监督管理委员会，最终形成了"一委一行两会"的金融监管体制。

专栏8－6

危机后部分国家（地区）中央银行在金融监管中的作用

美国：2010年，美国通过《多德—弗兰克华尔街改革与消费者保护法》，明确了美联储在宏观审慎监管中的职责及其核心地位，赋予美联储作为系统性风险监管者的职责，同时也赋予其维护金融稳定的权力。扩权后的美联储将全面负责系统性风险的评估和监测，监管对象从商业银行延伸至所有具有系统重要性的机构。大型对冲基金、私募股权基金及其他投资机构，除接受证监会监管外，还要同时接受美联储的系统性风险监管。

英国：2011 年，英国出台《新的金融监管措施：改革蓝图》白皮书，撤销金融服务局，在英格兰银行设立金融政策委员会，负责宏观审慎监管，维护金融稳定；设立由英格兰银行管辖的审慎监管局，负责金融机构的微观审慎监管；设立独立的金融行为监管局，负责消费者保护和金融市场规则监管。改革之后，英格兰银行集货币政策制定与执行、宏观审慎监管与微观审慎监管于一身，全面履行金融监管职责，维护金融体系稳定。

欧盟：2009 年欧盟通过《欧盟金融监管改革法》，赋予欧洲中央银行附设的欧洲系统性风险委员会负责金融稳定和宏观审慎监管，提供系统性风险的早期预警并提出应对建议；授予欧洲中央银行特殊职责，以保障欧洲系统性风险委员会的顺利运作；指出欧洲中央银行应该在宏观审慎监管中发挥领导作用，其主要职责不仅是维护货币稳定，同时也包括维护金融稳定。

韩国：2011 年，韩国出台《韩国银行法》修订案，新增了韩国银行维护金融稳定的职责；扩大了韩国银行信息获取权，可以要求提供资料的金融机构的范畴扩展至开发机构、投资机构、储蓄机构和保险机构等；完善了紧急流动性支持手段，放宽了韩国银行贷款的条件，授权货币政策委员会可以自行扩大为韩国银行贷款提供担保的有价证券的范畴，增加了关于临时资金短缺救助的规定。

❶ 资料来源：根据各国实践进行整理。可参考李扬．重塑监管框架——评《多德—弗兰克华尔街改革与消费者保护法案》[J]．金融博览，2011（6）；廖凡，张怡．英国金融监管体制改革的最新发展及其启示［J］．金融监管研究，2012（12）；何帆，郑联盛．欧盟金融监管改革及宏观审慎管理框架［M］//何帆，郑联盛，等．欧债危机与中国应对．北京：社会科学文献出版社，2013；高通盛融．金融监管改革的“日韩经验” ［EB/OL］．http：//mt. sohu. com/20180227/n531687474. shtml，2020 - 02 - 23.

（二） 金融监管体制的发展趋势

随着经济、金融环境的改变，金融监管体制也在不断地进行适应性的调整和创新。虽然由于各国的金融发展水平、金融文化和历史传统存在较大差异，加之经济体制、政治体制、中央与地方的关系不同，各国的监管体制各具特色，但近年来在金融全球化的背景下，改革体制已成为各国面临的共同问题。现代金融监管体制在发展完善的过程中表现出一些新趋势。

1. 政府型监管和自律型监管趋于融合。由于政府监管和行业自律各具特点，二者逐渐出现了融合趋势。一方面，实行政府监督型体制的国家开始日益重视行业自律的作用。另一方面，实行自律型监管体制的国家也开始通过立法和建立统一的监督机构，加强监管的规范化，将金融同业的自律机制逐渐纳入监管法制体系中。

2. 从机构性监管向功能性监管转变。在分业体制下对金融机构的监管基本按照机构性监管进行，针对金融机构的类型分别设立不同的监管机构。而随着金融创新的不断发展，金融监管越来越多关注金融产品所实现的基本功能。在功能性监管框架中，由一个统一的监管机构对金融机构不同业务功能进行监管，减少监管职能的冲突、交叉重叠和监管盲区。

3. 金融监管的国际交流与合作日益深化。随着金融业国际化和全球化趋势的形成和发展，各国金融市场之间的相互依赖性不断增强，金融风险国际性转移与扩散性的增大，对各国乃至全球金融体系稳定产生巨大影响。在这种背景下，世界各国金融监管标准日趋规范和统一，同时，各国金融监管当局交流与合作日益频繁。就银行业而言，国际清算银行巴塞尔银行监管委员会（Basel Committee on Banking Supervision，简称巴塞尔委员会）扮演着十分重要的领导角色。

本章小结

1. 中央银行是商品经济与国家职能发展到一定阶段的产物，中央银行的产生适应了发行货币、支付清算、充当最后贷款人和金融监管的需要。

2. 中央银行的职能是中央银行性质的具体体现。中央银行具有发行的银行、银行的银行、政府的银行等三项基本职能。

3. 中央银行发挥其职能要通过资产、负债与清算业务的操作来实现。这些业务体现了中央银行职能作用的发挥，也构成了货币政策效果评价的基础。

4. 最早的金融监管机构是中央银行，监管的对象主要是国内银行业和非银行业机构。随着金融经营性机构和金融业务的不断发展，中央银行监管职能得到部分分离。

5. 金融监管的内容主要包括准入监管、持续监管和退出监管等三方面，在银行监管、证券监管和保险监管中又有不同的含义与内容。

6. 金融监管体制是指金融监管的制度安排，包括金融监管当局对金融机构和金融市场施加影响的机制以及监管体系的组织结构。按照不同的分类方法，可以分为不同的类型：按监管机构的监管范围，可分为混业监管体制和分业监管体制；按照监管体系中政府监管与行业自律重要性的不同，可分为政府型监管体制和自律型监管体制两类；按照金融监管的职责划分和权力分配的不同，可分为双线多头监管体制、一线多头监管体制和单一监管体制。

关键词

中央银行（central bank）　金融监管体制（financial regulation system）
资本充足性（capital adequacy）　市场准入（market access）

重要概念

中央银行　金融监管　金融监管体制　业务型监管
功能型监管　分业监管体制　混业监管体制　巴塞尔新资本协议

思考题

1. 中央银行基本职能有哪些？
2. 金融监管的目标包括哪些内容？

练习题

1. 中央银行的业务内容有哪些？

2. 金融监管的内容有哪些？
3. 简述金融监管体制的发展趋势。

案例题

美国金融监管格局的变化

1929 年经济危机前，美国金融市场准入门槛较低，政府对金融企业经营范围的干预也较少，金融业实行混业经营制度。在 1929—1933 年经济大危机中，在政治诉求和社会诉求的共同作用下，金融业的混业经营被认为是形成市场波动的直接原因，以分业经营为主的《格拉斯—斯蒂格尔法》最终得以通过。

诺贝尔经济学奖得主默顿·米勒（1996）认为分业经营的要求是基于对历史事实完全错误的解释而作出的规定，这一做法削弱了银行业通过提供多元化服务降低风险的能力，也损害了投资者的利益。第二次世界大战后，尤其是 20 世纪 70 年代布雷顿森林体系崩溃以后，美国乃至国际经济金融环境发生了很大的变化，限制自由竞争与发展的《格拉斯—斯蒂格尔法》已成桎梏。1999 年 11 月 4 日，美国参众两院分别以压倒性多数票通过了《金融服务现代化法》，允许美国银行、证券、保险业之间混业经营，实行全能银行模式。同时，保留其双线多头的金融监管体制并扩展监管机构，实行功能监管和控制金融风险。

2007 年美国次贷危机后美国又通过了《多德—弗兰克华尔街改革与消费者保护法》，重申了“沃克尔法则”，强调对自营交易的限制与隔离。美国联邦储备委员会前主席伯南克在《行动的勇气》中指出，混业经营不是问题，美国碎片化的分业监管才是真正的问题。盖特纳在《压力测试》中更为尖锐地指出，“美国的分业监管体系，充斥着各种漏洞和各种势力的角逐，充满着若隐若现的钩心斗角，然而却没人会为整个系统的稳定性负责”。

请根据以上材料，思考以下问题：

1. 金融业混业经营有哪些好处？
2. 面对金融业混业经营，金融分业监管模式可能存在哪些弊病？

扫描二维码可阅读本章精选案例

第九章
货币市场

本章知识结构

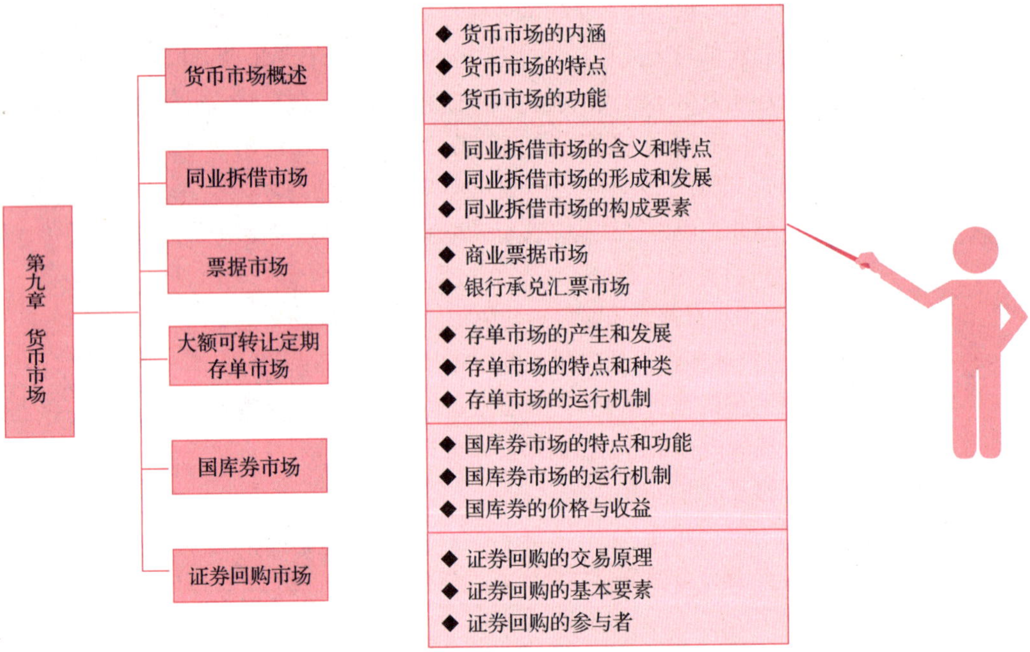

本章学习目标

- 认识货币市场的特点和功能；
- 了解同业拆借市场的基本情况；
- 把握票据市场的运行机制；
- 理解大额可转让定期存单市场的特点和发展现状；
- 掌握国库券市场的功能与运行机制；
- 熟悉证券回购市场的操作原理。

章前引例

伦敦城清晨，雾霭散尽，世界金融要地——伦巴第街若隐若现。伦巴第街历史悠久，它的存在促进了19世纪英国商业的发展。

当时，在英格兰那些土地肥沃但没有制造业和商业的地区，其储蓄大大超过能在本地安全发放的贷款。在本地贷不出去的储蓄资金先是存放在当地银行，然后由当地银行押解到伦敦存放在伦敦的银行或票据经纪行。从有资金积累的地区筹集来的资金，被用在工业地区做票据贴现业务。萨默塞特郡和汉普郡等地区的银行把存款存放在伦巴第街的银行和票据经纪商，而伦巴第街的银行和票据经纪商则用这些存款来做约克郡和兰开夏郡的票据贴现业务。这样，在这种长期不断的借贷业务中，伦巴第街充当着重要的中介，在英格兰有余钱的宁静地区与需要用钱的活跃地区之间固定不变地扮演着经纪人的角色。这种调剂资金余缺的组织方式非常有用，而且操作便利。政治经济学家说，资本流向了最有利可图的行业，并且迅速从利润率最低、无钱可赚的行业退出。

这就是在1800年就已经成为货币市场发源地的伦巴第街。此后，英格兰银行、各大商业银行的总行、商人银行、外国银行的分行、贴现行、证券交易所、保险公司、专营海上保险的劳合社，以及黄金、外汇和商品市场，都集中开设在这条大街及其附近一带总面积不到2.59平方千米的地区内，形成了举世闻名的“伦敦城”。

第一节　货币市场概述

一、货币市场的内涵

货币市场（money market）是指融资期限在一年以内，以短期金融工具为媒介进行资金融通和借贷的市场。

货币市场是典型的以机构投资者为参与主体的批发市场，交易金额巨大，资金周转迅速。其活动的主要目的是保持资金的流动性，以便随时可以获得现实的货币。货币市场上交易的短期金融工具一般期限较短，最短只有1天，最长也不超过1年，较为普遍的是3~6个月。正因为这些金融工具可随时变现，有较强的流动性和较低的违约风险，因此，短期金融工具又有“准货币”之称。

货币市场就其结构而言，可分为同业拆借市场、票据市场、大额可转让定期存单市场、短期政府债券市场（国库券市场）、回购市场等若干个子市场。

二、货币市场的特点

1. 货币市场风险较小。货币市场工具的发行者主要是政府、金融机构或者少数大公司，它们的信誉一般都很高，所以违约风险较低。另外，货币市场工具期限都很短，流动性强。货币市场一般没有固定的交易场所，买卖双方通过电话、计算机等现代化通信方式交易，速度快，成本低。

2. 货币市场是一个批发市场。货币市场中的大多数交易在机构投资者之间进行，交易金额巨大，动辄数百万上千万的金额，个人投资者很难直接参与其中，因此货币市场被视为资金的批发市场。

3. 中央银行的直接参与。货币市场是中央银行和其他金融机构资金连接的渠道，还是中央银行利用货币政策工具调节货币供应量的杠杆支点，对中央银行的宏观调控具有极其重要的意义。

专栏 9－1

小议“货币与货币市场”

货币市场即短期资金市场。尽管叫做货币市场，但它们并非用来交易货币和 M_1 口径中的各项货币。货币是在外汇市场上交易的，同样，M_1 口径中各种货币工具（公众手持通货、支票）都不在货币市场上交易。但是，如果将货币定义拓宽到 M_2、M_3、DNFD（即国内非金融债务），就会产生一些货币市场工具，诸如货币市场共同基金、可转让大额定期存单、欧洲美元、回购协议及国库券等。因此，货币市场并非完全名不副实，针对广义上 M_2、M_3 和 DNFD 类型中的货币，货币市场工具是可以用来筹集资金的，这些工具也归为货币。当投资者需要以准货币的形式保持资金的流动性时，货币市场也是一个贮藏资金的理想场所。

资料来源：中国人民银行官网。

三、货币市场的功能

1. 提供短期资金融通的渠道和手段。在货币市场上存在着不同的短期资金的需求者和供给者。一方面，短期资金的需求者为弥补头寸和流动性的不足，希望从外部获得短期资金；另一方面，拥有暂时闲置资金的短期资金供给者，希望通过某种途径贷出资金并获得一定的回报。货币市场中存在的不同短期金融工具可满足供求双方不同的需要，以实现短期资金从供给者向需求者的转移。

2. 货币市场利率具有“基准”利率的性质。货币市场中交易者数目众多，交易频繁且交易量庞大，由短期资金的供求关系决定的资金价格（即利率）具有市场化利率的特征。该利率对于确定其他债务性金融工具和银行存贷款利率具有重要的参考作用。因此，货币市场利率是其他市场利率的风向标。

3. 为中央银行提供实施货币政策的途径。中央银行通过参与货币市场短期金融工具的交易进行公开市场业务操作，从而实现货币政策目标。中央银行买入短期金融工具（如国库券），投放基础货币；卖出短期金融工具，回笼基础货币。这样中央银行可以通过调节基础货币来影响货币供应量，从而改变市场资金供求关系，引导金融市场的利率走势。

专栏 9－2

我国货币市场的发展

我国货币市场起步于 20 世纪 70 年代。我国在 1979 年建立了票据承兑贴现市场，1996 年建立了统一的同业拆借市场，1997 年开放了银行间债券回购市场。

相对于资本市场来说，我国货币市场发展较早，但由于体制不顺、市场不成熟、投资者观念落后、缺乏经验等方面原因，其发展经历了曲折而缓慢的过程。目前，我国货币市场初具规模，主要包括同业拆借市场、债券回购市场、票据市场等子市场。由其产生的加权平均利率和债券指数，已经成为我国市场利率和银行间债券市场的基准利率，基本上实现了准确传导货币政策的意图。

近年来我国货币市场发展迅速，2019 年，我国银行间货币市场成交 971. 3 万亿元，同比增长 12. 7%。其中，信用拆借成交 151. 6 万亿元，同比增长 8. 9%；质押式回购成交 810. 1 万亿元，同比增长 14. 3%；买断式回购成交 9. 5 万亿元，同比下降 31. 9%。

资料来源：中国外汇交易中心暨全国银行间同业拆借市场研究部 . 2019 年银行间市场运行报告［J］. 中国货币市场，2020（1）.

第二节　同业拆借市场

一、同业拆借市场的含义

同业拆借市场（inter-bank market）也称同业拆放市场，是金融机构为解决临时性或短期资金的余缺而进行资金融通的场所。“拆放”一词通常为贷方所称，站在借方的角度称为拆借。

同业拆借市场是货币市场最基础和最重要的组成部分。同业拆借的资金主要用于弥补短期资金的不足、票据清算的差额以及解决临时性的资金短缺需要。同业拆借市场交易活跃，融资规模巨大，信息流通迅速，交易成本低廉，利率敏感性强，能及时反映资金供求关系和货币政策意图，因此，拆借利率是利率体系中最具影响力的利率之一，同业拆借市场也成为各国金融管理部门监管的重点。

从狭义上讲，同业拆借市场是金融机构间进行临时性资金头寸[①]调剂的市场。银行等各类金融机构在每天业务活动中，由于存、取、贷、汇以及其他各种业务的不断发生，可能会在营业结束轧头寸时出现资金收付不平衡的情况。收大于支导致资金闲置，即出现多头寸，支大于收导致资金短缺，即产生少头寸。这时可通过同业拆借市场来调剂头寸，多头寸者应尽快将资金拆出，以实现资金时间价值的最大化；少头寸者可马上拆入资金，以填补资金缺口，保证业务活动的正常周转。

从广义上讲，同业拆借市场是金融机构之间进行短期资金融通的市场。现在，同业拆借市场所进行的资金融通已不仅仅限于弥补或调剂资金头寸，也不限于一日或几日的临时性资金调剂，而是已成为当今各金融机构特别是各商业银行弥补资金流动性不足和充分有效运用资金的市场，即成为商业银行协调流动性与盈利性关系的市场机制。

① “头寸”一词源于旧中国金融用语，通常指收支相抵后的差额。现在头寸特指金融机构的资金状况。

二、同业拆借市场的形成和发展

同业拆借市场最早产生于20世纪初美国实施法定存款准备金制度以后。根据美国1913年通过的《联邦储备法》的规定，成为联邦储备银行的会员的银行，必须按存款数额和法定存款准备金比率向联邦储备银行缴纳法定存款准备金，且联邦储备银行不对其支付利息，但缴纳不足却会受到严厉惩罚。如果实缴准备金低于应缴额的2%，须按当时的贴现率加2%的利率交付罚息。当会员银行出现准备金结余或不足时，就有了相互间融通的需求。为了满足这种需求，1921年在美国纽约形成了以调剂联邦储备银行会员银行的准备金头寸为内容的联邦基金市场，即同业拆借市场，会员间进行的拆借活动也就是买卖联邦基金。

20世纪30年代的经济危机后，西方各国都强化了中央银行的作用，相继引入了法定存款准备金制度来规范和约束商业银行的行为，于是同业拆借市场在各国迅速发展起来。拆借交易不仅发生在银行之间，还出现在银行和其他金融机构之间。随着同业拆借市场交易对象、交易主体、交易范围和交易规模的不断扩大，同业拆借市场除完成金融机构短期融资的任务外，更成为这些机构进行资产负债管理的重要平台。同时由于在整个利率体系中影响力巨大，拆借利率成为货币市场的基准利率，拆借市场也成为中央银行货币政策操作的重要场所。

三、同业拆借产生的原因

金融机构进行拆借的原因大致有以下几种。

（一）法定存款准备金不足

按各国中央银行管理规定，各金融机构都必须按吸收的存款额和法定存款准备金比率向中央银行上缴法定存款准备金。对中央银行法定存款准备金余额进行短期借贷其实是拆借市场的起源。

（二）结算资金不足

各国中央银行都成立资金结算中心或票据交换中心，供各类金融机构之间进行资金清算。在票据交换所的营业时间内，各金融机构对应收票据和应付票据进行轧差，而每个机构的应收款和应付款都可能不相等，有的机构出现净收，有的则是净付。对于净付行来说，如果净付额超过了自己在交换所账户上保留的资金余额，就会形成占用他行资金，这时可以通过拆借来弥补缺口，不致使对方损失利息收入。

（三）备付金不足

各金融机构尤其是商业银行为应付日常客户提取现金的业务，都会保留一定额度的现金资产。但因为现金资产是按资产负债比例管理的要求提取的，一般在一定时间内是一个固定额度，当遇到某个取款高峰时，就可能出现备付金的不足。由于储蓄业务是树立银行信誉的窗口，所以银行也需要紧急拆借。

（四）其他资金不足

金融机构在各类资产业务、中间业务和服务业务过程中，也会出现其他的短期头寸问题，如商业银行在票据贴现、回购或国库券投资时出现的头寸短缺，证券机构向客户提供垫头交易时出现的缺头寸，保险机构在经过大额赔付后出现的头寸短缺，等等。这些缺头寸都可以在拆借市场得到资金弥补。

四、同业拆借市场的特点

1. 同业拆借期限短。同业拆借的期限一般较短，大多为1～7天，超过1个月的不多。最短的是半日拆，如日本的半日拆，从上午票据交换后到当天营业终了；最多的是日拆，也称为隔夜拆放，如伦敦同业拆借市场的隔夜拆放，已经成为欧洲货币市场上具有典型代表意义的融资活动。

2. 交易金额巨大，一般无须担保或抵押。同业拆借市场有严格的市场准入条件，一般在指定的金融机构之间进行。作为同业拆借市场的主要参与者，以商业银行为主体的金融机构每天会发生巨额的资金流动，一旦出现资金缺口，往往数额巨大，这就使拆借市场的交易金额巨大。此外，同业拆借市场没有单位交易额限制，一般也不需要以担保或抵押作为借贷条件，双方都以自己的信用担保，都严格遵守交易协议。

3. 交易手段先进，市场无形化程度高。同业拆借市场运用先进而庞大的通信网络将众多的金融机构联结在一起，各交易者均通过网络终端进行报价、询价和成交确认，完全不必进行集中交易，这样不仅大大节约了交易成本，提高了交易效率，还可以充分体现市场原则。

4. 利率由供求双方议定，随行就市。同业拆借市场上的利率由双方协商，讨价还价，最后议价成交。因此，同业拆借市场利率是一种市场化程度很高的利率，能够充分灵敏地反映市场资金供求的状况和变化。

五、同业拆借市场的主要构成要素

（一） 同业拆借市场的参与者

同业拆借市场最重要的参与者是商业银行。商业银行既是同业拆借市场的资金供应者又是资金需求者。商业银行业务资金量大，出现多头寸和缺头寸的情况较多，此外，现代商业银行进行资产负债综合管理时，要求更多地调节短期资金流量池，短期资金盈余时贷出，短期资金不足时借入，以优化资产负债结构。

除商业银行外，大量的非银行金融机构也是拆借的重要参与者，包括证券机构、保险机构、信托机构、信用社、财务公司和专业银行等。这些非银行金融机构大多是拆借市场的资金供给者，但也会在必要时进行资金拆入。

同业拆借市场中的交易既可以通过市场中介人，也可以双方直接进行。市场中介人是指在资金拆入者和拆出者之间充当媒介以赚取手续费的经纪商。经纪商必须具有一国中央银行承认的中介资格，既可以由大型商业银行兼营，也可以是专门的中介人，如美国的联邦基金交易中介人和日本的短资公司。拆借中介人接受交易者的报价和询价，然后进行撮合，这样可以提高拆借成交效率并提高资金使用效率。

（二） 同业拆借市场的支付工具

同业拆借市场最常用的支付工具包括本票、支票、承兑汇票等商业票据。其中，本票由拆入行开出，支票由拆出行开出。支票分为两种：一种是本行付款的支票，需要经过票据交换方能抵用，不能解决当日头寸不足，被称为“明日货币”；另一种是用中央银行存款账户资金支付，当天可以抵用，被称为“今日货币”。一般对于法定存款准备金不足和备付金不足这样的紧急资金缺口，拆入行都会要求对方开出“今日货币”。

此外，同业债券和转贴现票据也是同业拆借使用的支付工具。同业债券是拆入单位向拆出单位发行的一种债券，主要用于拆借期限超过4个月或资金额较大的拆借。同业债券可在金融机构之间相互转让。转贴现也是银行同业间融资的一种方式。在拆借市场上，银行贴现商业票据后，如遇头寸紧缺，可将贴现票据转与其他银行，以抵补短缺头寸。

（三）同业拆借市场的利率

同业拆借按日计息，所以拆借利率是日利率，简称拆息。拆借利率由交易者公开竞价确定。一般同业拆借有两个利率：拆入利率（bid rate）表示银行愿意借款的利率；拆出利率（offered rate）表示银行愿意贷款的利率。一家银行的拆入（借款）实际上也是另一家银行的拆出（贷款）。同一家银行的拆入和拆出利率相比较，拆入利率永远小于拆出利率，其差额就是银行的得益。

在国际货币市场中，最具代表性的是伦敦银行间同业拆借利率（Libor），它是各银行在伦敦拆借市场上拆借英镑、欧洲美元和其他欧洲货币时形成的利率。自20世纪60年代以来，Libor已经成为伦敦金融市场的关键性利率，也是国际金融市场的关键利率，许多国际货币市场的浮动利率融资工具在发行时都以Libor作为浮动的参照依据。另外，比较有代表意义的拆借利率是新加坡银行同业拆放利率（Sibor）和香港银行同业拆放利率（Hibor），这两种利率在亚洲货币市场中有重要作用，对全球货币市场也有一定影响力。

专栏9－3
Libor或将退出历史舞台

2017年7月27日，英国金融行为管理局（FCA）局长Andrew Bailey表示，从2021年起不再强制要求Libor报价行开展报价，市场参与者应该开始寻找Libor的替代指标。

Libor是伦敦银行间同业协会拆借利率（London inter－bank offered rate）的英文缩写，在1986年推出，是金融市场最重要的基准指标，直接影响利率期货、工商业贷款、个人贷款、住房抵押贷款等多项金融产品的定价以及货币政策制定。过去30年间，Libor已经作为国际金融市场中大多数浮动利率的基础利率，中国各家外汇指定银行实行的外汇贷款利率也采用在Libor利率的基础上加一定百分点，并随Libor的变动而浮动。

Libor目前由洲际交易所定价管理机构负责管理，使用5种货币作为计价单位——美元、欧元、英镑、日元和瑞士法郎，并搭配7种不同的期限——隔夜、1周、1个月、2个月、3个月、6个月和1年期。每个交易日都会有35种不同的Libor报价，其中最常使用的是美元3个月期Libor。

在Libor定价机制上，英国银行家协会最初选定了16家（现在为20家）银行作为参考银行，在每天伦敦时间的11点前，Libor的管理机构（ICE）会要求Libor报价行报出在伦敦同业拆借市场上的拆借利率。随后，ICE会去掉报价中最高的25%和最低的25%，通过算术平均的方法，计算出Libor的最终定价。所以，Libor并不是一个交易出来的利率，而是报价行报出来的利率。

由于Libor是基于报价，而非真实交易得出的利率，这也使得Libor面临较大的弊端，无法保证银行报价的真实性。2008年金融危机期间，银行普遍出现流动性不足的问题，银行担心根据真实流动性报价会暴露自身的流动性状况，刻意压低报价，使得计算出来的Libor低于市场的真实利率。从2008年开始，便有媒体开始质疑Libor的真实性。2010年底，美国监管机构就部分大型金融机构操纵 Libor 案展开调查。2012 年 6 月 27 日，美国商品期货交易委员会（CFTC）宣布，因巴克莱集团在 2005 年至 2009 年期间试图操纵和虚假汇报 Libor，对其处以 2 亿美元罚款。这就是震惊金融界的巴克莱银行丑闻。此后几年，美国、欧盟、日本、加拿大等多国机构先后介入调查，结果显示，数十家欧美金融机构均涉嫌 Libor 操纵案。Libor 丑闻正式被世界知晓。Libor 操纵丑闻爆出后，相关监管机构也开始寻求对 Libor 的改革。

目前全球有超过百万亿美元的产品挂钩 Libor，Libor 改制带来的最大的问题就是，这些挂钩 Libor 的合约怎么办？如果不再使用 Libor，可能使得大量未到期的合约需要重新谈判，带来的交易成本很高。FCA 也正是基于此考虑，给了市场 4 年半的过渡期。不过，如何实现基准利率的平稳过渡，或还需要监管机构制订出更为详细的方案，避免届时出现市场崩盘等情况。

资料来源：中金公司固定收益研究。

六、我国同业拆借市场的发展

中国的同业拆借市场始建于 1984 年 10 月，当时中国人民银行确定了“统一计划，划分资金，实存实贷，相互融通”的信贷资金管理体制，明确“相互融通”就是资金的横向调剂，主要是各地区各银行之间相互拆借资金。于是，一些地区的金融机构开始出现同业拆借活动，但那时拆借量很小，没有形成规模市场。

1986 年初，国家体改委和中国人民银行召开的金融体制改革工作会议正式提出了开放和发展我国的同业拆借市场，同年 1 月颁布的《中华人民共和国银行管理暂行条例》对专业银行间的资金拆借作出了具体的规定，到第二年已经在全国初步形成了一个以大中城市为中心点的同业拆借市场。从 1986 年到 1996 年的 10 年间，拆借市场经过了多次的治理整顿，逐渐趋向规范，交易量也越来越大，更多的金融机构将拆借市场作为调节短期头寸的平台。通过中国人民银行牵头，各地相继成立了融资中心，将原先分散的拆借活动集中在一起，为建立统一的拆借市场奠定了基础。

1996 年 1 月 3 日，全国统一的同业拆借市场开始运行，它是在原先由中国人民银行各省市分行牵头建立的融资中心的基础上，运用先进的通信和信息处理系统，将分散于全国的拆借活动集中起来。中国人民银行于当天首次发布统一拆借市场的加权利率 Chibor，并于 6 月 1 日起全面开放了拆借市场。

随着全国统一拆借市场的建立，各地融资中心的历史任务已完成，1998 年，中国人民银行将所有融资中心撤离市场，致使银行间同业拆借市场交易萎缩。针对这一情况，中国人民银行通过扩大市场交易主体，吸收符合条件的证券公司、基金管理公司加入同业拆借市场，恢复并促进了市场交易的活跃。从 2000 年开始，拆借市场越来越趋于规范和合理，成交量进一步增长，成交品种结构更加合理，尤其是 1 周的短期品种交易量占比超过总量的 50%，市场的短期特征得到了体现。在市场交易扩大的同时，市场的基础设施也日趋完善，2000 年 6 月开通的中国货币网（www. chinamoney. com. cn）使市场信息发布的透明化及交易的无形化、便捷化得到较大的提高。

我国 1996 年推出的 Chibor 计算方法有先天不足，它是由银行间融资交易的实际交易利率计算得出，因而无法代表整个市场。2007 年 1 月 4 日，由位于上海的全国银行间同业拆借中心发布的上海银行间同业拆放利率（Shanghai interbank offered rate，Shibor）在我国正式运行，它是由16家信用等级较高的银行组成报价团，自主报出的人民币同业拆出利率计算确定的算术平均利率，是单利、无担保、批发性利率。Shibor的形成机制与在国际市场上普遍作为基准利率的Libor的形成机制非常接近，因而具备了我国基准利率的雏形。

专栏9-4
我国拆借市场交易中心简介

中国外汇交易中心暨全国银行间同业拆借中心为中国人民银行直属事业单位，其总部设在上海总中心，在北京设有北京中心，在深圳设有南方中心，在上海和北京建有数据备份中心和异地灾备中心。交易中心负责全国拆借市场运行，负责外汇、票据、回购市场的运行并受托运行黄金交易系统，同时提供计算机交易系统服务。

拆借市场交易实行自主报价、格式化询价、确认成交的交易方式。交易双方依托计算机交易系统公开报价并在规定的次数内向对方询报价。凡成员确认的报价，由交易系统自动生成成交通知单，作为交易双方成交确认的有效凭证。

参与人民币拆借交易的主体是经中国人民银行批准，具有独立法人资格的商业银行及其授权分行、农村信用联社、城市信用社、财务公司、证券公司和保险公司等有关金融机构以及经中国人民银行认可经营人民币业务的外资金融机构。交易双方可在4个月范围内自行商定拆借期限。交易中心按隔夜、1周、2周、1个月、3个月、6个月、9个月及1年共8个品种计算和公布加权平均利率，即上海银行间同业拆放利率（Shibor）。

交易确认后，由拆借双方全额直接清算，自担风险。成员双方根据成交通知单，按规定的日期全额办理资金清算。其资金划付通过中国人民银行支付系统进行，资金清算速度为T+0或T+1。随着Shibor市场化程度的不断提高，其基准性越来越强。从与Shibor相关市场的统计数据观察，10年间相关市场的参与者和交易量都显著增长，2016年以Shibor为定价基准的同业拆借交易达23万余笔，总成交量95.5万亿元。

另外，为了满足在人民银行营业部开户的金融机构在每日营业终了时因清算原因产生的临时性人民币隔夜头寸调剂需求，拆借市场推出了同城隔夜拆借系统。人民银行营业部可以在金融机构授权范围内通过该系统办理隔夜拆借业务。

资料来源：中国货币网。

第三节　票据市场

商业票据是在商业信用基础上产生和发展起来的短期信用工具，主要有两种：一种是商业本票，也称为商业期票或直接称为商业票据，它是由债务人签发的，承诺在一定时间内支付一定金额给收票人或持票人的付款保证书；另一种是商业汇票（commercial bills），它是债权人签发的命令债务人在一定时间内支付一定金额给持票人的付款命令书。票据市场则是围绕商业票据的发行及流通形成的短期金融市场，它包括商业本票市场和商业汇票市场，而商业汇票市场中又包含了票据贴现市场。

商业票据（commercial paper）是一种短期的无担保证券，是发行人（多为信誉高、实力雄厚的大公司）为了筹集短期资金或弥补短期资金缺口在货币市场上向投资者发行，并承诺在将来一定时期偿付证券本息的凭证。

一、商业票据市场

商业票据市场是一个由发行人、投资人组成的发行、购买、交易商业票据的市场。

（一）商业票据市场的起源和发展

商业本票是最古老的货币市场工具之一。最初的商业本票产生于商品交易，源于赊销或延期支付。到19世纪初，商业本票的性质出现了变化，许多美国的大企业开始发行纯粹融资性的本票，并逐渐脱离了与商品交易的联系。最初的融资性商业票据是通过证券经纪人发行的，发行者主要是纺织厂、烟草公司和铁路公司等大型工商企业，而购买者多为资金充裕的商业银行。到19世纪中叶，经纪人开始经营商业票据的自营业务。他们从银行借入资金，买进商业票据，再以更高的价格卖出去，以赚取差价。20世纪20年代，商业票据的形式进一步变化，发行人主要是各类消费信贷机构。这些消费信贷机构通过发行票据筹措资金以对消费者提供消费信贷。首家发行融资性票据的消费信贷公司是美国通用汽车公司下属的金融公司——通用汽车票据承兑公司（General Motors Acceptance Corporation，GMAC），该公司的成功发行带动了其他金融公司和金融机构进入市场，在很大程度上改变了商业票据市场发行人的结构，从而进一步推进了商业票据市场的发展。

商业票据市场在美国的真正繁荣是20世纪60年代以后。其迅速发展的主要原因有：第一，商业票据具有其他融资方式无法替代的优势。主要表现在商业票据利息和发行成本均比同期银行贷款利率和贷款成本低，商业票据灵活性强，融资迅速，发行人可直接面向市场多种机构投资者，并根据自身需求来设计商业票据的面额、期限和利率。第二，传统的银行信贷已满足不了企业日益增长的融资需求，于是，实力雄厚、信誉良好的大公司转向商业票据市场融资。第三，金融机构发行商业票据可规避美国金融市场的Q条例利率管制，所筹集的资金不用缴纳法定存款准备金。商业银行的积极参与进一步提高了商业票据的信誉，降低了商业票据的发行成本，并完善了商业票据市场的运行机制。

商业票据市场的繁荣还表现在其他国家商业票据市场及欧元商业票据市场的产生和发展上。20世纪60年代前的加拿大，70年代中期的澳大利亚，80年代的法国、瑞典、英国、日本、芬兰等和90年代的比利时、荷兰等均先后建立了商业票据市场，欧元商业票据（Euro-commercial paper）也出现在世界各主要金融中心。

专栏9－5

我国商业票据市场的发展

我国票据市场的发展得益于改革开放，1979年，国家开始有计划地发展商业信用，中国人民银行批准部分企业签发商业汇票，迄今已有40多年的发展历史。票据发展历程根据市场规模增长速度可以大致划分为三个阶段：

第一阶段：1979—1999 年是起步探索阶段。随着社会主义市场经济的发展以及商品的加速生产和流通，票据作为商业信用的载体获得新生，成为 20 世纪 90 年代解决企业间“三角债”问题的主要工具，因此这一阶段的特征是票据业务呈自然发展状态，承兑业务发展较快，贴现业务相对较少，票据交易极不活跃。

第二阶段：2000—2015 年是迅猛增长阶段。2015 年，票据市场累计贴现量达到 102.1 万亿元，比 1999 年增长 409 倍；累计承兑量达 22.4 万亿元，比 1999 年增长 44 倍。这一阶段，经济繁荣带动实体经济融资需求和票源增加，票据作为重要的信贷资产得到商业银行的广泛重视，票据的多重功能迎合了中小银行的需求。因此，票据市场规模快速增长，承兑业务增速高于宏观经济增长，票据资产交易属性更加明显，流通周转速度加快。

第三阶段：2016 年至今是规范稳健发展阶段。2016 年 12 月 8 日，由国务院决策部署、中国人民银行批准设立的票据市场基础设施——上海票据交易所正式成立，标志着票据市场迈入全国统一、信息透明、标准化资产的新时代。这一阶段，经济发展进入转型期，金融去杠杆和监管强化逐步推进和深化，票据市场前期高速增长所积累的风险集中爆发后，加强整治，票据业务开始回归本源，交易规模大幅萎缩。

资料来源：肖小和．中国票据市场改革开放回顾与展望［N］．证券时报，2018－09－18.

（二）商业票据市场的构成要素

1. 商业票据的发行者。商业票据的发行者一般有三类：（1）大企业的子公司。一些大型工商企业组建自己的财务公司，通过发行商业票据融资，再向母公司产品的销售商购买分期付款的债权，从而使销售商可以再向母公司进货。如美国的通用汽车公司、福特汽车公司、通用电气公司等大型公司都通过这种方式支持消费信用，同时也推动公司生产的发展。（2）银行控股公司。一些银行的控股公司也直接发行商业票据，以筹措资金支持银行的其他金融业务，如租赁、代收代付、消费信用等。（3）其他获得银行信用额度支持的企业。因为商业票据的发行是信用发行，所以不是所有企业都可以发行。大企业可以凭自己强大的信誉作发行保证，另外一些企业无法靠自身力量发行，那么当它取得了银行的信用额度支持后，就可以通过发行票据融资。

2. 商业票据的投资者。历史上，商业银行是商业票据的主要购买者。自 20 世纪 50 年代初期以来，由于商业票据风险较低、期限较短、收益较高，许多公司也开始购买商业票据。现在，该市场的主要投资者是保险公司、非金融企业、银行信托部门、地方政府、养老基金组织等，商业银行已退居次要地位。但商业银行在该市场仍具有重要作用，这主要体现在代理发行、代为保管票据以及提供票据发行的信用额度支持等方面。由于许多商业票据是通过滚动发行方式偿还的，即发行新票据取得资金偿还旧票据，加之许多投资者选择商业票据时很看重是否有商业银行的信用额度支持，因此商业银行的信用额度支持对商业票据的发行影响极大。

3. 商业票据的面额及期限。商业票据的发行面额较大，一般都在 10 万美元以上，也有 25 000 美元或 50 000 美元的发行面额。二级市场商业票据的最低交易规模为 10 万美元。就期限来看，商业票据的期限较短，一般不超过 270 天，市场上未到期的商业票据平均期限在 30 天以内，大多数商业票据的期限为 20～40 天。

4. 商业票据的发行价格。商业票据一般采用贴现方式发行，到期时面值与发行价格之间的差额即为投资者的利息所得。发行价格与票据实际利率成反向关系，实际利率越高发行价格越低，实际利率越低则发行价格越高，所以在确定票据的发行价格时应综合考虑以下因素：（1）发行人的信用等级。这直接关系到投资者所承担的风险高低，票据的信用程度与票据的利率通常具有反向关系，资信等级越高，发行利率越低。（2）同期银行借贷利率和其他货币市场利率。商业票据发行人一般根据同期银行借贷利率和其他货币市场利率来确定商业票据的发行利率，以使商业票据更具有竞争力。（3）商业票据的期限。商业票据的期限较短，通常为 30 天、60 天、90 天或 180 天，一般最长不超过 270 天。一般期限越长，意味着投资者承受的风险越大，理应要求越高的收益率，所以发行利率越高。（4）其他因素。一般境外发行人的商业票据面临着额外的政治、汇率风险，投资者往往要求提高利率以弥补风险溢价。

5. 商业票据的发行方式。商业票据的发行有两种方式：直接发行与通过证券交易商发行。直接发行（direct placement）是由发行人直接面向市场投资者发行商业票据。这适合于那些发行数额较大且需要经常发行商业票据的大公司。在美国约一半的商业票据都是以这种方式发行的。

不经常发行或发行数额比较小的发行人常常通过证券交易商发行（dealer placement）商业票据，这样既可以充分利用证券交易商已经建立起来的许多发行网络，并争取到尽可能好的利率和折扣，又可以节省自己建立销售网络的成本开支。由证券交易商支付的价格与发行人收到的价格之差，叫做证券交易商销售差价（dealer spread），一般年平均为 10 个基点。日本与欧洲商业票据大都采取这种方式发行。

6. 商业票据的信用评级。尽管并非所有国家商业票据的发行都需要经过信用评级，但在西方发达国家的市场上，未经过评级的公司，尤其是不知名的公司，其商业票据是很难销售出去的。信用评级虽然增加了发行的手续和成本，但却能够使市场投资者更加了解发行人的财务状况，有利于增加信息的透明度，使市场更好地评价不同的商业票据，从而也能够降低信誉高的发行人的利息成本。国际上比较著名的信用评级公司有穆迪（Moody's）、标准普尔（Standard&Poor）和惠誉（Fitch）。一般需要其中两家公司对发行人的资产负债和业务情况进行评估，对其所发行的商业票据的资信进行鉴定后给予信用等级。信用评级的标准主要是发行人的流动性指标和所拥有的信用额度。不同信用等级的商业票据，在利率上的差别最大时可以达到 150 个基点，最小时也有十几个基点。

专栏 9－6
三大国际著名的信用评级公司

穆迪：世界著名的跨国管理及技术服务机构之一。1911 年始建于美国，目前总部设在英国伦敦，已在全球 50 多个国家设立了 72 个分支机构。其全球性服务网络为客户提供优质的全方位管理体系认证、质量保证、检验和工业项目工程技术咨询服务。目前，穆迪在工程管理、质量检验、技术咨询和质量监督方面的客户遍布电力、石油天然气、化工、采矿、建筑等行业。其信用等级标准从高到低可划分为 Aaa 级、Aa 级、A 级、Baa 级、Ba 级、B 级、Caa 级、Ca 级和 C 级。

标准普尔：总部设在美国，是目前国际上公认的最具权威性的信用评级机构之一。标准普尔指数由其 1923 年开始编制发表，当时主要编制两种指数，一种是包括 90 种股票每日发表一次的指数，另一种是包括 480 种股票每月发表一次的指数。1957 年扩展为现行的、以 500 种采样股票通过加权平均综合计算得出的指数，在开市时间每半小时公布一次。其信用等级标准从高到低可划分为 AAA 级、AA 级、A 级、BBB 级、BB 级、B 级、CCC 级、CC 级、C 级和 D 级。

惠誉：成立于 1913 年。惠誉本身是由两家小型评级机构——以纽约为总部的费奇（Fitch Investors Service）和以伦敦为总部的 IBCA 在 1997 年 10 月因合并重组而形成的。两家机构合并之后，成为法国上市公司 FIMALAC 的子公司，但却仍在伦敦和纽约同时维持两个总部。惠誉重视评级质量，根据 Cantwell 公司 1999 年对世界三大评级公司的国际信用评级调查报告，惠誉在分析研究报告和评级服务两方面分别被发债主体评为最高质量奖。

资料来源：中国银行业协会．中国票据市场发展报告（2016—2017）[M]．北京：中国财政经济出版社，2019.

（三） 商业票据市场的特点

1. 采用信用发行的方式。无须抵押，一些大企业发行也无须银行信用支持。这样的发行方式更简捷方便，也符合货币市场的短期性特征。

2. 发行成本较低。一般票据的非利息成本包括信用额度支持费用、代理费用和信用评估费用等，这些成本加上利息仍然会比同期银行贷款的利息要低，否则发行人就不会用商业票据的形式融资了。

3. 可以提高发行企业的信誉。只有实力雄厚、信誉卓越、财务状况良好、知名度高的大公司才能进入商业票据市场，商业票据发行本身就是公司实力、信誉最好的证明。

4. 可以足额运用资金。企业向银行贷款，往往需要将一定的资金保留在银行的往来账户上，而发行票据则可以将全部资金投入营运。

5. 对利率的变动反应灵敏。票据作为一种无抵押的融资工具，投资者对它的信用度和收益率是非常敏感的，经常将其收益率与货币市场其他工具进行对比。因此，一旦货币市场其他利率或市场利率发生变动，发行人就必须马上对票据利率进行调整，以使其适应新的利率结构，保持对投资者的吸引力。

6. 一级市场发行量大而二级市场很弱。首先是因为商业票据本身的期限比较短，持有者不会过多考虑流动性问题，无转让的动机；其次是投资者对这种无抵押工具都是经过反复权衡才购买的，一般是用其完全闲置的资金，无变现压力；最后是发行人在必要时可以提前赎回票据，从而实现投资者的流动性。因此，商业票据二级市场上的交易比较清淡，大多数投资者都将其持有到期。

二、银行承兑汇票市场

在商品交易活动中，销货方为了向购货方索取货款而签发的商业汇票，经过付款人在票

> 银行承兑汇票市场以商业汇票为金融工具，通过汇票的发行、承兑、转让及贴现而实现资金融通的市场。

面上承诺到期付款的“承兑”字样并签章后，就成为承兑汇票。经购货方承兑的汇票称为商业承兑汇票，经银行承兑的汇票即为银行承兑汇票（banker’s acceptances）。由于后者是以银行为担保的，其信用度更高，安全性和流动性更高，更容易被债权人所接受，到银行申请贴现时贴现率也更低，所以银行承兑汇票是承兑汇票的主要形式。以银行承兑汇票作为交易对象的市场即为银行承兑汇票市场。

（一）银行承兑汇票的原理

银行承兑汇票是为方便商业交易活动而创造出的一种工具，在国际贸易中运用较多。当一笔国际贸易发生时，由于出口商对进口商的信用不了解，加之没有其他的信用协议，出口商担心对方不付款或不按时付款，进口商担心对方不发货或不按时发货，交易就很难进行。这时便需要银行信用从中作担保。一般地，进口商首先要求本国银行（开证行）开出信用证，表示开证行愿意为进口商进行信用保证。信用证授权国外出口商开出以开证行为付款人的汇票，可以是即期的也可以是远期的。如果是即期汇票，则开证行见票即付；如果是远期汇票，开证行就会对该汇票进行承兑，承兑后的汇票就是银行承兑汇票，承兑行也就负有了不可撤销的第一责任。

银行承兑汇票经由出口商的往来银行交还给出票人（即出口商），出口商可以马上以其向往来银行申请贴现，回笼资金；贴现银行持有该承兑汇票，作为承兑银行的债权人，可以在到期日向承兑行进行兑付，当然也可以转贴现或再贴现以使资金提前回笼；对于承兑行来说，它会在汇票到期日前要求进口商将足额资金存入银行，以免本行为进口商长时间垫款。这就是银行承兑汇票在国际结算中的作用。

（二）银行承兑汇票的运行机制

1. 银行承兑汇票的一级市场。银行承兑汇票的一级市场由出票和承兑两个环节构成，两者缺一不可。

（1）出票。出票是指出票人签发票据并交付给收款人的票据行为。出票行为包括按照法定格式做成票据和将票据交付给收款人两个步骤。票据设定的权利义务关系因出票行为而发生，其他各种票据行为都必须以此为基础，出票是最基本的票据行为。汇票是一种要式凭证，各国票据法都对汇票出票的款式，即汇票签发时的记载事项做了严格的规定。一般要求包括以下内容：记明“汇票”字样、无条件支付一定金额的委托、付款人的名称、收款人的名称、出票时间、出票人盖章、付款日期、付款地、出票地。

（2）承兑。承兑是指汇票付款人承诺在票据到期日支付汇票金额的票据行为。汇票付款人并不因出票人的付款委托，而成为当然的汇票债务人，在汇票承兑之前，付款人只处于被提示承兑或被提示付款的地位，只有经过承兑，才对汇票的付款承担法律上的责任。付款人一经承兑，就成为承兑人，是汇票的主债务人。

汇票的承兑一般经过三个阶段：首先是提示承兑，即汇票持票人在进行承兑的期限内，向付款人出示汇票，请求付款人予以承诺付款。其次是承兑，汇票付款人对向其请求承兑的汇票，应在一定期限内承兑或拒绝承兑。付款人如果同意承兑，则必须作出承兑的意思表示，即在汇票正面记载“承兑”字样和承兑日期并签章。最后是交还汇票，即付款人将有关事项记载完毕后把汇票交还给持票人。持票人收到交还的汇票或者接到了付款人书面承兑通知后，承兑即告结束。

2. 银行承兑汇票的二级市场。经过承兑的汇票，具有法律效力，付款人到期必须足额支付票款。一方面，由于银行的资信比较高，经过银行承兑的汇票，其信用程度大大提高，从而使其在流通市场上具有广泛的可接受性；另一方面，持票人为了避免资金积压，往往会将银行承兑汇票予以转让，以融通短期资金，这也使得银行承兑汇票的流通成为可能。银行承兑汇票的二级市场，包括票据交易商、商业银行、中央银行、保险公司以及其他金融机构等参与者，还包括贴现、转贴现和再贴现等票据交易行为。这一系列交易行为的前提是汇票的背书。

（1）背书。背书是持票人将票据权利转让给他人的票据行为。背书时背书人要在汇票背面或粘附于汇票背面的粘单上签章，以承担保证后手所持汇票承兑和付款的责任，并证明前手签章的真实性和背书的连续性，以证明票据权利的正当。

（2）贴现。贴现是指汇票持有人以未到期的票据向银行换取现金，并贴付自贴现日至汇票到日期的利息的一种票据行为。从性质上看，贴现是银行以现款买入未到期票据上的债权，等票据到期再获得买入票据日至票据到期日这一段时间的利息，因此，对银行来讲，贴现实质上是一种票据买卖行为。

（3）转贴现。转贴现是指办理贴现的银行，将其贴进的未到期票据，再向其他银行或贴现机构进行贴现的票据转让行为，是金融机构之间相互融通资金的一种形式。在西方发达国家的票据市场上，转贴现行为非常普遍，银行和市场上其他投资者往往利用银行承兑汇票进行多次转贴现，以保证资金运作的灵活性和良好的收益性。

（4）再贴现。再贴现是指商业银行或其他金融机构将贴现所获得的未到期汇票向中央银行再次贴现的票据转让行为。一般情况下，再贴现是最终贴现，票据经过再贴现即退出流通过程。再贴现是中央银行对商业银行和其他金融机构融通资金的一种形式，也是中央银行调节市场银根松紧的重要手段。

专栏 9－7
美国银行承兑汇票市场发展历史

美国于 20 世纪初开始推动发展其自身的银行承兑汇票市场。1913 年，美联储一成立，就将银行承兑汇票作为购买和贴现的主要资产之一。1916 年到 1931 年间，美联储平均持有超过总量 1/3 的银行承兑汇票。美联储的措施对美国银行承兑汇票市场的发展产生了积极影响。银行承兑汇票市场规模快速增长，1930 年达到 16 亿美元以上。1925 年到 1931 年间，银行承兑汇票平均为 1/3 的美国贸易总额提供了融资。但从 20 世纪 80 年代中期开始，银行承兑汇票余额停滞在 650 亿美元上下的水平上，并于 1989 年后开始下降，仅仅三年间就下降到 339 亿美元。此后，市场余额继续下降，直到 2012 年，美联储停止了对银行承兑汇票余额的年度统计。

美国银行承兑汇票市场的停滞和衰落有以下几方面原因：一是从银行承兑汇票的国际贸易结算功能来看，越来越多跨国公司的建立和信息技术的进步使得国际贸易不再需要使用汇票进行结算。二是从银行承兑汇票的融资功能来看，20 世纪 80 年代美国商业信用迅速发展，融资成本更低、方式更灵活的短期融资工具先后出现，形成对银行承兑汇票的替代。三是从银行承兑汇票作为美元资产的功能来看，欧洲美元市场（Euro – dollar market）的发展对美元银行承兑汇票市场产生了替代。20 世纪 50 年代，欧洲美元市场开始建立。1969 年，欧洲美元市场规模达到美元银行承兑汇票市场的 4 倍左右。

在美国，银行承兑汇票市场主要与国际贸易密切相关，两者之间相互促进：一方面，1990 年以前的大部分时期银行承兑汇票为美国 10% 以上的进出口贸易提供了融资；另一方面，支持美国银行承兑汇票发展的基础主要是美国进出口贸易的实体经济需求。

资料来源：上海票据交易所国际货币及票据市场课题组．美国银行承兑汇票市场发展历史及对我国的启示［Z］．2017.

第四节 大额可转让定期存单市场

大额可转让定期存单（negotiable certificates of deposits，CDs）是 20 世纪 60 年代才产生的货币市场工具，它是银行和其他存款机构为防止存款流失和满足市场投资者对短期投资工具的需求，而发行的固定面额、固定期限、可以流通转让的大额存款凭证。通过发行大额可转让定期存单，银行和其他存款机构获得了一种稳定的资金来源，增强了贷款能力，也增加了一种负债管理的工具。这一金融创新工具的产生也使投资者丰富了其投资组合。

一、大额可转让定期存单的产生和发展过程

大额可转让定期存单首创于美国，和商业票据一样都是 20 世纪 60 年代美国的银行业为规避 Q 条例①而进行金融创新的产物。为了阻止存款的外流，银行必须开发出新的存款工具吸引客户。花旗银行集团首先于 1961 年推出了大额可转让定期存单。由于大额可转让定期存单兼顾了活期存款的流动性和定期存款的收益性，也合理地规避了金融管制，因此一上市就受到投资者的欢迎和青睐。

经过几十年的时间，大额可转让定期存单在各方面都得到了极大的发展。从规模上看，美国的大额可转让定期存单交易额从 20 世纪 60 年代初的不到 10 亿美元发展到 90 年代初的超过 2 150 亿美元；从品种上看，从最初的单一品种发展到目前的包括欧洲 CDS 和储蓄机构 CDS 在内的多个品种；从范围上看，从最初美国是唯一发行国发展到包括英国和日本在内的几乎所有发达国家都大量发行。

二、大额可转让定期存单的特点

与普通商业银行定期存款相比，大额可转让定期存单具备以下几个特点。

1. 不记名。大额可转让定期存单一般是不记名的，虽然在到期前不能提前支取，但持有者可以在二级市场上转让、变现。普通商业银行定期存款是记名的，没有二级市场，不能流

① Q 条例规定，银行对于活期存款不得公开支付利息，并对储蓄存款和定期存款的利率设定最高限度。

通转让，存款人若在存款到期前急需资金，可到银行提前支取，但提前支取要损失部分利息收入。

2. 面额大且固定。大额可转让定期存单属于批发性质的工具，存单的金额由发行银行根据市场的需求来确定，每笔存单的金额都比较大且固定。如美国最低面额为 10 万美元；日本最低面额为 1 亿日元；中国香港最低面额为 10 万港元。而普通商业银行定期存款金额有大有小，完全由存款人自己选择。

3. 期限较短。大额可转让定期存单期限一般在 1 年以下，以 1 个月、3 个月、6 个月、9 个月的期限为多。普通商业银行定期存单期限大多超过 1 年。

4. 利率一般低于同期限银行定期存款的利率。由于大额可转让定期存单兼顾了活期存款流动性和定期存款收益性，所以其利率应该比普通定期存单低一点。大额可转让定期存单的利率在存款期内随市场利率的变化而调整，既有固定利率，也有浮动利率。传统的定期存款一般为固定利率，利率在整个存款期内是固定不变的。

三、大额可转让定期存单的种类

（一）根据利率不同，大额可转让定期存单可分为固定利率存单和浮动利率存单

1. 固定利率存单。市场上的存单主要为固定利率存单。固定利率存单有固定面额、存期、票面利率，利息到期支付。计息天数 1 年按 360 天计算。

2. 浮动利率存单。浮动利率存单是以货币市场上某一时间相同期限放款或票据的利率为基数，加上预先确定的浮动幅度来确定利率的。利息分期支付，上下浮动幅度根据货币市场利率波动及发行者资信的不同而定。

（二）根据发行人的不同，大额可转让定期存单可以分为国内存单、欧洲存单和外国存单

1. 国内存单（domestic CDs）。国内存单是各国银行在本国货币市场上所发行的以本国货币为面值的大额可转让定期存单。这类存单大多不记名，便于转让，少量记名的多为政府等机构购买。

2. 欧洲存单（Euro CDs）。欧洲存单是由美国的银行在国外的分支机构或外国银行在美国境外所发行的以美元为面值的大额可转让定期存单，最早由花旗银行伦敦分行于 1966 年在伦敦发行。与国内存单相比，发行欧洲存单不需提取存款准备金，也无须交纳存款保险费，对于发行银行来说，发行欧洲存单的成本更低。

3. 外国存单（foreign CDs）。外国存单是由外国银行在存单货币所在国发行的存单。如美国的扬基存单（Yankee CDs），是外国银行在美国发行的以美元为面值的大额可转让定期存单。由于一般存在认知与信任度问题，发行人一般需要支付比国内存单更高的利率。

四、大额可转让定期存单市场的参与者

大额可转让定期存单的发行人是大型商业银行集团，一般直接通过营业窗口进行信用发行，发行方式则可选择批发式或零售式。发行价格一般是平价，有时为竞争或促销，也会采用贴现发行。

大额可转让定期存单的投资者大多是大企业。它们会尽可能地将暂时闲置的资金运用出去以取得利息收入，但由于在其资金流中闲置资金往往是短暂的，只能投资于货币市场的低

风险工具，于是商业银行发行的信誉较高的大额可转让定期存单就成了其投资首选。企业可将存单的到期日与预期的企业支付日联系起来，从而完成资金链的衔接。

金融机构特别是货币市场基金也是存单的积极投资者，其次还有商业银行和信托机构（当然商业银行不能购买自己发行的存单）。另外，政府机构、中央银行和个人投资者也是存单的重要投资者。除各类金融机构外，其他投资者在二级市场上买卖存单时要通过交易中介人，如短资公司等。

五、大额可转让定期存单市场的运行机制

（一）大额可转让定期存单的发行

发行大额可转让定期存单关键在于确定存单利率或发行价格以及发行方式。

1. 发行价格的确定。大额可转让定期存单发行价格的确定，主要取决于以下几个因素：一是发行人资信等级；二是发行时市场利率水平；三是存单的期限；四是存单的流动性。

一般而言，可转让定期存单的利率会比国库券利率高，主要因为两点：一是可转让定期存单的风险无论如何都会比国库券大，因而流动性比国库券差；二是存单收益是应税所得，而国库券收益是免税的。

2. 发行方式的选择。大额可转让定期存单的发行方式与商业票据的发行方式非常相似，可选择由发行人直接在银行网点进行销售，也可以选择委托承销商来发行。前者相对来说比较节约成本，后者由发行人首先公布存单总数、利率、发行日期、到期日、存单面值等，选择一家或多家承销商组成包销团，其间发行人需支付承销佣金、法律咨询及市场推广等一系列费用。

（二）大额可转让定期存单的流通

可转让定期存单市场的流动性比不上国库券市场，但实力雄厚的大银行所发行的可转让定期存单在流通市场上的交易还是相当活跃的。由于可转让定期存单一般不记名，因此在发行市场购买存单的投资者在流通市场上交易转让时，直接交付给新的购买人即可，无须背书。

由于可转让定期存单多以平价发行，因此其流通价格和收益率主要由同期市场利率决定。其中，浮动利率可转让定期存单的价格视利率浮动幅度而定，固定利率可转让定期存单的转让价格计算公式如下：

$$\text{存单流通价格}=\frac{\text{面额}\times\left(1+\text{存单利率}\times\dfrac{\text{存单发行日至到期日的实际天数}}{360}\right)}{1+\text{市场利率}\times\dfrac{\text{存单买入日至到期日的实际天数}}{360}}$$

式中：存单利率是存单发行时的规定利率；市场利率是指买入存单时新发行的存单的同期利率。

✪【例】 对于面额为100万美元、利率为10%、期限为60天的可转让定期存单，投资者在发行30天后买入，当时市场利率为9%，则

$$\text{存单流通价格}=\frac{1\ 000\ 000\times\left(1+10\%\times\dfrac{60}{360}\right)}{1+9\%\times\dfrac{30}{360}}=1\ 009\ 100\ (\text{美元})$$

对应存单收益率的确定：

$$\text{存单实际收益率}=\left[\frac{\text{面额}\times\left(1+\text{存单利率}\times\dfrac{\text{存单发行日至到期日的天数}}{360}\right)}{\text{存单购买价格}}-1\right]\times\frac{360}{\text{买入日至到期日的天数}}$$

【例】 面额100万美元、期限60天、利率10%的存单，投资者在发行30天后买入并持有到期，其买入价为1 009 100美元，则

$$\text{存单实际收益率}=\left[\frac{1\ 000\ 000\times\left(1+10\%\times\dfrac{60}{360}\right)}{1\ 009\ 100}-1\right]\times\frac{360}{60-30}=9\%$$

专栏9－8
中国大额可转让定期存单市场的变迁

我国大额可转让定期存单市场产生于20世纪80年代后期，是当时国内金融创新的一个典范。1986年下半年，交通银行首次发行大额可转让定期存单，后来中国人民银行允许所有国有商业银行发行。1989年5月和11月，中国人民银行先后下发了两个文件——《大额可转让定期存单管理办法》和《关于大额可转让定期存单转让问题的通知》，分别对大额可转让定期存单的期限、面值、利率计息办法和转让问题做了统一规定，规范了市场行为。

最初，大额可转让定期存单推出的主要目的是“增加金融工具，活跃金融市场，聚集社会闲散资金，支持国家经济建设”。但是，由于当时居民收入水平低、金融市场体系不完善，再加上相关制度不健全，管理不规范，大额可转让定期存单超计划、未经批准乱发、滥发，一度沦为部分商业银行变相高息揽存的工具。虽然1996年中国人民银行重新修改了相关的管理办法，试图进一步规范其发展，大额可转让定期存单市场还是逐渐萎缩。到1998年，人民银行只好下文停止发行大额可转让定期存单。

随着利率市场化改革的加快推进，我国存贷款利率管制已全面放开，金融机构自主定价能力显著提升。同时，同业存单市场的快速发展也为推出面向企业和个人的大额存单奠定了坚实基础，推出大额存单的条件和时机已经成熟。为规范大额存单业务发展，拓宽存款类金融机构负债产品市场化定价范围，有序推进利率市场化改革，中国人民银行制定了《大额存单管理暂行办法》，自2015年6月2日起施行。

资料来源：中国金融信息网。

第五节　国库券市场

国库券市场是发行和流通国库券所形成的市场，是货币市场最重要的组成部分之一，在美国等国债市场发达的国家，国库券市场甚至是货币市场的核心。

一、国库券市场的特点

国库券（treasury bill）是指由一国财政部发行的、期限在1年及1年以下的短期政府债券。

1696 年，英国政府首次发行付息短期政府债券，叫“财政部证券”（exchequer bills）。1877 年，英国政府开始以贴现方式发行国库券，获得了成功，不久，它就代替了“财政部证券”成为政府融通短期资金的重要手段。美国政府于1929 年开始发行国库券，最早发行的是期限为 1 年的固定利率国库券，这类国库券由于期限结构单一、利率无法随市场变动，给资金供求双方均带来不便，存在许多缺陷。因此，美国于 1929 年 11 月效仿英国采用贴现方式发行了期限更短的国库券，之后美国国库券市场获得了巨大的发展。

我国于 1981 年首次发行国库券，但实际上是中期国债。直到 1994 年，才首次尝试设计、发行了半年期和 1 年期短期国债，这标志着我国真正意义的国库券市场的出现。如今我国短期国债市场已初具规模，交易量大增。值得注意的是，在我国，不管是期限在 1 年以内的还是 1 年以上的由政府财政部门发行的国债，均有称为“国库券”的习惯。

国库券不仅是重要的政府债务工具，而且也是货币市场不可缺少的交易工具，吸引了最广泛的投资者，这与其独特的优势分不开。首先，国库券以一个国家的税收权力作为担保，其信誉安全可靠，对于广大市场投资者来说，有着极大的吸引力。正因为如此，国库券成为商业银行等金融机构以及金融公司进行流动性管理的重要手段，也成为政府机构和个人投资者争相看好的投资工具。其次，国库券有发达的二级市场，市场流动性很强，国库券市场交易成本低、参与者广泛、交易动机多样化。再次，国库券的利息可免交收入所得税。这对于那些处于税收等级较高的投资者有比较大的吸引力。最后，国库券的面额比较低。这使它成为广大中、小投资者能够直接买卖的货币市场工具，从而扩大了市场参与者的群体。

二、国库券市场的功能

1. 满足中央政府对短期资金的需求。作为市场经济运行的基本规则，中央政府若出现财政赤字，或急需短期资金，只能在金融市场上发行各种政府证券，而不能直接向中央银行透支，国库券市场就成为财政部筹集短期资金的一种手段。

2. 为中央银行实施公开市场业务操作提供理想的对象。这已成为国库券市场最主要的功能。国库券无信用风险，且期限较短，流动性强，风险低，利率更具灵活性，因而成为中央银行公开市场业务操作的最佳选择。

3. 为广大金融市场投资者提供了一种无风险的投资工具。由于国库券的以上特征，它常常被市场投资者看做是无风险的投资工具，其利率成为无风险利率（risk - free rate）。此外，国库券还是各金融机构进行资产负债管理的有效工具，在很多金融机构，国库券是仅次于现金的一级储备。国库券市场的存在，也为各企业及其他市场投资者提供了进行流动性管理的最佳渠道。

专栏 9－9

美国国债市场的作用

从美国国债的发展历程来看，其发展整体是由经济发展和战争的需求所推动的。美债本身除为美国的货币政策提供了最佳的传导机制外，从全球金融市场角度来看，美债市场仍是全球金融市场和资产价格最重要的基准。同时，美国国债巨大的规模和极高的流动性，令其更具有垄断性。具体来说，美国国债有两个重要作用：

1. 促进美国利率市场化的进程。一方面，为了摆脱由于Q条例限制造成的利率管制，货币市场基金由此产生，而国债作为货币市场基金的主要持有资产，兼具了维持流动性和收益稳定的特点。另一方面，考虑到CD的最高存款利率限额取消后，国债作为金融创新的有效参考也极大地推动了美国利率市场化的进程。除此之外，美国国债还决定市场的基准利率，并影响货币及债券市场。

2. 货币政策重要工具。从传导机制方面来看，美债作为连接联邦基准利率以及金融市场资产价格的纽带，构成了美国政府利用可控的基准利率间接影响金融市场的调控机制。从过去10年的货币宽松经验来看，由于美国公开市场操作绝大部分是利用国债进行的，因此国债也是货币政策传导机制的重要媒介，也由此确保了公开操作市场的深度、广度和稳定。

总的来看，尽管美国面临债务危机，但是鉴于美元的世界货币地位及其安全性，美债依旧是许多国家的主要外汇储备之一。同时，从美国国内的角度来看，美国国债市场也是拉动经济、稳定美国经济地位的重要基石。

资料来源：方晨．简析美国国债市场的作用［N］．上海证券报，2018－10－25.

三、国库券市场的运行机制

（一）国库券一级市场

国库券一级市场是国库券由发行人手中转移到投资人手中的过程，一级市场主要围绕着国库券的发行而运行。国库券的发行有公开招标、承购包销、随时出售和直接发行四种方式。

1. 公开招标方式。国库券一般采用公开招标发行的方式，即通过投标人的直接竞价来确定国库券的发行价格（或收益率），发行人将投标人的报价自高价向低价或者自低利率向高利率排列，发行人则从高价（或低利率）选起，直到达到需要发行的数额为止。因此，最终所确定的价格恰好是供求决定的市场价格。目前，美国、意大利、英国等发达国家都采取这一形式。

2. 承购包销方式。在以承购包销方式发行国库券时，财政部或代理财政部发行国库券的中央银行与由金融机构或证券交易商组成的承销团（也叫辛迪加）签订承购合同，在确定各自权利义务的基础上，商定双方满意的价格，承销团按照这一价格认购国库券后，再将国库券出售给二级市场的投资者。

承购包销方式的最大优点是发行时间短、发行效率比较高，因而也是发达国家（如德国和日本）早期常用的一种发行方式。但以这种方式发行时，发行人需要向承销机构支付一定的承销费和手续费，发行成本比较高，此外发行中仍然存在一些非市场化因素，不利于形成市场化的价格和利率，因此，近年来，这种方式已经不再流行。

3. 随时出售方式。随时出售方式也叫连续发行方式，指发行人不预先确定发行条件，而由代理机构或销售网点根据市场情况的变化，随时改变发行条件的一种发行方式。这种方式的主要特点是发售期限不定，发行条件比较灵活，但发售期限过长，不利于在较短的时间里完成国库券的发行计划。

4. 直接发行方式。直接发行方式主要指发行人单方面确定国库券的发行条件，再通过各种渠道（如银行、证券公司的柜台等）向投资者直接出售国库券的方式。以这种方式发行国库券发行时间长、成本高、发行效率低、市场化程度也很低，因此，在国库券市场发达的国家，这种方式已经基本上被淘汰，只有少数国家用于发行面向个人投资者的非上市流通国库券。

（二）国库券二级市场

国库券二级市场主要是用来实现国库券的流动性的市场。它是一个分散的柜台交易市场，但却有着极高的效率。整个市场通过电话、电脑等先进的通信技术连接在一起，市场指令由电脑终端传送，全球市场24小时不间断运转，其中，美国的国库券二级市场最为发达。

国库券市场的参与者除了商业银行、非银行金融机构、其他非金融机构和个人投资者外，中央银行也是国库券二级市场的积极参与者。中央银行在政府证券市场上公开买卖政府证券，主要是国库券，构成了国库券二级市场的重要组成部分。由于公开市场业务具备其他货币政策工具所不具备的灵活、及时、有效等特点，因而成为最重要的货币政策工具。中央银行公开市场业务的成功实施，在很大程度上依赖于一个高效运转的国库券二级市场。

专栏9－10

我国国库券市场的运行机制

中国的国债发行最早可以追溯到新中国刚刚成立的1950年初，中央人民政府发行了新中国成立后的首期国债——人民胜利折实公债。从1959年起，由于国民经济失调、指导思想发生错误，提倡无债建设，国家停止了国债的发行，直到1981年才恢复国债发行。

1994年，我国政府首次发行了期限短于1年的短期国债，到1997年，由于种种原因，短期国债停止发行，从2003年又开始恢复发行。之后，国债的形式有了很大的发展，开发出了多种类型的国债，如储蓄国债和记账式国债、贴现国债和附息国债、固定利率国债和浮动利率国债、短期国债（1年以内）、中期国债（1年以上10年以下）和长期国债等。

我国国债的发行经历了行政摊派、承购包销和拍卖的方式，而目前我国主要采用的是招标方式发行，通过网络进行交易。我国的国库券在1985年以前不能流通，不能自由交易，国库券只有发行市场，没有交易转让市场。这给国库券的购买者带来了极大的不便，降低了国库券的声誉，致使黑市交易猖獗，给新的国库券发行带来很大的困难。

1988年4月，经国务院批准，我国开始进行开放国库券转让市场的试点，首批试点在沈阳、上海、重庆、武汉、广州、哈尔滨和深圳展开，1988年6月，又批准54个城市进行转让试点，国库券一跃成为证券转让市场的最大转让品种。到1990年，我国的国债市场全面开放，未到期的各年发行的国库券均可上市交易，一时买卖活跃，成交踊跃，国库券的成交价格稳步上升。

资料来源：李扬，王芳．中国债券市场2018［M］．北京：社会科学文献出版社，2018.

四、国库券的价格与收益

国库券通常采用贴现方式发行，即以折扣价格发行，期满按票面面额偿还，投资者的收益是国库券的购买价格与面值之间的差额。

1. 由于国库券主要采用贴现方式发行，其发行价格根据如下贴现公式确定：

$$发行价格 = 面额 \times \left(1 - 贴现率 \times \frac{发行期限}{360}\right)$$

2. 国库券的流通转让价格也要按贴现公式计算，只是期限是未到期期限（即贴现期），公式为

$$流通价格 = 面额 \times \left(1 - 贴现率 \times \frac{贴现期}{360}\right)$$

3. 在已知发行价格或流通价格时，国库券的实际收益率为

$$收益率 = \frac{面额 - 发行价或流通价}{面额} \times \frac{360}{发行期限或持有期限}$$

第六节　证券回购市场

证券回购市场是指通过证券回购进行短期资金融通交易的市场。作为货币市场的一种重要的交易方式，证券回购协议是在证券现货市场的基础之上产生的一种新的金融创新工具。证券回购类似短期抵押融资行为，即证券出售者以一定数量的证券为抵押向证券的购买者进行贷款，条件是一定时期内购回证券，且购回价格高于卖出价格，二者的差额就是贷款利息。

证券回购这种集证券交易和抵押贷款的优点于一身的货币市场交易方式，不仅为投资者提供了相对比较安全的投资渠道，为借款人开拓了一条非常方便的融资途径，也为各国中央银行提供了进行公开市场业务操作的重要工具。

回购协议(repurchase agreement)是指在出售证券的同时，和证券的购买者签订协议，约定在一定期限后按原定价格或约定价格购回所卖证券，从而获取即时可用资金的一种交易行为。

一、证券回购交易原理

证券回购实际上由两笔方向完全相反的交易组成。在交易开始日是证券从卖方转移到买方手中，资金从买方转移到卖方手中。到交易结束日，证券和资金都将发生相反方向的变化。从证券出售者（资金借入者）的角度来看，是卖出证券后再重新买进证券的过程，这叫正回购。而对于证券购买者（投资者）来说，则是先买入证券后再卖出证券的过程，这叫逆回购。具体交易过程如图 9－1 所示。

从图 9－1 中可以清楚地看出回购的性质：它是同一组交易主体之间两笔方向完全相反的交易的组合。这两笔交易一笔是资金的借贷，而另一笔就是证券的买卖。由于在交易开始日就已经确定了结束日证券买回的价格，或资金的偿还额（本金加上利息），故实际上它是一笔即期交易与远期交易的组合。

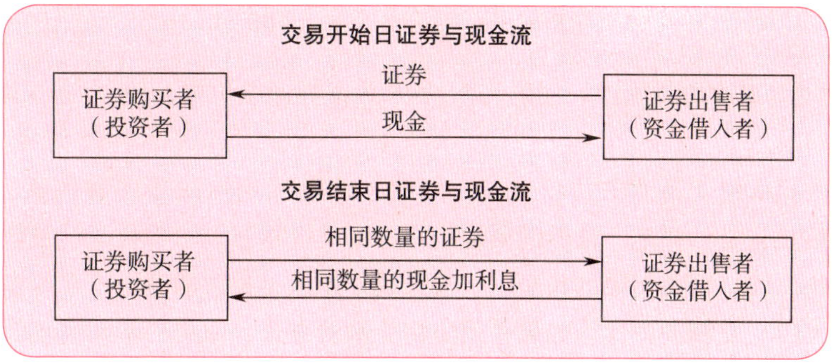

图 9－1　证券回购中的证券与现金流

从表面上看，证券回购非常类似于短期担保贷款，其担保物就是可流通的证券。不过，证券回购的法律含义与担保贷款相比却有着很大的不同。当借款人不能按时偿还贷款时，担保贷款的贷款人一般都要经过一些法律程序，才能收回担保物，并加以处置。这对于证券回购中的投资者来说则完全不必要，一旦证券出售者不能在交易结束时买回证券，投资者就有权处置证券，以弥补因交易对手违约而给自己带来的损失。因此，从这个角度来看，证券回购比担保贷款还要安全。这正是促使证券回购市场获得迅速发展的重要原因之一。

二、证券回购的基本要素

证券回购的基本要素包括证券回购的种类和定价、证券回购的期限、证券回购的利率。

（一）证券回购的种类和定价

在证券回购中使用的证券，即标的物的种类很多，政府证券（包括国库券和中、长期债券）、商业票据、大额可转让定期存单、银行承兑汇票、抵押担保证券等都可以用于证券回购的交易之中。

证券回购中证券的定价方法有两种：一种是净价定价法（flat pricing），另一种是总价定价法（full pricing）。这两种定价方法均以交易开始日证券的市场价格为基础，所不同的是对证券回购交易期间证券利息的处理不同。净价定价法，也叫清洁定价（clean pricing），它仅考虑证券市场价格，不考虑证券回购交易期间证券的利息。总价定价法，也叫肮脏定价（dirty pricing），是在证券价格的确定中考虑到了证券回购期间的利息，这与西方各国证券现货市场上的交易规则相同。

（二）证券回购的期限

证券回购的交易期限可长可短。最短为隔夜回购（overnight RP），还有期限为几天的证券回购。较长期限，如 1～3 个月期限的证券回购叫定期证券回购（term RP）。有的证券回购期限不定，属于开放式的证券回购（open RP），协议每天经交易双方同意后进行展期，利率根据隔夜证券回购的利率每天重新确定一次。

（三）证券回购的利率

证券回购的利率用来衡量证券回购交易中借款人（证券出售者）向贷款人（证券购买者）所支付的报酬比例，其计算公式如下：

$$RR = \frac{RP - PP}{PP} \times \frac{360}{T} \times 100\%$$

式中：RR 为交易双方协议确定的回购利率；RP 为证券回购价格；PP 为证券售出价格；T 为证券回购的期限。

一般回购利率由交易双方协议确定，回购利率的确定取决于多种因素。这些因素有：（1）用于回购的证券的质地。证券的质地越好，流动性越强，回购利率就越低，否则，利率就相对高一些。（2）回购期限的长短。一般来说，期限越长，不确定因素越多，因而利率也相应高一些。（3）交割的方式。如果采用实物交割的方式，回购利率就会较低，如果采用其他交割方式，则利率就会相对高一些。（4）货币市场其他子市场的利率水平。作为一种重要的货币市场工具，证券回购利率的变动与其他货币市场利率紧密地联系在一起，回购利率的水平若是脱离了其他子市场的利率水平而单独确定，就会失去其吸引力。

专栏 9－11

买断式回购与质押式回购

债券买断式回购（亦称开放式回购）与质押式回购（亦称封闭式回购）的区别在于初始交易时债券持有人（正回购方）是将债券“卖”给债券购买方（逆回购方），而不是质押冻结，债券所有权随交易的发生而转移。前者在协议期内可以由债券购买方（逆回购方）自由支配，即债券购买方（逆回购方）只要保证在协议期满能够有相等数量同种债券卖给债券持有人（正回购方），就可以在协议期内对该债券自由进行买卖或再回购等操作。

按照上述交易机制，买断式回购的参与者可进行多次回购操作。比如，投资者第一次选择了90天的交易品种进行逆回购，20天后如果出现问题，他就可以通过正回购，再把手中该笔债券在60天内的任何品种上卖出去拿回现金，可以规避一定的资金紧张风险。

资料来源：MBA 智库百科。

三、证券回购市场的参与者

证券回购市场的参与者非常广泛，既包括各类金融机构（商业银行、其他存款机构、证券公司、货币市场基金、保险公司等），又包括企业和政府。

商业银行是证券回购市场上的主要参与者。商业银行持有大量的政府债券等证券回购抵押品，在短期资金不足的情况下就可以通过证券回购借入资金，弥补不足，且通过证券回购取得的资金不属于存款负债，不用缴纳存款准备金，所以银行积极参与证券回购市场；商业银行也可以在短期资金盈余时通过逆回购协议贷出资金，获得收益。可见，商业银行在证券回购市场上既是资金的需求者，又是资金的供给者。

非银行金融机构同样是证券回购市场上的主要参与者，它们包括证券公司、基金管理公司、保险公司等。同商业银行类似，它们既可以是资金需求者，也可以是资金供给者。一般情况下，非银行金融机构与商业银行短期资金盈余或不足产生的原因、方向、期限、数额不尽相同，这使它们往往与商业银行形成交易对手，进行互补交易。

企业作为证券回购市场的参与者，主要是资金供给者。因为企业日常经营活动中可能存在闲置资金，这些闲置资金可以通过逆回购协议的方式贷给资金需求者，从而获得高于银行存款的利息。

政府或政府机构大多也是作为资金供给者参与证券回购市场，政府或政府机构可以在法律允许的范围内，将暂时闲置的资金通过逆回购协议贷出，从而实现资产增值。

中央银行参与证券回购市场有着不同于其他参与者的意图，中央银行参与回购交易并非为了获得收益，而是通过证券回购市场进行公开市场操作，从而有效实施货币政策。中央银行通过参与证券回购市场可以调整银行系统内的准备金水平，进而影响货币市场利率和货币供应量，达到货币政策目标。

专栏 9－12

我国中央银行的逆回购与 SLO

在我国，每周二和周四，中国人民银行一般都会进行公开市场操作，目前最主要的是回购操作。回购操作又分成两种，正回购和逆回购。正回购即中国人民银行向一级交易商卖出有价证券，并约定在未来特定日期买回有价证券的交易行为。正回购为中国人民银行从市场收回流动性的操作，正回购到期则为中国人民银行向市场投放流动性的操作。而逆回购即中国人民银行向一级交易商购买有价证券，并约定在未来特定日期将有价证券卖给一级交易商的交易行为。逆回购为中国人民银行向市场上投放流动性的操作，逆回购到期则为中国人民银行从市场收回流动性的操作。短期流动性调节工具（SLO）是超短期的逆回购，由中国人民银行在 2014 年引入，以 7 天期以内短期回购为主，遇节假日可适当延长操作期限，采用市场化利率招标方式开展操作。

回购和逆回购是货币政策中非常灵活的手段。逆回购具有如下重要意义：（1）逆回购表明市场资金短缺，中央银行巨量逆回购意欲缓解短期流动性紧张。（2）逆回购利率已成为市场新的利率风向标。（3）各期限逆回购交替使用，令资金投放更加精准。（4）逆回购非常灵活，用逆回购的方法去调整市场的流动性，不会传递出太强烈的信号，防止市场过度解读，是一种新的效率更高的方式。

资料来源：中国人民银行官网。

四、中国证券回购市场的发展

中国的国债回购市场最初是为了促进国债销售，解决国债发行难的问题而由财政当局推动发展起来的。1991 年全国证券交易自动报价系统（STAQ 系统）成立，7 月该系统宣布国债回购业务开始试行，9 月 14 日第一笔回购交易完成。1992 年，武汉证券交易中心也推出了国债回购业务。其后，国债发行规模的扩大、国债期货试点的推出以及国债现货市场日趋活跃，又大大刺激和促进了国债回购业务的发展。不久，上海证券交易所、深圳证券交易所、天津证券交易中心等也先后开办了国债回购业务。1993 年，几个主要市场的回购业务已初具规模。在发展过程中，用于回购的标的物也扩展了范围，它不仅包括国债，还包括金融机构债券以及在各证券交易中心上市的基金凭证。

与飞速发展相伴而来的是我国国债回购市场秩序的混乱，首先是管理的失控；其次是违章、违规以及随意融通资金的行为十分严重，买空卖空普遍，交易行为随意性大，利率很高，资金成本大等。1995 年 8 月，中国人民银行、财政部和中国证监会联合发出《关于坚决制止国库券卖空行为的通知》和《关于重申对进一步规范证券回购业务有关问题的通知》，对证券回购的交易主体、场所、券种、回购期限和证券保管等方面做了明确的限制性规定。从此，我国国债回购市场开始了规范化的发展，其在我国货币市场中的地位也得到了增强。

1996 年 4 月，中国人民银行正式在公开市场业务中启动以短期国债为工具的回购交易，增强了中央银行调控基础货币的主动性和灵活性。1997 年 6 月 6 日，中国人民银行发布《中国人民银行关于银行间债券回购业务有关问题的通知》，规定自 1997 年 6 月起，全国统一同业拆借中心开办国债、政策性金融债和中央银行融资券回购业务。经过几年的发展，市场交易主体日益增多，交易日趋活跃，已成为国家实行宏观调控和金融机构进行资产和流动性管理的重要场所。2000 年，中国人民银行出台了《全国银行间债券市场债券交易管理办法》和《全国银行间债券市场债券回购主协议》，进一步健全了我国债券回购市场的法律体系。

2002 年 12 月 30 日和 2003 年 1 月 3 日，为推动我国企业债券市场的发展，上海证券交易所和深圳证券交易所在原有的国债品种外分别推出了企业债券回购交易。此外，作为证券回购交易主力的全国银行间同业拆借中心市场，券种包括国债、中央银行融资券、中央银行票据和特种金融债券等，其交易量也进一步扩大。2019 年，银行同业市场债券回购交易成交金额总额达到 810.09 万亿元，其中隔夜交割品种的交易量最大，达到 690.11 万亿元。

本章小结

1. 货币市场是指融资期限在 1 年以内，以短期金融工具为媒介进行资金融通和借贷的市场。货币市场就其机构而言，可分为同业拆借市场、国库券市场、商业票据市场、大额可转让定期存单市场、证券回购市场及货币市场共同基金市场等若干子市场。

2. 同业拆借市场也称同业拆放市场，是金融机构为解决临时性或短期资金的余缺而进行资金融通的场所。同业拆借市场利率成为货币市场的基准利率，拆借市场也成为中央银行货币政策操作的重要场所。

3. 票据市场主要包括商业票据市场和银行承兑汇票市场。商业票据市场是一个由发行人、投资者组成的发行、购买、交易商业票据的市场。银行承兑汇票市场是以商业汇票为金融工具，通过汇票的发行、承兑、转让及贴现而实现资金融通的市场。

4. 大额可转让定期存单是商业银行发行的固定面额、固定期限、可以流通转让的大额存款凭证。根据利率不同，大额可转让定期存单可分为固定利率存单和浮动利率存单。根据发行人的不同，大额可转让定期存单可以分为国内存单、欧洲存单和外国存单。

5. 国库券是由一国财政部发行的、期限在 1 年及 1 年以下的短期政府债券。国库券因为有国家的税收作担保、风险低、流动性强、免税等特征，吸引了货币市场最广泛的投资者。

6. 证券回购是指证券持有人在卖出一定数量某种证券的同时，与买方签订协议（回购协议），约定在一定时间内按协定的价格，购回相同数量的同种证券的交易方式。从本质上说，证券回购是一种抵押贷款。

关键词

货币市场（money market）　　同业拆借市场（inter-bank market）
商业票据市场（commercial paper market）
大额可转让定期存单市场（certificate of deposit market）
国库券市场（treasury bill market）
证券回购市场（repurchase agreement market）

重要概念

拆借　商业票据　银行承兑汇票　贴现发行　承兑　背书
转贴现　再贴现　大额可转让定期存单　国库券　公开招标　证券回购　逆回购

思考题

1. 什么是货币市场？货币市场的特点和功能有哪些？
2. 试述同业拆借市场的主要参与者及利率形成机制。
3. 商业票据市场和银行承兑汇票市场有哪些联系和区别？
4. 大额可转让定期存单是如何产生的？有哪些特点？
5. 国库券市场有哪些特征和功能？
6. 试述证券回购的交易原理。

练习题

1. 某客户花了 10 117 871 美元购买一张面额 1 000 000 美元、存单利率为 7.8%、期限为 90 天、剩余期限仅为 10 天的存单，假若该客户到期日将其出售，则他获得的收益率是多少？

2. 某一期限 90 天的国库券面额 1 000 美元，实际发行价格为 960 美元，计算该国库券的实际收益率。

案例题

案例 1　厂商利用银行承兑汇票融资实例

甲方为厂家，乙方为商家，双方私下商定好，共同签署一份 500 万元以上的购销合同，同时找到一个关联的大型企业作为担保人。随后，乙方向银行申请开具承兑汇票，银行相关部门收到申请后对乙方以及担保人进行考察和认定，包括对前几年的合作金额、双方的资金实力（主要是通过审核财务报表）等一系列条件均作仔细考察。在银行认定此双方购销行为的合法性和正确性之后，收取乙方的汇票保证金和手续费，开出 500 万元的承兑汇票。一般地，汇票保证金的金额根据乙方在银行的信誉程度确定：信誉好的商家，银行只按其汇票总额的 30% 或更低收取保证金，信誉较差，银行收取的保证金最高会达到 60%。不过，保证金不一定是现金，可以是以商家在银行存款的形式体现。甲方在收到乙方的银行承兑汇票之后，可以直接到当地的银行通过支付一定数额的贴现息将还未到期的承兑汇票贴现，获得运营所需的现金。一般情况下，作为制造商的甲方不会直接贴现，而是将承兑汇票背书转让给上游原材料供应商。此时，甲方通过承兑汇票贴现或背书支付的形式，完成了现金的提前支付使用行为。在承兑汇票到期之前，厂商又通过合同未完成或者解除合同的方式，由甲方按资金缺口归还给乙方，再由乙方按承兑协议及时支付给银行。由此，厂家实现了短期的融资需求，商家又保持了与厂家的合作关系，银行也得到了一笔可观的手续费。这一过程看上去如此圆满，但是这是建立在厂商相互信任的基础之上的，一旦银行承兑汇票到期，甲方没有及时还钱给乙方，那么银行付出的钱就必须由乙方偿还。乙方若违约的话，银行将承担巨大的风险。

请结合案例讨论以下三个问题：

（1）试述厂商是如何通过共同合作向银行套取承兑汇票达到融资目的的。

（2）思考厂商利用银行承兑汇票融资的过程中各自可能面临的风险。

（3）银行应该如何规避汇票承兑业务中可能产生的经营风险？

案例 2　回购市场的破产事件：特拉斯代尔

在 1982 年破产前，特拉斯代尔是个小规模却雄心勃勃的政府证券公司和证券回购市场交易商。特拉斯代尔广泛运用逆回购协议，其一般交易过程是这样的：希望借款的交易商和大通曼哈顿银行签订回购协议，特拉斯代尔则和大通曼哈顿银行签订逆回购协议，并借入已在启用的回购协议中使用的证券。从这方面看，大通曼哈顿银行是个盲目的经纪人，因为它将那些想临时卖出证券（借款）却又对特拉斯代尔知之甚少的交易商和特拉斯代尔联系了起来，尽管特拉斯代尔也想临时买入证券（贷款）。

特拉斯代尔借入证券，并将其在二级市场出售，以获取这些证券的息票价值，这看起来是个不错的想法。特拉斯代尔最初认为，当它必须向大通曼哈顿银行归还证券并付息时，利率将上升并使得证券价格下降。到那时，它将在二级市场上以较低的价格买入证券归还给大通曼哈顿银行。只要利率上升，特拉斯代尔的策略就会实现，而公司也会飞速发展起来。但如果利率下降，证券价格上升，它的策略就会失败。

1982 年 5 月 17 日，特拉斯代尔宣布它无力偿还所欠大通曼哈顿银行的 1.6 亿美元利息。事情很难就此结束。大通曼哈顿银行认为它仅仅是个经纪人，因而那些和它进行回购交易的交易商的证券应由特拉斯代尔偿还。但交易商们则辩称，它们是和大通曼哈顿银行进行交易的，因此应由大通曼哈顿银行负责偿还。最后，为避免更大的市场混乱，大通曼哈顿银行只得为自己的损失埋单，用它当年第二季度的收益弥补在回购交易中的损失。这导致其股价狂跌，给股东、监管者和其他市场参与者带来了不利的影响。

请结合案例讨论以下两个问题：

（1）思考证券回购市场上有哪些风险？交易者如何减少风险？

（2）从特拉斯代尔破产及大通曼哈顿银行巨亏中可以得到什么启示？

扫描二维码可阅读本章精选案例

第十章
资本市场

本章知识结构

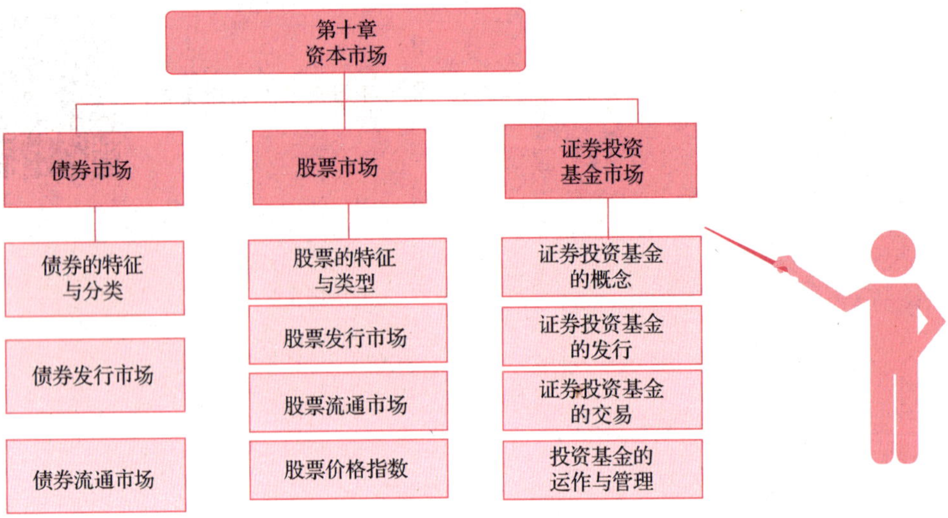

本章学习目标

- 掌握债券、股票、证券投资基金的特征及分类；
- 了解债券、股票的发行与流通市场的情况；
- 熟悉股票价格指数的编制与原理；
- 掌握证券投资基金的发行、交易及运作。

章前引例

美国影片《华尔街》是商战电影中的经典之作，导演奥利弗·斯通用他一贯强有力的戏剧手法拍出了股市内线交易的内幕，同时借此质疑现代人面对金钱诱惑而普遍出卖灵魂的道德问题。影片以全球金融中心的美国华尔街为背景，描写翻云覆雨的股市大亨戈登·盖柯贪婪成性，不择手段在幕后操纵股票行情，结果却败在一位仍然具有良知的年轻营业员巴德手上的故事。影片中戈登那句意味深长的台词“贪婪就是美德”在影坛轰动一时。

2008 年，华尔街——这条位于美国纽约曼哈顿区，只有 500 米长、11 米宽的街道，无疑再次成为全世界最关注的焦点。这一次，华尔街的受人瞩目，不再是因为其作为世界金融帝国中心的至上地位，也不再是因为那些出入华尔街衣着光鲜、年薪千万的资本大亨们所演绎的“玩弄阴谋、点石成金”的离奇财富故事，而是由于一场人们本以为只可能在好莱坞大片中才能看到的、百年不遇的金融危机正在华尔街真实地上演着——一场由房地产次贷危机引起的金融风暴席卷了整个华尔街。

华尔街的故事让人们重拾金融市场一边是“馅饼”，一边是“陷阱”的金科玉律。随着经济全球化程度的加深，各国资本市场的发展将融入更为广阔和开放的大背景中，也将面临更多的机遇和挑战。

本章所要介绍的资本市场（capital market）是指融资期限在 1 年以上的中长期金融市场，其基本功能是实现并优化投资和消费的跨期选择。资本市场通常由债券市场、股票市场和投资基金市场构成。

第一节　债券市场

一、债券

（一）债券的概念

债券是由公司和政府等单位所发行的长期债务凭证。发行者将发行债券所筹集到的资金用于支持其长期业务，如用于资本投资项目的支出等。债券市场（bond market）是指从事债券发行与交易的市场，它是金融市场重要的组成部分，有助于将个人、公司和政府部门的闲置资金转移给那些需要进行长期债务融资的公司和政府部门。

债券(bond)是社会各类经济主体（债务人）为筹集资金而向债券投资者（债权人）出具的、承诺按一定利率定期支付利息并到期偿还本金的债权债务凭证。

（二）债券的特征

1. 偿还性。债券一般都规定有偿还期限，发行人必须按约定条件偿还本金并支付利息。债券的偿还性使得资金筹措者不能无限期地占用债券购买者的资金。

2. 流动性。债券持有人可以按自己的需要和市场的实际状况以及市场对转让所提供的便利程度，提前收回本金和实现投资收益。

3. 安全性。债券持有人的收益相对稳定，不随发行人经营收益的变动而变动，并且可以按期收回本金。当企业破产时，债券持有人享有优先于股票持有人对企业剩余财产的索取权。

4. 收益性。债券的收益性可表现为两种形式：一是利息收入，投资债券可以给投资者定期或不定期地带来利息收入；二是资本损益，投资者可以利用债券价格的变动买卖债券以赚取差价。

（三）债券的分类

1. 按照债券的发行主体划分，债券可分为政府债券、金融债券和公司债券。

（1）政府债券。政府债券的发行主体是政府，包括中央政府债券、政府机构债券和地方政府债券。中央政府债券是中央政府发行的以未来国家财政收入为保证的债券，因其一般不存在违约风险，也被称为“金边债券”。中央政府债券投资者可享受税收优惠，其利息收入可豁免所得税。政府机构债券是由中央政府机构发行的债券。这些债券的收支偿付均不列入政府预算，而是由发行单位自行负责。有权发行债券的政府机构有两种：一种是政府部门机构和直属事业单位；另一种是虽然由政府主办却属于私营的机构，这些政府有关机构或资助企业具有某些社会功能，它们通过发行债券增加信贷资金以及降低融资成本，其债券最终由中央政府作后盾，因而其信誉也很高。地方政府债券又称为市政债券，是由地方政府和地方政府机构发行的债券。这些债券也由政府担保，信用风险仅次于中央政府债券及政府机构债券。市政债券是否享受税收优惠根据各国情况存在差异。

（2）金融债券。金融债券的发行主体是银行和非银行金融机构。广义的金融债券还应包括中央银行债券，但它是一种特殊的金融债券，它以非中央银行的金融机构为发行对象，期限较短，发行的目的不在于筹集资金，而是为了运用市场机制以间接手段加强宏观调控，是公开市场业务的一个构成部分。一般金融债券以一般投资者为筹资对象，筹资目的是再投资于某种特殊用途或改变本身的资产负债结构。在欧美很多国家，由于商业银行和其他金融机构多采用股份公司这种组织形式，所以将一般金融债券视同为公司债券，受相同法规管理。

（3）公司债券。公司债券是公司为筹集资金而向社会发行的借款凭证。这种债券的持有人同公司之间是普通的债权债务关系。发行时，公司对债券持有人作出承诺，按约定利率定期支付利息，到期偿还本金。

专栏 10－1

长江电力公司债券

2007 年 10 月 12 日，中国三峡总公司控股的中国长江电力股份有限公司（以下简称长江电力）2007 年第一期公司债券在上海证券交易所挂牌上市交易，成为国内第一单发行的公司债券。长江电力 2007 年第一期公司债券发行总额 40 亿元，债券期限 10 年，票面利率 5.35%。上市首日市场成交表现良好，当日以 101.41 元报收，涨幅 1.41%，成交总金额 7 608 万元。

发行公司债券最主要的好处之一就是融资成本低。与股市相比，发债主体虽然要向投资人支出固定回报，但也具有债务融资税前付息的税盾优势。而与商业银行贷款相比，发债的资金筹措成本比较低。以 10 年期“07 长电债”为例，公司债券发行后，公司每年至少可以节省财务费用

5 500万元，10 年累计 5. 5 亿元。“07 长电债”的发行降低了长江电力的资金成本，节约了财务费用，提高了公司的盈利水平。

资料来源：MBA 智库百科。

2. 按照利息支付方式的不同，债券可以划分为零息债券、附息债券、息票累积债券和浮动利率债券等。

（1）零息债券，指债券合约未规定利息支付的债券。通常这类债券以低于面值的价格发行和交易，债券持有人实际上是以买卖（到期赎回）价差的方式取得债券利息。

（2）附息债券，指在债券存续期内，对持有人定期支付利息的债券，通常每半年或每年支付一次。

（3）息票累积债券。与附息债券相似，这类债券也规定了票面利率，但是，债券持有人必须在债券到期时一次性获得本息，存续期间没有利息支付。

（4）浮动利率债券。这是指债券的利率在最低票面利率的基础上参照预先确定的某一基准利率予以定期调整。

3. 按有无抵押担保，债券可分为信用债券和担保债券。

（1）信用债券，又称无担保债券，是仅凭发债者的信用能力而发行的债券，它没有特定的财产作为发债抵押。政府发行的债券大多是信用债券，它们的偿还以政府的信用为基础。

（2）担保债券，是指以特定财产为抵押而发行的债券。具体又包括抵押债券、质押债券、保证债券三种。

4. 按发行区域的不同，债券可以分为国内债券和国际债券。

（1）国内债券，是本国公司、金融机构、政府等以本国货币为计价单位在国内金融市场上发行的债券。

（2）国际债券，是指一国借款人在国际证券市场上以外国货币为面值、向外国投资者发行的债券。国际债券的发行人主要是各国政府、政府所属机构、银行或其他金融机构、工商企业及一些国际组织等。国际债券的投资者主要是银行或其他金融机构、各种基金会、工商财团和自然人。国际债券主要分为两类：外国债券和欧洲债券。外国债券是指某一国借款人在本国以外的某一国家发行以该国货币为面值的债券；欧洲债券是指借款人在本国境外市场发行的，不以发行市场所在国的货币为面值的国际债券。

专栏 10 -2
熊猫债券

熊猫债券是指国际多边金融机构在华发行的人民币债券。2005 年 10 月，国际金融公司（IFC）和亚洲开发银行（ADB）获准在我国银行间债券市场分别发行人民币债券 11. 3 亿元和 10 亿元。这是中国债券市场首次引入外资机构发行主体，也是中国债券市场对外开放的重要举措和有益尝试。根据国际惯例，国外金融机构在一国发行债券时，一般以该国最具特征的吉祥物命名。

据此，时任财政部部长金人庆将国际多边金融机构首次在华发行的人民币债券命名为“熊猫债券”。

2017年7月21日，由国家开发银行主承销的马来西亚马来亚银行有限公司10亿元“债券通”人民币熊猫债券在银行间债券市场成功发行，期限3年，票面利率4.6%，得到了境内外各类投资机构踊跃认购。作为第一批“债券通”中唯一的熊猫债，该债券的成功发行进一步促进了境内外机构的金融合作和债券市场的互联互通。

据不完全统计，2016年，共有26家境外发行人在中国债券市场获得熊猫债发行核准或注册，金额共计2 337亿元，发行规模达928亿元。其中，银行间债券市场熊猫债发行规模416亿元，交易所市场发行规模512亿元。

资料来源：国家开发银行官网。

5. 按是否记名，债券可分为记名债券和无记名债券。

（1）记名债券，是指在债券上记有债权人姓名的债券。这种债券在领取本息时除需持有债券外，还需持有债权人的身份证件和印章；在转让时，一般要进行背书和重新登记。记名债券通常可以挂失，安全性好，但流动性差。

（2）无记名债券，是指债券上不记载债权人姓名的债券，其持有者仅凭债券本身即可按规定领取本金和利息，无须附带其他证件，转让时也无须登记。因此，此类债券的流动性较好。

6. 按内含选择权分类，债券可分为可赎回债券、偿还基金债券、可转换债券和附认股权证债券。

（1）可赎回债券，是指债券附加提前赎回和以新偿旧条款，允许发行人选择到期日之前购回全部或部分债券。

（2）偿还基金债券，是指要求发行人每年从盈利中提存一定比例存入信托基金，定期偿还本金的债券，即从债券持有人手中购回一定量的债券。这种债券与可赎回债券相反，其选择权在债券持有人一方。

（3）可转换债券，是指发行人依照法定程序发行，在一定时期内依据约定的条件，持有人可要求债券发行人将债券转换为公司的普通股股份，若持有人不想转股，则可继续持有债券，发行人将按规定还本付息。

（4）附认股权证债券，又称可分离债券，是指公司债券附有认股权证，持有人依法享有在一定期间内按约定价格（执行价格）认购公司股票的权利，是债券与认股权证的产品组合。由于附认股权证债券的持有者将来有可能获得股票利差，所以其票面利率一般较普通公司债券低。

专栏10-3

首只实施信用申购的可转换公司债券在深交所成功发行

2017年9月21日，深交所中小板上市公司东方雨虹披露公开发行可转债发行公告，雨虹转债成为深沪两市首只实施信用申购的可转债。9 月 29 日，雨虹转债成功完成发行，发行规模为 1 840万张，募集资金总额达 18. 4 亿元。

资料来源：深圳证券交易所官网。

7. 按债券形态分类，债券可分为实物债券、凭证式债券和记账式债券。

（1）实物债券，是一种具有标准格式实物券面的债券。在标准格式的实物债券券面上，一般印有债券面额、债券利率、债券期限、债券发行人全称、还本付息方式等各种债券票面要素。

（2）凭证式债券，是债权人认购债券的一种收款凭证，而不是债券发行人制定的标准格式的债券。我国 1994 年开始发行凭证式债券，券面上不印刷票面金额，而是根据认购者的认购额填写实际的交款金额，是一种国家储蓄债，可记名、挂失，以凭证式国债收款凭证记录债券，不能上市流通，从购买之日起计息。

（3）记账式债券，没有实物形态的票券，利用证券账户通过电脑系统完成债券发行、交易及兑付的全过程。我国 1994 年开始发行记账式国债。由于记账式债券的发行和交易均无纸化，所以发行时间短，发行效率高，成本低，交易安全。

二、债券发行市场

债券发行市场，又称一级市场或初级市场，是指发行人以发行债券的方式募集资金的市场。债券发行市场是金融市场的一个重要组成部分，是债券交易市场的基础。一方面，通过利用债券发行市场，政府部门、金融机构和一些工商企业能够筹集到长期的、稳定性的资金进行基础设施建设和扩大再生产。另一方面，债券发行市场为筹资者和投资者提供了资金融通的场所，有利于实现资金盈利性和流动性的统一。

（一）债券的发行方式

1. 根据债券募集对象的范围，可分为私募发行与公募发行。

一般来讲，私募发行的对象主要有两类：一类是有所限定的个人投资者，一般情况是限于发行单位内部或有紧密联系的单位内部的职工或股东；另一类是指定的机构投资者，如专业性基金（包括养老退休基金、人寿保险基金等），或与发行单位有密切业务往来的企业、公司等。采用私募方式发行的债券，一般不允许转让，较长时间持有在投资者手中，债权人比较稳定；因有确定的投资者，不必担心发行失败。对私募发行，许多国家法律一般不要求向政府主管部门登记注册，可以节省发行时间及注册费用。一般私募发行较多采用直接销售方式，可以节省承销费。但私募发行的发行额一般比较小。

私募发行（private placement）是指以少数与发行人有密切业务来往的投资者为对象发行债券。

公募发行的债券在市场上买卖，发行人一般要有较高的社会信誉。采用公募方式可以扩大投资者的范围，筹资潜力大，但发行手续较为复杂，发行人必须向证券管理机关办理发行注册手续，必须在发行说明书中如实披露有关财务方面和公司的详细情况，同时要接受债券评级机构的

公募发行（public placement）是以广泛的、不特定的投资者为对象发行债券，充分体现公开、公正的原则。

资信评级，以供投资者作出投资决策。公募发行面向众多的投资者，发售工作量大且难度也大，需要获得承销者的协助，否则难以完成发行任务。此外，公募债券发行后可以上市转让。

2. 按债权活动有无中介机构参与，可分为直接发行与间接发行。

直接发行是发行人自己办理有关发行的一切手续，并直接向投资者发行债券的方式。一般来说，私募债券和金融债券多采用这一方式。直接发行不需要发行中介人的介入，可以节省委托发行的手续费，节约发行成本；其不利之处是，在事务处理上费时又费力，对一些小公司是难以承受的，尤其是在不能自行募足投资时，发行工作就会失败。

间接发行是发行人通过发行市场的中介人即承销者办理债券的发行手续和销售事务。作为承购推销的中介机构，包括投资银行、证券公司、信托公司及专业承销商，都具有丰富的承销经验、知识和专门人才，具有雄厚的资金实力、较好的承销信誉、较多的承销网点以及较灵通的信息。间接发行可节省人力、时间，减少一定的发行风险，迅速、高效地完成发行。

3. 按有无担保品，可分为信用发行和担保发行。

信用发行是指发行人不提供任何担保品而仅凭自身的信用状况进行债券发行的方式。政府债券、金融债券和信誉卓著、经济实力强、经济效益好的企业的债券一般采用信用发行的方式。

担保发行是指发行人以一定的资产为担保品以确保其到期还本付息进行债券发行的方式。担保品可以是不动产、动产或有价证券等。

4. 按债券定价方式的不同，可分为平价发行、溢价发行和折价发行。平价发行的债券发行价格与债券面额相同。溢价发行的债券发行价格高于债券面额。折价发行的债券发行价格低于债券面额。

（二） 债券的承销方式

债券发行人选择间接发行的方式，就需要委托作为承销商的中介机构进行承销。充当债券承销商的主要有投资银行、证券公司、商业银行及其他金融机构等。承销商承销债券的方式有代销方式、余额包销方式和全额包销方式三种。

1. 债券代销。债券代销方式也叫推销方式，是指债券发行人委托承销商代为向社会推销债券。受托的承销商要按承销协议规定的发行条件，在约定的期限内尽力推销，到销售截止日期，未售出的部分可全部退还给发行人，承销商不承担任何发行风险，而是由债券发行人承担发行失败的风险。同时，发行人要按协议规定支付承销商的承销费用。因为这种发行方式下发行人要承担一定的发行风险，因此，只有信誉高的发行人或十分抢手或走俏的债券，才采用这种发行方式。

2. 债券余额包销。债券发行的余额包销方式也叫助销方式，是指由承销商按照已定的发行条件和数额，在约定的期限内向社会公众大力推销，到销售截止日期，未售完债券的余额部分应由承销商负责认购，承销商要按照约定的时间向发行人支付全部债券款项，在债券发行日期结束后，承销商还可以继续推销自己所认购的部分债券，或者作为自己的投资来持有这部分债券。因为采取余额包销的承销方式，承销商承担了部分发行风险，可以保证发行人筹资用资计划的按时实现，因此多为发行人所采用。

3. 债券全额包销。债券发行的全额包销方式，是指由承销商先将发行的全部债券认购下来，并立即向发行人支付全部债券款项，然后再按市场条件转售给投资者。采用这种发行方式，承销商要承担发行失败的全部风险，可以保证发行人及时筹得所需资金。

（三）债券发行利率的确定

债券的发行利率指债券的票面利率，也就是债券的利息与债券面值的比值，一般以年利率表示。一般来讲，债券的发行利率是债券发行人根据债券本身的性质、期限、信用等级、利息支付方式及对市场条件的分析等因素来确定的。总的来讲，确定债券的发行利率，主要依据以下几个方面的因素。

1. 债券的期限。债券期限的长短直接反映了投资者所承担的风险。一般来讲，债券的期限越长，发行利率就越高；期限越短，发行利率就相对低些。

2. 债券的信用等级。债券信用等级直接反映了发行人偿还本息的能力和投资者所承担的风险程度。如果发行人的债券信用等级高，发行人就可以确定较低的债券发行利率；反之，如果发行人的债券信用等级低，发行人就需要确定较高的债券发行利率。

3. 有无可靠的抵押或担保。担保和抵押是对债券还本付息的一种保障。在一定的条件下，有抵押或担保，投资的风险就小一些，债券的利率就可低一些；如果没有抵押或担保，投资的风险就要大一些，债券的利率就要高一些。

表 10－1　美国评级公司评定公司债券等级划分

标准普尔公司	穆迪公司	性质	级别	说明
AAA	Aaa	投资性	最高级	信誉最高，债券本息支付无问题
AA	Aa		高级	有很强的支付本息的能力
A	A		中上级	仍有较强的支付能力，但当在经济形势发生逆转时，较为敏感
BBB	Baa		中级	有一定的支付能力，但当在经济形势发生逆转时，较上述级别更易受影响
BB	Ba	投机性	中下级	有投机因素，但投机程度较低
B	B		投机级	投机的
CCC—CC	Caa			可能不还的
C	Ca			不还，但可以收回很少一点
DDD—D	C			无收回的可能

4. 当前市场状况。当前市场状况主要是指债券市场状况和市场利率水平。如果当前债券市场中的资金状况比较宽松，发行人可确定较低的债券发行利率；反之，如果当前债券市场中的资金状况比较紧张，发行人可确定较高的债券发行利率。

5. 债券利息的支付方式。采用单利、复利和贴现等不同的方式计算并支付利息时，发行人的筹资成本和投资者的投资收益率是不同的。一般情况下，单利计息的债券，其票面利率高于复利计息和贴现计息债券的票面利率。

6. 金融管理当局的有关规定。不同国家金融管理当局对债券利率水平、最高上限或利率浮动幅度的管制程度是不同的。在某些特定的时期，有的国家规定得较严格，有的国家则规定得较宽松，甚至对债券利率水平不加任何限制。

（四）债券发行价格的确定

债券发行价格往往要受到债券票面利率和市场利率的直接影响。按发行价格与票面金额的关系，债券的发行价格大致有三种：

1. 平价发行。当市场利率水平和债券票面利率水平比较接近时，一般会以债券面额作为债券的发行价格，即平价发行。

2. 溢价发行。当债券票面利率远高于市场利率水平时，债券的发行价格就要高于面额，差额部分又称为溢价，即溢价发行。

3. 折价发行。当债券票面利率远低于市场利率水平时，债券的发行价格就要低于面额，差额部分又称为折价，即折价发行。

如果是溢价发行，意味着投资者要按高于债券票面金额的价格认购债券，就会相应降低债券投资的实际收益率；折价发行时，投资者以低于票面金额的价格购进债券，就等于提高了债券投资的实际收益率。债券发行者正是通过调整债券的发行价格来调整债券的实际收益率，使之与市场利率保持一致，以增加债券的吸引力，调整债券的发行成本。

专栏 10－4

我国公司债券发行的基本条件

我国《证券法》第十五条与《公司债券发行与交易管理办法》第十五条规定，公开发行公司债券，必须符合以下条件：

（1）具备健全且运行良好的组织机构；

（2）最近三年平均可分配利润足以支付公司债券一年的利息；

（3）具有合理的资产负债结构和正常的现金流量；

（4）国务院规定的其他条件。

《证券法》第十七条与《公司债券发行与交易管理办法》第十五条还规定，有下列情形之一的，不得再次公开发行公司债券：

（1）对已公开发行的公司债券或者其他债务有违约或者延迟支付本息的事实，仍处于继续状态；

（2）违反《证券法》规定，改变公开发行公司债券所募资金的用途。

资料来源：《中华人民共和国证券法》，http：//www. csrc. gov. cn/pub/tianjin/tjfzyd/tjjflfg/tjgjfl/201912/t20191231 _ 368792. htm；《公司债券发行与交易管理办法》，http：//www. csrc. gov. cn/pub/zjhpublic/zjh/202102/t20210226 _ 393241. htm。

三、债券流通市场

债券流通市场又称二级市场，是债券买卖、转让、流通的场所。

（一）债券流通市场的类型

债券流通市场可以分为场内交易市场和场外交易市场两种类型。

1. 场内交易。场内交易主要是指在证券交易所内进行的交易。在债券流通市场中，证券交易所占有核心地位。证券交易所能够为债券交易提供固定场所、人员、设施，并对债券交易实施严格的管理。证券交易所交易具有集中性、公平性、公开性、有组织性等特征。只有经过主管部门批准的债券才能进入证券交易所进行交易，又称为上市。各证券交易所对债券的上市交易都规定了一定的标准。一般情况下，国债不经审核部门审核就可以直接上市。金融债券和公司债券必须达到一定条件并经过证券交易所批准后才能上市。

证券交易所是指证券买卖双方进行公开交易的场所，是一个有组织、有固定地点、集中进行证券交易的市场，是整个证券交易的核心。

2. 场外交易。场外交易是指在证券交易所之外的所有交易，可分为柜台交易市场、第三市场和第四市场。

（1）柜台交易市场。债券在证券交易所挂牌上市交易必须要达到相应的条件，要经过严格的审核程序，而有些债券根本无法达到交易所的有关规定，为了提高这类债券的流动性，就形成了债券场外交易市场。

柜台交易市场（over -the-counter，OTC），又称店头交易市场，是指在证券交易所以未上市的债券为交易对象的市场。

（2）第三市场。第三市场是指在证券交易所外对已上市债券进行交易的市场。第三市场的主要顾客是机构（团体）投资者，如银行信托部、养老基金组织、证券经纪商及其他大型投资机构。此外，那些非交易所会员的较小经纪人和证券商，也是活跃的客户。由于第三市场的交易者很少或不需要交易所提供有关证券研究、保管、信息和市场分析等服务，因此可降低佣金支出和交易成本。

（3）第四市场。第四市场是指各种机构投资者和证券持有人完全绕开通常的证券商，相互间直接进行债券交易而形成的市场。第四市场的交易通常只牵涉买卖双方，有时也有帮助安排证券交易的第三方参与，但它们不直接卷入交易过程。利用第四市场进行交易的一般都是大企业、大公司，它们直接通过第四市场的电子计算机网络进行大宗债券交易，这样可以避免暴露目标。

（二）债券交易的方式

债券交易方式主要有现货交易、期货交易、回购交易、期权交易、信用交易等。

1. 现货交易。现货交易是指交易双方在成交后立即交割或在极短的期限内交割的交易方式。它是证券市场中最传统的一种方式，要求买方交割时支付现款，实现商品所有权的转移。所谓交割，是指买卖双方一手交钱、一手交券、钱券两清的行为，又称为交收。在债券的实际交易过程中，由于种种原因，现货交易中的交割又分为当日交割、次日交割、例行日交割和特约日交割等。

2. 期货交易。期货交易是指交易双方约定在将来某个时候按成交时约定的条件进行交割的交易方式。期货交易的主要作用在于保值和投机。通过对未来行市涨跌的预测，交易者做多头或空头来转移风险或获利。

3. 回购交易。关于回购交易的内容，可参考货币市场中回购市场部分的介绍。

4. 期权交易。期权是指持有期权者可在规定的时间或时期里，按双方约定的价格，购买或出售一定规格的金融资产的权利。为了获得这一权利，期权合约的买方必须向卖方支付一定数量的费用，即期权费。债券期权交易是以债券期权合约为对象进行交易的一种方式。

5. 信用交易。信用交易又称保证金交易或垫头交易，是指交易人凭自己的信誉，通过交纳一定数额的保证金取得经纪人信任，进行债券买卖的交易方式。信用交易可以扩大证券交易量，活跃资本市场，具有较强的杠杆效应，但也能加剧证券市场的动荡和危机。

（三） 债券上市

债券上市是指债券发行人经批准后将其债券在交易所挂牌交易。

债券上市有利于上市公司加强管理，提高公司的知名度，同时为投资者提供便利的买卖条件，促使价格公平合理，并且由于上市公司必须公开经营和财务等方面的资料，因此减少了投资者风险。

各个国家债券上市的条件不尽相同。在实行许可制的国家，债券的上市首先需经金融或证券监管部门批准，然后才能向证券交易所提出申请；在实行注册制或以自律为主的国家中，债券的上市通常只需经过证券交易所审核通过即可。

不论实行哪种体制，为了保护投资者利益，对债券的上市，各个国家都有一系列明确的规则和约束条件。一般来说，债券（国债除外）上市应满足以下几个方面的条件：发行人需有较强的盈利能力；已发行的债券数量超过一定的金额，且有较长的存续期；符合规定的净资产比例和符合规定的信用级别。

第二节　股票市场

一、股票

（一） 股票的概念及性质

股份有限公司的全部资本被划分为等额的单位，称为股份，每一股份都代表着所有者即股东对公司财产占有一定的份额。将股份印制成一定的书面形式，记载表明其价值的事项及有关股权等条件的说明，这就是传统的股票。随着电子技术的发展，现在的股票大多是一种电子符号，记录在证券登记结算公司的电子账簿中，而没有了实体的形式。

股票（stock）是股份有限公司发行的代表股东权益并到期据以获得红利或股息收入的所有权凭证。

股票实质上代表了股东对股份公司的所有权，股东凭借股票可以获得公司的股息和红利，参加股东大会并行使自己的权利，同时也承担相应的责任与风险。一般来说，股东的权利包括参与经营管理权、表决权、获利权、查询权和剩余财产分配权等。同一类别的每一股票所代表的股东权利是相等的。每一股东所拥有的公司所有权份额的大小，取决于其持有的股票数量占公司总股本的比重。股东权利的转让应与股票占有的转移同时进行，股票的转让就是股东权利的转让。

（二） 股票的特征

1. 无偿还性。股票是一种无偿还期限的有价证券，投资者认购了股票以后，就不能再要求退股。股票代表着股东的永久性投资，投资者只能到二级市场转售给第三者。对于股份有限公司来说，股票是筹措资金的主要手段。股票的转让只意味着公司股东的改变，并不减少公司资本。

2. 参与性。股东有权出席股东大会，选举公司董事，参与公司重大决策。股票持有者的经济利益，通常是通过行使股东参与权来实现的。在公司经营的实践中，股东持有的股票数额达到左右决策结果所需的实际多数时，就成了股份有限公司的决策者。

3. 收益性。股东凭其持有的股票，有权从公司领取股息或红利，获取投资的收益。股息或红利的大小，主要取决于公司的盈利水平和公司的收益分配政策。股票的收益性，还表现为股票投资者可以获取买卖的价差收入或实现资产保值增值。

4. 流通性。股票的流通性是指股票可以在依法设立的证券交易所上市交易或在经批准设立的其他证券交易场所转让的特性。股票是流通性很高的证券，其流通性通常以可流通的股票数量、股票成交量以及股价对交易量的敏感程度来衡量。

5. 风险性。股票风险的内涵是预期收益的不确定性。由于股票价格要受到诸如公司经营状况、供求关系、银行利率、大众心理、政治局势等多种因素的影响，如果股价下跌，股票持有者会因股票贬值而蒙受损失，所以股票的风险性与其收益性是相对应的。

（三） 股票的类型

股票按照不同的标准可进行如下分类。

1. 按股票所代表的股东权益划分，可分为普通股与优先股。

普通股股票(common stock)是指对代表着股东享有的平等权利，不加以特别限制，并随着股份有限公司利润的大小而分取相应股息的股票。

普通股是股票中最普遍的一种形式，其持有者享有股东的基本权利和义务。普通股的股利完全随公司盈利的高低而变化，在对公司盈利和剩余资产的分配顺序上，位列债权人和优先股股东之后，故普通股是风险最大的股票。普通股股东享有的主要权利有：

（1）经营决策的参与权。普通股股东有权参加股东大会，听取董事会提交的工作报告和财务报告并提出自己的意见和建议；有权选举公司董事和监事；有权对公司重大经营决策进行投票表决。

（2）公司盈余的分配权和剩余资产的索取权。普通股股东有权从公司的利润分配中得到股息。当公司有盈余时，按照收益分配顺序从净利润中提取法定公积金、法定公益金后可供股东分配的利润先按事先约定的股息率给优先股股东分配股息，再提取任意盈余公积金后，所剩下的部分，以股东大会的分配方案，按持股比例分配给普通股股东。当公司破产或清算时，公司资产在满足了债权人的清偿权和优先股股东的索取权后还有剩余的，普通股股东有按持有股份的比例索取剩余资产的权利。

（3）优先认股权。优先认股权是指当股份有限公司为增加公司资本而决定增加发行新股时，原普通股股东享有的按其持股比例、以低于市价的某一特定价格优先认购一定数量新股的权利。赋予股东这种权利有两个主要目的：一是能保证普通股股东在股份公司中保持原有的持股比例；二是能保护原普通股股东的利益和持股价值。股东拥有新股优先认购权后，其处理权利的方式有三种：其一是行使优先权，购买新股票；其二是转让优先认股权；其三是放弃这一权利，任其过期失效。

优先股是一种特殊股票，在其股东权利、义务中附加了某些特别条件。优先股的主要特征如下：

优先股股票(preferred stock)是指股东享有某些优先权利（如优先分配公司盈利和剩余财产权）的股票。

（1）股息率固定。优先股在发行之时就约定了固定的股息率，无论公司经营状况和盈利水平如何变化，该股息率不变。

（2）剩余资产分配优先。当公司因解散或破产进行清算时，在对公司剩余资产的分配上，优先股股东排在债权人之后、普通股股东之前，但是一般是按优先股股票的面值清偿。

（3）一般无表决权。优先股股东一般没有投票权，从而不能参与公司的经营决策。只有在直接关系到优先股股东利益的表决时，才能行使表决权，或是在对优先股股息积欠达到一定数额后，可以投票选举一定人数的董事。

2. 按股票的票面是否记载股东姓名划分，可分为记名股与无记名股。

记名股是指将股东姓名记载于股票票面和股东名册的股票。投资者认购记名股票，不仅要在股票票面上记载其姓名，还必须把姓名和住址记入发行该股票的公司股东名册中。

无记名股是指股票票面不记载股东姓名的股票。此类股票与记名股相比较，在股东权益内容上没有差别，只是股票记载方式不同。一般来说，无记名股可以请求改换为记名股，但记名股不能改换为无记名股，也可以用公司章程禁止转换。

3. 按股票是否记载票面金额划分，可分为有面额股与无面额股。

有面额股是指在股票票面上记载一定金额（即票面价值）的股票。此类股票的票面金额计算方法是资本总额除以股份数。一般地，有面额股的股息是用其票面金额的百分比来表示。大多数国家的股票都是有面额股。

无面额股是指在股票票面上不记载股票面额，只注明它在公司总股本中所占比例的股票。无面额股没有票面价值，但有账面价值，其价值反映在股票发行公司的账面上。20 世纪早期，美国纽约州最先通过法律，允许发行无面额股，以后美国其他州和其他一些国家也相继仿效。但目前世界上有很多国家（包括中国）的公司法规定不允许发行这种股票。

4. 我国股票按发行和交易范围不同划分，可分为人民币普通股票（即 A 种股票）和人民币特种股票（即 B 种股票）。

A 股是指股份有限公司经过特定程序发行的以人民币标明面值，由境内投资者买卖的记名普通股票。

B 股也称为境内上市外资股，是指在中国境内股份有限公司经过特定程序发行的，以人民币标明面值，以外币认购、买卖，在境内证券交易所上市交易，并由境外居民与法人及境内居民买卖的股票。1991 年 11 月，第一只 B 股——上海真空电子器件股份有限公司向海外投资者发行面值 100 元人民币，总共 100 万股的人民币特种股票，并于 1992 年 2 月在上海证券交易所上市。B 股市场设立的初衷是吸引境外投资，最初只能由境外居民与法人购买和交易。后来开始有 H 股、红筹股等其他融资渠道的拓展，B 股所起的作用日渐微弱。与此同时，国内居民外汇存款不断增多，其中相当一部分由国内银行投放到海外或购买外国债券。中国作为一个发展中国家，过量的资本输出尚不适宜，因此可利用 B 股市场吸引一部分境内居民合法持有的外汇资金，支持本国经济的发展。于是，我国在 2001 年 2 月 19 日放开 B 股市场，中国证监会允许境内居民以合法持有的外汇开立 B 股账户，交易 B 股股票，但本次对境内开放 B 股市场仅限于自然人。

外资股除了 B 股股票外，还有境外上市外资股，它是指股份有限公司向境外投资者募集并在境外上市的股份。它采取记名股票形式，以人民币标明面值，以外币认购。境外上市外资股主要由 H 股、S 股、N 股、L 股等构成。H 股是指注册地在我国内地、上市地在我国香港的外资股。依此类推，纽约的第一个英文字母是 N，新加坡的第一个英文字母是 S，因此在纽约、新加坡、伦敦上市的外资股分别称为 N 股、S 股、L 股。

专栏 10－5

我国的股权分置改革

股权分置是我国经济体制转轨过程中形成的特殊问题，它是指 A 股市场上的上市公司股份按是否能在证券交易所上市交易，被区分为非流通股和流通股。非流通股主要指国家股和法人股；流通股主要指社会公众股和职工股。为保证国有股权不流失，非流通股被置于 STAQ 和 NETS 交易系统内，在国有资产管理部门指导下进行批量交易，而流通股则在证券交易所公开交易，这就造成了同股不同价、同股不同权的问题。

同股不同价是指非流通股交易价格非常低，而流通股由于过度投机而股价严重高估；同股不同权是因为非流通股所占比重大，而且集中在少数一些股东手上，而流通股不仅所占比重较小，而且非常分散，所以公司控制权几乎完全掌握在非流通股股东手上。因此，股权分置现象严重损害了流通股股东的利益，降低了证券市场的效率。

2005 年 4 月 29 日，中国证监会发布《关于上市公司股权分置改革试点有关问题的通知》，通过引入“对价”机制启动股权分置改革的试点工作。各股改公司都出台了股改方案，并经流通股股东投票同意后实施。这些股改方案主要包括送股方案、缩股方案、配售方案、权证方案、定向增发、定向回购方案、派送现金方案、资产重组换取流通权方案、债务重组换取流通权方案等。2005 年 5 月 9 日，中国证监会公布了第一批 4 家股权分置试点上市公司名单：金牛能源、三一重工、紫江企业、清华同方。

2013 年 12 月 31 日我国证券市场的股票基本实现了全流通，股权分置改革基本解决了长期影响我国股票市场健康发展的重大历史遗留问题，理顺了市场机制，释放了市场潜能，使股票市场融资和资源配置功能得以恢复。

阅读书目：董少鹏．中国股市 120 问［M］．北京：人民出版社，2017.

二、股票发行市场

由于发行活动是股票市场一切活动的源头和起始点，故股票发行市场又称初级市场或一级市场。

股票发行市场是指通过发行股票进行筹资活动的市场。

（一）股票发行制度

世界各国对股票发行的审核主要有两种制度，即注册制和核准制。

1. 注册制。注册制也称发行登记制，是指股票发行人在公开募集和发行股票之前，需要向证券监管部门按照法定程序申请注册登记，同时依法提供与发行股票有关的一切资料，并对所提供的资料的真实性、可靠性承担法律责任。

在注册制下，凡是将在公开市场交易的股票，其发行人均须向证券主管机构注册登记。注册制采用自动生效方式，发行公司的发行注册申请提交主管机关一定时间后，若主管部门对申请未提出任何异议，则从下一工作日起注册生效，发行公司即可进行具体发行操作。主管机构认为发行公司所报材料有虚假、不完整、不准确等不符合公开原则的要求的情况，将要求发行公司对所提供的材料进行修正、澄清或进行补充，并推迟自动生效期。经修正后仍不符合要求的，该发行公司的注册申请将被取消。目前西方发达国家多采用注册制。

2. 核准制。核准制是指股票发行者不仅必须公开有关所发行的股票真实情况，而且所发行的股票还必须遵守公司法和证券法中规定的若干实质性条件，证券监管机关有权否决不符合实质条件的证券的发行申请。中国目前的股票发行制度就属于核准制。

核准制遵循实质管理原则，实质管理原则是一种管理意味更浓的原则，它强调主管机构在证券发行中的把关作用。核准制广泛实行于具有稳健型管理传统的欧洲大陆各国和证券市场发育不够成熟的发展中国家。

专栏 10 -6

我国股票发行制度的演变

从 1990 年开始到 2000 年，我国股票发行采取的是行政审批制，这期间大量国有企业通过改制完成了上市融资。1999 年 7 月《证券法》颁布，明确要求我国股票发行制度要实施核准制。从 2001 年 3 月 17 日开始，我国正式实施核准制。公司上市由券商进行辅导，由中国证监会发审委审核。不少企业通过各种形式的攻关达到了上市的目的。企业上市后，负责推荐的券商不再负责，因此出现了不少企业上市后业绩马上变脸的情况。这个阶段从 2001 年 3 月到 2004 年 2 月。2004 年 2 月 1 日起《证券发行上市保荐制度暂行办法》正式施行，公司上市要由保荐人和保荐机构推荐担保，上市以后，保荐机构和保荐人负有持续督导责任。证券发行上市保荐制度在世界上绝无仅有，它是为了避免公司虚假上市、包装上市，把中介机构和上市公司紧紧捆在了一起。

2018 年 11 月 5 日上午，国家主席习近平在国家会展中心（上海）出席首届中国国际进口博览会开幕式并发表主旨演讲时表示，为了更好发挥上海等地区在对外开放中的重要作用，决定将在上海证券交易所设立科创板并试点注册制，支持上海国际金融中心和科技创新中心建设，不断完善资本市场基础制度。

科创板的推出并试点注册制，是从根本上对股票审核、发行注册、销售、定价、交易、退市进行重构。证监会不再负责对微观发行审核事宜，而是把权力下放给了交易所，由更为贴近市场一线的专业人士进行规范化、程序化和中立化的问答式审核，证监会专注事前事中事后的全过程监管。简而言之，试点注册制减少了行政机构的自由裁量权，真正做到卖者诚信、中介尽职、监管从严、买者自负。科创板注册制试点成功，则要全面铺开。如此，我国的资本市场会迎来根本性变革，从目前行政色彩浓厚的半行政化半市场化向市场驱动的根本性转变，监管和市场的边界将得以理顺。

资料来源：中国证监会官网。

（二）股票发行类型

股票发行可分为两种情况：一是为设立新公司首次发行股票；二是为扩充已上市公司的资本规模而增资发行股票。

1. 新公司首次发行股票——设立发行。设立发行是指公司首次在发行市场上发行股票。设立发行一般都是发行人在满足必须具备的条件并经证券主管部门审核批准或注册后，通过证券承销机构面向社会公众公开发行股票。通过设立发行，发行人不仅募集到了所需资金，而且完成了股份有限公司的设立或转制。

设立发行分为发起设立和招股设立。发起设立是公司发起人在公司设立时，必须足额认购首次发行的全部股票，无须向社会筹资。招股设立是发起人在公司设立时只认购一部分股票，其余部分必须向社会公开招股，使之达到预定的资本总额。

2. 已上市公司发行增资股票——增资发行。增资发行是指股份有限公司组建、上市后为达到增加资本金的目的而发行股票的行为。公司增资的方式有向社会公众发行股份、向现有股东配售股份、公司债转换为公司股份等。

向现有股东配售股份，又称配股。它是指公司以一定的价格按照股东所持股份的一定比例向现有股东出售股票，但现有股东也有权放弃新股的购买。向社会公众发行股票，又称增发。它是指公司以一定的价格向社会公众出售股票。公司如果发行了可转换债券，当可转债持有人行使转换权利时，公司应按照可转换的股票数量向债券持有人支付股票，同时收回债券。通过这一过程，公司的负债减少，同时股本增加。

（三）股票发行方式

1. 按发行对象不同，可分为私募发行和公募发行。

私募发行（private placement）是指只向少数特定投资者发行股票。私募发行方式不必事先提供企业的财务资料，也不必向主管部门申报批准，发行手续简单，发行费用较低，但不能公开上市交易，募集资金的数量受到限制。

公募发行（public placement）是指面向市场上大量的非特定投资者公开发售股票。尽管公募发行方式要求发行者具有较高的社会信誉，需报主管部门申请批准，因而手续麻烦，费用也较高，但由于公募发行可以扩大股票发行量，且可以上市交易，从而提高企业的知名度，因此，多数筹资者愿意选择公募发行方式。

2. 按发行过程不同，可分为直接发行和间接发行。

直接发行是指发行人不通过股票发行中介机构直接向投资者销售股票。直接发行手续简单，发行费用低，但发行数额一般不大，私募发行的股票通常都采用直接发行方式。

间接发行是指通过股票发行中介机构即承销商向社会发行股票。间接发行尽管承销费用较高，手续较复杂，但具有发行面广、风险小、知名度高的优点，因此，一般情况下，股票发行大都采用间接发行方式。

根据我国《公司法》的规定，股票的发行只允许采用间接发行方式，即只要是公开募集的股票，都应当由依法设立的证券经营机构承销，签订承销协议。

3. 按投资者认购新股是否要交纳股款分为有偿增资发行与无偿增资发行。

有偿增资发行，就是认购者必须按股票的某种发行价格付现，方能获得新发股票。一般公开发行的股票和私募中的股东配股、私人配股都采用有偿增资的发行方式。采取这种方式可以直接增加股份公司的资本金。

无偿增资发行，是指股份公司将公司盈余结余、公积金和资产重估增值转入资本金科目的同时，发行与之对应的新股票，分配给公司原有的股东，原有股东无须交纳认购股金。无偿增资发行一般只在股票派息分红、股票分割和法定公积金或盈余转做资本时采用，其目的是为了增强股东信心和公司信誉，或为了调整股东结构。

（四）股票发行条件

股票发行条件是指股票发行者以股票形式筹集资金时所必须具备的条件，它通常包括首次公开发行条件、发行新股条件（包括增发和配股）。

1. 首次公开发行条件。根据我国《公司法》《证券法》《股票发行与交易管理暂行条例》等法律法规，股份有限公司首次公开发行股票应当符合以下条件：（1）其生产经营符合国家产业政策；（2）其发行的普通股限于一种，同次发行的股票，每股的发行条件和发行价格相同，同股同权；（3）发起人认购的股本数额不少于公司拟发行的股本总额的35%；（4）在公司拟发行的股本总额中，发起人认购的部分不少于人民币3 000万元，但是国家另有规定的除外；（5）发起人在近3年没有重大违法行为。

原有企业改组设立股份有限公司申请公开发行股票，除应当符合上述条件以外，还应当符合下列条件：发行前一年年末，净资产在总资产中所占比例不低于30%，最近一期期末无形资产在净资产中所占比例不高于20%；最近3个会计年年度净利润均为正数且累积超过人民币3 000万元。

2. 发行新股条件。上市公司发行新股，是指上市公司向社会公开发行新股，包括向原股东配售股票（以下简称配股）和向全体社会公众发售股票（以下简称增发）。上市公司发行新股应当符合我国《公司法》《证券法》规定的基本条件，还应符合《上市公司证券发行管理办法》规定的一般条件。此外，对配股与增发的特别要求如下。

（1）配股的特别要求。①拟配售股份数量不超过本次配售股份前股本总额的30%。②控股股东应当在股东大会召开前公开承诺认配股份的数量。③采用《证券法》规定的代销方式发行。控股股东不履行认配股份的承诺，或者代销期限届满，原股东认购股票的数量未达到拟配售数量70%的，发行人应当按照发行价并加算银行同期存款利息返还已经认购的股东。

（2）增发的特别要求。①最近3个会计年度加权平均净资产收益率平均不低于6%。扣除非经常性损益后的净利润与扣除前的净利润相比，以低者作为加权平均净资产收益率的计算依据。②除金融类企业外，最近1期末不存在持有金额较大的交易性金融资产和可供出售的金融资产、借与他人款项、委托理财等财务性投资的情形。③发行价格应不低于公告招股意向书前20个交易日公司股票均价或前一个交易日的均价。

（五）股票发行价格

1. 股票发行价格的种类。股票的发行价格在筹资发行时，由发起人与承销商协商决定；在增资扩股时由董事会提议，股东大会决定，并报证券主管部门批准。

股票发行价格是指股份公司在募集公司股本或增资发行新股时，公开将股票出售给投资者所采用的价格。

根据我国《公司法》的规定，股票发行价格不得低于股票票面金额，故我国股票发行价格有面值发行与溢价发行两种。

（1）面值发行，也称平价发行或等价发行，即股票的发行价格等于票面金额的发行方法。

（2）溢价发行，指发行价格高于股票面值的发行方法。股票面值与发行价之间的差额形成溢价收入，溢价收入一般转入公司的法定资本公积金中。

2. 确定发行价格的方法。

（1）市盈率法。市盈率又称本益比（P/E），是指股票市场价格与盈利的比率，其计算公式为

$$市盈率=\frac{股票市场价格}{每股收益}$$

通过市盈率法确定股票发行价格，首先应根据注册会计师审核后的盈利预测计算出发行人的每股收益；然后可根据二级市场的平均市盈率、发行人的行业情况（同行业公司股票的市盈率）、发行人的经营状况及其成长性等拟订发行市盈率；最后以发行市盈率与每股收益之积决定发行价。按市盈率法确定发行价格的计算公式为

$$发行价格=每股收益\times发行市盈率$$

（2）竞价确定法。竞价确定法是指投资者在指定时间内通过交易柜台或者证券交易所交易网络，以不低于发行底价的价格并按限购比例或数量进行认购委托，申购期满后，由交易所的交易系统将所有有效申购按照“价格优先、同价位申报时间优先”的原则，将投资者的认购委托由高价位向低价位排队，并由高价位到低价位累计有效认购数量，当累计数量恰好达到或超过本次发行数量的价格，即为本次发行的价格。如果在发行底价上仍不能满足本次发行股票的数量，则竞价的底价即为发行价。

（3）净资产倍率法。净资产倍率法又称资产现值法（net value of assets），指通过资产评估（物业评估）和相关会计手段确定发行人拟募股资产的净现值和每股净资产值，然后根据证券市场的状况将每股净资产值乘以一定的溢价倍率或一定折扣倍率，以此确定股票发行价格的方法。其公式为

$$发行价格=每股净资产值\times溢价倍率（或折扣倍率）$$

净资产倍率法常用于房地产公司或资产现值有重要商业意义的公司的股票发行。以此种方式确定每股发行价格不仅应考虑公平市值，而且还须考虑市场所能接受的溢价倍率或折扣倍率。

（4）现金流量折现法。现金流量折现法是指通过预测公司未来盈利能力，据此计算出公司净现值，并按一定的折扣率折算，从而确定股票发行价格的方法。该方法首先是用市场接

受的会计手段预测公司每个项目未来若干年内每年的净现金流量，再按照市场公允的折现率，分别计算每个项目未来的净现金流量的净现值。公司的净现值除以公司股本数，即为每股净现值。由于未来收益存在不确定性，发行价格通常要对上述每股净现值折让20%～30%。国际主要股票市场对新上市公路、港口、桥梁、电厂等基建公司股票的估值和发行定价一般采用现金流量折现法。

三、股票流通市场

股票流通市场是指对已发行的股票进行买卖、转让和流通的市场。

由于股票流通市场是建立在发行股票的初级市场基础上，因此又称做二级市场或次级市场。股票流通市场为一级市场发行的股票提供流动性，使资源流向效率最高的地方。

（一）股票流通市场分类

股票流通市场的组织方式可以分为场内交易市场和场外交易市场。

1. 场内交易市场。场内交易市场是指通过证券交易所进行股票买卖流通的组织方式。证券交易所是股票流通市场的核心，也是股票流通的主要组织方式。证券交易所设有固定场地，备有各种服务设施（如行情板、电视屏幕、电子计算机、电话、电传等），配备了必要的管理和服务人员。

2. 场外交易市场。场外交易是在证券交易所以外进行的证券交易活动。场外交易市场的特点是交易的品种主要为非上市证券，且品种多、数量大。场外交易市场是一个分散的市场，投资者之间或投资者与证券经纪商和自营商可直接商洽交易；场外交易的证券价格由买卖双方协商达成。

场外交易市场包括柜台交易市场、第三市场和第四市场。柜台交易市场是在证券公司的柜台上交易未上市股票的市场。第三市场是在证券交易所之外交易上市股票的市场。第三市场的交易主体多为拥有巨额资金的机构投资者。第四市场是指计算机终端联结的、在有组织的集体投资者之间直接进行大额交易的证券交易市场。在国外一般由专门的证券经纪公司安排资金雄厚、规模巨大的集体投资者，通过计算机终端技术进行直接的证券交易。买卖双方通过计算机协商价格，成交迅速，不需要经纪人，从而实现交易的保密性。

（二）股票流通市场的交易方式

现代股票流通市场上的买卖交易方式种类繁多，从不同的角度有如下分类。

1. 按买卖双方决定价格的方式不同，分为议价买卖和竞价买卖。议价买卖就是买方和卖方一对一地面谈，通过讨价还价达成买卖交易。它是场外交易中常用的方式。一般在股票上不了市、交易量少、需要保密或为了节省佣金等情况下采用。竞价买卖是指买卖双方都是由若干人组成的群体，双方公开进行双向竞争的交易，即交易不仅在买卖双方之间有出价和要价的竞争，而且在买者群体和卖者群体内部也存在着激烈的竞争，最后在买方出价最高者和卖方要价最低者之间成交。竞价买卖是证券交易所中买卖股票的主要方式。在这种双方竞争中，交易比较公平，产生的价格也比较合理。

2. 按达成交易的方式不同，分为直接交易和间接交易。直接交易是买卖双方直接洽谈，股票也由买卖双方自行清算交割，在整个交易过程中不通过任何中介的交易方式。间接交易是买卖双方不直接见面或联系，而是委托中介人进行股票买卖的交易方式。证券交易所中的经纪人制度，就是典型的间接交易。

3. 按交割期限不同，分为现货交易和期货交易。现货交易是指股票买卖成交后，马上办理交割清算手续，钱货两清。期货交易则是股票成交后按合同中规定的价格、数量，过若干时期再进行交割清算的交易方式。

4. 其他。按交易者的不同需要，近年来还出现了只需交纳少量保证金就可以从事大宗股票买卖的信用交易（亦称垫头交易）、买卖股票交易权利的期权交易、以股票价格指数为对象的股票指数期货交易等。

（三） 股票流通市场的交易价格

1. 股票的价值。从本质上讲，股票自身并没有价值，它仅仅是用于证明持有人具有的财产权利的法律凭证，并不具备普通商品所包含的使用价值，也没有形成价格的劳动价值。然而，股票在实际生活中却存在着价值，是因为它代表着获取收益的权利，能够给持有人带来股息、红利收入。所以，股票的价值就是用货币来衡量的作为获利手段的价值。股票流通转让的实质就是这种获利凭证的让渡。

作为一种虚拟资本，股票价值有四种形式：（1）票面价值，通常指面值，是股份有限公司在其发行的股票上标明的票面金额。（2）账面价值，又称净值，是股票所包含的实际资产价值。（3）清算价值，是股份有限公司进行清算时，股票每股所代表的实际价值。（4）市场价值，是股票在股票市场进行交易过程中具有的价值。

2. 股票交易价格。股票交易价格是指在二级市场上流通买卖的价格。股票交易价格是以股票理论价格为基础的。由于股票代表的是持有者的股东权，这种股东权的直接经济利益表现为股息、红利收入，因而所谓的股票理论价格，就是为获得这种股息、红利收入的请求权而付出的代价（机会成本），是股息资本化的表现。

静态地看，股息收入与利息收入具有同样的意义。对于投资者来说，是把资金投资于股票还是存入银行，首先取决于哪方的投资收益率高。按照等量资本获得等量收益的理论，如果股息率高于利息率，人们对股票的需求就会增加，股票价格就会上涨，从而股息率就会下降，一直降到股息率与市场利息率大体一致为止。按照这种分析，即可以得出股票的理论价格公式为

$$\text{股票理论价格} = \frac{\text{股票红利收益}}{\text{利息率}}$$

股票的理论价格不等于股票的市场价格（实际交易价格），甚至两者有相当大的差距，但是，它对于预测股票市场价格的变动趋势，提供了重要依据，同时也是股票市场价格形成的一个基础性因素。

股票交易价格的最大特点是事先不确定性，表现在它总处在不断变动之中，而且这种变动是连续性的、非间断性的。股票交易价格的这一特点，正是股票最吸引人之处，因为只有交易价格不断变化，投资者才有可能通过不停地买卖股票而获得差价收益。

四、股票价格指数

（一） 股票价格指数的概念

股票价格指数的表示方法有两种：一是用绝对数表示，即用股票的平均价格来表示。二

是用相对数表示，即以某一时点（即以某年某月某日）为计算基日，基日的指数为 100 点或1 000 点，以后各期股票价格同基日相比计算出的百分数，即为各期的股价指数。中国采用的都是用相对数表示的股票价格指数。

股票价格指数是指用来表示多种股票平均价格水平及其变动情况以衡量股市行情变化的指标。

股票价格指数按照股市涵盖股票数量和类别的不同，可以分为综合指数、成分指数和分类指数三类。综合指数是指在计算股价指数时将某个交易所上市的所有股票市价升跌都计算在内的指数，如纽约证交所综合指数、我国的上证综合指数等。成分指数是指在计算股价指数时仅仅选择部分具有代表性的、交易量大、业绩好的股票作为目标股计算出来的指数。目前，世界大多数的指数都是成分指数，如道琼斯指数、标准普尔指数、伦敦《金融时报》100 指数、上证 180 指数、深证成分指数等。分类指数是指选择具有某些相同特征（如同行业）的股票作为目标股计算出来的指数，如房地产股指数、金融股指数、工业股指数等。

（二） 股票价格指数的编制

股价指数通常是将报告期的股票价格与选定的基期价格相比，并将两者的比值乘以基期的指数值，即为报告期的股价指数。股价指数的计算方法主要有两种：简单算术股价指数和加权股价指数。

1. 简单算术股价指数。简单算术股价指数又有相对法和综合法之分。

（1）相对法。相对法又称平均法，就是先计算各样本股价指数，再加总求算术平均数。其计算公式为

$$\text{股价指数} = \frac{1}{n}\sum_{i=1}^{n}\frac{p_1^i}{p_0^i} \tag{10-1}$$

式中：p_0^i 表示第 i 种股票的基期价格；p_1^i 表示第 i 种股票的报告期价格；n 为样本数。

英国的《经济学家》普通股价格指数就是采用这种方法计算出来的。

（2）综合法。先将样本股票的基期和报告期价格分别加总，然后相比求出股价指数，即

$$\text{股价指数} = \frac{\sum_{i=1}^{n} p_1^i}{\sum_{i=1}^{n} p_0^i} \tag{10-2}$$

2. 加权股价指数。加权股价指数是根据各期样本股票的相对重要性予以加权，其权重可以是成交股数、总股本等。按时间划分，权数可以是基期权数，也可以是报告期权数。

以基期成交股数（或总股本）为权数的指数称为拉斯拜尔加权指数（Laspeyre index）。其计算公式为

$$\text{加权股价指数} = \frac{\sum p_1 Q_0}{\sum p_0 Q_0} \tag{10-3}$$

以报告期成交股数（或总股本）为权数的指数称为派许加权指数（Passche index）。其计算公式为

$$\text{加权股价指数} = \frac{\sum p_1 Q_1}{\sum p_0 Q_1} \tag{10-4}$$

式中：p_0 和 p_1 分别表示基期和报告期的股价；Q_0 和 Q_1 分别表示基期和报告期的成交股数（或总股本）。

拉斯拜尔加权指数偏重基期成交股数（或总股本），而派许加权指数则偏重报告期的成交股数（或总股本）。目前，世界上大多数股价指数都是派许加权指数，只有德国法兰克福证券交易所的股价指数为拉斯拜尔加权指数。

（三）中国主要的股价指数

1. 上海证券交易所股价指数。

（1）指数系列。目前，上海证券交易所股价指数系列共包括四类指数。第一类，成分指数类，包括上证 180 指数、上证 50 指数；第二类，综合指数类，包括上证综合指数；第三类，分类指数类，包括上证 A 股指数、上证 B 股指数、上证工业类指数、上证商业类指数、上证房地产业类指数、上证公用事业类指数、上证综合业类指数；第四类，基金指数类，包括上证基金指数。以上各类指数中，上证综合指数最常用。

（2）采样范围。上证 180 指数和上证 50 指数是成分指数，其样本股是在所有 A 股股票中最具市场代表性的 180 种和 50 种样本股票。其选样标准是遵循规模（总市值、流通市值）、流动性（成交金额、换手率）、行业代表性三项指标，即选取规模较大、流动性较好且具有行业代表性的股票作为样本。依据样本稳定性和动态跟踪相结合的原则，上证成分指数每半年调整一次成分股，每次调整比例一般不超过 10%，特殊情况时也可对样本进行临时调整。综合指数类的指数股是全部股票（A 股和 B 股）；分类指数类的指数股是相应行业类别的全部股票（A 股和 B 股）。

（3）计算方法。上证指数系列均以“点”为单位，首先，指数计算要确定基日、基期（除数）与基期指数。其次，指数计算要选定计算公式。上证指数系列均采用派许加权综合价格指数的基本公式计算，即以指数股报告期的股本数作为权数进行加权计算。最后，进行指数的实时计算。具体做法是，在每一交易日集合竞价结束后，用集合竞价产生的股票开市价计算开市指数，以后每有一笔新的交易成交，就重新计算一次指数，直至收盘。每 15 秒向外发布一次。通过卫星通信网络向国内外实时发布。

2. 深圳证券交易所股价指数。

（1）指数种类。深圳证券交易所股价指数共有三类 13 项。第一类，综合指数类，包括深证综合指数、深证 A 股指数、深证 B 股指数；第二类，成分指数类，包括深证成分指数和深证 100 指数，其中深证成分指数又包括成分 A 股指数和成分 B 股指数，成分 B 股又可细分为工业分类指数、商业分类指数、金融分类指数、地产分类指数、公用事业指数、综合企业指数；第三类，基金指数类，包括深证基金指数。其中最有影响的是深证成分指数。

（2）计算范围。综合指数类的指数股是在深圳证券交易所上市的全部股票。深证成分指数的指数股是从上市公司中挑选出来的 40 只成分股。深证 100 指数的指数股是在所有 A 股股票中抽取的最具市场代表性的 100 种样本股票。

（3）计算方法。综合指数类和成分指数类均为派许加权价格指数，即以指数股计算日的股份数作为权数，采用连锁公式加权计算。每一交易日集合竞价结束后，用集合竞价产生的股票开市价（无成交者取前日收盘价）计算开市指数，然后用连锁方法计算即时指数，直至收市，指数通过卫星通信网络实时向国内外发布。

专栏 10 -7
世界著名的股票价格指数

道琼斯股票指数是世界上历史最为悠久的股票指数，它的全称为股票价格平均数。它是在1884 年由道琼斯公司的创始人查理斯·道开始编制的。最初的道琼斯股票价格平均数是根据 11 种具有代表性的铁路公司的股票编制的股票价格平均数。随后，道琼斯股价平均数的样本股逐渐扩大至 65 种，编制方法也有所改进。现在的道琼斯指数实际上是一组股价平均数，包括工业股价平均数、运输业股价平均数、公共事业股价平均数、股价综合平均数、道琼斯公正市价指数。

标准普尔股票价格综合指数。标准普尔公司是美国最大的一家证券研究机构。它于 1923 年开始编制股票价格指数，到 1957 年，选择 500 种股票，采用高速计算机，将这些普通股票加权平均编制成一种股票价格综合指数，每小时计算和公布一次。标准普尔指数的特点是信息资料全，能反映股市的长期变化。

《金融时报》股票价格指数的全称是“伦敦《金融时报》工商业普通股股票价格指数”，是由英国《金融时报》编制和公布的，现由英国《金融时报》和伦敦证券交易所共同拥有的富时集团编制。该股票价格指数的成分股包括在英国工商业中挑选出来的具有代表性的 30 家公开挂牌的普通股股票。它以 1935 年 7 月 1 日作为基日，其基点为 100 点。该股票价格指数以能够及时显示伦敦股票市场情况而闻名于世。

日经平均股价是由日本经济新闻社编制并公布的反映日本股票市场价格变动的股票价格平均数。该指数从 1950 年 9 月开始编制。最初根据在东京证券交易所第一市场上市的 225 家公司的股票算出修正平均股价，当时称为东证修正平均股价。1975 年 5 月 1 日，日本经济新闻社向道琼斯公司买进商标，采用美国道琼斯公司的修正法计算，改称日经道琼斯平均股价。1985 年 5 月合同期满，改名为日经平均股价。

纽约证券交易所的股票综合指数。纽约证券交易所于 1960 年开始编制和发布自己的股票价格综合指数。这个综合指数包括四组：工业股票价格指数、金融业股票价格指数、运输业股票价格指数、公用事业股票价格指数。该股票指数采用加权平均法计算，以 1965 年 12 月 31 日为基期，每半小时计算和公布一次。

香港恒生指数是香港股票市场上历史最久、影响最大的股票价格指数，由香港恒生银行于1969 年 11 月 24 日开始发布。恒生股票价格指数以从香港 500 多家上市公司中挑选出来的 33 家有代表性且经济实力雄厚的大公司股票作为成分股，这些股票占香港股票市值的 63. 8%，分为四大类：4 种金融业股票、6 种公用事业股票、9 种地产业股票和 14 种其他工商业股票。

阅读书目：孙清岩. 股票价格指数编制：理论、方法与创新［M］. 大连：东北财经大学出版社，2010.

第三节　证券投资基金市场

一、证券投资基金概述

证券投资基金是一种收益共享、风险共担的集合投资方式，它通过发行基金单位，集中投资者的资金，由基金托管人托管，由基金管理人管理和运用资金，从事股票、债券、外汇等金融工具投资，以获得投资收益和资本增值。

证券投资基金最常见的分类，一是根据组织形式的不同分为契约型基金和公司型基金；二是根据基金单位可否赎回、规模是否固定分为封闭式基金与开放式基金。①

证券投资基金根据投资目标的不同，还可分为收入型基金、成长型基金和平衡型基金。收入型基金主要投资于可带来现金收入的有价证券。其特点是损失本金的风险小，但长期成长的潜力也相应较小，适合较保守的投资者。成长型基金是以追求资本的长期增值为目标的投资基金，其特点是风险较大，获取的收益也较大，适合能承受高风险的投资者。平衡型基金是以净资产的稳定、可观的收入及适度的成长为目标的投资基金，其特点是具有双重投资目标，谋求收入和成长的平衡，故风险适中，成长潜力也不是很大。

证券投资基金按投资对象的不同，大致可分为股票型基金、债券型基金、混合基金和货币市场基金等。股票型基金以股票为主要投资对象，是证券投资基金市场的主流产品，其数量在各种基金中最多。债券型基金主要以政府公债、市政债券、公司债券等债券品种为投资对象，其投资目的在于获得较稳定的收益。债券型基金在一般情况下定期派息，除高收益债券型基金外，债券型基金的风险和投资回报率通常比股票型基金低。混合基金同时投资于股票和债券。根据股票和债券在混合基金中比例的不同，这类基金还可以进一步细分为偏股型基金、偏债型基金和配置型基金。货币市场基金是指将所募集的资金统一投资于货币市场上那些既安全流动性又强的短期金融工具（如短期国库券、可转让存单、商业票据、银行承兑票据等）的投资基金，其核心在于通过增强流动性来降低投资的风险。

专栏 10－8
我国证券投资基金规模现状

截至 2019 年底，我国境内共有基金管理公司 127 家，其中中外合资公司 51 家，内资公司 76 家；取得公募基金管理资格的证券公司或证券公司资管子公司共 13 家，保险资管公司 2 家。我国境内共有证券投资基金 6 544 只，其中，封闭式基金 861 只，开放式基金 5 683 只。基金份额总额为 13.69 万亿元，基金净值总额为 14.77 万亿元，其中，开放式基金占比 85% 以上，而封闭式基金占比不到 15%。从基金种类看，我国货币市场基金占有最大份额，占比 50% 左右，之后分别是

① 本部分的学习应结合第七章第一节内容进行。

债券基金、混合基金和股票基金。

类型	净值（亿元）2019/12/31	份额（亿份）2019/12/31	基金数量（只）2019/12/31	净值（亿元）2018/12/31	份额（亿份）2018/12/31
封闭式	16 024.48	15 214.30	861.00	8 985.29	8 706.16
开放式	131 648.03	121 723.12	5 683.00	121 361.21	120 263.35
其中：股票型基金	12 992.62	9 346.83	1 135.00	8 244.63	7 716.98
混合基金	18 893.19	14 784.25	2 593.00	13 603.91	14 152.74
货币市场基金	71 170.56	71 110.11	335.00	76 178.14	76 150.94
债券型基金	27 660.83	25 687.88	1 471.00	22 628.80	21 552.75
QDII	930.83	794.05	149.00	705.73	689.94
合计	147 672.51	136 937.42	6 544.00	130 346.50	128 969.51

资料来源：中国基金网。

此外，还有一些特殊类型的投资基金。如对冲基金、指数基金、交易所交易基金、上市型开放式基金等。

对冲基金（hedge fund）起源于20世纪50年代的美国，是一种利用对冲投资技巧进行投资的基金种类，主要操作手法是利用期货、期权等金融衍生产品以及相关联的不同股票进行买空卖空，实现风险对冲。经过几十年的演变，对冲基金已失去其初始的风险对冲的内涵，而成为一种新的投资模式的代名词，即基于最新的投资理论和极其复杂的金融市场操作技巧，充分利用各种金融衍生产品的杠杆效用，承担高风险，追求高收益的投资模式。

指数基金设立的动机是源于资本市场的有效性。如果基金管理人相信市场是有效的，那么任何试图战胜市场而获取超额收益的行为都是徒劳的。因此，选择某一市场指数作为特定的基准指数，构造一个投资组合，以该指数中各成分证券的相对权重作为投资组合中各证券的相对权重，就能复制基准指数的收益。只要指数成分证券不发生频繁变动，基金管理人就无须花大量精力来调整投资组合。对于投资者而言，指数基金除了能获得与基准指数大致相当的收益之外，另一重要优势就是管理费用低廉。

交易所交易基金（exchange traded funds，ETF）1993年诞生于美国，通常所说的ETF专指可以在证券交易所上市交易的开放式基金。ETF以复制和追踪某一市场指数（主要是股票指数）为目标，通过充分分散化的投资策略降低非系统性风险，通过消极管理的方式最大限度地降低交易成本，以取得市场平均收益水平。我国深圳证券交易所推出的上市型开放式基金（listed open-ended funds，LOF），为交易所交易基金在中国现行法律下的变通品种，被称为中国特色的ETF。尽管同样是交易所交易的开放式基金，但就产品特性看，在世界范围内具有首创性。与ETF相比，LOF不一定采用指数基金模式。截至2013年12月，已经有114只LOF在深圳证券交易所上市交易。

专栏 10－9
索罗斯与量子基金

乔治·索罗斯，1930 年出生于匈牙利布达佩斯一个犹太家庭。1969 年，索罗斯与另一投资奇才杰姆·罗杰斯（Jim Rogers）合伙成立了量子基金，开始了他的国际投资生涯。

乔治·索罗斯

量子基金是索罗斯旗下经营的 5 只对冲基金之一，它是高风险基金，主要借款在世界范围内投资于股票、债券、外汇和商品。据说，索罗斯为之取名“量子”，是源于索罗斯所赞赏的一位德国物理学家、量子力学的创始人海森堡提出的“测不准原理”。索罗斯认为，就像微粒子的物理量子不可能具有确定数值一样，证券市场也经常处在一种不确定状态，很难去精确度量和估计。1992 年 8 月到 9 月，短短 1 个月内，索罗斯利用欧共体货币体系的不稳定性，在英镑与美元的套利交易中，净赚了 15 亿美元，被称为“打垮英格兰银行的人”。由于索罗斯的天才和颇具哲理的投资理念，他管理的量子基金取得了十分骄人的业绩，平均每年 35% 的综合成长率，让所有的投资专家都望尘莫及。

但量子基金自 1998 年以来投资屡遭重大损失。先是索罗斯对 1998 年俄罗斯债务危机及对日元汇率走势的错误判断使量子基金遭受重大损失，之后投资的美国股市网络股也大幅下跌，损失总数近达 50 亿美元，量子基金元气大伤。2000 年 4 月 28 日，索罗斯不得不宣布关闭旗下两大基金，即量子基金和配额基金，同时索罗斯宣布将基金的部分资产转入新成立的量子捐助基金继续运作。他强调量子捐助基金将改变投资策略，主要从事低风险、低回报的套利交易。

阅读书目：罗伯特·斯莱特. 索罗斯传［M］. 北京：中国人民大学出版社，2015.

二、证券投资基金的发行

证券投资基金的发行也称证券投资基金的募集，是指基金管理公司根据有关规定向证券监管机构提交募集文件，发售基金份额，募集资金的行为。

一般来说，证券投资基金的发行要经过申请、核准、发售、备案和公告四个步骤。

（一） 证券投资基金设立的要件

设立一只基金，必须制定相关的文件，对证券投资基金的各当事人的地位、权利与义务和基金的性质、功能等作出详细的文字说明，以使投资者在作出投资选择前对该基金有充分的了解。证券投资基金成立后，各有关当事人的行为受要件条款的制约。证券投资基金的要件包括基金章程、信托契约、基金募股说明书。

基金章程是基金管理公司为设立基金而制定的纲领性文件，它既是推销受益凭证的工具，又是保护投资者利益的依据。基金章程的主要内容有：基金的基本情况说明；基金的投资政策、投资目标及投资范围、投资限制；有关基金受益凭证认购方面的规定；基金的费用规定；派息政策；资产净值的计算与处理；税务处理；受益凭证的转让方法；投资者的权利和义务等。

信托契约是经理人和信托人共同设立基金，为明确双方的责任和权利而订立的核心性文件。信托契约的基本内容有：基金的目标及达到目标所实行的投资政策和投资策略；基金的资产组成及计算方法；保管机构应履行的义务和责任；管理机构支付给保管机构的报酬及其计算方法；信托契约更改和终止的条件。

基金募股说明书是基金章程和信托契约的延伸，在内容上比基金章程和信托契约更为翔实和全面。它是基金自我介绍的文件，也是基金经营的行动纲领。它的内容包括：基金管理公司的概况；该基金发行的背景；经理人、信托人、法律顾问、会计师等的背景、经验、相关关系及通信地址；该基金的详细经营规定及风险性等。

（二） 证券投资基金单位的认购

证券投资基金是投资者通过购买契约型基金的受益凭证或公司型基金的股份实现其投资的。证券投资基金单位的认购手续比较简单，但在具体的操作程序上，不同类型的基金又有不同的认购方式。

1. 封闭式基金的认购方式。封闭式基金的认购方式比开放式基金的认购方式简单，投资者只能在基金发行期内认购，认购手续和方式与开放式基金一样，认购价格按面额计算。发行期过后，投资者若要想拥有这类基金，只能通过证券商在二级市场上竞价购买，其价格按当日挂牌的交易价计算，购买手续与购买股票一样。

2. 开放式基金的认购方式。开放式基金的投资者一般通过基金管理公司的直销中心、商业银行以及证券公司进行认购。开放式基金的认购采取金额认购的方式，即投资者在认购基金时，不是按认购份数而是按认购金额认购。认购开放式基金，需要缴纳一定的认购费。认购费的支付分两种模式，即前端收费模式和后端收费模式。前者是指在认购基金时必须支付认购费用，后者是指在认购基金时无须支付任何费用，到赎回时才支付认购费用。后端收费模式旨在鼓励投资者认购基金并长期持有，而且认购费率通常随着投资者赎回时间的推后而递减。

三、证券投资基金的交易

（一） 封闭式基金的交易

封闭式基金募集完毕后，如果满足一定条件，就可以在证券交易所挂牌上市了。这些条件包括：基金的封闭期达到一定的年限；基金的募集资金额达到一定数量；基金份额的持有人达到一定数目。

与进行股票交易相类似，投资者要进行封闭式基金的交易，必须开立证券账户或是基金账户，同时必须有资金账户。封闭式基金的交易规则和在交易所挂牌的股票基本类似，只是不需要缴纳印花税，并且佣金和过户费也比买卖股票低。另外，股票的交易委托和封闭式基金的交易委托均为交易所规定的最小交易单位的整数倍。

由于封闭式基金的绝对价格一般较低，因此基金交易的最小变动价位对它的流动性有重要影响。一般来说，封闭式基金的最小变动价位要比 0.01 元小。中国自 2003 年 3 月起规定，封闭式基金交易的最小变动价位为 0.001 元。封闭式基金的二级市场价格经常偏离其份额净值，用折价率可以反映这种偏离程度。折价率的计算公式为

$$折价率 = \frac{基金市场价格 - 基金份额净值}{基金份额净值} \times 100\%$$

当折价率为正值时，表明封闭式基金的市场价格高于其份额净值，基金为溢价交易；当折价率为负值时，表明封闭式基金的市场价格低于其份额净值，基金为折价交易。

（二）开放式基金的申购和赎回

封闭式基金的交易在基金投资者之间进行，而开放式基金的申购和赎回，则在基金投资者和基金管理人之间进行。

1. 开放式基金申购和赎回的基本规则。开放式基金在成立后的一段时间内，由于要将募集资金用于购买证券，因此可以规定一个封闭期，在封闭期内只接受申购申请，不接受赎回申请。

开放式基金的申购是指在基金募集期结束后申请购买基金份额的行为。
开放式基金的赎回是指基金持有人要求基金管理人购回其持有基金份额的行为。

与开放式基金的认购一样，投资者进行开放式基金的申购或赎回可以通过基金管理公司的直销中心或其代理机构完成。开放式基金的申购和赎回会相应增加和减少基金的总份额。开放式基金的申购和赎回办理的时间一般与证券交易所开市的时间一致。

开放式基金的申购以金额申请，即投资者申报申购的金额而非份数；开放式基金的赎回以份额申请，即投资者申报赎回的份数而非金额。一般来说，开放式基金会规定一个最小的申购金额和赎回份额。

开放式基金的申购也存在着前端收费和后端收费两种模式，不同的收费模式会导致申购份额的差异。和认购时一样，开放式基金的申购和赎回费率一般随着基金风险的增加而增加，赎回费率随着投资者持有时间的增加而减少。另外，开放式基金的申购费率一般随申购金额的增加而减少。

2. 开放式基金申购份额和赎回金额的确定。与开放式基金的认购一样，开放式基金申购份额的确定也分金额费率法和净额费率法两种。在金额费率法下，基金申购费用和申购份额的计算公式为

$$申购费用 = 申购金额 \times 申购费率$$

$$净申购份额 = 申购金额 - 申购费用$$

$$申购份额 = \frac{净申购金额}{当日收盘后基金份额净值}$$

开放式基金持有人赎回基金时，采用的是申报赎回份额的方法。赎回份额与当日证券市场收盘后基金份额净值的乘积为赎回金额。投资者赎回基金所得到的净支付为赎回金额减去赎回费用。计算公式为

$$赎回金额 = 赎回份额 \times 当日收盘后基金份额净值$$

$$赎回费用 = 赎回金额 \times 赎回费率$$

$$赎回所得净支付 = 赎回金额 - 赎回费用$$

四、证券投资基金的运作与管理

经批准设立的投资基金，一般由基金发起人发起，委托商业银行作为投资基金托管人托

管投资基金资产，委托基金管理公司作为基金管理人管理和运用基金资产。基金托管人、基金管理人应当在行政上、财务上相互独立，其高级管理人员不得在对方兼任任何职务。

（一）证券投资基金当事人及其职责

1. 基金发起人，是指按照共同投资、共享收益、共担风险的基本原则和股份公司的某些原则，运用现代信托关系的机制，以基金方式将投资者分散的资金集中起来以实现预先规定的投资目的的投资组织机构。它可以是非法人机构，也可以是法人机构，可以是事业性法人机构，也可以是公司性法人机构，可以是合作性公司，也可以是股份制公司。我国规定证券投资基金发起人为证券公司、信托公司及基金管理公司。

2. 基金托管人又称基金保管人，是依据基金运行中“管理与保管分开”的原则对基金管理进行监督和保管基金资产的机构，是基金持有人权益的代表，通常由有实力的商业银行或信托公司担任。基金托管人与基金管理人签订托管协议，在托管协议规定的范围内履行自己的职责并收取一定的报酬。

3. 基金管理人，是负责基金发起设立与经营管理的专业性机构。基金管理人由依法设立的基金管理公司担任。基金管理公司通常由证券公司、信托公司或其他机构发起设立，具有独立法人地位。基金管理人的目标函数是受益人利益的最大化，因而，不得出于自身利益的考虑损害基金持有人的利益。

4. 基金份额持有人，即基金的投资者。基金份额持有人享有下列权利：分享基金财产收益；参与分配清算后的剩余基金财产；依法转让或者申请赎回其持有的基金份额；按照规定要求召开基金份额持有人大会；对基金份额持有人大会审议事项行使表决权；查阅或者复制公开披露的基金信息资料；对基金管理人、基金托管人、基金份额发售机构损害其合法权益的行为依法提起诉讼；基金合同约定的其他权利。

（二）对投资基金运作的监督管理

对投资基金的监督管理，对投资者合法权益的保护措施是多层次的，包括国家法律、政府行政条例、投资基金业的约定和职业道德等。从各国经验来看，具体表现为以下几个方面。

1. 投资基金的投资范围。许多西方发达国家政府都对本国投资基金的投资范围加以严格限制，其中最突出的例子就是绝对禁止投资基金投资于高风险市场，甚至将一些高风险的金融产品（如期货、期权等）、流动性差的金融资产、投资基金管理人无法有效管理的资产排除在某些投资基金的投资范围之外。

2. 投资基金的投资对象。即使在允许的投资范围之内，投资基金也不能随心所欲地进行投资，而必须按照既定的投资基金类型选择具体的投资对象。例如，股票型基金就必须将一定比例的资金投资在股票上，不论债券的利息率有多高。类似地，债券型基金必须有不低于某一比例的资金投放在债券上。区域性投资基金的主要投资对象必须集中在特定的地理区域；部门投资基金也不能“不务正业”地越部门投资；等等。

3. 投资基金的风险控制。为了降低在获取证券投资收益过程中伴随着的证券投资风险，证券投资基金需要将诸多证券品种进行组合搭配，形成投资组合。进行投资组合的最大好处是“不把所有鸡蛋放在同一个篮子里”，分散了非系统性风险。国际上对基金投资组合的规定有很多，各个国家的规定也不相同，但出发点都是为了保护投资者的利益，把投资风险控制在最低限度。例如，一只投资基金在某一类金融产品上投资不能超过投资基金总值的某一比例，投资基金在某个发行人（如企业A）所发行的各类金融产品（如普通股、优先股、各类债券、可转债等）上的投资总额不能超过一定的限度，投资基金对某一投资顾问公司所作的投资应在某一特定的数额之内，等等。正因为有这些严格的规章制度，投资基金才被称为一种稳健安全的投资工具。

本章小结

1. 债券作为一种长期债务凭证，具有偿还性、流动性、安全性和收益性等特征。按照不同的标准，债券有不同的分类。债券市场主要分为发行市场和流通市场，两个市场相互联系，相互作用，构成了完整的债券市场。

2. 股票是一种所有权证券，具有无偿还性、参与性、流通性、收益性、风险性等特征。从不同的角度，股票有不同的分类。

3. 股票发行市场是流通市场的基础，注册制和核准制是股票发行的两种典型制度。中国股票发行制度进行市场化改革后，采用的是核准制，并对新股发行和增资发行确定了相关发行条件。

4. 股票流通市场是证券市场的主要组成部分，而证券交易所又是流通市场的核心。股票交易市场有多种交易方式，交易价格具有不确定性，其中，股票价格指数反映了整体股市的走势。

5. 证券投资基金既是一种投资工具，又是一种投资制度。基于其“组合投资、专家理财”的特征，证券投资基金不断推陈出新，市场份额与日俱增。

6. 封闭式基金和开放式基金各有不同的发行及交易方式。证券投资基金运作管理涉及多方当事人。

关键词

债券（bond） 股票（stock）
普通股（common stock） 优先股（preferred stock）
证券投资基金（securities investment funds） 公募发行（public placement）
私募发行（private placement）

重要概念

政府债券	金融债券	公司债券	可转换公司债券	国家股
法人股	个人股	股票发行市场	直接发行	间接发行
股票流通市场	股票价格指数	货币市场基金	对冲基金	交易所交易基金

思考题

1. 按不同的标准可将债券分成哪些不同的类别？
2. 债券市场的发行方式和交易方式有哪几种？
3. 按不同的特征可将股票分成哪些不同的类别？
4. 股票的发行方式有哪几类？
5. 股票流通市场的分类有哪些？
6. 按不同的特征可将证券投资基金分成哪些不同的类别？
7. 不同类型证券投资基金的发行和交易规则有哪些？
8. 证券投资基金的当事人及其职责有哪些？

练习题

A 公司是一家上市公司，公司总股本 1 亿股，公司在 2017 年决定扩展业务，为筹集资金，A 公司准备从 3 套方案中进行选择。

方案一：增发普通股 2 000 万股，每股面额 1 元；

方案二：发行公司债券 2 000 万元，面额 1 000 元，券面利率 10%，每年支付利息 2 次，期限为 5 年；

方案三：向商业银行贷款 2 000 万元，利率 11%，每季度付息一次。

你认为 A 公司应采取哪种方案？理由是什么？

案例题

回归 A 股的“360”

2017 年 11 月 3 日凌晨，A 股上市公司江南嘉捷电梯股份有限公司发布重大资产重组公告，宣布将出售其全部资产，通过资产置换及发行股份购买中国网络巨头北京奇虎科技有限公司（以下简称“360”）的股权，这标志着一直备受瞩目的 360 自 2016 年 7 月从美国资本市场退市后，终于通过“借壳”的方式回归了中国的资本市场。事实上，360 并不是唯一一家从美国资本市场退市并寻求在中国 A 股重新上市的中国企业。最近几年，相当数量的中国企业都已经在美国纽交所或者纳斯达克摘牌，回到中国重新上市。其中包括已经成功回归 A 股交易的分众传媒和巨人网络，也包括著名的电商企业当当网和影视传媒的博纳影业等。

2011 年 3 月 30 日，成立不到 6 年的 360 正式在美国纽交所挂牌交易，证券代码为“QIHU”。在上市路演的过程中，360 董事长兼 CEO 周鸿祎将 360 自比为“中国版的脸书（Facebook）”，预测 360 的商业模式一定会得到投资者的充分认可，并对美国资本市场对 360 市值的促进和提高充满信心。虽然在美国上市初期，360 的股价表现还算尽如人意，但就是在公司营收和利润一直保持近 100% 增速的情况下，360 却遭遇了做空机构——香橼的 6 次攻击，股价出现了较大的波动，而管理层也花了大量的精力对市场与投资者进行了业绩和商业模式的解释和澄清。进入2014年，360开始出现了非常奇怪的现象：虽然每个季度公布的季报非常亮丽，但是股价却不断下跌，显示出市场和投资机构对360的不信任，这令管理层非常不解。而且，这样的趋势一直延续到2015年上半年，360的市值仅仅是64亿美元（折合人民币约450亿元），还不到过去市值高点的一半。

360在美国资本市场上的境遇反映出了中国企业海外上市中的一些通病，经营模式不被理解，股价低迷且波动剧烈。由于不同市场的商业模式、思维方式和资本偏好存在差异，许多在海外上市的企业价值被严重低估。与此同时，部分企业本身也存在着经营、财务、内控方面的缺陷。在内外因素共同作用之下，一些海外上市企业不但未能达成预期融资目标，反遭受巨大损失，市值管理难度大大增加。因此，拟上市的中国企业必须充分考量企业经营模式与目标资本市场的匹配程度，尽力避免资本市场“水土不服”的情况。如今，中国经济发展取得了举世瞩目的成就，资本市场基础制度体系持续完善，资本市场服务实体经济能力也进一步强化，为企业融资提供了强力支持。360的A股强势回归充分说明，越来越多的优秀企业家在经历了海外上市的弯路或者挑战后，对中国经济和商业的发展前景和机遇有了更加深刻的认识，理解了“中国的才是世界的”这句话在商业上的内在含义，并真正能以中国和国际的战略交互思维来深刻思考企业的未来发展问题，这些都是非常值得广大拟上市企业高级管理者借鉴的宝贵经验。360的回归不仅为其业务成长和市值增长带来了更多的机遇，也将带动国内优质企业与资本市场形成良性互动。

请结合案例讨论以下两个问题：

（1）思考360为什么要从美国退市？

（2）从360转市成功，我们可以得到哪些启示？

扫描二维码可阅读本章精选案例

第十一章
金融衍生产品市场

本章知识结构

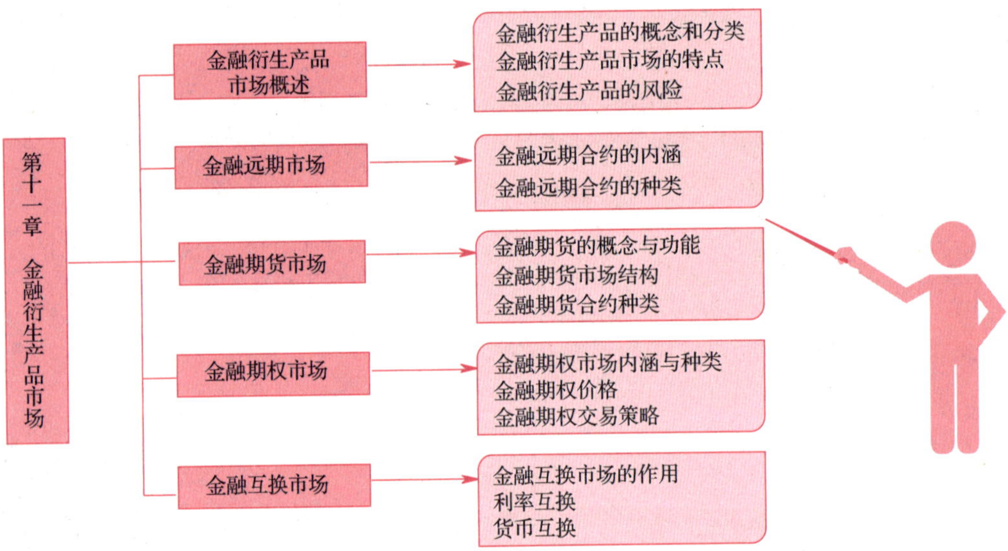

本章学习目标

- 了解金融衍生产品市场的存在与发展的原因；
- 熟悉远期、期货、期权、互换的异同点；
- 计算远期、期货、期权、互换的价格；
- 掌握远期、期货、期权、互换的运用。

章前引例

有一次，美国芝加哥大学默顿·米勒（Merton Miller）教授与芝加哥石油公司的财务主管聊天。这位财务主管不断抱怨：海湾战争结束后，石油价格急剧下跌，公司的石油存货价值也下跌得非常快，公司遭受巨大损失。米勒告诉主管，这为他提供了一个投机石油价格的机会。“但是我们没有投机，”主管说，“我们根本没有运用期货市场。”米勒回答道：“这就是关键。没对存货套期保值是因为你赌石油的价格不会下降。你猜错了所以亏损了。”①

不套期保值实际上就是一种投机。套期保值和投机是金融衍生产品市场非常重要的功能，也正因为此而吸引了大量的交易者。金融衍生产品市场历史虽然很短，但却因其在套期保值、投机和套利行为中的巨大作用而飞速发展。金融衍生产品市场已成为现代金融市场体系的重要组成部分，是当今世界最具有创新活力和最具发展空间的崭新市场。

默顿·米勒

第一节　金融衍生产品市场概述

金融衍生产品是由基础工具的未来价值衍生而来，是由两方或多方共同达成的金融合约及其各种组合的总称。金融衍生产品的功能有风险管理、价格发现和投机等。按照其合约类型，金融衍生产品可分为远期、期货、期权和互换四大子类。上述四类金融衍生产品以及基础金融工具（股票、债券等）自身的简单变形或相互之间的不同组合又形成了各类其他金融衍生产品。

一、金融衍生产品的概念和分类

（一）金融衍生产品的概念

金融衍生产品也称金融衍生工具（financial derivatives instrument），它是在原生金融工具基础上衍生出来的，根据当前约定的条件在未来规定时间就规定的原生金融工具或变形金融工具进行交易的合约，其价值建立在基础金融工具（如股票、债券、货币等）或基础金融变量之上，价格的变动取决于基础金融工具价格的变动。最初的衍生产品交易中通常以一种商品，如大米、郁金香球茎或小麦作为基础工具。今天，尽管部分金融衍生产品交易仍以商品和商品指数作为基础工具，但占主导地位的基础工具是各种金融工具或金融变量，如股票、债券、股票指数、货币、利率甚至其他衍生合约。

（二）金融衍生产品的分类

金融衍生产品可以按照基础金融工具的种类、自身的交易性质以及合约类型的不同进行分类。

1. 按照基础金融工具种类不同，金融衍生产品可以划分为股权式衍生产品、货币衍生产品和利率衍生产品。

股权式衍生产品是指以股票或股票指数为基础金融工具的金融衍生产品，主要包括股票期货、股票期权、股票指数期货、股票指数期权以及上述合约的混合交易合约。

---

① Conversation between Robert A. Strong and Merton Miller, February 7, 1992, North Miami Beach, Florida.

货币衍生产品是指以各种货币作为基础金融工具的金融衍生产品，主要包括远期外汇合约、货币期权、货币互换以及上述合约的混合交易合约。

利率衍生产品是指以利率或利率的载体为基础金融工具的金融衍生产品，主要包括远期利率协议、利率期货、利率期权、利率互换以及上述合约的混合交易合约。

2. 按照金融衍生产品的交易性质不同，金融衍生产品分为两类：第一类是市场交易双方的风险收益对称，都负有在将来某一日期按一定条件进行交易的义务。属于这一类的有远期合约、期货合约、互换合约。第二类是市场交易双方风险收益不对称，合约购买方有权选择履行合约与否。属于这一类的有期权合约、认股权证、可转换债券等。

3. 按照金融衍生产品的合约类型不同，可以分为远期合约、期货合约、期权合约和互换。

远期合约是指合约双方约定在未来的某一确定时间，按照确定的价格买卖一定数量的某种金融工具的合约。远期合约不在规范的交易所内交易，也没有标准化的条款，合约条款因合约双方的需要不同而不同，一般不可以转让。远期合约最大的优点是它锁定了未来某一时间的价格而且合约条款可以根据双方的需要进行协商，比较灵活。但远期合约的履约没有保证，违约风险较高。常见的金融远期合约有远期利率合约、远期外汇合约和远期股票合约。

期货合约是指合约双方在有组织的交易所内签订的，约定在未来的某个日期按照确定的价格买卖一定标准数量的特种金融工具的标准化合约。主要包括货币期货、利率期货和股票指数期货三种。

期权合约是指赋予其购买者在规定期限内按照双方约定的价格购买或出售一定数量某种金融工具的权利的合约。根据期权交易买进和卖出的不同，分为看涨期权和看跌期权；根据履约时限的不同，分为欧式期权和美式期权；根据标的资产的不同，分为利率期权、外汇期权、股票期权、股票指数期权及金融期货期权。

互换是指两个或两个以上的当事人按共同商定的条件，在约定的时间内交换一系列现金流的合约，主要有货币互换和利率互换两类。

二、金融衍生产品产生和发展的历史背景

金融衍生产品产生的动力来自金融市场上的价格风险。它的发展则是伴随着近几十年来金融自由化和全球化的浪潮。20 世纪 70 年代以后，金融管制放松和金融全球化使金融机构之间的竞争加剧，金融机构不得不参与到各种金融创新中去，从而设计出了大量的具有市场吸引力的金融衍生产品。同时，金融理论和金融工程技术的发展则为衍生产品的迅速发展提供了有力的工具和手段，而科技的进步则成为衍生产品开发和发展的强大技术平台。

（一）避险是金融衍生产品产生的最基本原因

20 世纪 70 年代以后，金融环境发生了很大的变化，汇率、通货膨胀和利率呈现极不稳定和高度易变的状况。1973 年固定汇率制崩溃，主要的经济大国纷纷转为实行浮动汇率制，加之 70 年代国际资本流动频繁，特别是欧洲美元和石油美元的冲击，使得外汇市场的汇率变动无常，大起大落。与此同时，70 年代两次石油危机和西方各国长期实行的刺激需求政策使各国普遍面临严重的通货膨胀，经济全球化又使通货膨胀得以在各国之间蔓延，价格波动加大。在利率方面，西方国家普遍以货币供应量取代利率作为货币政策中介变量，放松对利率的管制，两次石油危机又使金融市场利率水平扶摇直上，且通货膨胀造成名义利率和实际

利率相脱节，加上金融自由化的趋势，利率波动频繁，利率风险陡增，这使人们从事经济活动面临巨大的风险。正常的经济人通常是厌恶风险者，他们在面临风险时，自然要选择规避风险的途径，因而对风险管理技术和管理工具的需求也相应上升，这成为衍生产品产生和发展的基本动力。

（二）金融机构竞争加剧是金融衍生产品产生和发展的重要推动力

随着全球经济环境的变化，西方国家20世纪30年代大危机以来的很多金融管制措施已经不再适用。于是，自20世纪70年代以来，西方各国纷纷放松金融管制、鼓励金融机构业务交叉经营和平等竞争，形成了一股金融自由化的改革潮流。在金融自由化的过程中，金融机构之间的竞争日趋激烈，是否具有创新能力，已经成为金融机构生存的基本准则。金融创新的突出表现之一是金融产品的创新，尤其是一些能够为市场主体规避各类风险（商品价格风险、利率风险、汇率风险、证券价格风险、信用风险等）、提高流动性的金融衍生产品，因而金融机构不断研究企业和客户的需求，设计和开发出各类金融衍生产品。另外，金融机构为了求得自身的生存和发展，扩大利润来源，还充当金融衍生产品交易中介并进行自营交易，这都显著地推进了金融衍生产品的发展。

（三）金融理论和金融工程技术的发展为金融衍生产品的产生和发展提供了手段

金融理论的发展直接推动了金融衍生产品的产生和发展。1896年，欧文·费雪提出了关于资产的当前价值等于其未来现金流贴现值之和的思想。1934年，本杰明·格雷厄姆（Benjamin Graham）的《证券分析》一书，开创了证券分析史的新纪元。1938年，弗里德里克·麦考莱（Frederick Macaulay）提出了“久期”的概念和“利率免疫”的思想。1952年，哈里·马柯维茨发表了著名的论文《证券组合分析》，为衡量证券的收益和风险提供了基本思路。1958年，莫迪利安尼（F. Modigliani）和默顿·米勒提出了现代企业金融资本结构理论的基石——MM定理。20世纪60年代，资本资产定价模型（CAPM）与同时期的套利定价模型（APT）标志着现代金融理论走向成熟。

进入20世纪70年代，金融工程理论开始出现并迅速发展。20世纪70年代初，美国经济学家罗伯特·默顿在金融学的研究中总结和发展了一系列理论，为金融的工程化发展奠定了坚实的数学基础，取得了一系列突破性的成果。1972年12月，美国著名经济学家米尔顿·弗里德曼发表了题为《货币需要期货市场》的论文，为货币期货的诞生奠定了理论基础。1973年，费希尔·布莱克（Fisher Black）和迈伦·斯科尔斯（Myron Scholes）成功推导出期权定价的一般模型，为期权在金融工程领域内的广泛应用铺平道路，成为在金融工程化研究领域最具有革命性的里程碑的成果。20世纪80年代，达莱尔·达菲等人在不完全资本市场一般均衡理论方面的经济学研究为金融工程的发展提供了重要的理论支持，将现代金融工程的意义从微观的角度推到了宏观的高度。

（四）新技术革命和科技进步为金融衍生产品的产生和发展提供了物质基础

在科技革命和技术进步的浪潮中，发达的通信设备、先进的互联网技术和计算机的广泛应用，使大量信息的处理和传播变得十分快捷。首先，计算机的数据处理程序和各种分析软件包，使金融工程理论中关于金融衍生产品定价及其他技术难题得到有效解决。计算机技术和新兴的金融工程理论的结合，为开发设计金融衍生产品奠定了坚实的技术基础。其次，大型计算机交易网络的运用降低了市场交易成本，缩短了交易过程和清算时间，交易效率大大提高，极大地促进了人们对金融衍生产品的需求。最后，科技进步使金融衍生产品交易突破了地域的限制，使巨额资金在世界范围内的调拨在瞬间就能完成，并使全球金融市场连为一体，使市场运作更具效率，金融衍生产品的发展和创新更为迅速。

专栏 11 - 1
中国金融衍生产品发展历程

20 世纪 90 年代初，伴随着金融市场化改革的启动，我国也开始了对衍生产品交易的探索与尝试，试点开展了金融期货交易。在试点过程中，由于中国金融衍生市场的一些问题，如法规不太健全、信息披露不够规范、市场监管不太严格等，这些试点大部分都以失败告终，但我国推出金融衍生产品的脚步并没有因此而停止。

1992 年 6 月，上海外汇调剂中心开办外汇期货交易，这是国内最早的衍生产品交易试点，但不久，由于外汇期货价格难以反映对汇率变动的预期等，外汇期货交易停办。1992 年 12 月，国债期货合约在上海证券交易所挂牌，随后，北京商品交易所也推出了国债期货交易。随着国债期货进入飞速发展期，交易不断升温但同时也出现了许多违规交易，如 1994 年 9 月发生的“314”风波，1995 年 2 月的“327”风波和 5 月的“319”风波。最终，中国证监会在 1995 年 5 月决定暂停国债期货试点。1993 年 3 月，海南证券交易中心开办了股票指数期货交易，标的物为深证综合指数和深证 A 股指数。但由于种种原因，股指期货不仅很难发挥避险作用，实际上还成为一种投机性极强的产品，出现大户联手操作，打压股指的投机行为。1993 年 9 月，为维护股市的健康发展，股指期货交易被有关部门中止。

进入 21 世纪以来，由于我国对外开放程度提高，我国金融衍生品又有了新的发展契机。2006 年 9 月 8 日，中国金融期货交易所在上海宣告成立。2010 年 4 月 16 日，中国股票指数期货正式上市交易，标的是沪深 300 指数，这标志着我国 A 股市场进入做空时代。2012 年 10 月，中国保监会允许保险机构以对冲或规避风险为目的参与股指期货等衍生品交易。2013 年 9 月，国债期货重新上市交易。2015 年 2 月，上交所正式挂牌上证 50 交易型开放式指数基金（ETF）期权合约，拉开了中国股权市场发展的大幕。2015 年 6 月，中国证监会发布相关规定，进一步放开了境内期货市场投资者的限制。2019 年全年，中国金融期货交易所总成交量已达 6 641 万手，总成交额达到 69.62 万亿元。

资料来源：中国金融期货交易所官网。

三、金融衍生产品市场交易者的类型

（一） 套期保值者

套期保值者（hedger）是指那些把衍生品市场当做转移价格风险的场所，利用衍生品的买卖，对其现有或将有的金融资产的价格进行保值的法人和个人。

套期保值者的目的不是在衍生品市场上赚取盈利，而是为他们已经持有或即将持有的金融资产转移利率风险和汇率风险、稳定证券价值和保住已经取得的收益，通过参与衍生品交易，使其需要保值的金融资产价格基本锁定。如果未来价格变动对其不利，衍生品交易可使其避免价格变动带来的损失，如果未来价格变动对其有利，衍生品交易也会使其丧失原来可能获利的机会。

（二）投机者

投机者（speculator）是那些自认为可以正确预测金融资产价格变化的未来趋势，愿意利用自己的资金冒险，不断地买进或卖出衍生品合约，希望从价格的经常变动中获取利润的人。

投机者参与衍生品交易是为了获取盈利，而主动承担风险。由于市场上证券价格、利率、汇率的波动是经常的，所以投机者承担风险并从中获利的机会也是经常存在的。投机者以对衍生品价格的预期为依据，按“低买高卖”的原则不断买进或卖出衍生品合约，从价格变动中赚取差价利润。他们一般没有现实的金融资产或其他商品资产需要保值，他们关心的只是衍生品价格的变动趋势。

（三）套利者

套利者（arbitrageur）是衍生品市场中第三类重要的参与者。套利通常包括同时进入两个或多个市场进行交易以锁定一个无风险的收益。一项资产的期权价格偏离了现货价格时，就可能会存在套利机会。套利机会不可能长期存在，随着套利者在某一市场买入价位较低的衍生品，供求关系将会使该衍生品的价格上升；与此类似，随着他们在另一价位较高的市场上的出售，该衍生品价格又会下降，很快就会使这两个价格达到均衡。

案例 11－1

巴林银行的灾难

金融衍生品的用途非常广泛，它们可以用于套期保值、投机和套利等。然而，进行衍生产品交易的公司面临一种特有风险，即被要求进行套期保值或寻找套利机会的雇员可能会变成一个投机者。英国巴林银行倒闭就是一个典型的例子。

巴林银行成立于 1763 年，是一家老牌商业银行，向来以稳健经营而著称。巴林银行派驻新加坡期货交易所的雇员尼克·里森是一名年轻的金融投资专家，由于投资业绩卓越，被誉为金融天才。随着时间的推移，里森逐渐从一名套利者变成了投机者，与此同时，巴林银行总部也放松了对海外业务的监管。幸运之神不会永远眷顾某一个人，里森在投机交易中开始亏损，但他把亏损交易记录都隐藏在一个以“88888”账号开头的账户上，数额逐渐积累。1995 年，他奉命在新加坡证券交易所和大阪交易所的日经 225 指数期货价格上寻找套利机会，而他却以此作为投机良机，在日经 225 指数期货标的上大肆做多头，以期填平亏空。远在巴林银行伦敦总部的任何人都没有发现他改变了使用衍生产品的方式。不料日本神户大地震摧毁了他的美梦，日经 225 指数狂跌，里森的逆势操作使巴林银行累计亏损 14 亿美元，折合 8.5 亿英镑。里森的投机行为终结了巴林银行的历史，巴林银行成为金融衍生产品的牺牲品。

阅读书目：罗伯特·W. 科布，詹姆斯·A. 奥夫戴尔．金融衍生产品：定价与风险管理［M］．商有光，译．北京：北京大学出版社，2014．

四、金融衍生产品市场的特点

（一）跨期交易

金融衍生产品是交易双方通过对利率、汇率、股价等因素变动趋势的预测，约定在未来某一时间按照一定条件进行交易或选择是否交易的合约。无论是哪一种金融衍生工具，都涉及未来某一时间金融资产的转移，跨期交易的特点十分突出，这就要求交易双方对利率、汇率、股价等价格因素的未来变动趋势作出判断。

（二）杠杆效应

金融衍生证券交易一般只需支付少量的保证金或权利金就可签订大额的远期合约或互换等。例如，期货交易保证金通常是合约金额的5%，即期货投资者可以控制20倍于所投资金额的合约资产，实现以小博大。因此，金融衍生工具交易具有杠杆效应，保证金越低，杠杆效应越大。杠杆交易是一把“双刃剑”，其初衷是为了降低套期保值的成本，从而有效发挥金融衍生产品风险管理的功能，但这也为投机者打开了方便之门。在收益可能成倍放大的同时，交易者所承担的风险与损失也会成倍放大，基础工具价格的轻微变动也许就会带来交易者的大悲大喜。

（三）不确定性和高风险性

金融衍生产品的投资成败有赖于投资者对未来市场价格的预测和判断，金融工具价格的变幻莫测，决定了金融衍生产品交易盈亏的不稳定性，也成为金融衍生工具高风险性的重要诱因。金融衍生产品投资是完全的零和博弈，即有人赚钱的话必定要有人亏损，再加上杠杆效应所产生的高倍率，以及可以买空卖空的交易制度，使金融衍生工具交易风险极大。

买空卖空是金融衍生工具交易中交割差价的方式，指交易者到期并不支付合约所指定的交易对象，而是根据盈亏状况直接支付差价，是一种典型的投机活动。

（四）套期保值和投机套利共存

金融衍生工具产生的直接动因是规避风险、进行套期保值，然而，要求保值的交易者不可能都恰好相互达成协议。金融衍生工具在集中了社会经济各种风险之后，需要得以释放和分配，需要有大量活跃的参与者承担风险，即投机者的加入。金融衍生工具的杠杆效应正具备了吸引投机者的条件，这种低成本、高收益的交易使相当多的人甘愿冒高风险去一试高低。不论投机者的个人目的如何，他们确实成为金融衍生工具市场中不可缺少的角色，他们类似赌博的行为承担并分散了市场所集中的风险，为市场注入了活力，提高了市场运作效率，使避险者能轻易地在这个市场上转移风险。

专栏 11－2
金融衍生产品：天使还是魔鬼

金融衍生产品的兴起与发展源于市场对于规避金融风险的需求。金融衍生产品为市场提供了规避金融风险的新手段，它比传统的风险管理手段和措施更加有效。然而，具有讽刺意味的是，金融衍生产品本身所具有的高风险性也是其他传统风险管理方法无法比拟的，正是这种高风险性使得许多涉足金融衍生工具市场的玩家陷入了不可收拾的金融灾难之中。

20 世纪 90 年代，国际上出现了诸如英国巴林银行、日本住友商事、德国金属股份公司集团、美国长期资本管理公司（LTCM）等许多令人触目惊心的衍生品市场惨败的案例。2008 年爆发的全球金融危机，部分原因也在于过度膨胀的金融衍生品在其中推波助澜。相比之下，美国西南航空公司在 2013 年全球能源价格大涨的形势下，运用购买燃油期权的方式进行套期保值，在当年第四季度节省了燃油成本 2.58 亿美元，保证了继续盈利的势头，则是金融衍生工具作为“天使”的一面。

那么，我们应该如何对待金融衍生工具呢？美国前证券交易委员会主席阿瑟·李唯特（Arthur Leavitt）曾经有过这样的论述：“衍生产品跟电很相似：如果误用就很危险，但它又非常有用。”我们不会因为有危险而不用电生活在黑暗中，但我们也不应不懂电却随便触电，拿生命当儿戏。很显然，问题的关键是怎样正确、适当地运用金融衍生产品，发挥其规避风险的作用，而同时避免可能带来的高风险。

资料来源：劳伦特雅克．大崩盘：金融衍生品的灾难［M］．黄榕，等译．北京：电子工业出版社，2018.

五、金融衍生产品市场的风险

根据各种风险的性质和各种风险相互之间的联系和区别，按照导致损失发生的各种不同因素，可将从事衍生产品交易面临的风险分为市场风险、信用风险、流动性风险、操作风险和法律风险五类，此外还有模型风险和结算风险等。

（一）市场风险

衍生产品的市场风险（market risk）是指因为基础金融工具价格发生变化，从而产生损失的一种风险。它是衍生产品的各种风险中最为普遍的一种风险，存在于每一种衍生产品的交易之中。每种衍生产品的交易都是以对相关基础金融产品价格变化的预测为基础的，当实际价格的变化方向或波动幅度与交易者的预测出现背离时，就会造成损失。对不同的交易者来说，衍生产品的市场风险是不同的。对套期保值者来说，市场风险相对较小，因为套期保值者在持有衍生产品的同时，持有基础金融工具，形成相反的交易地位。但对投机者来说，市场风险较大，因为投机者进行此类交易的目的就是通过承担风险来赚取盈利，不但没有持有基础金融工具，还会尽量增加杠杆比例，所以一旦失误，损失将十分惨重。

案例 11－2
“东航集团” 事件

东航 2003 年开始对航空燃油进行套期保值，在当时油价一路上涨的形势下很好地对冲了市场风险，2007 年度只产生了 53.5 万元的浮亏。

2008 年 6 月，东航与知名投行签订 55 份合约，包括买入看涨期权和卖出看跌期权。在当时市场普遍预测燃油价格会持续上涨的情况下，东航如此操作是基于油价继续上涨的判断，企图利用卖出看跌期权来对冲昂贵的买入看涨期权费。但是燃油价格一旦跌破看跌期权锁定的下限，东航将可能面临巨大损失。

2008 年 12 月，燃油价格由签订时的 140 美元/桶跌至 40 美元/桶，东航直接浮亏 62 亿元。根据东航公告，合约在签订日起至2011年陆续到期，截至2008年底到期的合约中，东航已经实际赔付1 000多万美元，随着合约不断到期，实际赔付会不断增多，而这62亿元的窟窿也会越来越大。

资料来源：MBA智库百科。

（二） 信用风险

金融衍生产品的信用风险（credit risk）是指衍生产品交易中合约的对方出现违约所引起的风险。衍生产品的信用风险与银行借贷业务中的信用风险是不同的。产生衍生产品信用风险需要两个条件：一是交易对方因财务危机出现违约；二是在合约剩余期限内，违约方的合约价值为负。衍生产品的信用风险包括交割前风险和交割时风险两类，交割前风险是指在合约到期前由于交易对方破产而无力履行合约义务的风险；交割时风险是在合约到期日交易一方履行了合约，但交易对方却未付款而造成的风险。

（三） 流动性风险

金融衍生产品的流动性风险（liquidity risk）主要包括两类：一类是与市场状况有关的市场流动性风险，另一类是与总的资金状况有关的资金流动性风险。市场流动性风险是指由于缺少交易对手而无法变现或平仓的风险。有些金融产品，因为参与的交易者少，市场交易广度和深度不够，一遇到市场剧烈波动，就难以寻找交易对手，无法及时止损，发生了损失。资金流动性风险是指交易者因为流动资金的不足，合约到期时无法履行支付义务，被迫申请破产，或者无法按合约的要求追加保证金，从而被迫平仓，造成巨额亏损的风险。流动性风险的大小取决于交易合约的标准化程度、市场规模的大小和市场环境的变化。

（四） 操作风险

金融衍生产品交易中的操作风险（operation risk）是指由于公司或企业内部管理不善、人为错误等原因而带来损失的风险。操作风险包括两类：一类是指在日常交易过程中，由于各种自然灾害或意外事故，如火灾、抢劫或盗窃、通信线路故障、计算机系统故障、高级管理人员人身意外事故和职员日常工作差错等，而给整个机构带来损失的风险；另一类是指经营管理上的漏洞使交易员在交易决策中出现故意的错误或者非故意的失误，而给整个机构带来损失的风险。衍生产品交易需要充足的专业人员、完备的管理模式和完善的风险内控机制，以保证和监控交易的进行和头寸变动。

案例 11－3
美国安然公司破产倒闭

著名的安然公司成立于1985年，曾经是叱咤风云的“能源帝国”，但是到20世纪90年代末该公司已经蜕变成为一个衍生产品交易公司。安然公司主要涉入的是衍生产品的场外交易市场，并利用衍生产品操纵财务报表。2000年安然公司总收入高达1 000亿美元，曾名列《财富》杂志“美国500强”中的第七。但在2001年10月16日，安然公司公布该年度第三季度的财务报告，宣布公司亏损总计达6. 18亿美元，引起投资者、媒体和管理层的广泛关注。2001年12月2日，安然公司正式向破产法院申请破产保护，破产清单所列资产达498亿美元，成为当时美国历史上最大的破产企业。2002 年 1 月 15 日，纽约证券交易所正式宣布，将安然公司股票从道琼斯工业平均指数成分股中除名，并停止安然股票的相关交易。至此，安然大厦完全崩溃。安然公司董事会特别委员会于 2002 年 2 月 2 日在纽约联邦破产法院公布一份长达 218 页的报告，据该报告，安然公司之所以倒闭，是因为管理层经营不善，以及部分员工利用职权之便为自己聚敛财富。报告揭露，安然公司从 20 世纪 90 年代末期到 2002 年夏天的金融成功都是虚幻的泡沫。多年来，安然公司一直虚报巨额利润。安然事件爆发之后，由于安然公司无法履行它签署的衍生金融工具合约，给交易对手带来巨大损失。2002 年 12 月 4 日，安然公司正式宣布申请破产。

资料来源：MBA 智库百科。

（五）法律风险

金融衍生产品交易中的法律风险（law risk）是指因为法规不明确或交易不受法律保障，从而使合约无法履行而给交易者带来损失的风险。衍生产品交易的增长大大快于市场的建设速度，由于衍生产品属于新型金融工具，相关的法律法规和制度都不是很健全，无法可依和无先例可循的情况时常会出现。法规的不完善增加了衍生产品交易的风险。

第二节　金融远期市场

一、金融远期市场概述

（一）金融远期合约的内涵

1. 金融远期合约。在金融远期合约中，规定在将来买入标的物的一方称为多方（long position），而在未来卖出标的物的一方称为空方（short position）。合约中规定的未来买卖标的物的价格称为交割价格（delivery price）。

金融远期合约（financial forward contract）是指双方约定在未来的某一确定时间，按确定的价格买卖一定数量的某种金融资产的合约。

金融远期合约双方的损益（payoff）取决于合约到期时该标的资产的现货市场价格与交割价格之差。假设用 S_T 表示合约到期时标的资产的现货价格，用 K 表示该合约的交割价格，那么对于多头而言，一单位资产远期合约的损益就等于 $S_T - K$。当 $S_T > K$ 时，多头盈利；当 $S_T < K$ 时，多头亏损。相对应地，空头的损益为 $K - S_T$。当 $S_T > K$ 时，空头亏损；当 $S_T < K$ 时，空头盈利。由此可以看出，多头和空头之间实质上是一种零和游戏。利用损益图（见图 11－1）可以清楚地将多头和空头在合约到期时的损益状况表示出来。

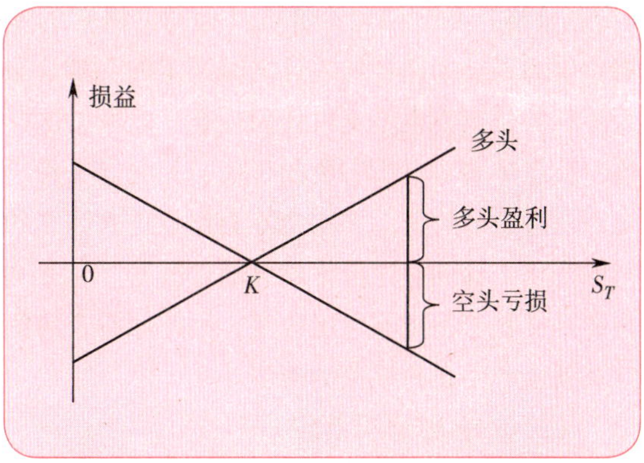

图 11－1　合约双方在到期日时的损益图

专栏 11 -3
远期合约的交割方式

远期合约的交割通常有两种方式：实物交割和现金结算。实物交割（delivery）是指合约到期时，空头根据合约将标的资产出售给多头，而多头按事先商定的价格进行支付。

但对于某些远期合约，实物交割相当麻烦。如果标的资产是股票指数，在交割时空头不得不将股票指数中所包含的股票组合按指数中的比例交给多头，这将非常困难，所以更切合实际的做法是进行现金结算（cash settlement）：到期日，一方所持有的头寸价值如果为负，就需要向对方支付相应的金额。例如，在一份远期股票合约中，多头可在 90 天后以 100 美元/股的价格买入 100 股美国通用汽车股票，同时假设交割采用现金结算的方式。如果到期日那天，通用汽车股价上涨到 102 美元/股，则多头头寸的价值为（102 -100） ×100 =200（美元），空头头寸的价值为 -200美元，此时空头就要向多头支付 200 美元。如果到期日通用汽车股价下跌至 97 美元/股，则空头头寸的价值为 300 美元，此时多头就要向空头支付 300 美元。

资料来源：约翰 · C. 赫尔. 期权、期货和其他衍生品（第 9 版）[M]. 北京：清华大学出版社，2020.

---

2. 远期价格。人们把使得远期合约价值为零的交割价格称为远期价格（forward price）。这个远期价格显然是理论价格，它与远期合约在实际交易中形成的实际价格（即双方签约时所确定的交割价格）并不一定相等。一旦理论价格与实际价格不相等，就会出现套利（arbitrage）机会。若交割价格高于远期价格，套利者就可以通过买入标的资产现货、卖出远期并等待交割来获取无风险利润，从而促使现货价格上升、交割价格下降，直至套利机会消失；若交割价格低于远期价格，套利者就可以通过卖空标的资产现货、买入远期来获取无风险利润，从而促使现货价格下降、交割价格上升，直至套利机会消失，而此时，远期理论价格等于实际价格。

3. 远期合约价值。远期合约价值则是指远期合约本身的价值，它是由远期实际价格（交割价格）与远期理论价格（远期价格）的差距决定的。当远期价格等于交割价格时，远期价值为零。如在合约签订之时选定的交割价格应使得远期合约的价值对于交易双方来说都为零，此时双方也不支付任何现金。之所以这样，是因为如果签订时该合约对多头有正的价值，就意味着对空头有负的价值，此时空头肯定不愿意进入该合约；反之，如果签约时合约对空头有正的价值，多头也不会愿意进入该合约。但是，合约开始后，随着标的资产现货价格的变化，远期理论价格就会随着改变（远期价格是由标的物的现货价格决定的），而原有合约的交割价格则不可能改变，因此原有合约的价值就可能不再为零，而远期合约对多头和空头就会产生正的或负的价值。

（二） 金融远期市场

金融远期市场是适应规避现货交易风险的需要而产生的进行远期合约交易的市场。

远期合约是非标准化合约，因此它不在交易所交易，而是在金融机构之间或金融机构与客户之间通过谈判后签署。已有的远期合约也可以在场外市场交易。因此在远期市场中，双方可以就交割地点、交割时间、交割价格、合约规模、标的物的品质等细节进行谈判，以便尽量满足双方的需要。远期市场灵活性较大，这是远期市场的主要优势。但远期市场也有明显的缺点。首先，由于远期交易没有固定集中的交易场所，不利于信息交流和传递，不利于形成统一的市场价格，市场效率较低。其次，由于每份远期合约千差万别，这给远期合约的流通造成较大不便，因此远期合约的流动性较差。最后，远期合约的履约没有保证，当价格变动对一方有利时，对方有可能无力或无诚意履行合约，因此远期市场的违约风险较高。

二、金融远期合约的种类

金融远期合约主要有远期利率协议、远期外汇合约和远期股票合约等。

（一）远期利率协议

远期利率协议（forward rate agreement，FRA）是买卖双方同意从未来某一约定的时期开始在某一特定时期内按协议利率借贷一笔数额确定、以具体货币表示的名义本金的协议。

一般来说，远期利率协议的交易双方在结算日时不交换本金，而是根据协议利率和参照利率之间的差额及名义本金，由交易一方支付给另一方结算金。远期利率协议可以看做一种固定利率下的远期借贷，但没有发生实际的借款支付。也就是说，远期利率协议的多头同意在未来的某个时刻以一个固定的利率（协议利率）向空头借钱，而空头则同意借出这笔钱，但是双方在约定的那个时刻并没有真正交换借款，而是交换一个利息差。

1. 重要术语和交易流程。为了规范远期利率协议，英国银行家协会（British Banker's Association）于 1985 年拟订了远期利率协议的合同标准条款，即远期利率标准化文件（FRABBA），并作为市场实务的指导原则。目前世界上大多数远期利率协议都是根据 FRABBA 签订的。FRABBA 的出现大大提高了远期利率协议的交易速度和质量。

FRABBA 对远期利率协议的重要术语做了如下规定：

合同利率：在远期利率协议中是交易双方商定的借贷利率，即协议利率。

交易日：远期利率协议成交的日期。

起算日：一般在交易日后两天。

结算日：名义借贷开始的日期，也是合约一方向另一方交付结算金的日期。

确定日：确定参照利率的日期，一般在结算日之前的 2 个交易日。

到期日：名义借贷到期的日期。

合同期：结算日至到期日之间的天数，即名义借贷合同的期限。

参照利率：在确定日用于确定结算金的某市场利率，一般是权威的市场利率，如伦敦银行间同业拆借利率（Libor）。

结算金：在结算日根据合同利率和参照利率的差额以及名义本金计算出来的金额。

下面以一个实例来说明远期利率协议的交易流程。假定今天是 2018 年 5 月 15 日星期二，双方同意成交一份 1×4、名义金额 100 万美元、合同利率为 5.75% 的远期利率协议。其中“1×4”是指起算日和结算日之间为 1 个月，起算日至到期日之间的时间为 4 个月。交易日和起算日时隔一般为 2 个交易日。起算日为 2018 年 5 月 17 日星期四，而结算日则为 2018 年 6 月 18 日（6 月 17 日为非营业日），到期日为 2018 年 9 月 18 日星期二，合同期限为 2018 年 6 月 18 日至 2018 年 9 月 18 日，即 92 天。在结算日之前的 2 个交易日，即 2018 年 6 月 15 日星期五为确定日，确定参照利率。参照利率通常为当日的伦敦银行间同业拆借利率。我们假定参照利率为6.20%。这样，在结算日，由于参照利率高于合同利率，远期利率协议卖方要向买方支付结算金。上述的流程可用图11－2表示。

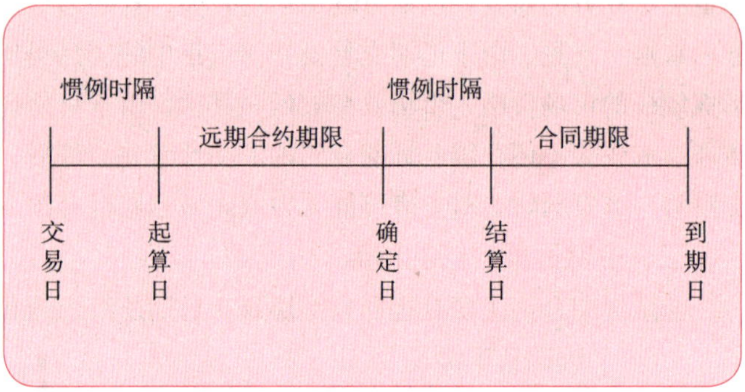

图11－2 远期利率协议流程图

2. 利率风险规避与结算金的计算。如果参考利率超过合同利率，那么合约卖方就要支付买方一笔结算金，以补偿买方在实际借款中因利率上升而造成的损失，买方规避了利率上升的风险；如果参考利率低于合同利率，那么合约买方就要支付卖方一笔结算金，以补偿卖方在实际贷款中因利率下降而造成的损失，卖方规避了利率下降的风险。由于在远期利率协议到期时就可以确定出利息差和该支付现金的一方，所以在贷款开始时就可以进行现金支付（对于普通贷款而言利息的支付将发生在贷款期限的期末）。因此，要将利息差贴现到贷款开始时，才能计算出远期利率协议的结算金。

结算金的具体计算公式如下：

$$\text{结算金}=\frac{(r_m-r_c)\times A\times\frac{D}{B}}{1+\left(r_m+\frac{D}{B}\right)}$$

式中：r_m 表示参照利率；r_c 表示合同利率；A 表示名义本金；D 表示合同期限；B 表示天数计算惯例（如美元360天，英镑365天）。

结果为正数表示卖方支付给买方，结果为负数表示买方支付给卖方。

专栏11－4
结算金的计算

假设A公司在1个月之后需要一笔金额为100万美元的资金，为期3个月，其财务经理预测届时市场利率将上涨，因此，为锁定其资金成本，该公司与某银行签订了一份合同利率为5.75%、名义本金为100万美元的1×4远期利率协议。

假设1个月后，市场利率果然上涨，3个月期市场利率上涨至6.20%，则远期利率协议结算日应交割的金额计算为

$$\frac{(6.20\%-5.75\%)\times 1\ 000\ 000\times\frac{90}{360}}{1+6.20\%\times\frac{90}{360}}=1\ 107.83(\text{美元})$$

假设A公司没有进行远期利率协议交易，3个月后A公司为配合其财务资金的需求，不得不按此时的市场利率6.20%借入一笔金额为100万美元期限为3个月的资金，则其借入资金的利息

成本为

$$1\ 000\ 000 \times 6.20\% \times 90/360 = 15\ 500 \text{（美元）}$$

但由于 A 公司承做了上述 FRA 避险，可获远期利率协议的收入 1 107.83 美元，因此，其实际的财务成本为

$$\frac{15\ 500 - 1\ 107.83}{1\ 000\ 000} \times \frac{360}{90} = 5.75\%$$

即为原 FRA 设定的资金成本，也就是远期利率协议中的合同利率 5.75%。

若 1 个月后的市场利率下跌，通过类似的分析，可得 A 公司的实际财务成本仍为 5.75%。可见，通过远期利率协议，A 公司可以将其筹资成本固定，从而避免了利率波动的风险。

资料来源：安德鲁·M. 奇瑟姆. 揭秘金融衍生品交易：手把手教你交易远期、期货、掉期和期权［M］. 上海：上海财经大学出版社，2016.

3. 远期利率协议的功能。远期利率协议最重要的功能在于固定将来实际交付的利率而避免利率变动风险。另外，由于远期利率协议交易的本金不用交付，利息是按差额结算的，所以资金流动量较小，这就给银行提供了一种管理利率风险而无须改变其资产负债结构的有效工具。可见，签订 FRA 后，不管市场利率如何波动，协议双方将来收付资金的成本或收益总是固定在合同利率的水平上。而且，由于远期利率协议交易的本金不用交付，利息是按差额结算的，所以资金流动量较小，这就给银行提供了一种管理利率风险而无须改变其资产负债结构的有效工具，也在一定程度上降低了远期利率协议的信用风险。

（二）远期外汇合约

远期外汇合约（forward foreige exchange contract）是指双方约定在将来某一时间按约定的远期汇率买卖一定金额的某种外汇的合约。

1. 远期外汇合约的内涵。远期外汇交易双方在签订合同时就确定好将来进行交割的远期汇率，到时不论汇率如何变动，都按此汇率交割。到交割时，名义本金并未交割，而只是交割合同中规定的远期汇率与当时的即期汇率之间的差额。在金融远期合约中，远期外汇合约是发展最成熟的、规模最大的种类。

按照远期的开始时期划分，远期外汇合约又分为直接远期外汇合约（outright forward foreign exchange contract）和远期外汇综合协议（synthetic agreement for forward exchange, SAFE）。前者的远期期限是直接从现在开始算的，而后者的远期期限则是从未来的某个时点开始算的，因此实际上是远期的远期外汇合约。如 2×5 远期外汇综合协议是指从起算日之后的 2 个月（结算日）开始计算的为期 3 个月的远期外汇协议。

2. 远期外汇合约的功能。

（1）套期保值。远期外汇买卖是国际上最常用的一种套期保值的工具，是避免外汇风险、固定外汇成本最简单的方法。现实生活中，无论是进行对外贸易结算、海外投资，还是进行外汇借贷或还贷，都会涉及外汇保值的问题，通过远期外汇买卖业务，可事先将某一项目的外汇成本固定，或锁定远期外汇收付的换汇成本，从而达到保值的目的。值得一提的是，通过远期外汇买卖，进口商或出口商可以锁定汇率，从而避免了汇率朝不利方向变动可

能带来的损失。但与此同时，如果汇率向有利的方向变动，那么，远期外汇买卖合约也会使当事人丧失其原来的盈利机会。

专栏 11－5

（一）远期合约套期保值——锁定出口收汇收入

2018 年 4 月 8 日，英国某出口商向法国的一个客户发运了一批货物，价值 50 万欧元。根据贸易合同，结算日期确定为 6 月 8 日，价款用欧元支付。当时，伦敦外汇市场上欧元对英镑的汇率行情如下：

汇率	卖出价	买入价
即期汇率	€ 1. 5305	€ 1. 5310
2 个月期远期汇率	€ 1. 5455	€ 1. 5460

这笔交易的外汇风险是由英国出口商承担的，因为按当时的即期汇率折算，这笔出口业务的收入为 326 584（即$\frac{500\ 000}{1.5310}$）英镑，但是，这只是目前的账面收入，假如在今后的两个月里欧元汇率下跌，这项出口业务的英镑收入就会减少。

根据市场信息，英国出口商所冒的风险比较大，因为远期欧元目前正按贴水成交。假如英国出口商现在就去远期外汇市场上卖出 50 万远期欧元作为保值措施，这笔出口货款的收入就可锁定在 323 415（即$\frac{500\ 000}{1.5460}$）英镑而不管在这期间欧元的涨跌情况如何。

（二）远期合约套期保值——锁定进口付汇成本

美国的马丁公司半年后要向日本的一家供货商支付 5 000 万日元的货款。为了避免在这段时间里日元汇率上涨的风险，公司决定通过买进远期日元来实现套期保值的目的。当时，纽约外汇市场的行情如下：

汇率	卖出价	买入价
即期汇率	¥102. 11	¥102. 16
6 个月期远期汇率	¥103. 54	¥103. 60

马丁公司签订了远期外汇买卖合约之后，日元对美元的市场汇率随便发生什么样的波动，对这项交易都不再产生影响。到了合约交割日的那一天，公司只要支付 482 905（即$\frac{50\ 000\ 000}{103.54}$）美元便可得到结算所需要的 5 000 万日元的外汇，进口的付汇成本因此被锁定。

资料来源：唐·M. 钱斯，罗伯特·布鲁克斯．金融衍生工具与风险管理［M］．路蒙佳，译．北京：中国人民大学出版社，2020.

（2）远期外汇投机。远期外汇买卖也可用来实现投机的目的。远期外汇投机与即期外汇投机有一个显著的不同点，那就是利用买卖即期外汇的方式来进行投机必须持有本币或外币资金，因为即期外汇交易必须在 2 个营业日内交割完毕，所以投机的数额受到手中持有的资金量的限制，而远期外汇交易在成交时无须付现，存入银行的少量保证金在合约有效期内也不发生现金流动。这类交易一般都是到期轧抵，计算盈亏，支付差额。所以，即使没有巨额资本作本，也可进行大规模的外汇投机。这就决定了远期外汇投机交易具有较大的风险性。

案例 11 －4

远期外汇投机交易失败案例

1973 年初，第二次世界大战以后建立起来的以各国货币钉住美元、美元钉住黄金为两大支柱的布雷顿森林体系彻底崩溃，国际货币体系进入了浮动汇率制时期。此后，外汇市场上汇率频繁发生剧烈波动，这为外汇投机者提供了一个博弈的大舞台。

1973 年底，美国的富兰克林银行已签订的外汇交易合约的名义面额高达 38 亿美元，其中大部分是其购入的远期联邦德国马克。当时，该银行预期联邦德国马克将要升值，故对其进行远期外汇投机。不料事与愿违，联邦德国马克不但没有升值，反而发生了大幅度的贬值。结果，富兰克林银行仅在短短的 1 个月内就蒙受了 4 000 万美元的外汇损失，由此引发大量的存款外流。最终，在挤兑风潮的冲击下，富兰克林银行不得不宣告破产。

1974 年 6 月，与富兰克林银行破产仅隔几个月，联邦德国一家中等规模的银行——赫斯塔特银行（Herstatt Bank）也因外汇投机失败（损失了 1. 6 亿美元）而最终倒闭。1993 年 2 月，日本的昭和壳牌石油公司（Showa Shell Sekiyu）因炒作远期外汇蒙受了 1. 58 亿美元的损失。日本的鹿岛石油公司（Kashima Oil）也因为相同的原因损失了 1. 45 亿美元。1995 年，MCN 公司因为进行远期外汇投机而损失了 1 000 万美元。1998 年 8 月，瑞士信贷第一波士顿（Credit Suisse First Boston）从事的卢布对美元的远期外汇交易因俄罗斯政府冻结美元资金的外流蒙受了 2. 7 亿美元的损失。

资料来源：清华大学五道口金融学院中国金融案例中心。

（三） 远期股票合约

远期股票合约是指在将来某个特定日期按特定的价格交割一定数量单只股票或一篮子股票的协议。在美国，有些公司非常看好本公司未来的股价走势，因此在制定股票回购协议时就采用了这种远期股票合约的形式，即承诺在未来某个日期按一个设定价格（高于交易达成时的股票价格）买入自己公司的股票。

第三节　金融期货市场

一、金融期货市场概述

（一） 金融期货合约的概念和主要内容

金融期货合约的一大特点是标准化的合约条款。期货合约的合约规模、交割日期、交割地点等都是标准化的，即在合约上有明确的规定，无须双方再商定，交易双方所要做的唯一工作是选择适合自己的期货合约，并通过交易所竞价确定成交价格。一份期货合约通常会规定以下条款。

金融期货合约（financial future contract）是由交易双方订立的、约定在未来某个日期按成交时约定的价格交割一定数量某种标的资产的标准化协议。

1. 标的资产。每份合约都必须指明以何种金融工具作为标的物，按标的资产的不同，金融期货可分为利率期货、外汇期货、股价指数期货。利率期货的标的资产是利率；外汇期货的标的资产是外汇，具体有美元、英镑、欧元、日元等；股价指数期货的标的资产是股价指数，如标准普尔500指数、日经225指数等。

2. 合约规模。合约规模是指每份期货合约所指定的交割的资产数量，即合约面值。不同种类的合约种类的合约规模不尽相同。如3月期欧洲美元期货的规模是1 000 000美元，3月期伦敦英镑期货合约的规模是500 000英镑。期货交易每份合约的交割数量都是确定的，但不同的交易所又有不同的规定。如一份英镑期货合约，在芝加哥国际货币市场为25 000英镑，在中美洲商品交易所为12 500英镑，在阿姆斯特丹欧洲期权交易所则为10 000英镑。

3. 最小价格变动单位。最小价格变动是指合约价格上下波动时的最小单位，期货品种不同，最小价格变动也不同。如3月期欧洲美元的最小价格变动单位是0.0001美元，即1个基点（basis point，通常将0.01%称为一个基点），标准普尔500指数期货的最小价格变动为0.1个指数点，长期利率期货价格的最小价格变动单位为1/32%。

4. 报价方式。金融期货的报价视标的资产的不同而有所差异。以长期国债期货为例，以美元和1/32美元的倍数来进行报价。比如，104 21/32的报价相当于104+21/32=104.65625，如果合约面值为1 000 000美元，则该合约的报价实际上等于1 000 000美元×104.65625%=1 046 562.5美元。

5. 交割时间。虽然许多期货市场交易者在合约到期前通常会选择平仓，但是有些套期保值者还是会进行交割。对于一份期货合约，交易所会指定哪些月份是可以进行交割的，如伦敦国际金融期货交易所（LIFFE）规定货币期货合约的交割月份为3月、6月、9月和12月。在交割月中还将指定具体的交割日，如LIFFE规定为交割月份的第二个星期三。

（二）金融期货市场

20世纪70年代开始，汇率、利率、证券价格急剧波动，金融期货应运而生。为规避汇率风险，1972年5月在美国芝加哥商业交易所（CME）的国际货币市场（IMM）分部诞生了世界上第一份金融期货合约；为规避利率风险，1975年芝加哥期货交易所（CBOT）推出了第一张抵押贷款凭证的期货合约，以后又开始交易美国政府国库券期货合约。此后，多伦多、伦敦等地也开展了利率期货交易。在借鉴了欧洲美元利率期货的现金结算方式的成果后，第一份股票指数期货于1982年在堪萨斯期货交易所（KCBT）展开。至此，所有主要的金融期货创新相继问世，有力地推动了世界市场的深入发展，而期货市场具有的杠杆效应，又吸引了大量的投机者，投机者的加入大大推动了金融期货市场的发展。

二、金融期货市场结构

（一）交易所

交易所是指专门为金融期货交易提供交易场所和所需各种软硬件设备，组织、管理金融期货的机构。它们大体分为两种类型，一种是专门为了金融期货交易而设立的，如伦敦国际金融期货交易所和新加坡国际货币交易所等；另一种是传统的期货交易所或者证券交易所因开设金融期货而形成的金融期货分部，如芝加哥期货交易所和东京证券交易所等。

（二）结算机构

结算机构通常被称为结算所或者清算所。在期货交易中，结算机构除了办理日常的清算和监督交割外，还充当买卖双方的中间人，即是所有买者的卖者、所有卖者的买者。因此，期货交易的双方在不知实际交易对方到底为谁的情况下就实现了交易。

（三）期货经纪公司

期货经纪公司是依法设立的、接受客户委托、按照客户的指令、以自己的名义代理客户进行期货交易并收取交易手续费的中介组织。期货经纪公司通常都是交易所会员。交易所会员是指拥有期货交易所的会员资格、可以在期货交易所内直接进行期货交易的机构或自然人。一般分成两类：一类是为自己进行套期保值或投机交易的期货自营会员；另一类则是专门从事金融期货经纪代理业务的期货经纪公司。非会员的交易者只能通过委托属于交易所会员的经纪公司或经纪人参与交易。

表 11－1　世界主要期货交易所一览

交易所	建立年份	主要合约类型			
		商品期货	外汇期货	利率期货	股指期货
印度国家证券交易所（NSE）	1992		√		√
洲际交易所（ICE）	2000	√		√	√
莫斯科交易所（MICE）	2011	√	√		√
欧洲期货交易所（EUREX）	1998	√	√	√	√
纳斯达克（NASDAQ）	1971	√			√
上海期货交易所（SHFE）	1995	√			
大连商品交易所（DCE）	1993	√			
巴西证券期权交易所（BM&F）	1890	√	√	√	√
芝加哥期权交易所（CBOE）	1973	√		√	√
东京谷物交易所（TGE）	1952	√			
新加坡国际货币期货交易所（SIMEX）	1984	√	√	√	√
法国国际期货交易所（MATIF）	1986	√		√	√
堪萨斯市交易所（KCBT）	1856	√			√
中国金融期货交易所（CFFE）	2006	√	√	√	√
芝加哥商业交易所集团（CME）	2006	√	√	√	√

（四）交易者

按参加期货交易的动机不同，可将交易者分成三类：套期保值者、投机者、套利者。他们通过期货经纪公司在期货交易所进行期货交易。金融期货本来就是为了满足套期保值者的避险需求而产生的，但是自从金融期货产生以后形形色色的套利者和投机者不请自来，而且从此与金融期货市场相伴常随。

金融期货市场除了上述四类主体外还有各国的行政监管当局，它们的主要职责是起草与期货市场有关的法律法规、制定管理规则、监管各类市场主体、查处违法违规行为。

三、金融期货市场的功能

金融期货市场有多方面功能，其中最基本的功能是套期保值和价格发现功能。

（一）套期保值功能

期货交易之所以能够套期保值，其基本原理在于某一特定商品或金融资产的期货价格和现货价格受相同经济因素的制约和影响，从而它们的变动趋势是一致的，而且，现货价格与期货价格的市场走势具有收敛性，即当期货合约临近到期日时，现货价格与期货价格将逐渐趋合，它们之间的价差即基差将接近于零。

套期保值的基本做法是：在现货市场买进或卖出某种金融资产的同时，做一笔与现货交易品种、数量、期限相当但方向相反的期货交易，以期在未来某一时间通过期货合约的对冲，以一个市场的盈利来弥补另一个市场的亏损，从而规避现货价格变动带来的风险，实现保值的目的。

套期保值的基本类型有两种：一是多头套期保值，是指交易者先在期货市场买进期货，以便将来在现货市场买进时不至于因价格上涨而给自己造成经济损失的一种期货交易方式；二是空头套期保值，是指交易者先在期货市场卖出期货，当现货价格下跌时以期货市场的盈利来弥补现货市场的损失，从而达到保值的一种期货交易方式。

（二） 价格发现功能

价格发现功能是指在一个公开、公平、高效、竞争的期货市场中，通过期货交易形成的期货价格具有真实性、预期性、联系性和权威性等特点，能够比较真实地反映金融产品价格的变动趋势。期货市场将众多的、影响供求关系的因素集中于交易场所内，通过买卖双方集中转化为一个统一的交易价格。这一交易价格即为市场对未来某一特定时间标的金融产品现货价格的平均看法。人们通过参考金融期货市场上的交易价格，可以形成对金融产品价格的合理预期，从而合理安排投资决策和生产经营决策，提高自己适应市场的能力。

四、几种主要的金融期货合约

（一） 外汇期货

外汇期货又称货币期货，是以外汇为标的物的合约。外汇期货是金融期货中最先产生的品种，主要是为了规避外汇风险。1972 年 5 月，芝加哥商业交易所①建立了国际货币市场（IMM），并推出了英镑、联邦德国马克、法国法郎、瑞士法郎、加拿大元、墨西哥比索和日元等 7 种外币对美元的期货合约。

外汇期货交易虽然自 20 世纪 70 年代初在国际货币市场上率先推出，得到了迅速发展，但是外汇期货在交易量上却不如外汇远期，这可能是由于外汇远期可以更好地满足不少企业特定的对外汇套期保值的目的。

（二） 利率期货

利率期货是继外汇期货之后产生的又一个金融期货类别，其标的物是一定数量的某种与利率相关的金融产品，即各种固定利率的有价证券，如国库券、长期国债。利率期货主要是为了规避利率风险而产生的。目前，利率期货的交易量在所有金融期货中占据首位。近年来，由于各国的中长期利率波动频繁和有价证券市场涨跌剧烈，因此，套期保值者和投机者对各类利率期货都有着强烈的交易动机。

利率期货产生于 1975 年 10 月，虽然比外汇期货晚了 3 年，但其发展速度与应用范围都远较外汇期货来得迅速和广泛。利率期货是个大类，包括许多具体的交易品种，如美国政府

---

① 2007 年 7 月，美国芝加哥期货交易所举行特别股东大会，以压倒性多数票通过了芝加哥商业交易所 119 亿美元的收购方案，合并后新的芝加哥商业交易所集团市值超过 300 亿美元。

的短期国库券期货、美国政府的中期和长期国债期货、30 天的联邦基金期货、3 月期欧元银行同业拆借利率期货、3 月期欧洲美元定期存款期货①、3 月期欧洲日元定期存款期货、3 月期欧洲瑞士法郎定期存款期货、短期英镑存款期货、英国政府的长期金边债券期货和 5 年期金边债券期货以及德国、意大利、法国等政府发行的债券期货等。

（三）股票价格指数期货

股票价格指数期货是以股票价格指数为标的物的期货交易。股票价格指数期货是金融期货中产生最晚的一个品种，是 20 世纪 80 年代金融创新中出现的最重要、最成功的金融工具之一。股票价格指数是反映整个股票市场上各种股票的市场价格总体水平及其变动情况的一种指标，而股票价格指数期货即是以股票价格指数为标的物的期货交易，主要是避免股票交易中的系统性风险。

自 1982 年美国堪萨斯农产品交易所正式开办世界上第一只股票价格指数期货交易以来，美国的股票价格指数期货交易品种已发展至数种，它们是芝加哥商业交易所的标准普尔 500 种股票价格综合指数期货、纽约期货交易所的纽约证券交易所综合指数期货和堪萨斯农产品交易所的价值线综合指数期货。此外，1983 年，澳大利亚悉尼期货交易所制定了自己的股票价格指数期货；1984 年，伦敦国际金融期货交易所推出了《金融时报》100 种股票价格指数期货；中国香港期货交易所开办了恒生价格指数期货；等等。

总的来说，股票指数期货与其他品种的期货合约没有太大的区别。只是由于股票指数期货的标的物不同于其他金融期货，在合约规模或价值方面的规定有独特性。其合约的价值通常是以股票价格指数值乘以一个固定的金额来计算的。这一固定的金额称为乘数，则合约价值 = 股票指数水平 × 乘数。

不同股票指数合约的乘数不相同，乘数主要视股票指数高低而定。如标准普尔 500 指数期货的乘数是 250 美元，NASDAQ－100 指数期货的乘数是 100 美元。由于股票价格指数期货的标的物股票指数包含很多股票，进行实物交割非常麻烦，因此主要采用现金结算的方式。芝加哥商业交易所的标准普尔 500 指数期货合约的具体条款如表 11－2 所示。

表 11－2 芝加哥商业交易所的标准普尔 500 指数期货合约的具体条款

项目	具体规定
合约规模	250 美元 ×标准普尔 500 指数期货价格
交割月份	3 月、6 月、9 月、12 月
最小价格变动	0.1 个指数点
交易时间	公开叫价：上午 8：30 至下午 3：15； 电子交易平台：下午 3：30 至上午 8：15
交割日期	合约月份第三个星期五之前的星期四
头寸限制	所有合约月份共 20 000 手净多头或空头头寸
交割方式	现金结算

① 3 月期欧洲美元定期存款期货和后面的 3 月期欧洲日元定期存款期货、3 月期欧洲瑞士法郎定期存款期货等表面上看像一种外汇期货，实际上是一种利率期货。欧洲美元期货的推出虽然比短期国库券期货晚 4 年，但其交易量很快超过了后者，成为交易最活跃的短期利率期货品种。

第四节　金融期权市场

一、金融期权市场概述

（一）金融期权的内涵

金融期权(financial option)是指允许合约双方中期权的买方向卖方支付一笔费用，以获得在未来某个时间以约定的价格购买或出售一项资产的权利的合约。

1. 金融期权。对于金融期权的买方而言，期权是一项权利而非义务，因此在到期日或之前，他可以选择不执行这份期权，即不进行交割；对于期权的卖方而言，期权是一项义务而非权利，这就意味着，如果期权的买方选择执行期权，卖方就必须执行，如果买方选择不执行期权，卖方就无须执行。期权的买方也被称为期权多头，卖方被称为期权空头。

2. 期权费。期权费是指期权的买方为了获得期权所代表的权利向期权的卖方支付的费用。期权费是买方享有不对称权利而对卖方的一种弥补，一经支付则无论买方是否行使权利，其付出的期权费均不能退还。在期权交易中，期权费的具体数值根据期权种类、期限、基础金融工具价格的波动程度不同而有所不同，是期权交易中最重要和最复杂的定价问题。

3. 执行价格。执行价格又称协议价格，是指期权合约所规定的期权买方在行使其权利时实际执行的价格。在金融期权交易中，执行价格一经确定则一般不再改变，即在期权的有效期内无论基础金融工具的市场价格如何波动，只要期权买方要求执行该金融期权，期权的卖方都必须以此协定价格来履行该期权合约。

4. 到期时间。期权买方只能在合约所规定的时间内行使其权利，一旦超过该期限仍未执行即意味着自愿放弃这一权利。

（二）金融期权市场的产生与发展

虽然早在古希腊和古罗马时期就已经出现了期权交易的雏形，但是直到20世纪70年代，期权交易都是在非正式的场外市场进行的，金融期权还处在可有可无的地位。1973年，世界上第一个集中性的期权市场——芝加哥期权交易所（CBOE）诞生，场内股票看涨期权的交易大获成功，标志着金融期权发展的重大突破。同年，经济学家布莱克和斯科尔斯在期权定价方面取得突破性研究，建立了为期权定价的Black-Scholes定价模型。自此以后，新的期权品种也不断推出，从标准化的看涨期权到看跌期权，从股票期权到以其他金融资产为基础金融工具的期权，期权市场获得了前所未有的发展。

交易所期权的巨大成功及其对期权交易的重要推动已经成为不可否认的事实。这其中的主要原因有三：第一，交易所交易的集中性、合约的标准化和二级市场的建立极大地便利了期权的交易管理和价格信息、产品信息的发布，为投资者提供了期权工具的流动性，使得交易者能够更灵活地管理他们的资产头寸，因而极大地促进了期权市场的发展；第二，清算所的建立解决了场外市场长期为之困扰的信用风险问题；第三，无纸化交易的发展带来了更为通畅的交易系统和更低的交易成本。当然，需要指出的是，虽然交易所交易期权有着巨大的优越性，但并不意味着场外期权交易的消亡。场外期权最大的好处在于金融机构可以根据客户的需要进行一对一的谈判，为客户提供许多非标准的个性化期权合约，从而创造了其特有的存在空间。

专栏 11－6
国内外期权市场的发展历程

1973 年 4 月，芝加哥交易所专为股票期权交易成立了芝加哥期权交易所，此后美国股票交易所（American Stock Exchange，AMEX）、费城股票交易所（Philadelphia Stock Exchange，PHLX）和太平洋股票交易所（Pacific Exchange，PSE）也陆续推出了股票期权业务。到了 20 世纪 80 年代初，期权交易的规模迅速地增长，在纽约股票交易所中，每天交易的期权合约中标的股票的数量甚至已经超过了每天所交易的股票数。现在期权交易所几乎遍布全世界。根据世界交易所联合会的统计，2020 年全球期权市场的成交量总计为 209. 6 亿手，同比增长 48. 6%，其中标的资产主要为股权（包括个股、股指及 ETF）、利率和汇率三大类。

与海外成熟市场相比，我国期权市场起步较晚。从 2015 年上海证券交易所发行 50ETF 期权开始，截至 2020 年末，我国场内期权产品类型中，金融期权包括上证 50ETF、沪深 300ETF、沪深 300 股指期权，商品期权包括白糖、菜籽粕、棉花、PTA、甲醇、动力煤、豆粕、玉米、铁矿石、液化石油气、聚乙烯、聚氯乙烯、聚丙烯、铜、铝、锌、黄金以及天然橡胶期权。上证 50ETF 期权 2018 年、2019 年和 2020 年累计成交量分别为 3. 16 亿张、6. 18 亿张和 5. 19 亿张。2019 年上证 50ETF 期权同比上升 95. 6%，2020 年较为特殊，累计成交量为 5. 19 亿张，同比下降 16. 0%。与场内标准化合约期权不同，场外期权由于更加个性化，合约标的更加多样化，发展速度远快于场内期权。2020 年末，场外期权初始名义本金累计存量为 7 569. 67 亿元，较上年同期增长 63. 0%。

资料来源：清华大学五道口金融学院中国金融案例中心。

二、金融期权的种类

金融期权的种类可以从投资者的买卖行为、合约履行时间、期权标的物的性质来划分。

买入期权又称看涨期权，是指期权的买方具有在约定期限内按协定价格买入一定数量金融资产的权利。

1. 从投资者的买卖行为划分，金融期权可以分为买入期权和卖出期权。

投资者之所以买入看涨期权，是因为他预期这种金融资产的价格在近期内将会上涨。如果判断正确，按协议价买入该项资产并以市价卖出，可赚取市价与协议价之间的差额；如果判断失误，则损失期权费。

卖出期权又称看跌期权，是指期权的买方具有在约定期限内按协议价卖出一定数量金融资产的权利。

投资者买入看跌期权，是因为他预期该项金融资产的价格在近期内将会下跌。如果判断正确，可从市场上以较低的价格买入该项金融资产，再按协议价卖出，将赚取协议价与市价的差额；如果判断失误，将损失期权费。

专栏 11 -7

看涨期权与看跌期权的利润情况比较

（一）看涨期权的利润

一名投资者买入了一份标的资产为 100 股 X 股票的买入期权。执行价格 =100 元，股票现价 =98 元，每股股票的期权价格 =5 元，初始投资是 100 ×5 =500（元）。结果：

1. 在期权到期日 X 股股价为 115 元。此时，执行期权的收益为（115 －100） ×100 =1 500（元），考虑到期权的初始成本，净收益为 1 500 －500 =1 000（元）。

2. 在期权到期日 X 股股价为 95 元，此时，将不执行期权，投资损失为期权的初始成本 500 元。

（二）看跌期权的利润

一名投资者买入了一份标的资产为 100 股 X 股票的卖出期权。执行价格 =100 元，股票现价 =98 元，每股股票的期权价格 =5 元，初始投资是 100 ×5 =500（元）。结果：

1. 在期权到期日 X 股股价为 85 元。此时，执行期权的收益为（100 －85） ×100 =1 500（元），考虑到期权的初始成本，净收益为 1 500 －500 =1 000（元）。

2. 在期权到期日 X 股股价为 115 元，此时，将不执行期权，投资损失为期权的初始成本 500 元。

资料来源：上海证券交易所．期权交易策略十讲［M］．上海：格致出版社，2016.

2. 按照合约所规定的履约时间的不同，金融期权可以分为欧式期权和美式期权。

欧式期权只能在期权到期日执行，既不能提前，也不能推迟。美式期权则可在期权到期日或到期日之前的任何一个营业日执行，当然，若超过到期日，美式期权也同样会被作废。

3. 按照金融期权标的物性质的不同，金融期权可以分为股票期权、股票指数期权、利率期权、货币期权、金融期货合约期权。

股票期权是指买方在交付了期权费后，即取得在合约规定的到期日或到期日以前按协议价买入或卖出一定数量相关股票的权利。

股票指数期权以股票指数为标的物，买方在支付了期权费后，即取得在合约有效期内或到期时以协定指数与市场实际指数进行盈亏结算的权利。股票指数期权没有可作实物交割的具体股票，采取现金轧差的方式结算。

利率期权是指买方在支付了期权费后，即取得在合约有效期内或到期时以一定的利率（价格）买入或卖出一定面额的利率工具的权利。利率期权合约通常以政府短期、中期、长期债券，欧洲美元债券，大额可转让定期存单等利率工具为标的物。

货币期权又叫外币期权、外汇期权，是指买方在支付了期权费后，即取得在合约有效期内或到期时以约定的汇率购买或出售一定数额某种外汇资产的权利。货币期权合约主要以美元、欧元、日元、英镑、瑞士法郎、加拿大元及澳大利亚元等为标的物。

金融期货合约期权是一种以金融期货合约为交易对象的选择权，它赋予其持有者在规定时间内以协定价格买卖特定金融期货合约的权利。金融期货期权又可以分为利率期货、外汇期货和股价指数期货三种。

专栏 11-8
期权交易与期货交易的比较

金融期权和金融期货作为20世纪的两大金融创新，二者具有密切的联系。虽然二者的交易对象都是标准化合约，但一般认为，大规模的期权交易是在期货交易的基础上发展起来的，是以期货市场的发育程度与规则的完备为前提的。期权在为交易者提供更多的选择工具的同时，也推动了期货市场的发展。期权交易与期货交易的差别主要在以下五点。

1. 买卖双方的权利义务不同。这也是金融期权与金融期货的最重要区别。在期货交易中，买卖双方都被赋予了相等的权利和义务，而在期权交易中，买方有权在认为合适的时候行使或放弃权利，而卖方却只有满足买方要求履行合约时买入或卖出一定数量的基础金融工具的义务。

2. 标准化程度不同。期货合约都是标准化的，因为它都是在交易所中交易的，而期权合约则不一定。在美国，场外交易的现货期权都是非标准化的，但在交易所中的现货期权和所有的期货期权则是标准化的。

3. 履约保证金的规定不同。在期货交易中，买卖双方都要交纳一定数量的保证金，而在期权交易中，期权买方只需支付购买期权的权利金，不需要交纳保证金，只有期权卖方尤其是无担保期权的出售者才需要交纳保证金。

4. 盈亏风险不同。期货交易双方所承担的盈亏风险都是无限的。看涨期权交易卖方的亏损风险可能是无限的（看跌期权的卖方亏损风险是有限的），同时盈利是有限的（以期权费为限）；期权交易买方的亏损风险是有限的（以期权费为限），但盈利可能是无限的（看涨期权），也可能是有限的（看跌期权）。

5. 合约基础金融工具不同。金融期货合约是交易双方达成的在未来特定日期交付一定金融工具的可转让且标准化的合约，合约的基础金融工具是基础性的金融工具，而期权交易的基础金融工具除了一般的金融工具以外，还包括金融期货合约甚至于金融期权合约本身，即会形成复合期权。

资料来源：埃里克·所罗门．聪明的期权投资者：期权交易中的价值投资策略［M］．贺炜，译．北京：中国人民大学出版社，2019.

三、金融期权的价格

期权价格受多种因素的影响，但从理论上说，由两部分组成，一是内在价值，二是时间价值。

期权价格是指在期权交易中，期权的买方为获得期权合约所赋予的权利而向期权的卖方支付的费用。

（一）内在价值

内在价值也称履约价值，是期权合约本身所具有的价值，是指在履行合约时可获得的总利润。当总利润小于零时，内在价值为零。一种期权有无内在价值以及内在价值的大小取决于该期权的协定价格与其标的物市场价格之间的关系。根据协定价格与标的物市场价格的关系，可将期权分为实值期权、虚值期权和平价期权三种类型。

对看涨期权而言，若市场价格高于协定价格，期权的买方执行期权将有利可图，此时为实值期权；市场价格低于协定价格，期权的买方将放弃执行期权，为虚值期权。对看跌期权而言，市场价格低于协定价格为实值期权；市场价格高于协定价格为虚值期权。若市场价格等于协定价格，则看涨期权和看跌期权均为平价期权。

从理论上说，实值期权的内在价值为正，虚值期权的内在价值为负，平价期权的内在价值为零。但实际上，无论是看涨期权还是看跌期权，也无论期权标的物的市场价格处于什么水平，期权的内在价值都必然大于零或等于零，而不可能为一负值。这是因为期权合约赋予买方执行期权与否的选择权，而没有规定相应的义务。当期权的内在价值为负时，买方可以选择放弃期权。

（二） 时间价值

期权的时间价值（time value）是指在期权有效期内标的资产价格波动为期权持有者带来收益的可能性所隐含的价值。

内在价值是决定期权价格的主要因素，但并非唯一的因素。在现实市场中，各种期权通常是以高于内在价值的价格交易的，平价期权和虚值期权在这一点上尤其明显：虽然这两类期权的内在价值为零，但在到期以前，它们总是以高于零的价格在买卖的。这是因为在期权价格中，还包含着一个重要的部分：期权的时间价值。

与我们平时所理解的时间价值（即无风险利率，货币持有者暂时放弃货币所获得的回报）不同，期权的时间价值实质上是期权在其到期之前获利潜力的价值。我们知道，期权的买方通过支付期权费，获得了相应的权利，即（近于）无限的收益可能和有限的损失。这意味着标的资产价格发生同样的上升和下降，所带来的期权价值的变化是不对称的，这一不对称性，使得期权总价值超过了其内在价值，这就是期权时间价值的根本来源。

（三） 影响期权价格的主要因素

1. 协定价格与市场价格。协定价格与市场价格是影响期权价格最主要的因素。这两种价格的关系不仅决定了期权有无内在价值及内在价值的大小，而且还决定了有无时间价值和时间价值的大小。一般而言，协定价格与市场价格间的差距越大，时间价值越小；反之，则时间价值越大。这是因为时间价值是市场参与者因预期标的物市场价格变动而引起内在价值变动而愿意付出的代价，当一种期权处于极度实值或极度虚值时，市场价格变动的空间已很小。只有当协定价格与市场价格非常接近或为平价期权时，市场价格的变动才有可能增加期权的内在价值，从而使时间价值随之增大。

2. 权利期间。权利期间是指期权剩余的有效时间，即期权成交日至期权到期日的时间。在其他条件不变的情况下，权利期间越长，期权价格越高；反之，期权价格越低。由于期权时间价值代表到期之前期权带来收益的可能性，因此，距离到期的时间越长，期权时间价值一般来说越大。对于美式期权来说，这一点显然是肯定的；欧式期权由于只能在到期日执行，有效期长的期权不一定包含有效期短的期权的所有执行机会，这就使得欧式期权的有效期与期权价格之间的关系显得较为复杂。但在一般情况下（即剔除标的资产支付大量收益这一特殊情况），由于有效期越长，标的资产的风险就越大，期权卖方亏损的风险也就越大，因此即使是欧式期权，有效期长的期权价格也越高，即期权的边际时间价值为正值。

3. 利率。利率尤其是短期利率的变动会影响期权的价格。但利率变动对期权价格的影响是复杂的。一方面，利率变化会引起期权标的物的市场价格变化，从而引起期权内在价值的变化。另一方面，利率变化会使期权价格的机会成本变化，同时，利率变化还会引起对期权交易的供求关系变化，因而从不同角度对期权价格产生影响。例如，利率提高，期权标的物如股票、债券的市场价格将下降，从而使看涨期权的内在价值下降，看跌期权的内在价值提高；利率提高，又会使期权价格的机会成本提高，有可能使资金从期权市场流向价格已下降的股票、债券等现货市场，减少对期权交易的需求，进而又会使期权价格下降。总之，利率对期权价格的影响是复杂的，应根据具体情况作具体分析。

4. 标的物价格的波动性。通常，标的物价格的波动性越大，期权价格越高；波动性越小，期权价格越低。这是因为，标的物价格波动性越大，则在期权到期时，标的物市场价格涨至协定价格之上或跌至协定价格之下的可能性越大。因此，期权的时间价值，乃至期权价格都将随标的物价格波动的增大而提高，随标的物价格波动的缩小而降低。

5. 标的资产的收益。标的资产的收益将影响标的资产的价格。在协定价格一定时，标的资产的价格又必然影响期权的内在价值，从而影响期权的价格。通常，标的资产收益率越高，看涨期权的价格越低，而看跌期权的价格越高。

自从期权交易产生以来，人们一直致力于对期权定价问题的探讨。1973 年，美国芝加哥大学教授布莱克和斯科尔斯提出了第一个期权定价模型，在衍生证券的定价上取得重大突破，在学术界和实务界引起强烈反响。1979 年，考克斯、罗斯和鲁宾斯坦又提出二项式模型，以一种更为浅显易懂的方式导出期权定价模型，并使之更具有可操作性。

专栏 11－9
布莱克—斯科尔斯（Black－Scholes）定价模型

迈伦·斯科尔斯（Myron Scholes）与已故的经济学家费希尔·布莱克（Fischer Black）曾于 1973 年发表《期权定价和公司债务》一文，在这篇文章中，他们提出了著名的布莱克—斯科尔斯期权定价公式。它与以往期权定价公式的重要差别在于只依赖于可观察到的或可估计出的变量，这使得布莱克—斯科尔斯公式避免了对未来股票价格概率分布和投资者风险偏好的依赖。

迈伦·斯科尔斯
（Myron Scholes，1941—）

布莱克和斯科尔斯推导期权定价公式时作出的假设如下：（1）股票价格行为服从常数为 μ 和 σ 的对数正态分布。（2）没有交易费用和税收成本。所有证券都高度可分。（3）期权有效期内股票不支付股利。（4）不存在无风险套利机会。（5）证券的交易是连续的。（6）投资者能够以相同无风险利率进行借贷。（7）短期无风险利率 r 是常数。

在这样的假设前提下，布莱克和斯科尔斯经过复杂的数学推导得出欧式看涨期权和欧式看跌期权的定价公式：

$$c = S_0 N(d_1) - Ke^{-rT} N(d_2)$$

$$p = Ke^{-rT}N(-d_2) - S_0N(-d_1)$$

式中：$d_1 = \dfrac{\ln(S_0/K) + (r + \sigma^2/2)T}{\sigma\sqrt{T}}$；

$$d_2 = \frac{\ln(S_0/K) + (r - \sigma^2/2)T}{\sigma\sqrt{T}} = d_1 - \sigma\sqrt{T};$$

$N(x)$ 为服从标准正态分布的变量的累积概率分布函数；c 为欧式看涨期权的价格；p 为欧式看跌期权的价格；S_0 为股票价格；K 为执行价格；r 为无风险利率（按连续复利计）；T 为到期期限；σ 为标的股票价格波动的标准差。

可以看到，虽然 Black-Scholes 定价模型的数学推导过程较为复杂，但是作为结论的公式相对简单，且各变量数据易于获取。因此，Black-Scholes 定价模型与其扩展模型在期权定价的理论及实务中都得到了广泛的应用。

资料来源：MBA 智库百科。

四、金融期权的功能

金融期权发展至今之所以成为当今金融市场上最受欢迎的金融衍生工具之一，是因为它为交易者提供了以下方便：

1. 金融期权向需要避险的交易者提供了一个类似于保险的单向套期保值工具，实现了将对称性风险向非对称性风险的转化。对于那些持有复杂的投资组合的投资者而言，他们可以通过交易与投资组合有关的期权来调整其投资的风险和收益特征，实现最优的风险管理。

2. 对希望借助基础金融工具价格的涨跌而进行投机的交易者，金融期权是一个较好的替代品。由于一般情况下期权价格都低于基础金融工具价格，因此期权投机所需的资金较少，有助于降低交易成本，具有杠杆作用。对于期权买方而言，即使基础金融工具价格产生不利变动，其最大损失只限于支付的权利费，起到了保险的作用；如果期权价格发生有利变动，也只需支付权利费即可获得较高收益。对期权卖方而言，通过将收取的权利费进行再投资，则可以提高资金运用效率。

专栏 11 －10
管理者认股权证

事实上，期权除了作为本章介绍的保值工具和投机工具外，在企业的日常经营中也可以作为一种对员工常用的激励手段。管理者认股权证就是一个典型的例子。

在 20 世纪 90 年代和 21 世纪初，对管理者和员工而言，股票期权成为一种越来越受欢迎的报酬形式。通常公司给予其管理层一定数量的该公司股票的看涨期权。在给予管理层期权的这天，期权处于平价状态。期权的期限通常长达 10 年或者更久，而且其中还有一个长达 5 年的授予期。在授予期内期权不能执行，但在授予期结束后的任何时刻期权都可以被执行。如果管理者在授予期内离开公司，他将丧失期权。如果管理者在授予期结束后离开公司，实值期权可以立刻被执行，而虚值期权则会失效。管理者不能将期权转卖给他人。

管理者认股权证如此受欢迎的一个主要原因在于其可以很好地解决委托—代理问题。在现代企业运营中，企业所有权与经营权常常分离，这会导致很多管理者在进行决策的过程中优先考虑自身利益而忽略股东的切身利益。而通过认股权证激励可以解决管理者与股东利益相冲突的问题，又能够很好地留住人才。

资料来源：彼得·德鲁克．卓有成效的管理者［M］．齐若兰，译，北京：机械工业出版社，2019.

五、金融期权交易策略

金融期权是一种复杂的交易技术，一般包括四种基本交易策略：买入看涨期权、卖出看涨期权、买入看跌期权、卖出看跌期权（见表 11－3）。

表 11－3　期权市场四种基本交易策略汇总表

交易策略	买入看涨期权	卖出看涨期权	买入看跌期权	卖出看跌期权
对市场的判断	看涨	看跌	看跌	看涨
盈亏图	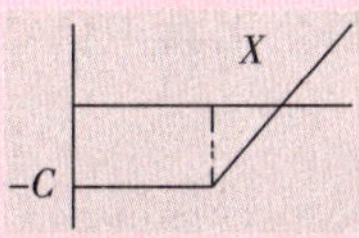	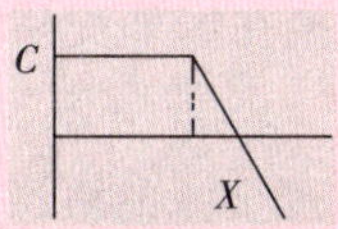	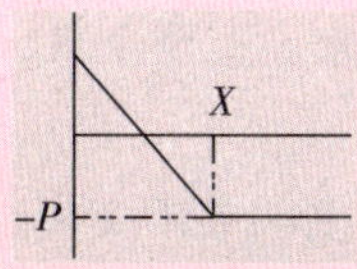	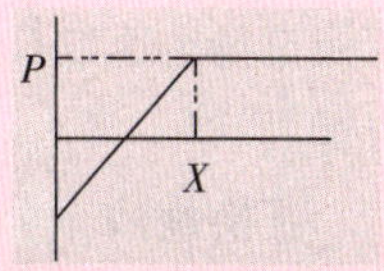
潜在收益	∞	C	$X-P$	P
潜在损失	C	∞	P	$X-P$
盈亏平衡点	$X+C$	$X+C$	$X+P$	$X+P$

注：X为协定价格，C为看涨期权的期权费，P为看跌期权的期权费。

在上述基本交易策略的基础上，交易者还可以根据期权种类、期限以及执行价格的不同作出不同的策略。一般来说，主要有以下三种组合套利策略：

1. 水平套利。水平套利是指交易者按照相同的协定价格，同时买卖不同到期月份的同类型的期权合约，以套取水平差价的期权交易策略。在执行这一交易策略时，投资者一般是在买进一个远期期权合约的同时卖出一个近期期权合约。这样，由于近期期权合约的时间价值衰减速度快于远期期权合约的时间价值衰减速度，那么两种期权间的期权费差额就会扩大，交易者就会获得盈利。值得注意的是，虽然看涨期权和看跌期权都能够被投资者用来进行水平套利，但是对看涨期权的水平套利应当运用在交易者预测长期价格稳中趋涨时，而对看跌期权的水平套利应当运用在交易者预测长期价格稳中趋跌时。

2. 垂直套利。垂直套利是指交易者按照不同的协定价格同时买卖相同期限的期权合约，以套取垂直差价的期权交易策略。垂直套利的特点是利润和风险都有限，理论上其利润最多为期权费，而亏损则限于出售期权时得到的期权费与买入时支付的期权费的差额。垂直套利是否能够盈利的关键在于对期权费未来走势的判断上。

3. 对角套利。对角套利是指交易者按不同的协定价格同时买卖不同到期月份的同类型期权合约，以套取对角差价为目的的期权交易策略。

在以上组合套利策略基础上，交易者可以根据实际情况和自身对市场的判断设计出千变万化的期权交易策略从而满足交易需求。

第五节 金融互换市场

一、金融互换市场概述

（一） 金融互换市场的产生与发展

金融互换(financial swap)是两个或两个以上当事人按照商定条件，在约定的时间内，交换不同金融资产或负债的合约。其他金融衍生工具往往是一次性交易，而互换是一系列现金流的交换，会持续一段时期。

互换合约最早出现在1979年的伦敦，但一开始并没有引起市场的充分重视。1981年，所罗门兄弟公司促成了世界银行和IBM公司的一项货币互换，成为互换市场发展的里程碑。同年在伦敦推出了利率互换，第二年利率互换被引进美国。从此互换市场迅速成长起来。直至今日，互换在场外交易的衍生工具中仍然占据着一个重要的位置。

互换是两个公司之间关于交换未来现金流的协议。这一协议规定了现金流支付的时间和计算现金流的方式。因此，互换可以用来控制利率、汇率和商品价格变化所带来的风险，从而得到了广泛的应用。互换开始时是一种非标准化的合约，以满足不同客户的不同需求。但由于合约内容复杂，交易成本很高，妨碍了互换的进一步发展。1984年，一些从事互换交易的有代表性的银行（包括商业银行和投资银行）开始了促进互换合约文件的标准化进程。1985年，这些银行组织了国际互换交易商协会（International Swaps Dealers Association，ISDA），并在1987年促成了互换标准格式合约的出版，极大地减少了发起一项互换所需要的时间和费用。从此以后，互换市场进入快速成长期，成为发展最为迅速的金融衍生品。

（二） 金融互换的理论基础

金融互换的理论基础是比较优势理论。比较优势（comparative advantage）理论是英国著名经济学家大卫·李嘉图（David Ricardo）提出的。他认为，在两国都能生产两种产品，且一个国家在这两种产品的生产上均处于有利地位，而另一国均处于不利地位的条件下，如果前者专门生产优势较大的产品，后者专门生产劣势较小（即具有比较优势）的产品，那么通过专业化分工和国际贸易，双方仍能从中获益。李嘉图的比较优势理论不仅适用于国际贸易，而且适用于所有的经济活动。

互换是比较优势理论在金融领域最生动的运用。根据比较优势理论，只要满足以下两种条件，就可进行互换：首先，双方对对方的资产或负债均有需求；其次，双方在两种资产或负债上存在比较优势。概括起来，金融互换实际上是一个市场参与者利用其在某个金融市场上的比较优势得到在另一个市场上的所需的资产或负债。

（三）金融互换的作用

1. 降低筹资成本。这是互换业务最重要的作用。作为筹资者的一些国家的政府机构、私人企业、跨国公司及国际金融机构等需要特定的货币资金，但由于种种原因，直接借入该类货币资金可能面临较高的筹资成本，而通过互换业务，将可以按较低利率借入的他国货币调剂成自己所需要的货币，则可以有效降低筹资成本。例如，日本某一企业准备筹集一笔美元资金，原计划到美国市场或欧洲美元市场发行美元债券，但由于这两国市场的评级机构对该企业的信用评级较低，而日本的评级机构则给予该企业较高的信用等级，这样，该企业在美国的筹资成本则远高于日本。因此，这家日本企业可以先在日本发行日元债券，随后做一笔互换交易，把日元债券换成美元债券，其成本要比直接发行美元债券低。

2. 可使某些筹资人进入到原本很难进入的市场。互换交易属表外业务，不计入资产负债表，因此可以使某些筹资人逃避外汇管制、利率管制及税收管制，而进入到原本很难进入的市场。例如，某跨国企业所在的东道国对跨国公司实行了资本管制，限制其在东道国的融资量，那么该公司可以在母国发行债券并与东道国其他企业做一笔互换交易，把母国债券换成东道国债券，从而绕过资本管制。

3. 有利于企业和金融机构的资产负债管理，并防范汇率和利率风险。企业和金融机构可以根据需要，将一种货币的资产或负债通过货币互换换成另一种货币的资产或负债，从而优化资产负债结构，转移和防范利率风险和外汇风险。同时，企业也可以根据市场行情的变化，灵活地调整其资产负债的市场结构和期限结构，以实现资产负债的最佳搭配从而减少中长期利率和汇率变化的风险。

（四）金融互换市场的类型

根据基础金融工具的不同，金融互换市场一共有四种主要类型：利率互换市场、货币互换市场、商品互换市场和股票互换市场。利率互换和货币互换是最重要的两种互换。商品互换是一种特殊的互换，被许多商品的消费者和生产者用于对冲长时期内的价格上涨，如饼干生产商使用粮食互换来对冲粮食价格的上涨，航空公司使用汽油互换来对冲飞机燃料的上涨。股票互换是指以股票指数产生的红利和资本利得与固定利率或浮动利率或其他的股票指数产生的收益进行交换。它为基金经理和机构投资者提供了一种转化资产的方法。基金经理和机构投资者可以用股票互换把债券投资转换为股票投资，或者把本国的股票投资转换为外国的股票投资，以避免外汇管制、税收等问题。

二、利率互换

一般来说，在利率互换中，其中一方的现金流以浮动利率计算，而另一方的现金流以固定利率计算。利率互换不需要交换本金，只需要在每期进行利差交割，而且期限通常在 2 年以上。

利率互换是指双方在未来一定时期内将同种货币的同样名义本金的某种现金流相互交换，以不同的利率指标(包含浮动利率或固定利率)作为交换的基础金融工具。

最基本的利率互换是固定利率与浮动利率的互换。这种交换一般是债务交换，交易的双方在各自的市场（固定利率市场和浮动利率市场）上有比较优势。下面用一个例子来说明这种利率互换的交易过程。

假设 A、B 公司都想借入 5 年期的 100 万美元的款项，对于未来的利率趋势变动有各自的判断，A 想借入 6 个月期的浮动利率贷款，B 想借入 6 个月期的固定利率贷款，但是两家公司信用等级不同，因此市场向它们提供的利率不同，如表 11－4 所示。

表 11－4 利率互换示例

	A 公司	B 公司	优势差异
固定利率	12.0%	13.0%	1.0%
浮动利率	6 个月 Libor＋0.4%	6 个月 Libor＋1.0%	0.6%
可以实现总节约			0.4%

从表 11－4 中可以看到，公司在两个市场上都具有绝对优势，在固定利率市场的绝对优势是 1.0%，在浮动利率市场的绝对优势是 0.6%，但是两家公司只能在其中一个市场上借款。A 在固定利率市场上有比较优势，B 在浮动利率市场上有比较优势。这样双方就可以利用各自的比较优势对借款活动进行安排，就是各自在比较优势市场上借款，然后二者互换，从而达到共同降低筹资成本的目的。

这种安排如下：由于借款本金相同，不必交换本金，因此只对未来的利息进行交换，A 向 B 支付浮动利息，B 向 A 支付固定利息。

通过发挥各自的比较优势，双方总的筹资成本降低 0.4%，这就是互换利益。这是合作的结果，由二者分享，具体分享由谈判决定，假定各自分享一半，同时没有中介费用，这样双方按照自己的意愿实现借款，同时各自降低融资成本 0.2%，A、B 的实际支付为浮动利率 6 个月 Libor＋0.2%、固定利率 12.8%，如表 11－5 和图 11－3 所示。

表 11－5 通过互换达到的效果

项目	A 公司	B 公司
实际筹资成本	6 个月 Libor＋0.2%	12.8%
市场筹资成本	6 个月 Libor＋0.4%	13%
成本节约	0.2%	0.2%

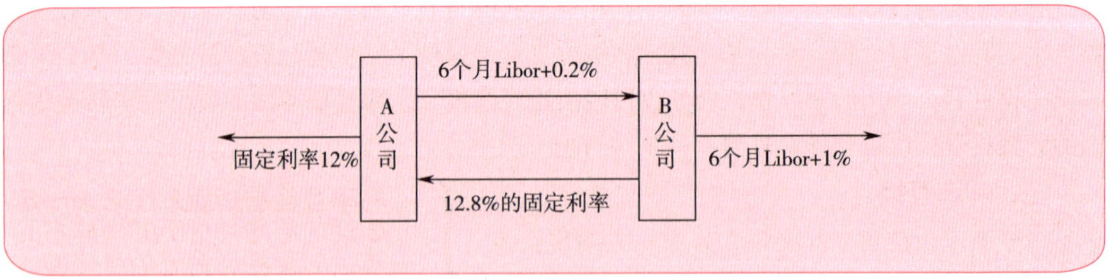

图 11－3 利率互换某种安排方案

案例 11－5
法国雷诺汽车与日本山一证券的利率互换

利率互换最初的著名案例是由美国银行家信托公司在法国雷诺汽车制造公司与日本的山一证

券公司之间安排成交的。当时，雷诺公司希望将其原有的浮动利率美元债务转换成固定利率的日元债务，因为公司向日本出口汽车有固定的日元收入；山一证券公司则由于持有美元浮息票据而承受着汇率与利率的双重风险，所以也希望对利率风险和汇率风险进行抵补。

可以看到，该案例中互换交易双方的交易动因是出于对企业资产管理的考虑。互换交易达成后，山一证券将其持有的浮息票据的美元收益定期通过中介机构转交给雷诺公司，后者正好用于偿还其所承担的浮动利率的美元债务；作为交易的对价，雷诺公司定期将其在出口业务中获得的日元收入向山一证券公司作固定利率的支付。就这样，雷诺公司将其浮动利率的美元债务转换成了固定利率的日元债务，而山一证券公司虽然拥有美元资产，但其利率风险和汇率风险都已做了抵补。（注：山一证券公司已于 1997 年 11 月破产倒闭。）

资料来源：清华大学五道口金融学院中国金融案例中心。

三、货币互换

货币互换是交易双方在未来的一段时间内交换两种不同货币的本金和利息现金流。

货币互换是交易双方之间达成的交换一定的现金流量的一种协议。在这个协议中，现金流量以不同货币计价，但以相似或不同方式的汇率（固定汇率或浮动汇率）和利率（固定利率或浮动利率）计算。货币互换和利率互换相似，但是有两个不同点：首先，货币互换通常在合同开始与期满时都有本金的交换（这些交换大多按即期汇率进行），而利率互换是没有本金交换的；其次，货币互换的利息是以不同货币进行交换的，而利率互换是使用同一种货币。

货币互换的主要原因是双方在各自国家中的金融市场上具有比较优势，货币互换的双方既可以按两种货币的固定汇率交易，也可以按浮动汇率进行交易，既可以用固定利率也可以用浮动利率来进行互换交易。

（一） 货币互换的基本原理

货币互换交易一般有三个基本步骤：

1. 确定和交换本金。这是在互换交易初期进行的，双方按协定的汇率交换两种不同货币的本金，以便按不同的货币金额定期支付利息。

2. 利率的互换。交易双方按协定的利率以未偿还本金为基础支付利息。

3. 本金的再次互换。在到期日，互换双方换回期初交换的本金。

通过货币互换的三个基本步骤，就能够把一种货币的债务有效地转变为另一种货币的债务从而得到充分保值。

（二） 运用货币互换降低筹资成本的分析

假如美国一家跨国公司需要借入 5 年期 1 000 万英镑的资金用于在英国的投资，它希望通过发行 5 年期的英镑债券的方式来获得英镑资金，但是由于多次使用这种方式筹资很难再获得新的资金，且发行新债的利率达到了 5.75%。然而，该公司发行 5 年期的美元债券比较方便，且利率是 8.85%。同时，英国的一家跨国公司需要借入一笔大约1 800 万美元的 5 年期美元资金用于美国投资，它也可以通过发行美元债券或英镑债券两种方式进行筹资，但如果通过发行 5 年期美元债券方式筹资其发行利率为 9.25%，而通过发行 5 年期英镑债券方式筹资其发行利率为5%，如表11－6所示。

表11－6　货币互换示例			
	美国公司	英国公司	优势差异
英镑市场	5.75%	5%	-0.75%
美元市场	8.85%	9.25%	0.4%
实现的总节约			1.15%

显然，比较而言，美国公司发行美元债券更有利，而英国公司发行英镑债券更有利。假如英镑和美元的汇率为1英镑等于1.8美元，那么英国公司发行1 000万英镑债券，美国公司发行1 800万美元债券，然后两者进行互换，这样对两者都是有利的。于是，美国公司和英国公司达成货币互换协议，5年中由美国公司每年向英国公司以5%的年利率支付1 000万英镑债券利息，英国公司每年向美国公司以8.675%的年利率支付1 800万美元债券利息。互换以投资银行为中介进行，银行按年度本金额的0.25%收取手续费。整个互换程序如下：

1. 期初交换债券。由美国公司发行1 800万美元债券，英国公司发行1 000万英镑债券，然后通过投资银行互换债券，如图11－4所示。

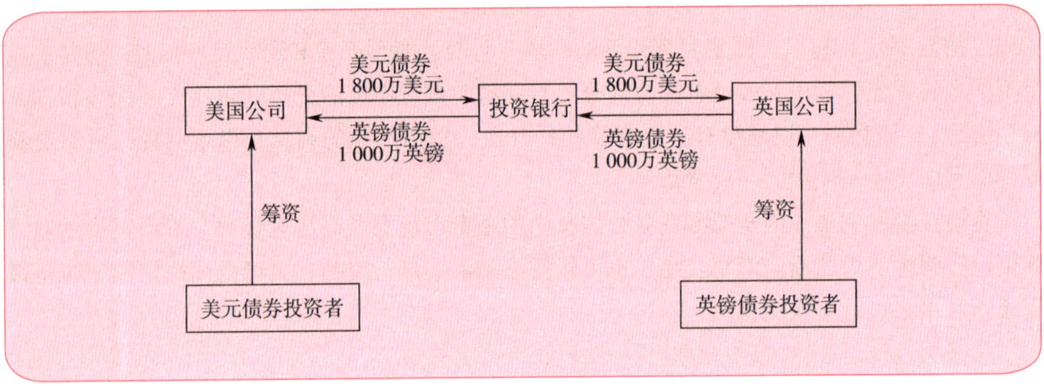

图11－4　期初交换债券流程

2. 期内交换利率。5年中每年由美国公司向英国公司支付1 000万英镑债券利息，年利率为5%；每年由英国公司向美国公司支付1 800万美元债券利息，年利率为8.675%，如图11－5所示。

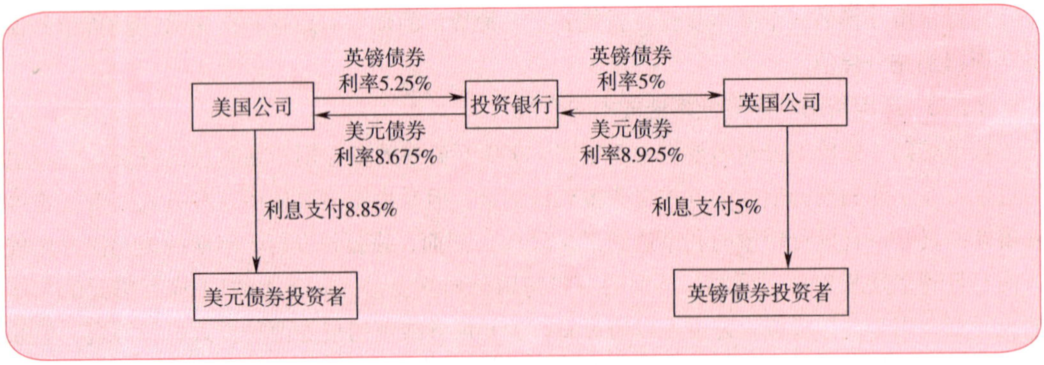

图11－5　期内交换利率流程

3. 期末归还债券。期末由英国公司向美国公司归还1 800万美元的债券资金，美国公司再向美元债券投资者偿还1 800万美元的债券投资；由美国公司向英国公司偿还1 000万英镑的债券资金，英国公司再向英镑债券投资者偿还1 000万英镑的债券投资，如图11－6所示。

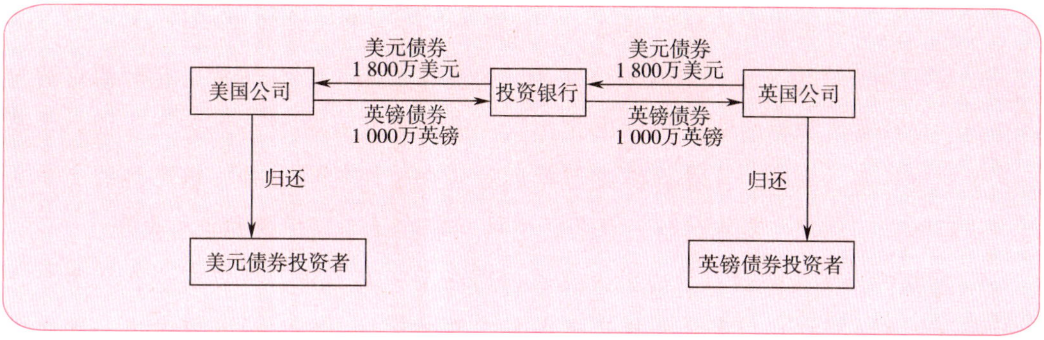

图11－6　期末归还债券流程

如表11－7所示，通过互换双方的总融资成本降低了[(8.85%＋5%)＋(0.25%＋0.25%)]－(9.25%＋5.75%)，即为0.65%。对于美国公司，实际融资成本为(8.85%＋5.25%)－8.675%，即为5.425%，比直接按5.75%利率发行英镑债券的利率低。对于英国公司，实际融资成本为(5%＋8.925%)－5%，即为8.925%，比直接按9.25%利率发行美元债券的利率低。

表11－7　通过互换达到的效果

项目	美国公司	英国公司
实际筹资成本	5.425%	8.925%
市场筹资成本	5.75%	9.25%
成本节约	0.325%	0.325%

四、其他互换

除了最常见的利率互换和货币互换外，其他主要的金融互换品种有：

1. 交叉货币利率互换，它是利率互换和货币互换的结合，是以一种货币的固定利率交换另一种货币的浮动利率。

2. 远期互换，是指互换生效日是在未来某一确定时间的互换。

3. 股票互换，是以股票指数产生的红利和资本利得与固定利率或浮动利率交换。

4. 互换期权。互换期权从本质上属于期权而不是互换，该标的物为互换。例如，利率互换期权本质上是把固定利率交换为浮动利率或把浮动利率交换为固定利率的权利。但许多机构在统计时都把互换期权列入互换的范围。

本章小结

1. 金融衍生产品产生于20世纪70年代，在20世纪末迅猛发展，是金融市场最重要的创新和发展之一，随着衍生产品市场规模的不断扩大，现代国际金融市场体系已经形成货币市场、资本市场和衍生产品市场三分天下的格局。

2. 金融远期合约是指双方约定在未来的某一确定时间，按确定的价格买卖一定数量的某种金融资产的合约。金融远期市场是适应规避现货交易风险的需要而产生的、进行远期合约交易的市场。存在远期市场，就可以找到锁定未来产品价格的机会。金融远期合约主要有远期利率协议、远期外汇合约和远期股票合约。

3. 金融期货合约是由交易双方订立的、约定在未来某个日期按成交时约定的价格交割一定数量某种标的资产的标准化协议。金融期货是应经济形势而生的，主要是为了规避汇率、利率、证券价格波动等风险。金融期货市场有一套严格的交易规则，从而降低了远期交易中的信用风险，它的功能在于套期保值和价格发现。

4. 期权的出现是金融市场的重大突破，而在期权交易中，买方有权在认为合适的时候行使或放弃权利，而卖方却只有在买方要求履行合约时买入或卖出一定数量的基础金融工具的义务。

5. 金融互换实际上是一个市场参与者利用其在某个金融市场上的比较优势得到在另一个市场上的所需的资产或负债。常见的互换合约主要是利率互换和货币互换。

关键词

衍生证券（serivative security）	远期市场（future market）
期货市场（forward market）	期权市场（option market）
互换（swap）	组合混杂证券（hybrid security）

重要概念

金融衍生产品	套期保值	金融远期合约	远期利率协议	远期外汇合约
金融期货	利率期货	保证金	结算金	股票指数期货
金融期权	看涨期权	看跌期权	期权价格	内在价值
时间价值	金融互换	利率互换	货币互换	

思考题

1. 金融衍生产品市场产生和发展的原因有哪些？
2. 金融衍生产品交易有哪些风险？
3. 什么是远期利率协议？远期利率协议有什么作用？
4. 期货交易有哪些基本规则？
5. 什么是金融期权？简述期权交易与期货交易的区别。
6. 影响期权价格的因素是什么？

练习题

1. 一位投资者于2012年6月16日买了10份标准普尔500指数期货合约，6月17日该期货的结算价格为997.40美元，保证金账户的余额为86 450美元。6月18日该指数期货的结算价格为996.20美元，则当日的保证金账户余额为多少（注：标准普尔500指数期货合约的乘数为250美元）？

2. 一个投资者以3美元的价格购买了一份基于XYZ股票的欧式看涨期权，股票价格为45美元，执行价格为40美元，在怎样的情况下投资者才会执行这个期权？在怎样的情况下投资者才可以盈利？这个看涨期权的出售方又将处于怎样的一种情形？

案例题

1. 一家美国公司的财务主管打算为其在6个月后可能支付的200万英镑进行风险管理，请问选择远期交易、期货交易和期权交易进行避险各有什么优劣？

2. 公司A是一家英国制造商，希望以固定利率借入美元。公司B是一家美国跨国公司，希望以固定利率借入英镑。它们可以获得的年利率如下（已反映了税收差异）：

	英镑	美元
公司A	11.0%	7.0%
公司B	10.6%	6.2%

请你设计一份以银行为中介的互换，其中银行每年获取10个基点的收益，并使得两家公司每年都各获得15个基点的收益。

扫描二维码可阅读本章精选案例

第十二章
国际收支与内外均衡

本章知识结构

- 第十二章 国际收支与内外均衡
  - 国际收支
    - ◆ 国际收支的概念
    - ◆ 国际收支平衡表的概念及构成
    - ◆ 国际收支的平衡与失衡
    - ◆ 国际收支失衡的影响
  - 国际收支失衡的调节
    - ◆ 国际收支失衡的自动调节
    - ◆ 国际收支失衡的政策调节
    - ◆ 主要的国际收支调节理论
  - 开放经济下的财政与货币政策
    - ◆ IS–LM–BP模型
    - ◆ 固定汇率制下的财政与货币政策
    - ◆ 浮动汇率制下的财政与货币政策
    - ◆ 三元悖论

本章学习目标

- 了解国际收支的含义及国际收支平衡表的编制原理；
- 了解国际收支平衡与失衡的含义、影响及对国际收支失衡的调节措施；
- 了解开放经济下实现内外均衡的宏观经济政策的调节。

章前引例

“资深的华尔街预言家”彼得·D. 希夫于2006年底完成了一本著作《美元大崩溃》。在该书中，作者讲述了“两个农场主的故事”：农场主常先生只种橙子，农场主琼斯先生只种苹果。他们两个人都只生产产量最高的水果，然后交换彼此剩余的水果。这样，两人就都可以从比较优势和自由贸易中获益。

假设有一年农场主琼斯的苹果园遭遇了洪水，颗粒无收。这时他不仅没有水果可以出售，而且连吃饭都成了问题。于是，他便向常先生建议自己用“苹果欠条”来交换他的橙子，因为常先生无论如何也吃不完自己种的橙子，再加上琼斯先生的欠条还支付他10%的利息（当然是以苹果的形式），常先生便欣然接受了。

常先生之所以接受琼斯先生的请求，是因为琼斯承诺会偿还这些欠条。单就这些欠条自身而言，它们并不具备任何价值。只有在琼斯承诺支付额外的苹果时，这些欠条才具有价值。假设第二年琼斯的苹果园又遭遇了飓风，同样颗粒无收。这次，他和农场主常先生又达成了和上次一样的协议：琼斯继续用“苹果欠条”交换常先生的橙子。这样，琼斯就得到了常先生更多的橙子，而常先生也就收到了琼斯更多的欠条。

再假设接下来的几年间连续发生自然灾害，琼斯的苹果园屡遭破坏，多年来一直颗粒无收。直到有一天，琼斯突然发现自己即便不劳动也能够衣食无忧。于是，他便决定将自己的苹果园改建成高尔夫球场。这样一来，他不仅可以享用常先生提供的橙子，而且还可以整天打高尔夫。换句话说，农场主琼斯先生现在经营的是服务经济。

相反地，农场主常先生则一直在忙于经营他的果园，从没有机会到琼斯先生的高尔夫球场打球。事实上，由于长期以来一直收到琼斯的欠条，他甚至忘记了最初接受这些欠条的原因。现在，农场主琼斯的那些欠条便成了他唯一的财富。由于琼斯在当地社区享有很高的声誉，所以常先生便可以用琼斯的欠条与其他农场主进行商品交换。然而，也正是因为琼斯良好的声誉，人们忽视了这样一个事实，那就是他的苹果园已经改建成了高尔夫球场。所以，他的那些欠条现在已经变得一文不值了，因为琼斯根本没有能力用真正的苹果去赎回它们。

事实上，“两个农场主的故事”正是现实中美国和中国国际收支的生动写照。

第一节　国际收支

一、国际收支的概念

国际收支（balance of payments）是对一定时期内一国居民与非居民之间的全部经济交易的市场价值的系统记录。理解这一概念需要注意三个方面：

> 国际收支是对一定时期内一国居民与非居民之间的全部经济交易的市场价值的系统记录。

第一，国际收支是一个流量概念、时期概念，反映的是一段时期内国际经济交易的发生额，统计期可以是一年，也可以是半年或一个季度。

第二，国际收支的记录以交易为基础，而不是以收付为基础，有的交易即使不涉及外汇的收付也需记入国际收支。所谓经济交易是指商品、劳务或资产的所有权从一方（一国）转移到另一方（另一国）的行为，包括交换、转移、移居和其他根据推论而存在的交易。

第三，国际收支记录的经济交易发生在一国居民与非居民之间。所谓居民，是指其主要经济利益中心在一国经济领土内的机构单位，包括家庭和组成家庭的个人、金融公司和非金融公司等法人实体、社会团体、非营利机构和该经济体中的政府等。

二、国际收支平衡表的概念及构成

国际收支平衡表是按照复式簿记原理，以某一特定货币为计量单位，运用简明的表格形式概括地反映一个经济体在特定时期内与世界其他经济体间发生的全部经济交易。

国际收支平衡表以特定货币为单位，运用简明的表格形式概括地反映一个经济体在特定时期内与世界其他经济体间发生的全部经济交易。

按国际货币基金组织（IMF）2018 年公布的《国际收支和国际投资头寸手册（第六版）》的标准内容，国际收支平衡表主要由经常账户、资本账户、金融账户和错误与遗漏账户组成。

（一）经常账户

经常账户记录的是居民与非居民之间货物、服务、初次收入和二次收入的流量，是国际收支平衡表中重要的账户类别。经常账户由货物与服务、初次收入和二次收入三个账户构成。

1. 货物与服务。货物（又称贸易收支或有形收支）记录货物的进出口，一般包括居民向非居民出口或从非居民那里进口的大多数货物。根据国际收支统计口径的要求，出口、进口都采用离岸价格（FOB）计价。在国际收支平衡表上，出口记贷方，进口记借方。

服务包括加工服务，别处未涵盖的维护和修理服务，运输，旅行，建设，保险和养老金服务，金融服务，别处未涵盖的知识产权使用费，电信、计算机和信息服务，其他商业服务，个人、文化和娱乐服务，别处未涵盖的政府货物和服务等 12 项内容。服务出口记贷方，服务进口记借方。

2. 初次收入。初次收入反映机构单位因其对生产过程所做的贡献或向其他机构单位提供金融资产和出租自然资源而获得的回报。其分为两类：（1）与生产过程相关的收入。雇员报酬是向生产过程投入劳务的收入。对产品和生产的税收和补贴也是有关生产的收入。（2）与金融资产和其他非生产资产所有权相关的收入。财产收入是提供金融资产和出租自然资源所获得的回报。投资收益是提供金融资产所得的回报，包括股息和准公司收益提取、再投资收益和利息。雇员报酬和投资收益所形成的收入记贷方，所形成的支出记借方。

3. 二次收入。二次收入表示居民与非居民之间的经常转移，记录无须等价交换或偿还的实物和金融资产的所有权转移，包括私人转移与政府转移。私人转移包括侨汇、年金、捐赠、赡养等。政府转移包括经济和军事援助、战争赔款、捐款、政府与国际组织之间的定期费用等。经常转移形成的收入记贷方，支出记借方。

（二）资本账户

资本账户记录居民与非居民之间的资产转移，主要包括资本转移与非生产、非金融资产的取得与处置。其中资本转移记录固定资产所有权的变更及债权债务的减免等导致交易一方或双方资产存量发生变化的转移项目。非生产、非金融资产的取得与处置记录与商品和劳务的生产相关但本身却不能被生产出来的有形资产（如土地和地下资源等）及非生产性的无形资产（如商标、专利权、版权等）在一国和他国之间的交易。非生产、非金融资产的取得记借方，处置（放弃）记贷方。

（三）金融账户

金融账户记录居民与非居民之间资产与负债的增减变化，由直接投资、证券投资、金融衍生品、其他投资和储备资产构成。与经常账户和资本账户按发生额记账方式不同，金融账户按“资产的净获得”与“负债的净产生”分别记录金融资产和负债的净值变化。

1. 直接投资，记录一个经济体的居民单位（直接投资者）在本国以外运行企业（直接投资企业）获取有效发言权为目的的投资。

2. 证券投资，记录在证券市场上购买他国政府债券、企业债券以及股票所进行的投资。

3. 金融衍生品与雇员认股权（除储备资产外），记录非储备资产性质的金融衍生品如期权和远期型合约等产品的交易。这一项目是《国际收支和国际投资头寸手册（第六版）》新增的，主要原因是金融衍生品的风险传递问题非常值得重视。

4. 其他投资，记录直接投资、证券投资、储备资产所未包括的金融交易，包括长短期贸易信贷、贷款、货币和存款，以及应收账款和应付账款等。该科目是主导性交易（经常账户、资本转移、直接投资、证券投资）的资金流的反映科目。

5. 储备资产，也称官方储备，记录一国货币金融当局拥有的对外资产，包括外汇储备、货币性黄金、特别提款权（SDRs）、在国际货币基金组织的储备头寸等。当国际收支出现顺差或盈余时，储备资产增加；当国际收支出现逆差或赤字时，储备资产减少。储备资产的变动，轧平了国际收支的差额，使国际收支从账面上达到平衡。

（四）错误与遗漏账户

国际收支平衡表采用复式记账法。统计资料来源不同，或资料不全，或资料本身错漏，造成统计上的误差和遗漏，国际收支借方金额与贷方金额往往不相等。因此，为了编制出完整、准确的国际收支平衡表，表中特设立了“错误与遗漏账户”这一平衡项目，以便使借贷双方总额在账面上达到平衡。

专栏 12－1

国家外汇管理局公布2020年第四季度及全年我国国际收支平衡表初步数

2020年第四季度，我国经常账户顺差8 601亿元，其中，货物贸易顺差12 788亿元，服务贸易逆差1 878亿元，初次收入逆差2 582亿元，二次收入顺差273亿元。资本和金融账户中，直接投资顺差3 784亿元，储备资产增加1 628亿元。

2020年，我国经常账户顺差20 437亿元，其中，货物贸易顺差36 611亿元，服务贸易逆差10 040亿元，初次收入逆差6 776亿元，二次收入顺差642亿元。资本和金融账户中，直接投资顺差6 991亿元，储备资产增加1 878亿元。

按美元计值，2020年第四季度，我国经常账户顺差1 302亿美元，其中，货物贸易顺差1 936亿美元，服务贸易逆差284亿美元，初次收入逆差391亿美元，二次收入顺差41亿美元。资本和金融账户中，直接投资顺差573亿美元，储备资产增加246亿美元。

按美元计值，2020年，我国经常账户顺差2 989亿美元，其中，货物贸易顺差5 338亿美元，服务贸易逆差1 453亿美元，初次收入逆差990亿美元，二次收入顺差94亿美元。资本和金融账户中，直接投资顺差1 034亿美元，储备资产增加280亿美元。

按特别提款权（SDR）计值，2020年第四季度，我国经常账户顺差914亿SDR，其中，货物贸易顺差1 359亿SDR，服务贸易逆差200亿SDR。资本和金融账户中，直接投资顺差402亿

SDR，储备资产增加173亿SDR。

按SDR计值，2020年，我国经常账户顺差2 125亿SDR，其中，货物贸易顺差3 817亿SDR，服务贸易逆差1 051亿SDR。资本和金融账户中，直接投资顺差736亿SDR，储备资产增加193亿SDR。

资料来源：国家外汇管理局，http：//www. safe. gov. cn/safe/2021/0219/18295. html。

三、国际收支的平衡与失衡

国际收支平衡，原指国际经济交易中由自主性交易（autonomous transactions）所引起的借贷方金额是否相等。若贷方金额等于借方金额，表明国际收支处于“平衡”状态；若贷方金额大于借方金额，称为“顺差”状态；相反则为“逆差”状态。至于“国际收支均衡”，则是指在国内经济实现均衡时，国际收支保持平衡的状态。

国际收支平衡指国际经济交易中由自主性交易所引起的借贷方金额是否相等。

因为实际上很难区分自主性交易和调节性交易，所以一般采用几个局部差额来相互补充地反映一国的国际收支状况。国际收支分析就是对这些局部差额进行分析。主要的局部差额有：贸易差额、经常项目差额、基本差额（经常项目差额与长期资本项目差额之和）、资本和金融项目差额和储备账户差额（国际收支总差额）。

国际收支中的调节性交易（accommodating transactions）是指为了弥补自主性交易差额而进行的相关交易，如向外国政府或国际金融机构借款、动用官方储备等。

国际收支的不平衡不仅仅涉及逆差，顺差同样也是一种不平衡。在现实生活中，国际收支不平衡的现象是经常的、绝对的，而平衡却是偶然的、相对的。各国经济政策的重要目标之一就是寻求实现本国国际收支的基本平衡。

四、国际收支失衡的影响

虽然国际收支经常会处于不平衡状态，但对于一国而言，如果出现持续的、巨额的国际收支不平衡，不管是逆差还是顺差，都会给该国经济带来不利影响。

持续的、巨额的国际收支逆差的影响主要表现在：本国向外大举借债，加重本国对外债务负担；黄金、外汇储备大量外流会削弱本国对外金融实力；本币对外贬值，引起进口商品价格和国内物价上涨；资本外逃，影响国内投资和金融市场的稳定；压缩必需的进口，影响国内经济建设和消费利益。

持续的、巨额的国际收支顺差则会导致外汇储备大量增加，使该国面临通货膨胀的压力和资产泡沫隐患；本国货币汇率上升，使出口产品处于不利的竞争地位，影响本国的就业；本国货币成为硬货币，易受外汇市场抢购的冲击，破坏外汇市场的稳定；由出口过多形成的国际收支顺差也会使国内可支配资源减少，不利于经济发展。

在经济发展日益全球化的当代，尽管各国之间的经济协调不断增加，但这种经济协调仅仅局限于不削弱国家主权的经济合作。当出现全球经济失衡，尤其是相关国家发生国际收支结构性不平衡、国际债务增加、汇率大幅度震荡时，多数国家往往把本国的偏好及利益放在首位，不愿进行相应的经济调整，不愿承担相应的国际责任，有的国家甚至采取“以邻为壑”乃至加剧矛盾的敌对政策，如实行贸易保护、外汇管制等，这些行为很容易产生无序的全球经济失衡调节机制，引发全球金融危机和经济风险。

专栏 12 -2

全球经济：多边主义和自由贸易的胜利

——区域全面经济伙伴关系协定将对全球经贸体系产生深远影响

在 WTO 框架下多哈回合谈判长期休眠、全球贸易规则发展停滞不前、新冠肺炎疫情仍在全球蔓延、世界经济严重衰退的背景下，亚太地区自贸谈判传来喜讯。2020 年 11 月 15 日，涵盖 15 个成员国的区域全面经济伙伴关系协定（RCEP）在 RCEP 第四次领导人会议期间签署，这意味着全球最大自贸区正式诞生。

RCEP 由东盟于 2012 年发起，历经 8 年谈判。2020 年以来，RCEP 各成员方克服新冠肺炎疫情带来的困难，全面完成市场准入谈判，完成协定 1. 4 万多页法律文本审核工作，最终在 11 月 15 日的领导人会议期间如期签署协定。

综合来看，RCEP 是一项内容全面的自贸协定，涵盖 20 个章节，既包括货物贸易、服务贸易、投资等市场准入，也包括贸易便利化、知识产权、电子商务、竞争政策、政府采购等大量规则内容。同时，它采用区域原产地累积规则，支持区域产业链供应链发展。RCEP 还纳入高水平的知识产权、电子商务章节，适应数字经济时代的需要。货物贸易零关税产品数整体上超过 90%。服务贸易和投资开放水平显著高于原有的“10 +1”自贸协定。同时，RCEP 新增了中日、日韩两对重要国家间的自贸关系，使区域内自由贸易程度显著提升。RCEP 最大限度地兼顾了各方诉求，在货物、服务和投资等市场准入和规则领域都实现了利益的平衡。RCEP 还给予最不发达国家差别待遇，帮助发展中成员加强能力建设，共享 RCEP 成果。

对于亚太经贸和全球经贸体系而言，RCEP 囊括了世界第二经济大国中国和第三经济大国日本，这对于数十年甚至上百年来西方主导的国际经济贸易体系有着深远的影响。

资料来源：中国金融新闻网，发布日期 2020 - 11 - 17，有节选。https：//www. financialnews. com. cn/hq/yw/202011/t20201117 _ 205560. html。

第二节　国际收支失衡的调节

一、国际收支失衡的自动调节

国际收支失衡会引起国内某些经济变量的变动，这些变动反过来又会影响国际收支。国际收支的自动调节，是指由国际收支失衡引起的国内经济变量变动对国际收支的反作用过程。这种反作用机制在不同的国际货币制度下是不同的。

国际收支的自动调节是指由国际收支失衡引起的国内经济变量变动对国际收支的反作用过程。

（一） 金本位制下的国际收支自动调节机制

在金本位制（19 世纪 70 年代至 1913 年）下，市场上流通的是实实在在的金币，各国都规定黄金可以自由兑换、自由铸造、自由输出入，这保证了金本位制下汇率的变动不会超出黄金输送点，成为自发的固定汇率制。

英国经济学家大卫·休谟在18世纪提出的价格—铸币流动机制很好地说明了金本位制下黄金的流出和流入引起物价水平的变动进而作用于贸易收支的调节机制。该机制描述的调整过程可简要概括为：贸易收支逆差→黄金流出→货币供应下降→国内物价下降→出口增加，进口减少→贸易收支顺差→黄金流入→货币供应增加→国内物价上升→出口减少，进口增加。

（二）纸币本位制和固定汇率制下的国际收支自动调节机制

布雷顿森林体系（1945—1973年）实行的以黄金—美元为基础的、可调整的固定汇率制，是一种人为的固定汇率制。在该体系下，黄金与美元挂钩，其他国家的货币均按规定的含金量确定与美元的平价关系；各国货币对美元的汇率可在平价上下1%的范围内波动；各国政府有义务维持汇率的稳定。

当一国发生国际收支逆差时，一国货币当局需要动用储备弥补赤字，促使本国的货币供应量减少。货币供应量的减少会通过利率效应、收入效应和相对价格效应对一国的国际收支进行调节，使经常账户和资本与金融账户得到改善，从而改善国际收支状况。

（三）浮动汇率制下的国际收支自动调节机制

浮动汇率制下，因为汇率可以调整，当一国出现国际收支逆差、货币趋于贬值时，货币当局没有义务通过动用自有储备和借入储备来维持汇率的稳定。汇率本身的变化就可以对国际收支进行调节。

汇率变动主要通过相对价格水平的变动调节国际收支，这一过程可以描述为：当一国出现国际收支逆差时，本币汇率下跌，本国出口商品的国际价格下降、进口商品的国内价格上升。在进出口商品的需求弹性充分的条件下，出口商品数量增加、进口商品数量减少，当出口总额大于进口总额时，贸易收支趋于顺差。相反，当一国国际收支出现顺差时，本币汇率上升，不利于出口、有利于进口，贸易收支将趋于逆差。

值得一提的是，自动调节机制发挥作用需要有发达、完善的市场经济，充足的价格弹性和收入弹性；政府应尽量少干预经济活动，尤其不能采取与自动调节措施相抵触的经济政策。同时还要考虑内部经济的承受程度，因为自动调节主要通过国内宏观经济变量，如货币供应量、利率、收入、价格等的变动实现对国际收支的调节作用。在调整过程中，经济可能要面临内部失衡的压力，引发或加深经济、社会问题。因此，内部经济的承受程度制约着市场自动调节措施的力度。

二、国际收支失衡的政策调节

因为国际收支的自动调节机制受制于市场环境和内部经济的承受程度，而且花费的时间较长，所以，当自动调节机制不能有效地发挥作用，或政策制定者们希望取得更好的调节效果时，当局可以通过不同政策对国际收支进行调节。这些调节政策，按对社会总需求的水平和结构的影响不同，可分为支出变更政策（expenditure shifting policy）和支出转换政策（expenditure switching policy）。支出变更政策主要通过改变社会总需求或总支出的水平或规模，从而改变对外国商品、劳务和金融资产的需求，来达到调节国际收支的目的，主要包括财政政策和货币政策。支出转换政策主要通过改变社会总需求和总支出的方向，从而改变总支出在本国商品劳务和外国商品劳务之间的比重，来达到调节国际收支的目的，主要包括汇率政策和直接管制。

支出变更政策通过改变社会总需求或总支出的水平或规模来达到调节国际收支的目的。

支出转换政策通过改变社会总需求和总支出的方向来达到调节国际收支的目的。

具体地讲，国际收支调节政策主要包括以下六个方面：外汇缓冲政策、财政和货币政策、汇率政策、直接管制政策、供给调节政策和国际收支失衡的国际政策协调。

（一）外汇缓冲政策

外汇缓冲政策是指政府运用其自有或借入的外汇储备，在外汇市场上买卖外汇来调节外汇市场供求，弥补因国际收支不平衡产生的外汇缺口，从而缓解外部失衡对国内经济带来的震荡。这种政策主要针对一次性或季节性的国际收支赤字，使用时需注意储备枯竭问题和外债积累问题。

（二）财政和货币政策

政府通过调整财政收支、调节货币供应量来控制国内总需求，改变宏观经济的主要变量如国民收入、物价和利率，启动国际收支的收入、利率、物价调节机制，改善国际收支。

逆差时，政府采取紧缩性的财政和货币政策，具体措施包括削减财政开支、提高税率、增加税收等财政性措施以及提高贴现率和存款准备金率、在公开市场上卖出有价证券、紧缩银根等货币性措施，这样一方面使国内总需求收缩，投资和国民收入减少，消费下降，物价下跌，从而促进出口、抑制进口；另一方面，较高的利率水平还可吸引国际资本流入，改善资本项目的收支，使国际收支趋于平衡。顺差时，政府采取扩张性的财政和货币政策，以扩大国内投资和消费，引起进口增加，出口减少，促使资本流出，使国际收支恢复平衡。

相对财政政策而言，货币政策在调节国际收支方面的作用更大，尤其对资本与金融项目的影响更明显。

采用财政和货币政策调节国际收支，必须通过对国内经济的影响才能实现，这很容易出现内部均衡与外部均衡的冲突与矛盾，形成顾此失彼的局面。另外，财政和货币政策效果也受制于一国汇率制度。因此，选择政策实施的适当时机，把握好政策运用的分寸，注重汇率条件和各政策措施的相互配合，就显得尤为重要。

（三）汇率政策

政府通过主动调整汇率来调节国际收支的不平衡，这是一国政府有意识地利用汇率调节功能的体现。汇率政策通过汇率变动，改变进出口商品和劳务的相对价格，从而改变国内居民的支出或消费的方向，改变进出口总额的对比关系。当出现逆差时，降低本国货币汇率可以使国际收支得到改善；当出现顺差时，提高本国货币汇率可以纠正国际收支的失衡。

汇率政策的调节效果取决于进出口商品的需求价格弹性，从而与一国的经济结构、外贸结构有直接关系。同时，汇率政策的实施会使官定汇率与市场均衡汇率发生脱节，出现汇率的高估或低估，由此产生复杂的影响；并且还容易引起国际间的矛盾和摩擦。

（四）直接管制政策

直接管制政策通过行政性的强制措施改变支出在本国和外国产品之间的购买比例来达到改善国际收支的目的，适用于纠正结构性失衡。

当汇率政策与财政和货币政策实施必须通过市场机制且需要较长时间，或是因为结构性的失衡，全局性的财政和货币和汇率政策无效时，可以采用直接管制政策对国际收支失衡加以调节。直接管制政策，按管制对象可分为外汇管制和贸易管制；按实施性质可分为价格性管制和数量性管制。

直接管制政策的优点是比较灵活，可以在纠正国际收支赤字的同时不影响整个经济局势，且易操作，可深入到微观领域。缺点是有可能变显性赤字为隐性赤字，因此必须有产业政策的配合；也有可能因为过度的保护造成本国生产能力低下，对外竞争力下降；此外，管制政策的制定和执行都需要耗费一定的成本；而且，直接管制会伤害其他国家，引起其他国家的反对与报复，恶化国际经济关系。

（五）供给调节政策

供给调节政策通过改善一国的经济结构和产业结构，提高劳动生产率，增加出口产品的生产，提高产品质量，降低生产成本，来达到增加有效供给、改善国际收支的目的。供给调节政策包括产业政策、科技政策和制度创新政策，具有长期性，短期内难以见效，但可从根本上提高一国的经济实力与科技水平，从而为实现内外均衡创造条件。

（六）国际收支失衡的国际政策协调

为了从根本上解决国际收支不平衡问题，维护世界经济与金融的正常秩序与运转，许多国家试图采取国际经济合作的方式。国际经济合作的方式主要表现在以下方面：通过国际经济组织制定一系列规则和制度，为世界贸易往来和金融运行确定相对统一的准则，为世界经济有序运行和有效发展创造良好的条件；通过国际金融组织，或者通过国际协定向国际收支逆差国提供资金融通；建立区域性经济一体化集团，促进区域内经济、金融的一体化和国际收支调节；通过国际经济对话机制，探讨或解决全球经济失衡、国际收支失衡的新问题。

三、主要的国际收支调节理论

（一）弹性理论

弹性理论（elasticity approach）最早由英国经济学家马歇尔提出，在20世纪三四十年代又由勒纳、琼·罗宾逊、梅茨勒进行了补充和发展。该理论采用局部均衡的分析方法，从进出口商品的供求弹性入手，研究在收入不变的条件下，汇率变动对贸易收支的调节作用。

因为商品价格变动会引起商品的需求和供给数量的变动，商品供求的价格弹性就是商品的供给（需求）数量的变动率与其价格变动率的比率。在假定进出口商品供给弹性充分弹性的条件下，一国货币贬值要达到改善国际收支的效果，必要条件是进口和出口的需求弹性的绝对值之和必须大于1，这一条件被称做“马歇尔—勒纳条件”。

但是，一国货币贬值并不会立即改善该国的国际收支。本币贬值之初，出口商品的国际价格下降，进口商品的国内价格上涨。但是，进出口商品的数量变化不大。因为进出口商在获得价格信号，进行经营决策、调整生产、商务谈判等都需要时间。在此阶段，出口额下降，进口额上升，贸易收支恶化；经过一段时间调整，随着进出口商品需求数量变化，贸易收支呈好转态势；进一步调整之后，当数量变动幅度超过价格变动幅度时，贸易收支改善。但是，贸易收支的改善不会一直持续下去，因为持续顺差会引发通货膨胀，贬值调节贸易收支的作用开始减弱。

因此，货币贬值对贸易收支的调节是一个动态的过程，即先恶化，然后逐步恢复，直到改善的过程，这一过程称为“J 曲线效应”（见图 2 -1）。

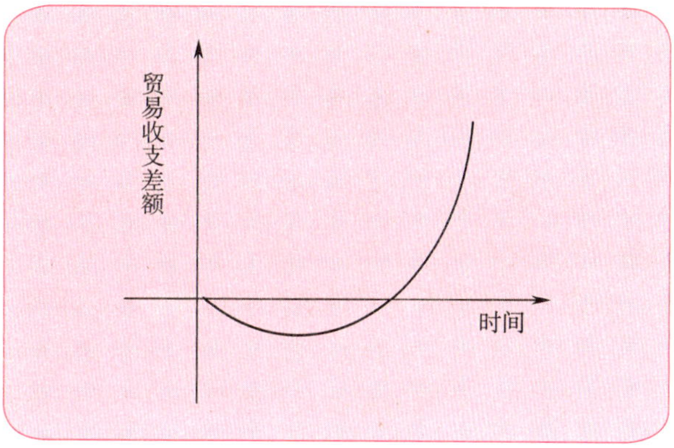

图 12 -1　J 曲线效应

（二） 吸收理论

吸收理论（absorption approach）是以凯恩斯的宏观经济理论为依据，将国际收支的变动与国内宏观经济状况联系起来进行分析，考察在价格不变的条件下，货币贬值通过影响收入和支出来调节贸易收支的效果。该理论在 20 世纪 50 年代初期由经济学家西德尼 · 亚历山大和詹姆斯 · 米德提出的。

吸收理论的基本方程式是开放经济中的国民收入方程式：

$$Y = C + I + G + (X - M)$$

若用 A 代表国内总支出，则 $A = C + I + G$，称做吸收。

这样，贸易收支或经常账户差额 CA 由收入 Y 和吸收 A 的状况决定，即

$$X - M = Y - A \text{ 或 } CA = Y - A$$

该式即为吸收理论的基本公式，它表明：贸易收支差额等于总收入与总吸收之差，两者相等说明该国贸易收支平衡；若总收入大于总吸收，贸易收支为顺差；若总收入小于总吸收，贸易收支为逆差。

贸易收支差额是总吸收与总收入之间差额的反映。因此，贸易收支的调节最终必须通过改变总收入或者总吸收来调节，或者二者兼用。货币贬值也只有在其能够改变总收入或者总吸收时，才能有效地调节贸易收支。

（三） 货币分析理论

现代货币分析理论（monetary approach）是由美国经济学家约翰逊、蒙代尔、弗兰克尔等在 20 世纪六七十年代提出和发展起来的。该理论以货币主义理论为基础，采用存量均衡分析方法，研究在收入一定的条件下，货币供求与国际收支的关系。

货币主义认为，实际货币需求 $\frac{M_d}{P}$ 是实际收入 Y 和利率 i 的函数，即

$$\frac{M_d}{P} = L(Y,i)$$

假定货币流通速度不随收入变化而变化，而且货币流通速度对利率不敏感，用 K 表示货币流通速度的倒数，则实际货币需求余额是实际收入的稳定函数，即

$$\frac{M_d}{P} = KY$$

货币供给 M_s 则由货币乘数（h）和基础货币构成，基础货币包括两个部分：（1）国内信贷 D，即通过国内银行体系扩张信用创造的货币供给；（2）外汇储备资产 R，即国际收支

获得的盈余。所以：

$$M_s = h(D + R)$$

假定货币乘数是稳定的，货币供给可通过国内信贷或外汇储备得到满足，即

$$M_s = D + R$$

货币分析论认为，国际收支是一种货币现象，国际收支平衡与否的关键在于货币市场的供给与需求之间是否平衡。

假定从长期来看货币供求处于均衡状况，即 $M_d = M_s$，可得

$$R = M_d - D$$

该式表明，代表国际收支差额变动的外汇储备资产 R 的增减，是由货币需求和国内货币供给关系决定的：如果 M_d 大于 D，国际收支出现顺差或 R 增加，因为国内货币的过度需求要通过顺差的形式从国外吸收货币；如果 M_d 小于 D，国际收支出现逆差，因为国内多余的货币供应要通过逆差的形式流到国外。所以，国内货币政策是调节国际收支的直接有效手段。一国只要将货币供给的增加率稳定在国民收入平均增长率的同一水平上，使货币供求关系保持平衡，就能保持国际收支的稳定。

货币分析论将研究对象从经常项目拓展到资本项目，强调国际收支分析中的货币因素，丰富和发展了国际收支理论。但是，该理论过分强调货币因素，忽视了如结构性失衡等实际因素，很容易产生误导。

第三节　开放经济下的财政与货币政策

开放经济中，一国宏观经济政策目标通常包括经济增长、物价稳定、充分就业和国际收支平衡四项，其中经济增长、物价稳定和充分就业三项描述了理想的、封闭经济的宏观均衡，可称为内部均衡，国际收支平衡则表明实现了外部均衡。因此，一国的宏观经济政策目标可以概括为追求内外均衡。为了实现内外均衡，政策制定者们需要制定合适的政策。同样，一项政策的推行，也可能对内部经济目标和国际收支产生影响。为此，我们将首先建立一个宏观经济分析框架，然后利用这一框架分析主要经济政策的效果。

一、IS－LM－BP 模型

封闭经济下的一般均衡是要实现产品市场和货币市场的同时均衡。同理，要实现开放经济中内外均衡的双重目标，就必须实现产品市场、货币市场和外汇市场的同时均衡。因此，我们的讨论从封闭经济过渡到开放经济，用于宏观分析的一般均衡模型也从 IS－LM 模型扩展为 IS－LM－BP 模型。

（一） IS 曲线

IS 曲线代表产品市场供求均衡。容易得知，开放经济条件下实现均衡的条件是

$$C + I + G + X = C + S + T + M$$

式中：C 为私人部门消费，I 为私人投资，G 为政府支出，X 为出口，S 为私人储蓄，T 为政府税收，M 为进口。等式左边代表各部门的预期支出总额，形成市场上的需求；等式右边代

表本国实际总收入，构成市场上的供给。所谓均衡，就是本国家庭、企业、政府及国外部门对国内商品和服务的预期总支出等于本国的实际总收入。

为了推导IS曲线，可将均衡条件式重新写成

$$I(i)+G+X=S(Y)+T(Y)+M(Y) \tag{12-1}$$

式中：i为名义利率，Y为实际国民收入。

当预期通货膨胀率给定时，名义利率上升导致预期收益率下降，从而减少预期实际投资，所以投资是利率的减函数。政府支出可视为外生变量。出口是国外部门对本国产品的需求，取决于外国收入水平Y^*以及考虑了汇率因素的国内外物价对比ep^*/p，假定国内外相对物价及汇率不变，出口也可视为外生变量。无论私人储蓄S还是政府储蓄T，都可直接理解为Y的增函数。至于进口（国外部门的供给），在假定国内外相对物价及汇率不变时，也可以简化为Y的增函数。所以，开放经济的IS曲线，其实就是能够满足式（12－1）的实际国民收入与名义利率组合的轨迹。运用四象限图解法可以画出IS曲线（见图12－2）。

由图12－2可知，IS曲线向右下方倾斜，线上任何一点都代表产品市场供求均衡。曲线右上方任意一点，代表产品市场处于供过于求的失衡状态，存在失业；曲线左下方任意一点，代表供不应求的失衡，经济状态为通货膨胀。进一步推理，其他条件不变时，如果任何原因导致第Ⅱ象限的$I(i)+G+X$向左移动，或者第Ⅳ象限的$S(Y)+T(Y)+M(Y)$向右上方偏转，就会推动IS曲线向右移动；反之则IS曲线左移。

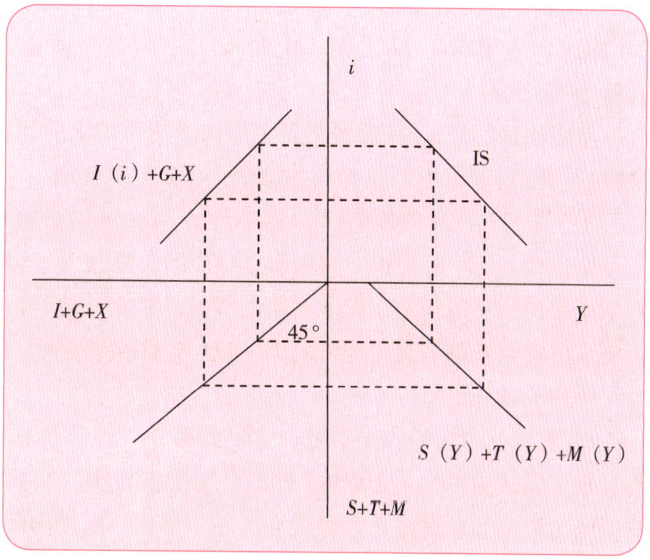

图12－2　开放经济的IS曲线

（二）LM曲线

LM曲线代表货币市场供求均衡。根据凯恩斯的货币理论，货币供给M_s是由中央银行决定的外生变量，货币需求M_d则是Y和i的函数：

$$\frac{M_d}{P}=L(i)+K(Y)$$

货币需求与收入Y正相关，与利率i负相关。假定国内外相对物价和汇率固定不变，即使在可自由兑换的情况下，本国居民也没有动机以外币替代手中持有的本币。要实现货币市场均衡，货币供给必须等于货币需求：

$$\frac{\overline{M}}{P}=L+K \tag{12-2}$$

LM 曲线就是由一系列可以实现货币市场均衡的实际收入和名义利率的组合点确定。同样可以运用四象限图解法画出 LM 曲线（见图 12－3）。

由图 12－3 可知，LM 曲线向右上方倾斜，线上任何一点都代表货币市场供求均衡。曲线左上方任意一点，代表货币市场处于供大于求的失衡，经济状态为通货膨胀；曲线右下方任意一点，代表货币市场供不应求的失衡，经济状态为失业。其他条件不变时，如果任何原因导致微观主体的流动性偏好增强［第Ⅱ象限的 $L(i)$ 左移，或第Ⅳ象限的 $K(Y)$ 向左下方偏转］，或者货币供给减少（第Ⅲ象限 $M = L + K$ 向右上方位移），都会推动 LM 曲线向左移动；反之则 LM 曲线右移。

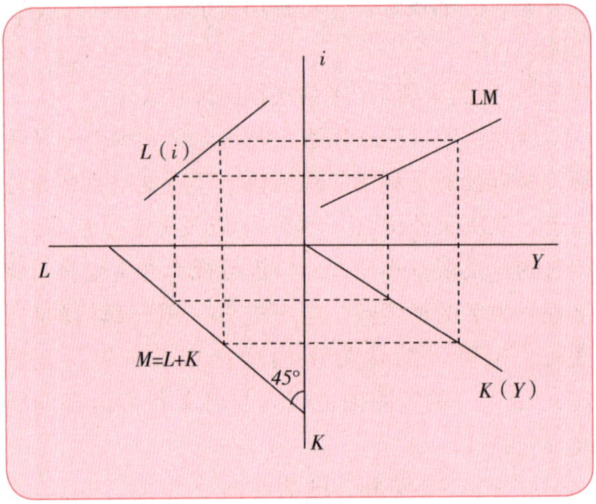

图 12－3　开放经济的 LM 曲线

需要注意的是，LM 曲线的斜率取决于货币需求的利率弹性 η 。η 越大，即 $L(i)$ 越平坦，LM 也越平坦；η 越小，即 $L(i)$ 越陡峭，LM 也越陡峭。

（三） IS－LM 的均衡点

IS 曲线与 LM 曲线相交的均衡点对应的实际收入—名义利率组合可以保证实现产品市场和货币市场的一般均衡。以上两条曲线虽然是在开放经济条件下推导出来的，但无论曲线轨迹还是位移因素都与封闭经济的 IS－LM 模型相差不大。

（四） BP 曲线

BP 曲线代表国际收支平衡。由于大部分对外经济联系最终都反映为外汇市场的交易行为，也可以认为 BP 曲线代表了外汇市场供求均衡。如果我们把国际收支平衡理解为经常账户差额与资本和金融账户差额之和为零，那么一国的国际收支平衡也由实际收入和名义利率共同决定。因为实际收入水平决定着本国的进口支出，对于贸易平衡乃至经常账户差额都有重要影响；同时，在预期汇率不变的情况下，利率差异是决定国际资本流动的关键因素，所以名义利率水平对资本和金融账户差额的意义重大。

为简化起见，令经常账户差额 T 等于以本币表示的进出口差额：

$$T = pX(Y^*, ep^*/p) - ep^*M(Y, ep^*/p)$$

当假定国内外相对物价和汇率不变时，X 可视为外生变量，从而得到：

$$T = pX - ep^*M(Y)$$

如果其他因素不变，则一国利率水平越高，资本流入越多而流出越少。所以，资本净流出额 F 与名义利率负相关，可以写成 $F = F(i)$ 。由国际收支差额 $B = T - F$，可知当国际收支平衡时，必然满足：

$$pX - ep^*M(Y) = F(i) \quad (12-3)$$

据此运用四象限图解法即可画出BP曲线（见图12-4）。

由图12-4可知，BP曲线向右上方倾斜，线上任意一点都代表外汇市场供求均衡。曲线左上方任意一点，表示贸易盈余大于资本流出净额，外汇市场供过于求，国际收支顺差；曲线右下方任意一点，表示贸易盈余小于资本流出净额，外汇市场供小于求，国际收支逆差。当其他条件不变时，如果任何原因导致资本净流出增加（即第Ⅱ象限的左移），或者贸易盈余减少［出口减少或进口增加，从而推动第Ⅳ象限的 $pX-ep^*M(Y)$ 向左上方偏转］，都会推动BP曲线向左移动；反之则BP曲线右移。

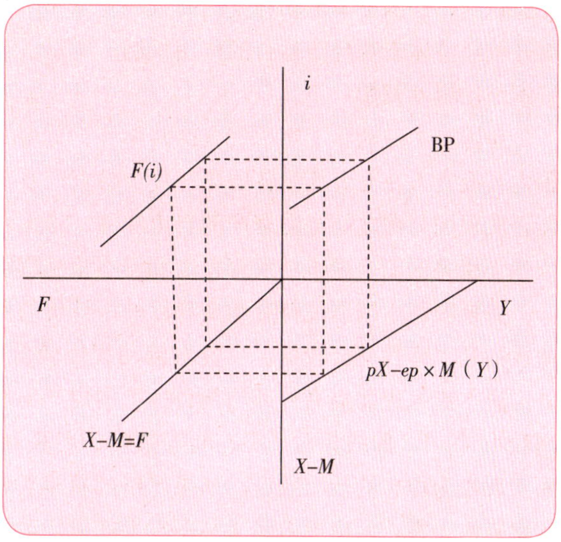

图12-4　开放经济的BP曲线

另外，BP曲线的斜率取决于资本流动的利率弹性 ε。ε 越大，则 $F(i)$ 越平坦，BP曲线也越平坦。若国际资本流动的利率弹性为零（比如资本和金融账户严格管制），则BP为一垂直于横轴的曲线；若国际资本流动的利率弹性无限大（即资本在国际间可完全自由流动），则BP为水平线。由于LM与BP的斜率都为正（名义利率与实际收入正相关），所以两条曲线的相对位置将由国内外资金对利率的敏感程度决定。即：若资本流动的利率弹性大于货币需求的利率弹性，则BP较LM更加平坦（见图12-5）；反之，则BP较LM更加陡峭。通常情况下，国际资本流动的利率敏感性要高于国内资金供求的利率敏感性，所以前一种情形出现的频率更高。

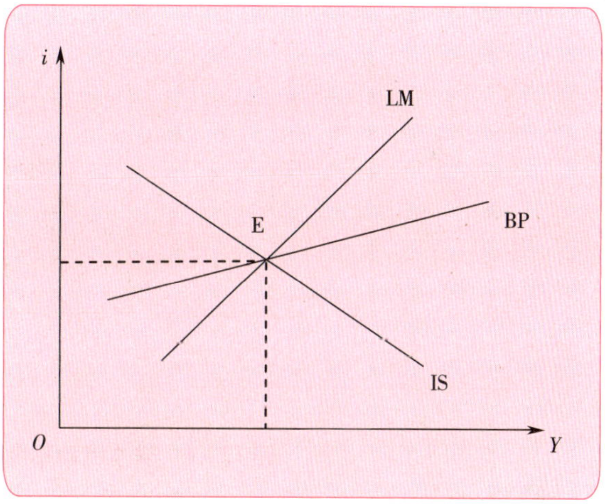

图12-5　开放经济的一般均衡

（五）IS-LM-BP均衡点

IS、LM、BP三条曲线交于E点，这一点所代表的实际收入—名义利率组合实现了产品市场、货币市场和外汇市场的同时均衡（见图12-5）。

二、固定汇率制下的财政与货币政策

（一）开放小国模型

利用IS-LM-BP模型综合评价各种宏观经济政策追求内外均衡目标的效果时，必须首先意识到，跨国资本流动程度的高低决定着 BP 曲线的位置，从而直接影响财政、货币政策对开放经济体宏观经济运行的作用机制。所以，对开放经济宏观经济政策效应的讨论需要从资本流动程度开始。

跨国资本流动除了货币资金的转移外，更多的是指跨越国界的金融资产流动。在全球范围内，投资人在充分衡量各国可替代金融资产及其发行主体风险的基础上寻求最优回报。但能否实现国与国之间金融资产的自由转移，很大程度上依赖于相关国家的资本流动程度，或依赖于相关国家金融市场发育程度和资本管制程度。

如果限制本国居民持有和交易以外币计价的资产，资本管制就会阻碍跨国资本流动，BP 曲线的利率弹性就会较低。当资本流动程度较低时，BP 曲线相对陡峭，提高名义利率诱导外国资本流入进而提高外部均衡目标下国内产出水平的效果比较差。相反，当资本流动的限制较小时，BP 曲线相对平坦，同等幅度的名义利率提高可以引致更大规模的资本流入，从而实现较为理想的产出效应。如果严格的资本管制彻底阻碍了跨国资本流动，则 BP 曲线的利率弹性为零，无论国内名义利率水平如何变动，也不改变外部均衡所对应的产出水平。而当一国资本完全流动时，BP 曲线具有完全利率弹性，意味着名义利率的任何细微变动都将导致无限的跨国资本流动，直至国内外利率水平重新相等为止，这表明无抛补的利率平价条件成立。

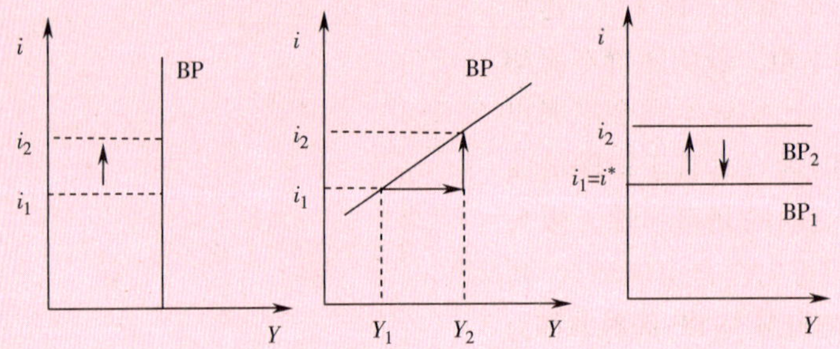

图 12－6　资本流动程度与 BP 曲线的斜率

> 小国，是指该国的经济生产能力相对较小，小国的实际收入和名义利率的变化对其他国家的影响可以忽略不计。对开放小国来说，国外的收入和利率水平是给定的。

固定汇率制度条件下，一国政府可供选择的宏观经济政策工具主要集中在货币政策和财政政策上。下面我们将分别考察固定汇率制下，一个小国开放经济在不同资本流动程度下，单一使用货币政策、单一使用财政政策以及组合使用货币、财政政策的宏观经济效应。

（二）资本不完全流动条件下的财政与货币政策效应

1. 资本不完全流动下的货币政策效应。假定一国经济的初始状态为产品市场、货币市场和外汇市场的一般均衡点 A，但 A 点的产出水平 Y_0 低于充分就业的产出水平 Y_f（见图 12－7）。政府想追求严格意义上的内外均衡目标，就必须提高国内产出至充分就业水平，同时又维持国际收支平衡。如果选择货币政策工具，则应考虑实施扩张性货币政策，推动LM曲线向右移动至LM′，从而在新的内部均衡点B点实现充分就业的产出水平，但同时出现国际收支逆差。这时本币会面临贬值压力，由于采取固定汇率制度，所以货币当局必须进入外汇市场吸纳本币、抛售外汇以保持本币汇率水平，引起本国外汇储备下降。国内基础货币的投放减少，影响国内宏观经济运行。为避免这种不利影响，许多货币当局会在干预外汇市场的同时采取冲销政策。比如，在外汇储备下降的同时放松国内信贷，或通过公开市场业务由央行购买国债，扩大基础货币和货币供给。于是，内部均衡点将继续维持在B点，国际收支逆差也将持续下去。

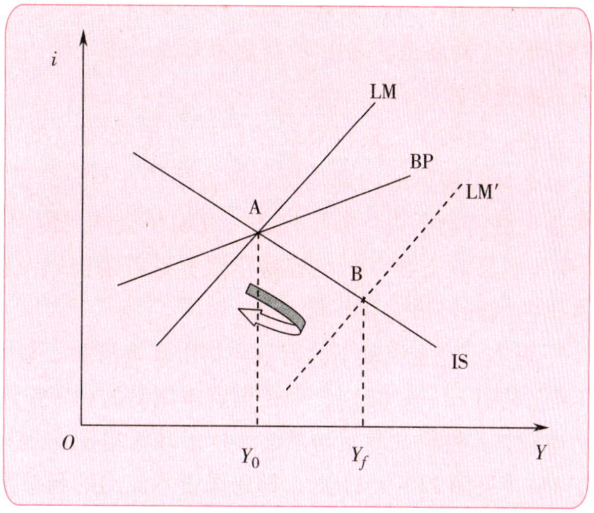

图12－7 固定汇率制和资本不完全流动下扩张性货币政策

然而，现实中没有哪个国家可以长时期地通过抛售外汇来维持本币的固定汇率。从最终结果来看，要么停止冲销政策，允许国内货币供给减少从而放弃充分就业的产出目标；要么放弃外汇市场干预，允许本币贬值。所以，实行固定汇率制的发展中国家往往容易受到投机性货币冲击。

如果货币当局在干预外汇市场的同时并不采取冲销政策，则外汇储备的流失必然减少本国基础货币的投放量，使货币供给随之紧缩，迫使LM′回移到LM的位置。因此，在固定汇率制和资本不完全流动条件下，通过非冲销的货币扩张或紧缩来影响国内产出水平和国际收支差额是无效的政策行为。

2. 资本不完全流动下的财政政策效应。若政府欲以扩张性财政政策追求充分就业产出水平，则当IS曲线右移至IS′时，新的均衡点B点代表了内部均衡但外部不均衡的经济状态。由图12－8可知，因为资本流动程度较高，BP曲线较LM曲线更加平坦，扩张性财政政策使利率上升从而吸引资本流入，会出现国际收支顺差，本币有升值压力。为维持固定汇率水平，货币当局将进入外汇市场进行干预：买入

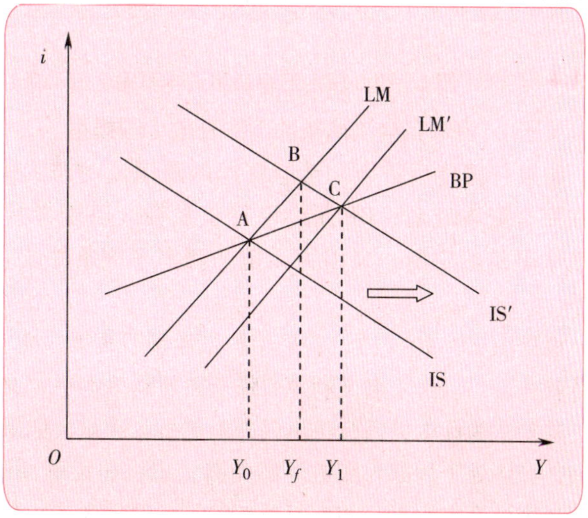

图12－8 固定汇率制和资本不完全流动下扩张性财政政策

外汇，卖出本币，外汇储备增加。外汇储备的变动导致国内货币供给扩张，使 LM 曲线向 LM′移动，均衡点也随之由 B 点变为 C 点。推动国内产出水平在 Y_f基础上进一步增加至 Y_1，从而造成通货膨胀。

当然，如果中央银行采取冲销性货币政策以抵消外汇储备变动对国内经济的不利影响，那么该经济体的内部均衡点就将维持在与充分就业产出水平相对应的 B 点，而国际收支失衡也将持续下去。外汇储备持续增加会造成国内通货膨胀压力，长期的国际收支顺差（特别是贸易收支顺差）也容易招致贸易对手国以及国际市场潜在竞争对手的反感，从而使本国的国际经济交往环境恶化。

3. 资本不完全流动下的财政与货币政策搭配。如图 12－9 所示，如果 BP 曲线的斜率大于 LM［见图 12－9（a）］，即跨国资本流动的利率弹性相对于国内资金的利率弹性较小，可以考虑以扩张性财政政策与紧缩性货币政策搭配实现充分就业的内外均衡；如果 BP 的斜率小于 LM［见图 12－9（b）］，即跨国资本流动的利率弹性大于国内资金利率弹性，则可以考虑双松政策搭配。

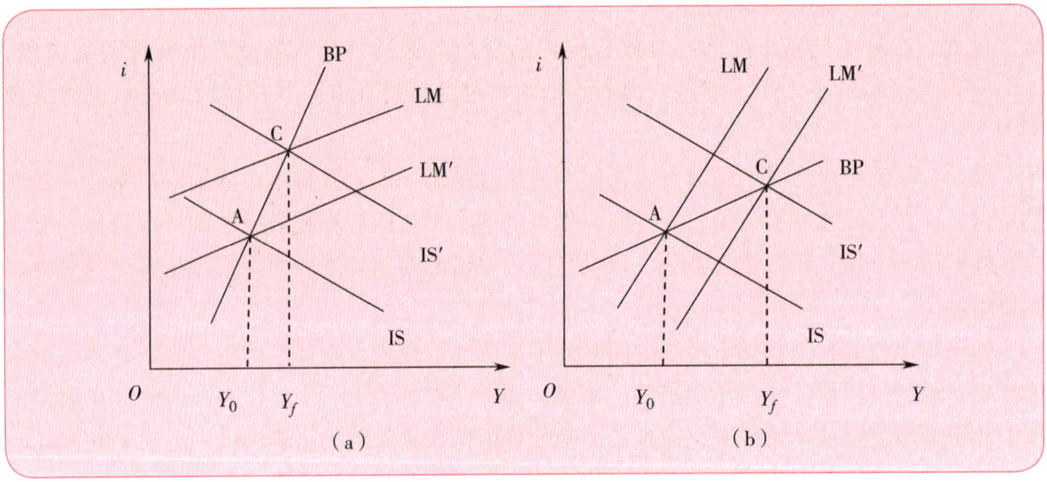

图 12－9　固定汇率制和资本不完全流动条件下的财政与货币政策搭配

（三）资本完全流动条件下的开放小国模型

如果一国货币资金和金融资产的跨国流动与其国内流动一样容易，就可以认为该国存在完全资本流动，BP 曲线平行于横轴。由于考察的是开放小国，所以国外的收入和利率水平是给定的；又因为无抛补利率平价条件成立，所以本国名义利率等于国外利率水平。

根据图 12－10（a），若采用扩张性货币政策，推动 LM 曲线向右移至 LM′，在 B 点实现充分就业产出。由于名义利率 i_2降至国外利率水平 i^*之下，引起大规模资本流出，导致国际收支逆差，为此中央银行将出售外汇储备。于是，如果实施冲销政策，则 B 点可以维持一段时间，经济处于内部均衡但外部失衡状态；如果不冲销，则 LM′将回归 LM，使国内利率重新回到国外利率水平，并恢复外部均衡，但国内产出仍低于充分就业水平。由此可见，资本完全流动的固定汇率制下，针对产出调整的货币政策无效。

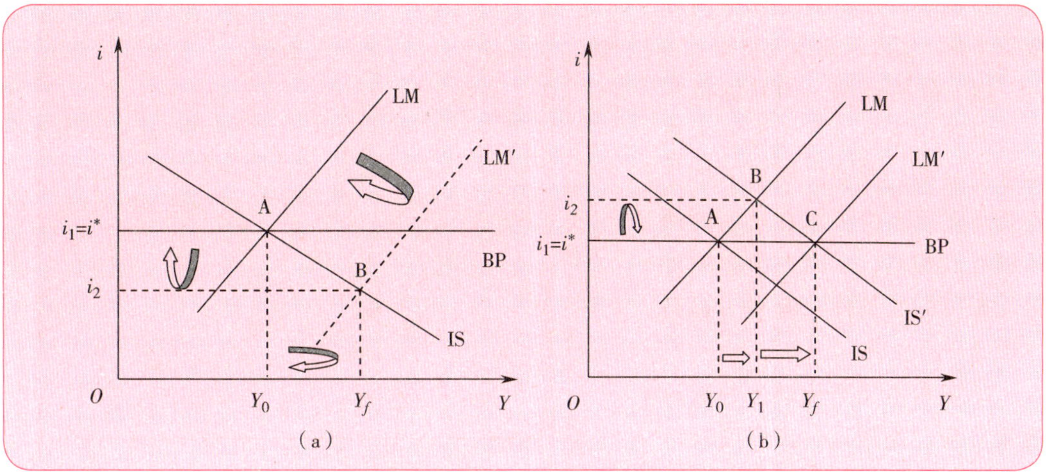

图 12－10　固定汇率制和资本完全流动下的开放小国模型

相反，当资本完全流动时，可以最大限度地发挥财政政策的产出效应。由图 12－10（b）可知，当扩张性财政政策将 IS 曲线推向 IS′时，在 B 点实现充分就业产出。由于这时名义利率 i_2高于国外利率水平 i^*，引起大规模资本流入，导致国际收支顺差，中央银行的外汇储备快速增加。如果持续冲销，经济均衡点维持在 B 点，经济处于内部均衡但外部失衡状态；如果不冲销，则货币供给增加使 LM 向右推进至 LM′，使国内利率重新回到国外利率水平，在恢复外部均衡的同时使产出水平继续提高，甚至引起通货膨胀。

三、浮动汇率制下的财政与货币政策

在浮动汇率制下，中央银行不必刻意增加外汇储备并时刻准备干预外汇市场，也不必费心权衡是否应当采取冲销政策以减少对国内经济的影响。浮动汇率制不仅为政策制定者提供了汇率政策工具，也会在很大程度上改变财政政策、货币政策的效力。

在 IS－LM－BP 模型中，一般而言，本币贬值使进口商品更加昂贵，诱导本国居民减少进口支出，同时出口价格下降，有利于扩大出口收入。在直接标价法下，随着汇率升高，给定利率水平所对应的均衡收入水平提高，使 IS 曲线向右移动。同理，本币贬值所引起的对外支出减少、对外收入增加，就会使原来 BP 曲线上的各个均衡利率—收入组合表现出国际收支顺差。为重新达到国际收支平衡，要求给定利率水平下的均衡收入水平上升，从而推动 BP 曲线也向右移动。

（一）资本不完全流动条件下的开放小国模型

1. 资本不完全流动下的货币政策效应。图 12－11 描述了浮动汇率制和资本不完全流动条件下开放小国实行扩张性货币政策提高产出水平的实际效果。货币扩张推动该国 LM 曲线右移，使均衡点由 A 变为 B，出现国际收支逆差。资本流动程度较低时，逆差主要是由于本国收入提高带动了进口支出增加；资本流动程度较高时，则主要因为本国利率水平下降引起大规模资本流出造成国际收支逆差。逆差将导致本币贬值，使汇率水平由 e_1上升为 e_2，推动 BP 曲线和 IS 曲线同时向右移动。伴随着 IS、BP 曲线的调整，利率水平回升，国内收入水平进一步提高，并在 C 点恢复国际收支平衡，实现新的内外均衡。

以上分析表明，如果价格水平等其他因素不变，无论资本流动程度高低，浮动汇率制下扩张性货币政策至少可以在短期内使本国收入提高，从而在不影响外部均衡目标的条件下有利于提高本国的产出水平。

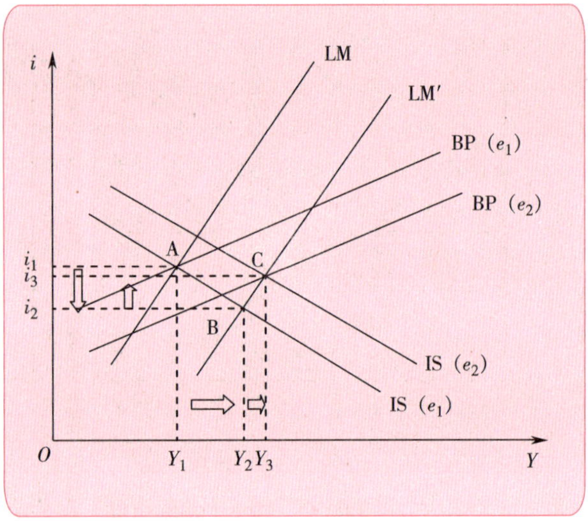

图 12－11　浮动汇率制和资本不完全流动下扩张性货币政策

2. 资本不完全流动下的财政政策效应。类似地，我们可以考察浮动汇率制、资本不完全流动程度下，扩张性财政政策的实际效果。扩张性财政政策首先推动 IS 曲线右移，均衡点由 A 向 B 移动，使得均衡利率和均衡收入都上升，但国际收支失衡。资本流动程度较低时，进口支出增加幅度超过利率上升引起的资本流入，导致出现国际收支逆差，本币贬值，使 IS、BP 曲线同时向右移动，使本国收入水平进一步提高。若资本流动程度较高，则利率上升引致的资本流入将大大超过进口支出的增加，在 B 点出现国际收支顺差（见图12－12）。于是，本币升值，IS、BP 曲线同时向左移动，直到 C 点恢复国际收支平衡，但却使财政扩张的产出效应缩水。

由此可见，浮动汇率制下，财政政策对开放小国国际收支和货币币值的影响主要依赖于资本流动程度。一般而言，扩张性财政政策至少可以在短期里引起实际收入增加，但收入增加幅度会随资本流动程度的提高而下降。

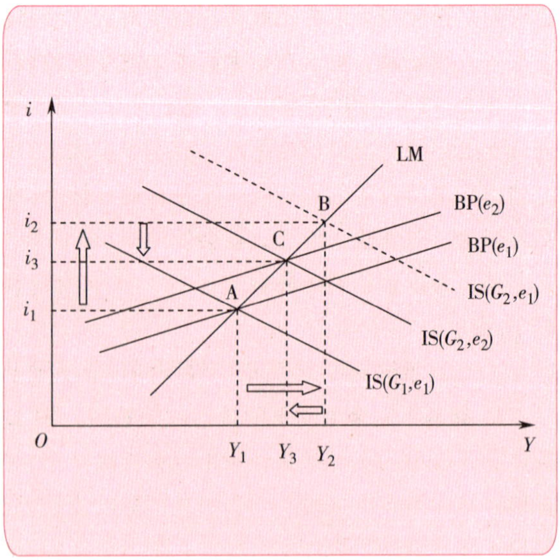

图 12－12　浮动汇率制和资本不完全流动下扩张性财政政策

（二）资本完全流动下的开放小国模型

因为开放小国的产出、利率和价格变动不影响世界其他国家，所以假定价格水平不变，浮动汇率和资本完全流动的开放小国宏观经济政策效应分析如下：

如果以扩张性货币政策提高产出［见图 12－13（a）］，那么随着 LM 曲线右移，本国利率降至外国利率之下，大规模资本外流将导致国际收支逆差，本国经济从初始均衡点 A 沿 IS 曲线移动到 B 点，实际收入有所增加。国际收支逆差将使本币贬值，汇率水平由 e_1 升高到 e_2，结果推动 IS 曲线向右移动，在最终均衡点 C 重新恢复国际收支平衡，使均衡利率回升到与外国相同利率水平，并使本国收入进一步增加。显然，在浮动汇率制和资本完全流动条件下，货币政策的产出效应具有放大机制。

如果实施扩张性财政政策［见图 12－13（b）］，则政府支出增加将直接推动 IS 曲线右移，使均衡利率和均衡收入同时增加。高于外国的利率水平将吸引大量资本流入，导致国际收支顺差，本国经济从初始均衡点 A 沿 LM 曲线移动到 B 点。顺差使本币升值，汇率水平由 e_1 降低到 e_2，抑制出口而有利于进口，于是 IS 曲线向左回移，直到重归初始位置，国际收支才恢复平衡，并在初始均衡点 A 重新实现与外国相同的利率水平。所以，浮动汇率制和资本完全流动条件下，任何政府支出的增加都挤出了相应数量的外国居民的净进口支出，这种完全的挤出效应将导致试图通过财政扩张来增加产出的努力最终失效。

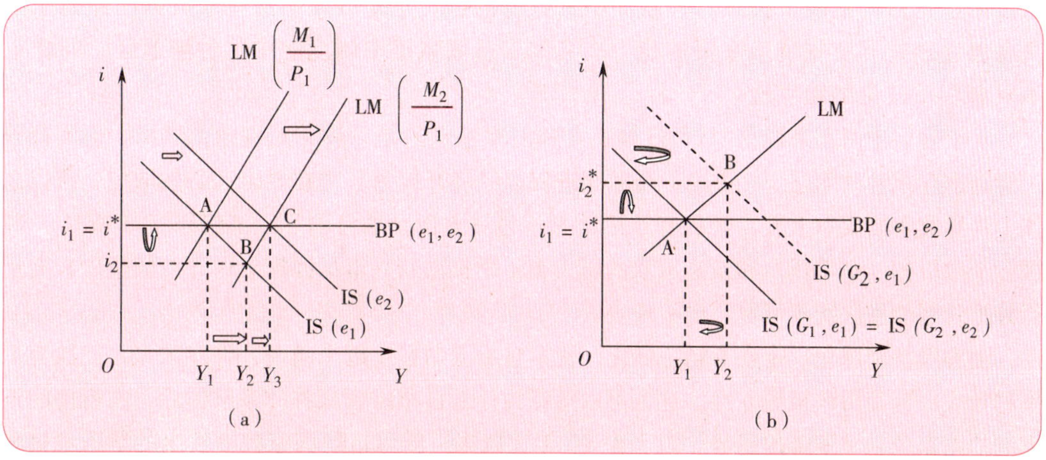

图 12－13　浮动汇率制和资本完全流动下的开放小国模型

四、三元悖论

在蒙代尔—弗莱明模型的基础上，美国经济学家保罗·克鲁格曼（P. Krugman）用一个三角形，说明了开放经济体在金融政策目标选择上存在着不可避免的难题。如图 12－14 所示，三角形的每一个顶点都代表着各国金融政策的一个基本目标：货币政策独立性、汇率稳定和资本完全流动。货币政策的独立性，指货币当局拥有通过宏观稳定政策进行逆周期调节的能力，主要考察一国能否利用货币政策来影响产出和就业。汇率稳定，指保持汇率水平稳定，同时保障本国汇率免受投机性冲击、货币危机的威胁。资本完全流动，指不限制国际短期资本流动，允许资本自由流动。但这三个目标永远无法同时实现：选择三角形的任意 边，致力于追求其两端的政策目标，则该边以外顶点上的政策目标就只能放弃。这种情形被称做克鲁格曼的“三元悖论”或“不可能三角”（impossible trinity）。

“三元悖论”是指一国金融政策的三个目标：货币政策独立性、汇率稳定和资本完全流动永远无法同时实现。

要保持货币政策的独立性和汇率稳定，就必须放弃资本自由流动，即实行外汇管制。比如，西方国家在1971年以前布雷顿森林体系下的选择。如果要实现资本自由流动，又要保持货币政策独立性，就必须实行浮动汇率制度。这正是主要西方国家1971年以后的政策选择。如果选择汇率稳定和资本自由流动，那就只能放弃货币政策独立性。正如前文讨论过的，在固定汇率和资本完全流动条件下，开放经济体的货币政策是失效的。由于资本自由流动，中央银行为了维持固定汇率被迫干预外汇市场，导致国内货币扩张与紧缩完全不由自主。如欧元区国家之间基本实现了资本完全自由流动，同时单一货币更是将汇率稳定目标推向了极致，但欧洲中央银行的存在也充分说明这些成员国已经完全不具备独立制定并实施货币政策的能力。又如实行联系汇率制度的中国香港地区，同样也不具备货币政策的独立性。

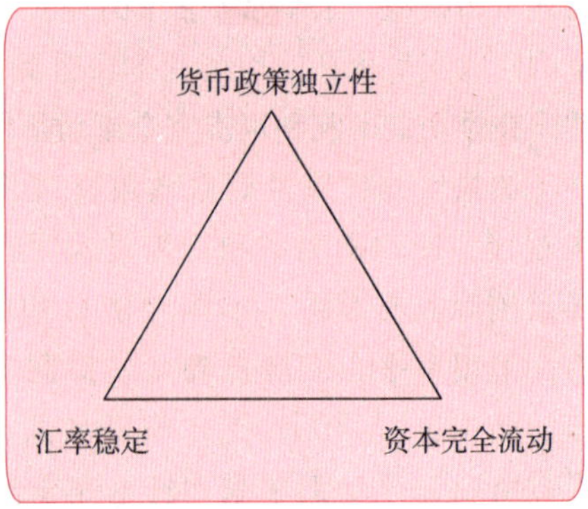

图12－14　克鲁格曼的“不可能三角”

对于发展中国家来说，“货币政策独立和汇率稳定”是一种相对理想的选择，但实行外汇管制也存在种种问题。一方面，全球化进程以经济开放为其内在要求和必然取向，所以总体上将导致管制成本上升，管制有效性下降；另一方面，来自国际经济组织（如WTO）和国际金融机构（如IMF）和发达国家的压力也不断推动新兴市场国家走向开放。所以长期进行外汇管制的做法既不可取，也不现实。

随着经济全球化、金融市场一体化，资本自由流动程度越来越高，许多国家只能放弃汇率稳定或放弃货币政策独立性。这也可以解释为什么自布雷顿森林体系解体后，实行中间汇率制的国家数目呈下降的趋势。20世纪90年代以来，新兴市场国家频繁发生的货币危机表明发展中国家若想维持货币政策自主性，在资本自由流动条件下，只能放弃汇率稳定的目标。因为如果想同时维持汇率稳定，就必须重新恢复外汇管制，这种做法虽然可以暂时躲避外来冲击，但必须付出牺牲本国政府信誉的沉重代价。这也提醒我们：一国资本账户的开放具有不可逆性，必须审慎处理。

专栏12－3

观望与调整并进——全球央行货币政策继续保持宽松基调

2020年，受到新冠肺炎疫情的冲击，全球经济陷入深度衰退。为提振经济复苏，全球各主要国家开始实施严格的遏制疫情蔓延的防疫措施，但最终的实施效果不尽相同。与此同时，以美联储为代表的全球主要央行纷纷开启超常规量化宽松货币政策，拧开了流动性的“水龙头”。

对于仍在疫情蔓延中的经济体而言，如何平衡防疫与经济开放之间的关系，成为其需要面对的重要挑战。目前，包括美联储、欧洲央行以及英国央行在内的主要发达经济体央行已经召开了2020年的最后一次货币政策会议，有的选择按兵不动，有的则选择加码宽松政策。而在全球低利率货币政策环境已成大趋势的情况下，2021年，全球央行货币政策将如何调整成为市场关注的焦点。

疫情的阴霾并未随着2020年的结束而消散，欧元区以及英国的经济复苏之路依然布满荆棘。欧洲央行以及英国央行将继续维持宽松的货币政策环境。由于已经陷入负利率，因此，欧洲央行后期调整货币政策的重点或将继续放在购债规模上，以期有更多的刺激措施可以帮助欧元区摆脱衰退。在2020年12月的货币政策会议上，欧洲央行维持三大利率不变，并且将紧急抗疫购债计划（PEPP）规模增加5 000亿欧元，期限延长9个月至2022年3月底，将第三轮定向长期再融资操作（TLTRO）优惠利率到期日延长一年至2022年6月。英国央行在2020年11月扩大资产购买规模后，在12月选择按兵不动，维持基准利率在0.10%不变，维持资产购买总规模在8 950亿英镑不变，并且同意将中小企业定期融资机制延长6个月。英国央行表示，在通胀取得良好进展的数据出现前，将不会收紧货币政策。

除英国央行外，美联储、日本央行以及加拿大央行等也在2020年末选择按兵不动，继续评估疫情发展、经济复苏状况以及货币政策实施效果。

美国2020年第三季度实际GDP年化季环比终值为33.4%，创历史新高。不过在疫情的重压下，美国经济前景仍面临着诸多不确定性。美联储在12月的货币政策会议上宣布维持利率水平不变。尽管美联储并未直接通过调整货币政策向市场释放出更多支撑，不过，美联储主席鲍威尔再次强调，美联储每月将继续购买至少800亿美元的美国国债和至少400亿美元的机构抵押贷款支持证券，直到朝着实现充分就业和物价稳定目标取得进一步实质性进展为止，强化政策支持承诺，为市场注入信心。

此外，日本央行12月维持利率在−0.1%不变，将10年期国债收益率目标维持在0附近不变，符合市场预期。日本央行称，将评估货币宽松政策的可持续性，并将在必要时采取更多行动。并且日本央行表示，将进行为期3个月的政策评估，不会废除收益率曲线控制。俄罗斯央行12月维持基准利率在4.25%不变，并且表示将权衡进一步降息的可能性。而加拿大央行也如市场预期，维持利率与量化宽松政策不变。

综合来看，面对疫情给经济复苏带来的风险，宽松货币政策仍是2021年全球主要央行的政策基调，不过全球央行决策者们并未大刀阔斧地继续“放水”，而是选择暂时观望评估。

资料来源：中国金融新闻网，发布日期2020－12－25，有节选。https://www.financialnews.com.cn/hq/yw/202012/t20201225_208400.html。

本章小结

1. 国际收支是对一定时期内一国居民与非居民之间的全部经济交易的市场价值的系统记录。国际收支平衡表是按照复式簿记原理，以某一特定货币为计量单位，运用简明的表格形式概括地反映一个经济体在特定时期内与世界其他经济体间发生的全部经济交易。

2. 虽然国际收支经常会处于不平衡状态，但对于一国而言，如果出现持续的、巨额的国际收支不平衡，不管是逆差还是顺差，都会给该国经济带来不利影响。

3. 国际收支的自动调节，是指由国际收支失衡引起的国内经济变量变动对国际收支的反作用过程，它在不同的国际货币制度下是不同的。当自动调节机制不能有效发挥作用，或政策制定者希望取得更好的调节效果时，可以通过支出变更政策、支出转换政策以及国际政策协调对国际收支进行调节。

4. 开放经济中，一国的宏观经济政策目标可以概括为追求内外均衡。为了实现内外均衡，政策制定者们需要制定合适的政策。IS－LM－BP 模型可以用来考察不同资本流动程度下和不同汇率制度下，财政政策与货币政策对产出和国际收支的调节效果。结论是：在固定汇率制和资本不完全流动条件下，货币政策无效，财政政策有效；浮动汇率制度下，财政政策无效，货币政策有效。

5. 美国经济学家保罗·克鲁格曼（P. Krugman）用一个三角形说明了开放经济体在金融政策目标选择上存在着不可避免的难题：一国永远无法同时实现货币政策独立性、汇率稳定和资本完全流动这三个目标，只能致力于追求其中的两个目标而放弃第三个目标。

关键词

国际收支（balance of payments）
国际经济交易（international economic transaction）
国际收支失衡（imbalance on balance of payments）
支出变更政策（expenditure shifting policy）
支出转换政策（expenditure switching policy）
经济均衡（economic equilibrium）
IS－LM－BP 模型（IS－LM－BP model）
开放经济（open economy）
“不可能三角”（impossible trinity）

重要概念

国际收支　国际收支平衡表　经常账户　资本账户　金融账户
储备资产　误差与遗漏账户　自主性交易　补偿性交易　盈余
赤字　支出变更政策　支出转换政策　弹性论　吸收论
货币论　内部均衡　外部均衡　开放小国　IS－LM－BP 模型
三元悖论

思考题

1. 国际收支平衡表中各账户之间是什么关系？
2. 如何看待一国的国际收支不平衡？
3. 国际收支失衡的调节措施有哪些？如何协调使用？
4. 简述 IS－LM－BP 模型的适用性问题。

5. 如何看待“三元悖论”？

练习题

1. 简述国际收支与国际投资头寸的区别与联系。
2. 国际收支平衡表由哪些账户构成？各账户之间是什么关系？
3. 国际收支平衡与失衡如何界定？
4. 国际收支的自动调节机制有哪些？它们的原理各是什么？
5. 国际收支的政策调节包括哪些内容？使用这些政策时应注意哪些问题？
6. 内外均衡冲突的表现是什么？如何解决内外均衡冲突？
7. 何谓“开放小国”？
8. 固定汇率制和浮动汇率制下财政政策与货币政策的效果有何不同？

案例题

请自行登录数据库查找相关经济数据并思考下列问题：

（1）中国进行市场化改革以来，不同阶段的经济发展呈现出怎样的特征？

（2）请结合中国的经济特征，谈一谈中国正在进行的“调结构，促增长”改革。

扫描二维码可阅读本章精选案例

第十三章
国际金融体系

本章知识结构

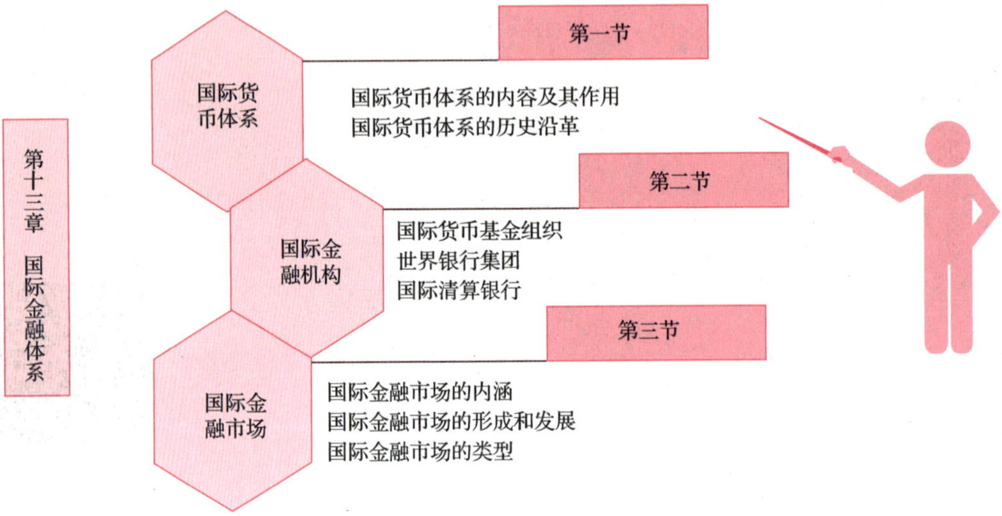

本章学习目标

- 了解国际货币体系的历史沿革；
- 认识国际货币制度的现实困境；
- 熟悉主要国际金融机构的运作；
- 把握国际金融市场的发展趋势。

章前引例

第二次世界大战以来，国际货币体系从最初的布雷顿森林体系过渡到目前的牙买加体系。虽然牙买加体系在国际储备货币上向着多元化的方向发展，日元、欧元以及人民币先后推动着国际储备货币的多元化，但目前仍是以美元为主导的。以美元这一主权货币作为国际储备货币，存在着内在的不稳定性，即特里芬难题。拉美金融危机、亚洲金融危机、俄罗斯金融危机，以及2008年的美国次贷危机引发的全球金融危机，都说明了现行的美元主导的国际货币体系并不稳定，国际货币体系的改革势在必行。

那么国际货币体系如何改革？是建立超主权的单一货币，还是继续推进国际储备货币的多元化，或者由近年来快速发展的数字货币来充当国际储备货币？未来国际货币体系的走向如何，既需要考虑各种货币体系的优缺点，更需要考虑由现实的世界政治经济状况决定的可行性与实现难度。

伴随着国际货币体系的变革，主要的国际金融机构在国际金融体系中的定位、功能以及与各国政府的关系也发生了深远的变化。以世界银行、国际货币基金组织为核心的国际金融机构，在促进世界经济的稳定与发展过程中发挥了重要的作用，但在这些国际金融机构的背后，仍是各国政治、经济实力的制衡。未来的国际金融机构体系，应该以何种形式，发挥什么作用也是一个需要我们思考的问题。

与此同时，国际金融市场规模不断扩大，在服务世界经济、带来世界经济增长的同时，也表现出了巨大的波动性。国际金融市场蕴藏的风险，进而可能导致的金融危机，是每一个国际金融市场的参与者必须面对的问题。

第一节 国际货币体系

一、国际货币体系的内容及其作用

国际货币体系（international monetary system），也称国际货币制度，指在国际经济关系中，为满足国际间各类交易的需要，各国政府对货币在国际间的职能作用及其他有关国际货币金融问题所制定的协定、规则和建立的相关组织机构的总和。

国际货币体系的内容包括：

1. 汇率的确定与维持。包括一国对外支付是否受到限制，一国货币可否自由兑换成支付货币，本国货币与其他国家货币之间的汇率如何确定，汇率的维持主要依靠何种手段和措施。

2. 国际收支调节机制。包括当一国国际收支出现不平衡时，各国应采取什么方式弥补这一缺口，各国之间的政策措施又应该如何相互协调，如何使各国在国际范围内公平地承担调节国际收支的责任。

3. 国际储备资产的确定。包括用什么货币作为国际支付货币，一国政府应持有何种为世界各国普遍接受的资产作为储备资产，新的储备资产如何创造与供应。

4. 国际货币事务的协调与管理。在各国确立和实行其汇率制度、国际收支调节机制、国际储备制度的过程中，由于彼此在经济利益和货币主权等方面难免存在差异甚至矛盾，建立国际货币事务的协调与管理机制因此而显得十分必要。这包括国际金融机构的建立、解决国际金融问题的规则以及惯例和制度的制定等。

国际货币体系的作用表现在以下几个方面。

第一，确定国际清算和支付手段的来源、形式和数量，为世界经济的发展提供必要的国际货币，并规定国际货币及其同各国货币的相互关系的准则。比如，当确定黄金或特别提款权作为世界清算和支付手段的来源时，国际货币体系必须就黄金或特别提款权本身的定价方式、运动范围，各国货币与黄金或特别提款权的比价关系及兑换方式作出具体的规定。

特别提款权（special drawing right, SDR)是国际货币基金组织创设的一种储备资产和记账单位，亦称"纸黄金"(paper-gold)。它是基金组织分配给会员国的一种使用资金的权利。

第二，确定国际收支的调节机制，以确保世界经济的稳定和各国经济的平衡发展。国际收支的调节机制主要包括汇率机制、对逆差国的资金融通机制、对国际货币发行国的国际收支纪律约束机制。国际货币体系在确定国际收支调节机制方面的作用主要表现为：其一，根据世界经济形势和各国经济发展的具体状况，确定世界范围内的汇率制度。其二，确定某国在发生国际收支逆差时，能在什么样的条件下从何处获得资金及资金的数量和币种来弥补国际收支逆差，从而避免采取不必要的调节措施或有损别国的政策。其三，确定适当的约束机制来约束国际货币发行国的国际收支行为，以维护国际货币金融领域的稳定。

第三，确立有关国际货币金融事务的协商机制或建立有关的协调和监督机构，以监督各国的行为、提供磋商的场所、制定各国必须共同遵守的基本行为准则，并在必要时提供帮助。

二、国际货币体系的历史沿革

随着世界经济和政治形势发展，各个历史时期对国际货币体系的内容安排也有所不同，从而形成具有不同特征的国际货币体系，大体可分为国际金本位制度、布雷顿森林体系和牙买加体系。

专栏 13－1

1970 年英国发行的 1 英镑纸币

一般国家的习惯是，越小面额的钞票，上面印的历史人物越著名、越伟大。因为小额钞票比大额钞票使用得更频繁。英国开始把历史人物印在钞票上时，最小面值纸币是 1 英镑。猜猜 1970 年英国发行的纸币上的人是谁？没错，那是英国的骄傲，有史以来最伟大的科学家之一，艾萨克·牛顿（Isaac Newton）——曾经的英国铸币厂厂长。

资料来源：英格兰银行官网。

（一）国际金本位制度

1816 年，英国制定了《金本位制度法》，率先采用金本位制度。鉴于当时英国在国际上的地位和影响，英国的做法被欧洲各国及美国纷纷效仿。到 19 世纪 80 年代，资本主义比较发达的国家如法国、比利时、意大利、瑞士、荷兰、德国及美国先后实行了金本位制，至此，金本位制度发展成为世界性的货币制度。

国际金本位制度的特征主要有以下几点：(1) 黄金充当国际货币，是国际货币制度的基础。在金本位制度下，金币自由铸造，自由熔化，黄金能够在货币形式与商品形式之间自由转换。这一特点决定了金本位制度具有一个与纸币本位制度截然不同的优势——没有通货膨胀。(2) 各国货币之间的汇率由它们各自的含金量对比所决定。金本位制度是严格的固定汇率制。各国货币都规定含金量，各国货币所含金量之比即为铸币平价，铸币平价决定着两种货币汇率的法定平价。(3) 国际收支可以实现自动调节。一国国际收支出现赤字，意味着本国黄金的净输出，从而国内黄金储备下降，货币供给减少，物价水平下跌，导致本国商品在国际市场上的竞争能力增强，外国商品在本国市场上的竞争能力减弱，于是出口增加，进口减少，国际收支改善。

专栏 13－2

金本位：1879—1913 年

所有国家

Ⅰ. 固定官方黄金价格或铸币平价，并允许国内货币和黄金在此价格上自由兑换。

Ⅱ. 对个人进出口黄金无限制，对国际交易中的经常账户和资本账户不施加交易限制。

Ⅲ. 在黄金储备支持的情况下，发行国家货币，并把国内银行存款的长期增长和黄金储备相联系。

Ⅳ. 在与黄金外流有关的短期流动性危机事件中，允许中央银行在高利率水平上自由地向国内银行贷款（Bagehot's Rule）。

Ⅴ. 如果规则Ⅰ被临时扩充，则尽快在最初的铸币平价上恢复可兑换性——如果需要，可以紧缩国内经济。

Ⅵ. 允许一般价格水平（名义锚）由黄金的世界需求和供给内生地决定。

资料来源：Ronald I. McKinnon，“The Rules of Game：International Money in Historical Perspective”，*Journal of Economic Literature*，1993，31（3）：4.

1914 年，奥匈帝国以其大公斐迪南在萨拉热窝被刺事件为借口，发动了第一次世界大战。为准备战争，各国政府纷纷出台措施限制黄金的外流，并在国内开始发行不可兑换的银行券，破坏了金本位制度赖以存在的自由铸造、自由兑换、自由输出入的三大条件，导致了金本位制度的崩溃。

（二）布雷顿森林体系

1. 布雷顿森林体系的产生。在第二次世界大战还没有结束的时候，同盟国即着手拟订战后的经济重建计划，希望能够避免两次世界大战之间的那种混乱的世界经济秩序。1944 年 7 月，44 个同盟国的 300 多位代表出席在美国新罕布什尔州布雷顿森林（Bretton Woods）市召开的“联合国货币金融会议”，商讨重建国际货币制度，在这次会议上产生的国际货币体系因此被称为布雷顿森林体系。

2. 布雷顿森林体系的内容。

（1）可兑换黄金的美元本位。布雷顿森林体系实质上是一种金汇兑本位制度，美元实际上充当了国际储备货币，被广泛地用做国际间的计价单位、支付手段和贮藏手段，因此也有人将该体系称做美元本位。美元可以按照 35 美元 1 盎司的比价兑换黄金。第二次世界大战后世界市场上许多商品如石油等初级原材料都用美元计价，在国际贸易中，大部分交易都用美元结算。美元也是外汇市场上主要的干预货币。在国际资本市场上，美元债券的发行占了绝大部分。各国中央银行持有的外汇储备也主要是美元。

（2）可调整的固定汇率。布雷顿森林体系下的汇率制度是固定汇率制度，每一会员国都规定本国货币与美元的平价汇率，再通过美元与黄金之间的固定平价关系，间接与黄金建立联系，进而决定各成员国货币彼此之间的平价关系。国际货币基金组织（IMF）规定各成员国与美元的汇率如发生波动，范围不得超过平价的 ±1%，每一会员国的中央银行均有义务在外汇市场上买卖美元和本国货币，以维持本国货币同美元汇率的稳定。另外，按照 IMF 的规定，如果一国的对外收支发生基本不平衡，可以向 IMF 申请调整其货币与美元的平价关系，而不必紧缩或膨胀国内经济。

（3）对国际收支的调节。在布雷顿森林体系下，国际收支的调节有两种方法：短期的失衡由 IMF 提供信贷来解决，长期的失衡则通过调整汇率平价来调节。

3. 布雷顿森林体系的作用。布雷顿森林体系对于国际金融市场的稳定，第二次世界大战后的经济发展起到了一定的积极作用。首先，消除了各国之间的对立状态，稳定了第二次世界大战后的国际金融局势；其次，黄金与美元一起作为国际储备货币，使国际储备货币能够跟随国际贸易和投资的发展而增长，在一定程度上解决了国际储备货币不足的问题；再次，固定汇率制避免了汇率风险，有利于国际贸易的发展与国际资本的流动，促进各国经济的恢复与发展；最后，国际货币基金组织为成员国提供贷款解决国际收支失衡问题，有助于世界经济的稳定与发展。

专栏 13－3

罗伯特·特里芬

罗伯特·特里芬（Robert Triffin）为美国著名国际金融专家、美国耶鲁大学教授。

1960 年，他在其《黄金与美元危机——自由兑换的未来》一书中提出，布雷顿森林体系存在着其自身无法克服的内在矛盾：“由于美元与黄金挂钩，而其他国家的货币与美元挂钩，美元虽然因此而取得了国际核心货币的地位，但是各国为了发展国际贸易，必须用美元作为结算与储备货币，这样就会导致流出美国的货币在海外不断沉淀，对美国来说就会发生长期贸易逆差；而美元作为国际货币核心的前提是必须保持美元币值稳定与坚挺，这又要求美国必须是一个长期贸易顺差国。这两个要求互相矛盾，因此是一个悖论。”这一内在矛盾在

国际经济学界被称为“特里芬难题”（Triffin Dilemma），正是这个难题决定了布雷顿森林体系的不稳定性和垮台的必然性。

资料来源：罗伯特·特里芬．美元与黄金危机——自由兑换的未来［M］．北京：商务印书馆，1997.

4. 布雷顿森林体系存在的问题。尽管布雷顿森林体系对于世界经济的稳定与发展有一定的积极作用，但仍存在着一些难以克服的缺陷与问题。

（1）美元作为国际货币存在“特里芬难题”。美元作为国际货币，必须要有足够的供给量来提供国际清偿力。另一方面，美元能够作为国际货币，在国际支付中被其他国家普遍接受的前提是美国强大的经济实力以及美元能够兑换黄金。然而，这两个条件是有矛盾的，美元供给太多就会有不能兑换黄金的危险，从而发生信心问题，而美元供给太少又会发生国际清偿力不足的问题。这一根本性缺陷也就是所谓的“特里芬难题”。正是由于这一无法克服的缺陷，布雷顿森林体系最终必将走向崩溃。

（2）国际收支的调节机制效果并不好。短期的国际收支失衡由国际货币基金组织提供信贷资金解决，但国际货币基金组织筹集的资金有限，能够提供的贷款数量很小，难以解决失衡问题。长期的、根本性的国际收支失衡可以进行汇率调节，但真实的情况却是各国出于自身利益的考虑，很难在汇率调节上达成一致。

专栏13－4

1945年《布雷顿森林协定》的精神

所有国家

Ⅰ．固定以黄金为基础的国内货币或与黄金挂钩的、作为货币汇率本位货币的官方面值。

Ⅱ．短期内，保持汇率在1％的票面价值内钉住。但是长期内，如果IMF同意，允许有单方面放开调整面值的权力。

Ⅲ．允许用于经常账户交易的货币自由兑换；使用资本控制来限制货币投机。

Ⅳ．通过使用官方储备和IMF贷款来抵消短期收支的不平衡，抵补国内货币对外汇市场干预的影响。

Ⅴ．国家自主进行宏观调控；通过钉住名义锚或实行“单一规则”，每个成员国政府追求其自己的价格水平和就业目标。

资料来源：Ronald I. McKinnon. The Rules of Game：International Money in Historical Perspective［J］．*Journal of Economic Literature*，1993，31（3）：13.

5. 布雷顿森林体系的解体。自20世纪40年代中期至70年代初期，伴随着美国国际收支的变化，美元经历了“美元荒”（各国都缺少美元）——“美元泛滥”（美元大量外流导致各国手持美元数量激增）——“美元危机”（各国对美元缺乏信心及至大量抛售美元）的演变，布雷顿森林体系也从开始的相对稳定发展到摇摇欲坠再到最终的彻底垮台。

在第二次世界大战结束后最初的十几年中，为了振兴经济，各国都需要进口美国商品，但由于经济遭到战争的严重破坏而缺乏美元，因此形成了“美元荒”。1948 年，美国实行了“马歇尔计划”，向西欧国家提供了大量无偿经济援助。20 世纪 50 年代初、60 年代初美国接连发动了朝鲜战争和越南战争，军事开支剧增，美元大量流出。而在美国和一些国际组织的援助之下，欧洲和日本的经济迅速复苏，其向美国出口的能力也随之增长。美国的经常项目、资本项目逆差不断扩大，源源不断流出美国的美元使“美元荒”变成了“美元泛滥”。“美元泛滥”严重打击了人们对美元的信心，1960 年就开始出现了抛售美元的现象。随着美国国际收支的进一步恶化，抛售美元、抢购黄金乃至抢购德国马克、瑞士法郎的风气越来越盛，“美元危机”也就不可避免。

1971 年 8 月 15 日，为阻止各国政府继续向美国以美元兑换黄金，美国总统尼克松宣布实施“新经济政策”，单方面终止布雷顿森林会议上同意各国政府按官价向美国政府以美元兑换黄金的承诺，这项政策引来国际社会一片哗然。于是，其他国家也纷纷撕毁与美元保持固定汇率的协议。至此，布雷顿森林体系的核心——美元与黄金挂钩、其他货币与美元挂钩已不复存在，布雷顿森林体系宣告垮台。

（三）牙买加体系

1. 牙买加体系的产生。布雷顿森林体系崩溃以后，国际间为建立一个新的国际货币体系进行了长期的讨论与协商。1976 年 1 月，各国在牙买加的首都金斯敦举行会议，讨论修改《国际货币基金组织协定》的条款，会议达成了《牙买加协议》。同年 4 月，国际货币基金组织理事会又通过了以修改《牙买加协议》为基础的《国际货币基金组织协定》第二次修正案，并于 1978 年 4 月 1 日生效。自此，国际货币体系进入了一个新的阶段——牙买加体系。

2. 牙买加体系的特点。

（1）多元化的国际储备体系。在牙买加体系下，国际储备体系呈现出多元化的格局。在国际储备体系中，包括美元、英镑、日元等在内的自由外汇占主要地位，特别提款权以及在国际货币基金组织的储备头寸占有一定比例，而黄金仍然在国际储备体系中占有一席之地。

（2）多样化的汇率制度。根据修改后的《国际货币基金组织协定》，IMF 成员国可以自行安排汇率制度。从各国的实际情况看，受经济开放程度、资本自由流动程度等条件影响，不同的国家选择了完全不同的汇率制度。有些学者把这种汇率安排称为“无体制的体制”，也有人称为“混合体制”。

1999 年，国际货币基金组织将汇率制度细分为没有独立法偿货币的汇率制（可以认为是完全的固定汇率制）、货币局制度、传统的钉住汇率制、钉住水平带的汇率制、爬行钉住、爬行的带状汇率制、没有事先宣布路径的管理浮动制以及独立的浮动制共八类。其中，独立的浮动制和没有独立法偿货币的汇率制是两种极端的情况，被视为汇率制的“两极”，其他几类介于二者之间，被称为“中间汇率制度”。

表 13－1　2008—2017 年国际货币基金组织成员国汇率制度安排的比例　　单位：%

汇率制度安排		年份									
硬挂钩	总数	12.2	12.2	13.2	13.2	13.2	13.1	13.1	12.6	13.0	12.5
	无独立法偿货币	5.3	5.3	6.8	6.8	6.8	6.8	6.8	6.8	7.3	6.8
	货币局	6.9	6.9	6.9	6.3	6.3	6.3	6.3	5.8	5.7	5.7
软挂钩	总数	39.9	34.6	39.7	43.2	39.5	42.9	43.5	47.1	39.6	42.4
	传统钉住	22.3	22.3	23.3	22.6	22.6	23.6	23.0	23.0	22.9	22.4
	稳定化安排	12.8	6.9	12.7	12.1	8.4	9.9	11.0	11.5	9.4	12.5
	爬行钉住	2.7	2.7	1.6	1.6	1.6	1.0	1.0	1.6	1.6	1.6
	类似爬行安排	1.1	0.5	1.1	6.3	6.3	7.9	7.9	10.5	5.2	5.2
	钉住水平带	1.1	2.1	1.1	0.5	0.5	0.5	0.5	0.5	0.5	0.5
浮动	总数	39.9	42.0	36.0	34.7	34.7	34.0	34.0	35.1	37.0	39.5
	浮动	20.2	24.5	20.1	18.9	18.4	18.3	18.3	19.4	20.8	19.8
	自由浮动	19.7	17.6	15.9	15.8	16.3	15.7	15.2	15.7	16.1	16.1
其他		8.0	11.2	11.1	8.9	12.6	9.9	9.4	5.2	10.4	9.4

资料来源：IMF. Annual Report on Exchange Arrangements and Exchange Restrictions 2017.

（3）多种国际收支的调节手段。牙买加体系允许会员国通过汇率、利率、国际金融市场以及 IMF 的协调作用等多种手段来调节国际收支，试图建立一个灵活有效的国际收支调节机制。

专栏 13－5

浮动汇率美元本位制：1973—1984 年

除美国以外的其他工业化国家

Ⅰ. 平缓美元汇率的短期波动，但是不约定官方面值或不承诺长期汇率稳定。

Ⅱ. 允许经常账户货币自由兑换，同时最终取消资本账户余额限制。

Ⅲ. 使用美元作为干预货币（用于稳定欧洲汇率的交易除外），并以美国国债的形式保持官方储备。

Ⅳ. 部分调整短期内国内货币的供给，用于支持主要的汇率干预：当国内货币相对于美元疲软时，减少货币供给；当国内货币相对于美元坚挺时，增加货币供给。

Ⅴ. 独立制定长期的价格水平目标和货币供给目标，并允许在长期内通过调整汇率来抵消差异。

美国

Ⅵ. 保持在外汇市场上的主动性；在不考虑国际收支平衡，也不考虑汇率目标的情况下自由贸易。无须保持大量的官方外汇储备。

Ⅶ. 保持美国资本市场对个体居民和外国政府的借贷开放。

Ⅷ. 致力于建立独立于其他工业化国家的汇率政策与货币政策——无须钉住任何的一般价格水平。

资料来源：Ronald I. McKinnon. The Rules of Game：International Money in Historical Perspective [J]. *Journal of Economic Literature*, 1993, 31 (3): 29.

3. 牙买加体系的作用。牙买加体系成立后，确认了浮动汇率制的地位，实现了多种储备货币并存。自成立至今的30多年时间里，牙买加体系对维持国际经济正常秩序和推动世界经济的发展均起到了积极的作用。

首先，多元化的储备体系不仅满足了国际经济交易增长的需要，还相对降低了单一中心货币对世界储备体系稳定性的影响，并在一定程度上解决了“特里芬难题”。此外，多元化的储备体系为一国进行外汇管理提供了更多的手段，减少了单一货币本位下汇率变动带来的风险。

其次，以主要货币汇率浮动为主的多种汇率安排体系能够比较灵活地适应世界经济形势多变的状况。主要储备货币的浮动汇率可以根据市场供求状况自动及时调整，从而灵敏地反映经济状况，有利于国际贸易和国际金融交易的进行。另外，自由的汇率安排能使各国充分考虑本国的客观经济条件，并使宏观经济政策更具有独立性和有效性，而不必为了维护汇率的稳定而丧失国内的经济目标。

最后，多样化的国际收支调节手段比较适应世界经济发展不平衡，各国经济发展水平相差悬殊，以及各国发展模式、政策目标和客观经济环境各异的特点，从而有效缓和了布雷顿森林体系时期国际收支调节机制失灵的困难。

4. 牙买加体系的现实困境。

第一，汇率秩序的混乱。在浮动汇率制下，汇率波动频繁而且剧烈，因而对国际贸易和金融市场的稳定造成严重的冲击；浮动汇率加剧了世界性通货膨胀；国际货币基金组织对国际储备的控制被削弱了，浮动汇率使一些国家可以长期地实行膨胀政策而不必考虑国际支付问题；汇率的经常变动，不仅影响对外贸易和资本流动，而且使发展中国家的外汇储备和外债问题也变得更加复杂了；世界经济全球化趋势的发展，使各国在浮动汇率制下也不能充分实行独立的经济政策。这一系列问题在20世纪90年代以后日渐显露。

第二，储备货币管理的难度增加。多元化的储备体系具有内在的不稳定性。首先，由于实行了浮动汇率制，主要储备货币的汇率经常变动，对发展中国家是非常不利的。发展中国家经济基础薄弱，又缺乏对付金融动荡的经验和物质准备，往往成为各种外部冲击最早、最直接的攻击对象。其次，储备货币的多样化增大了国际金融市场上的汇率风险，使短期资金移动频繁，增加了各国储备资产管理的难度。最后，多种储备货币并没有从本质上解决储备货币同时担负世界货币和储备货币所在国本币的双重身份所造成的两难。

第三，国际收支的调节机制仍不健全。牙买加体系允许会员国动用汇率、利率、国际金融市场以及IMF贷款来调节国际收支，但实际运行结果表明，这一机制仍然不健全。

在浮动汇率制下，汇率机制的调节作用并没有预期的那么大。对于发展中国家来说，其进出口需求弹性一般都很低，出口供给弹性也不大，满足不了马歇尔—勒纳条件。而且不少发展中国家采用钉住美元的汇率安排，使汇率机制的调节功能更难以发挥。对于发达国家来说，汇率机制的调节也存在所谓的“J 曲线效应”。此外，汇率的过度浮动只是增加了市场上的不稳定性，甚至恶化了相关国家的国际收支状况。

利用利率机制调节国际收支，实际上主要是通过国际收支资本账户的盈余和赤字来平衡经常账户的赤字和盈余。但是，利率对国际收支的影响并非是单向的。例如，一国为了改善国际收支的逆差而实施高利率政策，在吸引资金流入的同时，也促使外汇市场上对该国货币的需求大于供给，从而导致该国货币升值，货币的升值不利于该国对外贸易收支，进而使调节国际收支的效果难以保证。

利用国际金融市场来调节国际收支就是通过国际借贷来平衡国际收支。顺差国贷出资金，而逆差国借入资金，以调整阶段性的国际收支失衡。但是，巨额的资金通过国际金融市场在国际间频繁地转移，不仅导致国际金融领域的动荡和混乱，还曾酿成 20 世纪 80 年代初发展中国家的债务危机。

利用 IMF 贷款来调节国际收支的效果也受 IMF 的资金来源限制。IMF 虽然在调节国际收支失衡尤其是帮助发展中国家解决国际收支困难方面做了大量的工作，但它所起的作用，相对于世界性国际收支失衡来说，仍然是有限的。

专栏 13－6

国际货币体系简史

时间	事件	起因和结果
1914 年	金本位制崩溃	1914 年以前，在固定汇率制下，黄金被用来解决贸易平衡问题，该货币体系的崩溃导致了汇率在一段时间内自由浮动
1925 年	金汇兑本位制	英国和美国持有黄金储备。 其他国家货币钉住英镑或者美元，然后兑换为黄金
20 世纪 30 年代	全球经济衰退	贸易保护主义和金汇兑本位制的崩溃导致了汇率自由浮动和全球经济的衰退
1944 年	布雷顿森林会议	黄金价格固定在 35 美元 1 盎司，其他国家货币以固定汇率兑换美元。 会议提出创立国际货币基金组织和世界银行
1971 年	史密森协议	美元贬值到 38 美元兑换 1 盎司黄金；G10 集团同意把它们各自国家的货币兑换美元的浮动幅度维持在 4.5%。 这个协议很快就被破坏
1972 年	欧洲加入浮动汇率行列	欧洲经济共同体实行一个“蛇形浮动”的钉住汇率体系。 英镑在 2 个月后退出该体系
1976 年	牙买加协议	浮动汇率得到官方认可
1979 年	欧洲货币体系（EMS）诞生	欧洲汇率形成机制是各国货币围绕中心汇率在一定范围内波动。 欧洲货币单位诞生

续表

时间	事件	起因和结果
1985 年	广场协定	G5（英国、法国、德国、日本和美国）集团宣称将集体采取行动来使美元贬值，并且共同行动控制汇率波动
1987 年	卢浮宫协定	美元从 1985 年的高位大幅下跌。 G7 集团的政策制定者们同意采取措施稳定汇率
1991 年	马斯特里赫特条约	欧盟同意建立欧洲中央银行制定和执行共同的货币政策并发行统一的欧洲货币
1999 年	欧洲货币联盟正式成立	欧洲单一货币欧元开始作为电子货币形式在欧元区 11 国流通
2002 年	欧元取代欧元区各国货币	2002 年 1 月 1 日，欧元的纸币和硬币在欧元区开始流通，并于 2002 年 3 月 1 日彻底代替各国货币
2010 年	世界银行与国际货币基金组织调整投票权	世界银行与国际货币基金组织大幅调高新兴市场国家与发展中国家的投票权
2016 年	人民币加入 SDR	人民币加入 SDR，对于推进国际货币体系的改革有着重要的作用与意义
2020 年	欧盟正式批准英国脱欧	英国脱欧加大了金融市场的波动性，对欧元区，进而对整个国际货币体系产生了深远的影响

阅读资料：巴里·艾肯格林．嚣张的特权：美元的国际化之路及对中国的启示［M］．陈召强，译．北京：中信出版社，2019.

第二节　国际金融机构

国际金融机构分三种类型：（1）全球性的，如国际货币基金组织和世界银行。（2）区域性的，如欧洲投资银行、阿拉伯货币基金、西非发展银行，它们完全由地区内的国家组建，是真正的区域性国际金融机构。（3）半区域性的，如国际清算银行、亚洲开发银行，它们的成员国家主要在区域内，但也有区域外的国家参加。下面介绍三个重要的国际金融机构。

一、国际货币基金组织

国际货币基金组织（International Monetary Fund，IMF）于 1946 年 3 月正式成立，1947 年 3 月 1 日开始工作，1947 年 11 月 15 日成为联合国的专门机构，总部设在华盛顿，在巴黎和日内瓦设有代表处。截至 2018 年，已有成员国 189 个。

国际货币基金组织的主要职能是：（1）制定成员国间的汇率政策和经常项目的支付以及货币兑换性方

面的规则，并进行监督；（2）对发生国际收支困难的成员国在必要时提供紧急资金融通，避免其他国家受其影响；（3）为成员国提供有关国际货币合作与协商等会议场所；（4）促进国际间的金融与货币领域的合作；（5）促进国际经济一体化的步伐，维护国际间的汇率秩序；（6）协助成员国之间建立经常性多边支付体系；等等。

国际货币基金组织的资金主要来源于各成员认缴的份额（quota）。会员国应缴份额的多少，是根据布雷顿森林会议所确定的考虑会员国的国民收入、黄金外汇储备以及对外贸易量等因素的公式计算，并由国际货币基金组织与会员国磋商确定。除份额外，国际货币基金组织还可通过向会员国借款来筹措资金。此外，国际货币基金组织于1969年创设的特别提款权、1976年出售黄金的收入，也构成国际货币基金组织的资金来源。

国际货币基金组织的贷款业务主要有：（1）普通贷款。它是国际货币基金组织利用各成员国认缴的份额形式的基金，对成员国提供的短期信贷，期限不超过5年，利率随期限递增。成员国借取普通贷款的累计数不得超过其份额的125%。（2）补偿与应急贷款。当一国出口收入下降或谷物进口支出增大而发生临时性国际收支困难时，可向国际货币基金组织申请普通贷款外的这项贷款。（3）缓冲库存贷款。其目的是帮助初级产品出口国建立缓冲库存以便稳定价格。成员国可以使用这项贷款达其份额的45%，贷款期限为3～5年。（4）中期贷款，又称扩展贷款。此项贷款专门为了解决成员国较长时期的结构性国际收支赤字，而且其可借款额比普通贷款所能借取的贷款额度要大。其最高借款额可达借款国份额的140%，期限为4～10年，备用安排期限为3年。此项贷款与普通贷款两项总额不得超过借款国份额的165%。（5）补充贷款。它主要用于补充普通贷款之不足，帮助成员国解决持续的巨额国际收支逆差问题。成员国在遇到严重国际收支不平衡，需要比普通贷款所能提供的更大数额和更长期限的资金时，可以申请补充贷款。（6）信托基金。这项基金用于援助发展中国家。（7）结构调整贷款。其资金来自信托基金贷款偿还的本息，贷款利率为1.5%，期限为5～10年。（8）临时性信用设施。国际货币基金组织除设立固定的贷款项目外，还可以根据需要设置临时性的贷款项目，其资金由国际货币基金组织临时借入。

二、世界银行集团

世界银行集团由国际复兴开发银行（又称世界银行）及其两个附属机构国际金融公司和国际开发协会组成。国际复兴开发银行（International Bank for Reconstruction and Development，IBRD）是根据布雷顿森林会议通过的《国际复兴开发银行协定》与国际货币基金组织同时成立的两个全球性国际金融机构之一，1945年12月成立，1946年6月正式营业。其主要任务是，向会员国提供中长期贷款，以促进会员国经济恢复与重建，资助会员国兴办特定的基本建设工程，并协助发展中成员国发展经济和开发资源。国际金融公司（International Finance Corportion，IFC）成立于1956年，专门对会员国特别是发展中国家会员国的私人企业新建、改建和扩建等项目融通资金，以促进发展中国家私营经济的增长和资本市场的发展。国际开发协会（International Development

Association，IDA）以会员国中最贫困的发展中国家为援助对象，通过对其提供优惠贷款以帮助其经济的开发与发展。

除上述三家机构外，多边投资担保机构（Multinational Investment Guarantee Agency，MIGA）以及国际投资争端解决中心（International Centre for Settlement of Investment Disputes，ICSID）与世界银行也有着十分密切的业务联系。

表 13－2　世界银行集团各机构成员国总数（截至 2018 年）

机构	成员国总数
国际复兴开发银行（IBRD）	189
国际开发协会（IDA）	173
国际金融公司（IFC）	185
多边投资担保机构（MIGA）	182
国际投资争端解决中心（ICSID）	162

资料来源：世界银行官网。

（一）资金来源

世界银行的资金来源主要由会员国缴纳的股金、向国际资本市场借款、转让债权以及净收益四部分组成。（1）会员国缴纳的股金。世界银行根据会员国的经济实力，并参照其向国际货币基金组织缴纳的份额数来确定它们应缴股金的多少。会员国认缴的股金中 20% 为实缴，其余 80% 为待缴。（2）借款。由于各会员国实缴股金并不多，世界银行贷款的资金来源主要依赖于借款。世界银行借款的主要方式为发行债券。各会员国庞大的待缴股金成为世界银行发行债券的强大后盾。世界银行已成为世界各主要资本市场上最大的非居民借款人。（3）转让债权。为加速信贷资金的周转，提高资金的使用效率，世界银行把贷出的债权转让给商业银行等私人投资者，以提前收回部分信贷资金。（4）净收益。这是指世界银行的贷款净收入。

国际金融公司的资金来源有会员国缴纳的股金、借款和经营业务的净收益。

国际开发协会的资金来源包括会员国缴纳的股本、世界银行拨款、业务净收益和补充资金。（1）会员国缴纳的股本。（2）世界银行拨款。自 1964 年起，世界银行每年从其净收益中拨付一定款项资助国际开发协会。（3）业务净收益。由于协会贷款的条件相当优惠，净收益的数额非常有限。（4）补充资金。指由部分成员国和世界银行提供的用于扩大资金来源和满足贷款需要的资金。

（二）主要业务

1. 贷款。世界银行通过国际复兴开发银行和国际开发协会提供两种基本类型的硬贷款和软贷款。其中，由国际复兴开发银行提供的硬贷款又分为投资贷款和发展政策贷款。投资贷款用于借款国的货物和服务采购以及工程建设，发展政策贷款（以前称调整贷款）用于支持国别政策的实施和制度改革。国际开发协会的长期贷款（软贷款）为无息贷款，但要求对已支付贷款收取 0.75% 的手续费，对未用贷款余额支付 0～0.5% 的承诺费。

2. 信托基金与赠款。捐赠国政府和广泛的私营及公共机构将款项存入由世界银行保管的信托基金。这些赠款资金用于撬动各类发展项目的实施。这些项目在规模和复杂性方面存在很大差异，既有投资几十亿美元的项目，如碳金融、全球环境基金和重债穷国动议以及抗击艾滋病、结核病和疟疾全球基金等项目，也有规模很小和简单的单独项目。

3. 分析与咨询服务。世界银行是一个广为人知的融资机构，在提供贷款支持的同时也向其成员国提供分析研究服务和信息咨询服务，如通过对成员国环境、贫困、贸易等领域的数据采集和研究分析；考察其经济环境、评估其经济发展前景。

4. 能力建设。世界银行的另一项核心任务是提高发展中国家人民以及世界银行工作人员的能力，帮助他们获得提供技术援助、改善政府绩效和提供服务、促进经济增长以及持续实施减贫计划所需的知识和技能。

专栏 13 – 7
世界银行和国际货币基金组织——联系与区别

建立世界银行和国际货币基金组织的构想是在 1944 年 7 月的布雷顿森林会议上同时被提出来的。事实上，当人们提到布雷顿森林体系崩溃时，仅仅是指以黄金—美元为基础的金汇兑本位制（即双挂钩制度）的崩溃，而作为布雷顿森林体系重要组成部分的世界银行和国际货币基金组织却依然存在，并且是当代国际货币金融领域中最为重要的两个国际机构。

世界银行和国际货币基金组织在各自领域发挥重要作用，它们既密切合作，也有区别。首先，世界银行的主要任务是为发展中国家提供援助，而国际货币基金组织的主要任务是解决成员国国际收支问题；其次，在贷款问题上，世界银行提供的贷款期限较长，往往针对特定部门、特定项目提供，并要求受贷国采取相应的措施以确保贷款资金的使用效率，而国际货币基金组织提供的贷款期限较短，往往同时要求受贷国进行国际收支调节；最后，根据惯例，世界银行行长来自美国，而国际货币基金组织的总裁来自欧洲。

世界银行和国际货币基金组织的标志

资料来源：世界银行官网。

三、国际清算银行

国际清算银行（Bank for the International Settlements，BIS）是英国、法国、德国、意大利、比利时、日本等国的中央银行与代表美国银行界利益的摩根银行、花旗银行组成的银团，根据海牙国际协定于 1930 年 5 月共同组建的。刚建立时只有 7 个成员国，截至 2018 年成员国已发展至 60 个。

国际清算银行的宗旨是促进各国中央银行之间的合作，为国际金融运作提供便利，并作为国际清算的受托人或代理人。扩大各国中央银行之间的合作是促进国际金融稳定的重要因素之一，因此国际清算银行便成了各国中央银行家的会晤场所，接受各中央银行的委托开展各种业务。

国际清算银行以各国中央银行、国际组织（如国际海事组织、国际电信联盟、世界气象组织、世界卫生组织）为服务对象，不办理私人业务。这对联合国体系内的国际货币金融机构起着有益的补充作用。现在世界各国的国际储备约有 1/10 存放在国际清算银行。各国中央银行在该行存放的外汇储备、货币种类可以转换，并可以随时提取而无须声明理由。这对一些国家改变其外汇储备的结构，实现多样化提供了一个很好的途径。在国际清算银行存放黄金储备是免费的，而且可以用做抵押，从国际清算银行取得黄金价值85%的现汇贷款。同时，国际清算银行还代理各国中央银行办理黄金购销业务，并负责保密。因此它在各成员国中央银行中备受欢迎。

除了银行活动外，国际清算银行还作为中央银行的俱乐部，是各国中央银行之间进行合作的理想场所，其董事会和其他会议提供了关于国际货币局势的信息交流的良好机会。

国际清算银行的资金主要来源于三个方面：(1) 成员国交纳的股金。该行建立时，法定资本为5亿金法郎（gold francs），1969年增至15亿金法郎，以后几度增资。该行股份80%为各国中央银行持有，其余20%为私人持有。(2) 借款。向各成员国中央银行借款，补充该行自有资金的不足。(3) 吸收存款。接受各国中央银行的黄金存款和商业银行的存款。

国际清算银行的主要业务有：(1) 处理国际清算事务。第二次世界大战后，国际清算银行先后成为欧洲经济合作组织、欧洲支付同盟、欧洲煤钢联营、黄金总库、欧洲货币合作基金等国际机构的金融业务代理人，承担着大量的国际结算业务。(2) 办理或代理有关银行业务。第二次世界大战后，国际清算银行业务不断拓展，目前可从事的业务主要有：接受成员国中央银行的黄金或货币存款，买卖黄金和货币，买卖可供上市的证券，向成员国中央银行贷款或接受其存款，也可与商业银行和国际机构进行类似业务，但不得向政府提供贷款或以其名义开设往来账户。目前，世界上很多中央银行在国际清算银行存有黄金和硬通货，并获取相应的利息。(3) 定期举办中央银行行长会议。国际清算银行于每月的第一个周末在巴塞尔举行西方主要国家中央银行的行长会议，商讨有关国际金融问题，协调有关国家的金融政策，促进各国中央银行的合作。

第三节 国际金融市场

一、国际金融市场的内涵

（一）国际金融市场的含义

国际金融市场（international financial market）有广义和狭义之分。狭义的国际金融市场是指从事国际间资金融通和借贷交易的市场，又称为国际资金市场，包括国际货币市场和国际资本市场；广义的国际金融市场则是指进行所有国际金融业务活动的场所，不仅包括国际货币市场、国际资本市场，还包括国际外汇市场、国际黄金市场和国际衍生工具市场。随着现代化通信技术和计算机系统的发展，国际金融市场已经突破了交易场所和地点的局限，发展成为全球性的金融市场网络。

国际金融市场同国内金融市场既有千丝万缕的联系，也有着非常明显的区别（见表13-3）。

表 13-3　国际金融市场与国内金融市场的区别与联系			
		国际金融市场	国内金融市场
区别	参加者不同	居民或非居民	居民
	交易标的物不同	各国货币（主要使用外币）	本币
	市场管制程度不同	往往超越各国金融当局的监管，市场所在国政府的管制程度较为宽松，有的国家甚至完全放开	受本国法规和政策的管辖和约束，政府的干预较多
联系	国际金融市场是在国内金融市场的基础上发展起来的，是国内金融市场向国外的扩展和延伸		
	国际金融市场在市场利率、资金的相互利用、市场活动的交叉及相互影响等方面与国内金融市场都有着密切的联系		
	一些大的金融机构同时是两个市场的参与者		

（二）国际金融市场的要素

1. 国际金融市场的主体。国际金融市场的主体是指国际金融市场的交易者或参与者。按照国别身份，国际金融市场的主体可以分为居民和非居民。居民是指在一国（或地区）居住或营业达到1年以上的自然人或法人；在一国（或地区）以外居住或营业的自然人或法人即为非居民。按照法律身份，国际金融市场的主体可以分为个人、一般公司企业、金融机构和政府。按照市场角色，国际金融市场的主体可以分为债权人和债务人、资金供给者和资金需求者、投资者和筹资者、市场交易商和市场经纪商、金融产品的买方和卖方等。按照交易目的，国际金融市场的主体可以分为保值者、投资者和投机者。在国际金融市场上，不同的市场主体在不同的金融方式下扮演着不同的市场角色。

2. 国际金融市场的客体。国际金融市场的客体是指国际金融市场的交易对象。按大类划分，国际金融市场的客体可以分为自由外汇和金融工具。自由外汇是国际外汇市场的客体，是指以可自由兑换的外币所表示的，能用做国际清偿的支付手段和资产。金融工具是以货币计值的、载有金融交易条件和交易双方各自权利和义务的金融合约。金融工具又可以细分为传统的金融工具和创新的金融工具。

3. 国际金融市场的组织形式。国际金融市场的组织形式是指将国际金融市场的主体和客体联系起来进行交易的方式。由于国际金融市场上有有形市场和无形市场两种形态，其组织形式与此相对应，也有两种形式：一种是以固定场所为交易依托的组织形式；另一种是以营运网络为交易依托的组织形式。

（三）国际金融市场的作用

1. 促进国际贸易和国际投资的发展。国际金融市场的产生和发展都是国际贸易和国际投资发展的结果，而反过来，国际金融市场的发展又进一步促进了国际贸易的发展和国际投资的增长。通过国际金融市场在世界范围内对资金的调拨，可以调节世界范围内的资金盈缺，从而为国际贸易和国际投资的顺利进行提供更加有利的条件。

2. 调节国际收支的不平衡。国际金融市场上汇集了世界各国的盈余资金，出现国际收支逆差的国家可以从金融市场上借入所需资金弥补逆差，从而缓和逆差对国民经济的压力，有利于经济的稳定发展。

3. 促进世界资源分配效率的提高。国际金融市场是一个高度竞争的市场，资金总是流向经济效益最好、资金收益率最高的国家或地区，这就使国际金融市场上的资金利用效率提高，从而促使经济资源在世界范围内配置效率的提高。

二、国际金融市场的形成和发展

从世界范围来看，国际金融市场的形成和发展经历了一系列的演进过程，这一过程大致可以分为三个阶段，每个阶段又分别具有各自的特点。

1. 以伦敦为中心的国际金融市场。第一次世界大战之前，伦敦是世界上最大的国际金融市场。英国在国际贸易和国际金融领域中都充当着举足轻重的角色，英国的首都伦敦也就从国内的工业中心、贸易中心和金融中心，发展成当时整个世界的工业中心、贸易中心和金融中心。英镑成为世界上主要的国际结算和储备货币。

2. 以纽约为中心的国际金融市场。从 1914 年至第二次世界大战爆发前，国际金融市场因战争破坏和 20 世纪 30 年代初期的世界经济大危机而受到重创，伦敦国际金融中心的地位大大削弱，美国纽约国际金融市场的地位迅速上升，成为另一个国际资本的借贷结算中心。第二次世界大战的爆发加速了这一进程。美国利用第二次世界大战积累的巨额资本成为世界上最大的资金供应国。而布雷顿森林体系的建立，使美元成为各国的储备货币和重要的国际结算工具，纽约取代伦敦成为最大的国际金融市场。

3. 欧洲货币市场。随着世界经济的复兴，美国的经济霸主地位动摇。进入 20 世纪 60 年代，美国出现了连年的国际收支逆差，大量美元流向海外。迫不得已，美国采取了一系列的管理措施来限制资本外流。但是事与愿违，美国的跨国公司逃避这些限制，更是纷纷把美元资金转移到更安全和更有利可图的地区，于是形成了以伦敦为中心的境外美元市场，被称为欧洲美元市场。

专栏 13 －8

欧洲美元市场

东西方“冷战”催生了欧洲美元市场的萌芽。20 世纪 50 年代初期，随着朝鲜战争的爆发和东西方“冷战”局势的加剧，美国冻结了中国在美国的全部资产。苏联和其他东欧国家为了避免同样的危险，纷纷将它们所持有的美元资产转移到欧洲国家的银行账户上，这些银行主要有伦敦的莫斯科银行、纳罗地银行和巴黎的北欧商业银行，其中大多数美元资金都存放在伦敦的各大商业银行。当时的英国政府要振兴国内经济和英镑的国际地位，正需要大量的资金，于是准许伦敦的商业银行接受境外美元存款。随后，欧洲其他国家的银行也纷纷办理境外美元的存款业务，欧洲美元市场开始萌芽。不过，当时欧洲美元存款的数额十分有限，并且接受苏联等国家美元存款的欧洲银行只是以信托方式持有美元，而没有从事美元贷款，因此，在这一时期，欧洲美元市场并没有正式形成。

英镑危机促进了欧洲美元市场的正式形成。1957 年，英国和法国入侵埃及后，英国的国际收支急剧恶化，英镑出现危机。为了捍卫英镑的地位，英国政府加强了外汇管制，一方面禁止商业银行用英镑对非英镑区的居民发放贷款，而在另一方面却准许伦敦的商业银行接受美元存款并办理美元贷款。于是，英国的商业银行为了逃避外汇管制，纷纷转向经营美元业务，开始大量吸收美元存款并利用美元存款向海外客户提供贷款，以满足这些国际贸易商人融通资金的需要。这样，在美国境外大规模经营美元存放款业务的资金市场——欧洲美元市场开始在伦敦形成。

资料来源：本·斯泰尔. 布雷顿森林货币战：美元如何统治世界［M］. 北京：机械工业出版社，2019.

在欧洲美元市场形成的同时，由于各国纷纷实行浮动汇率，并不同程度地实行了对本国货币的控制，使得各西方主要国家货币相继越出国界，出现了境外德国马克、境外法国法郎、境外日元、境外荷兰盾等在伦敦等国际金融中心进行交易，欧洲美元市场逐渐扩大成为能够交易众多境外货币的欧洲货币市场。

三、国际金融市场的类型

（一）国际货币市场

国际货币市场是国际金融市场的重要组成部分。其特征表现为：（1）借款的期限较短，金额较大，成本较低并且风险较小；（2）银行同业之间的拆借市场占主导地位，并且该拆借一般为纯信用拆借，不需要签订协议及提供担保；（3）市场资金周转量大，并且周转速度很快；（4）市场对参与者的资信要求较高，短期信贷在提供时不限定用途，可由借款者自行安排。

国际货币市场有三个重要的功能：（1）为暂时闲置的国际短期借贷资金提供出路，使其找到存放生息的场所；（2）为短期资金在国际间调拨转移提供便利条件，使国际结算得以顺利进行；（3）提供短期融通资金，有助于各种国际经济交易的顺利开展。

国际货币市场包括许多独立的市场，按照借贷方式的不同，国际货币市场可以分为银行短期信贷市场、短期证券市场和贴现市场。

1. 银行短期信贷市场。该市场是银行对客户提供 1 年或 1 年以内短期贷款的市场。按照借贷对象的不同，又可以分为银行间同业拆借市场和银行短期借贷市场。

（1）银行间同业拆借市场。英国伦敦同业拆借市场是全球最为著名、规模最大的银行间同业拆借市场，Libor 是最主要的银行间同业拆借利率。近年来，随着国际金融中心的扩散，除了 Libor 经常作为国际金融市场的基准利率外，在其他主要国际金融中心，经常使用的还有 Hibor、Sibor、Bibor 等。另外，自 20 世纪 80 年代以来，除了银行间同业拆借利率以外，某些重要的国内货币市场利率，如美国优惠利率、日本长期优惠利率、加拿大优惠利率等，也经常被作为国际信贷的基准利率。银行间同业拆借一般以批发形式进行，交易形式简便，不需要任何担保或抵押，完全凭借信誉，通过电话、电传及互联网进行。

专栏 13－9
Libor 的确定方法

在银行间同业拆借市场上，利率的确定十分重要。伦敦银行间同业拆借利率（London inter－

bank offered rate，Libor）是英国货币市场乃至世界货币市场利率的基础。

Llibor 的确定有四种方法：（1）借贷双方根据伦敦市场上主要银行的报价协商确定。（2）指定两三家伦敦市场主要银行进行同业报价，计算各行报价平均数。（3）按贷款银行（自身是主要银行）与另一家主要银行（本身一般不参与贷款）的利率报价进行平均计算。（4）由贷款银行指定。

这四种方法，对借款者来说，第一种最有利，第二、第三种次之，第四种方法最不利。

阅读资料：http：//www. global－rates. com。

（2）银行短期借贷市场。国际银行短期信贷主要是跨国银行对各国政府、跨国公司、进出口企业等客户提供的资金融通借贷。各国政府的短期信贷主要是用于弥补收支赤字，而跨国公司等工商企业则通常是为了满足短期流动资金的需要。国际银行短期信贷使用的利率一般为 Libor 再加上一个附加利率。

2. 短期证券市场。短期证券市场是国际间进行短期有价证券交易的场所，短期有价证券是指各种期限在 1 年或 1 年以内的可转让流通的信用工具。国际货币市场交易的短期有价证券种类繁多，根据信用工具不同，主要分为以下几种：

（1）国库券。在国际货币市场上，主要西方国家政府发行的国库券信用最高，流动性最好，交易量非常大。较为著名的有美国政府国库券、英国政府的“金边”债券和德国政府的“堤岸”债券。其中，美国联邦政府发行的国库券，不仅是美国居民，而且也是外国政府、跨国银行和公司或个人投资者重要的投资对象。

（2）商业票据。由于商业票据没有担保，仅以信用作保证，因此能够发行商业票据的一般都是规模巨大、信誉卓著的大公司。商业票据的利率一般高于国库券，低于银行优惠利率，取决于市场供求、发行人信誉、银行利率、期限及面额等，交易通常按票面金额贴现的方式进行。

（3）银行承兑汇票和商业承兑汇票。银行承兑汇票是由银行对汇票进行承兑，而商业承兑汇票是由银行以外的付款人承兑，前者由于银行的信用较高，其流动性更强。银行承兑汇票和商业承兑汇票的发行促进了国际贸易的发展，方便了信誉等级低的中小企业进入货币市场，它们已成为国际货币市场上重要的金融工具。

（4）可转让定期存单。通过发行这种存单，银行可以获得稳定的短期资金。对于投资者而言，既可以获利，又可以转让，是短期投资的理想方式。在国际货币市场上，大企业是可转让定期存单的最大买主。可转让定期存单的期限一般不超过 1 年，通常为3～6个月；存单的利率与 Libor 大致相同。

3. 贴现市场。贴现市场上交易的短期金融工具主要有商业票据、银行承兑票据、国库券及其他短期政府债券等。贴现商主要是商业银行、贴现公司、票据经纪商和票据承兑所。贴现业务是国际货币市场上资金融通的一种重要形式，目前英国伦敦是世界上最大的贴现市场。

（二）国际资本市场

广义的国际资本市场包括国际银行中长期信贷市场和国际证券市场；狭义的国际资本市

场仅包括国际证券市场。

1. 国际银行中长期信贷市场。国际银行中长期信贷是银行为企业等长期资金需求者提供1年以上的中长期信贷，期限为2～10年，甚至是10年以上。

国际银行中长期信贷的特点主要有：(1) 贷款可以由借款人自由安排使用，没有特别限制。(2) 贷款的组织形式有独家银行贷款和银团贷款两种，以银团贷款更为常见。(3) 信贷条件严格，贷款成本较高。中长期国际信贷的贷款成本由利息和费用共同构成。利率通常是每隔3个月或6个月按市场利率进行调整，实际是浮动利率；费用包括管理费、佣金、代理费、承担费及其他杂费。(4) 贷款的偿还方式有到期一次偿还、分期等额偿还和逐年分期等额偿还三种。

2. 国际证券市场。

(1) 国际股票市场。狭义的国际股票市场指交易市场所在地非居民公司股票所形成的市场。广义的国际股票市场除狭义的国际股票市场外，还包括国际化的各国股票市场，即大量非居民投资者参与买卖的股票市场。

与国内股票市场一样，国际股票市场也由发行市场和流通市场构成。国际股票市场的交易程序和规则与各国国内股票市场基本相同。不过，由于外国公司在本国发行股票或外国投资者购买本国公司所发行的股票，涉及资本的国际流动，各国往往通过出台相应的金融法规或行政管理措施加以限制。

(2) 国际债券市场。国际债券是指一国借款人或国际金融机构在国外以非本国货币为面值发行的债券。国际中长期债券的发行和买卖所形成的国际债券市场是国际资本市场的重要组成部分。

国际债券一般分为外国债券和欧洲债券。外国债券即传统的国际债券，是筹资者在国外发行的，以发行地货币为面值的债券。其主要特点是，债券发行人属一个国家，而债券发行地点和债券计值货币属另一个国家。国际上比较有名的外国债券有“扬基债券”（在美国发行的外国债券）、“武士债券”（在日本发行的外国债券）、“猛犬债券”（在英国发行的外国债券）。欧洲债券指筹资者在国外发行的、以第三国货币标明面值的债券，如在伦敦金融市场上发行的以美元计值的债券。欧洲债券的主要特点是：①债券的发行者、债券面值货币和债券发行地分属于不同的国家，意味着欧洲债券主要是面向发行地所在国的非居民发行；②债券计值货币可以是任何一种欧洲货币；③欧洲债券的发行一般采取不经过申请批准的非正式发行方式，通过国际债券市场上的经纪人或包销商来销售，而不必在任何特定国家的资本市场注册；④发行条件比较优惠。欧洲债券不记名的发行方式使投资人可以免交所得税，对投资者很有吸引力，也使发行者可以较低的利息成本筹到资金。

国际债券具有发行规模巨大、信用级别高、以自由兑换外汇为计价货币、存在汇率风险等特点。20世纪80年代以来，随着国际资本市场上出现证券化趋势，国际债券的发行量不断扩大，国际债券市场成为借款者利用国际金融市场融资的主要渠道，国际债券市场在国际金融市场上的地位也日渐重要。

（三）国际外汇市场

外汇市场是集中进行外汇交易的场所或通过电信方式进行外汇交易的组织系统。

1. 国际外汇市场的类型。国际外汇市场主要有两种类型：一种是有形市场，即有固定场所集中进行外汇交易的市场，又称为大陆式外汇市场。目前，欧洲大陆除了瑞士之外，大多数都采用这种在有形市场内交易的方式。这类外汇市场主要有法国的巴黎、德国的法兰克福、比利时的布鲁塞尔等。这些外汇交易所有固定的营业日和开盘、收盘时间，外汇交易的参与者于每个营业日规定的营业时间集中在交易所进行交易。这种交易方式主要用于调整即期的外汇头寸，因此不是外汇市场的主要形式。另一种是无形市场，即没有固定交易场所，而是通过电话、电报、电传、电子计算机等通信工具所组成的网络进行外汇交易，通常也称为英美式外汇市场。这种外汇市场不仅没有固定的交易场所，也没有固定的开盘、收盘时间。这种外汇市场形式普遍流行于伦敦、纽约、东京、香港、新加坡、苏黎世等地，现在世界上绝大多数的外汇交易都是通过这种无形市场进行的。无形市场的营业日已打破了世界各地时差对外汇交易的限制，由于西欧、美国纽约、日本东京等地的外汇市场营业时间相互衔接，从而构成一个24小时连续运转的全球外汇市场。

2. 国际外汇市场的参与者。

（1）中央银行。中央银行不仅是外汇市场的参加者，也是外汇市场的监督者和操纵者。各国中央银行都持有相当数量的外汇作为国际储备，可以根据需要随时在外汇市场上买进或卖出外汇。中央银行参与外汇买卖业务主要出于为外汇储备保值和干预市场汇率两个目的。一般情况下，中央银行在外汇市场上的交易数量并不是很大。但是，由于中央银行代表着一国政府，其对市场的影响力却是非常大的。

（2）外汇银行。外汇银行是指由各国中央银行或货币当局指定或授权经营外汇业务的银行，包括专营与兼营外汇业务的本国商业银行、在本国的外国商业银行分行及其他可以经营外汇业务的金融机构。它们直接对客户买卖外汇，并通过银行间外汇市场的交易来调节自己持有的外汇头寸。外汇银行是外汇市场的主体，其业务经营是外汇市场交易活动中极其重要的组成部分。

（3）外汇经纪人。外汇经纪人是指介于外汇银行之间、外汇银行与其他外汇市场参加者之间为外汇交易牵线搭桥的中间商。外汇经纪人必须经过所在国中央银行或授权部门的批准才能进入市场，他们与银行及客户有着密切的联系。外汇经纪人本身不直接参与外汇交易，而只是接受银行与客户的委托，通过提供咨询、信息、代理买卖以及其他服务从中收取佣金。

（4）顾客。外汇市场的顾客指各种类型的外汇供给者和需求者，包括跨国公司、进出口商、贴现公司、汇票交易商、其他外汇供求者以及外汇投机者。跨国公司和各国进出口商是外汇市场上最主要的外汇需求者和外汇提供者，对外汇市场的供求状况起着决定性的影响。贴现公司和汇票交易商是专门经营各种票据尤其是外国汇票的贴现和买卖，以从中获利的商号。其他外汇供求者指由于运费、保费、旅费、学费等非贸易外汇交易而产生的外汇供求者。外汇投机者则是根据对市场汇率变动的预测，以买空卖空或其他手段进行外汇交易以谋取利润者。

3. 世界主要的外汇市场。目前世界上约有外汇市场30多个，其中较重要的有伦敦、纽约、新加坡、香港、东京、巴黎、瑞士等，它们各具特色并相互联系，形成了全球的统一外汇市场。

（1）伦敦外汇市场。伦敦外汇市场是世界上建立最早、规模最大的国际外汇市场，2019年日均交易量是3.58万亿美元。伦敦外汇市场是一个典型的无形市场。在伦敦外汇市场上，约有250多个指定经营商，他们与外币存款经纪人共同组成外汇经纪人与外币存款经纪人协会。

伦敦外汇市场的外汇交易分为即期外汇交易和远期外汇交易。汇率报价采用间接标价法，交易货币种类众多，最多达80多种，经常有三四十种，其中规模最大的是英镑对美元的交易，其次是英镑对欧元及日元的交易。伦敦外汇市场上外币套汇业务十分活跃，自从欧洲货币市场产生以来，伦敦外汇市场上的外汇买卖与欧洲货币的存放有着密切联系。

（2）纽约外汇市场。纽约外汇市场是第二次世界大战后发展起来的国际性外汇市场，是一个完全自由的外汇市场。该市场是一个无形市场，其日交易量仅次于伦敦，2019年日均交易量为1.37万亿美元。纽约外汇市场于1970年建立了银行间清算系统（CHIPS），这一系统将纽约外汇市场上各家银行置于庞大而复杂的电子网络中，对世界上90%以上的美元收付进行结算。纽约外汇市场的参与者主要是各大商业银行、外国银行的分支机构和外汇经纪商，以商业银行为主，包括50余家美国银行和200多家外国银行在纽约的分支机构、代理行及代表处。

（3）新加坡外汇市场。新加坡外汇市场是在20世纪70年代亚洲美元市场发展起来后，逐步发展成为国际外汇市场的。新加坡地处欧亚非三洲交通要道，时区优越，上午可与香港、东京等亚洲市场进行交易，下午可与伦敦、苏黎世、法兰克福等欧洲市场进行交易，晚上可同纽约市场进行交易。根据交易需要，一天24小时都可以同世界各地区进行外汇买卖。2019年新加坡外汇市场日均交易量为6 330亿美元，位居世界第三。

（四）国际黄金市场

国际黄金市场是世界各国集中进行黄金买卖的场所。在金本位制度下，黄金是世界货币，黄金市场的存在对国际收支起着非常重要的调节作用。布雷顿森林体系时期，黄金仍然在国际货币体系中扮演着重要角色。1968年以前，按照布雷顿森林会议的承诺，各国政府维持着黄金的官方固定价格，并对私人黄金买卖和输出入实行严格的限制，使国际黄金市场的发展及其作用的发挥受到严重制约。布雷顿森林体系崩溃后，国际货币体系于1978年进入黄金非货币化时期，黄金市场才得以迅速发展，并成为国际金融市场的重要组成部分。

国际黄金市场的交易具有两种性质：一种是黄金作为商品而买卖，如黄金由产金国出售给需要黄金作为原材料的国家，这种黄金交易具有国际贸易的性质；另一种是黄金作为世界货币而买卖，如用黄金作为各国国际结算的支付手段或国际购买手段，或是作为财富的国际转移手段，这种黄金交易具有国际金融的性质。

1. 国际黄金市场的主要参与者。（1）将黄金作为商品出售的产金国采金企业和进口黄金作为原材料的各国工商企业；（2）持有储藏黄金需要出售以获得资金作为国际结算手段，或投资或购买黄金作为投资工具或储藏手段的各国企业、银行和其他金融机构；（3）专门经营黄金买卖的各国金商和经纪人；（4）持有黄金储备并通过买卖黄金来安排国际储备资产和调节国际收支的各国中央银行；（5）期望利用金价涨跌买卖黄金来赚取利润的黄金投机者。此外，一些国际金融机构有时也参与黄金买卖。

2. 国际主要黄金市场

目前国际上比较著名且有影响的黄金市场主要集中在纽约、伦敦、上海等地。

（1）纽约黄金市场。纽约黄金市场是20世纪70年代中期发展起来的。1977年后美元贬值，美国投资者（主要是以法人团体为主）为了套期保值和投资增值获利，刺激了黄金期货交易的迅速发展。

（2）伦敦黄金市场。成立于1919年的伦敦黄金市场是世界上最大的黄金市场。1982年以前，伦敦黄金市场主要经营黄金现货交易。1982年4月，伦敦期货黄金市场开业。伦敦黄金市场的价格由五大金行于每天上午和下午分两次确定，该价格对纽约和香港黄金市场的交易有着直接的影响。

（3）上海黄金市场。上海黄金市场以上海黄金交易所和上海期货交易所为主。其中，上海黄金交易所于2002年10月开业，交易所实行场内集中竞价撮合交易方式，同时提供银行间询价交易。上海期货交易所目前上市交易的有黄金、白银、铜、铝等11种期货合约，现有会员398家。

本章小结

1. 国际货币体系，也称国际货币制度，指在国际经济关系中，为满足国际间各类交易的需要，各国政府对货币在国际间的职能作用及其他有关国际货币金融问题所制定的协定、规则和建立的相关组织机构的总和。

2. 金本位制是以一定重量和成色的黄金为本位货币，并建立起了流通中各种货币与黄金间固定兑换关系的货币制度。

3. 布雷顿森林体系的主要内容包括：（1）可兑换黄金的美元本位。美元实际上充当了国际储备货币，被广泛地用做国际间的计价单位、支付手段和贮藏手段。（2）可调整的固定汇率。每一会员国都规定本国货币与美元的平价汇率，再通过美元与黄金之间的固定平价关系，间接与黄金建立联系，进而决定各成员国货币彼此之间的平价关系。（3）对国际收支的调节。在布雷顿森林体系下，国际收支的调节有两种方法：短期的失衡由IMF提供信贷来解决，长期的失衡则通过调整汇率平价来调节。

4. 牙买加体系的特点主要包括：（1）多元化的国际储备体系；（2）多样化的汇率制度；（3）多种国际收支的调节手段，这些机制包括收入机制、价格机制、利率机制与汇率机制。

5. 牙买加体系仍然存在许多问题，主要表现在以下三个方面：（1）汇率秩序混乱；（2）储备货币管理的难度增加，多元化的储备体系具有内在的不稳定性；（3）国际收支的调节机制仍不健全。

6. 当今重要的国际金融组织包括：（1）国际货币基金组织；（2）世界银行集团；（3）国际清算银行；等等。

7. 国际金融市场有广义和狭义之分。狭义的国际金融市场又称为国际资金市场，是指从事国际间资金融通和借贷交易的市场，包括国际货币市场和国际资本市场；广义的国际金融市场，则是指进行所有国际金融业务活动的场所，不仅包括国际货币市场、国际资本市场，还包括国际外汇市场、国际黄金市场。

8. 国际金融市场的形成和发展为各国居民进行跨国界的金融资本配置提供了基本渠道，同时也便利了金融资本的国际风险管理和跨国投机活动。

关键词

国际货币体系（international monetary system）
国际金本位制（international gold standard）
布雷顿森林体系（Bretton Woods System）
“特里芬难题”（Triffin Dilemma）
牙买加体系（Jamaica System）
国际货币基金组织（International Monetary Fund）
国际金融市场（international financial market）

重要概念

国际储备资产　特别提款权　国际货币基金组织　世界银行　国际清算银行
美元危机　牙买加协议　马歇尔—勒纳条件　J曲线效应　外国债券
国际货币市场　国际资本市场　国际外汇市场　国际黄金市场　欧洲债券

思考题

1. 如何评价国际金本位制？
2. 如何评价布雷顿森林体系？
3. 如何评价牙买加体系？
4. 试述国际金本位制、布雷顿森林体系与牙买加体系的联系与区别。
5. 试析国际货币体系的现实困境。
6. 简要评述主要国际金融机构及其职能。
7. 如何正确理解欧洲货币市场？
8. 简述国际资本市场的构成。

练习题

1. 分析国际金本位制的特点及主要缺陷。
2. 布雷顿森林体系的主要内容是什么？
3. 健全的国际货币体系应该具备哪些条件？
4. 国际收支自动调节机制有哪些？它们的原理各是什么？
5. 比较固定汇率制和浮动汇率制下国际收支调节机制的异同。
6. 评述各国际金融市场的特点。
7. 分析欧洲货币市场的主要特点。
8. 分析国际金融市场的新特点及其成因。

案例题

在 2009 年 G20 伦敦金融峰会上，各国纷纷表达诉求。其中，时任中国人民银行行长周小川《关于改革国际货币体系的思考》一文，在对当前国际货币体系表达谨慎担忧的同时，提到远期内建立超主权储备货币，更是引起国际社会的广泛关注。

"此次金融危机的爆发与蔓延使我们再次面对一个古老而悬而未决的问题，那就是什么样的国际储备货币才能保持全球金融稳定、促进世界经济发展。"周小川撰文指出，应创造一种与主权国家脱钩并能保持币值长期稳定的国际储备货币，从而避免主权信用货币作为储备货币的内在缺陷，这是国际货币体系改革的理想目标。

如评论所言，此项提议捅了美国的"马蜂窝"。不过，它在遭到美国反对的同时，却获得了澳大利亚以及巴西、俄罗斯、印度、阿根廷等新兴市场国家的拥护，且获得了以诺贝尔经济学奖得主约瑟夫·斯蒂格利茨为主席的联合国顾问委员会的支持。

几十年来，美元在为世界提供流动性的同时，也因其不稳定性不断在为全球金融市场积累风险，这一"特里芬难题"在此次全球金融危机中被彻底凸显和放大出来。尽管在 G20 伦敦金融峰会上讨论超主权储备货币问题的可能性不大，但如分析人士所预测，超主权储备货币的构想，必然会成为峰会间歇中各国政要的重要话题，并为今后国际货币体系的改革酝酿变局。寻找怎样一种新的货币安排，已成为包括美国的最大债权国中国在内的许多国家思考的问题。

请结合案例讨论以下两个问题：

（1）如何看待超主权储备货币构想？

（2）试述国际货币体系发展的方向和路径。

扫描二维码可阅读本章精选案例

第十四章
货币需求与货币供给

本章知识结构

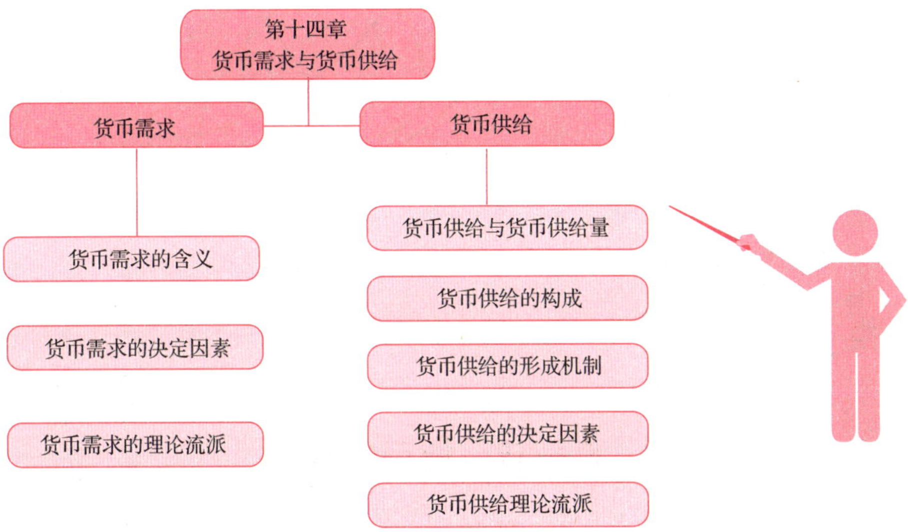

本章学习目标

- 了解当代货币理论的发展脉络；
- 界定货币供给的多重口径；
- 认识货币供给的创造过程；
- 掌握货币供求的影响因素。

章前引例

当前，随着经济与金融市场的发展，可以观察到的一个明显趋势是科技与金融结合的愈加紧密，从支付、借贷、保险以及投资等多个环节的金融产品与服务入手，金融科技悄悄渗透到了经济生活与金融市场中的每个环节。不过，科技在提高社会与金融服务效率的同时，也带来了新的思考与新的安全问题，表现在货币供求领域中的一个问题是：

加密数字货币。

一方面，随着经济中线上交易频度与交易总量的增加，各国政府与中央银行已经充分认识到数字货币对实体经济的影响，并将以比特币为代表的加密数字货币的技术，即其底层的区块链技术或分布式记账技术，应用于中央银行加密数字货币的可行性研究中；另一方面，以比特币为代表的加密数字货币，从2000年至今几度经历数十倍甚至百倍的飙涨暴跌，国际清算银行行长表示，“虽然加密货币可能被视为一种无须政府参与的支付系统，但它已经成了泡沫、庞氏骗局和环境灾难的结合体”。

从现有的货币制度来看，中央银行在传统货币供给体系中的地位毋庸置疑，未来加密数字货币的发展，很大程度上取决于中央银行数字货币的设计，尤其是数字货币在经济中与商业银行存款等传统货币的竞争情况。但是，这种结合了科技的“货币”未来将会对货币体系、货币制度、货币供求以至于各种金融产品与服务产生何种影响还很难加以衡量。

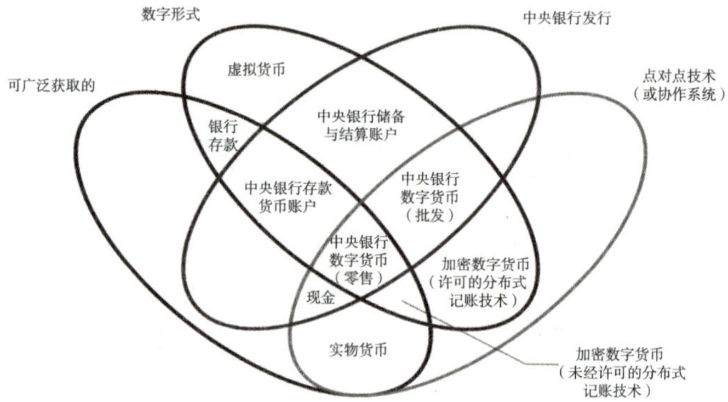

国际清算银行的货币之花：货币的分类

第一节　货币需求

经济学家在研究货币问题时如同研究许多其他的经济问题一样，采用供求分析的方法。对货币需求问题的研究是整个货币经济理论的重心，也是中央银行实施宏观调控决策的依据，经济学家关注货币需求问题要比货币供给问题更早，而要了解货币需求问题，首先就要对货币需求的含义有一个清晰的认识。

一、货币需求的含义

经济学家从两个不同的方向入手来探讨货币需求。其一，从社会的角度出发，探讨需要多少货币来完成一定的交易量；其二，从个体的角度将货币视为一种资产，即为持有财富的一种形式。

货币需求是指企业、家庭和政府愿意用货币形式持有其财产的一种需要。

货币需求是指企业、家庭和政府愿意用货币形式持有其财产的一种需要。需要注意的是，每个人都希望自己持有的货币多多益善，因此主观心理需要对货币需求的概念没有意义。我们在这里研究的是客观的货币需求，实际上是一种财富分配或资产选择行为，即是有支付能力的有效需求，受到财富总量、资产相对收益及风险的影响，这种货币需求是指在一定时期各经济主体究竟需要多少货币才能够满足商品生产和商品交换的需要。

（一）名义货币需求与实际货币需求

名义货币需求是指经济主体在一定时期内不考虑价格变化时的货币需要，即用名义购买力表示的货币需求数量；而在现实经济生活中，物价总是在发生变化，实际货币需求就是扣除了物价变动后的货币需求数量，其实质是以实物价值来表示的货币需求，所以又被称为实际余额需求。

名义货币需求一般记做 M_d，实际货币需求通常记做 M_d/p；在统计计算上，将名义的货币需求以具有代表性的物价指数（如 GDP 平减指数）进行平减之后，就得到实际货币需求。它们之间的区别在于是否剔除了物价变动的影响。由于包含物价因素在内的名义货币需求不能直接反映经济主体对货币的实际需求，所以人们一般更注重考察实际货币需求。

（二）微观货币需求与宏观货币需求

微观货币需求与宏观货币需求是从不同货币需求主体角度来研究货币数量变动问题。微观货币需求是指从微观经济主体即个人、家庭、企业、单位的角度，研究微观经济主体在既定的收入水平、利率水平和其他经济条件下所需要的货币量。宏观货币需求是指从宏观经济主体角度进行分析，讨论一个国家在一定时期内为满足经济发展与商品生产流通所需要的货币量。在理论上，这种货币量既能满足经济发展的客观要求，又不会引发通货膨胀，导致社会经济的不稳定。

微观货币需求和宏观货币需求这两个概念是相互联系的。从数量上看，全部微观货币需求的总和即为宏观货币需求，因此两者密不可分，既不存在与微观货币需求相脱离的宏观货币需求，也不存在与宏观货币需求相脱离的微观货币需求。

（三）货币需求存量和货币需求流量

货币需求存量和货币需求流量是考察时间对货币数量变动的影响。货币需求存量是指在一定的约束条件下某一确定时刻的货币需求量；货币需求流量是指在一个确定的经济运行时期内所需要的货币数量。通常我们研究经济主体在特定条件下持有的货币量，主要是考察货币需求存量问题，即在某个特定的时刻货币需求量与货币供应量保持一致的条件，而货币需求流量是反映一定时期内货币需求的变动趋势，一般可以用货币需求存量与货币周转次数相乘来表示。由于货币本身固有的流动性属性，因此讨论货币需求仅仅局限于存量概念是不够的，必须同时考察货币需求的流量。

综上所述，我们这里所讲的货币需求是一种能力与愿望的统一体，我们需要在一定的前提条件下对货币需求进行研究。

二、货币需求的决定因素

货币需求的研究任务必须回答两个最基本的问题，即哪些因素影响货币需求和如何测量货币需求。影响货币需求的因素包括以下几个方面。

（一）收入

收入状况对货币需求的决定作用具体表现在两个方面：一是收入水平的高低；二是人们取得收入的时间间隔。在其他条件不变的情况下，收入水平与货币需求呈正向变动，即收入水平越高，货币需求越多。货币需求与收入水平正向变动的原因是：第一，收入水平在一定程度上制约着货币需求。因为货币是人们持有财富的一种形式，是财富的一部分，收入水平往往决定着财富的规模及增长速度。第二，收入的数量决定着支出的数量。在通常情况下，收入越多，支出越多，要求持有的货币也越多。当收入水平变动时，货币需求往往以更快的速度或更大的幅度变动。

货币需求还取决于人们取得收入的时间间隔。由于收入通常是定期取得的，而支出则是陆续发生的，为了保证在两次取得收入之间的支出，人们必须持有一定数量的货币。因此，在收入水平一定的条件下，人们取得收入的时间间隔与货币的需求量成正比，即取得收入的时间间隔越长，货币需求就越多。

（二） 利率

市场利率对货币需求的影响表现为两个方面：一是市场利率决定人们持有货币的机会成本；二是市场利率影响人们对未来利率变动的预期，从而影响人们对资产持有形式的选择。

从持有货币的机会成本来看，货币只是人们保有财富的一种方式，虽然它具有流动性和安全性高的特点，但它无法产生收益。其他形式的有价证券则因期限长短和风险大小的不同具有不同的收益率，而这一收益率主要受市场利率的决定，它影响了人们持有货币的成本。利率越高，持币成本越大，因而人们的货币需求会减少；利率越低，持币成本越小，人们则愿意手持货币而减少了购买生息资产的欲望，货币需求就会增加。

利率对人们所持有的资产形式也会产生影响。各种金融资产与货币之间有替代性。人们在市场上选择各种资产的目的有两个：一是保值，二是获利。资产构成包括金融资产和实物资产；人们可以购买生利的金融资产，包括股票、债券等有价证券，银行和其他金融机构各种有利息的存款，当然还可以购买以土地、房屋等有保值和升值特性的物品为代表的实物资产；也可以选择持有货币。货币虽然既不能生利，也不保值，会受到物价变动的影响，但它具有高度流动性，任何其他资产也难以代替。所以当市场利率变动时，各金融资产和实物资产的收益率也会发生变化，从而影响公众的资产结构，货币需求量会发生改变。例如，当银行存款利率大幅度下调时，人们更多地选择以股票、债券或保险单等有价证券的形式保有资产；而当股票等收益率下降时，人们更倾向于选择银行存款或持币。

（三） 物价水平及物价变动预期

物价水平与货币需求，尤其是交易性货币需求成正比。我们在第一章中了解到货币最基本的职能是价值尺度和流通手段，货币的基本职能是为商品流通充当媒介的，个人或企业为了应付日常交易就必然对货币产生需要。从本质上看，货币需求是在一定价格水平下人们从事经济活动所需要的货币量。在商品和劳务量以及货币流通速度一定的条件下，交易总量的大小决定了货币需求量。物价越高，流通中所需的货币量也就越多。

需要指出的是，以上结论是针对物价变动率相对稳定的情况而言的。当经济中出现较为严重的通货膨胀或个人和企业形成了通货膨胀预期时，个人会选择持有商品以应对物价的飞速上涨，企业也不会继续扩大投资，此时物价水平与货币需求间的关系就较难判断了，它取决于人们对未来通货膨胀的预期。

（四） 金融发展程度

一国金融制度越发达、完善，信用制度越发达，人们依赖银行进行支付的可靠性越强，需要存储的现金货币就越少，即非现金货币比率越高，因而货币需求就较低。以金融电子化为例，金融电子化的过程会带来支付结算速度和实时清算效率的提高，在其他条件不变的情况下，金融电子化将会减少对货币的需求。

资本市场的发展对货币需求也会产生影响。理论上较早提出并系统分析资本市场发展对货币需求影响机制的是货币学派的代表人物弗里德曼。他认为资本市场对货币需求的影响主要通过财富效应和交易效应体现出来。从财富效应来看，股票价格的上涨会导致名义财富的增加，财富与收入之比也会上升，在收入不变的条件下，对货币的需求就会增加；从交易效应来看，股票价格上升表明需要有更多的货币来进行股票交易，因此对货币的需求也会增加。

（五）货币流通速度

货币流通速度(velocity of money)是指单位货币在一定时期内的平均周转次数。

根据马克思的价值论货币需求说，假定可交易的商品和劳务的总量一定，那么货币流通速度的减慢必然会引起货币需求的增加。反之，如果货币流通速度加快，就会减少现实的货币总需求。如：1 元货币 1 年内平均执行 10 次流通手段或支付手段的职能，就起了 10 元货币的作用。货币流通速度越快，流通中所需要的货币量越少，反之则越多。因此货币流通速度与货币需求量成反比。

（六）消费倾向

英国经济学家凯恩斯 1936 年在《就业、利息和货币通论》一书中首先使用消费倾向一词。他认为消费会随收入的增加而增加。消费倾向是指一定消费者群体在不同时期对商品需求的变动趋向。它取决于购买力水平、商品供应品种和社会风尚等。消费倾向可分为平均消费倾向和边际消费倾向。平均消费倾向是指消费总额在收入总额中所占比例，边际消费倾向是指消费增量在收入增量中所占比例。一般而言，消费倾向和货币需求同方向变动，即消费倾向越大，货币需求越多；反之则相反。

（七）经济体制

经济体制涉及产权关系、分配关系、交换关系及宏观管理方式等方面，它与一定时期的经济政策相结合，构成了宏观经济的整体运行环境。这种环境如果存在着根本性差异，也会形成不同的货币需求行为。经济体制不同，居民的收入、消费支出结构、消费支出的排列顺序等都会发生变化，会导致货币需求的差异。

货币需求函数是指货币需求与影响其变动的变量间的对应关系式。通过选择影响货币需求的主要变量，并对变量及函数作出假设，以反映货币需求决定机制中的主要经济关系。

总之，影响货币需求的因素有很多，除上述因素之外，社会商品可供量、人们的心理与预期、国家的政治形势、民族性格、生活习惯、文化传统等也对货币需求有一定的影响。

我们将上述因素分为三大变量，即规模变量、机会成本变量、其他变量。货币需求函数是在货币需求量与各影响因素间建立数量关系式：将决定和影响货币需求的各种因素作为自变量，而将货币需求本身作为因变量。

规模变量是指在货币需求函数中决定和制约货币需求总规模的变量，主要是收入；机会成本变量是指经济主体因持有货币而放弃持有其他资产所能获得的收益，包括货币与非货币资产的预期收益率；其他变量是指与上述各变量相比，对货币需求的影响相对较小，作用机理较为复杂的因素，这些因素可统称为其他变量而列入货币需求函数，包括影响货币需求的制度、偏好等。

货币需求函数用数学公式表示为

$$M_d = f(Y, r, P, Cr, V, E, \cdots) \tag{14-1}$$

式中：Y 为收入状况，r 为市场利率，P 为一般物价水平，Cr 为金融发展程度，V 为货币流通速度，E 为人们的预期和偏好。

三、货币需求的理论流派

货币需求的理论研究有着悠久的历史，讨论货币在决定价格和国民收入中的作用甚至可以追溯到古希腊时期的亚里士多德。从重商主义开始西方许多经济学家都探讨过货币需求问题并形成了各种观点，产生了各种流派。这些理论从古典的货币需求理论到现代的货币需求理论，从马克思的货币必要量理论到西方盛行的货币数量论，都有其局限性。因此，只有全面、深入地掌握这些理论，才能运用它们正确地解释货币需求自身的规律。

（一） 价值论货币需求说

价值论货币需求说是由马克思和恩格斯提出的，是分析批判传统货币数量论的非科学性，吸收前人有关价值论的有益成分，以劳动价值论为基础建立起来的货币需求理论。为了分析方便，马克思以完全的金币流通为假设条件。他的论证过程是：（1）商品价格取决于商品的价值和黄金的价值，而价值取决于生产过程，所以商品是带着价格进入流通的；（2）商品价格有多大，就需要有多少金币来实现它；（3）商品与货币交换后，商品退出流通，黄金却留在流通中使得其他商品得以出售，从而一定数量的金币流通几次，就可使相应倍数价格的商品得以出售。

马克思的货币需求理论集中表现在货币流通规律公式中，表示为

$$\text{执行流通手段职能的货币量} = \frac{\text{商品价格总额}}{\text{同名货币的流通次数}}$$

或者用符号表示为

$$M = \frac{PQ}{V} \tag{14-2}$$

式中：M 表示执行流通手段职能的货币量；P 表示商品价格水平；Q 表示流通中的商品量；V 表示货币流通速度。

这一规律马克思用文字表述为“流通手段量决定于流通商品的价格总额和货币流通的平均速度”。马克思的阐述表明货币需求的决定因素取决于流通中的商品量、价格水平和货币流通速度，同时也反映了三者与货币需要量的变化关系。

马克思进而分析了纸币流通条件下货币量与价格之间的关系。他指出，纸币是由金属货币演化来的。纸币之所以能流通，是由于国家的强力支持。同时，纸币本身没有价值，只有流通才能作为金币的代表。因此，纸币一旦进入流通，就不可能再退出流通。如果说，流通中可以吸收的金量是客观决定的，那么流通中无论有多少纸币也只能代表客观所要求的金量。也就是说，纸币流通规律与金币流通规律不同，在金币流通条件下，流通所需要的货币

数量是由商品价格总额决定的；而在纸币是唯一流通手段的条件下，商品价格水平会随纸币数量的增减而涨跌。马克思提出的纸币流通公式是

$$\text{单位纸币所代表的金属货币量} = \frac{\text{流通中必需的金属货币量}}{\text{流通中纸币总量}}$$

公式反映出，我们可以通过纸币所代表的金币需要量去追溯货币必要量的界限，同时可以看出货币供应量对币值的影响，而商品价格水平又会随着纸币数量的增减而变动。

（二） 货币数量需求说

货币数量论是一种古老的经济理论，早期的研究并没有把货币需求作为直接的研究对象，而是在研究名义国民收入和物价的决定机制，但是在研究中分析了名义国民收入与货币量之间的关系，侧面反映了在一定名义国民收入下的货币量问题，因此也被看成是货币需求理论。随着经济理论的发展，剑桥学派的现金余额说已经是一种完整意义上的货币需求理论，并进一步发展出凯恩斯的货币需求理论和弗里德曼的现代货币数量论。

1. 古典数量论的货币需求理论。货币数量论是一个丰富而多样的传统思想，可以追溯到 18 世纪。19 世纪末 20 世纪初发展起来的货币数量论是一种探讨总收入的名义价值如何决定的理论。因为该理论揭示了对既定数量的总收入应持有的货币数量，所以它也是一种货币需求理论。古典货币数量论最主要的观点是，利率对货币需求没有影响，经济中的货币供给变动导致价格水平按比例变动。费雪的现金交易说和剑桥学派的现金余额说是这种理论的主要代表。

（1） 费雪现金交易说（cash transaction approach）。20 世纪初，美国耶鲁大学教授欧文·费雪在他 1911 年出版的颇具影响的《货币购买力》一书中，对古典数量论提出了最清晰的阐述。费雪试图考察货币总量 M（货币供给）与整个经济生产出来的最终产品和劳务的支出总量 PT 之间的联系，其中 P 代表价格水平，T 表示交易总量，即实际财富与劳务的交易总量；PT 代表的是该时期内商品和劳务交易的总价值。PT 与 M 的比值即为货币流通速度，即货币周转率，也就是每一元钱用来购买经济中最终产品和劳务总量的平均次数。用公式表示即为

$$M = \frac{PT}{V} \text{或者} MV = PT \qquad (14-3)$$

从式（14 - 3）看，P 的值取决于 M、V、T 这三个变量的相互作用。费雪的结论是：“如果我们选择交换方程的话，它只不过是建立在等价基础上的、适用于所有交易的‘不言而喻的事’：一手交出货币或支票，一手得到买来的东西……该方程阐明了价格会直接随着 M 的变化而变化。”

首先，费雪认为货币流通速度是由制度因素决定的，具体来说，它取决于人们的支付习惯、信用的发达程度、运输与通信条件及其他与流通中的货币数量无关的社会因素。由于这些因素是随时间而缓慢变化的，所以在短时间内可以将货币流通速度视为一个常数。

其次，费雪认为通过工资和物价的灵活调整，经济会保持在充分就业水平上，实际国民收入在充分就业水平上将保持不变，交易总量 T 与国民收入成正比，因而也会维持不变。根据费雪的假设，20 世纪关于经济中的产出和就业的主流理论，在宏观经济上是古典理论，在

微观经济分析上是瓦尔拉斯理论。这意味着，除暂时失衡状态外，劳动力市场会出清，即充分就业，产出会保持在充分就业水平上。这种充分就业的产出与货币供给和价格都无关。这种论述与当时的实物经济理论一致，假设货币供给的变化不会影响物品的产出。当然这一假设后来受到凯恩斯和凯恩斯主义者提出的有效需求不足经济的挑战。

由于 V 和 T 都保持不变，如果经济中的货币存量增加，那么一般物价水平就会同比例地上升；反之，经济中的货币存量减少，物价水平也将随之同比例地下跌。所以费雪方程的本质是描述货币数量与物价水平之间关系的等式，货币数量决定着物价水平，而不影响交易总量所代表的实际经济，货币只是笼罩在实物经济上的一层“面纱”。

费雪的交易方程及现金交易数量论对于货币流通速度为常数的基本假定并不符合现实，其货币数量的决定也只局限在货币的交易职能，并且其始终都是在宏观经济的框架内讨论货币需求，但其在西方货币金融理论研究的历史上占有非常重要的地位，它既是前人货币数量说的总结，同时也成为许多货币需求学说研究的出发点。

（2）剑桥学派的现金余额说（cash balance theory）。货币数量论的另一种常见的方法是从货币供求的角度来研究价格的决定。现金余额说是从被人们当做备用购买力的现金余额角度来研究币值和物价波动问题。以阿尔弗雷德·马歇尔和 A. C. 庇古为代表的剑桥学派的经济学家认为费雪方程存在一定的缺陷，它没有考虑微观主体动机对货币需求的影响，仅仅把货币看做是交易媒介。他们认为研究货币流通规律，不应该只研究经济主体对货币交易功能的需求，而应该从主体的持币动机出发，全面地研究货币需求。因此他们从货币的职能和微观视角两方面对货币需求理论进行了扩展，提出了现金余额数量说，虽然最后得出了和交易数量学说完全相同的结论，但是分析的出发点却是完全不同的。

剑桥学派将交易水平和影响人们交易方式的制度作为研究货币需求的关键性决定因素，探讨在不同环境中人们愿意持有的货币数量。同时，也不排除利率对货币需求的影响。他们认为，处于经济体系中的个人对货币的需求，实质是选择以怎样的方式保有自己资产的问题。决定人们持有货币多少的因素包括个人的财富水平、利率变动以及持有货币可能拥有的便利等。但是，在其他条件不变的情况下，对每一个人说，名义货币需求与名义收入水平之间保持着一个较稳定的比例关系。对整个经济体系来说，也是如此，因此有

$$M_d = kPY \tag{14-4}$$

式中：Y 代表总收入，P 代表价格水平，k 代表以货币形式保有的财富占名义总收入的比例，M_d 为名义货币需求。这就是有名的剑桥方程式。该等式看起来与费雪方程式一样将 k 视为常量，并同意费雪的货币数量决定名义收入的观点，但他们的理论却允许个人选择愿意持有的货币数量。他们认为其他资产的回报率和预期回报率发生改变，k 在短期内也可能改变。

2. 凯恩斯的货币需求理论。剑桥学派的庇古在谈到货币余额基本需求的基本原因时指出，其“目的”是提供了便利性和安全性。凯恩斯则把持有货币余额的“目的”改为“动机”，放弃了古典学派将货币流通速度作为常量的观点，发展了一种强调利率重要性的货币需求理论，并将其理论称为流动性偏好理论。在这一理论中他认为，人们的货币需求行为是由三种动机决定的，即交易动机（transaction motive）、预防动机（precautionary motive）和投机动机（speculative motive）。

凯恩斯把交易动机定义为："由于个人或业务上的交易而引起的对现金的需求。"因此交易性需求就是由于货币的交易媒介职能而导致的一种需求。凯恩斯认为，虽然货币的交易需求也受到其他一些次要因素的影响，但主要还是取决于收入的大小，与收入之间是正相关关系。

预防动机定义为："为了安全起见，把全部资产的一部分以现金的形式保存起来。"之所以有货币的预防动机是由于未来的收入、消费需要和购买活动具有不确定性。这些活动都需要货币，如果只持有非货币资产就不得不在需要时出售来获得支付所需的货币，增加了交易成本与风险。因此主观预期未来收入和支出的日期和数量，来决定货币余额和其他资产的最佳数量。当然满足预防性动机的资金比例会因人而异，但对于社会整体来说，出于预防性动机而保有的货币需求也与国民收入水平密切相关，同收入成正比，收入越高，人们出于预防动机的货币需求就会越大；收入越低，则这种需求自然会低一些。

投机动机定义为："相信自己比一般人对将来的行情具有较精确的估计并企图从中获利。"凯恩斯认为，人们除了对货币具有交易和预防的需求外，还认为货币是一种贮藏价值的方式。在这一点上剑桥学派似乎也已经意识到，但凯恩斯对此做了更为明确而突出的描述。剑桥方程认为人们对货币贮藏价值的需求只与收入水平有关，与利率无关，而凯恩斯则认为利率是人们持有多少贮藏价值的货币的关键性因素。投机动机分析是凯恩斯货币需求理论中最有特色的部分。

在投机动机的分析中，凯恩斯引入了利率变量。为了分析的方便，凯恩斯将人们用来储存价值的资产分为两类：货币与债券，并假设持有现金的预期回报为零，而债券的预期收益由红利和资本利得两部分组成。利息收入显然取决于利率的高低，当利率较高时，持有生息资产的利息收入较大。由于债券的价格是和利率成反比例变化的，资本利得又是债券的卖出价和买入价之间的差额，因此，预期资本利得的大小同样取决于利率的高低。综合两种预期报酬的影响，利率越高，生息资产越有吸引力，而相应地对货币的投机性需求也就越小；反之，利率越低，生息资产预期取得的报酬就越少，而相应地对货币的投机性需求也就越大。

综上所述，凯恩斯的货币需求函数可以表示为

$$M_d = M_1(Y) + M_2(r) \tag{14-5}$$

式中：M_1是交易动机的货币需求，与收入Y正相关；M_2是投机动机的货币需求，与利率负相关。

由公式（14－5）可以看出，与剑桥方程相比，凯恩斯在其货币需求方程中加进了一个新的变量——利率。凯恩斯认为，一般情况下，由流动性偏好决定的货币需求在数量上主要受收入和利率的影响。其中交易和预防性货币需求是收入的递增函数；投机性货币需求是利率的递减函数，所以这时货币需求是有限的。但是当利率低到一定程度时，一方面，经济主体将不再愿意持有收益几乎为零的生息资产，而宁愿以货币的形式来持有其全部财富；另一方面，由于现时利率低于安全利率，整个经济中所有的人都预期利率将上升，此时持有债券会因债券价格下跌而蒙受资本损失，于是在利率很低时，经济主体也普遍以货币形式来持有财产。这时投机动机的货币需求便不再是有限的，而是将趋于无穷大。这时如果利率稍微下降，不论中央银行增加多少货币供应，最终都将被强大的货币需求所吸收和贮存，从而利率

不再下降。也就是说，利率在一定低点以下对货币需求是起不到任何调节作用的，这就像存在着一个巨大的货币陷阱，中央银行的货币供给将全部落入其中，在利率低点时货币需求成为完全弹性的情况就称为“流动性陷阱”，它是货币需求发生不规则变动的一种状态。

流动性陷阱是指当一定时期的利率水平降低到不能再低时，人们就会产生利率上升而债券价格下降的预期，货币需求弹性就会变得无限大，即无论增加多少货币，都会被人们储存起来。发生流动性陷阱时，再宽松的货币政策也无法改变市场利率，使得货币政策失效。

引入利率作为影响货币需求的重要因素是凯恩斯的一大创举。货币需求是不稳定的，同时由于市场利率往往有较大的波动，受其影响人们对货币这种资产的需求也会有较大的波动，而且由于人们对于安全利率的看法也会发生变化，所以货币需求函数本身也是不稳定的。

当然这种需求函数的不稳定也有两方面的原因：一是由于经济主体收入水平的变化所带来的货币交易和预防性需求的变化；二是因为预期资本利得是取决于当前利率与安全利率之间的偏差，而不是当前利率水平。所以当安全利率发生变化时，货币的投机性需求发生变化，这两种情况的发生最终都会改变整个货币需求与利率的对应关系，从而表现为货币需求曲线的整体位移。因此货币需求不仅是波动的，而且是难以预测的。

凯恩斯主义学派把利率引入到货币需求中来，进而建立了利率、货币流通速度以及经济波动的联系，这就为利率成为货币政策中介目标的货币政策主张打下了理论基础，即：在社会总需求不足的情况下，可以通过增加货币供给量，降低利率，从而增加投资需求，促进经济增长；而同时由于存在着流动性陷阱，当利率不能降低时，货币政策失效，需要采用积极的财政政策。

3. 凯恩斯学派对货币需求理论的发展。凯恩斯的后继者们认为，凯恩斯的货币需求理论还存在着缺陷，需要修正补充和发展。从 20 世纪 50 年代开始，他们在两方面取得进展：一是关于交易性货币需求和预防性货币需求同样也是利率的函数的问题；二是关于人们多样化的资产选择对投机性货币需求的影响问题。

上面介绍过，在凯恩斯的货币需求函数中，交易性货币需求取决于收入水平。凯恩斯学派的一些经济学家从微观主体的持货币行为入手分析，论证出利率对交易性货币需求也有影响并且提出了一个平方根法则（square root rule）。其表达式如下：

$$M = kY^{\frac{1}{2}}r^{-\frac{1}{2}} \tag{14-6}$$

式（14－6）表示：交易性货币需求是收入 Y 的函数，随着用于交易的收入数量的增加，货币需求量随之增加。但 Y 的指数$\frac{1}{2}$又说明其增加的幅度较小，即交易性货币需求有规模节约的特点。同时又表明货币需求是利率 r 的函数，而 r 的指数 $-\frac{1}{2}$说明，交易性货币需求与利率呈反方向变动，其变动幅度较利率变动幅度要小。

凯恩斯学派的一些经济学家关于利率对预防性货币需求影响的分析也是沿着类似的思路进行的。在既定收入水平条件下，某些支出的不确定性使人们不能不持有一定量的预防性的货币。任何一个微观主体如果持有的预防性货币较少，当他没有货币来满足不确定的支出时，就要出售其持有的债券。而出售债券要有佣金等支出，如果他持有的预防性货币较多，他就会想办法节省佣金等支出。但是，节省佣金等支出要付出一定的代价，因为多存货币就要少持有债券，从而要遭受债券利息损失。这种利息损失也可以称为每增加 1 美元预防性货币需求的边际成本。为了求得应付收支不确定性的最小成本，微观主体不能不考虑出售债券的支出和利息的收益，因而利率也就必然进入决定预防性货币需求的函数之中。

凯恩斯的后继者们从凯恩斯的投机性货币需求理论发展出了多样化资产组合选择理论。他们还认为，凯恩斯关于投资者会在货币和债券之间选择能带来最大收益的资产的假设也与实际不符。现实生活中，大多数情况下是既持有货币又持有债券，变动的只是两者的比例。人们事实上并非只考虑收益，还要考虑风险；收益高低和风险大小又分很多层次。从债券角度考虑，持有债券的比重增加，预期财富也增加，但同时也意味着风险大，从而遭受损失的可能性也相应增大。而保存货币虽然无收益但风险却较小，而且等于保有流动性。因此，微观行为主体事实上不得不全面权衡，并找出持有货币和债券的最佳比例。

4. 弗里德曼的货币需求函数。作为现代货币主义（monetarism）的代表人物，弗里德曼在他的《货币数量论：换一种方式重新阐述》一文中试图改变数量论的核心内容，使其更接近于20 世纪50 年代中期的货币理论。当时在货币理论的发展中有三个方面值得注意，第一，凯恩斯主义的宏观经济学把货币市场的分析仅限于对货币市场的需求、供给和均衡分析；认为价格水平会受到产品市场变化的影响，并认为经济在非充分就业状态下，货币供给不仅影响价格而且影响产出。第二，凯恩斯强调投机动机的货币需求，而强调货币作为个人财富的价值贮藏作用。第三，把货币看做是消费者效用函数的一种消费品、生产函数的投入品，将货币需求理论与一般的商品需求理论整合在一起。弗里德曼换一种方式来阐述数量论，将货币的主要作用限定为货币需求理论的作用，即对消费者来说货币需求等同于其他消费品的需求，都是一种持有财富的形式；对企业来说，货币的需求等同于物质资本的需求。

弗里德曼的货币数量新论是建立在现代货币数量论的基础之上的。旧的货币数量论虽然各自在表达方式上略有不同，但殊途同归，都得出了同一个结论，即物价水平随货币数量的变动而变动。与旧货币数量论不同的是，弗里德曼认为物价水平是由货币供给和货币需求共同决定的。同时，他也接受了剑桥学派和凯恩斯以微观主体行为作为分析起点和把货币看做是受到利率影响的一种资产的观点。对于货币需求的决定问题，他曾用过不止一个函数式，下面是一个具有代表性的公式：

$$\frac{M_d}{P} = f\left(y, w; r_m, r_b, r_e, \frac{1}{p} \cdot \frac{\mathrm{d}P}{\mathrm{d}t}; u\right) \tag{14-7}$$

式中：$\frac{M_d}{P}$表示实际货币需求；y 表示实际恒久性收入；w 代表非人力财富占个人总财富的比率或来自财产的收入在总收入中所占的比率；r_m 代表货币预期收益率；r_b 是固定收益的债券利率；r_e 是非固定收益的证券利率；$\frac{1}{p} \cdot \frac{\mathrm{d}P}{\mathrm{d}t}$是预期物价变动率；$u$ 代表影响财富所有者对不同形式财富所提供效用的嗜好与偏好的各种变量。

恒久性收入（permanent income）是弗里德曼在分析货币需求中所提出的概念，可以理解为预期平均长期收入，它与货币需求呈正相关关系。以往的凯恩斯学派认为人们的收入越高，相对于消费而言储蓄的份额就越大，这样整个经济的储蓄也就会随之提高。然而这种理论与实际的统计数据明显不符，因为即使国民收入有变化，消费和储蓄之间的比例也是相当稳定的。就此弗里德曼提出了“恒久性收入”假说。在经济生活中人们安排支出从而带来对货币的需求就取决于其恒久性收入的多少。而由于持久性收入又相对稳定，货币的需求也就很少变动，这样一来货币供给就显得尤为重要，它对物价水平影响重大。

弗里德曼把财富分为人力财富和非人力财富两类。他认为，对大多数财富持有者来说，他的主要资产是个人的能力，但是人力财富很不容易转换为货币，如失业时人力财富就无法取得收入。在总财富中人力财富比例大，出于谨慎动机的货币需求也就越大；而非人力财富所占的比例越大，则货币需求相对越小。这样，非人力财富占个人总财富的比例与货币需求呈负相关关系。

弗里德曼没有像以往的经济学家一样研究人们的持币动机，而是把资产需求的理论应用到货币理论上来，笼统地把货币也看做一种资产，因此尽管货币有些特殊性，但是可以利用真实资产或金融资产来替代。他同时认为货币与其他资产的预期收益率之差也会影响人们对货币的需求。因为货币也存在升值的机会，但持有货币又意味着放弃债券、股票或商品可能带来的某种预期收益。因此，两者之间预期收益率的差别也决定了货币需求的大小。r_m，r_b，r_e 和$\frac{1}{p}\cdot\frac{\mathrm{d}P}{\mathrm{d}t}$在其货币需求分析中被统称为机会成本变量，亦即能从这几个变量的互相关系中衡量出持有货币的潜在收益或损失。这里需要解释一点：在介绍凯恩斯的货币需求函数时，货币是被作为不生利资产看待的，如钞票；而弗里德曼考察的货币扩及 M_2 等，这类大口径的货币中相当部分却是有收益的。物价变动率同时也就是保存实物的名义报酬率。物价变动率越高，其他条件不变，货币需求量越小。在其他条件不变时，货币以外其他资产如债券、证券收益率越高，货币需求量也越小。

u 是一个代表多种因素的综合变数，包括各种影响货币流动性效用的因素、习惯、技术与制度等综合性因素，但弗里德曼并没有明确货币需求与其他因素之间的关系，认为是不确定的，因此可能从不同的方向上对货币需求产生影响。

弗里德曼对货币需求函数的决定因素做了进一步的分析。在因素之一的利率方面，弗里德曼认为，货币本身的收益率（r_m）并不是固定不变的，当其他资产的收益率（r_b）和（r_e）由于利率变化而变化时，货币的收益率会随之作出调整，从而使得经济主体的资产组合结构发生变化，资产的整体回报率又会达到新的均衡，而货币较之其他资产的预期回报率还会保持着相当程度的稳定，可以认为货币需求对利率变动是不敏感的。而货币需求的另一主要决定因素恒久性收入自身又是相当稳定，因此整体的货币需求也将相当稳定。

由于货币收入、物价水平等变量是由货币需求和货币供给相互作用的结果，那就说明货币对于总体经济的影响就主要来自货币供给方面，所以，弗里德曼否定了利率政策的有效性，转而强调货币供应量的变动是引起经济活动和物价水平发生变动的根本的和起支配作用的原因，主张国家控制货币供给以及实行“单一规则”的货币政策。

可以看出弗里德曼从理论上推广了凯恩斯的货币需求函数，但他们之间的分歧不在于函数的具体形式，或影响货币需求因素的多少，而在于利率对货币需求的影响程度，即凯恩斯主义者认为，货币需求和利率之间存在着密切的关系，而弗里德曼的拥护者认为两者之间没有特殊的关系。弗里德曼认为，货币需求解释变量中的四种资产——货币、债券、股票和非人力财富的总和，即人们持有的财富总额，其数值大致可以用恒久性收入 Y 作为代表性指标。因此，强调恒久性收入对货币需求的重要影响作用是弗里德曼货币需求理论的一个特点。在弗里德曼看来，在货币需求分析中，究竟哪个决定因素更重要，需要用实证研究方法来解决。对于货币需求，他最具有概括性的论断是：由于恒久性收入的波动幅度比现期收入小得多，且货币流通速度（恒久性收入除以货币存量）也相对稳定，货币需求因而也是比较稳定的。

尽管如此，从本质上来说，弗里德曼的货币需求理论并没有真正脱离古典货币数量理论的结论，也没有说明货币量和物价变动的具体关系，因此被称做现代货币数量论。

通过以上货币需求理论流派的介绍可以看出现代西方货币需求的各种理论可以说是百家争鸣、众说纷纭，但从整体来看，西方货币需求理论的主线是非常清晰的，即从货币的交易媒介职能和价值贮藏职能出发，通过分析人们持有货币的原因及影响这些原因的因素，得出货币的需求函数。同时我们应该认识到无论是哪一种学派的分析，其所指的货币需求实际上是指现金的需求；从剑桥学派开始的理论流派都注重分析微观主体的持币动机；这些货币需求理论不仅分析再生产对货币流通量的影响，而且注意了资产收益对货币需求的影响作用；分析问题的过程当中不仅运用理论方法，更重视精巧的数学分析工具；这些货币需求的分析大都是为制定和选择货币政策奠定理论基础的。

第二节　货币供给

对货币需求进行研究最终还是为了能更有效地指导实际政策操作，为中央银行实施货币政策、组织货币供给提供操作的数量依据，最大限度使货币供应量和货币需求量保持一致，保持货币、物价的稳定，为经济发展创造一个良好的货币环境。

一、货币供给与货币供给量

（一） 货币供给与货币供给量的含义

货币供给是一个动态概念，指货币供给主体——银行向货币需求主体供给货币的经济行为，其数量表现即货币供给量。货币供给量是一个静态的存量概念，是指财政部门、各个基层企事业单位、居民个人持有的由银行体系所供给的债务总量。

（二） 名义货币供给与实际货币供给

名义货币供给是指一定时点上不考虑物价因素影响的货币存量；实际货币供给就是指剔除了物价影响之后的一定时点上的货币存量。若将名义货币供给记为 M_s，那么实际货币供给就是 M_s/P。

实际货币供给是指剔除了物价影响之后的一定时点上的货币存量。

我们通常讲的货币供给是指名义货币供给，例如某年度的货币供给增长量、增长率，都是由名义货币供给量计算得出的。但是当经济体系内发生较大的物价水平变动时，如果不对名义货币供给量和实际货币供给量进行区分，则可能会造成错误的判断和政策选择。

名义货币供给量应该与实际货币需求量大体保持适应。按照货币价值论的观点，商品的价格由商品的价值与货币代表的价值的比例决定。名义货币供给如果超过实际货币需求，就会引起货币贬值。这样，由贬值的名义货币表现出来的是物价上涨反之则可能表现为物价下跌。因此货币当局应该保持名义货币供给与实际货币需求之间的平衡，以便促进经济协调发展。

二、货币供给的构成

随着人们对货币范围认识的扩大，货币供给也包含着多重口径，货币供给量也相应有着宽窄之分。

（一）货币供给量的口径

1. 窄口径的货币供给量（M_1）。窄口径的货币供给量等于银行系统以外的通货量（C）与商业银行活期存款余额（D）之和，即

$$M_1 = C + D \qquad (14-8)$$

持这一观点的经济学家均十分强调货币交易职能，认为货币供给量应包括所有被作为交易媒介使用的物品。

2. 宽口径的货币供给量（M_2）。现代货币数量学说的主要代表人物弗里德曼从货币是购买力的暂栖所这一定义出发，认为货币供给量应该等价于窄口径的货币供给量（M_1）和相对应时期的定期存款和储蓄存款的余额（T）之和，即

$$M_2 = M_1 + T = C + D + T \qquad (14-9)$$

这一定义强调货币的价值贮藏职能，认为定期存款、储蓄存款与活期存款并无本质的区别。在宽口径的货币供给量分析中，定期存款与储蓄存款比通常的货币存款的流动性要低，所以又被称为准货币。但由于现代金融的发展，货币与准货币之间的区别已日趋模糊。例如，美国商业银行在20世纪70年代开设的自动转账服务账户（ATS）和美国储蓄银行开设的NOW账户，使存户可以在银行同时开设活期账户和储蓄账户，这样存户的存款金额自动在ATS、NOW两个账户间转化，从而难以划清货币与准货币的界限①。

3. 流动性口径的货币供给量（M_3）。由于各种形式的金融资产如定期存款、储蓄存款、债券与商业票据等能够变现，因此它们与通货和活期存款并无本质上的区别，只是其流动性程度有所差别而已。通常，根据各种金融资产的流动性程度确定其相应的变现系数后，再对其进行加总即可得到M_3。设通货和活期存款的流动性为1，设某一个单位第i种相应金融资产的面值为A_i，则M_3的计算公式可表示如下：

$$M_3 = M_1 + \sum \theta_i A_i \quad (0 < \theta_i < 1) \qquad (14-10)$$

（二）各国货币层次的划分

如上所述，货币供给有着多重口径，各国在实际操作中对货币进行了不同的层次划分，各国所采用的符号中，只有通货和M_1两项包含的内容大致相同，其他的则各有差异。

① 不过大多数经济学家视ATS、NOW账户的存款为窄口径的货币供给量。

1. 美国的货币供给统计口径。美联储公报公布 M_1、M_2、M_3 的数字。

M_1 = 通货 + 旅行支票 + 活期存款 + 其他支票存款

M_2 = M_1 + 小面额定期存款 + 储蓄存款和货币市场存款账户
+ 货币市场互助基金份额(非机构所有) + 隔日回购协议
+ 隔日欧洲美元 + 合并调整

M_3 = M_2 + 大面额定期存款 + 货币市场互助基金份额(机构所有)
+ 定期回购协议 + 定期欧洲美元 + 合并调整

最初在美联储的统计中，以美元计价的旅行支票可替代活期存款和货币作为支付手段，因此包含在 M_1 中。自 1981 年 6 月起，非银行旅行支票作为货币总量的一个单独组成部分被纳入其中，而存款机构发行的旅行支票则被纳入活期存款。但是由于非银行发行的旅行支票增量与存量在 21 世纪初就逐渐减少，这一数据美联储现阶段已经不再反映在 M_1 的统计数据中。

自 2006 年 3 月 23 日起，美联储董事会停止公布 M_3 货币总量。美联储认为，M_3 数据已经连续多年在其制定货币政策时没有发挥出作用，且在反映经济活动状况时，相比 M_2，M_3 并未透露出更多信息，因此认为在制定货币政策时考虑 M_2 就足够了。

2. 英国的货币供给统计口径。英国在 20 世纪 70 年代采用两种狭窄的度量方法来统计货币存量：一种是 *NIBM*，是通货加上存在于银行的不含利息收益的活期存款；另一个是 M_1，包含存在于银行的有利息收益的活期存款。然而，随着含有利息收益的其他存款的出现，两者之间难以区分，这两种统计指标之后就被废除。

英国在过去几十年里 18 次调整了货币统计口径。在此过程中，英格兰银行逐渐认为 M_1、M_2、M_3 的重要性在下降，统计意义不大，因此从 1992 年起，只公布 M_0 与 M_4 两个指标。2006 年货币市场改革后，英格兰银行不再公布 M_0。

现阶段英国公布的货币统计中分为两个部分：其一为狭义货币的现钞与硬币；其二为代表广义货币的 M_4，包括来自家庭、非金融公司（PNFC）和非中介金融公司的存款和贷款。

M_4 = 非金融机构持有的英镑钞票和硬币 + 储蓄存款（其中包括定期存单 CDS） + 商业票据、债券、远期浮动利率债券、金融机构发行的回购协议 + 估算的非货币金融机构持有的英镑银行汇票。

3. 欧洲中央银行的货币统计口径。欧洲中央银行的统计口径如下：

M_1 = 通货 + 隔夜存款

M_2 = M_1 + 期限不到两年的存款 + 通知赎回期限不超过三个月的存款

M_3 = M_2 + MFI 部门发行的可销售的金融工具(货币市场金融工具，
诸如货币市场基金(MMFs)、货币市场文件、
回购协议和原始期限为两年的 MFI 债务证券)

M_3 的流通速度相对稳定，欧洲中央银行的管理委员会在其货币政策中会给出 M_3 年增长率的一个参考值。

4. 日本的货币供给统计口径。日本现行统计口径如下：

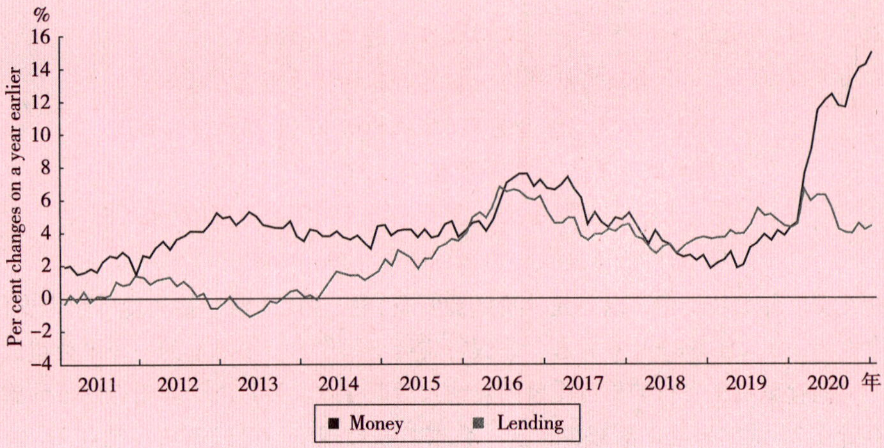

图 14－1 英格兰银行 2021 年 3 月货币统计概览

（资料来源：https：//www. bankofengland. co. uk/statistics/visual－summaries/money－and－credit－statistics）

M_1 ＝ 现金[①] ＋ 活期存款[②]

M_2 ＝ 现金 ＋ 存款

M_3 ＝ M_1 ＋ 准货币（定期存款 ＋ 零存整取存款 ＋ 居民外币存款）＋ CDs

L（广义流动性）＝ M_3 ＋ 除货币信托外的财产信托 ＋ 投资信托 ＋ 金融证券 ＋ 银行发行的固定利率债券 ＋ 金融机构签发的商业票据 ＋ 本国政府债券 ＋ 国外政府在日本发行的债券

专栏 14－1

美媒：过去一年 60 多国发展数字货币，中国领先

近来，安娜贝尔·黄（音）抽到一个试用中国最新经济实验的政府红包。28 岁的她是在深圳的一名商业策略师，通过微信报名抽签后收到一个价值 200 元的数字人民币红包。她去了办公室附近一家便利店挑选了些坚果和酸奶，然后从手机银行里打开用于数字货币的二维码让商店扫码收款。

中国正大举推进一项大胆行动，推出属于自己的数字货币。自 2020 年开始在几个城市试点后，近来中国人民银行将试点扩大到京沪等更大城市。这是世界各地央行尝试数字货币的诸多行动之一。近来随着比特币等加密货币迅猛升值且变得更加流行，许多国家都已采取相关行动。国际清算银行数据显示，过去 12 个月来超过 60 个国家开展国家数字货币试点，而一年前仅 40 多个。

不过，目前没任何其他大国像中国走得这么远。（因此）中国的早期行动或将预示着世界其他地方的数字货币走向。……

"其实，数字人民币是一种防御机制，旨在保持央行资金的重要地位"，国际货币基金组织中

① 现金指银行券发行额和辅币之和减去金融机构库存现金后的余额。

② 活期存款包括企业活期存款、活期储蓄存款、通知即付存款、特别存款和纳税准备金存款。

国部前负责人普拉萨德表示，若取得成功，它将赋予央行新权力，包括促进经济增长的新型货币政策。经济学家已在讨论一种可能性：央行可通过一定程序使其数字货币缓慢贬值，从而鼓励消费者尽快消费。

一些经济学家表示，中国的数字货币还将使人民币更容易作为一种全球货币与美元竞争，因为它能在更少障碍下在国际上流通。但分析人士表示，这还将需要发生许多变化才能使之成为现实。

资料来源：纳撒尼尔·鲍珀，等．中国大举推进国家数字货币［N］．崔晓冬，译．环球时报，2021－03－03.

三、货币供给的形成机制

现代经济条件下的货币供给机制是由两个层次构成的，第一个层次是中央银行提供基础货币和对货币供给的宏观调控，第二个层次是商业银行创造存款货币。当中央银行将创造的基础货币投入流通时，这部分基础货币就形成了公众所持有的通货，公众将通货存入银行，就形成了商业银行的原始存款；商业银行由此创造存款货币。下面我们按照货币供给形成的过程对货币供给形成的机制进行介绍。

（一）中央银行与基础货币

1. 基础货币的定义。基础货币也称高能货币、强力货币或货币基数，它是商业银行存于中央银行的存款准备金和流通于银行体系之外的通货之和。基础货币在性质上直接表现为中央银行的负债。用公式表示即为

基础货币(base money)是指商业银行存于中央银行的存款准备金和流通于银行体系之外的通货之和。

$$B = R + C \tag{14-11}$$

式中：B 代表基础货币；R 代表商业银行存于中央银行的存款准备金；C 代表流通于银行体系之外的通货。

2. 基础货币的投放渠道。基础货币的投放是由中央银行的信用活动来完成的，中央银行资产和负债的变动导致了基础货币供应量的变动。基础货币的投放主要通过以下几个渠道：

（1）贴现及放款。中央银行对商业银行的资产业务是中央银行进行基础货币投放的最主要渠道，其主要形式是中央银行票据再贴现和放款。以再贴现为例，在再贴现业务中，中央银行增加了其资产负债表中以票据形式持有的资产，在贷款中增加了对商业银行的债权，而无论哪种业务，都相应增加了其负债——商业银行在中央银行的准备存款，从而使基础货币等额增加。若中央银行收回贷款或减少对商业银行的票据再贴现，则会导致基础货币相应缩减。

（2）购买政府债券及财政借款。无论是中央银行直接对财政贷款或直接买入国债，还是通过公开市场业务使持有的国债资产增大，都是中央银行扩大了对财政的资产业务，并同时使财政金库存款相应增加。财政金库款支用时，在中央银行的财政金库款减少，商业银行的准备存款相应增加。也就是说，中央银行对财政的资产业务成为商业银行存款准备金增加的来源，从而增加了基础货币的投放。

（3）购买外汇或黄金。中央银行通过收购金银、外汇增加外汇储备，形成中央银行的资

产；如果是向居民、企业直接收购，则要么是通货投放增加，要么是居民或企业在商业银行的存款增加从而使商业银行在中央银行的存款准备金增多；如果直接向商业银行收购外汇、黄金，则会直接引起商业银行的准备存款增加。以上各种情况都意味着基础货币的增加。相反，如果中央银行出售黄金、外汇而使此项资产减少，则会引起基础货币的相应减少。

（4）其他债权债务关系。其他债权债务关系是指中央银行资产负债表中的其他项目。这主要是指固定资产的增减变化以及中央银行在资金清算过程中应收应付款的增减变化。它们都会对基础货币量产生影响。

表 14－1　中央银行的资产负债简表

资 产	负 债
对商业银行贷款	现金
对政府的债权	商业银行存款
外汇、 黄金储备	财政存款
其他资产	资本

通过第八章的学习，我们可以方便地画出一个中央银行的资产负债简表（见表 14－1）。

通过对上述情况的阐述可以看出，中央银行资产负债表中资产余额或负债余额增加会导致流通中基础货币的增加；相反表内的资产负债减少会导致基础货币的减少。

（二）商业银行与派生存款

商业银行是以盈利为目的的企业，其传统业务是信用中介业务，即以较低的利率吸收存款再以较高的利率发放贷款，从存贷利差当中获利。在整个金融机构体系中，商业银行与其他金融机构的显著区别在于只有商业银行才能经营活期存款业务并因此具有创造派生存款的能力。在二级银行制度下，商业银行是货币供给形成体系中的一个重要层次，是整个货币运行的最主要的载体，货币总规模及其结构、货币运行质量都与商业银行的活动有直接联系。

信用货币流通的条件下，银行系统供给货币的过程必须具备两个基本条件：（1）部分准备制即建立了存款准备金制度；（2）非现金转账结算制度，即不使用现金，通过银行将款项从付款单位（或个人）的银行账户直接划转到收款单位（或个人）的银行账户的货币资金结算方式。

原始存款(primary deposit)是指商业银行吸收到的能增加其准备金的存款。

1. 商业银行的存款派生与收缩。商业银行创造多倍派生存款的过程不是由一家银行单独完成的。单一银行仅能创造等于其超额储备的存款，作为整体的银行体系却能够进行多倍存款扩张。银行存款的来源可分为两种，一是原始存款，即能增加其准备金的存款，包括客户以现金方式存入银行的直接存款和中央银行向商业银行提供的再贴现与再贷款；二是派生存款（derivative deposit），即从银行的贷款等资金运用行为中派生出来的存款。在现代信用制度下，商业银行的客户几乎不可能将所有的可支配资金以现金形式保留，大部分都是以银行存款的形式保留的。在原始存款和派生存款的相互转化中，须以贷款作为条件。正是由于这种相互之间的转化，使现代银行获得了在存款不断派生的基础上不断扩大信贷规模的能力。

（1）存款的多倍扩张。假设某客户在 A 银行存入了 10 000 元支票存款，这 10 000 元就形成了 A 银行的原始存款（primary deposit）。此时 A 银行在中央银行的储备增加了10 000元，我们假定储备存款没有利息收入，故银行不愿持有超额储备。分析 A 银行的 T 形账户发现，

A 银行在中央银行的储备增加了10 000 元，支票存款也增加了10 000元，如表 14－2 所示。

表 14－2 银行 A 的 T 形账户（1）

资产		负债	
储备	+10 000	支票存款	+10 000

如果法定准备率（legal reserve ratio）是 10%，则银行 A 发现法定储备增加 1 000 元，超额储备为 9 000 元。由于 A 银行不愿持有超额储备，因而全额贷出，银行 A 的贷款和支票存款增加 9 000 元，但当借款人动用其 9 000 元存款时，银行 A 的支票存款和储备将降低 9 000 元，因而银行 A 的 T 形账户最终如表 14－3 所示。

表 14－3 银行 A 的 T 形账户（2）

资产		负债	
储备	+1 000	支票存款	+10 000
贷款	+9 000		

如果借款人动用该笔支票存款是将其存入银行 B，则银行 B 的 T 形账户如表 14－4 所示。

表 14－4 银行 B 的 T 形账户（1）

资产		负债	
储备	+9 000	支票存款	+9 000

同样的道理，银行 B 会进一步调整其资产负债。9 000 元的 10%（900 元）作为法定储备，剩余的 8 100 元是银行 B 的超额储备，B 银行将这一金额贷出，由于借款人支用这一款项，使得银行 B 的 T 形账户如表 14－5 所示。

表 14－5 银行 B 的 T 形账户（2）

资产		负债	
储备	+900	支票存款	+9 000
贷款	+8 100		

从银行 B 借款的人再将 8 100 元存入另一银行 C。到此阶段为止，银行体系最初的 10 000 元，在此已合计为 27 100 元（10 000＋9 000＋8 100）。这一过程继续下去，情况就如表 14－6 所示，在最初 10 000 元存款的基础上，通过银行发放贷款，整个银行体系的存款总额增加到 100 000 元，是最初存款的 10 倍，正好是法定准备率的倒数。

这个过程可以表示为：A 银行吸收客户甲的存款→提取部分比例准备金后向另一客户乙发放贷款→形成客户乙在 A 银行的存款→客户乙用该存款进行转账支付→形成 B 银行客户丙的存款增加→B 银行提取部分准备金后继续放款……如果资金不流出银行体系，银行体系就可以派生出数倍的存款货币。

表 14－6 银行体系存款货币创造过程（假设法定储备率为 10%）

银行	存款增加（元）	贷款增加（元）	储备增加（元）
A	10 000	9 000	1 000
B	9 000	8 100	900
C	8 100	7 290	810
D	7 290	6 561	729
E	6 561	5 905	656.1
…		…	…
所有银行合计 100 000 元		90 000 元	所有银行合计 10 000 元

从存款的先后顺序来说，10 000元是最初的存款，我们将

这种商业银行吸收到的能增加其准备金的存款称为原始存款；在此基础上通过商业银行的转账贷款等资产业务所创造出的存款称为派生存款。若以 ΔD 表示经过派生的存款总额的增额，以 ΔR 代表原始存款的增额，r_d 表示法定存款准备率，则有

$$\Delta D = \frac{\Delta R}{r_d} \tag{14-12}$$

可见，每一笔原始存款的增加最终会引致出数倍于自身的派生存款，其最大的扩张倍数称为派生倍数（withdrawal multiplier），也即乘数。若以 K 表示存款总额变动对原始存款的倍数，则 $K = \frac{1}{r_d}$，即派生倍数是法定准备率的倒数。

存款派生倍数是指存款总额变动对原始存款的倍数。

（2）存款的多倍收缩过程。上面我们假设客户最初在银行存入一笔款项，使得银行增加一笔原始存款从而在银行体系中创造出多倍的存款货币；与之相反，若客户从银行提取存款，引起银行体系原始存款的减少，在银行体系无超额准备金的前提下，也必然会出现存款货币多倍减少的过程。存款的多倍收缩过程和存款多倍扩张过程是相对应的。

2. 存款派生倍数的制约因素。在以上介绍的存款创造过程中，我们假设银行不愿持有超额准备，只保留法定准备金，其余的全部贷出或购买债券，并且客户将全部收入存入银行不提取现金。在这些假设前提下，商业银行创造存款能力的大小基本取决于法定存款准备金率的高低，并与之成反比关系。

但是，除了法定存款准备金率这个最主要的基础因素以外，影响商业银行创造存款能力的还有诸如超额准备金、现金漏损率等因素。下面我们继续考察和理解各种因素对存款派生倍数的限制作用。

法定存款准备金率是指一国中央银行规定的商业银行和存款金融机构必须缴存中央银行的法定准备金占其存款总额的比率。

（1）法定存款准备金率（r_d）。现代银行体系普遍实行部分准备制度，即各家商业银行均须按一定比率将其存款的一部分转存于中央银行，目的就在于限制商业银行创造存款的能力。存款准备金率越高，商业银行创造存款的能力越小；反之则相反。

如果舍掉其他影响存款创造倍数的因素，则整个商业银行创造存款货币的数量受法定存款准备金率的限制，其派生倍数同存款准备率呈倒数关系。

（2）现金漏损率（c）。在存款扩大过程中，有些得到支票的人很可能不把这些存款存入银行，而是通过提现将之存放于银行体系之外，出现所谓的现金漏损。现金漏损的出现使银行可用于放款的资金减少，因而削弱了银行创造存款的能力。由于社会经济中现金的数量同存款的数量之间在一定时期内大致存在某种比率关系，故我们可用这种比率来表示现金在存款派生过程中的漏损率。将现金漏损问题考虑进去后，银行体系创造存款的派生倍数公式发生变化。

现金漏损率也称提现率或现金比率，指客户从银行提取或多或少的现金，从而使一部分现金流出银行系统，出现现金漏损。

一般来说，影响现金漏损率的因素有：①社会大众可支配收入水平的高低。可支配的收入越高，需要持有的现金越多，但是现金漏损率趋于下降。②用现金购买或用支票购买的商品和劳务的相对价格的变化。比如，食品的价格相对于耐用消费品价格上升会增加现金需求，现金漏损率值提高。③大众对通货膨胀的预期。预期的通货膨胀率高，现金漏损率值则

高。相反，现金漏损率值就低。④地下经济规模的大小。地下经济多以现金交易为主，其规模越大，现金漏损率也越大。⑤社会的支付习惯。信用工具的发达程度、社会及政治的稳定性、利率水平等都影响现金漏损率值的变化。

（3）超额准备率（e）。出于经营的安全性与流动性原则，银行实际保留的准备金总是大于法定准备金，超出的部分称为超额准备金（excess reserves）。银行的超额准备金同存款总额的比称为超额准备率。如果超额准备率高，则银行信用扩张的能力缩小；如果超额准备率低，则银行存款的派生倍数提高。

超额准备率是指银行的超额准备金同存款总额的比率。

商业银行愿意持有多少超额准备金，主要取决于以下因素：①持有超额准备金的机会成本的高低，即生息资产收益率的高低。如果利率低，超额准备金率就高，反之则越低。②借入准备金的成本高低，主要是中央银行再贴现率的高低。再贴现率高，意味着借入准备金的成本增高，商业银行就会保留较多的超额准备金，以备不测之需；反之，如果借入准备金的成本较低，就没有必要保留较多的超额准备金，超额准备金率就低。③银行拆入资金的能力。银行获取短期负债的能力越强，为了防范不测之需所要保留的超额准备金就越低。

（4）定期存款准备金。银行吸收的存款按其与银行的契约关系可分为活期存款和定期存款。以上的分析都未作此划分，而当对活期存款和定期存款规定不同的准备率时，会对存款派生倍数 K 产生影响。定期存款（D_t）同活期存款总额（D_d）之间会保有一定的比例关系，记做 t，它会对存款创造产生影响。由于和定期存款相比，活期存款的期限不能确定，提现的不确定性比较大，各国中央银行都针对商业银行存款的不同种类规定不同的法定准备金率，通常定期存款的法定准备金率要比活期存款的低。这样即便在法定准备金率不变的情况下，定期存款与活期存款间的比率改变也会引起实际的平均法定存款准备金率改变，最终影响货币乘数的大小。一般来说，在其他因素不变的情况下，定期存款对活期存款比率上升，意味着平均法定准备金率就比较低，存款货币的多倍创造效应就大；反之，存款货币的多倍创造效应就小。

影响定期、活期存款占总存款比率的主要因素：①银行的存款利率。一般来说，如果定期存款的利率上升，则会导致活期存款向定期存款转化，使得定期存款的比率变大。②通货膨胀预期。预期通货膨胀率高时，将货币进行定期存款是不合适的，将来贬值的可能性比较大，定期存款的比率会降低。

经过修正后的派生倍数可以表示为

$$K = \frac{1 + c}{r_d + c + e + tr_t} \tag{14-13}$$

式中：r_d 为活期存款法定准备金率；c 为现金漏损率；e 为超额准备金率；r_t 为定期存款法定准备金率；t 为定期存款占活期存款的比率。

（5）贷款的需求或者银行是否同意发放贷款。银行是通过发放贷款来增加存款的，如果没有人向银行借款，银行就不能发放贷款，也就谈不上存款的创造。银行找不到投资机会的情况也一样。反之，借款需求很大，但银行认为条件、时机不成熟，不愿贷款，也无法创造存款。如果一个国家处于经济周期的低谷，社会对贷款的需求很低，银行的贷款可能就贷不出去，派生存款也就无法产生。客户对贷款的需求越旺盛，存款货币多倍创造的能力就越强。

另外，在宏观调控时，银行从自身的角度考虑，有时也不会将所有可用资金全部用来放贷，或者会对贷款作出种种限制。这其实影响了贷款的供给，实际发放的贷款数量越低，产生的派生存款就越少，存款货币多倍创造的能力就越低。

所以，以上银行创造存款的派生倍数只能看做是扩大存款的理论极限，在实际存款扩张过程中，有许多因素共同作用。因此，存款的增加一般不会达到这个理论上的极限。

（三）货币乘数

货币乘数是指货币供给量相对于基础货币的倍数。

1. 货币乘数的定义。所谓货币乘数（money multiplier）是货币供给量相对于基础货币的倍数。货币供给的基本模式可以表示为

$$M_s = mB \tag{14-14}$$

式中：M_s为货币供给总量；m 为货币乘数；B 为基础货币。

基础货币与货币供给的关系可由图 14－2 表示。

货币供给之所以和基础货币之间具有倍数的关系，主要是由于银行准备金 R 的多倍存款创造作用。货币乘数的一个重要特征是它小于存款派生倍数。理解这点的关键在于理解基础货币的不同构成。基础货币由通货和准备金构成，虽然存在着存款的多倍扩张，但通货不存在类似的扩张。这样，如果基础货币增量中的一部分为通货，则这一部分就不会产生多倍扩张效应。

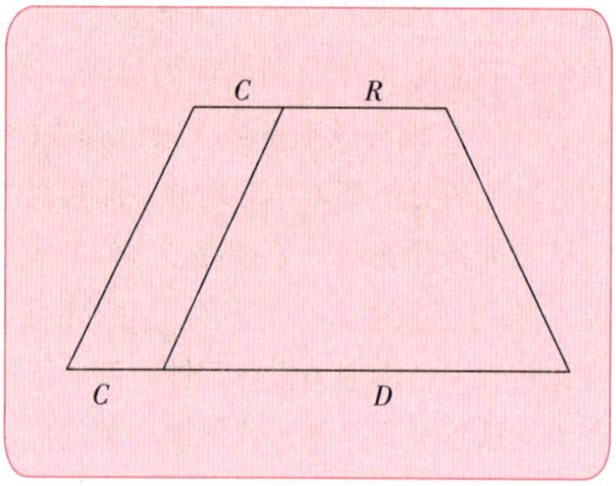

图 14－2　基础货币与货币供给的关系

2. M_1 的货币乘数（m_1）推导。若以包括通货和活期存款的货币存量 M_1 为对象；c 表示通货比率，即流通中的现金（C）的比率与活期存款（D）的比率；r_d 表示活期存款的法定准备金比率；r_t 表示定期存款的法定准备金比率；t 表示定期存款（T）对活期存款的比率；e 表示商业银行的超额准备金率。则将上述货币供给的基本模式稍加变形可得

$$m = \frac{M_s}{B} \tag{14-15}$$

这里的 M_s 用 M_1 代替，由于：

$$M_1 = D + C \tag{14-16}$$

$$B = R + C \tag{14-17}$$

式中：R 指商业银行的准备金，既包括商业银行的法定准备金，又包括超额准备金（E）；既包括商业银行的库存现金，又包括商业银行在中央银行的准备存款，即

$$R = r_d D + r_t D_T + E \tag{14-18}$$

将式（14－15）、式（14－16）、式（14－17）代入式（14－18），并将分子分母都除以 D 得到式（14－19）：

$$m_1 = \frac{M_1}{B} = \frac{D + C}{R + C} = \frac{1 + c}{r_d + r_t t + e + c} \tag{14-19}$$

3. M_2 的货币乘数（m_2）推导。通过前面对货币层次的介绍，我们已经知道：

$$M_2 = D + C + T \tag{14-20}$$

根据 M_1 货币乘数的推导过程，同理可得 M_2 的货币乘数公式：

$$m_2 = \frac{M_2}{B} = \frac{D + C + T}{R + C} = \frac{1 + c + t}{r_d + r_t t + e + c} \tag{14-21}$$

以上分析表明，货币乘数是由活期或定期存款的法定准备金率、商业银行的超额准备金率、定期存款比率以及通货比率等变量决定的。在这些因素中，活期存款的法定准备金率 r_d、定期存款的法定准备金率 r_t 由中央银行决定，而超额准备金率 e 由商业银行行为决定，通货比率 c 和定期存款占活期存款的比率 t 由社会公众的行为共同决定。在基础货币一定的条件下，货币乘数与货币供应量是正比关系。

四、货币供给的决定因素

通过前面的介绍，我们已经知道基础货币和货币乘数是共同决定货币供给量的两大因素。这两大因素由三类市场参与者的行为共同决定，即中央银行、商业银行及其他存款机构、企业和个人。

（一） 中央银行调控影响的因素

1. 基础货币。基础货币的变动是中央银行政策实施的结果，中央银行可以通过公开市场操作，调整再贴现、再贷款利率等措施来进行货币政策调控。

需要注意的是，中央银行对基础货币的控制力不是绝对的。我们从基础货币的构成来进行分析。首先，构成基础货币的流通中现金并不在中央银行的控制范围内，它的规模取决于社会各经济主体的现金需求；其次，从构成基础货币的商业银行存款准备金来看，中央银行调控的效果同时也取决于银行的反应。当银行有多样化的资金渠道或对市场前景预期良好时，货币政策的调控不一定能取得明显效果。

2. 法定活期存款准备金率和定期存款准备金率。由货币乘数的公式可知，法定活期存款准备金率和定期存款准备金率与货币乘数成反比例关系，法定准备金率的变动会直接影响货币供给。通过变动法定准备金率，中央银行可以限制商业银行创造存款的能力。

（二） 商业银行和其他存款机构影响的因素

由货币乘数公式可知，超额准备金率是影响货币供给变动的因素，它与货币乘数成反比。超额准备金率的高低是由商业银行的经营决策决定的。市场利率的高低、社会经济发展预期、银行业的竞争状况以及储户的流动性偏好等因素都会影响商业银行在中央银行留存的超额准备金额。这一因素的确定及其对货币供给的影响较为复杂，并且不是中央银行可以调控的。

（三） 企业和个人影响的因素

1. 现金漏损率。由货币乘数公式可知，现金漏损率与货币乘数有关，而这一因素又直接受公众意愿的控制，并间接受到多方面经济条件的影响，比如它会受收入或财富变化的影响。一般来说，人们的交易需求会随着收入或财富的增加而增加，从而作为流通手段的通货与活期存款都会增加。但实际经济生活中的交易更多是以支票来完成的，尤其是大宗交易，因此现金漏损率与收入或财富负相关。

2. 定期存款与活期存款的比例。t 直接取决于公众的资产选择，间接受收入或财富、利率水平和结构、市场风险等因素影响。一般来说，定期存款的需求有较大的收入弹性，故在收入上升时，t 趋于上升；收入下降时，t 趋于下降。定期存款相对于活期存款而言，利息收益较高但流动性较低。因此利率结构与市场动态的变化必然会影响到 t 的变动。

五、货币供给理论流派

（一） 货币供给的内生性与外生性

货币供给理论是研究货币供给量的决定因素、货币供给量的形成、货币当局如何控制货币供给量的理论。处于这一系列讨论核心的是货币供给的内生性或外生性问题。

货币供给的外生性是指货币供给量并不是由经济因素，如收入、储蓄、消费、投资等因素所决定的，而是由货币当局完全操控的。货币供给的内生性是指货币供给的变动不是由货币当局决定的，起决定作用的是经济体系内的多种因素。如果认为货币供给是内生变量，就是认为货币供给总是要被动地决定于客观经济过程，货币当局不能有效地控制货币供给的变动，货币政策的调节作用是有限的。而如果认为货币供给是外生变量，就等于认为货币当局能够有效地对货币供给进行控制。

专栏 14－2
直升机上撒钱

“让我们假设，有一天一架直升机正在飞过某个居民区时从天上扔下一笔钱，是额外的 1 000 美元，不用说，很快就被当地居民捡走了。让我们进一步假设，每个人都确信，这是一种可遇不可求的事情……”（弗里德曼，1969）

美联储主席伯南克曾扬言，如果美国经济增长出现衰退，只需坐在直升机上撒钱即可帮助美国走出困境。

早在 2002 年，在一次有关“美联储怎样才能战胜通货紧缩”的演讲中，伯南克引用了货币主义学派的创始人米尔顿 · 弗里德曼（Milton Friedman）著名的“用直升机撒钱”（helicopter drop）的理论①。自那以后，伯南克就有了一个绰号——“直升机 · 本”（Helicopter Ben）。

身为世界最重要的中央银行的行长，伯南克一直遵循着于 2002 年发表的“施政纲领”，即为战胜通货紧缩或持续负通货膨胀，美联储将首先实行零利率政策，然后再采取特别举措，诸如购买政府债券和抵押贷款支持证券等。

经济学家利希认为，伯南克的大手笔源于他在美联储主席这一位置上的责任感和恐惧感。伯南克的恐惧是，如果他未能大把撒钱，以至于经济陷入万劫不复境地，自己将成为罪人。即使撒钱也无济于事，至少他已尽到“本分”。而世人更大的恐惧是，如果“撒钱”这一招也失灵，美国将会怎样？世界将会怎样？

“用直升机撒钱”可以看做货币供给外生性的一个绝妙比喻。

资料来源：腾讯财经——《伯南克的“直升机”将飞到一个新高度》。

（二） 凯恩斯的货币供给理论

凯恩斯认为货币是国家的创造物。以此为基础，他提出了外生货币供应论。凯恩斯认为

① 弗里德曼指出，美国央行应当“坐在直升机上向下投放货币”，旨在刺激消费。

货币供给是由中央银行控制的外生变量，它的变化影响着经济的运行，但其自身却不受经济因素的制约，这是由货币的供给弹性和替代弹性的特征决定的：一方面，由于货币的供给弹性极小，几乎为零，当货币需求上升时，无法用多投入劳动力的方法来提高货币的供给；另一方面，货币的替代弹性为零，它是依靠国家权力发行并强制流通的，任何其他商品都无法取代货币，因而无法降低对货币的需求。

凯恩斯认为利率是由货币的供给和需求所决定的，因而货币供给变动的直接影响便是利率的波动。利率的波动会进而影响储蓄、消费、投资等变量，并最终影响有效需求。公开市场操作是增加或减少货币供给的主要办法，通过对货币供给的调节，可以对社会的有效需求进行管理。

（三） 新剑桥学派的货币供给理论

新剑桥学派认为，虽然从形式上看，现有的货币量都是由中央银行投放出去的，但实质上，供给多少货币并不完全取决于中央银行的意志，而是中央银行被动适应公众货币需求的结果。在当代高度发达的信用经济中，商业银行作为整个货币运行的最主要的载体，会在很大程度上影响货币供给量。例如，当经济处于上升周期时，企业的贷款需求会增加，银行体系的贷款也会相应增加。通过贷款发放和信用创造功能，货币供给量会扩大。中央银行不能直接干预商业银行的自主经营决策，因而只能被动地适应。

在货币供应量的调控问题上，新剑桥学派认为中央银行能够控制货币供给量。这点同凯恩斯的观点是一致的。但他们同时指出，中央银行的控制能力是有限的。这主要基于两方面的原因：一是当货币需求旺盛时，银行体系会想方设法逃避中央银行的控制，造成货币供给量的增多。二是中央银行在货币供给的控制方面存在着漏区，银行可采取一些灵活的信用方式变相提高货币供给。此外，非银行金融机构的发展也削弱了中央银行对货币供给的控制。

新剑桥学派还指出了中央银行货币供给控制中的非对称性，认为中央银行提高货币供给的能力远大于其降低货币供给的能力。

（四） 新古典综合学派的货币供给理论

新古典综合学派明确地提出了内生货币供给论。他们认为货币供给量主要是由银行和企业行为所决定的，而银行和企业的行为又取决于经济体系内的许多变量，中央银行不可能有效地限制银行和企业的支出，更不可能支配它们的行为。新古典综合学派的理论主要是基于以下几个理由：

1. 由金融机构业务活动决定的信贷及创造的存款货币是货币供给的源头。在金融体系高度发达的当代，只要有贷款需求，银行就能提供信贷并由此创造出存款货币，导致货币供给量的增加。

2. 金融体系的创新能起到动员闲置资金、节约头寸、改变货币流通速度的作用。因此，即使中央银行只是部分地提供所需货币，通过金融创新也可以相对地提高货币供给量。

3. 企业可以创造非银行形式的支付来提高信用规模。通过发行或交换期票，相互提供融资便利等手段，企业可以解决银行信贷不足带来的融资困难问题。

（五） 货币学派的货币供给理论

货币学派的货币供给理论兴起于20世纪60年代，它是现代新经济自由主义流派中影响最大的流派。其主张具有重要的现实意义。下面对货币学派中较有影响的理论模型作简要介绍。

1. 弗里德曼—施瓦茨的分析。其主要分析及观点出于二人合著的《美国货币史（1867—1960）》。

首先，两位经济学家把货币划分为两大类：货币当局的负债，即通货；商业银行的负债，即银行存款。

然后，假设 M 为货币存量，C 为非银行公众所持通货，D 为商业银行存款，H 为高能货币，R 为商业银行存款准备金，那么可列出下列等式：

$$M = C + D \tag{14-22}$$

$$H = C + R \tag{14-23}$$

$$M = H\frac{\frac{D}{R}(1+\frac{D}{C})}{\frac{D}{R}+\frac{D}{C}} \tag{14-24}$$

这就是弗里德曼—施瓦茨的货币供给模型。从该模型中可以看出，决定货币存量 M 的因素有三个：高能货币 H、商业存款与其准备金之比$\frac{D}{R}$，商业银行存款与非银行公众所持通货之比$\frac{D}{C}$。其中$\frac{D}{R}$、$\frac{D}{C}$同时也是货币乘数的影响因素。首先，高能货币受政府或货币当局的影响。其次，$\frac{D}{R}$受银行体系影响。银行体系能够通过改变超额准备金数量，改变银行存款与准备金之比，即改变$\frac{D}{R}$。最后，$\frac{D}{C}$受社会影响，当然，同时也受银行服务和利率水平的影响。

两位经济学家利用上述方法，检验了 1867—1960 年美国货币史，并得出基本结论：高能货币 H 的变化是导致广义货币存量 M 变化的重要原因，决定并影响 M 长期性变化和周期性变化；另外，$\frac{D}{R}$与$\frac{D}{C}$对金融危机条件下的货币运动有着决定性影响；$\frac{D}{C}$的变化还对货币量的变化有影响，是 M 呈现长期缓慢的周期性变化的重要原因。

2. 菲利普·卡甘的分析。菲利普·卡甘于 1965 年出版了专著《1875—1960 年美国货币存量变化的决定及其影响》，提出了其货币供给理论与模型。菲利普·卡甘对货币的定义与划分同弗里德曼—施瓦茨基本一致，只是推导过程和模式不同，其货币供给模型为

$$M = \frac{H}{\frac{C}{M}+\frac{R}{D}-\frac{R}{D}\cdot\frac{C}{M}} \tag{14-25}$$

卡甘据此认为：货币存量 M 长期的、周期性的变动，决定于高能货币 H、通货比率$\frac{C}{M}$和准备金比率$\frac{R}{D}$这三个因素。

高能货币 H 的增长是货币存量 M 长期增长的主要原因。H 的增长，在信用货币制度下，主要取决于黄金储备的增长和联邦储备体系的操作。

政府控制高能货币 H，公众和商业银行则决定持有高能货币 H 的比例。公众通过通货与银行存款的相互转化，改变其高能货币持有额。商业银行通过贷款和投资的变动，改变其高能货币持有额。

通货比率$\frac{C}{M}$的变动是货币存量 M 周期性波动的主要原因。$\frac{C}{M}$在长期中呈下降趋势，主要原因在于收入和财富的增长以及城市化。公众的行为对$\frac{C}{M}$的变动有很大影响。如果公众减少通货持有，而相对增加银行存款，银行准备金就增加。此时如果准备金比率$\frac{R}{D}$不变，则货币存量 M 增加。

准备金比率$\frac{R}{D}$即准备金与存款的比率的变动，是由法定准备金率的变化引起的。商业银行的行为对$\frac{R}{D}$的变动有很大影响。如果银行贷款增加，而存款不变，银行准备金就减少，此时货币存量 M 增加。

3. 乔顿的分析。20 世纪 60 年代末，美国经济学家乔顿发展了上述两种分析与结论，提出了更为复杂的模型，而且对货币以及存款准备金等概念都进行了重新界定。

乔顿采用的是狭义货币 M_1，并且区分了联储银行和非联储银行，以及不同法定存款准备金率要求的不同存款。据此，他认为决定货币存量的因素主要有以下几个方面：

第一，货币基数。货币基数即公众与商业银行所持有的政府的净货币负债，其实就是通货和商业银行存款准备金，即基础货币 B。

第二，联储银行的准备金与存款的比率。根据银行类型和存款种类不同，商业银行的存款准备金率也不同。如果以 D、T、G、r 分别表示商业银行的私人活期存款、私人定期存款、政府存款和各种存款的加权平均准备金率，则商业银行的全部准备金 R 可表示如下：

$$R = r(D + T + G) \tag{14-26}$$

第三，通货与活期存款的比率。如果以 C、D、k 分别表示通货、活期存款、通货与活期存款的比率，即有下式：

$$C = kD \tag{14-27}$$

$$k = \frac{C}{D} \tag{14-28}$$

该比率是影响货币供给的重要因素。该比率越小，货币基数增加，进入银行作为准备金的部分越大，从而银行体系所创造的存款就越多。

第四，定期存款与活期存款的比率。如果以 T、t 分别表示定期存款、定期存款与活期存款的比率，则有下式：

$$T = tD \tag{14-29}$$

$$t = \frac{T}{D} \tag{14-30}$$

在存款总额中，定期存款比率越大，活期存款的比率就越小，当存款总额与通货不变时，M_1 就会减少。同时，定期存款在存款总额中所占比重越大，货币乘数就越小。

第五，政府存款与私人活期存款的比率。如果以 G、g 分别表示政府存款，政府存款与私人活期存款的比率，则有下式：

$$G = gD \tag{14-31}$$

$$g = \frac{G}{D} \tag{14-32}$$

在美国，商业银行可吸收政府活期存款，并为此必须保持准备金率，该准备金率与私人活期存款准备金率相同。因此，当货币基数或准备金量一定时，政府存款的变化会影响存款量，从而影响货币乘数。

根据上述认识，乔顿提出了货币乘数 m 的模型：

$$m = \frac{M}{B} = \frac{C + D}{C + R} = \frac{kD + D}{kD + r(D + tD + gD)} = \frac{1 + k}{r(1 + t + g) + k} \tag{14-33}$$

这个模型说明货币乘数 m 是行为参数 r、t、g 的递减函数，意味着商业银行各种存款的加权准备率、定期存款比率和政府存款比率的变化对货币乘数产生反向影响与效应。

（六）新自由主义学派的货币供给理论

新自由主义学派又称弗莱堡学派。该学派认为应通过保持币值的稳定来保证市场经济的协调与稳定运行。该学派提出了两条货币供给的原则：第一，货币供给应与社会生产能力相适应；第二，保持商品追逐货币的局面，以吸引商品源源不断地流入市场，通过公众投的货币票值来判断商品的优劣，以此提高商品的质量和数量。

该学派还提出了货币供给增长率的区间论，这一区间可根据潜在生产能力和可承受的通货膨胀率来确定。

本章小结

1. 名义货币需求是指经济主体在一定时期内不考虑价格变化时的货币需要。实际货币需求是指扣除了通货膨胀因素以后的货币需要。对货币需求进行研究时，还应区分微观货币需求和宏观货币需求。

2. 马克思提出了价值论货币需求说，认为在纸币流通条件下，商品价格水平与流通中的纸币数量成正比。费雪现金交易说认为货币需求与收入正相关，货币流通速度为常数。剑桥学派也认为对实际货币余额的需求同实际收入成比例，但他们并没有排除利率对货币需求的影响。凯恩斯提出了货币需求的三种动机，即交易动机、预防动机和投机动机，认为货币需求同时受收入和利率水平的影响，货币流通速度是不稳定的。凯恩斯的后继者发展了凯恩斯的理论，提出交易动机和预防动机也是利率的函数，以及货币需求的资产组合理论。弗里德曼认为货币需求主要由恒久收入决定，货币需求是稳定的。

3. 货币供给有多重口径，各国在实际操作中对货币进行了不同的层次划分。在各国所采用的符号中，只有通货和 M_1 两项包含的内容大致相同，其他的则各有差异。

4. 基础货币也称高能货币、强力货币，由商业银行的存款准备金和流通于银行体系之外而为大众所持有的通货这两部分构成。中央银行投放基础货币的渠道主要包括贴现及放款、购买政府债券及财政借款、购买外汇或黄金。

5. 商业银行吸收到的能增加其准备金的存款称为原始存款，商业银行在此基础上通过转账贷款等资产业务所创造出的存款称为派生存款。商业银行创造存款能力的大小基本上取决于法定存款准备金率、超额准备金率、现金漏损率等因素。

6. 影响货币需求的因素主要包括收入、利率、物价水平及物价变动预期、金融发展程度、货币流通速度以及消费倾向。中央银行主要通过利率调控和预期管理的方式进行货币需求调控。

7. 货币供给是由基础货币和货币乘数共同决定的。基础货币的变动主要受中央银行的影响，但其并非完全受中央控制。货币乘数则由社会公众、商业银行等其他经济主体的行为所共同决定。

8. 货币供给理论的发展主要围绕货币供给是内生还是外生的这一问题展开。凯恩斯认为货币供给可以由中央银行完全控制，因而是外生的。新剑桥学派认为中央银行对货币供给的控制力和效果不是绝对的。新古典综合学派明确提出了货币内生论。货币学派也认为货币供给是外生的，但他们反对国家过多干预，并提出了单一规则。弗莱堡学派认为货币供给量的调控是货币供给理论的核心，主张通过对货币供给量的调控来保证币值的稳定，从而达到稳定经济的目的。

关键词

货币需求（money demand） 货币化（monetization）
货币供给（money supply） 货币创造（money creation）

重要概念

货币需求 货币流通速度 实际货币需求 货币供给 基础货币 货币乘数 原始存款
派生存款 存款准备金 超额准备金 货币供给的外生性 货币供给的内生性

思考题

1. 货币供给量是内生的还是外生的？请给出理由。
2. 货币供给的形成机制是怎样的？
3. 比较凯恩斯货币需求理论与弗里德曼货币需求理论的异同。

练习题

1. 比较费雪方程式与剑桥方程式的差异。

2. 影响货币需求的因素主要有哪些？

3. 简述凯恩斯货币需求的三种动机。

4. 货币需求的调控手段包括哪些？举出具体例子说明。

5. 假设 A 国公众持有的现金为 500 亿元，商业银行库存现金为 400 亿元，在中央银行的法定准备金为 200 亿元，如果超额准备金 100 亿元，A 国的基础货币是多少亿元？

案例题

根据本章专栏 14－1 的内容，中国人民银行在公布 2018 年 1 月金融统计数据报告时，通过备注说明：2018 年 1 月，人民银行完善货币供应量中货币市场基金部分的统计方法，用非存款机构部门持有的货币市场基金取代货币市场基金存款（含存单）。

（1）试分析这项改变出现前后人民银行货币供应量的增减变动情况。

（2）思考此项政策对货币需求与货币供给分别产生了哪些方面的影响。

扫描二维码可阅读本章精选案例

第十五章
货币均衡和金融稳定

本章知识结构

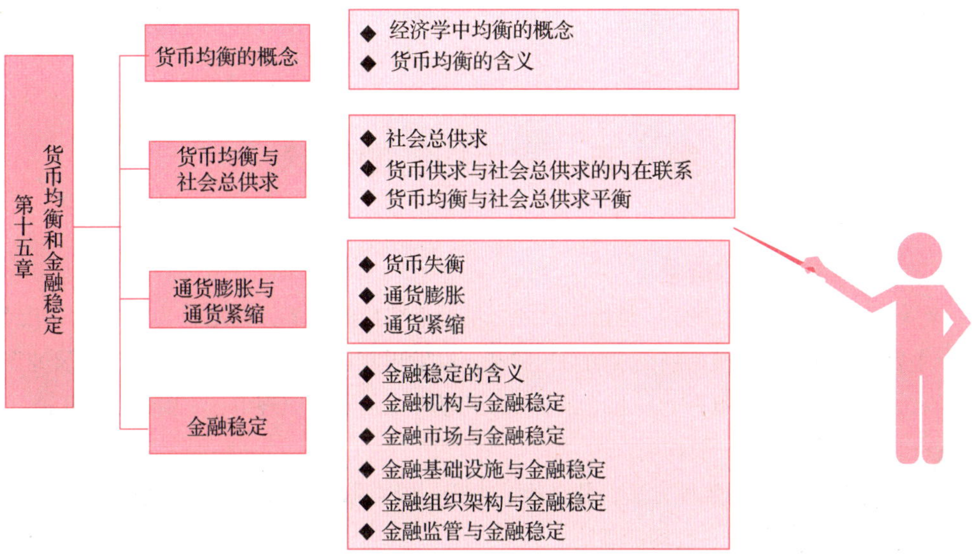

本章学习目标

- 界定货币均衡的含义及其同社会总供求平衡之间的关系；
- 解析货币失衡内容及其发生的原因；
- 认识通货膨胀与通货紧缩的影响及治理措施；
- 了解金融稳定体系的构成。

章前引例

诺贝尔经济学奖获得者弗里德曼在他 2006 年出版的《货币的祸害》一书中讲述了这么一个故事：假设有一个经济长期稳定的国家，有一天一架飞机飞过这个国家，并且从天上撒下一笔钱，这笔钱的数量等同于这个社会流通领域中的货币量。我们知道，人们当然会把这笔钱收进自己的腰包。

如果这个国家的每个人都把这笔多出来的货币放在家里，就不会出什么事情了。在经

济中，价格还是原来的价格，收入还是原来的收入，只不过每个人手中的现金余额增加了。可是，从人的本性来讲，他们不会这样去做，再没有什么比现在手中有了更多的钱更让人高兴的事情了，人们当然会去花钱。于是，这笔多出来的货币在流通过程中会从一个人手中转到另一个人手中，当每个人都感觉手中的货币多了，都以为自己富裕了的时候，商品的价格也在上涨，上涨的程度刚好抵消这笔多出来的货币。因此，在天降一笔货币之后（类似中央银行扩大货币供给），人们会在一开始需求扩大的时候，高兴一阵子，但不久就会清醒过来，商品价格就会急剧上升。

著名经济学家弗里德曼深入浅出地阐释了通货膨胀的过程和原因。

第一节　货币均衡的概念

一、经济学中均衡的概念

“均衡”一词来源于物理学，是指相反的力量处于相持的均势，但之后被广泛应用于经济学中，主要用于描述和分析市场供求的对比状态，以发现其运行的态势和规律，进而研究调控的措施和方法。对于“均衡”这一概念的界定，经济学家有着不同理解，主要有以下几种。

（一）　瓦尔拉斯的一般均衡理论

里昂·瓦尔拉斯运用数理方法，从交换、生产、资本形成和货币流通四个方面创建了以边际效用价值论为基础的一般均衡理论。

一般均衡理论从市场上各种商品的供给、需求和价格是相互影响、相互依存的前提出发，来考察每种商品的供给和需求同时达到均衡状态下的价格决定问题。瓦尔拉斯认为，当整个经济体系达到均衡状态时，每个部门的产品的均衡价格和均衡产量，以及所有生产要素的均衡价格和均衡供给量，都将相应地被决定，市场上的供给和需求完全相等。这种均衡的获得和维持，是通过价格调整实现的。后人常常称之为“瓦尔拉斯均衡”。

按照瓦尔拉斯均衡理论，市场上既不存在过剩也不存在短缺，或者说既不存在过量供给也不存在过量需求时，市场就处于均衡状态。因此，要真正实现瓦尔拉斯均衡，就必须要求市场和整个社会都处于完全和谐的状态。然而，现实中的每种经济社会都会有其不和谐之处，经济运行也不会顺此理想状态进行。

专栏 15－1

里昂·瓦尔拉斯（Léon Walras）

里昂·瓦尔拉斯（1834—1910），法国数理经济学家，洛桑学派创始人。其《纯粹政治经济

里昂·瓦尔拉斯

学纲要》（1874—1877）是最早用数学方法对一般经济均衡进行全面分析的著作之一。瓦尔拉斯认为纯粹经济学的本质是在完全自由竞争制度假设下确定价格，其中生产要素、产品和价格会自动调节达到均衡。这样，他把生产、交换、货币和资本各方面联系起来。

瓦尔拉斯是边际效用价值论的奠基人之一。他把边际效用称为“稀少性”，认为商品的稀少性随消费量的增加而递减，且与商品价格成比例；消费者购买时，力求使每一单位货币能买到的每一种商品的效用量相等，这时，他得到的效用最大，即处于均衡状态。他在经济学中使用了数学，研究了使一切市场（不是一种商品的市场，而是所有商品的市场）都处于供求相等状态的均衡，即一般均衡。瓦尔拉斯经济思想对后世西方经济发展的影响是多方面的，但最重要、最深远的影响来自他的一般经济均衡理论。

资料来源：MBA 智库百科。

（二） 马歇尔的局部均衡理论

阿尔弗雷德·马歇尔（Alfred Marshall，1842—1924）总是在“假定其他条件不变”时，分析一种商品或一种生产要素的价格如何由供求两种相反力量的作用而达到均衡。局部均衡理论相对于一般均衡理论而言，指在不考虑所分析的经济体系内某一局部以外因素的影响时，这一局部所达到的均衡，即在研究整个经济体系中的某一局部问题时，假定局部以外的其他因素都不变，从而只考虑局部本身所包含的各种因素之间的相互影响、相互作用及其达到均衡的过程。

（三） 凯恩斯的非充分就业的均衡理论

由于瓦尔拉斯一般均衡理论过于理想化，许多学者都对它提出了质疑和批评，并逐渐形成了一种影响极大的“非瓦尔拉斯均衡”理论。该理论一般由四个宏观经济模型来概括：凯恩斯的失业均衡模型、压抑的通货膨胀模型、波兹的短边规则模型和科尔内的短缺均衡模型。其中，以凯恩斯的失业均衡模型和下面要介绍的科尔内的短缺均衡模型尤为著名。

约翰·梅纳德·凯恩斯（John Maynard Keynes，1883—1946）的分析是围绕失业均衡或小于充分就业均衡的思路展开的，其基本特征是在需求约束型经济中，普遍存在非自愿失业和非自愿的商品供给过剩，由于愿意提供的供给大于实际的需求，所以现实经济生活中的供求均衡是由有效需求确定的，即凯恩斯均衡是指由有效需求所决定的非充分就业均衡。

（四） 科尔内的短缺均衡理论

社会主义国家学者、匈牙利著名经济学家亚诺什·科尔内从需求大于供给的资源约束型经济角度出发，对于瓦尔拉斯的一般均衡理论给予了系统的批判。他认为，瓦尔拉斯均衡只是一种理想状态，其价值在于作为一种理想标准或参照系，在现实经济运行中，客观存在的是广义均衡和超广义均衡。广义均衡是指短缺和滞存都不超过一定幅度时的均衡，而超广义均衡是指均衡本身是一种正常状态，任何一个系统都处于正常状态，改变这种正常状态并不是从不均衡（失衡）过渡到均衡，而只是从一种均衡过渡到另一种均衡。

科尔内的均衡学说在社会主义国家甚至在西方的影响都非常大，为社会主义理论经济学的创新指明了方向。他强调，经济学家不应该在理想的瓦尔拉斯均衡状态下去分析现实经济的运行，而应该在不那么理想但更为现实的非瓦尔拉斯均衡状态下来分析其运行。然而，科尔内的均衡观仍是不可接受的。该学说将短缺设定为社会主义的正常状态，并将之定义为社会主义的均衡，认为没有必要消除短缺，即供给持续偏离需求是正常的，研究均衡问题也就完全没有必要了。

二、货币均衡的含义

（一）对货币均衡的三种解释

西方经济学的货币均衡理论不如货币需求理论和货币供给理论那么成熟，对究竟什么是货币均衡的问题存在着分歧，主要有以下三种解释：

1. 货币供给与货币需求相等。西方主流经济学家以对货币供给与货币需求的比较作为逻辑思维的起点来研究货币均衡问题。他们主要是通过对货币的非均衡——通货膨胀，这种典型的失衡状态来间接研究该问题，认为只要通货膨胀问题解决了，货币均衡问题也就迎刃而解了。

2. 货币利率与自然利率相等。北欧学派的经济学家始终以货币利率和自然利率的比较作为直接出发点，来对货币均衡问题展开研究。他们认为，利率对货币问题的重要性以及对金融问题的重要性就同价格对整个经济问题的重要性一样，几乎所有的金融问题都是围绕着利率进行的，因此，利率对于货币均衡而言至关重要，对不同种类利率的研究就演化为货币均衡研究的直接对象。

3. 储蓄与投资相等。“储蓄 = 投资”是宏观经济学中非常重要的一个等式，有人把它与费雪的“$MV = PY$”宏观经济模型并列起来运用，甚至还有人将其替代费雪交易方程式，并称之为第三代宏观经济学模型。西方不少学者现在都把储蓄与投资的比较作为研究货币均衡的直接目标。

（二）货币供求均衡

我国的经济学家对货币均衡的普遍理解是货币均衡即为货币供求平衡，是指货币供给量与货币需求量基本相等，以 M_s 表示货币供给量，M_d 表示货币需求量，则 $M_s = M_d$。所谓基本相等，是指货币供给与货币需求的大体一致，而不是数量上两者完全相等。货币均衡应该是一种非瓦尔拉斯均衡。理解货币均衡的概念还需要注意以下几点：

1. 货币均衡是一个动态过程。它并不要求在某一具体时间上货币供给量与货币需求量完全相等，而是允许短期内货币供求间有一个可接受的不一致状态，但长期内是大体一致的。

2. 货币均衡在一定程度上反映了国民经济的总体均衡状况。货币不仅仅是商品交换的媒介，而且其本身还是国民经济发展的内在要求；货币供求的相互作用制约并反映了国民经济运行的全过程，并且有机地将国民经济运行与货币供求的相互作用联系在一起。在所分析的时期内，国民经济的运行状况势必要通过货币均衡与否的状况反映出来。

3. 货币均衡也可以是货币供求结构的均衡。货币供给结构的均衡指一个国家的各个生产部门、企业所生产的产品基本上都能够销售出去，实现其价值，转化为货币，并且这些生产部门、企业和个人所持有的货币能够按照一定的价格条件转化为自己所需要的商品，在社会上基本不存在一方面商品大量积压，另一方面有钱却买不到商品的现象。

第二节　货币均衡与社会总供求

一、社会总供求

社会总供给和社会总需求是一国经济中十分重要的宏观经济变量，两者间的基本平衡是稳定、协调发展国民经济的一项基本要求。

（一）社会总供给和总供给曲线

社会总供给通常是指在一定时期内，一国生产部门按照一定价格提供给市场的全部产品和劳务的价值总和，以及在市场上出售的其他金融资产总量。由于商品都是在市场上实现其价值，所以社会总供给也就是一定时期内社会的全部收入或总收入。在宏观经济当中有若干变量会对总供给产生影响，其中，最直接、最重要的影响来自价格水平。

总供给曲线即是用来表示在其他条件不变的前提下，一般价格水平与总供给（即总收入）之间关系的曲线。

图 15－1 所示的总供给曲线表明，当经济未达到充分就业时，总供给曲线是一条向右上方倾斜的曲线，这表示价格水平的上升将导致总供给的增加。该曲线在低产量水平处相对平坦，而在高产量水平处相对陡峭的理由是：在低产量处，经济中存在过剩的生产能力，劳动力和机器设备利用不足，因此价格水平的略微上升将引起非常大的产量增加。在高产量水平处，劳动力和机器设备已极大限度地得到利用，很难再生产出更多产品。当经济达到充分就业时，总供给曲线变为一条过 Y_f 点垂直于横轴的直线。这意味着无论价格如何上升，总供给都不会再增加，因为此时劳动力和机器设备已得到充分利用。Y_f 这一产量通常被称为充分就业产量或潜在产量，该曲线也被称为长期总供给曲线（LAS）。向右上倾斜的曲线则被称为短期总供给曲线（SAS）。

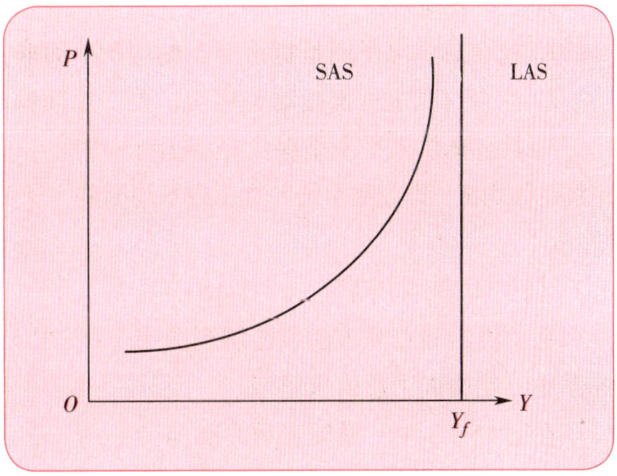

图 15－1　总供给曲线

（二）社会总需求和总需求曲线

社会总需求是指在一定时期内，一国社会各方面实际占用或使用的全部产品之和。在市场经济下，社会需求通常表现为有货币支付能力的购买需求，所以社会总需求也就是一定时期内社会的全部购买支出。它通常由以下四部分组成：消费需求（C）、投资需求（I）、政府支出（G）和净出口需求（NX）。在这四个变量中，通常假设政府支出是一个固定的政策变量，其他三个变量则取决于经济状况，特别取决于物价水平。

总需求曲线可以用来表示物价水平和总需求量的关系（见图 15－2）。

图 15－2 表明，总需求曲线向右下方倾斜。这意味着在其他条件相同的情况下，物价总水平下降会增加商品与服务的需求量。有三个理论可以解释总需求曲线会向右下方倾斜的原因：（1）庇古的财富效应理论说明消费需求与物价水平呈负相关关系。庇古指出，物价水平下降使消费者感到更富裕，这又鼓励他们更多地支出。消费支出增加意味着消费需求的增大。（2）凯恩斯的利率效应理论说明投资需求与物价水平呈负相关关系。凯恩斯指出，较低的物价水平降低了利率，鼓励了更多的投资，从而增加了投资需求。（3）蒙代尔—弗莱明汇率效应理论表明净出口需求与物价水平呈负相关关系。蒙代尔和弗莱明认为，一国物价水平下降会引起该国利率下降，并进而引起该国实际汇率降低，这将刺激该国的净出口增加，从而增加净出口需求。

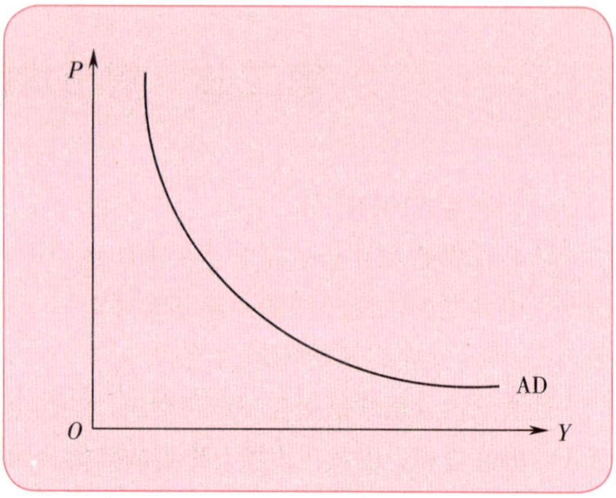

图 15－2　总需求曲线

（三）社会总供求平衡

社会总供求之间的平衡是指社会总供给与总需求之间的相互适应，是宏观经济的最终平衡。其主要表现为：

1. 社会总供求平衡是货币形态的均衡，而非实物形态的均衡。

2. 社会总供求平衡是动态均衡，允许短期偏离，但长期均衡。

3. 社会总供求平衡是现代经济运行中的市场总体均衡，即商品市场和货币市场均衡的统一。

（四）总供求模型（AD-AS 曲线）

将总供给和总需求曲线绘制到同一个坐标系中，就构成了总供求模型。

在图 15－3 中，横轴表示商品与劳务的总产量（Y），纵轴表示物价水平（P）。总供给曲线和总需求曲线的交点所对应的横坐标为均衡产量，纵坐标为均衡物价水平。当总需求曲线和总供给曲线中的一方或双方由于受到包括政策因素在内的各种因素的影响而发生移动时，物价水平和总产量都会相应变动，以达到新的均衡点。

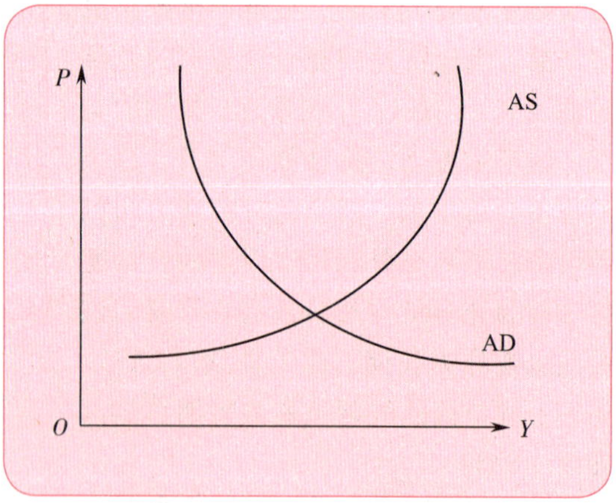

图 15－3　总供求模型

二、货币供求与社会总供求的内在联系

在现代经济运行中，一方面，社会总供给需要一定量的货币来帮助其实现生产，从而提出对货币的需求；另一方面，社会总需求作为社会货币购买力的总额，其载体为货币，所以一定量的社会总需求的形成也离不开相应的货币供给。因此，货币供求与社会总供求之间存

在着密切的内在联系。

（一）货币需求与社会总供给

货币需求量是社会最终产品实现其价值时所需要的货币数量，在一定货币流通速度下，社会最终产品的价格总额决定着货币需求量。社会总供给是由社会最终产品构成的，由此，社会总供给决定货币需求。

1. 社会商品供给规模对货币需求的制约。在市场经济的条件下，任何商品都需要用货币来度量其价值并通过与货币的交换来实现其价值，商品供给的规模必然决定了与此对应的货币需求。

2. 社会商品生产周期对货币需求的影响。生产周期包括生产时间和流通时间，当生产周期一定时，投入一定量的货币，就可以媒介生产不间断地循环进行。

上述分析有一个很重要的前提条件：假设商品价格在一定时期内保持不变。如果考虑到价格因素，则商品价格水平的涨跌也会相应扩大或减小对货币的需求。总之，社会总供给从商品数量、生产规模、生产周期等多方面影响货币需求。

（二）货币供给与社会总需求

社会总需求作为一定时期内社会货币购买力总额，由该时期内货币供给量与货币流通速度之积构成。其构成通常包括消费需求、投资需求、政府需求和净出口需求。

在信用货币制度下，货币供应量通常是由银行体系的资产业务活动创造出来的。一方面，银行通过发放流动资金贷款和固定资金贷款，形成了直接的投资需求；另一方面，由贷款进入流通的货币供给量经过复杂的收入分配和再分配过程后，形成了政府机构、厂商以及个人的收入，从而间接地增加了消费需求和投资需求。另外，货币供给量的增加也会扩大净出口需求。由于货币乘数效应，所形成的社会总需求通常是货币供给量的数倍，因此，调节货币供给量的规模就能影响社会总需求的扩展水平。

三、货币均衡与社会总供求平衡

（一）货币均衡与总供求平衡的联系

通过以上对货币供求和社会总供求之间内在联系的分析，不难发现货币供求关系的变化必然引起社会总供求关系的变化。在此，我们利用 AD－AS 模型来简单分析一下货币均衡发生变化时，对社会总供求短期平衡所产生的影响。

在宏观经济学中，对 AD 曲线的分析是在设定货币市场和产品市场均衡的条件下对价格的分析，因此当货币市场和产品市场均衡发生变化时，相应的 LM 曲线和 IS 曲线就会发生变化，从而引起 AD 曲线移动。在引起 AD 曲线移动的众多因素中，货币供给通常被认为是最重要的因素。在给定的价格水平上，货币供给量增大，会使总需求相应增大，于是 AD 曲线向右平移；反之，则 AD 曲线向左平移。

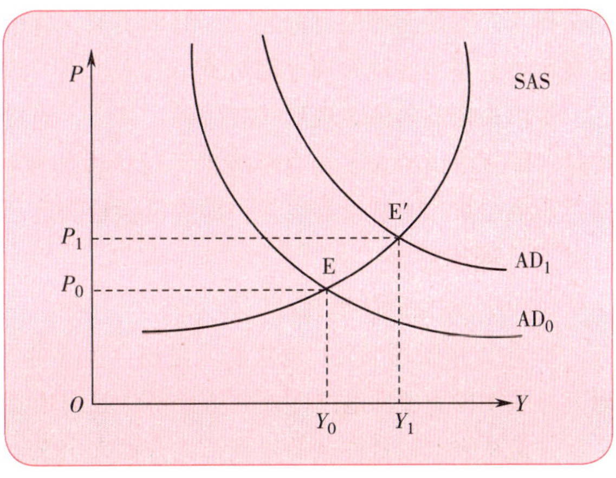

图 15－4　总供求模型

如图 15－4 所示，总需求曲线 AD_0

和短期总供给曲线 SAS 在 E 点相交，此时，从短期来看，社会总需求量正好等于社会能提供的总供给量，宏观总量达到了短期均衡。此时决定的均衡价格水平是 P_0，均衡总产量是 Y_0。当货币供给量增加时，AD_0 曲线向右平移至 AD_1 曲线，均衡价格由 P_0 上升至 P_1，同时产量提高。

对总供给曲线 AS 的分析主要是通过对生产成本的变化来进行说明的：在既定的价格水平下，生产成本的提高意味着利润下降，企业减少产出，AS 曲线向左移动，此时对货币的需求也将相应减少；反之，生产成本降低，企业增加产出，AS 曲线向右移动，货币需求增加。

然而长期中，总供求平衡所决定的均衡价格水平和均衡产出水平并不取决于货币供给、货币需求的变化，而是取决于经济发展的最根本因素如资本、劳动的投入状况。

（二） 货币均衡与社会总供求平衡的区别

尽管货币均衡与社会总供求平衡之间有着密切的联系，但两者之间仍旧存在着区别，即货币均衡并不意味着社会总供求平衡。

1. 社会总需求是由满足交易需求而作为流通手段（包括流通准备手段）的货币所形成的，而作为保存价值的不流通货币则不构成社会总需求，但货币供给则包含这两种货币。

2. 社会总供给所提出的货币需求也并不是货币需求的全部。对积蓄财富所需的价值保存手段的货币并不单纯取决于社会总供给，因为其中很大部分货币是多年的积累。

3. 货币供给量变动与社会总需求量变动在时间上也不一致。

事实上，现实流通的货币与现实不流通的货币之间是不断转化的，所以现实不流通的货币量对社会总供求平衡也是有作用的。

第三节 通货膨胀与通货紧缩

一、货币失衡

货币失衡即货币非均衡，是与货币均衡相对应的一个概念。尽管各国货币当局都将货币均衡作为其宏观调控的目标之一，但事实上，货币失衡才是经济生活中一种普遍性现象。一旦货币供给量与客观经济过程对货币的需求不一致时，就出现了货币失衡。

货币失衡的具体表现形式有两种：其一，通货膨胀，其含义是货币供给量超过了货币需要量，即货币供给大于社会经济生活对货币的实际需要；其二，通货紧缩，也称通货不足，指货币供给量小于货币需要量，即货币供给满足不了社会经济活动对货币的实际需求。

二、通货膨胀

（一） 通货膨胀概述

1. 通货膨胀的定义。通货膨胀是当今世界各国普遍存在的经济问题，并成为现代经济学研究领域中的重要课题之一。西方经济学家对通货膨胀的定义大致可以归纳为两类：

一是从强调通货膨胀的表现形式方面来定义。例如，新古典综合派的代表人物保罗·萨缪尔森认为，通货膨胀的意思是“物品和生产要素的价格普遍上升的时期——面包、汽车、理发的价格上升；工资、租金等也都上升”。大卫·莱德尔和迈克·帕金在《通货膨胀综述》中给通货膨胀下的定义为“通货膨胀是一个价格持续上涨的过程，或相应的是货币价格的持续下降”。货币主义的代表人物弗里德曼也认为通货膨胀就是物价的普遍上涨。

二是从强调通货膨胀的成因方面下定义。新自由主义经济学代表人物哈耶克认为，“通货膨胀一词的原意和真意是指货币数量的过度增长，这种增长会合乎规律地导致物价的上涨”。在他看来，只有货币数量的过度增长所引起的物价水平上涨才是真正的通货膨胀。而货币主义的代表人物弗里德曼则采取了折中的态度，他一方面强调物价的普遍上涨就叫通货膨胀，同时又指出“通货膨胀随时随地都是一种货币现象，其产生的原因只能是货币数量的增长大大快于产量的增长”。英国新剑桥学派代表人罗宾逊则基于工资膨胀的视角，认为不应简单地用物价上涨来定义通货膨胀，“通货膨胀是由于对同样经济活动的工资报酬率的日益增长而引起的物价直升变动”。

西方经济学的教材大都将通货膨胀定义为“商品和生产要素价格总水平的持续不断的上涨”。对于这个定义的理解，我们需要注意以下三点：

（1）强调考察对象是“商品和生产要素价格”。随着现代经济的快速发展，收益的资本化使得一切产品或非商品都可以用货币价格来表现。例如，金融资产中的股票、债券、商业票据等，都有各自的价格，并且其价格处于时刻变化中。这些虚拟资产的价格变动并不是所要考察和说明的对象。

（2）强调考察价格的“总水平”。通货膨胀最显著的特征表现为物价上涨，但物价上涨并不一定是通货膨胀，局部商品的价格或个别商品的价格上涨不能被称为通货膨胀。例如，我国在理顺价格体系的过程中，适当地提高农副产品的价格，由于总体价格水平保持不变，所以这种价格上涨不能被看作通货膨胀。

（3）强调价格是“持续不断的上涨”。这里强调的是物价总水平呈长期的、持续上升的趋势，所以季节性的、偶然性的或是临时性的物价上涨不属于通货膨胀。

2. 通货膨胀的测量。尽管经济学家对通货膨胀的定义各有不同，但通货膨胀的最终结果都是物价上涨，因此用于测量通货膨胀的各种指数都是围绕着价格变动来设计的。目前，被各国广泛使用的价格指数主要有三种：居民消费物价指数（CPI）、生产者价格指数（PPI）以及国民生产总值平减指数（GNP deflator）。

居民消费物价指数是综合反映一定时期内居民生活消费品和服务项目价格变动的趋势和程度的价格指数，其中包括了与人们生活直接相关的衣服、食品、住房、水电、交通、医疗、教育等商品和劳务价格的变动。

生产者价格指数也称为批发物价指数，是根据商品的批发价格编制的物价指数，反映了包括原材料、中间品及最终产品在内的各种商品批发价格的变化。

国民生产总值平减指数是一个覆盖面更广的价格水平指数，它将国民生产总值或国民生产总值指标的名义值化为现实值，是衡量通货膨胀率的基本指标之一。其计算公式为

$$\text{国民生产总值平减指数} = \frac{\text{按当期价格计算的 GNP}}{\text{按基期价格计算的 GNP}} \times 100\%$$

国民生产总值平减指数所包括的范围相当广，除了私人部门外，还包括了公共部门的消

费品、生产资料和资本、进出口商品与劳务等价格，因而能够较为全面地反映总体价格的变化趋势。

专栏 15－2

推进生态文明　建设美丽中国

中共十九大报告指出，“人与自然是生命共同体”。人类必须尊重自然、顺应自然、保护自然。人类只有遵循自然规律才能有效防止在开发利用自然上走弯路，人类对大自然的伤害最终会伤及人类自身，这是无法抗拒的规律。建设美丽中国是基于对人类文明发展规律的深邃思考，象征着管理方式由 GDP 主义向生态化管理转变，不再简单以 GDP 论英雄。一个不过于关注 GDP 短期增速的顶层设计，有利于腾出更多政策空间，引导全国进行经济结构调整转型，开辟经济发展的新模式，用更低的污染水平换取更洁净的环境，用更绿色的方式换取更持续的发展，使人与自然更加和谐，使人民生活更加健康。

资料来源：人民网。

3. 通货膨胀的类型。按照不同的标准，人们将通货膨胀划分为不同的类型。

（1）根据物价上涨的方式，通货膨胀可分为公开性通货膨胀和隐蔽性通货膨胀。

公开性通货膨胀是指市场机制充分运行和政府对物价不加控制的情况下表现出来的通货膨胀，或是政府虽然施加控制，但因通货膨胀的压力太大而未能生效，价格上涨的特征非常明显。通常意义上的通货膨胀都是指公开性通货膨胀。

隐蔽性通货膨胀是指政府当局采取物价管制而使一般物价水平不能自由上升的通货膨胀。这种通货膨胀通常表现为商品短缺、计划供给、黑市猖獗等现象。隐蔽性通货膨胀一方面会导致商品质量下降，不正之风盛行；另一方面则通过强制储蓄来消化多余的购买力，形成收入和财富的不公平的再分配。

（2）根据物价上涨的速度，通货膨胀可分为爬行通货膨胀、温和通货膨胀和恶性通货膨胀。

通常西方发达国家将物价上涨年率为 2%～3% 的状态称为爬行通货膨胀。许多西方经济学家认为，这种逐步提高的物价水平对经济的发展和国民收入的提高都有着积极的意义，并称之为最佳的通货膨胀。

对于温和通货膨胀的界定，经济学家也存在着分歧。主要有两种标准：一个是以低于 7% 的通货膨胀率为标准，另一个是以低于 10% 的通货膨胀率为标准。这种通货膨胀所引起的物价上涨并不是很剧烈，从而短期内对经济没有很大的不利影响，但是应该引起政府的注意。

恶性通货膨胀又称为极度通货膨胀，其具有两个明显的特点：一是物价连续暴涨，使人们对本国货币完全失去信心。货币完全丧失价值贮藏功能，并在一定程度上失去交易功能。二是持续时间不会太久，通常会导致货币改革或经济崩溃，破坏力极大。

专栏 15－3
津巴布韦的恶性通货膨胀

世界上出现过的面值最大的货币是什么？世界上什么国家曾出现过最严重的通货膨胀？答案都与津巴布韦这个非洲国家有关。

1 000 万、2 500 万与 5 000 万这样的大额货币在其他国家几乎是闻所未闻，但是在津巴布韦这个国家却是非常普遍。这个国家在 2008 年甚至发行过面值为 100 兆的货币，创下了人类历史上货币面值的最高纪录。为什么津巴布韦的中央银行会如此疯狂地发行货币？原因是为了应对该国严重的通货膨胀。从 2007 年 12 月开始，由于粮食等生活必需品供应不足，以及政府的巨额财政赤字，津巴布韦出现严重的通货膨胀。国际货币基金组织的数据显示，津巴布韦 2008 年 7 月的同比通胀率高达 2.31 亿%。

津巴布韦严重的通货膨胀对该国居民造成了极度的困扰，因为人们外出购物必须带着大量的津币。在首都哈雷拉，一位大妈抱着总值 3 万亿津巴布韦元的钞票搭公车，只为了支付约合 3.5 元人民币的车费。在津巴布韦，人们手中的货币不是用多少衡量，而是用秤称重。每张钞票上还印有有效期，因为津巴布韦政府在不断尝试发行新型货币取代旧货币。津巴布韦中央银行在进行货币“去零化”的同时，承认外币的合法地位，开启了以美元为主的多币种时代。随着多项措施的执行，津巴布韦的通胀率一路走低，2013 年年度通货膨胀率收于 1% 左右，而月度通货膨胀率更是负值。

但近年来由于经济下行压力加大以及贸易收支恶化、美元供给不足等因素，2018 年末通货膨胀率一度突破 30%。

资料来源：国际货币基金组织官网。

（3）根据通货膨胀能否预期，将其分为预期通货膨胀和非预期通货膨胀。预期通货膨胀是指在经济生活中，人们预计将要发生通货膨胀，为避免经济损失，在各种交易、合同投资中将未来的通货膨胀预先计算进去。没有预计到的通货膨胀则被称为非预期通货膨胀。预期通货膨胀会导致物价与工资的螺旋式上升，但不能形成收入和财富的再分配作用；非预期通货膨胀则可以对收入和财富进行再分配。

专栏 15－4
预期通货膨胀的形成

西方经济学家对预期通货膨胀如何形成有两种不同的观点：

一种观点认为，人们在形成预期时是“向后看”的，即主要根据以往的经验来形成对未来的预期，这种观点被称之为“适应性预期假说”；另一种观点则认为，人们在形成预期时是“向前看”的，即主要根据各方面的信息，分析有关变量发展变化的可能，从中形成对未来的预期，这种观点被称之为“合理预期假说”。

实际上，人们在形成通货膨胀预期时是二者兼而有之的。在物价持续上涨时期，一旦人们形成通货膨胀预期，就会在各种经济活动中将预期的通货膨胀考虑进去，政府也会根据预期的通货膨胀率制定财政、货币政策，从而使通货膨胀产生惯性。

由于预期通货膨胀率而持续存在的通货膨胀被称之为“惯性通货膨胀”，预期通货膨胀率会随着市场供求关系的变化和政府调控政策的实施而相应调整。其惯性力的大小主要取决于预期形成的方式。如果人们在形成预期时是向后看的，预期通货膨胀率通常有较大的惯性；如果人们在形成预期时是向前看的，预期通货膨胀率则有较小的惯性。

阅读资料：http：//www. CRNTT. com。

（4）根据通货膨胀的成因，将其分为需求拉上型通货膨胀、成本推动型通货膨胀、供求混合型通货膨胀和结构型通货膨胀。这是西方经济学界最常见的划分方法，下面也将重点进行介绍和说明。

（二）通货膨胀的成因

1. 需求拉上说。需求拉上说是从需求的角度来探寻通货膨胀的成因。它是指总需求超出了社会潜在产出之后引起价格水平持续上涨而出现的通货膨胀。这是西方经济学中流传最早、最具重要性的通货膨胀理论。

凯恩斯主义学派认为，需求创造供给的必要条件是资源的充分性。一旦总需求超出了由劳动力、资本及资源所构成的生产能力界限时，总供给无法再增加，这就形成了总需求大于总供给的膨胀性缺口，形成过度需求。只要存在通货膨胀缺口，物价就必然上涨，以此来填补该缺口，从而产生通货膨胀。美国经济学家威廉·鲍莫尔用图示（见图 15－5）描述了需求拉上型的通货膨胀理论，并将其划分为三个阶段。

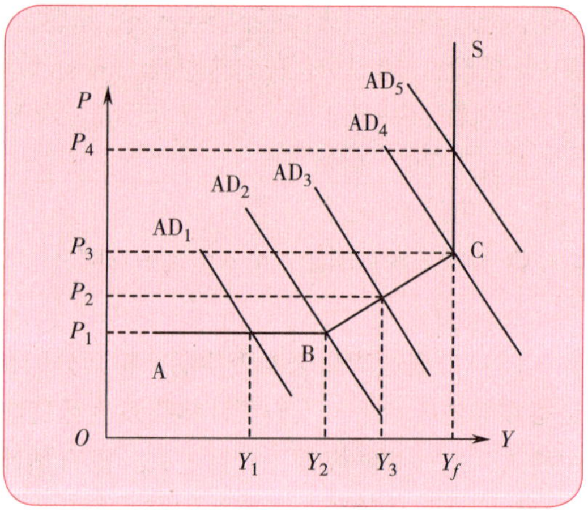

图 15－5　需求拉上型通货膨胀

在图 15－5 中，横轴代表总产出或国民收入 Y，纵轴代表物价水平 P，Y_f 为充分就业时的国民收入，AS 代表总供给曲线，AB、BC、CS 分别代表不同就业水平的总供给曲线，AD_1、AD_2、AD_3、AD_4、AD_5 分别代表不同价格水平的总需求曲线。

在第一阶段（AB 段），总供给曲线呈水平状态，意味着社会上存在着大量闲置资源或失业，总供给的增加有很大潜力，供给弹性无穷大，因而当总需求从 AD_1 移动到 AD_2 时，国民收入从 Y_1 增加到 Y_2，而物价不变。此时，通货膨胀与失业间的交替并没有明显表现出来。

在第二阶段（BC 段），总供给曲线向上倾斜，表示当经济接近充分就业时，社会上的闲置资源已较少，总供给的增加有限，此时为扩大产量而增加的需求会促使产量增加和生产要素资源价格上涨。因此，当总需求从 AD_2 增加到 AD_3 时，国民收入虽然也增加，但增加幅度减缓，同时物价开始上涨，这种现象被凯恩斯称为半通货膨胀。

在第三阶段（CS 段），总供给曲线变为垂线，表示社会的生产资源已经达到充分利用状态，不存在任何闲置的资源。在这种情况下，总需求从 AD_4 增加到 AD_5，只会导致物价上涨，这也就是凯恩斯认为的真正的通货膨胀。在此阶段，出现了“滞胀”现象，即经济停滞增长与物价上涨同时并存的现象。

货币主义学派认为，货币因素即货币数量的过度增加是导致总需求过剩从而引发通货膨胀的根本原因，也就是我们经常所说的过多的货币追逐较少的商品。

专栏 15－5
威廉·鲍莫尔

威廉·鲍莫尔

威廉·鲍莫尔（William J. Baumol）生于 1922 年，是享誉全球的经济学家。鲍莫尔先生早年在美国纽约州立大学获得艺术学学士学位，在英国伦敦经济学院获得经济学博士学位，曾执教于普林斯顿大学，现为纽约州立大学经济学教授，曾担任过美国经济学会主席等多种学术职务。

他在货币、产业组织、经济增长、反垄断理论等方面作出了重要贡献，共发表了 500 多篇学术论文和 20 多本著作，其中有些著作被翻译成多种文字，在创新和经济增长方面最具有影响力的著作是《资本主义的增长奇迹——自由市场创新机器》。2006 年，美国经济协会年会用他的名字成立了一个特殊的部门，对他多年的学术工作（发表了 12 篇有关企业家的学术文章）给予了褒奖。同年，英国《经济学家》杂志专门载文介绍鲍莫尔及其成果，认为他在经济学理论中开辟了企业家问题研究的新篇章。

资料来源：MBA 智库百科。

2. 成本推动说。成本推动说是指在总需求不变的情况下，由于生产要素价格（工资、利润、租金和利息）上涨，致使生产成本上涨，进而导致物价总体水平持续上涨的现象。也就是说通货膨胀的根源在于供给或成本方面，即使在对商品和劳务的需求没有出现过度的情况下，因生产成本增加，物价也会被推进上扬。成本推进型通货膨胀理论可以用图 15－6 来解释。

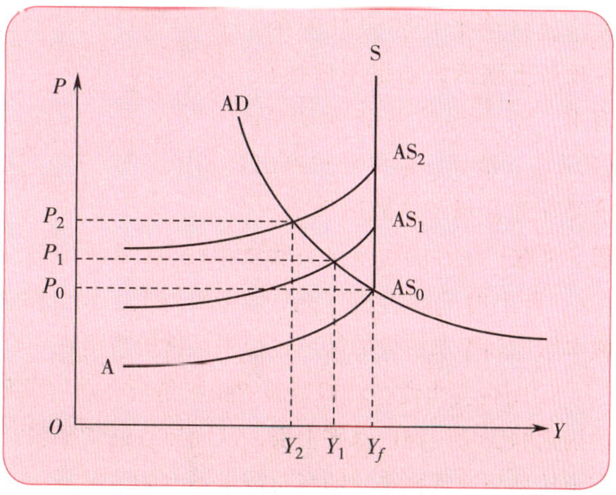

图 15－6　成本推动型通货膨胀

在图 15－6 中，横轴代表国民收入 Y，纵轴代表物价水平 P，Y_f 为充分就业时的国民收入，AS 为充分就业时的总供给曲线，AS_0、AS_1、AS_2 分别代表了不同成本水平的供给曲线，AD 代表总需求曲线（假设总需求不变）。在总需求不变的情形下，由于生产要素的价格提高，生产成本上升，使总供给曲线由 AS_0 上移到 AS_1，再

上升到 AS_2。相应地，国民收入则由 Y_f 减少到 Y_1，再减少到 Y_2，物价水平却由 P_0 最终上升到 P_2。

成本推动型通货膨胀形成的原因可以归纳为两个：一是工会力量对于提高工资的要求，即"工资推进论"；二是垄断行业中企业为追求利润而制定垄断价格，即"利润推进论"。

工资推进论认为，物价上涨的原因在于工资的增长率超过了劳动生产率的增长，而工资增长率则是由工会的强大力量所决定的。在不完全竞争的市场条件中，工资率不再由市场决定，而是由工会和雇主集体议定，这种工资往往会高于竞争的工资。企业的人力成本增加，为了维持盈利水平，生产者必须提高产品价格，从而导致物价上涨。物价的上涨又导致工人的工资进一步提高，再度引发物价的上涨，从而形成工资—物价的螺旋式上升。

利润推进论则认为由于寡头企业和垄断企业的存在，它们为了追求更大的利润，从而提高物价水平，使之超过用于抵消任何成本增加的需要。它意味着存在卖方操纵价格的市场。

3. 供求混合推进说。需求拉上说和成本推动说分别从需求和供给的角度探讨了通货膨胀产生的根源，然而在现实中，却很难区分通货膨胀是由需求拉上引起的还是由成本推进引起的。针对这种情况，一些西方经济学家则提出了供求混合推进的通货膨胀观点。

供求混合说是指由总需求和总供给两个方面因素共同作用引起物价水平的持续上涨而产生的通货膨胀。这种通货膨胀的产生可以由总需求的变动引起，也可以由总供给因素引起。

图 15－7 中，Y_f 是充分就业产量。在成本推进时，总供给曲线由 AS_0 移动到 AS_1、AS_2。达到充分就业之后，总供给曲线形成一条垂直线 AS。如果总需求不变，总供给曲线上移会使物价上升，即当总供给曲线由 AS_0 上移到 AS_1 时，物价水平由 P_0 上升到 P_1。在这种成本推进的通货膨胀过程中，在物价上涨后，如果不增加总需求，则会导致一部分产品（$Y_f - Y_1$）滞销，最终导致产出下降和失业增加。此时政府一般会采取扩张性的财政政策和货币政策，从而扩大总需求。总需求曲线 AD_0 会向右平移到 AD_1，产出由 Y_1 恢复到了充分就业时的 Y_f，物价则进一步由 P_1 上升到了 P_2。依此类推，在成本增加和需求扩大的循环过程中，物价将呈现一个螺旋式的上升过程。

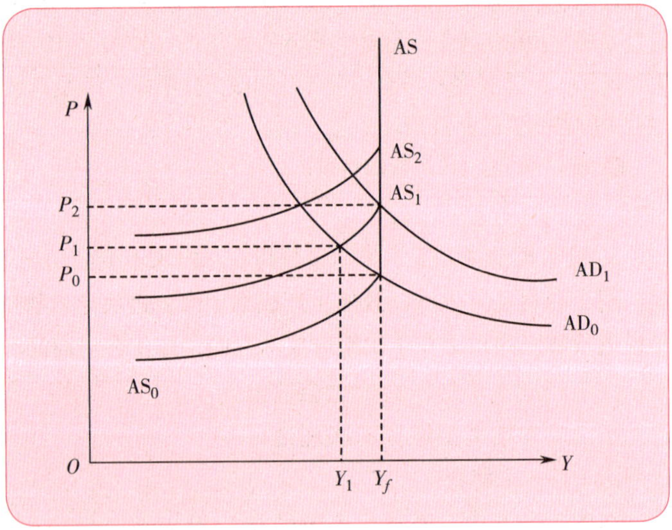

图 15－7　供求混合型通货膨胀

4. 结构变化说。结构型通货膨胀是指在总需求和总供给处于平衡状态时，经济结构方面的因素的变化使物价水平上涨，从而导致通货膨胀。结构型通货膨胀又可以分为四种：一是需求转移型通货膨胀，即在总需求不变的情况下，一部分需求转向其他生产部门，而劳动力和生产要素却不能及时转移。二是部门差异型通货膨胀，即产业部门和服务部门的劳动生产率、价格弹性、收入弹性是不同的，但两部门的货币工资增长却趋向同一，加之价格和工资的向上刚性，就引起了物价全面上涨。三是斯堪的纳维亚小国型通货膨胀。对于北欧一些开放经济的小国来说，经济结构可分为开放经济部门和不开放经济部门。因小国在世界市场上一般是价格接受者，所以世界通货膨胀会通过一系列机制传递到小国的开放经济部门，使后者的通货膨胀率向世界通货膨胀率看齐，而小国开放经济部门的价格和工资上涨，又会带动不开放经济部门的价格和工资上涨，导致小国全面通货膨胀。四是二元经济结构型通货膨胀。对于一些发展中国家来说，传统农业部门和现代工业部门并存，在农业生产结构僵化、农产品供给弹性不足、资本短缺、需求结构变化迅速、劳动力自由流动程度低和货币化程度低等结构因素的制约下，要促进经济发展，往往要通过赤字预算、多发货币来积累资金，从而带动物价全面上涨。

（三）通货膨胀的影响

1. 通货膨胀与经济增长。通货膨胀对经济增长的影响，可谓是“仁者见仁，智者见智”，大致可划分为三种：促进论、促退论和不相关论。

促进论认为只要满足某些条件，通货膨胀可以对经济增长起促进作用。因此，促进论的经济政策含义为，政府可以利用通货膨胀作为促进经济增长的手段。该观点主要是以凯恩斯主义经济理论和相应的宏观经济政策的形式表现出来。

促退论认为通货膨胀并不能促进经济增长，反而会阻碍经济增长，产生低效率现象。坚持这一观点的主要经济学家有坎普斯、哈伯格和蒙代尔等人。

不相关论认为通货膨胀与经济增长之间不存在必然的联系和内在的因果关系。根据货币中性论的观点，经济增长的根源归结于生产要素的投入、劳动生产率等实质经济因素变动的影响，而通货膨胀只是一种货币现象，长期内只会引起绝对价格水平的变化，而不会影响实体经济。

专栏 15－6
古典学派的货币中性论

古典学派经济学家将统一的经济整体机械地分为实物方面和货币方面，他们一般把货币作为与实体经济没有内在联系的外生变量，强调货币的中性，即货币的供给变化不影响就业、产出等实际变量，从而形成了传统的两分法和所谓的“货币面纱论”。在古典学派经济学家看来，经济的长期发展完全是由实物部门决定的，因而政府任何积极的货币政策都是多余的，甚至是有害的。货币政策任务只是在于控制货币数量，稳定物价水平，维持货币的购买力。

古典学派货币中性论的典型代表是货币数量论。货币数量论最基本的观点是货币供应量变化将最终体现在一般价格水平的变化上。我们可以通过剑桥方程式和费雪方程式清楚地说明这一问题。剑桥方程式 $M = kPY$ 和费雪方程式 $MV = PY$ 虽然形式不同，但却表现了同一实质内容的关系，即国民收入水平（Y）与价格水平（P）、货币供应量（M）之间的数量关系。假定 k（货币余额与名义国民收入或实际国民收入的比例系数）或 V（货币流通速度，即一单位名义货币余额的流通速度）不变，Y 也不变，则货币供给量 M 的变化将完全体现在价格 P 的变化上，所以货币是中性的。

货币中性论的另一理论支柱是瓦尔拉斯的一般均衡理论。他认为，经济本身是一个整体，任何一种商品的供给和需求，不仅取决于该商品的价格，而且取决于其他所有商品的供求和价格，如果一种商品出现超额供给，则其他商品必然出现超额需求，这种暂时的不均衡将通过自发的价格调整而迅速消除，货币的出现不过是在已有的商品系列中添加一个特殊的商品而已，利息只是这个特殊商品的价格，货币均衡的实现和利率的决定过程，同其他任何商品供求均衡及价格的决定过程是一样的，它的存在既无助于也不妨碍经济的全面均衡，货币对经济是中性的。

帕廷金试图将古典学派传统的货币数量论与瓦尔拉斯一般均衡理论结合在一起。他提出了实际货币余额这一概念，并认为个人的实际货币余额水平在一定时期内是一个常量，通过这一概念，他将货币变化引入了一般均衡分析。在一般均衡已达到的情况下，假使 M_S/P 的水平一定，如果货币供应量增加一倍，那么实际货币余额水平也将随之上涨一倍，由此必然造成对物品的过度需求，由于是在充分就业水平之上，过度需求必然造成价格水平上涨，只有价格水平也上涨一倍，实际货币余额水平方能恢复常态，这时，商品间的相对价格水平没有受绝对价格水平变化的影响，实际部门也就不会作出调整，所以货币是中性的。

阅读文献：劳伦斯·哈里斯．货币理论［M］．梁小民，译．北京：商务印书馆，2017.

2. 通货膨胀与失业。一般而言，物价稳定和充分就业是一国政府的两个重要宏观经济目标，因此研究通货膨胀对失业的影响至关重要。

最早研究通货膨胀与失业两者关系的学者是英国经济学家菲利普斯。他利用英国近百年统计资料数据绘制了一系列曲线，用以求得失业率与货币工资率间的相互关系，这就是西方经济学说史上有名的菲利普斯曲线，见图 15－8。

图 15－8 中，横轴代表失业率 U，纵轴代表货币工资增长率 W，向下倾斜的曲线表明工资增长率与失业率之间的反方向变化关系。货币工资增长率随失业率的上升而下降的原因是：当总需求增加时，对劳动力的需求会趋于旺盛，所以失业率下降。在雇员和雇主的交易中，雇员处于主动地位，雇主必须提高工资增长率才能获得所需的劳动力。反之，当失业率较高时，雇主处于主动地位，他们只需要较少的提高工资增长率甚至不提高就可以获得足够的劳动力供给。

这种货币工资增长率与失业率的替代关系，被萨缪尔森进一步修正为通货膨胀率 π 与失业率之间的替代关系，见图 15－9。

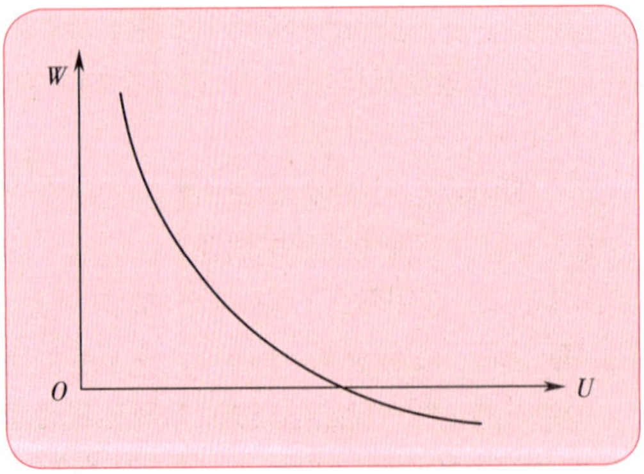

图 15－8　菲利普斯曲线

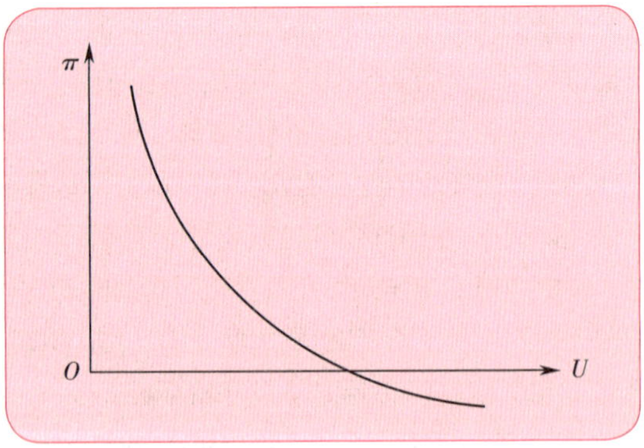

图 15－9　修正的菲利普斯曲线

新得到的曲线表明：失业率越低，通货膨胀率就越高；反之，则通货膨胀率越低。其所表达的政策意义为，要想使失业率保持在较低水平，就必须忍受较高的通货膨胀率；要保持物价稳定，就必须忍受较高的失业率。因此，政府在制定宏观经济政策时，必须在通货膨胀率和失业率之间作出合理选择。

然而，20 世纪 70 年代出现的滞胀问题表明菲利普斯曲线已经发生移动，人们开始质疑早期的菲利普斯曲线的实用性。弗里德曼运用适应性预期理论最早解释了滞胀发生的原因。他认为，在通货膨胀和失业之间经常存在暂时的交替关系，但却不存在持久性的交替关系，因此政府实行扩张的经济政策，以提高通货膨胀率为代价降低失业率，只能在短期内有效，从长期看，扩张性的经济政策只能使通货膨胀率加速，而不能使失业率长久地保持在低于自然失业率水平上。

理性预期学派对弗里德曼的观点提出了异议，他们认为，菲利普斯曲线不仅在长期中是一条与自然失业率相适应的垂直线，而且在短期中它也是这样的一条垂直线，即不管通货膨胀率怎么变化，失业率都保持不变。其政策意义在于，无论是在长期还是短期内，政府旨在降低失业率的经济政策均是无效的。

3. 通货膨胀与强制储蓄。强制储蓄是指政府运用通货膨胀手段来实现政府储蓄增加，这是以在公众名义收入不变条件下，实际消费和储蓄额均随物价上涨而相应减少为代价的。政府增加储蓄的方式一般有两种：一种是运用增税的方法来增加生产性投资；另一种则是采用财政及信用上的扩张政策。

当政府选择扩张性宏观经济政策时，如财政向中央银行借款或透支，就会直接或间接地造成增发货币，使流动中的货币增加，公众的名义收入不变，但实际额则被减少，其减少部分大体相当于政府运用扩张政策强制储蓄的部分。如果经济已达到充分就业水平，这种扩张性的货币政策必然会引起物价上涨，引发通货膨胀。但是，如果经济此时并没有达到充分就业水平，还存在着大量闲置的生产要素，则扩张性的宏观政策反而能刺激有效需求，强制储蓄不但不会引发持续的物价上涨，而且还能促进资源的充分利用。

4. 通货膨胀与收入再分配。由于社会各阶层收入来源不同，因此，在物价总水平上涨时，有些人的实际收入水平会下降，而有些人的实际收入水平却会提高。这种由物价上涨造成的实际收入水平的变化就是收入的再分配。

在通货膨胀期间，实际收入遭到损失的人主要有两种。一种是以工资或薪金为收入来源的人。在物价持续上涨的时期，货币工资的提高相对于物价上涨往往是滞后的，滞后的时间越长，他们遭受通货膨胀损失也就越大。同时，还可以考虑工会的议价力量。一般而言，工会的议价能力较强的，工人所受的工资损失就相应较小。另外一种则是以利息和租金作为收入的人。由于利息、租金的调整也存在着时滞问题，并且还涉及财富再分配问题，因此这种人遭受的损失也会比较重。

5. 通货膨胀与财富再分配。每个社会成员所拥有的资产主要由两部分组成：实物资产（如房屋、土地、耐用品等）和金融资产（如存款、现金、债券等）。当通货膨胀发生时，物价水平的上涨对不同资产以及负债的影响是不同的，从而会导致社会成员各自财富的重新分配。

在通货膨胀时期，实物资产的货币价值一般是随着通货膨胀率的变动而相应升降，有的货币价值增长的幅度大于通货膨胀率，有的货币价值增长幅度小于通货膨胀率；同一实物资产在不同条件下，其货币价值的升降较之通货膨胀率也有时高时低的情况。

金融资产的情况则比较复杂。在通货膨胀时期，固定面值和收益稳定的金融证券，其名义价值不变，但实际价值却会随着物价上涨、货币贬值而下跌。而对于收益、价值不定的金融资产，在通货膨胀时期价格会呈上升趋势，但其收益增长与通货膨胀率并非一致，持有此类资产的人是否能获取收益取决于两者的相对变化。

（四） 通货膨胀的治理

1. 紧缩政策。当经济运行中出现需求拉上型通货膨胀时，各国通常选择宏观的紧缩政策来减少总需求，抑制价格上涨。紧缩政策主要包括两种：紧缩的货币政策和紧缩的财政政策。

（1）紧缩的货币政策。货币政策一般由各国的中央银行实施，通常包括存款准备金政策、公开市场政策和再贴现政策。中央银行会通过以下两个途径来达到紧缩的效果。

一是减少货币供应量。此时较为常用的方法是中央银行在公开市场上出售有价证券，以减少商业银行的超额准备金或居民、企业手中的现金和在商业银行的存款，从而达到减少市场货币供应量的目的。当然，中央银行也可采取提高法定存款准备金比率的政策，以增加商业银行的法定准备金，缩减商业银行的贷款能力，从而紧缩货币、减少投资。

二是提高利率。一方面中央银行可以提高再贴现率和再贷款比率，增加商业银行向中央银行借款的成本，以促使商业银行提高贴现率和贷款利率，增加企业利息负担，从而抑制企业贷款需求，相应地抑制投资需求；另一方面提高存款利率，鼓励居民增加储蓄，减少消费需求。

（2）紧缩的财政政策。紧缩的财政政策是指政府通过增收减支的办法来抑制总需求的增长，实现宏观紧缩。凯恩斯学派认为，货币政策影响信用成本和信用供给的可能性，而财政政策则直接影响收入水平；货币政策对总需求中的投资需求影响最大，而财政政策则对消费需求和政府支出影响最大。财政政策可以通过以下几种方式实现紧缩的效果：

一是增加税收。政府通过提高税率来减少企业和个人的收入，从而抑制消费需求和投资需求。同时，由于税收的增加减少了财政赤字，相应的财政性货币发行量减少，有利于缓解供求矛盾。

二是减少政府预算。政府主要通过减少政府支出、限制公共事业投资来减少财政赤字。

三是减少财政转移支付。财政转移性支付的减少削弱了人们的购买力，消费需求也会相应减少。

2. 收入政策。收入政策是为抑制或治理成本推动型通货膨胀而采取的物价与工资管制或指导的政策措施的总称。西方经济学家认为，成本推动型通货膨胀是因为工人要求提高工资和垄断组织抬高垄断价格所致，而不是市场的过度需求引起的。实行紧缩的货币政策和财政政策，压缩了社会总需求，并不能保证成本的下降、物价的平稳、通货膨胀的消失，反而会导致经济的衰退和失业率的提高。因此，针对成本推动型通货膨胀，应采取以管制物价和工资为内容的收入政策，即政府拟定物价和工资标准，劳资双方共同遵守，这样既可以治理通货膨胀，又不会引起失业率上升。其主要方法包括：

一是实行工资—价格管制，即由政府颁布法令对工资和物价实行管制，甚至实行暂时的冻结，雇主和工会未经政府同意不得提高工资。

二是实行工资—价格指导，即由政府根据生产率增长幅度确定工资和物价增长标准，作为工会和雇主协会双方协商的指导线，要求他们自觉遵守政府规定的工资和物价增长标准。

三是利用税收的激励作用，政府以税收作为奖励和惩罚的手段来限制工资和物价的增长。如果工资增长率保持在政府规定的范围内，政府就以减少个人所得税和企业所得税为奖励；如果超出规定的范围，政府就会增加税收作为惩罚。

3. 供给政策。尽管理论上通货膨胀的成因有需求拉上和成本推动之分，但在现实经济运行中，这种严格意义上的区分并不存在。因此，在解决通货膨胀的问题时，既可以紧缩需求，也可以扩大供给。以拉弗为首的供应学派提出了在抑制总需求的同时，运用刺激生产力的方法来增加供给，以同时解决通货膨胀与失业问题。主要的措施有：

一是减税。主要是降低边际税率。边际税率是指增加的收入中必须向政府纳税的部分所占的百分比。降低边际税率，不仅可提高人们的工作积极性，增加劳动供给，而且可提高储蓄和投资的积极性，增加资本存量。

二是削减政府福利开支和政府开支增长率。

三是减少政府对企业活动的限制，让企业更好地扩大商品供给。

这种政策为西方主要发达国家在 20 世纪 80 年代之后实现低通货膨胀下的经济增长奠定了基础，以美国最为典型。

专栏 15－7
历时六年，美联储退出“量化宽松”

2008 年，美国为应对金融危机对美国经济带来的冲击推出了量化宽松的货币政策。持续到 2013 年底，美国经济逐步迈入正轨，美联储宣布正式启动退出量化宽松政策，并于 2014 年 10 月 29 日宣布结束资产购买计划，正式结束长达六年的量化宽松。

量化宽松的意图是通过扩大和调整中央银行自身的资产负债总量和结构，增加货币供给，降低中长期市场利率，避免通货紧缩加剧，以促进信贷市场恢复和实体经济复苏。一般而言，中央银行可以通过两种方式放松银根：改变货币价格（即利率）或改变货币数量。常规的货币政策一直以利率杠杆为中心，然而随着通货膨胀率回落、短期名义利率逼近零水平，从原则上，中央银行可以数量杠杆来实施扩张性货币政策。与利率杠杆等传统工具不同，“量化宽松”被视为一种非常规的货币政策工具。

美国量化宽松货币政策的制定以失业率和通货膨胀率为主要指标。2013 年美国的就业市场环境逐步改善，失业率从 1 月的 7.9% 下降至 2014 年 1 月的 6.6%，并有继续下降的趋势；同时 2013 年月均新增非农就业岗位 19.2 万个，相较于 2012 年全年月均就业岗位的 18.1 万个增长 1.1 万个。通胀压力逐步缓解也为美联储的货币政策转变提供了助力。

国际货币基金组织（IMF）在 2014 年发布的《世界经济展望报告》中指出，2013 年 12 月美联储宣布削减购债计划后，全球资本市场并没有出现剧烈波动，这是因为市场认为美联储是基于美国经济前景改善而作出如此决定。IMF 分析认为，美国货币政策正常化在不同情景下产生的影响也不同。如果美国经济保持稳健增长势头，货币政策正常化对新兴经济体及其他国家带来的总体影响是积极的，原因在于美国经济活动提速，可以促进相关国家的出口，从而可以抵消货币政策正常化对其带来的负面影响。

资料来源：国际货币基金组织（IMF）. 世界经济展望报告［R］. 2014.

4. 指数化政策。指数化政策是指将工资、政府证券收益以及其他收入与生活费用指数如 CPI 相联系，一律实行指数化，使各种收入随物价的变动而作出相应的调整，以抵消物价波动的影响，并且可以消除因通货膨胀所产生的分配不公平和减弱政府实行通货膨胀的动机。

实施指数化政策大体可分为两类：一种是实施有限的指数化方案，即在实施指数化时，范围上仅限于某几种或一种收入、债券或其他因素。另一种是实施全面的指数化方案，即在实施范围上，建立更为全面、更为复杂的综合性升降条款系统。

三、通货紧缩

（一） 通货紧缩概述

1. 通货紧缩的定义。西方经济学家对通货紧缩的研究是从 20 世纪 30 年代出现大萧条以后才开始的，但是当时并未重视给通货紧缩下定义。由于第二次世界大战以后，世界各国很少发生通货紧缩，因此，直到 20 世纪八九十年代，西方一些主流的宏观经济学教材中才开始涉及通货紧缩这个概念。在西方经济学中，给通货紧缩下定义的主流观点都是以价格总水平的变化为标志的，即根据价格总水平的持续下降来给出通货紧缩的定义。例如，斯蒂格利茨在其《经济学》教科书中对通货紧缩的定义是，“一般价格水平的持续下降，或者说，单位货币购买力的上升”；D. 莱德勒在《新帕尔格雷夫货币金融大辞典》中对通货紧缩的定义是，“一种价格下降和货币升值的过程，是和通货膨胀相对的”；萨缪尔森和诺德豪斯在其《经济学》第十六版中对通货紧缩下的定义是，“物价总水平的持续下降”。

对于通货紧缩内涵的阐释，国内主要有三种观点：一是通货紧缩就是指价格水平的普遍持续下降。二是通货紧缩包括价格水平的持续下降和货币供应量的减少。三是通货紧缩应包括价格水平的持续下降、货币供应量的持续下降和经济衰退，即“两个特征，一个伴随”。

综上所述，可归纳三个要点：（1）通货紧缩从本质上说是一种货币现象，它在实体经济中源于总需求对总供给的偏离，或现实经济增长率对潜在经济增长率的偏离。（2）通货紧缩的特征表现为物价水平的持续与普遍下跌。（3）通货紧缩同时也是一种实体经济现象。

2. 通货紧缩的类型。根据不同的标准，可以把通货紧缩分成不同的种类。

（1）根据持续时间的长短，分为长期性通货紧缩和短期性通货紧缩。事实上，区分长期性通货紧缩与短期性通货紧缩的时间界限，至今尚无一个统一的标准。从历史上看，该时间标准不宜过短。例如，英、美两国 1814—1849 年长达 35 年的通货紧缩，美国 1866—1896 年长达 30 年的通货紧缩以及英国 1873—1896 年长达 23 年的通货紧缩，都属于长期性的通货紧缩，而我国通货紧缩多属于短期性通货紧缩。

（2）根据通货紧缩形成原因，分为良性通货紧缩和恶性通货紧缩。良性通货紧缩又称技术进步型通货紧缩，最显著的特征是价格水平下降，总产出水平增加。良性通货紧缩通常是由于技术进步加快、劳动生产率提高、生产成本降低而产生的价格下跌。物价下跌在很大程度上得益于技术进步和供给量的增加，是资本和技术为寻求有效配置在全球范围内自然流动的结果。因为商品价格低廉等于增加了社会公众的实际收入，这种通货紧缩对经济增长产生正面影响。

恶性通货紧缩是由于生产能力过剩和投资、消费需求不足所致，表现为实际生产能力和潜在生产能力之间的缺口不断拉大。此种通货紧缩不仅降低物价总水平，而且减少总产出。总需求持续低于总供给，就会出现价格总水平下降和利率不断上升，抑制投资与消费；反过来，需求不足又会加剧通货紧缩。如此恶性循环，导致企业利润下降，失业率上升，社会矛盾加剧。

（二）通货紧缩的成因

1. 费雪的债务—通货紧缩理论。费雪在 1932 年出版的《繁荣与萧条》一书中，首次提出债务—通货紧缩理论来解释大萧条，认为大萧条是由企业过度负债所致，并在其后发表的《大萧条时期的债务—通货紧缩理论》中，系统地阐述了过度负债和通货紧缩的逻辑关系。

费雪认为，在萧条中债务和通货紧缩是两个最主要的变量，其他相对次要的变量，如货币流通速度、资产净值等，只有和过度负债以及通货紧缩这两个变量或其中一个结合起来的时候，才会产生显著的影响。他强调两个关键性的假设：第一，处于均衡的经济体系受到过度负债的冲击；第二，没有其他可以影响价格水平的因素。他还界定了分析的起点：经济在某个时点处于过度负债的状态，债务人或债权人出于谨慎，往往会引发债务的清偿。由于过度负债和通货紧缩是相互作用的，从而就形成了费雪所说的悖论：“债务人还得越多，他们就欠得越多。”

2. 凯恩斯的有效需求不足理论。凯恩斯经济学是以分析和解决通货紧缩问题为宗旨的。凯恩斯在其 1936 年出版的《就业、利息和货币通论》中提出了“有效需求不足”的理论思想，在他看来，有效需求不足才是大萧条发生的根本原因。凯恩斯认为，有效需求不足在宏观经济中将长期存在，市场机制本身并没有力量使总供给和总需求相等，除非政府干预经济，用扩张的宏观政策来刺激总需求，否则有效需求不足必然导致通货紧缩。

3. 弗里德曼的通货紧缩理论。货币主义的代表弗里德曼认为，货币需求量是高度稳定的，货币供应量对经济活动和物价水平具有重大的影响，货币供应量的变化引起价格水平的变化，因此为了保证经济的均衡，货币供应量的增长率就要与经济增长率相一致。

由弗里德曼和施瓦茨合著的《美国货币史（1867—1960）》一书中，也得出了货币存量的大幅变动与价格的大幅变动相一致的结论。其中给出的数据显示，在 1867—1960 年这 93 年中，美国曾发生了 6 次严重的通货紧缩，其间都明显伴随着货币存量的下降。在该书中，他们还对大萧条产生的原因做了有力的解释，认为是货币量的外生性造成了这次大的灾难，即失误的货币政策减少了货币供给，从而引发了通货紧缩。其例证是，在大危机期间，美联储实施紧缩的货币政策，货币供给大幅下降，使生产和消费支出大幅下降。尤其是当生产支出剧烈下降时，居民实际收入和预期收入也随之下降，而债务的实际利率有所上升，许多人发现已不可能偿还债务，货币总需求出现大幅下降。在这种情况下，通货紧缩主要是由紧缩的货币政策所引起的。

4. 克鲁格曼的“流动性陷阱”理论。克鲁格曼是在研究日本经济的过程中形成其通货紧缩理论的。从1998年至今，他逐步构建起一个完整的理论框架，发展了凯恩斯主义“流动性陷阱”理论并提出了激进的货币政策主张。

（1）通货紧缩起源于总需求不足。克鲁格曼认为从供给的角度解释通货紧缩的成因是有缺陷的，因为总供给的增加固然会使商品价格下降，但这种变化对经济增长是有利的，仅凭生产过剩尚不能解释日本、中国等通过增加基础货币投放、扩大政府支持和刺激需求难以奏效的现象。上述情况表明通货紧缩并非主要是供给方面的原因，必然有某些因素制约了总需求的增加。

（2）通货紧缩是“流动性陷阱”作用的结果。传统的货币政策对通货紧缩无能为力，原因在于经济处于“流动性陷阱”状态，社会公众偏好未来，即使名义利率很低，储蓄倾向仍高于投资倾向。要消除这种现象有两条途径：要么当前物价水平下降，使得消费增加；要么降低名义利率，使投资增加。前者只能在低水平上使经济获得均衡；由于名义利率不能低于零，经济均衡所需要的名义利率难以实现，利率的调节作用丧失，通过降低利率刺激经济不能生效，所以，实现经济均衡的唯一途径就是物价水平下跌。

专栏 15－8
保罗·克鲁格曼

保罗·克鲁格曼

保罗·克鲁格曼（Paul R. Krugman，1953—），美国经济学家，是自由经济学派的新生代，理论研究领域是贸易模式和区域经济活动。目前是普林斯顿大学经济系教授。

主要研究领域包括国际贸易、国际金融、货币危机与汇率变化理论。他创建的新国际贸易理论，分析解释了收入增长和不完善竞争对国际贸易的影响。他的理论思想富于原始性，常常先于他人注意到重要的经济问题，然后建立起令人赞叹的深刻而简洁优雅的模型，等待其他后来者的进一步研究。他被誉为当今世界上最令人瞩目的贸易理论家之一，而他在1994年对亚洲金融危机的预言，更使他在国际经济舞台上的地位如日中天。他目前担任着许多国家和地区的经济政策咨询顾问。1991年，他成为麻省理工学院经济系获得克拉克经济学奖的第五人。2008年，克鲁格曼获得该年度的诺贝尔经济学奖。

克鲁格曼是主流经济学派的衣钵传人和捍卫者，是萨缪尔森和索罗的爱将。但同时，克鲁格曼又是一位急先锋，敢于向任何传统理论开战。在过去十余年间，他出版了近二十本著作，发表文章几百篇。他的文笔清晰流畅，深入浅出，不仅是专业研究人员的必读之物，更是普通大众的良师益友。保罗·克鲁格曼已在中国出版的著作有《地理和贸易》《汇率的不稳定性》《流行的国际主义》等。

资料来源：保罗·克鲁格曼，罗宾·韦尔斯．克鲁格曼经济学原理（第四版）[M]．赵英军，译．北京：中国人民大学出版社，2019.

（三） 通货紧缩的影响

1. 通货紧缩与经济衰退。通常当提到通货紧缩时，人们往往会首先想到经济衰退。实际上，通货紧缩与经济衰退之间并无必然的关系，它们之间不仅具有严格的区别，而且从通货紧缩到经济衰退存在一个较大的飞跃。但我们必须承认，通货紧缩的确有推动经济衰退的可能性。

首先，通货紧缩意味着人们的购买力增强，促使人们更多地储蓄而更少地支出，尤其是减少耐用品的消费，私人消费受到抑制。其次，一般物价的下降相对提高了实际利率水平，使得资金成本较高，投资活动减少，同时还加剧了债务人还息的负担，甚至可能导致企业破产和银行倒闭。再次，产品价格的下跌，会减少企业的预期收益，从而降低企业投资的积极性，致使社会总投资支出趋于减少。最后，商业活动的减少会增加失业率，同时可能使名义工资倾向降低，而居民总收入的下降会进一步减少消费支出。

专栏 15－9

“大萧条”：历史上最严重的通货紧缩

1929—1933 年，全世界范围内爆发了历史上最严重的通货紧缩，史称“大萧条”。在这场漫长的危机中，物价下跌，生产严重萎缩，失业剧增，人们的生活陷入极度贫困：失业工人们排着长队领取面包，数百万名中学生辍学，大批无家可归的人露宿街头……而农业资本家和农场主们却在烧毁“过剩”的小麦和玉米，牛奶也被撒上农药后倒入密西西比河……历史学家施莱辛格悲叹道：“资本主义已经到了尽头！”胡佛总统黯然下台，他对继任者罗斯福说：“我们已经山穷水尽，无能为力！”

对于造成那次经济大萧条的原因，经济学家们至今仍在争论。一般认为，由于 20 世纪 20 年代近 10 年的经济高涨，生产能力急剧扩张，而劳动人民的收入赶不上供给的膨胀。在经济过热的“泡沫”破裂后，产能过剩、需求不足的矛盾就爆发出来：物价持续下跌，大批企业破产倒闭，工人大量失业；与此同时，大批银行倒闭……

资料来源：MBA 智库百科。

2. 通货紧缩与财富缩水。美国经济学家唐帕尔伯格在分析通货紧缩与通货膨胀的区别的时候，认为通货膨胀的财富再分配就其总额来说是上升的，但通货紧缩却意味着财富总额打了一个折扣，即通货紧缩会减少社会财富。

一般而言，社会财富是居民财富、企业财富和政府财富的总和。在通货紧缩时期，一方面，商品价格的下降，导致企业盈利减少，致使其减少生产规模和投资规模，进而造成失业增加，居民总收入减少；另一方面，作为负债人，企业和居民的债务负担会随着实际利率水平的增加而加重，从而形成“债务越还越多”的悖论。同时，通货紧缩也会造成已有资产缩水，如企业的生产性资产价值和居民的消费性资产价值均会随着物价的下降而收缩。政府财富主要分为存量和流量，其存量资产的减少如同前面分析的企业和居民资产的缩水，而流量部分，即政府的收入与支出，则主要通过政府财政赤字来反映：在通货紧缩时期，政府财政赤字会出现显著增长。

3. 通货紧缩与收入再分配。一般来说，不同社会阶层的收入变化所受到的影响有所差异，其消费倾向，即支出占收入的比例，也不尽相同。经验证明，高收入水平社会阶层的消费倾向低于低收入水平社会阶层的消费倾向，因为低收入水平的社会阶层生活需求满足度较低，一旦收入有所增加，所增加的收入可能大部分用于消费支出，而对于高收入水平的社会阶层，其日常消费支出完全得到满足，支出的增减大多数与奢侈品的消费有关。当发生通货紧缩时，收入会从低收入阶层向高收入阶层转移，即收入从消费倾向高的低收入者向消费倾向低的高收入者转移。此时，被分配到更多收入或资产的高收入阶层不愿消费，而愿意消费的低收入阶层所被分配的收入或资产又较少，因此，进一步加剧了通货紧缩。

（四） 通货紧缩的治理

1. 加大货币供给。通货紧缩时期的货币政策主要是指中央银行扩大货币供给的政策。主要的措施有：降低法定准备金比率，扩大基础货币投放；降低存贷款利率水平，刺激投资和消费；放宽和增加消费信贷，刺激消费。这些措施会导致货币扩张，而货币合理扩张将使商品和服务价格回升，这便是再膨胀政策。

2. 扩大政府支出。扩大政府支出主要指扩大政府直接投资和增加转移性支付。在通货紧缩时期，价格水平呈下降趋势，实际利率水平上升，有效需求不足，私人部门投资不足。此时，政府扩大支出，特别是增加公共投资和公共消费，将可以改善有效需求不足的状况，减少失业，促进经济的稳定和增长，同时，政府支出具有乘数效应，因此可以取得数倍于原始支出的国民收入水平。

3. 收入政策。通货紧缩的收入再分配效应使得消费需求大的低收入阶层收入减少，从而抑制了消费需求。因此，为治理通货紧缩，政府可以采取降低税率、增加税收减免、提高起征点等减税措施，以达到刺激投资和消费的目的。此外，政府还可以提高出口退税率，以增加出口。

4. 货币贬值。当货币政策和财政政策的效果都不明显时，灵活的汇率政策也是许多国家治理通货紧缩的工具之一。通常采用的办法是使本国货币贬值，从而利用扩大需求代替过度供给。既把一部分外部需求转化为国内需求，而且可以在一定程度上刺激国内需求的增长，使物价回到合理水平。另外，实行货币对外贬值还可以改变人们对通货紧缩的预期，进而调整人们的消费和投资行为，带动商业活动的恢复，提高就业率，促进国民经济增长。

专栏 15－10
通货紧缩曾困扰日本

1985—1989 年，日本经历了泡沫经济形成、发展、最后破灭的过程。由于极度扩张性的货币政策，大量的过剩资金涌入股票和房地产市场，导致股票和房地产价格暴涨。1989 年底，以日经指数由 38 915 点的历史高位急剧下挫为标志，日本的泡沫经济宣告破灭，从此进入第二次世界大战后持续时间最长的经济萧条时期，尤其 1998 年之后，各种迹象表明日本经济已处在“通货紧缩螺旋”的边缘。

当时日本经济形势，在一定程度上出现了与美国大萧条时期相似的通货紧缩特点，主要表现为：（1）物价下跌。日本 CPI 从 1999 年起连续 27 个月下降，2001 年 CPI 更是下跌 0.8%，跌幅创下历史纪录。（2）经济增长陷入停顿。1992—1995 年日本实际 GDP 增长率不到 1%，1998 年则下降到 -2.8%，是第二次世界大战后经济增长表现最糟糕的一年。（3）企业生产能力下降。日本生产能力指数曲线从 1998 年以来一直处于下降趋势，截至 2017 年日本破产企业负债总额达到 3.1676 万亿日元。（4）就业形势严峻。20 世纪 90 年代初以来，日本年均失业人数连续增多，2000 年完全失业率达 4.9%，被经济合作与发展组织（OECD）等机构指出，“长期失业者比例较高”。（5）资产价格下跌。泡沫经济崩溃以来，日本地价持续下跌。2001 年初商业用地的地价下跌 7.5%，仅为最高值（1990 年 9 月）时的 18%，跌至 1981 年的水平。（6）股市低迷。泡沫经济崩溃之后，股市一蹶不振，至 2002 年 11 月 14 日，日经指数以 8 303.39 点报收，创下 1983 年 3 月以来的最低水平。

资料来源：世界银行官网。

第四节　金融稳定

一、金融稳定的含义

（一） 金融稳定的概念

20 世纪 90 年代以来，全球范围内不断爆发的金融危机以及由此引发的社会动荡使得国际社会开始深入研究金融稳定。然而到目前为止，国内外均未形成一个有关金融稳定的规范准确的定义。大体上，可以将已有的定义分为两类：一类是直接从金融稳定的具体特征来描述其内涵（见表 15 - 1）；另一类则是间接地从金融不稳定的特征来界定（见表 15 - 2）。

表 15 - 1　金融稳定的直接定义

澳大利亚审慎金融监管局主席 John F. Laker（1999）	金融体系稳定应被广义地定义为能够避免可能引起实际产出大量损失的对金融体系的扰动
欧洲中央银行行长 Wim Duisenberg（2001）	金融稳定状态是指构成金融体系的主要要素平稳运行
荷兰中央银行行长 Nout Wellink（2002）	一个稳定的金融体系应该能够有效地分配资源和吸收冲击，阻止这些冲击对实体经济和其他金融体系造成不良影响。在其中货币应能正确执行其作为支付手段和价值尺度的职能，同时金融体系作为一个整体应能充分地发挥它汇集储蓄、分散风险和分配资源的作用
英国银行副行长 Andrew Large（2003）	应按照维持金融体系的信心来定义金融稳定。对金融稳定的威胁来自可通过传染效应传播的各种冲击
欧洲中央银行执行委员会委员 Tommaso Padoa-Schioppa（2003）	金融稳定指一种状态，在此时金融体系能够承受冲击且不会造成对经济中的支付程序和储蓄到投资转换过程的累积性损害

续表

英国金融服务机构执行董事 Michael Foot （2003）	金融稳定要满足以下几点：（1）币值稳定；（2）失业水平接近自然率；（3）经济中的主要金融机构和市场在信心中运转；（4）经济中的实物资产或金融资产的相对价格变化不会损害币值稳定和就业水平
德意志联邦银行（Deutsche Bundesbank）	金融稳定描述的是一种状态，此时，金融体系的分配资源、分散风险和结清交易等主要功能应有效运转，而且在冲击来临、金融压力激增和深度结构转型时期，这些功能也能维持正常
IMF 研究员 Aredt Houbenetat （2004）	在金融稳定状态下金融体系应该能够：（1）在各种活动中和时期间有效地分配资源；（2）评估和管理金融风险；（3）吸收冲击

表 15－2　金融稳定的间接定义

国际清算银行总裁 Andrew Crockett （1996）	金融稳定为金融不稳定的相反面。金融资产价格的波动或金融机构兑现合同义务的缺失是损害经济运行的来源
哥伦比亚大学教授 Frederick Mishkin （1999）	金融不稳定发生是因为对金融体系的冲击干扰了信息传递进而导致金融体系不能正常运转
美联储副主席 Roger Ferguson （2002）	金融不稳定应具有以下三个特征：（1）一些重要的金融资产价格严重脱离其基础；（2）国内的和国际的市场功能和信用可得性被严重扭曲；（3）前两项的结果导致总支出显著（或高或低）偏离实体经济的产出能力
加拿大银行特别顾问 John Chant （2003）	金融不稳定指一种状态，它可能损害特定金融机构和金融市场的运转以至于它们不能为其他经济体提供融资，并且还会对家庭、公司、政府等非金融部门造成损害
挪威中央银行（Norges Bank）	金融稳定为金融体系中没有危机发生，并且金融部门在面对冲击时运转良好

（二）金融稳定的内涵

尽管经济学家对金融稳定的定义各不相同，但总体可以概括为：金融稳定是一个宏观概念，它要求金融体系的三个组成部分——金融机构、金融市场和金融基础设施健康运转，并且能够正确评估、防范和化解金融风险（见图 15－10）。

二、金融机构与金融稳定

金融机构作为金融体系中的重要组成部分，其自身的行为特征直接影响到金融稳定。从参与金融市场的金融主体来看，主要有银行、证券公司、保险公司和金融控股公司等。金融机构的资产质量堪忧、公司治理薄弱、收入结构不合理等因素积累到一定程度，就可能导致个别或多个金融机构出现流动性危机，从而引发金融体系的不稳定。对此，Minsky（1982）还提出了著名的金融脆弱性假说。他认为，私人信用创造机构，尤其是银行和其他相关贷款人的内在不稳定特性使得它们不得不经历周期性的危机和破产浪潮，金融中介的困境被传递到实体经济的各个组成部分，从而产生了宏观经济的动荡与危机。

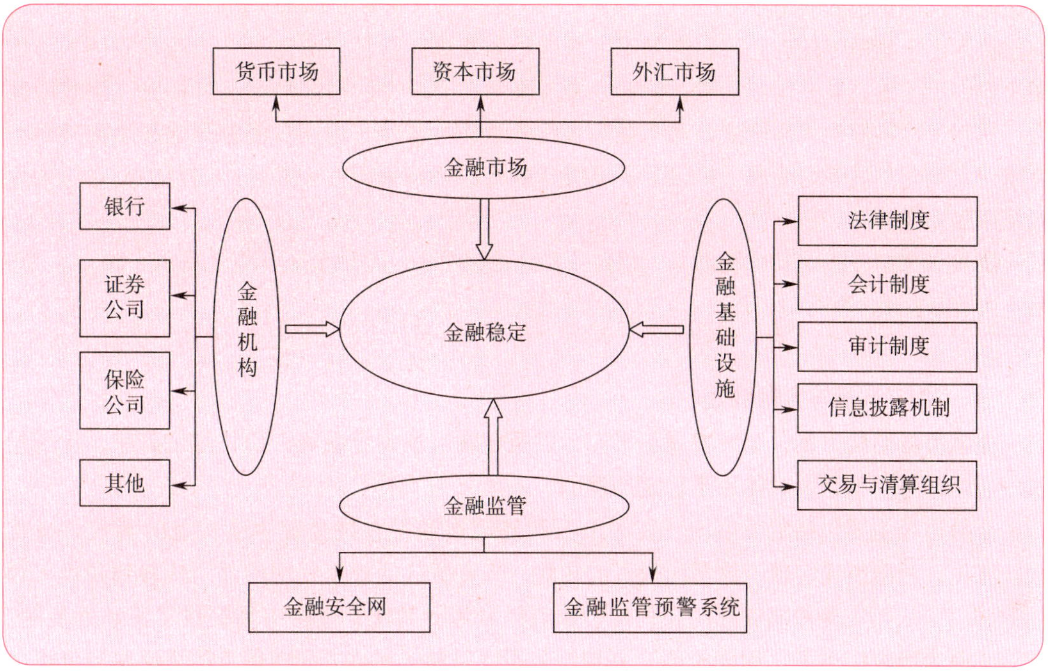

图 15－10　金融稳定体系

在金融机构的脆弱性对金融稳定的冲击中，又以银行首当其冲。有学者甚至认为银行稳定是金融稳定的核心。银行业是以货币和信用为基础的行业，它作为重要的金融媒介在规模上和数量上都居于一国金融体系中的主体地位。现代博弈论和信息经济学的分析表明，较之于证券业、保险业，银行业在信息不对称、风险分担和矫正纠错机制方面具有更高的风险性和脆弱性，其发生不稳定的情形进而危及金融体系的概率也大大高于证券业和保险业。

专栏 15－11
金融脆弱性理论的现代研究——金融脆弱性假说：企业角度

海曼·P. 明斯基（Hyman P. Minsky）最先对金融脆弱性问题做了比较系统的解释，形成了金融脆弱性假说（the financial instability hypothesis）。他对资本主义繁荣和衰退的长期（半个世纪）波动进行了分析，他认为在延长了的繁荣期中就已播下了金融危机的种子。明斯基指出，借款公司按其金融状况可以分为三类：一是抵补性的借款企业（hedge－financed firm）；二是投机性的借款企业（speculative－financed firm）；三是“庞兹”借款企业（ponzi finance firms）。

海曼·P. 明斯基认为，有两个主要原因可以解释这种金融体系内在脆弱性特征：一个是代际遗忘解释（generational ignorance agument），指由于上一次金融危机已经过去很久，一些利好事件推动着金融业的繁荣，贷款人对眼下利益的贪欲战胜了对过去危机的恐惧。因为人们认为当前资产价格的上涨趋势将持续下去，于是推动了更多的购买。此外，银行的道德风险将代际遗忘的时间大大缩短。另一个是竞争压力解释（rivalry pressure argument），指贷款人出于竞争的压力而作出许多不审慎的贷款决策。在经济高涨期，借款需求巨大，如果个别银行不能提供充足的贷款，它就会失去顾客。很少有银行能承受这种损失，因此每家银行都向其顾客提供大量贷款，而不顾及最终的累积性影响。由于从借款开始高涨到最终的结账日，期间的间隔可能很长，以至于发放贷款的银行从来不会因为它们自己的行为后果而直接遭受损失。

阅读文献：海曼·P. 明斯基. 稳定不稳定的经济——一种金融不稳定视角［M］. 北京：清华大学出版社，2015.

三、金融市场与金融稳定

金融市场结构失衡，金融发展不平衡，以及金融市场和金融资产价格过度膨胀，市场投机气氛浓厚等，都是金融体系不稳定的诱因。

金融市场主要包括货币市场、资本市场和外汇市场，它对金融体系功能的实现意义重大。首先，金融市场实现了储蓄向投资的转移，将资源从低效率利用的部门转移到高效率利用的部门，从而实现稀缺资源的合理配置和有效利用。其次，金融市场提供了流动性便利。它一方面为股东提供了“用脚投票”来控制公司的机制，另一方面使信息尽快反映到价格之中，提高市场的资金配置效率。最后，金融市场还提供了防范和化解风险的工具。金融市场通过风险定价和风险分散进行有效的风险管理，降低风险。

金融市场的不稳定影响到金融体系资源配置功能的有效发挥，也就必然会危及整个金融体系的稳定。金融市场同其他市场一样，存在着信息不对称、非完全竞争等缺陷，同时金融市场的参与者又并非完全理性，这些都会造成金融市场的脆弱。20 世纪 90 年代初欧洲的货币体系危机就与金融市场上的投机活动有很大关系。此外，金融衍生品市场的快速发展，也在一定程度上增加了市场的波动和不确定性。

四、金融基础设施与金融稳定

专栏 15－12
G20 为均衡和可持续发展建设共识

二十国集团（G20）领导人第十三次峰会于 2018 年 12 月 1 日在布宜诺斯艾利斯闭幕。2018 年是金融危机 10 周年，也是二十国集团（G20）领导人峰会运行 10 周年，世界相关国家和国际机构领导人聚集在阿根廷首都布宜诺斯艾利斯共同探讨全球经济政治等领域的热点、难点问题，引发国际社会的广泛关注。与会各方通过了《二十国集团领导人布宜诺斯艾利斯峰会宣言》（以下简称宣言），就维护多边贸易体制、世界贸易组织改革、应对气候变化等问题达成共识。

宣言指出，全球经济增长趋缓且越来越不平衡，新兴经济体面临的压力以及贸易紧张局势升级的负面效果显现，经济下行风险加大，G20 成员间的协作至关重要。国际贸易和投资是推动经济增长、提高生产率、促进创新、创造就业机会和实现可持续发展的重要引擎，承认“多边贸易体制为实现此目标作出的贡献”，缓和贸易紧张局势、取消近期增加的关税、改善以规则为基础的多边贸易体系是当务之急。

宣言重申，《巴黎协定》签字国认为这一协定是“不可逆转的”，签字国根据各国国情，按照共同但有区别的责任原则和各自能力原则，致力于全面落实这一协定，在促进可持续发展和经济增长的同时，继续应对气候变化。

此次峰会，多个区域性经济问题得到解决和推进，其中包括美墨加敲定新版自贸协定、法日领导人确定汽车企业联盟运作方式等。新版协定将给北美贸易带来变化。新版协定增添数字经济内容，美国农产品获得更多加拿大市场准入，鼓励汽车制造商在美国或加拿大扩大投资，要求40%的汽车零部件需要在时薪不低于16美元的地区生产。

“以史为鉴，可以知兴替。”G20领导人峰会要从历史大势中把握规律，引领方向。G20领导人峰会始于金融危机的同舟共济，但将在全球化大势中不断发展完善。世界经济时有波折起伏，但各国走向开放、走向融合的大趋势没有改变。

参阅资料：金投网。

金融基础设施是指包括一整套支持金融市场和金融中介有效运行的法律制度、会计制度、审计制度、信息披露机制、交易与清算组织等。金融基础设施的一个重要功能是能够有效动员储蓄向生产性资本转移，并将这种资本配置到能实现效用最大化的部门去，从而促进经济增长。金融基础设施的发展能够促进规模更大、效率更高的产业资本的积累，而且，金融基础设施越发达，其承受外部冲击的能力就越强。很明显，金融基础设施的建设对于金融稳定和经济发展至关重要。

法律基础设施是金融基础设施的核心，完善的金融法律是金融市场正常运转的保证。从计量经济结果所能得到的政策启示系统性地指明：运行良好的法律体系对外部投资者包括股东及其他小投资者具有良好的产权保护，使小债权人和小股东的权利得以行使，有利于促进金融市场发展和刺激投资，并进而带动经济增长。

会计基础设施是金融基础设施的要素之一。会计信息对于作出任何一个具有经济影响的判断和决策来说，都是十分重要的。如果对公司的经营状况没有充分的信息披露的话，市场约束就不可能产生。建立在高质量的披露和透明度标准基础上的会计制度，使投资者对金融报告的可靠性充满信心，没有投资者的信心，市场是不可能繁荣的。

金融基础设施的要素还包括支付结算体系。支付结算体系的运行效率和安全性不仅直接影响着公众对货币及其转移机制的信心，而且对中央银行实施货币政策、推进金融市场发展、维护金融稳定至关重要。

五、金融组织架构与金融稳定

国务院金融稳定发展委员会（简称金融委）办公室设在中国人民银行，接受金融委直接领导，承担金融委日常工作，负责推动落实党中央、国务院关于金融工作的决策部署和金融委各项工作安排，组织起草金融业改革发展重大规划，提出系统性金融风险防范处置和维护金融稳定重大政策建议，协调建立中央与地方金融监管、风险处置、消费者保护、信息共享等协作机制，承担指导地方金融改革发展与监管具体工作，拟订金融管理部门和地方金融监管问责办法并承担督导问责工作等。

中国人民银行行长易纲在《在全面深化改革开放中开创金融事业新局面》文章中明确指出：人民银行积极履行国务院金融稳定发展委员会办公室职责，牵头制定打好防范化解重大风险攻坚战三年行动方案，出台资管新规及配套政策，加强金融控股集团监管，完善系统重要性金融机构与金融基础设施监管制度，补齐制度短板。积极稳妥推动结构性去杠杆，把好货币总闸门，加强国有企业资产负债约束，严格落实差别化住房信贷政策，严控家庭部门债务、地方政府隐性债务和地方政府杠杆率过快增长。有序整治各类金融乱象，果断处置部分高风险金融控股集团风险，大力清理整顿金融秩序，持续开展互联网金融风险专项整治。

六、金融监管与金融稳定

宏观审慎管理（a system of prudent macro management）是与微观审慎监管相对应的一个概念，是对微观审慎监管的升华。微观审慎监管更关注个体金融机构的安全与稳定，宏观审慎管理则更关注整个金融系统的稳定。

目前各国在构建维护金融稳定的监管体系时，形成了以建立金融安全网为核心的金融监管体制。金融安全网一般是指在银行自身的风险控制之外，由监管当局、中央银行以及银行同业编织的一种带有公共性质的安全保护网络，也称为公共安全网。广义的安全网包括金融监管当局的审慎性监管、中央银行的最后贷款人手段和存款保险制度三种类型。其中，前者侧重于事前预防，后两者侧重于事后监督管理。这三种制度虽然最终目的都是防范金融危机、维护金融安全，但三者在维护金融安全方面的直接目的、运用方式、手段和效果各不相同，具有不可替代性。

金融监管发挥维稳作用的另一措施是建立金融预警系统。该系统通过对指标的分析来寻找一组特定的经济变量与危机之间的稳定关系以预测可能发生的危机。通常，完善的金融预警系统应由预警目标、预警指标和预警方法三部分组成：（1）预警目标，即危机的界定，是金融预警系统的逻辑起点。（2）预警指标是金融预警系统的基本要素，只有准确地选取预警指标才能及时地反映经济的脆弱性，并准确预警危机。（3）预警方法是金融预警系统的核心，有效的预警方法应能从预警指标中提取关键信息以判断经济的脆弱性，并识别不同的危机状态。金融监管部门应针对预警系统识别出的不同状态，采取不同的措施。

当金融体系处于稳定状态时，为了维护稳定，金融监管部门在保持现有政策的同时还应依据经济结构的变化情况，随时进行适当的调整。在这种情况下，金融监管部门不但应积极进行指标检测，还应激励金融机构实行自律，以便积极控制潜在的金融风险。

当金融体系接近于偏离稳定的边界时，金融体系会出现银行融资不畅、资产价格偏离其真实价值以及支付不能及时清算等现象。在这种情形下，金融监管部门就不能再采用维持和预防措施，而是要采用影响或纠正这种状况的措施，即要加强监管，并进行适当的宏观经济政策调整，以引导经济恢复正常运转，消除金融体系中的不平衡因素，恢复金融稳定。

本章小结

1. 西方学者对货币均衡有着不同的解释，主要分为三类：货币供给与货币需求相等，货币利率与自然利率相等以及储蓄与投资相等。我国学者更倾向于第一种解释：货币供给量与货币需求量基本相等，以 M_s 表示货币供给量，M_d 表示货币需求量，则 $M_s=M_d$。

2. 社会总供求之间的平衡指社会总供给与总需求之间的相互适应，是宏观经济的最终平衡。由于货币供求与社会总供求之间存在着密切的内在联系，因此货币供求的变化必定影响着社会总供求的平衡。但是货币均衡并不等于社会总供求平衡，两者既有联系，又有区别。

3. 在现实生活中，绝对的货币均衡是不常见的，货币失衡倒是一种常见的经济现象，一旦货币供给量与客观经济过程对货币的需求不一致时，就出现了货币失衡现象。货币失衡的具体表现形式有两种：通货膨胀和通货紧缩。

4. 经济学界迄今还不存在一个可以被普遍接受的有关通货膨胀的定义。西方经济学家对通货膨胀的定义大致可以归纳为两类：一是从强调通货膨胀的表现形式方面来定义，二是从强调通货膨胀的成因方面下定义。

5. 测量通货膨胀的各种指数都是围绕着价格变动来设计的。目前，被各国广泛使用的价格指数主要有三种：居民消费价格指数、生产者价格指数以及国民生产总值平减指数。

6. 按照不同的标准，通货膨胀被划分为不同的类型。根据通货膨胀的成因，将其分为需求拉上型通货膨胀、成本推动型通货膨胀、供求混合型通货膨胀和结构型通货膨胀。这是西方经济理论界最常见的划分方法。

7. 通货膨胀对经济增长、失业、强制储蓄、收入再分配、财富再分配都存在着重要的影响。各国多采取紧缩政策、收入政策、供给政策和指数化政策来治理通货膨胀。

8. 西方经济学的主流观点都是根据价格总水平的持续下降来给出通货紧缩的定义。国内主要有三种观点：一是通货紧缩就是指价格水平的普遍持续下降。二是通货紧缩包括价格水平的持续下降和货币供应量的减少。三是通货紧缩应包括价格水平的持续下降，货币供应量的持续下降和经济衰退。

9. 关于通货紧缩的成因，西方经济学界形成了多种理论，其中包括“费雪的债务—通货紧缩”理论、凯恩斯的“有效需求不足”理论、货币主义的通货紧缩理论、克鲁格曼的“流动性陷阱”理论。

10. 尽管经济学家对金融稳定的定义各不相同，但总体可以概括为：金融稳定是一个宏观概念，更关注整个金融系统的稳定。它要求金融体系的三个组成部分——金融机构、金融市场和金融基础设施健康运转，并且能够正确评估、防范和化解金融风险。

关键词

货币均衡（monetary equilibrium）　　货币失衡（monetary imbalance）

通货膨胀（inflation）　　通货紧缩（deflation）

金融稳定（finance stability）

宏观审慎管理（a system of prudent macro management）

重要概念

瓦尔拉斯均衡	货币均衡	社会总供求平衡	总供求模型
货币失衡	通货膨胀	居民消费价格指数	生产者价格指数
国民生产总值平减指数	通货膨胀的类型	需求拉上型通货膨胀	
成本推动型通货膨胀	供求混合型通货膨胀	结构型通货膨胀	
菲利普斯曲线	通货紧缩	金融稳定	
宏观审慎管理			

思考题

1. 如何理解货币均衡和货币失衡?
2. 货币供求和社会总供求的关系如何?
3. 从引起通货膨胀的原因分析出发，谈谈如何治理通货膨胀。
4. 结合我国目前的经济金融形势，阐释如何关注整个金融系统的稳定

练习题

1. 试用 AD - AS 模型分析货币均衡与社会总供求均衡之间的联系。
2. 什么是通货膨胀和通货紧缩?
3. 通货膨胀通常用什么来衡量?
4. 简述通货膨胀对经济的影响。
5. 简述通货紧缩的成因。
6. 简述宏观审慎管理的由来及在我国的实践。

案例题

根据国家统计局发布的数据，2014 年 1 月，全国居民消费价格总水平同比上涨 2.5%。其中，城市上涨 2.6%，农村上涨 2.2%；食品价格上涨 3.7%，非食品价格上涨 1.9%；消费品价格上涨 2.0%，服务价格上涨 3.7%。

1 月，全国居民消费价格总水平环比上涨 1.0%。其中，城市上涨 1.0%，农村上涨 0.9%；食品价格上涨 2.4%，非食品价格上涨 0.3%；消费品价格上涨 1.1%，服务价格上涨 0.8%。

有分析认为，CPI 数据并未超出市场预期，当期一般在 3% 以下的低速运行。而 PPI 长达两年在负数区间运行，才是真正让人担忧的事情。根据国家统计局发布的数据来看，2014 年 1 月 PPI 同比下降 1.6%。

请结合案例讨论以下两个问题：

1. 当时是否面临通货紧缩压力？并说明原因。
2. 面对国内外经济形势，政府采取了哪些措施来应对？效果如何？

扫描二维码可阅读本章精选案例

第十六章
货币政策与金融调控

本章知识结构

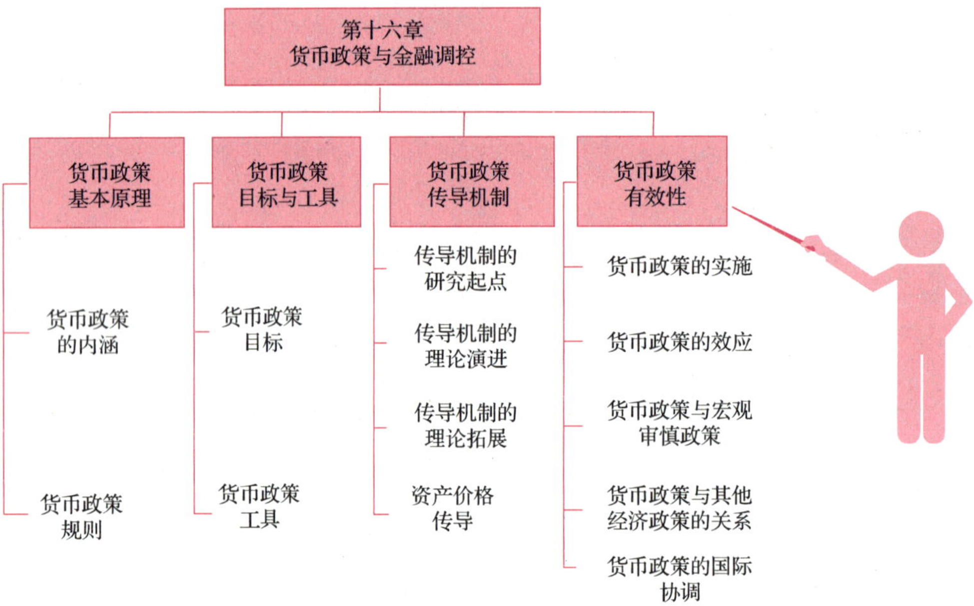

本章学习目标

- 理解货币政策规则的基本原理；
- 熟悉货币政策的目标和工具；
- 认识货币政策的传导机制；
- 掌握提高金融调控有效性的途径。

章前引例

“货币政策是一门艺术”，当2005年末美联储主席艾伦·格林斯潘（Alan Greenspan）带着神奇和光环卸任之际，赞扬、尊敬如潮而来，暂时掩盖了实际的瑕疵，淹没了应有的批评声音。英国知名财经杂志《经济学人》则力排众议指出，格林斯潘长期刺激性的货币政策违背客观规律，造成美国虚幻的高消费和创纪录的巨额经常账户赤字，他卸任后留下的美国经济危机四伏，犹如一颗随时可能爆炸的炸弹。

自2007年底以来美国金融危机的逐渐深化，打破了美联储前主席格林斯潘的“金融神话”，他所奉行的宽松货币政策被越来越多的人视为当前金融危机的“罪魁祸首”；而正是他所主张的货币政策曾引领美国经济实现了创纪录的长达10年的持续增长，他也一度被誉为“拯救了世界的人”。为何在货币政策选择上，成也格林斯潘，败也格林斯潘？

第一节　货币政策基本原理

一、货币政策的内涵

货币政策是一个国家宏观经济政策的重要组成部分，中央银行代表国家履行制定和执行货币政策的职能。货币政策的抉择和实施必然涉及怎样运作和如何有效地影响社会经济生活中总供给与总需求平衡等问题，货币政策在调节与控制现代经济活动中有着较强的影响力和极其广泛的作用范围。因此，货币政策所涉及的内容实质上是一个包括货币政策目标、货币政策工具、货币政策作用过程及其效果在内的完整宏观调控体系。

货币政策是中央银行为实现特定的宏观经济目标而采用的各种控制和调节货币、信用及利率等变量的方针和措施的总和。

（一）货币政策的作用

1. 调控货币供应总量保持社会总供给与总需求的平衡。
2. 调控利率和货币总量控制通货膨胀以保持物价的稳定。
3. 调节国民收入中消费与储蓄的比例。
4. 引导储蓄向投资的转化并实现资源的优化配置。
5. 调整一国的国际收支失衡，促进内外均衡。

（二）货币政策的构成

货币政策作为一个宏观金融调控的政策体系，主要由信贷政策、利率政策和外汇政策三大部分构成。

1. 信贷政策。它是指中央银行作为实现其货币政策最终目标而在宏观上所采取的控制信用规模、调节信用结构等控制与调节的政策和措施。中央银行的信贷政策作为国家指导金融机构贷款投向的政策，其主要目标是改善信贷结构，促进经济结构的调整、科学技术的进步和社会资源的优化配置。

2. 利率政策。它是指中央银行为实现其货币政策目标而采取的调控市场利率以影响社会资金供求的方针和各项措施。利率一般分为基准利率、浮动利率、市场利率、限制利率、罚息与优惠利率等几大类，各类利率之间有着密切的联系。它们相互影响，形成一个利率体系，而在整个利率体系中起着主导作用的是中央银行的基准利率。中央银行将货币政策目标、市场资金供求状况等作为制定基准利率的重要参数，使不同利率水平体现不同的货币政策要求。当货币政策目标的重点发生变化时，利率政策也随之变化。中央银行调控利率主要包括三个方面的内容：一是通过调高或降低基准利率，确定浮动幅度，调节和影响市场利率的一般水平，使其在大体上能反映货币政策目标的要求和资金供应状况；二是通过调整利率结构，促使资金在合理的资金价格体系指导下被有效地配置和利用；三是通过对利率体制的放松或集中管制，实现利率政策分层调节的作用。

3. 外汇政策。它是指中央银行为实现货币政策目标而采取的调控外汇行市和汇率、实行外汇管制、控制国际资本流动及平衡国际收支的方针与各种措施。外汇政策与利率政策密切相关，各国中央银行一般都要通过调整利率政策使汇率向着有利于本币的方向变动。外汇政策包括以下内容：一是控制和调节外汇行市，以稳定汇率；二是实行外汇管制，以稳定外汇收支并控制资本流动；三是保持合理的外汇储备，以维持国际清偿能力；四是控制外汇市场的交易，以维护外汇市场的稳定。

二、货币政策规则

人类行为、经济活动等各方面都受到不同规则的制约和规范。如果没有人们共同接受的规则，人类生活的各个方面便会经常处于紊乱之中。所谓规则，就是以一种可持续、可预测的方式运用信息的系统性决策程序。货币政策规则就是关于规则原理在货币政策执行中的运用。传统意义上的货币政策规则被理解为静态的、简单不变的原则，其不随其他经济变量的变化而调整。现代意义上的货币政策规则的内涵则比较宽泛，“规则”可以解释为“操作或行动的指南”。

货币政策规则就是基础货币和利率等货币政策工具如何根据经济行为的变化而进行调整的一般要求。

西方经济学界对货币政策规则的研究经历了从零散到系统，从静态到动态，从简单到复杂这样一个变化过程。19 世纪初银行学派与通货学派之间关于银行法之争，掀开了“规则与相机抉择之争”的序幕，也开始了对货币政策规则的研究。到 20 世纪初，维克塞尔、费雪、西蒙分别提出了货币当局应按照规则行事的货币政策。作为货币主义理论的主要倡导者的弗里德曼在 20 世纪 50 年代提出了“单一规则”的货币政策，主张美联储应该建立稳定的货币存量增长率，不管经济出现什么情况，经济都要保持这一增长率。20 世纪 70 年代后期，基德兰德和普雷斯科特（Kydland and Prescott，1977）① 首次将“时间非一致性”的概念引入了宏观经济学，从而开启了新一轮的货币政策规则研究。

货币政策规则研究的进展是近年来货币金融学乃至宏观经济学领域的一个重要突破。货币政策规则不仅可以指导中央银行制定切实可行的货币政策，而且可以提高货币政策调控经济的有效性、可信性和透明度，同时它也为评价货币政策提供了一个可以观察的基本框架，

① Kydland, F. E.. Prescott, E.. Rules Rather than Discretion: The Inconsistency of Optimal Plans [J]. *Journal of Political Economy*, 1977: 473-491.

使人们能够衡量货币政策的实施效果。

各国经济处于不同的发展阶段，货币政策规则也不尽相同，而且，随着一个国家经济发展的不断推进，货币政策相应地从一个规则向另一个规则转化。

专栏 16－1

量化宽松政策中的规则与相机抉择：以美日两国货币政策为例

为了应对本国经济的持续下滑与投资衰退，日本央行在 2001 年到 2006 年间实施了量化宽松货币政策。具体包括：增加商业银行在中央银行的准备金余额；加大公开市场操作以及承诺在核心 CPI 指数环比大于零之前，将一直实行此项政策。通过公开市场操作以及对外界的政策承诺，日本央行使利率始终维持在近于零的水平，标志着正式进入"零利率政策"时代。但是由于此次量化宽松政策未能带动经济增长，日本央行于 2006 年放弃了量化宽松政策。在 2008 年金融危机席卷全球之后，日本央行重拾量化宽松政策，推出"企业融资支持计划"，通过加大对金融体系的货币投放，大幅增加商业银行流动性，间接为企业融资提供支持，促进经济复苏。

为应对 2008 年的全球金融危机，美联储采取了 4 轮量化宽松政策，通过购买 MBS 与美国国债等措施稳定市场，使利率保持在 0 ~0. 25% 的极低水平。美联储在 2013 年度最后一次货币政策会议上决定正式启动退出量化宽松货币政策。

对比美日两国的量化宽松政策，可以看出其分别代表着规则与相机抉择两种政策倾向。由于日本的量化宽松政策公开向市场承诺在一定时期内大幅度增加货币供应量，以期望该承诺能作用于市场经济主体的预期，长时间维持零利率，同时事前设定商业银行在中央银行存款准备金的增长目标，因此呈现货币规则的显著特征。但是其所面临的问题是，由于事前设定具体的目标，若经济金融形势好转，市场流动性就会相对过剩，将会导致通货膨胀压力；若形势恶化，市场流动性更显紧张，又会造成通货紧缩效应。而美国的量化宽松政策主要依据经济金融形势和市场流动性的变化情况，灵活调整政策组合，事前并没有明确的目标而呈现相机抉择的典型特征。这一政策由于事前并没有明确的目标，因此比规则更加宽松、更富有弹性，利于应对复杂多变的经济金融形势。

量化宽松作为中央银行遏制经济危机、刺激经济复苏的手段备受关注。这一在当前几乎普及全球的非常规政策措施，虽然一定程度上有利于抑制通货紧缩预期的恶化，但对降低市场利率及促进信贷市场恢复的作用并不明显，并且或将给后期全球经济发展带来一定风险。

资料来源：中国经济网。

第二节　货币政策目标与工具

一、货币政策目标

（一）货币政策的最终目标

货币政策作为国家宏观经济调控的重要政策之一，其最终目标与国家宏观经济目标具有一致性。自货币政策概念产生以来，影响各国经济发展的基本问题集中在四个方面，即通货膨胀、失业、经济衰退和国际收支不平衡。因此，多数国家中央银行通常有四大货币政策目标，即稳定物价、充分就业、经济增长和平衡国际收支。

1. 稳定物价的目标。

（1）稳定物价的含义。稳定物价就是设法使一般物价水平在短期内不发生显著的或急剧的波动，实际上是使物价在短期内保持一种相对稳定状态。这里所指的物价，是指一般物价水平，即物价总水平，而不是指某种商品的价格。

货币政策目标是指货币政策制定者所期望达到的最终实施效果。

从整个世界的情况来看，由于各国经济条件不同，物价上升的幅度有所不同，但是，作为总的变动趋势，物价水平是趋于上升的。因此，稳定物价是指把物价上涨幅度控制在一定范围之内，即控制在不危害经济增长、社会公众心理又能承受的范围之内。稳定物价包括了两个方面的含义，既要抑制通货膨胀，也要避免通货紧缩。

（2）引起一般物价水平上涨的原因。一般而论，引起物价总体水平上涨的原因主要有三个：一是社会总需求过大；二是成本提高；三是结构性失调。

（3）中央银行稳定物价的作用。货币政策是一种需求管理政策，货币政策对宏观经济调控的着力点在于社会总需求。因此，与中央银行货币政策有关的，主要是增发货币造成总需求过旺而引发的物价上涨。这就告诉我们：中央银行的作用是有限的，只能从对总需求的调整方面来影响物价的变动，稳定物价是全社会共同的任务，并非中央银行一家能够完成。

（4）衡量物价稳定的标准与方法。衡量物价变化的指标主要有三个：一是生产者价格指数，它是反映不同时期批发市场众多商品价格平均变动程度的经济指标；二是居民消费价格指数，它是衡量不同时期居民消费的商品和劳务的价格平均变动程度的经济指标；三是国民生产总值平减指数，它是按当年价格计算的国民生产总值与按固定价格计算的国民生产总值的比率。

在这三个指标中，前两种指标属于物价总水平的结构性指标，适合衡量某个方面物价水平的变动；后一指标最适合衡量物价总水平的变动，它的统计范围是以构成国民生产总值的最终产品和劳务为对象的。除上述三种指标外，还有零售价格指数、生产费用指数等，在某一方面也可以反映物价的变化。

2. 充分就业的目标。充分就业通常是指凡有劳动能力并自愿参加工作者，都能在较合理的条件下，随时找到适合的工作。充分就业作为货币政策目标之一，实际上是指把失业率控制在合理程度之内。

（1）造成失业的一般原因。

①需求不足造成的失业，即由于社会劳动力的供给大于对劳动力的需求，造成劳动力市场失衡而形成的失业。一方面是周期性的失业，指在随着经济周期的波动而出现的经济衰退和经济萧条阶段，由于总需求下降而产生的失业；另一方面是增长不平衡性的失业，指由于劳动力的需求长期得不到充分增长，或跟不上劳动力的正常增长而造成的失业，以及由于劳动力生产率的提高而造成的失业。

②结构性失业，即由于劳动力市场上，劳动力供给的种类与劳动力需求的种类之间不相

吻合而造成的失业。这种不协调主要有三种情况：一是劳动力没有经过市场所需要的那种技术训练；二是劳动力的需求者对部分劳动力供给者有歧视或特殊限制；三是劳动者本人居住的地区缺乏足够的就业机会，而另外一些地区则是劳动力不足。在这种情况下，往往是失业与空缺并存。

③摩擦性失业，即短期内劳动力市场上劳动力的供求失调而造成的失业。其主要原因也有三种：一是由于劳动力的流动性限制造成的失业；二是由于劳动力市场上的信息不灵而产生的失业；三是由于市场机制不完善而产生的失业。

④季节性原因造成的失业，即经济中某些部门的间歇性需求不足而产生的失业，或是由于劳动力需求的季节性收缩和劳动力供给的季节性扩张而造成的失业。

（2）中央银行在实现充分就业中的作用。一般认为失业率保持在3%～5%为合理的失业水平，也就是说，失业率在5%以下就算是充分就业。由于导致失业的原因很多，货币政策对于充分就业的调节功能仅体现在调节有效需求上，即对因为总需求不足造成的失业，中央银行可以通过增加货币供应刺激社会总需求，在一定程度上减少失业，通过促进经济发展为劳动者创造更多的就业机会，促进资源的合理利用和经济的正常运转。

3. 经济增长的目标。在西方经济中，关于经济增长的含义有不同的解释，主要有两种观点：一是经济增长就是指国民生产总值的增加，即一国在一定时期内所生产的商品和劳务总量的增加，或者是指人均国民生产总值的增加；二是经济增长就是指一国生产商品和劳务的能力的增长。经济增长取决于一国政治与经济的稳定和技术的进步、资本投入的增加和投资效率的提高、社会劳动力的增加和劳动生产率的提高以及经营管理的现代化等。

货币政策是影响经济增长的重要因素，高投资率不仅意味着人均资本量的增大，而且也是促进技术进步的一条重要途径。一般而论，增加投资的货币政策有两种：一是低利率政策；二是信用扩张政策。中央银行通过调节货币信用规模，创造一个适宜于经济增长的货币金融环境，促进经济增长。

4. 平衡国际收支的目标。

（1）国际收支不平衡的原因。首先是物价波动引起国内商品出口能力或竞争能力的变化。当物价上涨，商品在国际市场上竞争能力降低时，会增大国际收支逆差；反之，会形成顺差。其次是利率波动引起国际资本的移动。当利率水平提高时，国际资本会流入；反之，则流出。最后是国民收入变化也会引起国际收支失衡。当国民收入增加时，社会就会增加对国外商品和劳务及旅游的需求，从而使贸易与非贸易支出增加，造成国际收支经常项目逆差；国民收入减少时则相反。

（2）中央银行对国际收支起到的作用。第一，国际收支逆差与货币供应量。一般来说，国际收支逆差意味着该国外汇支出大于外汇收入，必然表现为中央银行外汇储备的减少，这就收缩了国内银行系统的准备金，从而减少国内市场的货币供应量。逆差的出现说明国外商品的流入大于国内商品的流出，从而相对地造成国内市场商品增多，货币不足。在国内市场供给过剩的情况下，逆差必然会加剧国内市场的商品供求矛盾，货币供应量更显不足。此外，逆差的存在也意味着可利用的国外资源增加，在国内资源未能得到很好利用，乃至失业严重的情况下，必然会造成国内资源的浪费，阻碍本国经济的发展。

第二，国际收支顺差与货币供应量。一般来说，国际收支的顺差意味着该国的外汇收入超过外汇支出，外汇收入增加。增加的外汇收入不能直接在本国市场上购买商品，而是由中央银行购进这些外汇形成储备资产，这样中央银行必然要投放基础货币，形成本国银行的准备金，从而使得国内货币供应量增加。

第三，中央银行可以通过实行扩张或紧缩性货币政策，灵活运用利率、汇率等杠杆，对内外均衡政策进行合理选择，调节资本的流入和流出，鼓励或抑制商品的进出口，从而调节国际收支状况。

5. 货币政策目标的协调。货币政策的上述四个目标之间存在着矛盾和冲突，往往为实现某一目标而采用的措施很可能使另一货币政策目标发生反方向的变化，抵消政策效果，从而使货币政策失效。

（1）稳定物价与充分就业的矛盾。一个国家的稳定物价目标与充分就业目标之间经常发生冲突，因为要降低失业率，增加就业人数，就必须增加工资，货币工资增加过少，对充分就业目标就无明显的促进作用，货币工资增加过多则致使其上涨率超过劳动生产率的增长，便会产生成本推动型通货膨胀。最先在理论上总结、分析这样一种矛盾的经济学家是澳大利亚的菲利普斯，他提出了著名的菲利普斯曲线。

（2）经济增长与稳定物价、充分就业的矛盾。经济增长作为一项货币政策目标，既与稳定物价有矛盾，又与充分就业有矛盾。也就是说，要使一个国家保持持续的、较高的经济增长率，很可能既引发通货膨胀，又增加失业人数。

其一，经济增长与稳定物价的矛盾。通常经济增长与稳定物价之间并无大的冲突：只有经济增长，物价稳定才有雄厚的物质基础；只有稳定物价，经济增长才有良好的社会环境。但从西方国家货币政策实践的结果来看，要实现经济增长与稳定物价齐头并进并非易事。主要原因在于：政府往往较多地考虑经济发展，刻意追求经济增长的高速度，以至于信用扩张和造成投资规模过大，有意或无意地以通货膨胀为手段来促进经济增长，其结果必然造成货币供应量增加和物价上涨，使经济增长与稳定物价之间出现矛盾。

其二，经济增长与充分就业之间的矛盾。一般来说，经济增长能够创造更多的就业机会。但是在现代技术进步条件下，实现经济增长主要不是靠扩大就业人数，而是依靠科技进步、劳动者技能水平的提高和经营管理手段的现代化。随着企业资本有机构成的提高，经济增长本身更有较大可能排斥非熟练工人的就业机会。从长期趋势来看，经济增长并不一定能保证扩大就业，特别是在人口增长率较高和劳动生产率提高较快的情况下，更是如此。

（3）国际收支平衡同稳定物价、经济增长的矛盾。

其一，国际收支平衡与稳定物价的矛盾。一般来说，当一国出现通货膨胀时，说明总需求超过了总供给，使得国内的物价水平高于外国的物价水平，从而国内出口商品的价格和进口紧俏商品的价格都高于外国商品的价格，这样必然会导致国内出口减少，进口增加，从而增加本国的贸易逆差，或者减少本国的贸易顺差，本国外汇储备减少，引起国际收支变化。相反，当本国物价稳定时，如果其他国家出现了通货膨胀，则会使本国的物价水平相对低于其他国家的物价水平，从而本国的出口商品价格相对低于其他国家的商品价格，价格竞争力增强，使得本国的出口增加，进口减少，增加本国的贸易顺差，或者减少本国的贸易逆差，进而影响到国内物价水平。

其二，国际收支平衡与经济增长的矛盾。在正常情况下，经济增长必然带来国际收支状况的改善，但从动态的角度来看，二者也存在着不一致。如果一个国家进口商品增多，出口商品又不能相应地扩大，或者引进外资和国外先进技术超过其外汇还款能力时，就会导致该国国际收支状况的恶化，最终使经济增长难以持久。为了扭转这种失衡状况，通常是在国际收支平衡和经济增长两大目标之间进行合理抉择。当国际收支出现逆差时，就必须限制国内总需求，而随着国际收支逆差的消除，国内经济又可能衰退，此时就要果断采取扩张性的货币政策。随着货币供应量的增加，社会总需求也会增加，一方面可能刺激经济的增长，另一方面也有可能由于输入的增加及通货膨胀的产生而导致新的国际收支失衡。

（二）货币政策的中间目标

1. 中间目标的选择标准。通常，货币政策操作目标和中间目标的选取要符合如下三个标准：

（1）可控性。可控性是指中央银行通过各种货币政策工具的运用，能对该金融变量进行有效的控制和调节，能够准确地控制金融变量的变动状况及其变动趋势。

（2）可测性。可测性是指中央银行选择的金融控制变量具有较明确的定义，中央银行能迅速而准确地获得有关变量指标的数据资料，且便于进行定量分析。

（3）相关性。相关性是指与最终目标的相关性，中央银行选择的中间指标必须与货币政策最终目标有密切的相关性，中央银行通过对中间指标的控制和调节就能够促使货币政策最终目标实现。

2. 中间目标的种类及变化。货币政策中间目标不尽相同，但一般来说，较为广泛采用的中间目标主要有利率和货币供应量，少数国家采用汇率作为中间目标。

（1）利率。这是凯恩斯学派所推崇的货币政策中间目标。在20世纪70年代以前各国中央银行大都将此作为中间目标。利率之所以能作为货币政策的中间目标，是因为：第一，可控性强。中央银行可直接控制再贴现率，而通过公开市场业务或再贴现政策，能调节市场利率的走向。第二，可测性强。中央银行在任何时候都能观察到市场利率的水平及结构，可随时收集这些利率的资料并进行分析。第三，相关性强。市场利率作为经济的一个内在因素，总是随社会经济的发展状况而运转：当经济处于萧条阶段，利率呈下降趋势；当经济转向复苏以至高涨时利率则趋向上升。

（2）货币供应量。这是以弗里德曼为代表的现代货币主义者所推崇的中间目标。20世纪70年代中期以来各国中央银行纷纷将中间目标由利率改为货币供应量。把货币供应量作为中间目标的理由是：首先，就可测性而言，该指标随时都被反映在中央银行和商业银行及其他金融机构的资产负债表内，分别表现为中央银行的负债和商业银行及其他金融机构的负债，可以进行量的测算和分析。其次，就可控性而言，按照界定，货币供应量一般由通货和各种存款货币构成。通货直接由中央银行发行并进入流通，其可控性最强，而各种存款货币则是商业银行和其他金融机构的负债，中央银行通过控制基础货币可以间接地进行控制。最后，就相关性而言，一定时期的货币供应量代表了当时社会的有效需求量和整个社会的购买力，直接影响着货币政策目标的实现。因此，货币供应量与货币政策目标之间存在着密切的联系。

但是也有一些学者认为，货币供应量不是理想的货币政策中间目标，因为货币供应量也要受一些非政策因素的影响，如公众持有现金的比例的变化、不同层次间货币量的变化、非银行金融机构的信用活动、财政政策的变化等都会对货币供应量产生影响，从而使中央银行难以准确地控制货币供应量。

（3）汇率。将汇率作为货币政策的中间目标的是一些实行开放经济的小国。这些国家的中央银行确定本国货币同另一个较强国家货币的汇率水平，并通过货币政策操作，钉住这一水平，以此实现最终目标。荷兰的中央银行是较为典型的例子。荷兰是一个小国，又是一个开放度很高的国家，对德国的贸易依存度很高，资本可以自由流动。对荷兰中央银行来说，控制本国的货币流通量是不可能的，而德国的中央银行一直执行稳定的货币政策，保持货币供应量的稳定增长，因此将荷兰盾同德国马克的汇率作为中间目标，通过稳定汇率，荷兰成功地从德国“输入”了货币稳定。

专栏 16－2
泰勒规则

1993 年，斯坦福大学的约翰 · 泰勒以传统货币数量论、凯恩斯货币理论以及弗里德曼现代货币数量理论为基础，根据美国货币政策的实际经验，提出一种确定短期利率调整的规则，即著名的泰勒规则。其认为利率是受通货膨胀与失业率同时决定的，用公式表示为

$$i = i^* + \alpha(\pi - \pi^*) - \beta(N - N^*)$$

式中：i 表示名义利率，i^* 表示长期均衡利率，π 表示通货膨胀率，π^* 表示目标通货膨胀率，N 表示失业率，N^* 表示自然失业率。

由于泰勒规则有助于增强中央银行与公众之间的政策交流，提高货币政策的透明度与有效性，因此受到理论界的广泛关注。1993 年，美联储放弃将货币供应量作为货币政策中介目标，转而使用联邦基金利率，就是以泰勒规则为理论依据。

但是由于泰勒规则存在一系列的前提条件，比如利率市场化程度高、政策透明度高等，其在实际操作中仍有许多限制。首先是泰勒规则要求利率传导机制畅通，市场主体对利率敏感性高。其次是通货膨胀缺口与产出缺口的测算问题。由于不同的计算方法计算出的数据偏差较大，因此泰勒规则的准确性将受到影响。最后，长期均衡利率的选择问题。不同的学者在使用泰勒规则计算各国名义利率时，所采用的长期均衡利率的代理变量不同，由此计算结果也有所差异。除以上限制条件，泰勒规则还受一些其他因素影响。因此，其可行性与实用性还有待理论界进一步探究。

资料来源：谢平，罗雄．泰勒规则及其在中国货币政策中的检验［J］．经济研究，2002（3）．

（三） 货币政策的操作目标

操作目标也称为近期中介目标，是指货币政策工具变量所直接影响的变量，操作目标会随工具变量的改变而迅速变动。操作目标虽然是货币政策工具直接作用的对象，中央银行对它的控制力较强，但距离货币政策最终目标较远。目前各国中央银行经常采用的操作目标主要有基础货币和存款准备金。

1. 基础货币。基础货币的投放和回流，构成了货币供应量倍数伸缩的基础，因此，中央银行以基础货币作为货币政策的操作目标具有十分重要的意义。

作为操作目标，基础货币同样符合可控性、可测性和相关性的要求。首先，从可测性来看，基础货币表现为中央银行的负债，其数额多少随时在中央银行的资产负债表上反映出来，中央银行很容易掌握这些资料。其次，基础货币中的通货是中央银行向社会注入的现金量，中央银行愿意注入多少现金，是可以直接控制的。金融机构的存款准备金总量则取决于中央银行的再贴现和再贷款，以及法定存款准备金比率水平，因此有较强的可控性。最后，从基础货币与货币政策目标的相关性来看，中央银行通过对基础货币的操纵，就能使商业银行及社会大众调整其资产构成，改变社会的货币供应总量，从而影响到市场利率、价格以及整个社会的经济活动。

2. 存款准备金。银行体系的存款准备金是中央银行创造的负债的一部分。它由商业银行的库存现金和在中央银行的准备金存款两部分组成。存款准备金作为货币政策操作目标，很容易满足可测性要求：中央银行比较容易了解商业银行在中央银行的存款准备金情况，同时在一般国家，商业银行要定期报告其库存现金这一部分准备金额。此外，就可控性和相关性而言，存款准备金也是容易满足要求的。

尽管存款准备金的可控性程度很高，但对存款准备金总额中的超额准备金部分，中央银行则难以准确控制，因为每家银行愿意保有多少超额准备金，不是由中央银行所决定的，而是由商业银行根据该银行的业务状况及财务状况以及对经济形势的判断和估计而决定的。在法定存款准备金比率一定的条件下，商业银行愿意保有的超额准备金，正是决定信贷规模和货币供应量的基本要素，从这个意义上说，存款准备金指标的可控性程度是不确定的。

专栏 16－3

美国的隐性通胀目标制

美国联邦储备体系虽然没有明确指出其货币政策的名义锚是通货膨胀指标，但是其的确隐含了对通货膨胀指标的高度关注。1994—1995 年，美联储在艾伦·格林斯潘的领导下，实施了先发制人的货币政策，在通货膨胀上涨之前提高利率，从而有效地控制了通货膨胀指标。格林斯潘的后继者本·伯南克则是通货膨胀目标值的坚定支持者。其就任美联储主席后，成立了一个探讨联邦储备体系沟通机制的委员会，围绕公布通货膨胀具体目标值展开讨论。

2014 年新上任的美联储主席珍妮特·耶伦是美联储历史上的首位女性主席。耶伦作为伯南克的继任者，也是其政策的强力支持者与公开倡导者。她在伯南克主政美联储时期担任美联储副主席，主张“最优控制”政策方法，即为了让美国失业率更快下降，可以容忍通胀率暂时高于美联储 2% 的目标水准。耶伦在 2012 年 12 月时就表示，“我认为货币政策的目的就是使通胀趋近 2%，使失业率趋近 6%，而且这两个目标同等重要”。由此可见，美联储在实施货币政策时是充分考虑了通货膨胀这一指标的。

阅读书目：肖曼君．通货膨胀目标制的国际比较研究［M］．长沙：湖南大学出版社，2007.

二、货币政策工具

（一）一般性货币政策工具

中央银行一般性货币政策工具是中央银行运用最多的传统工具，包括存款准备金政策、再贴现政策和公开市场业务，统称为中央银行的“三大法宝”。

货币政策工具又称货币政策手段，是指中央银行为实现货币政策目标所采用的政策手段。货币政策工具可分为一般性货币政策工具和选择性货币政策工具。

1. 存款准备金政策。法定存款准备金比率是金融机构按规定向中央银行交纳的存款准备金占其存款总额的比率。当中央银行提高法定准备金比率时，商业银行提供放款及创造信用的能力就下降。因为准备金比率提高，货币乘数就变小，从而降低了整个商业银行体系创造信用、扩大信用规模的能力，其结果是银根偏紧，货币供应量减少，利率提高，投资及社会支出都相应缩减；反之则相反。

但是由于货币乘数的作用，准备金政策冲击力太大，在商业银行一般只保留少量超额准备金的情况下，容易导致银行资金周转严重不灵，经营陷入困境。人们通常认为这一政策工具效果过于猛烈，它的调整会在很大程度上影响整个经济和社会的心理预期，因此，中央银行对法定存款准备金比率的调整都持谨慎态度。

2. 再贴现政策。贴现是票据持票人在票据到期之前，为获取现款而向银行贴付一定利息的票据转让行为。再贴现是商业银行或其他金融机构将贴现所获得的未到期票据再向中央银行进行贴现的票据转让行为。贴现是商业银行向企业提供资金的一种方式，再贴现是中央银行向商业银行提供资金的一种方式，两者都是以转让有效票据——银行承兑汇票为前提的。因此，再贴现政策是中央银行对商业银行用持有的未到期票据向中央银行融资所作的政策规定。再贴现政策一般包括再贴现率的确定和再贴现的资格条件。它不仅影响商业银行的筹资成本，限制商业银行的信用扩张，控制货币供应总量，而且可以按国家产业政策的要求，有选择地对不同种类的票据进行融资，促进结构调整。①

再贴现率工具主要着眼于短期政策效应。中央银行根据市场资金供求状况调整再贴现率，以影响商业银行的借入资金成本，进而影响商业银行对社会的信用量，从而调整货币供应总量。在传导机制上，再贴现率上升后，商业银行需要以较高的代价才能获得中央银行的贷款，它便会提高对客户的贴现率或提高放款利率，其结果就会使信用量收缩，市场货币供应量减少；反之则相反。中央银行对再贴现资格条件的规定则着眼于长期的政策效用，以发挥抑制或扶持作用，并改变资金流向。

由于再贴现政策作为一种货币政策工具，与存款准备金政策一样也是通过影响商业银行活期存款准备金的增减而发挥作用的，所以在一定程度上它也具有准备金政策的特点。如果金融市场发达，商业银行融资渠道广，对中央银行再贴现的依赖性减少，自然会削弱这一政策的效果。

3. 公开市场业务。公开市场业务也称公开市场政策，指中央银行在金融市场上买进或卖出有价证券，直接决定基础货币的变动，从而达到收缩和扩张信用、控制和调节利率与货币

① ［美］米什金．货币金融学（第4版）［M］．北京：中国人民大学出版社，1998：516.

供应量目的的行为。

公开市场业务的具体实施是由公开市场操作室来完成的，操作量根据中央银行的货币政策意图和存款货币银行的储备状况来确定。公开市场操作有两种基本方式：（1）长期性储备调节，为改变商业银行等存款货币机构的储备水平而使用；（2）临时性储备调节，为抵消其他因素的影响，维持商业银行等存款货币机构的储备水平而使用。其交易方式通常为有价证券的买卖、回购和发行等。

公开市场业务的作用范围比较广泛。首先，它能够调控存款货币银行的准备金和货币供应量。中央银行通过在金融市场上买进或卖出有价证券，可直接提高或降低存款货币机构的超额储备水平，从而影响其贷款规模和货币供应总量。其次，它会影响利率水平和利率结构。当中央银行买进有价证券时，证券需求增加，证券价格上升，利率则会下降。当中央银行卖出有价证券时，利率的变化方向相反。此外，中央银行在公开市场买卖不同期限的有价证券，可以直接改变市场上不同期限证券的供求状况，从而使利率结构发生变化。最后，公开市场业务与再贴现政策配合使用，可以提高货币政策效果。当中央银行提高再贴现率时，如果商业银行持有较多超额准备金而不依赖中央银行贷款，紧缩的货币政策则难以奏效，这时中央银行若以公开市场业务相配合而在公开市场上卖出证券，则商业银行的准备金必然减少，紧缩政策目标得以实现。

公开市场操作的政策目的：一是维持既定的货币政策，又可称为保卫性目标。除了中央银行的公开市场业务外，影响存款货币银行准备金的还有许多其他因素，如公众持有通货数量的改变等。这些因素并非中央银行能够直接控制，因此，中央银行必须预测这些因素的变化，并采取相应的公开市场业务来抵消其变化的影响。二是实现货币政策的改变，又可称为主动性目标。在此目标下，其任务是通过连续同向的操作，买入或卖出有价债券，增加或减少商业银行的准备金总量和货币供应总量，达到实施扩张或紧缩的货币政策目标。

公开市场业务具有以下优点：一是公开市场业务的主动权完全在中央银行，其操作规模大小完全受中央银行自己控制，可以灵活精巧地进行，用较小的规模和较慢的节奏进行操作，以较为准确地达到政策目标，不会像存款准备金政策那样对经济产生过于猛烈的冲击。二是公开市场业务可以进行经常性、连续性的操作，具有较强的伸缩性，是中央银行进行日常性调节的较为理想的工具。三是公开市场业务具有极强的可逆转性，当中央银行在公开市场操作中发现错误时，可立即逆向使用该工具以纠正其错误。

当然，它也不可避免地存在着局限性。主要是公开市场操作较为细微，技术性较强，政策意图的告示作用较弱；需要以较为发达的有价证券市场为前提，如果市场发育程度不够、交易工具太少等，都将制约公开市场业务的效果。

（二）选择性货币政策工具

传统的三大货币政策工具都属于对货币供应总量的调节，以影响整个宏观经济。在这些一般性货币政策工具之外，还有可选择地对某些特殊领域的信用加以调节和影响的措施。其中主要有：

1. 消费者信用控制。消费者信用控制是指中央银行对不动产以外的各种耐用消费品的销售融资予以控制。其主要内容包括：（1）规定用分期付款购买耐用消费品时第一次付款的最低金额；（2）规定用消费信贷购买商品的最长期限；（3）规定可用消费信贷购买的耐用消费品种类，对不同消费品规定不同的信贷条件；等等。在通货膨胀时期，中央银行采取消费信用控制，能起到抑制消费需求和物价上涨的作用。

2. 不动产信用控制。不动产信用控制是指中央银行对金融机构在房地产方面放款的限制措施，以抑制房地产的过度投机，如对金融机构的房地产贷款规定最高限额、最长期限以及首次付款和分摊还款的最低金额等。

3. 证券市场信用控制。证券市场信用控制是中央银行对有关证券交易的各种贷款进行限制，目的在于抑制过度投资，如规定一定比例的证券保证金率，并随时根据证券市场的状况加以调整。

此外，还有预交进口保证金、优惠利率等措施。预交进口保证金类似于证券保证金的做法，即中央银行要求进口商预交相当于进口商品总值一定比例的存款，以抑制进口的过快的增长。预交进口保证金多为国际收支经常出现赤字的国家采用。优惠利率则是中央银行对国家重点发展的经济部门或产业，如出口工业、农业等，所采取的鼓励措施。优惠利率不仅在发展中国家多有采用，发达国家也普遍采用。

（三） 其他货币政策工具

1. 直接信用控制。直接信用控制是指中央银行对金融机构的信用活动进行直接控制。例如，规定利率的最高限，对商业银行的信贷实行规模控制，规定商业银行的流动性比例，等等。

直接信用控制是在市场机制不完善，一般性货币政策工具不能发挥作用或作用不大时所采用的，即不能通过一般性货币政策工具作用于操作目标，再通过操作目标作用于中间目标，再通过中间目标作用于最终目标的传导过程时才采用直接信用控制，以直接信用工具直接作用于中间目标货币供应量或利率。

2. 间接信用控制。间接信用控制是指中央银行通过道义劝告、窗口指导等办法间接影响商业银行的信用创造。间接信用控制比较灵活方便，既可以对金融机构的某项业务活动进行劝告，也可以对整个金融活动发出劝告。

从各国家的实践看，间接信用控制这种工具的作用是有效的，这是因为：第一，作为金融机构管理者的中央银行有其权威和地位，当中央银行发出劝告时，其他金融机构一般要遵从；第二，中央银行掌握的信息多，与政府的关系密切，对经济形势的预测能力要比其他金融机构强，金融机构一般把中央银行的这种劝告当做是正确的，所以一般也听从这种劝告；第三，中央银行可以利用奖罚手段，对服从劝告的金融机构提供便利，而对不服从劝告的金融机构设置一些障碍，加强监督等。

道义劝告是指中央银行利用它的威望和地位，对金融机构发出通告、指示或指导意见等，劝告金融机构进行或不进行某种活动。例如，当经济发展速度过快时，劝告商业银行减少放款；反之，当经济发展速度较慢时，劝告商业银行扩大放款。当消费信贷过旺时，劝告商业银行减少这方面的贷款等。

窗口指导就是中央银行根据产业行情、物价趋势和金融市场动向，规定商业银行每季度贷款的增减额，并要求其执行。虽然窗口指导没有法律约束力，但其作用有时也很大。第二次世界大战结束后，窗口指导曾一度是日本货币政策的主要工具。

专栏 16－4

我国新型货币政策工具——定向中期借贷便利

立足现有货币政策操作框架并借鉴发达经济体相关经验，中国人民银行于 2018 年末创设了定向中期借贷便利（Targeted Medium－term Lending Facility，TMLF），增强对小微企业、民营企业的信贷供给能力，保持市场流动性合理充裕。

大型商业银行、股份制商业银行和大型城市商业银行，如符合宏观审慎要求、资本较为充足、资产质量健康、获得人民银行资金后具备进一步增加小微企业和民营企业贷款的潜力，可向中国人民银行提出申请。中国人民银行根据其支持实体经济的力度，特别是对小微企业和民营企业的贷款情况，并结合其需求，确定提供定向中期借贷便利的金额。该操作期限为一年，到期可根据金融机构需求叙做两次，这样实际使用期限可达到三年。定向中期借贷便利利率比中期借贷便利（MLF）利率优惠 15 个基点，目前为 3. 15%。

定向中期借贷便利的创设，进一步加大了金融对实体经济，尤其是对小微企业、民营企业等重点领域的支持力度，有利于撬动银行信贷支持实体经济薄弱环节。大型银行对支持小微企业、民营企业发挥了重要作用，定向中期借贷便利能够为其提供较为稳定的长期资金来源，增强对小微企业、民营企业的信贷供给能力，降低融资成本，还有利于改善商业银行和金融市场的流动性结构，保持市场流动性合理充裕。

资料来源：中国人民银行．中国货币政策执行报告（2018 年第四季度）[R]．2018.

第三节　货币政策传导机制

货币政策传导机制包括从货币政策工具作用于操作目标、操作目标作用于中间目标，中间目标作用于最终目标的全过程。这一传导机制及货币政策工具、操作目标、中间目标和最终目标之间的关系可参见图 16－1。

货币政策传导机制是指货币政策启动后各种要素之间是如何相互联系和运行的整个过程。

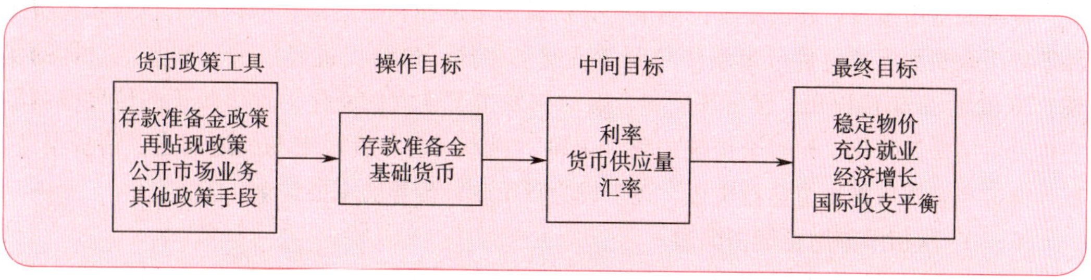

图 16－1　货币政策传导机制

一、货币政策传导机制的研究起点

货币政策传导机制在西方早期的研究中主要分为凯恩斯学派理论和货币主义学派理论。

（一）凯恩斯学派的传导机制理论

凯恩斯在1936年出版的《就业、利息和货币通论》一书中，提出了货币政策经由利率及有效需求影响社会经济活动的货币政策传导机制理论。

凯恩斯认为，在20世纪30年代的大危机中，造成极为严重的失业现象的关键原因是有效需求不足，尤其是其中的投资需求不足。投资需求之所以不足，则是因为利率水平过高，阻碍了投资的正常进行。因此，必须采取适当的财政政策和货币政策来降低利率水平，扩大投资支出，从而增加有效需求，解决就业问题。[①] 也就是说，根据凯恩斯的分析，货币政策影响经济活动的传导过程是经由利率和有效需求的变动而完成的，尤其是以利率为跳板而发挥作用的。具体地讲，当中央银行采取扩张性的货币政策时，一方面，新增加的货币弥补了财政支出过大所造成的赤字，直接扩大了社会总需求；另一方面，货币供应量（M）的增加，会在一定程度上引起利率（r）的下降和投资（I）的增加，再通过乘数效应，直接增加社会实际产出和名义收入（Y），扩大社会就业量。用符号概括表示，则为

$$M\uparrow \rightarrow r\downarrow \rightarrow I\uparrow \rightarrow Y\uparrow$$

凯恩斯学派认为，货币政策在增加国民收入上的效果，主要取决于投资的利率弹性和货币需求的利率弹性。如果投资的利率弹性大，货币需求的利率弹性小，则增加货币供给所能引起的收入增长就比较大。总之，凯恩斯学派非常重视利率指标在货币政策传导机制中的作用。

（二）货币主义学派的传导机制理论

以弗里德曼为代表的货币主义学派认为，利率在货币政策的传导机制中并不起重要作用，因为增加货币最初会使利率降低，但不久就会因货币收入增加和物价上涨而使名义利率上涨，而实际利率则可能回到并稳定在原来的水平上。货币供应的变化所影响的不仅是投资，而且还有消费。货币供给量的变动是通过多种复杂的途径而影响支出的。弗里德曼不主张一一找出这些途径并深究货币政策的传导过程，而主张用实证的方法证明货币与收入的相关性，并找出货币供应量与经济波动之间的变动规律。所以弗里德曼的货币政策传导机制理论强调的是，货币供应量在整个传导机制中影响社会总支出和总收入的直接作用。他所描述的货币政策传导机制非常简单，可以表述为货币供应量→国民收入，或用符号表示为$M \rightarrow Y$。

二、货币政策传导机制的理论演进

传统的货币政策传导机制理论侧重于分析货币渠道和利率渠道，探讨的是在封闭经济条件下货币政策如何通过货币市场传导到微观经济主体，最终促进经济增长和其他目标的实现。20世纪80年代以来，经济环境和金融结构发生了重大的变化，货币政策的传导机制随之也发生了显著变化。相对于传统的货币渠道、利率渠道和货币市场渠道而言，信贷渠道、汇率渠道和资本市场渠道愈益重要，逐步成为货币政策传导的主要渠道。

（一）从货币渠道到信贷渠道

凯恩斯主义学派认为货币政策传导机制的核心是利率。在凯恩斯学派的简单模型中，货币政策是如此传导的：金融市场的所有资产都可以划分为两大类，即货币和债券，人们就是

① 凯恩斯．就业、利息和货币通论［M］．北京：商务印书馆，1983：168.

在这两类资产之间进行资产组合，在货币需求不变的条件下，货币供给的增加会打破两类资产的均衡，通过市场机制的作用导致利率下降；在既定的资本边际效率下，更低的利率刺激投资支出的增加；投资通过乘数效应导致产出的增加。这种通过货币供应量的变动来调整公众对货币与债券的持有和配置，从而影响债券市场利率的货币政策，其传导机制被称为货币政策传导的货币渠道。在凯恩斯的 IS－LM 模型中货币渠道被表述为

$$M\uparrow \rightarrow i\downarrow \rightarrow I\uparrow \rightarrow Y\uparrow$$

显然，货币渠道的有效传导取决于货币市场和资本市场的完善，尤其是利率的市场化。但货币政策传导的货币观点只注意了利率对资金需求者即借款者的影响，而忽视了利率对资金供给者即贷款人的影响。实际上，利率对贷款人的贷款行为也是有影响的。承认贷款人的贷款行为受利率影响，这就产生了货币政策传导的信贷机制，即货币当局可以通过特定政策的实施改变银行的贷款供给，从而通过贷款利率的升降，最终影响总产出等真实变量，这种货币政策传导机制被称为信贷渠道。

根据斯蒂格利茨和韦斯的定义，信贷配给源于信息不对称引致的逆向选择和道德风险。由于信贷市场上信息问题的存在，货币政策传导就产生了两个基本渠道：资产负债渠道与银行的贷款行为渠道。前者的作用原理是：货币政策通过影响借款企业的资产净值（定义为借款者的流动性资产与可售抵押品之和）改变企业逆向选择和道德风险的程度，使得银行意愿信贷供给发生变化，最终引致企业投资变动，从而导致总产出的改变。后者的作用原理是：中央银行对基础货币的调控影响到商业银行的可贷款规模，通过信贷配给的变动波及企业的投资支出，从而影响总产出。两个渠道相结合才使信贷传导真正地在货币政策传导机制中发挥作用。①

（二）从利率渠道到汇率渠道

自希克斯 1937 年提出 IS－LM 模型以来，利率机制就受到凯恩斯主义者的一贯重视。在货币政策传导的货币渠道中，利率是核心环节，中央银行通过货币供应量的变动影响市场利率，再通过市场利率变动影响投资进而影响产出，正因为如此，货币政策传导的货币渠道通常被称为利率渠道，主要阐释了封闭经济下利率传导机制的作用。

在开放经济下，由于资本的自由流动，利率传导机制变得更加复杂，汇率渠道的货币政策传导机制随着经济全球化的趋势而凸显。汇率机制传导途径实质上描述的是国际收支理论的一种标准模式，理论基础是利率—汇率平价和以不同货币计价的资产之间的替代性。其一般逻辑为：当一国货币供给改变了利率水平时，国内的总供给和总需求水平将发生变化，从而导致国际收支和汇率水平的相应变化，更影响到净出口值，并进一步导致国民收入的增减；同时利率水平的变动引起国内外资金的套利活动，使国内货币供应总量发生变化，而且国际资金的套利活动会改变外汇市场供求状况，本国货币汇率水平发生相应的变动，汇率的变动又会引起宏观经济的一系列调整。

（三）从货币市场渠道到资本市场渠道

货币市场作为金融市场最基础的市场，它具有融资功能、价格形成功能、货币政策传导

---

① 宋立．我国货币政策信贷传导渠道存在的问题及其解决思路［J］．管理世界，2002（2）：30.

功能，中央银行对存款准备金比率和再贴现率的调整及进行公开市场业务操作，无不依赖货币市场这一载体的有效传导，才能达到预定的政策效果和目标。货币市场是中央银行吞吐基础货币、调控社会资金流动的重要场所。

资本市场在货币政策传导机制中的作用是投资与资产组合理论研究的侧重点。货币政策意图在通过资本市场向实体经济的传导中，主要通过资产价格水平的变化对居民投资和消费的影响而发生作用。1999 年 8 月 27 日，美联储前主席格林斯潘在一次货币政策会议上曾强调："在评价货币政策起作用的宏观经济环境时，我们不能再仅仅对商品和服务的流量作粗浅的分析。关于资产价格的行为走势及其对家庭和企业决策的影响，还有许多重要的而且是难度极大的问题。如果我们要更好地理解资产负债表的变化对经济以及间接地对货币政策的影响，我们别无选择地只能迎接这些问题提出的挑战。"①

三、货币政策传导机制的理论拓展

从历史变迁的角度来看，货币政策的传导渠道有很多，信息技术和互联网平台、经济全球化和自由化，以及人们日益增长的金融服务需要都推动了全球性金融兼并和资本市场一体化，这给传统的货币政策传导机制带来了空前挑战和许多变数。因此，相比传统的信贷渠道等传导渠道，货币政策的市场传导渠道正显现出日益重要的地位，并愈益受到各方面的关注。

（一）金融体系的变迁对货币政策传导机制的挑战

随着人类社会的发展，金融体系也处在不断的发展变化之中。传统的金融体系偏重于金融中介的间接融资，商业银行是非常重要甚至是唯一的金融中介机构，金融市场不发达。②20 世纪 70 年代以来，金融体系在结构上有两个方面的变化：一是商业银行在金融体系中的地位在一些工业化国家有相对下降的趋势，银行危机频繁发生；二是金融市场特别是资本市场在许多国家发展非常迅速，在金融体系中的地位不断提升。

当代金融体系经历了由金融中介主导型向金融市场主导型的变迁，金融市场在经济金融领域中的地位越来越重要。货币市场与资本市场相互促进、协同发展正成为当代经济金融领域中的一个亮点。这主要表现在：（1）货币市场成为中央银行进行宏观调控的重要场所。（2）资本市场发挥市场配置资源的功能日益显著。（3）货币市场与资本市场之间的相互联系日益密切。

货币市场与资本市场的互动关系愈益显著，货币政策与金融市场尤其是资本市场的关系也愈益紧密，传统的货币政策传导也受到了这种体系变迁带来的一系列冲击。货币政策的传导途径增多，传导机制更加复杂化；货币政策调控目标发生调整，以狭义价格指数（物价指数）稳定作为货币政策的最终目标受到影响，以货币供应量作为货币政策的中间目标也受到影响；同时，公开市场操作作为货币政策工具的作用也愈益突出。因此，在新的经济态势和格局下，货币政策的金融市场传导渠道已日益成为一种新的传导路径。

（二）货币政策的货币市场传导机制

一般认为货币市场的主要功能是融资功能，然而，货币市场还有更为重要的功能，即政

---

① Alan Greenspan："New Challenges for Monetary Policy", Federal Reserve Board Speech，1999－08－27.

② 吴晓求．现代金融：21 世纪经济运行的轴心［J］．中国人民大学学报，2000（2）：113.

策功能。所谓货币市场的政策功能，是指货币市场为货币政策实施提供市场条件的功能。从货币政策的传导机制来看，如果没有健全完善的货币市场，从货币政策工具的实施到货币政策目标的实现这一过程根本无法完成。货币市场传导机制主要包括：

1. 存款准备金比率的传导机制。中央银行提高或降低存款准备金比率，就会造成商业银行的存款准备金减少或增加，进而又会引起货币供应量减少或增加；与此同时，商业银行的存款准备金减少或增加，将会导致银行同业拆借市场利率提高或降低，进而又会引起市场短期利率和长期利率提高或降低，即货币政策工具→存款准备金→银行拆借利率→货币供应量、市场短期利率和长期利率的变动→实现货币政策目标。

2. 再贴现政策的传导机制。中央银行提高或降低再贴现率，就会造成商业银行的存款准备金减少或增加，进而又会引起货币供应量减少或增加；与此同时，商业银行的存款准备金减少或增加，将会导致银行同业拆借市场利率提高或降低，进而又会引起市场短期利率和长期利率提高或降低，即中央银行对商业银行和贴现机构再贴现率→商业银行存款准备金变动→货币供应量变动。

3. 公开市场业务的传导机制。中央银行买卖有价证券，将会对商业银行款准备金产生影响，造成商业银行的存款准备金增加或减少，进而又会引起货币供应量增加或减少；与此同时，商业银行的存款准备金增加或减少，将会导致银行同业拆借市场利率降低或提高，进而又会引起市场短期利率和长期利率降低或提高，即中央银行买卖有价证券→增加或减少基础货币及商业银行头寸→货币供应量及利率变动。

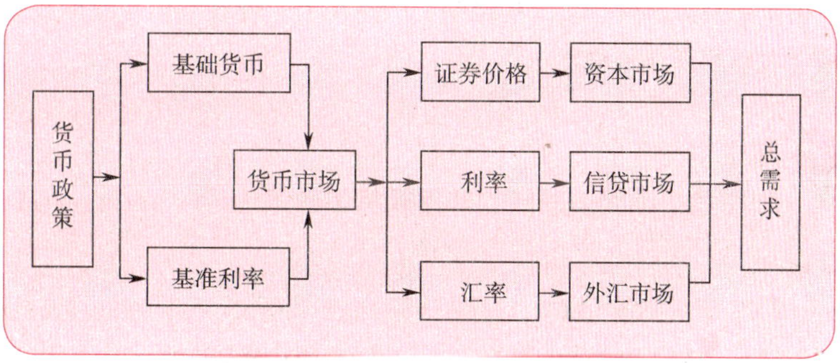

图 16－2　货币政策传导的基本过程

货币政策之所以能够成为宏观经济调节的重要工具，关键在于一些货币金融变量的变动能够相应导致总需求的变动。在货币政策变动引起需求变动的传导过程中，货币市场和利率发挥着重要的甚至是决定性的作用，这可以从图 16－2 中得到说明。

图 16－2 实际上是对间接调控模式下货币政策传导过程的简要描述。中央银行货币政策影响经济运行所选取的直接操作对象是基础货币和基准利率，这是中央银行联系各种金融机构以及金融市场的两条必要渠道，这个过程同时也构成货币政策传导的第一个环节。货币市场的参与者包括各种金融机构、政府组织、企业甚至个人。同业拆借市场、国债市场、票据市场、外汇市场等不同的货币市场构成一个体系，也把各种各样的经济活动主体紧密地联系在一起。中央银行在货币市场上的调节活动通过影响不同的货币市场以及不同的货币市场主体，进而影响资本市场、信贷市场、外汇市场以及产品市场（对产品市场的影响在图 16－2 中被省去），导致资本市场价格、市场利率、汇率的变化以及各种经济主体行为的调整。这是货币政策传导的第二个环节。各种经济主体在货币金融变量的作用下，改变其消费、投资活动，也使进出口贸易活动发生相应的变化，最终使总需求、价格、国际收支等宏观经济变

量发生变化。这构成货币政策传导过程的第三个环节。

（三） 货币政策的股票市场传导机制

股票市场的发展使得货币政策的传导机制更为复杂。中央银行主要是通过市场操作调控官方利率来实现货币政策的目标，而中央银行影响官方利率变动的能力来自它是高能货币的垄断供给者的地位。

官方利率变动的传导过程：首先直接传导到其他短期批发货币市场利率，如不同期限的货币市场工具利率。银行根据政策利率的变动来调整其标准贷款利率（基准利率），并迅速影响到可变抵押贷款利率。储蓄存款利率也会随之发生某些变化，以保持存款利率与贷款利率间的合理差额，这个差额不仅仅是对政策利率变动的反应，而且是根据市场竞争态势而随时变化的。同时，官方利率的变动对长期利率变动方向的影响是不确定的，因为长期利率受当前和预期未来短期利率平均值的影响。由此，长期利率的变动取决于官方利率变动对未来利率预期作用的方向和程度，最重要的是官方利率变动对长期利率的实际效应部分地取决于政策变动对通货膨胀预期的影响。

官方利率的变动间接地影响着股票市场上债券和股票的市场价格。如果其他条件不变（尤其是通货膨胀预期不变），较高的利率会降低股票的价格。实际上，官方利率的变动是从两个方面来间接影响股票价格的：一是通过改变货币市场和股票市场上各种金融工具的相对价格水平来影响资金供求的结果；二是作为一种政策信号改变投资者对经济的未来预期而反映在股票的即期价格之中。

专栏 16－5

次贷危机期间美联储的非常规货币政策传导

2007 年次贷危机爆发，金融市场恐慌情绪蔓延，市场流动性迅速转为紧缺。2008 年，危机逐渐蔓延到实体经济领域，美联储为了稳定金融市场，刺激经济复苏，实施了史上最大规模的救助政策。在此期间，美联储的货币政策发生了重大变化，从以调整短期名义利率为核心的常规货币政策转变为以调整中央银行资产负债表为核心的非常规货币政策。

不同于常规货币政策的传导机制，非常规货币政策传导机制划分为承诺效应、资产负债表扩张效应和资产负债表结构变化效应（Bernanke，2004）。承诺效应主要通过央行长期的零利率承诺稳定市场的预期和信心，最终影响长期利率和刺激实体经济。资产负债表扩张效应指中央银行通过资产购买计划扩张资产负债表规模，促使基础货币供应量扩张，使得私人部门现金余额增加、资产价格上升，缓解金融机构资产负债表收缩，起到恢复金融机构信贷的作用。资产负债表扩张的同时产生资产负债表结构变化效应，当央行购买某种非完美替代资产并使其在总资产中占比增加时，流动性溢价降低使资产价格上升，有利于保持宽松的货币政策预期。

2007 年 8 月开始，美联储多次下调联邦基金利率。截至 2008 年底，美联储共进行了 7 次调整，累计下调 5 个百分点，把联邦基金利率从 2007 年 8 月的 5. 25%一路降到 2008 年 12 月的0 ~ 0. 25%的历史最低水平，并一直维持低利率政策。其次，美联储 2008 年底启动资产购买计划，范围包括房地美和房利美以及住房贷款银行的机构债券、抵押贷款支持证券和长期国债，此举使得美联储资产负债表规模迅速扩张。再次，除了扩张资产负债表，美联储还积极调整资产结构以最大限度利用资产负债表结构变化效应。其中国债比例大幅提升是结构变化的重要方向。自2009年3月美联储宣布购买6 000亿美元国债开始，国债在美联储资产中的占比不断上升。美联储信用扩张型的货币政策改善了金融机构资产质量，在修复货币政策传导机制的同时扩张了信用，在一定程度上维护了金融市场的稳定。

资料来源：伍桂，何帆．非常规货币政策的传导机制与实践效果：文献综述［J］．国际金融研究，2013（7）．

从价格水平的角度看，股票价格上升所产生的财富效应可能使消费者扩大消费开支，如果这种总需求超过了社会的潜在生产能力，或者说经济已经接近充分就业状态，那么就会不可避免地推动商品和劳务价格的上升。然而，由于科学技术的进步、生产率的迅速提高和商业竞争的全球扩展促进了商品和服务价格水平的下降，因而对于传统产业或成熟产业来说，买方市场的主导地位将是长期趋势。即使是本国相对短缺的商品，在开放经济条件下也会因大量廉价的外国商品涌入而显得相对过剩。传统的引起通货膨胀的供给冲击如石油等初级产品，从长期来看也可能因替代产品的出现而很难推动一般商品价格的攀升。此外，在一定的分配格局、预算约束下，人们对商品和服务的需求可能存在一个自然边界，因而股票价格的持续上升未必一定能推动商品和服务价格的上升。

（四）货币政策的债券市场传导机制

间接货币政策的传导过程包括三个环节：一是中央银行控制自身资产的能力，也就是基础货币外生性问题；二是商业银行对基础货币变化的反应方式，也就是中央银行的意图对商业银行是否有实质影响的问题；三是商业银行调控自身负债的能力，也就是货币政策传导机制的最终有效性问题。这三个环节都与债券市场的成熟程度紧密相关，一个高效的债券市场能够有效地传导间接货币政策，实现货币政策目标。

第一，中央银行在债券市场的操作是控制基础货币的有效手段。中央银行通过改变自身资产才能影响基础货币，中央银行的资产是由中央银行和商业银行的交易形成的，两者对中央银行资产影响程度的不同，决定了某种资产作为中央银行货币政策操作对象的有效性。据此，中央银行资产可以分为不可控的自发性资产和可控的政策性资产（见表16－1）。

表16－1　简明中央银行资产表

自发性资产	
	净国外资产 对政府净债权 ——透支和借款
政策性资产	
	对政府净债权 ——因公开市场业务持有的国债 对商业银行债权 ——再贷款 ——再贴现

中央银行主要通过干预政策性资产来实现调控基础货币的目标。中央银行和商业银行对政策性资产两个项目的影响力是不同的。对于再贷款和再贴现，中央银行是为商业银行提供一个窗口，再贴现票据要求和再贷款规定的调整可以改变债权数量，但是否借款取决于商业

银行，中央银行难以主动改变对商业银行债权的数量，从这个意义上讲，对商业银行债权的内生性较强。对于政府净债权，在众多的商业银行和其他投资者形成的有广度和深度的债券市场里，中央银行可以主动地买进和卖出国债，如果中央银行允许货币市场利率和债券价格在一定范围内波动，就可以完全实现基础货币量目标，或在允许基础货币量波动的条件下，完全实现利率和债券价格目标。因此，中央银行对债券资产是有较强影响力的。

第二，发达的债券市场使货币政策传导具有稳定性。债券市场和货币市场首先能使商业银行的基础货币需求函数稳定化，商业银行在市场上的交易造成的基础货币再分配使其超额准备金需求减少到一个很低的程度，大多数时间都处在临界点。其次，当中央银行实施货币政策时，债券市场的交易反映了商业银行对货币政策响应的全部情况。由于债券市场基本上排除了信用风险因素，因此债券市场的债券回购利率更能反映商业银行整体的头寸变化情况。

第三，和客户进行债券交易是商业银行改变资产负债结构的重要方式。商业银行创造存款负债的方式可以分为两类，一是发放贷款，二是和客户进行资产交易，如债券交易和外汇交易。由于贷款资产的流动性较低，银行在短期内难以迅速调整贷款资产数量，因而不容易引起货币量变化，而银行和客户的债券交易比较方便快捷，商业银行持有的基础货币改变后可以通过与客户的债券交易，立即改变存款负债。

四、货币政策的资产价格传导

资产价格从狭义上讲仅指股票价格，而从广义上说，应包括货币市场利率、股票价格以及债券价格在内的各种金融资产的价格。资产价格与货币政策传导的关系实质上就是金融市场上资产价格与实体经济的关系。

（一） 资产价格对消费的影响

根据生命周期或持久收入模型，资产价格对消费的影响大概有以下途径：

1. 财富效应。该理论认为消费支出是家庭生命周期中总的金融资源（毕生财富）的函数，当期消费受未来收入水平预期的影响，而资产价格变化影响未来收入水平的预期。古典的消费生命周期理论假设资本市场是完全的，这样家庭可以根据其净财富和持久收入，在各个时期中最优分配消费支出。但现实中，由于各种市场摩擦的存在，家庭事实上不能单纯地根据收入预期来借贷，当期消费对可支配收入和外部融资过度敏感，因此资产价格的变化影响当期收入和外部借贷成本，从而影响到总消费水平。①

2. 流动性效应。这一效应描述资产价格水平对耐用消费品支出的影响。资产价格水平的变化将引起消费者资产负债表的变化，使金融资产在总资产中比重发生变化。由于金融资产相对于实物资产有更强的流动性，在发生财务困难时，金融资产的变现成本较少，这样，当资产价格上涨时，金融资产增加使消费者预计发生财务困难的可能性降低，从而增加对住房等耐用消费品的支出。

（二） 资产价格对投资的影响

资产价格对投资的作用主要有三条途径。②

---

① 王军，邢亚丽．资本市场传导货币政策机制的理论及其实证分析［J］．新金融，2002（8）：7.

② 张中华．论我国的货币政策、资本市场与经济增长［J］．管理世界，2002（4）：8.

1. 托宾的 q 效应。托宾把 q 定义为企业的市场价值与资产的重置成本之比，当股价上升时，q 值升高，企业市场价值高于资产的重置成本，企业可以以高于其正在购买的投资品的价格发行股票。由于企业可以发行较少的股票买到较多的投资品，企业的新增投资支出便会扩大。反之则相反。

2. 物价预期效应，即资产价格变化影响未来的 GDP 增长，从而影响当期的投资支出。中央银行通过货币政策调整，影响到经济社会的一般物价水平，股票的价格便会产生波动，这样股票持有人就会随着通货膨胀的变化改变其对股票回报率的要求，公司为满足股东的需求就会相应调整生产，最终使总生产量上升。以扩张性货币政策为例，其传递机制表示如下：

M↑→价格水平（预期通胀）↑→股票除息价值↓→本期股票真实回报↓→（在股东的压力下）企业下期投资↑→下一期产出↑

3. 非对称信息效应，即资产价格的变化影响企业的净值，从而筹措外部资金的成本变化将通过信贷渠道（credit channal）影响投资。如果资产价格大幅下降，则经济主体的担保价值、净资产下降，不良资产增加，外部资产筹措成本上升。一方面，债务人还贷困难，另一方面债权人担心债务人风险增加，两者的行为均会趋于谨慎，形成信用收缩（credit crunch），总需求因而收缩。Bernanke、Gertler 和 Gilchrist 分析认为，如果债权人和债务人之间存在信息不对称，资产价格的下降和总需求下降之间就会出现恶性循环，即所谓金融加速因子（financial accelerator）。

此外，资产价格对金融机构的影响和资产价格对金融体系的影响也愈益重要和突出，直接关系到金融机构和金融体系的稳定性。

第四节　货币政策有效性

宏观调控是对经济金融运行失衡的修正，其本身就是一个动态渐进的过程。随着我国经济运行市场化、国际化改革的推进，宏观调控的取向应定位于：针对不同时期经济金融运行特点，注意在不同阶段把握好政策的取向和力度，着力提升宏观调控的科学性、前瞻性和有效性。

中国人民银行（中央银行）作为货币政策的实施者和金融稳定的维护者，要完成党中央、国务院赋予的重要使命，做好货币政策调控工作，必须积极改革、勇于创新。一方面，要坚持金融服务实体经济的本质要求，根据经济和物价形势变化，合理调节货币政策的取向和力度；另一方面，不断丰富和完善货币政策工具箱，推动货币政策调控框架转型，寓改革于调控之中，为经济平稳健康发展营造适宜的货币金融环境。

专栏 16－6

货币政策有效性的理论与实践

根据西方货币经济学理论，货币政策有效性有以下三种含义：（1）从定性的角度来考察货币政策有效性。货币政策有效性与货币中性有着密切联系，甚至可以说是一个概念。货币中性是指货币政策能否系统地影响真实产出及就业等真实经济变量，若货币政策能系统地影响真实产出及就业等真实经济变量，则表示货币是非中性的，这也表明货币政策是有效的；反之，若货币政策不能系统地影响真实产出及就业等真实经济变量，则表示货币是中性的，这也表明货币政策缺乏有效性，或者说货币政策无效。（2）从定量的角度来考察货币政策有效性。在承认货币政策有效即货币非中性的基础上，讨论货币政策在定量方面效果的大小问题，即货币政策实施的效果问题。从 IS－LM 曲线的角度考察，货币政策是否有效与 IS－LM 曲线的斜率有关，一般认为反映商品市场均衡的 IS 曲线斜率越小，即 IS 曲线越平缓，且反映货币市场均衡的 LM 曲线斜率越大，即 LM 曲线越陡，货币政策越有效；反之，IS 曲线的斜率越大，即 IS 曲线越陡，且 LM 曲线的斜率越小，LM 曲线越平缓，货币政策效果越小。（3）从时间的角度来考察货币政策有效性。这是指货币政策从研究、制定到实施后发挥实际效果的全部时间过程。货币政策时滞对货币政策有效性的影响极大，因为如果货币政策发挥作用的时滞太长或难以确定何时收效，那么货币政策能否实现其目标（稳定物价、经济增长等）就成了问题。

资料来源：崔建军．中国货币政策有效性问题研究［M］．北京：中国金融出版社，2006.

一、货币政策的实施

在凯恩斯的《就业、利息和货币通论》一书于 1936 年出版后，凯恩斯的有关思想开始在世界范围内广泛流行，宏观经济政策（特别是货币政策）也逐渐登上历史舞台，发挥着重要的宏观经济调控作用。根据凯恩斯主义理论，由于价格黏性因素的存在，市场机制无法及时有效地调整以修复所出现的失衡，因此，需要采用宏观经济政策（包括货币政策和财政政策在内）对市场失衡进行修正，以减小经济的波动。其基本思路是，在经济相对低迷时采用相对宽松的宏观政策，而在经济相对过热时，则采用相对从紧的政策来应对。随后在 20 世纪 60—70 年代，当通货膨胀成为困扰各国政府的首要难题时，经济学家弗里德曼的“通货膨胀无论何时何地都是一种货币现象”的论断，更是将货币政策的影响力推到了一个高峰。

1. 扩张性货币政策。扩张性货币政策是指中央银行运用增加货币供应量的调节工具刺激总需求的增长，引起总需求与总供给之间的对比关系发生变化，以达到经济增长或充分就业等目的的一种货币政策。扩张性货币政策在生产能力闲置，社会资源未能充分利用，失业率较高时使用效果最佳。

2. 紧缩性货币政策。紧缩性货币政策是指中央银行运用降低货币供应量的调节措施降低社会总需求水平，引起总需求与总供给之间的对比关系发生变化，以达到稳定物价、平衡国际收支目的的一种货币政策。紧缩性货币政策在社会总需求过大，总需求与总供给在总量上和结构上失衡，尤其是在通货膨胀严重时使用效果最佳。

3. 均衡性货币政策。均衡性货币政策是指中央银行运用适度货币供应量的调节措施来保持社会总需求与社会总供给之间的基本平衡，使货币供应量的增长与社会经济发展的需要相适应，以达到稳定物价和经济增长双重目标的一种货币政策。均衡性货币政策一般不考虑货币供应量的短期变动，而是着眼于货币供应量变化的长期性趋势，立足于较长时间内保持稳定、适度的货币供应，以保持国民经济持续、稳健地发展。均衡性货币政策的使用，一般以社会总需求与总供给之间的基本平衡为前提，使其既能实现物价稳定，又能满足与之相适应的国民生产总值增长的需要。

二、货币政策的效应

（一）货币政策的数量效应

对货币政策效应的评价，一般着眼于实施的货币政策所取得的成效与预期所要达到的目标之间的差距。由于货币政策目标之间存在一定的冲突，所以考察货币政策的数量效应，就不应仅关注某一个政策目标的实现情况，而应综合考察各主要货币政策目标的实现情况。比如一个国家货币政策最终目标主要是稳定物价和经济增长，那么其政策效应就可以用如下方法来考量。

货币政策的数量效应是指货币政策的强度，即货币政策发挥效力的大小。

假设，以 y 代表国民收入增长率；P 代表通货膨胀率；y_t、P_t 分别代表政策实施前的国民收入增长率和通货膨胀率；y_{t+1}、P_{t+1} 分别代表政策实施后的国民收入增长率和通货膨胀率。无论是实施紧缩的货币政策，还是实行扩张的货币政策，都会出现以下三种结果中的一种：

1. $y_{t+1}/y_t > P_{t+1}/P_t$。说明政策实施以后，经济增长减速程度小于物价回落程度，或者经济增长的加速程度大于物价的上升程度，或者经济增长加速而同时伴随着物价的回落。前两者是比较理想的后果，而后者是最理想的结果。

2. $y_{t+1}/y_t < P_{t+1}/P_t$。说明政策实施以后，经济增长减速程度大于物价回落程度，或者经济增长的加速程度小于物价的上升程度，或者经济增长减速而同时伴随着物价的上涨。这时货币政策综合效应为负，因为货币政策的实施已产生了损害实体经济增长的后果。

3. $y_{t+1}/y_t = P_{t+1}/P_t$。说明政策实施以后，经济增长率的变动的正效应为物价变动的负效应所抵消，或者物价回落的正效应为经济增长率变动的负效应所抵消，货币政策无效。

（二）货币政策的时间效应

衡量货币政策效应，除了看其作用程度的大小外，还要看其作用起效的快慢，即货币政策的时间效应。货币政策的时间效应，又称货币政策的时滞，是指中央银行从研究、制定货币政策到货币政策取得预期效果的时间滞差。

货币政策时滞对货币政策有效性有很大的影响。由于货币政策时滞的存在，中央银行在实施货币政策的过程中常常发生这样的问题：当中央银行采取的货币政策正在发挥作用时，经济状况却已发生了完全相反的变化。如中央银行在前一经济高涨时期实施紧缩的货币政策，但由于时滞的存在，紧缩的货币政策在随后出现的经济衰退时期仍然发挥着降低收入的作用，这时，货币政策不仅不能起到熨平经济周期的作用，反而还会扩大经济周期波动的幅度，使国民经济更加不稳定。如果货币政策的时滞短，并能进行较为准确的预测，则可大大提高货币政策的有效性。

货币政策时滞可以分为三个部分：内部时滞、中间时滞、外部时滞。

内部时滞是指从经济形势发生变化，需要中央银行采取行动，到中央银行实际采取行动所花费的时间过程。内部时滞还可以细分为两个阶段：（1）认识时滞，即从经济形势发生变化需要中央银行采取行动，到中央银行在主观上认识到这种变化，并承认需要采取行动的时间间隔。（2）行动时滞，即从中央银行认识到需要采取行动，到实际采取行动的时间间隔。

内部时滞的长短主要取决于中央银行对经济形势变化和发展的敏感程度、预测能力，以及中央银行政策抉择的效率和行动的决心，而这些又与决策人员的素质、中央银行独立性以及经济体制的制约程度等密切相关。

中间时滞是指从中央银行采取行动开始，到商业银行和其他金融机构根据中央银行货币政策意图改变其信用条件的时间过程。这段时间的长短决定于商业银行及其他金融机构的货币政策响应以及金融市场的敏感程度，是中央银行所不能操纵的。

外部时滞是指从金融机构改变其利率、信用供给量等运行条件开始，直到对货币政策最终目标产生影响为止这段时间。外部时滞又可分为两个阶段：（1）微观决策时滞，即在金融机构信用条件改变以后，个人和企业面对新的情况作出决定改变自己的投资决策和支出决策的这段时间。（2）作用时滞，即从个人和企业作出新的投资决策和支出决策，并采取行动，到对整个社会的生产和就业等经济变量产生影响所耗费的时间。外部时滞是货币政策时滞的主要部分。它既包括微观经济主体在新货币政策出台后的决策过程，也包括微观经济主体行为对储蓄、投资、消费、货币需求、产出和价格等重要经济变量产生影响的过程。它的长短主要由客观经济条件和微观经济主体的行为所决定，也是中央银行无法控制的。

货币政策时滞长度是各国经济学家研究的重要课题，20 世纪 60 年代以来许多经济学家对此进行了大量的实证研究。但由于各国具体情况不同，研究的方法各异，所得出的结论差别较大。基本结论是：（1）内部时滞长度较短，一般在 2 ~ 6 个月；（2）中间时滞比较稳定，可预测，一般为 2 个月左右；（3）外部时滞最长，且各国差异大，一般在 4 ~ 20 个月。

专栏 16 –7

美联储先发制人的货币政策

米尔顿 · 弗里德曼认为货币政策效应有很长的时滞。因此美联储在采用隐含的通胀目标制制定货币政策时必须充分考虑货币政策的时滞效应。为了达到其防止通货膨胀的政策目标，其货币政策必须先发制人。实际上，历史上美联储的多次政策调整都显示了其良好的前瞻性，应对 2007 年次贷危机的过程中更是体现了这一特点。

1994 年 2 月，美国经济开始迅速增长，但是其失业率仍居高不下。此时美联储为应对未来可能的通胀压力，于 1995 年 12 月将联邦基金利率从 3% 提高到 6%，从而在通货膨胀指标出现上涨趋势之前有力地将其从 3% 降低到 2%。2001 年 3 月美国经济出现萧条，但是早在 2001 年 1 月，美联储就开始实施宽松的货币政策，降低联邦基金利率。因此，这次经济萧条对美国经济没有造成较大影响。美联储这种在失业率较高时就提前采取行动提高利率以应对尚未出现的通货膨胀、在经济萧条显现之前就降低利率刺激经济的货币政策，充分反映了其良好的前瞻性。

2007 年 8 月次贷危机爆发后，虽然美国经济仍强势增长超过 3%，失业率也保持低位，同时伴有通货膨胀，但是美联储为应对尚未显现的经济危机，仍启动了宽松的货币政策，降低联邦基金利率，同时向信贷市场注入了大量流动性。但是由于此次次贷危机影响太过广泛，以至于美联储前瞻性的货币政策仍不能有效减弱其对美国经济的影响。

资料来源：七禾网。

三、货币政策与宏观审慎政策

全球金融危机的教训充分证明，要有效防范系统性金融风险，就必须从宏观的、逆周期的和防传染的视角构建宏观审慎政策框架。货币政策继续主要针对宏观经济和总需求管理，侧重于物价水平的稳定和经济增长；宏观审慎政策则直接和集中作用于金融体系本身，抑制杠杆过度扩张和顺周期行为，侧重于维护金融稳定。宏观审慎政策作为金融调控的第二支柱，与货币政策相互补充、相互强化，从而形成“货币政策 + 宏观审慎政策”双支柱调控框架。

中央银行一直努力完善货币政策调控框架，推动货币政策调控框架转型。一方面，不断健全中央银行利率调控机制；另一方面，完善货币政策操作安排，加强流动性管理，疏通货币政策传导渠道。包括：建立以银行体系流动性和市场重要情况监测分析为重点的流动性预测管理体系，注重提高操作的前瞻性、科学性和有效性；灵活切换公开市场操作的力度和节奏，“削峰填谷”，保持银行体系流动性基本稳定；进一步完善公开市场操作机制，开展每日常态化操作并丰富操作品种，优化市场资金供求期限结构。同时，积极创新公开市场工具。根据不同阶段流动性形势和金融市场发展情况，不断优化操作工具组合，合理安排工具品种、规模和期限结构，以满足不同时期的操作要求，增强操作的前瞻性、灵活性和准确性。

四、货币政策与其他经济政策的关系

（一）货币政策与财政政策的搭配

宏观调控实践证明，货币政策的顺利实施必须以国家财政支持为前提，否则无法建立起一个兼有稳定性和高效率的金融体系；财政政策的目标实现，只有经由货币信贷政策的正确传导，才能起到“四两拨千斤”的作用。

1. 两大政策的功能差异。财政政策主要通过参与社会产品和国民收入的分配来实现对国民经济的调节，偏重于公平。货币政策主要从流通领域出发对国民经济进行调节，偏重于效率。财政政策可以由政府通过直接控制和调节来实现。

（1）作用机制的差异。财政直接参与国民收入的初次分配，并对集中的国民收入在全社会范围内进行再分配，因而财政从其收入和支出两个方面影响社会需求的形成；货币政策主要是以其信贷投放（支出）变量影响消费和投资需求的形成。

（2）调控目标的差异。财政政策的目标是资源合理配置、收入公平分配、经济稳定增长，侧重点在于控制失业，解决财政赤字问题，实现社会总供给与总需求的平衡；货币政策的目标是保持币值稳定并以此促进经济增长，侧重点在于控制货币总量，解决通货膨胀问题，实现流通中的货币量与实际所需的商品和劳务总量的平衡。

（3）时间效应的差异。财政政策在制定和执行过程中，认识问题时滞短、决策过程时滞长；货币政策恰好相反。

（4）调节手段的差异。财政一般采取盈余手段以紧缩需求，采取赤字手段以扩张需求。然而，因财政本身并不具有直接创造需求即创造货币的能力，财政的紧缩或扩张效应必须通过货币信贷机制的传导才能产生。货币信贷政策相对于财政调节途径来说，是紧缩和扩张需求的总阀门。

2. 两大政策的相机抉择。政府根据市场供求状况和各项经济政策的特点，选择一项或几项政策手段，作为政府的重要举措予以实行的一种决策策略。一般而言，货币政策可以不考虑产业、产权等经济结构问题，旨在通过实施信贷、利率、外汇等政策，创造一个有利于稳定币值并以此促进经济增长的宏观经济环境。财政政策较之于货币政策，因无须中间指标传导，即可通过增加财政支出扩大社会需求，刺激个人消费与企业投资，实现经济结构调整，使财政支出的乘数效应数倍于支出本身。至于在某一个时期，主要采取财政政策还是选择货币政策，则取决于国家宏观经济运行状况及政策目标预期。两大政策不能相互替代，只能各取所长，相互弥补。

货币政策与财政政策的搭配从形式上分析，主要包括以下几个方面：(1) 政策工具的协调配合。我国货币政策工具和财政政策工具的协调配合主要表现为财政投资项目中的银行配套贷款，同时要求国债发行与中央银行公开市场的反向操作结合。(2) 政策时效的协调配合。货币政策以微调为主，财政政策可以迅速启动投资，但只能作短期调整。(3) 政策功能的协调配合。基础性和公益性投资应以财政政策投资为主，而竞争性投资只能是货币政策的投资范围，否则会造成社会资源的浪费。(4) 调控主体、层次、方式的协调配合。货币政策由于权力相对集中，偏重于宏观层面和中观层面。由于政府的多层及相对独立的经济利益，财政政策形成了宏观、中观、微观三个层次的调节体系。

（二） 货币政策与产业政策

产业政策是政府为了促进国民经济协调发展，对产业组织和产业结构进行必要干预的政策。产业政策在西方国家被看做是以凯恩斯理论为基础的总量控制政策的补充，产业组织政策和产业结构政策是核心。政府利用产业政策通过对资源在各产业间配置过程的干预，弥补和修正市场机制的缺陷，从而通过使资源配置合理化和产业结构高度化，提高资源的利用效率。

产业政策与货币政策的关系主要表现在：产业政策决定货币政策，货币政策又反作用于产业政策。在现实经济中具体表现为，产业结构特别是已形成的产业结构需要相应的资产供应，但信贷资金的分配和货币供应并不是完全受制于产业结构的，对不合理的产业结构要通过货币政策加以矫正。

产业政策与货币政策的配合方式是：产业政策作为经济发展战略意图的体现，具有相对稳定性，它对货币政策特别是短期货币政策具有导向作用。产业政策作为供给管理政策，以增加有效供给来引导有效需求；货币政策在一定程度上承担着对货币供应实行结构性调整的任务。

（三） 货币政策与外贸政策

中国贸易政策的政策目标是多元、多层次的，在根本层次上的目标有长期和中短期之分。在全球化经济的时代，贸易政策的根本目标是要充分利用国际市场、资源等为本国经济社会发展服务，同时不断提升本国在国际分工体系中的地位，改善本国在国际经贸利益分配格局中的地位，实现本国经济社会的可持续发展。

选择内外互补型经济发展战略是指一个国家为了在经济全球化的进程中实现本国经济持续、稳定、快速的发展，从全球视角对经济发展战略进行重新定位，放弃以前只是单方面利用国外资源或国内资源的出口政策或进口政策，把进口和出口有机地结合起来，把国内外两种资源、两个市场有机地结合起来，优势互补，形成良性互动的整体。

货币政策与外贸政策的关系，一是通过利率调整影响贸易进出口、资金流入和国际收支。当一国需鼓励出口和资金流入，限制进口和资金流出时，政府可通过提高中央银行对商业银行的再贴现率，促使商业银行利率上升，从而抑制社会总需求，其结果必然使得出口增加，进口减少；而利率上升必然会吸引国外资金流入国内，抑制国内资金流出。这两方面作用最终会使国际收支逆差消除。反之，当一国需消除国际收支顺差时，通过降低再贴现率就可达到目的。二是通过汇率调整来影响贸易进出口和资金流出入。因为汇率的变动一方面必然引起进出口商品价格的变动，从而使进出口发生变化；另一方面必然引起资本特别是短期资本在国际间流动的变化，因此一国政府可以通过提高外汇汇率来消除国际收支逆差，也可通过降低汇率来消除国际收支顺差。

（四）货币政策与收入分配政策

收入分配政策是指国家为实现宏观调控总体目标和主要任务，针对居民收入水平高低、收入差距大小在分配方面制定的原则和方针。必须坚持的基本原则包括：按劳分配为主体，多种分配方式并存的原则；效率优先、兼顾公平的原则；处理好社会成员个人收入分配两极分化的原则。应在初次分配领域制定并实施积极的收入分配政策，从多个层面调整国民收入分配结构，调整政府、企业与居民的收入分配关系。

收入分配与社会总供给和总需求之间有着密切的内在联系，所以货币政策的制定和实施必须与当期国家的收入分配政策配合进行。比如，在通货膨胀出现时，除了实行紧缩的货币政策之外，政府还可以实行工资和价格的强制性管制，以抑制成本推进对物价产生的冲击。

五、货币政策的国际协调[①]

一国货币政策的独立性或自主性是指一国中央银行在获得独立于政府的地位后既不受政府干预，更不受外国影响而独立地制定和实施货币政策。

开放经济条件下货币政策独立性应包含两个层面的意义：一是货币政策的“绝缘性”或非传染性，即一国货币政策的制定与实施不受国外经济金融态势及他国货币政策溢出效应或外部效应的冲击和影响。显然，在经济全球化或者说经济相互依存度日益提高的今天，货币政策这一层面的独立性已经显著地削弱了，除非一国经济完全封闭地运行。二是货币政策的主权性，即一国有权制定与实施适合国内经济金融发展需要的货币政策，这是一国的主权事宜，如同一国的领土主权一样不容许外国干涉一样。

在公正的国际经济金融秩序下，这两个层面的货币政策独立性应有本质区别，然而，在两种情形下这两者却是统一的。一方面在不公正的国际经济金融秩序下，强国以各种软硬手段威逼弱国或其他国家实施弱国或其他国家不愿意实施的货币政策，货币政策主权性受损，货币政策独立性也被削弱；另一方面在经济一体化最高阶段的货币联盟下（如欧元体系），各国自愿承诺放弃货币与货币政策主权，也就意味着放弃了货币政策独立性。

伴随着经济全球化的迅速发展，各国在货币经济领域的相互联系日益密切，相互影响也日益加深。具体而言，一国的货币政策在实现内外均衡的同时会影响到其他国家的经济运行与货币政策的取向，同时也会受制于其他国家的货币政策。也就是说，在经济相互依赖程度提高的情况下，各国经济的运行结果不再只取决于自身的货币政策，而是会通过货币政策的

① 本部分的学习应与第十二章相关内容结合进行。

外部效应相互影响、相互作用。

货币政策的国际协调主要有两种类型，一是以规则为基础的制度性协调，布雷顿森林体系就属于这种类型；二是有关国家根据不断变化的国内外经济金融形势需要，临时地采取一些合作性的灵活政策措施的临时性协调。

随着改革开放的深入发展，中国与世界经济的融合程度不断加强，中国的货币政策就需要与世界其他国家进行协调。各国只有通过货币政策的协调，建立符合各方面利益的协调机制，才能在一定程度上化解政策矛盾和减少利益冲突，尽可能地保证一国货币政策目标的实现和共同福利的最大化。各国也唯有在货币政策上进行协调，才能充分发挥利率、汇率等的杠杆作用，引导全球资金合理流动，实现资源的有效配置。

专栏 16 -8
货币政策的国际协调

国家主席习近平在二十国集团领导人第十三次峰会上发表讲话提出，“坚持伙伴精神，加强宏观政策协调”，引发国际社会积极反响。

20 世纪 40 年代布雷顿森林体系固定汇率制的建立，20 世纪 80 年代美国、英国、法国、德国和日本《广场协议》对利率和汇率的联合干预，都是通过加强国际货币政策协调来降低因各国各自为政对别国造成负面影响的尝试，但由于各经济体经济发展周期差异、主导国家不愿承担相应的责任和协调成本等原因，给部分参与国带来了严重的负面效应。

当前货币政策协调呈现出的新特征，主要经济体越来越多地将外部经济和政策环境纳入货币政策决策的考量，将国际协调的理念运用到决策过程中。在全球金融危机之前，主流的观点认为货币协调成本大于收益。但全球金融危机以来，在经济全球化下，各国的经济结构趋于相似，各经济体的相互依赖日益加深，使得主要国家产出和通胀变化的溢出效应增加。

历史上，美联储量化宽松的货币政策产生了大量流动性，全球跨境资本流动规模持续增加，2007 年至 2015 年增长了 62. 82%。货币政策的外溢性越来越明显，货币政策国际协调的潜在收益增加，主要经济体出现政策协调加强的趋势。美联储主席耶伦曾指出，美联储在制定货币政策时需要将其他国家的经济和金融市场发展纳入考虑因素，同时强调加强中央银行之间的沟通有助于促进金融稳定和经济增长。

中央银行在制定货币政策时将利益攸关方的经济和金融市场发展、货币政策趋势纳入考虑因素，建立多层次的决策参考指标体系，同时强调中央银行之间的沟通，这是很多央行的做法。我国货币政策的制定也很好地体现了这一点。人民银行沿着现代经济条件下中央银行的发展方向，深化市场化改革，有效利用国际合作沟通机制，考虑国内外因素相机抉择，提升了货币政策在促进内外均衡方面的能力。同时，加强金融基础设施建设和透明度建设，不断增强政策的可预期性和公信力。

资料来源：魏革军撰文，2018 年国际货币论坛。

本章小结

1. 货币政策是一个国家宏观经济政策的重要组成部分，中央银行代表国家履行制定和执行货币政策的职能。货币政策所涉及的内容实质上是一个包括货币政策目标、货币政策工具、货币政策作用过程及其效果在内的完整宏观调控体系。

2. 货币政策规则研究的进展是近年来货币金融学乃至宏观经济学领域的一个重要突破。货币政策的规则不仅可以指导中央银行制定切实可行的货币政策，而且可以提高货币政策调控经济的有效性、可信性和透明度，同时也为评价货币政策提供了一个观测、考量的基本框架，使人们能够评价货币政策的实施效果。

3. 货币政策传导机制包括从货币政策工具作用于操作目标、操作目标作用于中间目标、中间目标作用于最终目标的全过程。传统的货币政策传导机制理论着重分析货币渠道和利率渠道，探讨的是在封闭经济条件下货币政策如何通过货币市场传导到微观经济主体，最终促进经济增长和其他目标的实现。随着金融结构和经济环境发生了重大的变化，货币政策的传导机制也发生了显著变化，信贷渠道、汇率渠道和资本市场渠道变得更加重要，逐步成为货币政策传导的主要渠道。

4. 宏观审慎政策作为金融调控的第二支柱，与货币政策相互补充、相互强化，从而形成“货币政策＋宏观审慎政策”双支柱调控框架。

5. 金融调控是对经济金融运行失衡的修正，宏观调控本身就是一个动态的渐进过程。进一步提高货币政策的有效性，必须注重货币政策与财政政策、产业政策、外贸政策以及收入分配政策的协同，更加关注货币政策的国际协调。

关键词

货币政策（monetary policy） 货币政策目标（goal of monetary policy）
货币政策传导机制（transmission mechanism of monetary policy）
货币政策有效性（efficiency of monetary policy）
货币政策独立性（monetary policy independence or autonomy）
宏观调控（macro-control） 金融调控（financial regulation）
双支柱调控框架（two – pillar regulatory framework）

重要概念

货币政策	信贷政策	利率政策	外汇政策	非常规货币政策
货币政策规则	相机抉择	通货膨胀目标制	货币政策目标	货币政策工具
结构性失业	摩擦性失业	存款准备金政策	再贴现政策	公开市场业务
结构调控	信用控制	利率渠道	信贷渠道	资产价格渠道

货币政策时滞　宏观审慎政策框架

思考题

1. 货币政策传导要经过哪几个环节才能对实体经济产生影响？
2. 你认为应如何缩短货币政策的内在时滞？
3. 评述国际收支失衡的社会总供求效应。
4. 通货紧缩时期货币政策和收入政策应如何配合？
5. 货币政策与宏观审慎政策如何相互补充和强化？
6. 全球一体化背景下的货币政策、汇率政策与外贸政策如何协调？

练习题

1. 分析货币政策工具规则中“三大法宝”的含义、作用过程及各自利弊。
2. 什么是货币政策时滞？货币政策时滞分为哪几类？
3. 简述财政政策和货币政策的不同特点。
4. 货币主义的政策主张有哪些？货币主义与凯恩斯主义的主要分歧是什么？
5. 现代金融调控的目标、方式、手段是什么？
6. 影响货币政策有效性的因素有哪些？

案例题

2013 年 1 月，中国人民银行宣布创设常备借贷便利（SLF），将其作为新型货币政策工具调控市场流动性。2013 年 6 月在货币市场受多种因素叠加影响出现波动时，人民银行对部分金融机构开展了常备借贷便利操作，促进银行体系流动性合理适度。随着金融机构流动性问题的不断改善，人民银行在 2013 年末大量回收之前 SLF 所提供的流动性。2014 年初，为稳定市场预期，人民银行又通过 SLF 向符合条件的金融机构提供短期流动性支持。

请阐述新型货币政策工具 SLF 的优缺点，以及其作用于货币政策最终目标的传导机制。

扫描二维码可阅读本章精选案例

第十七章
金融风险与金融监管

本章知识结构

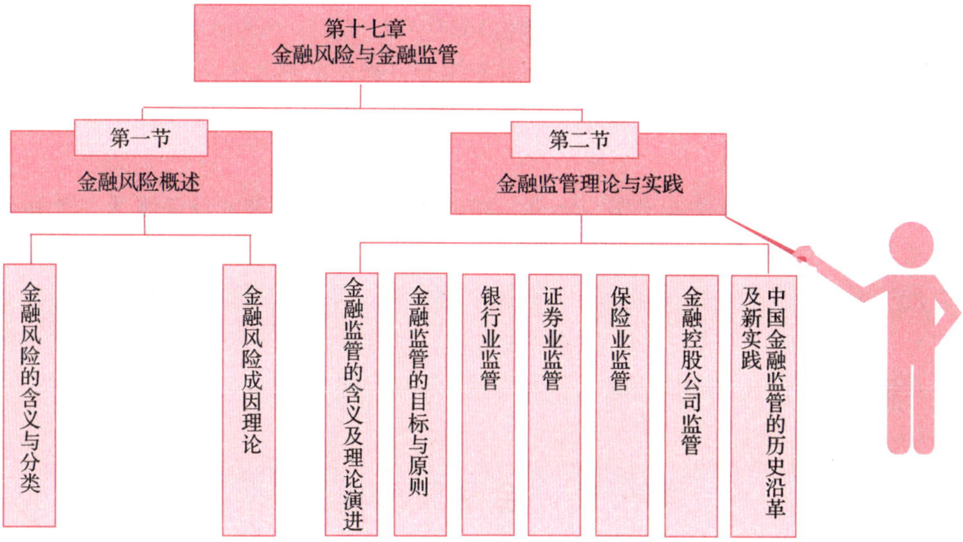

本章学习目标

- 界定金融风险的含义、特征及分类；
- 认识金融风险成因的基本理论；
- 掌握金融监管的基本内容；
- 熟悉当今世界金融监管的发展趋势。

章前引例

荷兰的“郁金香事件”是历史上最有名的泡沫事件之一。17 世纪早期，在以商为重的富裕荷兰中产阶级中掀起了“郁金香热”，后来，这种热潮演变成了一场对郁金香球茎的竞价战争。

一株稀有品种的郁金香竟然达到了与一辆马车、几匹马等值的地步。面对如此暴利，所有的人都冲昏了头脑。他们变卖家产，只是为了购买一株郁金香。就在这一年，为了方便郁金香交易，人们干脆在阿姆斯特丹的证券交易所内开设了固定的交易市场。正如当时一名历史学家所描述的："谁都相信，郁金香热将永远持续下去，世界各地的有钱人都会向荷兰发出订单，无论什么样的价格都会有人付账。在受到如此恩惠的荷兰，贫困将会一去不复返。无论是贵族、市民、农民，还是工匠、船夫、随从、伙计，甚至是扫烟囱的工人和旧衣服店里的老妇，都加入了郁金香的投机。无论处在哪个阶层，人们都将财产变换成现金，投资于这种花卉。"1637 年 2 月，一株名为"永远的奥古斯都"的郁金香售价高达6 700荷兰盾，这笔钱足以买下阿姆斯特丹运河边的一幢豪宅，而当时荷兰人的平均年收入只有 150 荷兰盾。

就当人们沉浸在郁金香狂热中时，一场大崩溃已经近在眼前。由于卖方突然大量抛售，公众开始陷入恐慌，导致郁金香市场在 1637 年 2 月 4 日突然崩溃。一夜之间，郁金香球茎的价格一泻千里。那些普通的品种甚至不如一颗洋葱的售价。在 1637 年 4 月，荷兰政府决定终止所有合同，禁止投机式的郁金香交易，从而彻底击破了这次历史上空前的经济泡沫。

虽然此后郁金香继续在荷兰繁衍生息，但这个曾经繁荣一时的经济强国却开始走向衰落。从 17 世纪中叶开始，荷兰在欧洲的地位逐渐被海峡对岸的英国所取代，而"郁金香现象"则成为世界经济发展史上一个著名的名词。现在大家都承认，这是现代金融史上有史以来的第一次投机泡沫。该事件也引起了人们的争议——在一个市场已经明显失灵的交换体系下，政府到底应该承担起怎样的监管角色？

第一节　金融风险概述

一、金融风险的含义与分类

（一） 金融风险的含义

金融风险是特指在资金的融通、经营过程中和其他金融业务活动中，由于各种事先无法预料的不确定因素的影响，金融机构或资金经营者的实际收益或所达水平与预期收益或预期水平发生一定的偏差，从而有蒙受损失和获得额外收益的机会或可能性。例如，当人们用自己的货币以一定的价格购买金融资产时，这种金融资产提供的收入流量并不是现时的收入流量，而是在未来一定时期内陆续实现的货币收入流量。受种种因素的影响，一定量的金融资产在未来时期内能产生的收入流量具有很大的不确定性，通常所说的金融风险就是指这种收入遭受损失的可能性。

金融风险（financial risks）是一定量金融资产在未来时期内预期收入遭受损失的可能性。

（二） 金融风险的一般特征

一般而言，金融风险有以下特征。

1. 特殊性。金融风险作为风险的一种特例，拥有相对较窄的外延，只存在和发生于特定的金融领域，即仅限于资金的融通与经营领域。

2. 广泛性。金融是经济的核心，每个经济主体都离不开金融活动，金融联系经济的各个层面，金融风险也随之形成，并具有丰富的内涵。

从个人来看，个人是金融领域主要的资金供应者。若作为存款者，就面临着能否连本带利收回存款的风险，因为银行也有倒闭的可能；若作为投资者，如买卖证券、外汇、期货等，则面临着能否收回已经投入的本金和期望的投资报酬的金融风险。

从企业来看，企业可以是资金的供给者，也可以是资金的需求者，但从整体来看，企业是需要经常补充资金的赤字单位。企业不论是向金融机构间接融资，还是在金融市场上的直接融资，都不能避免诸如市场利率等变动造成的筹资成本与收益变动所形成的风险。

从政府来看，作为经济主体，主要面临两类金融风险：一是政府在经营其管理的社会福利基金与社会保障基金时应承担的微观金融风险；二是政府作为国家的代表进行国际资金融通活动时应承担的宏观金融风险。

银行、保险公司和证券公司等金融机构作为融资活动的主要中介，在经营过程中都无一例外地会遭遇各种金融风险，如信用风险、利率风险、市场风险、流动性风险等。

3. 双重性。金融风险对资金筹集者和资金经营者的影响是双重的，既有蒙受经济损失的可能，又有获得超额利润（或收益）的可能。虽然对金融风险的研究一般侧重于防范金融风险的消极作用，但同时也应注意它所包含的积极因素，充分利用获利的可能性。

（三）　金融风险的一般分类

对不同的金融风险进行归纳分类，有利于有效预测与监控金融风险。根据不同的标准，可以对金融风险进行不同的划分。

1. 按照金融风险的对象划分。这是金融风险最基本的分类方法，一般可分为以下四类：

（1）银行信贷风险。它指因银行不能及时收回贷款本息，或者债务人不能偿还本息或延期偿还本息带来的银行收益损失的可能性。

（2）外汇风险。它指因汇率变动而蒙受损失以及丧失所期待利益的可能性。

（3）证券投资风险。它指现期投资于股票或证券等有价证券的将来收益大小的不确定性或未知性。

（4）期货投资风险。它指由政治、经济、自然等多种因素引起期货合约的成交价格背离现实价格而导致期货交易者的投资收益变得不确定的可能性。

2. 按照金融风险的涉及范围划分，可分为微观金融风险和宏观金融风险。微观金融风险是指某一个经济实体在其筹集资金和经营资金的过程中存在与发生的风险，其波及范围较小，且往往能够通过多个指标提前进行预测。宏观金融风险是指一国范围内所有微观金融风险的总和，其是整个金融体系所面临的风险。当这种风险转变为现实时，将会导致金融危机，并对一国乃至全球金融和经济的稳定构成严重威胁。相对于微观金融风险，宏观金融风险更具有隐蔽性和破坏性，且“合成谬误”（fallacy of composition）的存在使得宏观金融风险的监测也更为困难。2008 年由美国次贷危机演变成的全球金融危机使得如何有效应对宏观金融风险成为学术界和监管当局关注的重点。

3. 按照金融风险的承担者划分，可以分为国家金融风险和经济实体金融风险。前者是指以国家代表的身份来承担的金融风险；后者则是指居民个人、企业、银行、非银行金融机构以及以经济实体身份出现的政府等在内的所有经济实体承担的金融风险。

4. 按照金融风险产生的根源划分，可以划分为客观金融风险与主观金融风险。由自然灾害、经济政策、政治动荡、科技发展等一系列客观因素带来的金融风险属于客观金融风险。例如，严重的旱灾使农业减产，农业经营者亏损严重，无法归还银行贷款，从而使银行蒙受金融风险。由资金借贷者与经营者管理不善或预期失误等因素引起的金融风险属于主观金融风险。例如，股票投资者看涨某只股票，重仓持有，结果却事与愿违，该只股票不涨反跌，使投资者蒙受损失，此为主观金融风险。

案例 17－1
巴林银行破产事件

巴林银行集团是英国伦敦城内历史最久、名声显赫的商人银行集团，素以发展稳健、信誉良好而驰名，其客户也多为显贵阶层，包括英国女王伊丽莎白二世。该行成立于 1762 年，当初仅是一个小小的家族银行，逐步发展成为一个业务全面的银行集团。巴林银行集团的业务专长是企业融资和投资管理，业务网络点主要在亚洲及拉美新兴国家和地区，在中国上海也设有办事处。到 1993 年底，巴林银行的全部资产总额为 59 亿英镑，1994 年税前利润高达 1.5 亿美元。1995 年 2 月 26 日巴林银行因遭受巨额损失，无力继续经营而宣布破产。从此，这个有着 233 年经营史和良好业绩的老牌商业银行在伦敦城乃至全球金融界消失。

巴林银行破产的直接原因是新加坡巴林公司期货经理尼克·里森错误地判断了日本股市的走向。1994 年下半年，里森认为，日本经济已开始走出衰退，股市将会有大涨趋势。于是大量买进日经 225 指数期货合约和看涨期权。然而“人算不如天算”，事与愿违，1995 年 1 月 16 日，日本关西大地震，股市暴跌，里森所持多头头寸遭受重创，损失高达 2.1 亿英镑。这时的情况虽然糟糕，但还不至于能撼动巴林银行。只是对里森来说已经严重影响其光荣的地位。里森凭其“天才”的经验，为了反败为胜，再次大量补仓日经 225 期货合约和利率期货合约，头寸总量已达十多万手。要知道这是以杠杆效应放大了几十倍的期货合约。当日经 225 指数跌至 18 500 点以下时，每跌一点，里森的头寸就要损失 200 多万美元。

2 月 24 日，当日经指数再次加速暴跌后，里森所在的巴林期货公司的头寸损失已接近整个巴林银行集团资本和储备之和。融资已无渠道，亏损已无法挽回，里森畏罪潜逃。

巴林银行面临覆灭之灾，银行董事长不得不求助于英格兰银行，希望挽救局面。然而这时的损失已达 14 亿美元，并且随着日经 225 指数的继续下挫，损失还将进一步扩大。因此，各方金融机构竟无人敢伸手救助巴林这位昔日的贵宾，巴林银行从此倒闭。一个职员竟能短期内毁灭一家老牌银行，究其各种复杂原因，其中，不恰当地利用期货“杠杆效应”，并知错不改，以赌博的方式对待期货，是造成这一“奇迹”的关键。

巴林事件提醒人们加强内部管理，合理运用衍生工具，建立风险防范措施。随着国际金融业的迅速发展，金融衍生产品日益成为银行、金融机构及证券公司投资组合中的重要组成部分。因此，凡从事金融衍生产品业务的银行应对其交易活动制定一套完善的内部风险管理措施，包括交易头寸（指银行和金融机构可动用的款项）的限额、止损的限制、内部监督与稽核。随着国际金融市场规模的日益扩大和复杂化，资本活动的不确定性也越发突出。作为一个现代化的银行集团，应努力扩大自己的资本基础，进行多方位经营，作出合理的投资组合，不断拓展自己的业务领域，这样才能加大银行自身的安全系数并不断盈利。

二、金融风险成因理论

（一）借贷双方信息不对称和不完全

由于借贷双方的信息收集、解读能力存在差异以及针对未来的认知不可能面面俱到，信息不对称和不完全在金融市场中普遍存在，金融机构的存在可以在一定程度上减少信息不对称的矛盾。当存款人将他们的资金集中到某家金融机构中时，事实上是委托该金融机构作为代理人来对不同的借款人进行筛选，并根据借款人的风险大小来决定是否贷款。与此同时，相对于零散的存款人，金融机构也处于更有利的地位来监督和影响借款人在借款后的行为。

然而，金融机构解决信息不对称的成效要受到两个前提条件的限制：第一个条件是储户对金融机构的信心。只有在所有储户对金融机构的信心保持不变，从而不同时提款的条件下，才可以保证金融机构能将其零散存户的流动性负债转化为对借款人的非流动性债权，并获得利润。第二个条件是，金融机构对借款人的筛选和监督是高效率的、低成本的，这样才能保证金融机构赚取利润。

然而，对于可以在一定程度上减少信息不对称的金融机构来说，同样由于信息不对称的存在，这两个条件都不能绝对成立。首先，当存款人对金融机构失去信心的时候，就会出现对金融机构的挤兑。作为一种中介机构，金融机构的重要功能就是化短为长、积少成多。如果储户的提款是随机发生的，有人提款时总有人存款，银行会有一个相对稳定余额，那么金融机构的资金来源就是稳定的。只要存款基础是稳定的，金融机构便可以在保持足够的流动性以应付日常提款的前提下，将其一定比例的资金投资于流动性不高但收益率较高的资产上。但是，问题是如果发生了任何意外事件，使得存款的提现速度加快，金融机构的经营就会不稳定。面对意外事件，每个储户都会立即加入挤兑行列。这是因为，如果自己不去提现而别的存款人去提，提款持续下去的结果，必然是金融机构被迫提前出售流动性低的资产来满足储户的提款要求，金融机构因此会蒙受损失，这样会使得排在挤兑大军后尾的存款者很可能收不回全部存款，或者不能及时收回全部存款。因此，为了保全自己的存款，单个储户的理性行为就是趁着金融机构还有支付能力的时候抢先提款，当人人都这样做的时候，原本没有丧失清偿力的金融机构也会由于挤兑而丧失清偿力。

其次，除了借贷双方所拥有信息量的不同所导致的信息不对称外，由于认识能力的限制，人们不可能知道在某一时候、某一地方将要发生何种情况，即存在信息的不完全。新凯恩斯学派认为，不完全信息经济比完全信息经济更加具有现实性。在信息不完全下，金融机构对借款人的筛选和监督并不能保证高效率，从而使金融机构保持稳定的第二个条件并不总是存在。金融机构要有效地筛选借款人，就必须对借款人的投资项目有充分了解。但事实上，市场竞争、经济环境的变化等多种因素导致的未来高度不确定性，使得借款人和金融机构对某一项目的风险与收益特征均建立在一定的概率基础上。在当前良好的经济形势下，乐观情绪在市场中普遍存在，借贷双方均会高估收益而低估风险，从而降低金融机构对借款人筛选和监督的效率。最容易诱使金融机构陷入困境的就是那些在经济繁荣的环境下可能产生丰厚收益，但一旦经济形势逆转便会出现严重问题的投资项目，而这些项目常常又很难用通常的统计方法来作出准确预测。

总而言之，尽管金融机构的产生可以在相当程度上解决借贷双方客观存在的信息不对称问题，但继续存在的那部分信息不对称以及客观普遍存在的信息不完全，仍然会引发金融机构资产选择过程中的内在问题以及储户的信心问题，从而给金融风险的产生埋下隐患。

（二） 金融脆弱性假说

明斯基（1985）较早对金融内在脆弱性问题做了系统阐述，形成了“金融不稳定性假说”。金融脆弱性假说认为私人信用创造机构特别是商业银行和其他相关的贷款人的内在特性使得它们不得不经历周期性危机和破产浪潮，银行部门的困境又被传递到经济体的各个组成部分，产生经济危机。

专栏 17－2
海曼·P. 明斯基

海曼·P. 明斯基

美国经济学家海曼·P. 明斯基（Hyman P. Minsky，1919—1996）提出的“金融不稳定性假说”开了金融脆弱性理论研究的先河。明斯基是当代研究金融危机的权威学者，他所坚持的“金融不稳定性假说”认为，资本主义的本性决定了金融体系的不稳定，金融危机以及金融危机对经济运行的危害难以避免。

“金融不稳定性假说”的形成始于 1963 年明斯基在任布朗大学经济学教授时发表的一篇著名论文《“它”会再次发生吗?》（“它”指大危机）。以此文为出发点，明斯基在随后 30 年中出版的各种论著对金融危机进行了深入研究，逐步形成今天为众多文献广泛引用的金融脆弱性假说。由于它是一个不断丰富和完善的理论体系，在流传过程中出现了版本各异甚至引喻失义的情况，因此明斯基在 1991 年整理出了一个逻辑完备的标准文本。

明斯基的分析基于对资本主义繁荣与衰退长期（50 年）波动现象的总结，他指出在经济繁荣时期就播下了金融危机的种子。这个 50 年的长周期以 20 年或 30 年的相对繁荣开始，在经济上升时期，贷款人（银行）的贷款条件越来越宽松，而借款人（工商企业）则利用宽松有利的信贷环境积极借款。

明斯基将借款的企业分为三类：第一类是抵补性的借款企业（hedge-financed firm）。抵补性企业的特征是其预期收入在总量上大于其债务额，并且在每一个时期内，预期的收入流大于到期债务本息。由此可见，抵补性企业是最安全的借款人。

第二类是投机性的借款企业（speculative-financed firm）。投机性企业的预期收入在总量上大于其债务额，但是在借款后的前一小段时期内，其预期收入小于其到期债务本金，不过在这一小段时间里企业的预期收入仍大于其到期债务利息，这样该企业仍然是履约企业。过了这一段时期以后，企业的预期收入将足可以偿还到期本息及前一段时间内所欠的本金。显然，投机性企业存在债务敞口。在前一小段时期内，投机类企业为偿还债务，要么重组其债务结构，要么变卖其资产。由于此时的市场条件可能已与借款时不同，若遇到市场利率上升或资产价格下跌，该企业将因此而承担不确定性风险。

第三类是庞氏企业。庞氏企业的预期收入在总量上大于其债务额，但是这类企业从第一期到倒数第二期，每一期预期收入不仅小于到期债务本金，而且还小于到期债务利息。直到最后一期，该企业的预期收入（这个收入常常是由于资产大幅度升值后变卖资产所得）才足以偿还到期的债务本息。庞氏企业比投机性企业承担了更大的不确定风险。要维持经营，庞氏企业必须在长时间内不断地借新债还旧债。一旦利率升高，该类企业的财务就会更加困难。利率升高还会导致资产贬值，该类企业很可能因此陷入资不抵债的境地。

在明斯基看来，商业周期的存在将诱使企业进行高负债经营。在一个新周期开始时，绝大多数企业都属于抵补性企业。随着经济的进一步繁荣，市场显现出一片利好的气氛，企业预期收益上升，纷纷扩大借款，银行这时也愿意放款，投机性企业和庞氏企业迅速增多。这样，在借款人中高风险的后两类借款人的比重越来越大，而安全的第一类借款人所占比重越来越小。然而资本主义经济的长波必然迎来滑坡，一旦针对未来的乐观预期发生改变，任何打断信贷资金流入生产部门的事件都将引起违约和破产，而这又将进一步反过来影响金融体系。

金融危机不断发生，为什么银行家不能从中吸取教训呢？明斯基提出了两种可能的原因：一种原因被称为代际遗忘解释（generation ignorance argument），认为是由于今天的贷款人忘记了过去的痛苦经历，一些利好事件促成金融业的繁荣，而此时离上一次的金融灾难已过去很久，人们贪欲的动机已经战胜了恐惧，价格的上涨推动更多的购买，因为人们预期当前的资产价格趋势会继续下去。另一种原因被称为竞争压力解释（rivalry pressure argument），认为贷款人是由于竞争的压力而作出许多不审慎的贷款决策，因为不这样做的话他们会失去顾客和市场。

（三）“安全边界说”推理：银行角度

为了更好地解释金融内在脆弱性，克瑞格（1997）引用了“安全边界”（margins of safety）这个概念。安全边界可理解为银行收取的利息之中包含有必要风险报酬的边界，即银行能够承受风险的程度，它能够给银行提供一种保护。对于贷款人和借款人来说，仔细研究预期现金收入说明书和计划投资项目承诺书，是确定双方都可以接受的安全边界的关键一环。

银行家具有怀疑情结，对安全边界很执着。与借款企业比较，银行家对整体市场环境和潜在对手更为熟悉。简言之，银行家既不缺乏理性也不好骗。然而银行家最终还是被骗，是为什么呢？

可能没有比借款人的甜言蜜语和夸大的预期收入说明书更能打动银行家的东西。即使银行家比较了解本地区的市场竞争情况和竞争者的未来计划，他们对未来市场状况的把握并不比别人好多少。这样，银行家决定是否贷款，主要看借款人过去的信用记录，而不太关注预期。银行家关心的是“将来他会还我钱吗”以及“我还能再贷款给他吗”。这由借款人过去的信用记录和预期收入说明书中的数字来决定。由此，银行家对借款人本身的信用风险的重视，超过了对贷款项目的风险评价。

在经济稳定扩张之际，很多较大风险的项目也不会出现问题，良好信用记录的借款人越来越多。尽管有些投资决策可能是错误的，也会被市场和收入的增长所掩盖。银行家对借款人的能力深信不疑。至于项目本身的风险，由于对长期投资项目的知识极其匮乏，甚至微不足道，银行家的决策实际是看旁人怎么做就随着做。这样，银行家赋予借款人正面信用记录的权重逐渐提高，相应地就降低了安全边界。如此一来时间一长，先前不能从银行家那里获得贷款或者被要求很高的安全边界的借款人，也逐步能够获得贷款。经济扩张、安全边界与信用记录权重的相互配合，使得银行家没有发现信用风险正在扩大。

借款人那一方也会经历类似银行家的过程。借款人深信他所投资的项目将会产生足够的利润用来还本付息。在经济扩张之时，随着时间的推移，实际情况越来越多地印证投资收益确实超过预期，这使得借款人对自己的投资决定充满信心。然而，这种成功并非是企业有什么特殊的本领，而仅仅是由于投资处于一个扩张的环境中，因为“5%的经济增长率比0.5%的经济增长率更能掩盖一个2%的投资预测错误”。

由于扩张期的投资预测错误很难被发现，结果，借款人和银行家都变得很自信，安全边界也就不断被降低。对于这种自信，正如凯恩斯所说的，是非理性的，并给它起了一个绰号——“动物情绪”。即便有银行家对半真半假的预期收入说明书有所怀疑，他也会因其他银行的行为而打消这种怀疑。因为不这样做，市场份额就会被抢占。在这里，银行家对整体市场特性和竞争状况的丰富知识，被大大抑制了。金融脆弱性就是建立在安全边界的变化上的，就是那些缓慢的、难以察觉的对安全边界的侵蚀，产生了金融脆弱性。当安全边界减弱到最低限度时，即使经济现实仅仅略微偏离预期，借款人就会无法兑现固定的现金收入流量的承诺，从而引起信贷关系的紧张。结果，债务紧缩过程开始，金融危机发生。

总之，银行家用了不恰当的方法，即用借款人的信用记录和其他银行的行为来估计安全边界。在经济扩张时期，企业家的乐观感觉因自己过去的成功而不断加强，借款人的信用记录得以改善，最终打消了银行家根深蒂固的怀疑情结，而批准了对低安全边界的贷款。

克瑞格指出，对于金融脆弱性，即使你很努力也不能防止它。事实上，这种努力是非理性的。这是资本主义制度理性运作的自然结果。

不过，如果银行家不是仅仅看过去，而是还慎重考虑了未预见事情的影响，如货币政策的变化，就会降低脆弱性的程度。这也解释了现实：即便发生了系统性的银行危机，仍还有部分银行幸免于难，处于危机之中的各家银行受灾程度也不相同。

（四）“合成谬误”导致的系统性金融风险

“合成谬误”（fallacy of composition）最早由美国经济学家萨缪尔森提出，其主要针对那些局部来说是对的行为，最终反而会对整体造成危害。合成谬误在现实世界中普遍存在，如每个农户放大自身经营范围的理性行为会最终导致“公地悲剧”，电影院一个观众为了看得更清晰而站在凳子上的理性行为会演变为全体人员均站在凳子上的资源浪费。在金融体系中，每个参与者为了自身利益的理性行为，最终可能会导致严重的系统性金融风险，2008年由美国次贷危机演变成的全球金融危机就是一个很好的例证。

2001 年美国经济衰退期结束后，长期的住房抵押贷款的低利率刺激了房地产市场的繁荣，抵押贷款的发起人和贷款人赚取的利润也越来越高，抵押市场的创新和以对冲基金、其他非存款类金融机构构成的影子银行体系进一步助推了房地产市场和资产价格的繁荣。在美国次贷危机爆发之前，美国国内信贷的增长、银行杠杆的累积和房地产价格的上涨三种因素之间的相互反馈，推动了资产价格的整体上涨和金融机构资产负债表的扩张。在这一阶段，每个金融机构通过提高杠杆率扩大经营范围和扩张资产项目都是有利可图的理性行为，且在 2006 年传统的微观审慎监管格局下，99% 的美国金融保险机构均满足甚至超过最高资本监管要求。然而如果市场上所有金融机构同时作出扩张这一选择，就会加速经济泡沫的产生，金融系统内机构之间所形成的复杂网络关系也会加剧泡沫破灭后风险的传染。同时，“大而不能倒”问题（too - big - to - fail problem）所带来的政府救助的“隐性担保”放大了金融机构的道德风险动机，一方面加剧了金融体系的扩张，另一方面也降低了针对上述机构的有效监督动力。一旦政策调整、利率变化或市场参与者预期发生改变，资产价格会随之迅速调整，并会引发一系列连锁反应，系统性金融风险也会随之产生。

2006 年美国房地产市场价格上升至封顶后开始下跌，金融体系的一系列问题也随之暴露：房地产价格的下跌增加了抵押贷款的违约事件，以房地产价格为标的的金融产品如抵押支持证券、担保债务权益（CDO）的价值开始暴跌；持有这些证券的银行和其他金融机构的资产缩水，净值减少，迫使这些机构开始抛售资产、去杠杆化，而这会进一步加速资产价格的下跌；所受监管不像银行那么严格的影子银行体系因深度参与房地产抵押贷款市场而面临挤提，金融机构陷入疯狂抛售资产以抢夺流动性的境地；股票市场上资产价格的急跌和居民住宅价格超过 30% 的下降削弱了企业和家庭的资产负债表，由此导致的贷款收缩意味着消费支出和投资支出被迫下降，整个美国经济转入萎缩，并波及全球。

第二节　金融监管理论与实践

一、金融监管的含义及理论演进

（一）金融监管的含义及理论依据

金融监管主要是指管理当局对各金融机构的市场准入、市场经营流程和市场退出按照法律和货币政策实施严格管理，通过行政手段严格控制各金融机构设置和其资金营运的方式、方向、结构，甚至严格规定金融业人员的法律资格。随着金融业的发展，监管的对象已经由单一对银行业的监管，发展到了对包括证券、保险等整个金融行业的监管。

金融监管（financial supervision）是指金融主管部门依据国家法律法规的授权对金融业的限制、管理和监督。

随着经济制度的不断演变、金融混业格局的逐步诞生、金融全球化的大背景以及金融业务全面对外开放，金融监管的内涵和外延都发生了诸多变化。这主要体现在以下方面：

1. 现代金融监管由封闭式监管向开放式监管转变。金融全球化导致资金可以在全球市场间迅速地流动，导致了监管难度的上升及监管真空的产生。全球化新形势对金融监管提出了由封闭式向开放式转变的要求。

2. 现代金融监管将由机构型监管和预防性监管向功能型监管和政策性监管转变。现有的金融监管范式主要是预防性的监管模式，理论界常将金融监管视为金融抑制和金融制约，并与金融自由化和金融创新相对立。另外，从国际上监管制度的演化来看，金融监管正从机构型监管向功能型监管转变，由原来的对金融机构的监管转向对金融的功能主体进行监管。

3. 现代金融监管正从静态监管向动态监管转变。在市场型金融制度中，金融制度功能的一部分是通过微观金融组织的经营行为实现的，而微观金融组织总是倾向于创造更多的金融商品以增加更多的负债和资产，从而增加利润。金融监管当局须根据金融市场与组织创新后的实际情况作出反应，以创新的监管方式来实施监管，按照这一博弈过程所进行的监管模式必然是动态的。

4. 现代金融监管必须是现代化的、高技术的监管。信息技术使金融行业的发展突破了传统的业务渠道和服务方式，但网络风险也不容忽视。网络银行业务的风险既有传统银行业务所具有的风险，也有由于网络技术而形成的新风险，其相对应的监管必须是现代化的、高技术的。

源于新古典经济学的公共利益监管论是金融监管最重要的理论基础之一。公共利益管理理论假设监管服务于社会公众利益，监管者是仁慈的和具有无限知识的法律法规的忠实代理人，他们的目标是防止自然垄断、外部性、公共产品和不完全信息等市场失灵所产生的价格、产量、分配等变量的扭曲，从而实现保护消费者利益和社会福利的最大化。该理论认为，对金融市场和机构监管的主要目的是维护该部门的安全与资源的合理配置，以此为基础增强整个经济的配置效率，并且代理人毫无成本地实现监管目标（Posner，1974）。通过政府监管的最优设计可以毫无疑问地增进社会福利（Spierings，1990），实现资源配置的帕累托效率。

具体而言，金融监管的理论基础在于以下四个方面：

1. 金融机构自由竞争的悖论。金融机构是经营货币的特殊企业，一般工商业的自由竞争原则对其不能完全适用。一方面，金融机构规模经济的特点使金融机构的自由竞争很容易发展为高度的集中垄断，这不仅在效率和消费者福利方面会带来损失，而且也将产生其他经济和政治上的不利影响；另一方面，自由竞争的结果是优胜劣汰，金融机构激烈的同业竞争将导致整个金融体系的不稳定，进而危及整个经济体系的稳定。因此，自从自由银行制度崩溃以后，金融监管的一个主要使命就是如何在维持金融体系效率的同时保证其相对稳定和安全。

2. 金融体系的负外部效应。该效应的含义是：金融机构的破产倒闭及其连锁反应将通过货币信用紧缩破坏经济增长的基础。按照福利经济学的观点，外部性可以通过征收“庇古税”来进行补偿，但是，这种方法在个别金融机构的利益与整个社会利益之间的不对称面前显得苍白无力。此外，科斯定理从交易成本的角度也说明了外部性无法通过市场机制的自由交换得以消除。因此，有必要引入一种市场以外的监管力量来限制金融体系的负外部性影响。

3. 金融体系的公共产品特性。一个稳定、公开而有效的金融体系带来的利益为社会公众所共同享受，无法排斥某一部分人享受此利益，而且增加一个人享受这种利益并不影响生产成本。因此，金融体系对整个社会经济而言具有明显的公共产品特征。在西方市场经济条件下，私人部门构成金融体系的主体，政府主要通过外部监管来保持金融体系的健康稳定。

4. 不确定性、信息不完全和不对称。在不确定性研究基础上发展起来的信息经济学表明，信息不完全和不对称是市场经济不能像古典经济学和新古典经济学所描述的那样完美运行的重要原因之一。金融体系中更加突出的信息不完全和不对称现象，导致即使主观上愿意稳健经营的金融机构也有可能随时因信息问题而陷入困境。金融机构往往难以承受收集和处理信息的高昂成本，在这种情况下，政府及金融监管当局就有责任采取措施减少金融体系中的不确定性和信息不对称。

（二） 金融监管理论的演进

金融监管理论源于政府管制理论。根据产生的起因，政府管制理论主要分为三种：社会利益论（public interest theory）、俘虏论（capture theory）和管制新经济理论（new economic theory of regulation）。其中社会利益论是政府管制必要性的理论基础。政府管制一般是指政府行政机构根据法律授权，采用特殊的行政手段或准立法、准司法手段，对企业、消费者等行政相对人的行为实施直接控制的活动。

1. 金融监管理论的渊源。早期的经济学文献所涉及的是对特殊产业或公用事业的管制。经济学对管制的理论和实践的研究曾集中于考察一些较为特殊产业的价格和准入的控制方面。

早期管制理论的代表人物是卡恩。他认为管制的焦点应该在公用事业上，这是管制理论长期关注和研究的基本方面。[①] 卡恩所强调的领域主要是对垄断的管制及费率的决定，尤其关心边际成本定价的一般原则、长期和短期边际成本及价格歧视等问题。卡恩观察到：“管制的实质是政府命令对竞争的明显取代，作为基本的制度安排，它企图维护良好的经济绩效。”

2. 金融监管理论的发展。

第一个阶段：早期的金融监管理论（20 世纪 30 年代以前）。由于早期的金融监管并没有固定的制度安排可循，所以早期关于金融监管的理论，是随着中央银行制度的产生和发展而逐渐建立起来的。中央银行制度的普遍建立是确立早期金融监管理论的起点，有关的金融监管理论也由此初步形成。这期间的金融监管理论主要集中在实施货币管理和防止银行挤提的政策层面，对金融机构经营行为的监督和干预都很少论及。早期的金融监管理论是建立在古典经济学和新古典经济学对金融市场自由放任的理论基础之上的，这种状况与当时自由市场经济正处于鼎盛时期有关。然而，30 年代的全球经济大危机最终扭转了金融监管理论关注的方向和重点。

第二个阶段：全面控制的金融监管理论（20 世纪 30—70 年代末）。在 30 年代大危机中，大批银行及其他金融机构的倒闭，给西方国家金融和经济体系带来了极大的冲击。这一时期的金融监管理论就是建立在承认市场存在失灵的基础上，主要以讨论规模经济与自然经济、不确定性与非理性预期、银行体系的外部性影响、银行服务的公共品性质等为主。这些理论

---

① ［美］A. E. Kahn. *The Economics Regulation: Principles and Institutions* ［M］. New York: Wiley, 1970.

为30年代开始的严格、广泛的政府金融监管提供了正式的理论支持。1936年凯恩斯发表的《就业、利息和货币通论》使"看不见的手"理论第一次遭到系统的挑战。此后，凯恩斯的宏观经济理论一直在西方国家的经济政策中占支配地位。在这一时期，自由的银行制度和全能的金融机构被认为具有内在的不稳定性，以维护金融体系安全、弥补金融市场的不完全为主要任务的金融监管被认为能够有效解决市场失灵。

第三个阶段：放松的金融监管理论（20世纪70—90年代）。20世纪70年代，发达国家经历了长达10年之久的"滞胀"，凯恩斯主义的宏观经济政策对此束手无策，新古典宏观经济学、货币主义、供给学派所主张的自由主义理论开始复兴，金融自由化的进程迅速加快。在这一阶段，放松的金融监管的理论并不是对政府金融监管的全面否定和摒弃，而是要求政府金融监管作出适合于效率要求的必要调整和改革。其中麦金农和肖详细分析了国际资本流动与一国的金融信用自由的关系，并指出这会加速一国的金融自由化，但同时则可能加剧金融风险。① 金融压抑和金融深化理论是放松金融监管的基本理论，其核心主张是放松对金融机构的过度严格管制，特别是解除对金融机构在利率水平、业务范围和经营的地域选择等方面的种种限制，恢复金融业的竞争，以提高金融业的活力和效率。

3. 金融监管理论的新发展。一系列区域性金融危机在20世纪90年代的相继爆发迫使人们重新审视金融体系的安全与效率问题，20世纪末建立在金融危机和金融脆弱化理论、产业组织理论和博弈论基础上的新金融监管理论更为全面地研究了金融监管问题，尤其是2008年美国次贷危机的爆发使得聚焦于单个部门的传统微观审慎监管机制暴露出重大缺陷，宏观审慎监管的理念越来越得到国际社会的重视，各国普遍开始由机构监管向功能监管和行为监管转变。

新金融监管理论中较为重要的有道格拉斯和蒂伯维格提出的银行挤兑模型②。模型对金融危机和金融脆弱性的研究提供了有效的研究工具，对实现有效的金融监管非常有益。模型的主要特点是多重均衡点，除了好的均衡点以外，还有类似于"自我实现的预言"（self - fulfilling prophecy）的坏的均衡点——因为别人去挤兑，所以我也去挤兑。新的金融监管理论关注金融监管的有效性和经济的关联性，尤其关注对银行系统的影响。

哈佛商学院罗伯特·默顿认为，金融监管最重要的目标是保证金融因素在经济发展中起到良好、稳定、持续的促进作用，并最优化地实现资源的跨地域和跨时间配置，这是实现金融监管效率的根本所在。据此，他首先提出功能性金融监管的概念。所谓功能性监管是指依据金融体系基本功能而设计的监管，即打破机构的局限，基于金融业务的实际功能为其设置相应的监管机构和监管规则。较之传统金融监管，它能够实施跨产品、跨机构、跨市场的协调，且更具连续性和一致性，能够有效解决金融机构混业经营中对金融业务监管的归属问题，避免监管真空和监管空白。

著名的经济学家、伦敦经济学院教授古德哈特（Charles Goodhart）认为，金融监管最根

---

① ［美］蒂米奇·威塔斯. 金融规管：变化中的游戏规则［M］. 上海：上海财经大学出版社，2000.

② Diamond Douglas，Phillip Dybvig. Bank Runs，Deposit Insurance and Liquidity［J］. *Journal of Political Economy*，1991（6）：401 - 409.

本的要求是找准监管的目标并以此提升监管效率。在其提出的目标监管观中，古德哈特进一步认为最有效的方法是根据监管目标设立、完善相应的监管架构，并根据市场的组成部分，将监管者分为系统性监管者、审慎监管者、分别针对批发和零售金融业务的行为监管者等多个部分。基于目标型监管理论，泰勒（Taylor）进一步认为可采用“双峰模式”（Twin Peaks）来实现金融监管的效率与安全的协同，即金融监管的职能可整合为两个主要目标：一是针对系统性风险进行审慎监管以保障金融安全，二是针对金融机构的行为进行合规监管以保护消费者权益和提高金融效率。

2008 年爆发的金融危机让世界各国政府始料未及，因为在传统的监管框架下，大多数金融机构均符合监管要求。随着危机的迅速蔓延，针对系统性风险进行有效监管的讨论也快速展开。由于微观审慎监管不能确保金融体系整体的稳定和传统货币政策目标对金融稳定的忽视等固有缺陷，以防范系统性风险、维护系统金融稳定为核心的宏观审慎监管理念迅速被理论界和各国监管当局所接受。中国人民银行前行长周小川认为，宏观审慎监管框架应是一种动态、灵活的监管机制，通过使用一系列逆周期的监管工具，从金融体系的整体出发保持金融市场的公正公平和透明度，维护金融体系的稳定。

相比于微观审慎监管，聚焦于系统性金融风险的宏观审慎监管有以下两个突出特点：第一，宏观审慎监管强调整个金融系统构成要素之间的相互联系，其以整个金融系统为监管对象，且尤其强调“系统重要性金融机构”的识别与监管。以微观审慎监管下单一机构的风险指标为基础，宏观审慎监管关注的是宏观层面上的市场结构变化、资产价格波动、外生冲击等对整个金融系统的影响。第二，宏观审慎监管贯彻“自上而下”的监管理念，对管理层的前瞻性和风险意识提出了更高要求。微观审慎监管奉行的是若个体安全则整体就会安全的“自下而上”的监管理念，而次贷危机中突出存在的“合成谬误”“大而不倒”问题强调了对整体进行监管的必要性。在宏观审慎监管模式下，针对宏观经济环境进行整体调控是首要任务，有效防止金融风险的溢出性和传染性被摆在了突出位置，之后才是针对不同类型的金融机构制定逆周期的监管标准。所以监管当局的威信力和控制力是宏观审慎政策得以有效实施的必要条件。

（三）金融监管的成本

在经济学发展的很长一段时期内，经济理论所关心和讨论的核心始终是政府与市场的关系问题，政府管制可能导致的道德风险、监管的独立性和成本也始终被质疑和检验，建立在政府管制理论基础上的金融监管理论也必然面临上述“指责”。

1. 监管成本论。以波斯纳和斯蒂格勒为代表的芝加哥学派所创立的监管经济学理论认为，在金融监管中依然存在成本与效益的关系问题，二者之间的权衡决定了金融监管的效率及其边界。从监管的成本是否可度量的角度出发，金融监管的成本可分为显性成本和隐性成本两类。金融监管的显性成本主要是指监管耗费的资源所导致的直接成本，又进一步可分为监管机构的行政成本（主要包括设立监管机构、监管人员经费，制定和实施监管措施过程中所耗费的物力等）和被监管者的奉行成本（compliance cost，指被监管者为了使自身行为符合监管要求而耗费的资源，主要包括按规定缴纳的包括存款准备金、存款保险金在内的各种费用，聘请专门的律师费用等）。

金融监管的隐性成本主要是指金融监管所导致的效率损失。其主要包括：第一，投资者和金融机构的道德风险。对投资者而言，政府监管的存在使得其相信政府会确保金融机构的稳定和安全，自身的利益也会相应受到保障，这一方面降低了其评价、选择、监督金融机构的积极性，另一方面也降低了其对风险的认知而助长了追求高收益的动机。对金融机构而言，为了弥补自身在受到监管过程中所承担的成本损失以及减少来自投资者的监督压力，其有动机追逐高风险、高收益的资产。第二，妨碍金融创新。金融创新往往意味着对既定金融模式的突破，其目的是规避现阶段的金融监管，所以金融监管者加强监管的行为和被监管者通过创新以规避监管的行为之间存在动态的相互博弈。如果监管规则过于严厉或者不能随着经济形势的变化而动态调整，就会阻碍金融创新而限制金融业的发展。第三，导致一国金融业务的流失。作为现代经济体系的核心，一国金融市场运行的效率决定了其金融体系的竞争力和国家综合实力，尤其是在金融自由化日益发展的现实下，国与国之间的金融竞争更加激烈。若一国金融管制（如资本的自由流动程度、企业在资本市场融资的便利程度等）过于严厉，可能会导致本国金融业务的流失，并损害本国的利益。

2. 监管失灵论。公共选择理论认为，作为“看不见的手”的补充，政府管制虽在一定程度上可以纠正市场缺陷，但依然面临着失灵问题。金融市场交易的产品归根结底是有关未来收益的索取权，这导致金融市场中的信息不对称程度增高，对监管的能力也提出了更高的要求。尽管作为一个整体的金融监管机构是以社会公众利益的最大化为目标，但具体到实际操作的监管人员来说，经济人假设的客观存在性使其具有实现个人利益最大化的动机，这给被监管者通过游说、贿赂等方式“俘获”监管者提供了空间。一旦监管者掌握垄断性的强制权力，就会成为特定机构的代言人，且这种行为的隐蔽性和对公平有序竞争的破坏性更强。其次，金融监管的主要目的是防范可能存在的风险和保证金融市场的公平、公开、有序，但由于监管者自身对客观规律的认识具有局限性以及对整个金融体系的掌握程度不可能面面俱到，这使得主观上想尽力发挥监管功能的监管者不一定能达到设定的理性目标。最后，从体制设计来看，金融监管机构在金融体系中具有独特的地位，且为了保证监管的一致性，其权力也往往较为集中。这使得监管机构几乎受不到任何竞争和考核约束，从而导致监管的低效率和监管机构的官僚主义。

总之，作为调控经济运行的“两只手”，政府与市场的关系始终是经济理论争论的核心问题：不断爆发的经济危机表明自由市场建立的根基——个人理性能够自动加总为集体理性是需要满足严格条件的，同时政府监管所带来的低效率以及对创新的阻碍也不容忽视。尽管在金融自由化的趋势下，放松管制的呼声越发强烈，但提高信息的公开透明度、保证交易的公平公正、加大对相关违法行为的严厉打击始终是金融监管的责任和使命。

二、金融监管的目标与原则

（一） 金融监管的目标

在不同的国家，由于面临的经济金融环境不同，金融监管的目标存在一定的差异，此外随着各国金融业的发展，金融监管的目标也在不断地调整和完善。一般来说，金融监管的主要目的可以概括为以下四个方面。

1. 保护金融机构的正常经营活动，保护存款人和投资者的利益。金融监管的主要目的在于保护公众权利人的利益，这种保障有时是应理性公众权利人的要求而实施的，有时则是政府自上而下主动实施的。其常规方式有最低资本要求、投资组合限制、多样化经营要求、公司及其雇员的一般行为准则（如禁止不安全、不稳健的业务运作）以及以现场检查为补充的定期报告要求等。

2. 降低金融风险，管理和控制金融危机，避免系统性风险的产生和扩散。金融监管的一个明显目的在于防范通过经济系统传导的金融风险。这种金融风险可通过激起金融恐慌的连锁反应、破坏支付系统或干扰授信流程而实现传导，严重的将导致金融系统崩溃，拖累一国经济增长，破坏社会稳定与政治安全。例如，有些政府出台了某些行政措施，对中央银行清算机构和支付系统进行管制，用于隔离因金融机构倒闭而引发的负面外部效应。

3. 创造公平的市场环境，促进金融市场的有效竞争，提高资源的配置效率。这一目标充分解释了为什么长期以来金融机构被禁止向其他行业实体进行直接投资，并且在向其附属企业提供信用支持或进行交易方面受到严格管制。上述出于竞争因素的考虑，同时也是监管当局对金融机构市场份额作出特别限制的原因。

4. 规范金融市场参与者的市场行为，打击各种非法交易、非法投机、金融欺诈和其他金融犯罪活动，维护良好的金融秩序。监管还有一个目标是防止并惩罚舞弊及不诚实经营的现象，防止并惩罚金融市场上传导错误信息或以虚假信息牟利的行为，防止黑社会、国际犯罪集团与恐怖主义组织的各种洗钱活动。

归根结底，金融监管旨在保护本国金融体系的安全与稳定，同时促进效率的提高。

（二） 金融监管的原则

金融监管的原则各国大致相同，特别是巴塞尔委员会于1997年9月公布了《有效银行监管的核心原则》之后，各国金融监管当局基本上都将其作为金融监管的指导原则。概括来讲，主要有以下几点。

1. 独立原则。这指参与金融监管的各个机构要有明确的责任和目标，并应享有操作上的自主权和先决条件，这些条件主要有稳健且可持续的宏观经济政策、完善的公共金融基础设施、有效的市场约束、高效率解决银行问题的程序、适当的系统性保护（或公共安全网）的机制。

2. 适度原则。金融监管机构的职能空间必须得到合理界定，应以保证金融市场内在调节机制正常发挥作用为前提。金融监管当局的监管重心应放在保护、维持、培育、创造一个公平、高效、适度、有序的竞争环境上。这就要做到：既要避免造成金融高度垄断，排斥竞争，从而丧失效率与活力，又要防止出现过度竞争、破坏性竞争，从而波及金融业的安全和稳定。

3. 法制原则。这一原则有两方面的含义：一是所有金融机构都必须接受金融监管当局的监督管理，不能有例外；二是金融监管必须由金融监管机构依法进行，有关各方权利与义务的划分必须有明确的法律依据，以确保金融监管的权威性、严肃性、强制性和一贯性，从而确保金融监管的有效性。金融监管要依法监管，不能用行政的随意性代替法律，要防止金融监管者的行为扭曲，建立对监管者的权力制衡机制。

4. 内控与外控相结合原则。世界各国的金融监管工作，从管理风格上说，差异较大。美国和日本比较强调外部强制监督管理，而英国和许多西欧国家则更强调诱导劝说基础上的自我约束、自我管理。各种不同的监管风格与本国的传统有关。但是，要保证监管的及时和有效，客观上要求内控与外控有机结合。

5. 动态原则。金融监管应与金融发展保持同步，以免成为限制金融业发展的羁绊。监管机构应尽快对不适应金融发展新形势的规则进行修订，避免打击金融创新的积极性。监管机构还要努力具备一定的前瞻性，把握金融市场走向和金融结构的演变趋势，提前作出相应的准备，缩短监管时滞，提高监管的事前性和先验性。

6. 母国与东道国共同监管原则。随着世界经济全球化的发展，金融国际化成为强劲的趋势，跨国银行日趋增多，国际金融业务迅猛发展，证券交易日益全球化，保险业务越来越趋于国际化。随着金融国际化的发展，以国界为范围的金融监管难以实现监管目标。为了维护国际金融业的平稳运营与公平竞争，保护国际投资者的利益，各国开始联手进行金融监管。国际性金融机构的母国与东道国对其监管应负有明确的责任，母国与东道国建立联系、交换信息，共同完成对跨国金融机构和金融业务的监管，逐步实现金融监管的国际化。

三、银行业监管

（一）市场准入监管

市场准入是监管的首要环节。批准高质量的银行和高级管理人员进入市场，并根据审慎性标准审批银行的业务范围，有利于降低银行的经营风险，提高银行管理水平和服务水准，促进银行的稳健发展和金融体系的稳定。

审批制已经成为现代商业银行市场准入的通行制度。我国《商业银行法》规定：“设立商业银行，应当经国务院银行业监督管理机构审查批准。未经国务院银行业监督管理机构批准，任何单位和个人不得从事吸收公众存款等商业银行业务，任何单位不得在名称中使用‘银行’字样。”

专栏 17－3

商业银行市场准入原则

在历史上，对商业银行的市场准入有过四种不同的原则。一是自由主义，是指法律对商业银行的市场准入不予规定，商业银行可以自由设立而无须经注册登记的程序；二是特许主义，是指商业银行的设立必须经过特别批准，每设立一家商业银行就须颁发一道特许批准令；三是准则主义，是指法律规定商业银行的设立条件，只要符合法律规定的设立条件即可申请注册，无须监管当局批准；四是核准主义，又称审批制，是指商业银行的设立除了要具备法律所规定的条件之外，还须报请主管当局审核批准后才能登记成立。

资料来源：陈颖．商业银行市场准入与退出问题研究［M］．北京：中国人民大学出版社，2007.

广义上，金融机构的市场准入包括三个方面，即机构准入、业务准入和高级管理人员准入。机构准入，是指依据法定标准，批准金融机构法人或其分支机构的设立；业务准入，是指按照审慎性标准，批准金融机构的业务范围和开办新的业务品种；高级管理人员准入，是指对金融机构高级管理人员任职资格进行核准或认可。

一般来说，审批新的商业银行要着重考虑以下几个因素。

1. 最低注册资本限额。由于商业银行在一国经济中的特殊地位及其独特的负债经营方式，所以设立新的商业银行必须要达到法定的最低资本额，以保护存款人的利益和维护整个金融体系的稳定。

在中国设立全国性商业银行的注册资本最低限额为 10 亿元人民币，设立城市商业银行的注册资本最低限额为 1 亿元人民币，设立农村商业银行的注册资本最低限额为5 000万元人民币。

2. 完善的公司治理结构和内控制度。新建的商业银行必须有完善的公司治理结构，建立相应的组织机构，明确董事会、监事会、高级管理层，以及董事长、监事长和行长的职责与权限，建立科学、民主、高效的决策体制和相互制约、相互监督的内部约束机制，同时还应该有一系列制度、程序和方法，对风险进行事前防范、事中控制、事后监督和纠正。

3. 高级管理人员素质要求。银行业监督管理当局在审批商业银行时往往要考察其高级管理人员的综合素质，包括品质、能力、经验、信誉等。例如，美国的商业银行审批机关主要考察高级管理人员的财产状况、信用情况、银行从业经历和其他行业工作经历，重点是信用情况。

（二）日常经营监管

1. 银行日常审慎监管。银行日常审慎监管是指以安全和稳健为目标来监控银行经营业务的全过程，主要包括资本充足率监管、呆账准备监管、贷款集中度监管、流动性监管、内部控制监管等。

资本充足率是评价银行自担风险和自我发展能力的一个重要标志。根据巴塞尔委员会的规定，银行的资本应分为核心资本（一级资本）和附属资本（二级资本），核心资本应不低于总资本的 50%，附属资本不能超过核心资本。此外，通过设定风险权数来测定银行资本和表外业务的信用风险以评估银行资本所应具有的适当规模，即将资本与资产负债表上的不同种类的资产以及表外项目所产生的风险挂钩，设定不同的风险权重并规定最低资本比率要求。巴塞尔委员会 1996 年还发布了《资本协议市场风险补充规定》，确立了市场风险的资本标准。中国自 2004 年 3 月 1 日开始实施的《商业银行资本充足率管理办法》规定：商业银行资本充足率不得低于 8%，核心资本充足率不得低于 4%。

呆账准备金是商业银行的坏账准备。呆账准备金可以按三种办法计提和冲销：一是直接冲销法，即平时不计提呆账准备金，当贷款实际损失时直接冲销利润；二是普通准备法，即每年按贷款余额的固定比率提取呆账准备金，当贷款损失实际发生时先冲销呆账准备金，呆账准备金不足时再直接冲销利润；三是特别准备法，即定期检查贷款并估计可能的损失，按估计的损失程度计提特别准备金，贷款实际损失时先冲销呆账准备金，如果不够再冲销利润。实际工作中呆账准备金可以将上述三种方法进行组合，其中按普通准备法加特别准备法组合构建的制度为大多数国家所接受。

贷款集中程度限制，目的是避免风险过于集中。巴塞尔委员会《有效银行监管的核心原则》规定，一家银行或银行集团对单一借款人或一组关联人的贷款不得超过资本金的25%，并且需向监管当局通报超过特定比例（如资本金的10%）的贷款情况。中国要求商业银行对同一借款人的贷款余额与商业银行资本余额的比例不得超过10%，对最大10家客户发放的贷款总额不得超过银行资本净额的50%。商业银行不得向关系人发放信用贷款，向关系人发放担保贷款的条件不得优于其他贷款人同类贷款的条件。

流动性是指银行根据存款和贷款的变化，随时以合理的成本举债或者将资产按其实际价值变现的能力。监管当局对银行流动性的管理政策有两种：一种是向银行发布衡量和管理流动性风险的指导方针，另一种是要求银行流动资产与存款或总资产的比例达到某一标准。

银行内部控制是指对银行内部各职能部门及其职员从事的业务活动进行风险控制、制度管理和相互制约的方法、措施和程序，它包括对银行内部组织机构的控制、对资产和负债各项业务的控制、对表外交易的控制、对会计系统的控制、对授权授信和对计算机系统的控制等。《有效银行监管的核心原则》认为：银行监管者必须确保银行具备与其业务性质及规模相适应的完善的内控制度。

2. 稽核。稽核主要是指监管部门对银行业实施的稽查与核对，可分为现场稽核与非现场稽核两种形式。现场稽核是指监管人员直接深入到金融机构进行业务检查和风险判断分析。监管人员通过亲临现场，检验银行财务报表数据的准确性和可靠性，评估银行管理和内部控制的质量，检查银行遵守法律法规的情况，考察银行整体的经营管理水平。现场稽核是金融监管的重要手段和方式。实施现场稽核，有助于全面、深入了解金融机构的经营和风险状况；核实和查清非现场监管中发现的主要问题和疑点，有助于对金融机构的风险作出客观、全面的判断和评价。美国银行业监管机构对商业银行的监管在很大程度上要依赖现场检查。

非现场稽核是指监管部门对金融机构报送的数据、报表和有关资料，以及通过其他渠道（如媒体、定期会谈等）取得的信息，进行整理和综合分析，并通过一系列风险监测和评价指标，对金融机构的经营风险作出初步评价和早期预警。非现场监管是金融监管的重要方式和手段，通过非现场监管，能够及时和连续监测金融机构的经营和风险状况；有助于明确现场检查的对象和重点，从而有利于合理分配监管力量，提高监管的质量和效率。大部分的检查结论都是通过分析各种指标及其变化得出的。

表17－1 非现场稽核监督指标

一、合规性状况	二、资本充足性	三、资产流动性
各项贷款余额／贷款总规模 固定资产贷款规模执行比例 拆入资金比例 拆出资金比例 超期限拆入资金比例 超期限拆出资金比例 拆给非银行金融机构资金比例 投资比例 财政性存款划缴比例 存款准备金交存比例	总资本／总资产 资本充足性 核心资本充足性 实收资本／总资本 固定资产比率 资本增长率 资产增长率 呆账准备率 坏账准备率	存贷款比率 中长期存贷款比例 中长期存款／存款总额 资产流动性比率 存款备付金率 资产变现率

续表

四、资产质量	五、盈利情况
逾期贷款率 呆滞账款率 呆账账款率 有问题贷款/贷款总额 贷款抵押率 贷款担保率 贷款风险比例 资本风险比例 贷款风险准备金率 单个最高贷款/贷款总额 10 家最高贷款总额/贷款总额 股东最高贷款/该股东股金额	利息收入/各项收入、利息支出/各项支出 净利息收入/平均资本、拆出资金利息/各项收入 拆入资金利息/各项支出、投资收益/各项收入 有价证券收益/各项收入、汇兑收益/各项收入 存放同业收入/各项收入、同业存放支出/各项支出 应收利息率、资产利润率 资本利润率、人均利润(万元/人) 股本分红率、成本率 负债成本率、利润率 费用率

（三）市场退出监管

当银行陷入严重的支付危机和信用危机，并已严重资不抵债，内部管理严重混乱，而且难以通过救助措施加以挽救时，就必须采取果断措施，使其稳妥退出市场。

1. 退出监管。对于问题银行采取的措施通常包括注资、贷款挽救、担保、并购、设立过渡银行、设立专门的问题银行处理机构等。

专栏 17 -4

2008 年美国政府对金融机构的救助

从 2007 年开始，以住房抵押次级贷款危机为开端，美国经历了一次严重的金融危机，并导致了全球金融动荡。为挽救受困金融机构，避免大范围银行倒闭破坏金融体系和经济体系的运转，美国财政部联合美联储开展了一系列紧急注资救助活动。2008 年 9 月初，美国财政部向美国两大住房抵押贷款公司房利美（Fannie Mae）和房地美（Freddie Mac）提供多达 2 000 亿美元的资金，并提高其信贷额度，买进两家公司发行的抵押贷款支持证券，以便降低购房者的信贷成本。2008 年 9 月中旬次贷危机剧烈恶化之后，美国加大了对危机中金融机构的财政救助力度：9 月 16 日，美联储向陷入困境的美国国际集团（American International Group，AIG）提供 850 亿美元紧急救助；10 月 14 日，财政部宣布将动用 7 000 亿美元金融救援资金中的 2 500 亿美元专项购买受困银行股票，以增加这类银行机构用于放贷的资本金；10 月 26 日，财政部与 9 家主要银行签订协议，陆续注资 1 250 亿美元，这 9 家主要银行分别为美国银行、美林公司、纽约梅隆银行、花旗集团、高盛、摩根大通、摩根士丹利、道富银行和富国银行，同时，财政部通过购买优先股的方式向第一资本金融公司、太阳信托银行公司、键盘银行公司、PNC 金融服务集团等 19 家地区性金融机构注资 350 亿美元；10 月底，财政部表示将向非上市银行和寿险公司提供资金援助；11 月 10 日，财政部公布救助 AIG 的新计划，将 9 月提供的 2 年期的 850 亿美元贷款换为 5 年期的 600 亿美元贷款，并下调了贷款利率，此外，从美国财政部的 7 000 亿美元金融救援资金中拿出 400 亿美元购买 AIG 的优先股，并提供 500 亿美元的注资，救助总金额达到 1 500 亿美元。

资料来源：廖子光，孙丽红，林小芳．美国金融机构陷入危机的基本原因和美国政府救市的困境［J］．国外理论动态，2009（2）．

2. 纠正性监管。对正常或基本正常的金融机构，应采取保护性措施，包括进一步加强和完善某一业务领域的风险控制，进一步改善和优化业务结构及资产负债结构，保持资本充足率和流动性等；同时，监管当局要加强对风险的预警和监控。

3. 救助性监管。对有问题机构，要及时采取救助性措施，包括调整决策层和管理层并实施资产和债务重组，外部注资，变现资产，股东增资，冻结大额开支和股息红利分配，停止部分业务以及实施兼并、合并，等等。

4. 市场退出。金融机构的市场退出，是指停止办理金融业务，吊销金融营业许可证，取消其作为金融机构的资格。当银行已经发生严重的支付危机，难以救助或者救助失败，而且还可能波及其他金融机构，引发连锁支付危机，导致系统性或地区性金融风险时，就要及时采取市场退出的处置措施。金融机构市场退出的形式较多，一般来说可以划分为自愿退出和强制退出两种。金融机构自愿退出，是指金融机构根据其章程或股东大会决议，经监管部门批准，自行终止其金融业务，注销其法人资格。金融机构强制退出，是指金融监管当局发布行政命令关闭金融机构的行为（撤销），或者法院根据相关法律规定作出裁定，宣告金融机构破产的行为（破产）。

四、证券业监管

证券业监管，指证券主管机关依法对证券的发行、交易等活动和参与证券市场活动主体实施监督管理的一系列活动的总和。

（一）证券经营机构的监管

证券经营机构是证券发行、交易市场的重要主体，其业务运作的规范程度、风险控制和防范能力的强弱直接关系到投资者利益和市场的稳定，所以，各国都对证券经营机构的设立与运作进行严格管制。

1. 证券经营机构的设立监管。世界各国实行的证券经营机构设立体制可以分为许可制和注册制两类。在实行许可制的国家，证券经营机构的设立条件、程序均比实行注册制的国家严格和复杂，对于保护投资者较为有利，也有利于证券交易的安全和市场秩序的稳定。目前大多数国家都采取许可制来设立证券经营机构。中国在证券经营机构设立的监管上，采取许可制，设立证券公司或证券交易营业部需要得到中国证监会批准。

许可制，指通过有关主管机关审核申请人是否符合证券法规定的设立条件，并根据国家发展证券市场的需要来决定是否批准。

注册制，又称登记制，指符合规定的条件的申请人，即可以直接进行证券公司登记，无须在公司成立之前再经过专门机构的审批。

尽管各国具体规定不尽相同，但无论在哪种体制下设立证券经营机构都应具备一定的条件。这些条件集中表现为财力和人员等方面。在中国，设立证券公司既要符合《中华人民共和国公司法》中对股份有限公司和有限责任公司设立条件的规定，同时又要符合《中华人民共和国证券法》的特别要求。首先要具有适当的财产基础，主要是对注册资本的限制。设立综合类证券公司，注册资本最低限额为人民币 5 亿元，设立经纪类证券公司，注册资本最低限额为人民币5 000万元。其次，主要管理人员和业务人员必须具有证券从业资格，即证券从业人员必须按照规定取得证券从业人员资格证书，方可取得经营证券业务资格。再次，必须有固定的经营场所和合格交易设施。最后，要有健全的管理制度和规范的自营业务与经纪业务分业管理的体系。例如，综合类证券商兼营证券经纪和自营业务，必须建立规范的经纪业务和自营业务分开办理的体系，将业务人员、财务账户严格分开，遵循一定的操作规则。

2. 证券经营机构的持续监管。对于证券经营机构的持续监管，主要表现为对资产结构与财务状况的监管、竞业禁止及其他禁止行为的监管、证券经营机构从业人员的资格管理、定期报告制度的监管等内容。

证券市场风险较大，证券经营机构的资产运营结构关系到证券商的安全经营和市场的稳定。因此，各国证券监管当局都对此严加监管，通过对证券经营机构财务合法性的严格规定，确保证券经营机构资产状况良好，保证其履行职责，并使其有能力承担相应的财产责任。

竞业禁止主要强调对其他金融机构从事证券业务和证券经营机构从事其他金融业务的限制。在分业经营的国家，证券经营机构是证券市场上从事证券发行、交易的唯一主体，信托公司、商业银行等金融机构不能从事证券业务。同时，证券商也不得从事商业银行的存、贷业务。在混业经营状况下，竞业的限制则较弱。除了证券经营机构业务竞业限制以外，从业人员竞业禁止也是竞业禁止的内容之一。

证券从业人员的素质高低，关系到一国证券市场能否健康持续发展，因此，各国对证券业从业人员都实行了资格管理。

最后，为保证证券经营机构的营业安全，动态掌握其经营与财务状况，证券公司要定期向主管机关提交有关报告。例如，美国《统一证券法》规定，注册证券商和投资顾问应依法向证券管理机关提交财务报告；注册证券商和投资顾问需保存证券管理机关指定的账目、代理协议、票据、登记簿及其他有关文件，保存期为 3 年；当已提交的文件所包含的资料发生变化时，应迅速提交修正材料，以供证券管理机关审查。对于违反规定的证券商，证券管理机关可延缓、取消、撤销该证券商的注册，或宣布注册无效。

3. 证券经营机构变更与终止的监管。对于证券商的变更、终止，各国的规定不尽相同。中国的投资银行的设立采用审批制，因此，证券商的变更、终止也同样需要经过证券监管部门的批准。

（二） 证券市场监管

对于证券市场监管，主要指对证券发行（上市）、证券交易和信息披露等方面的监管。

1. 证券发行（上市）监管。证券发行过程中发行人有权自主决定是否发行证券、发行证券的种类与数量以及采取何种方式发行等。但是，由于证券发行尤其是公募发行，往往涉及数量众多的社会投资者，与一国甚至世界范围内的市场秩序及经济安全都有着密切联系，因而各国的监管当局都对证券发行实施严密监管，以防范证券发行中的欺诈行为，减轻其负面效应。

由于各国的监管理念的不同，证券发行审核制度主要可分为两大类：注册制和核准制。

注册制，又称申报制，其特点是证券主管机关不对发行人能否发行股票进行价值判断。发行人为了发行证券，必须将与发行证券有关的各种资料提交给证券监管部门，并通过媒体向社会公众披露。证券监管部门的主要职责是，最大限度地保障投资者得到相关的证券信息，并对申报文件的全面性、准确性、真实性和及时性作出审查，而不对发行人及所发行的证券作任何形式的价值评估。发行人及其发行证券的良莠完全交由市场决定。注册制的代表国是美国、英国、日本、加拿大等发达国家。

核准制下，证券发行不但要满足信息公开的条件，而且还必须符合法律规定的实质要件，并经证券监管部门实质审查并核准。因此，证券监管机构除进行注册制所要求的形式审查外，还对发行人的主体资格、持续经营能力、发行数量和发行价格等条件进行实质审查，并据此作出发行人是否符合发行条件的价值判断和是否核准申请的决定。核准制为美国部分州的《蓝天法》（*Blue Sky Law*）和欧洲国家以及我国台湾地区的公司法和证券交易法所采用。

近年来上述两种发行审核制度出现了逐步融合的趋势。比如，英国公司法虽然只规定招股说明书（prospectus）制度，但是，由于伦敦证券交易所拥有上市证券审查权，由此可对上市证券进行实质性的审查，从而排除不良证券。美国证券法在证券发行审核制度上采取注册制，但其在一些州的证券法中却采取发行审核核准制，注重对证券发行实质要件的审查，体现出实质审查主义的特征。

中国证券发行上市采用核准制原则。中国《证券法》规定："公开发行证券，必须符合法律、行政法规规定的条件，并依法报经国务院证券监督管理机构或国务院授权的部门核准；未经依法核准，任何单位和个人不得公开发行证券。"为了进一步推进金融服务实体经济的力度和资本市场的市场化建设，我国于2013年发布的《中共中央关于全面深化改革若干重大问题的决定》中，提出了"推进股票发行注册制改革"的战略。2018年11月5日，中国国家领导人在首届中国国际进口博览会上表示，将在上海证券交易所设立科创板并试点注册制，相关的筹备工作也随之紧锣密鼓地展开。对注册制的探索和试点，有利于推进我国证券市场的国际化进程，也加快了我国证券市场监管理念的重构。

2. 证券交易监管。为维护证券市场秩序，保护投资者利益，各国证券监管部门都对证券交易实行了严格的监管，并将监管的重点集中在对内幕交易、操纵市场等禁止行为的规制上。

在内幕交易中，内幕人员直接利用内幕信息买卖证券或根据内幕信息建议他人买卖证券，或者向他人泄露内幕信息，使他人利用该信息进行内幕交易。由于内幕交易是对投资者平等知情权的侵害，是对信息优势地位的滥用，而且对证券市场的正常运作构成了直接或间接的危害，因而，禁止内幕交易已成为共识。

内幕交易（insider trading），又称知情者交易或内线交易，是指已发行证券的公司的内部人员及其他市场相关人员，直接或间接地利用其地位、职务之便利或控制之关系，获取发行人尚未公开的仅将对其证券价格有重大影响的信息，自己或通过他人进行证券交易，从中牟利或避免损失的行为。

操纵市场行为的本质是以人为因素控制证券价

格，因而，其对证券市场的危害也是多方面的。它虚构了供求关系，抑制了市场机制运作，是对公众投资者的欺诈，容易导致投资狂热和相关标的资产价格的暴涨暴跌，严重损害市场的公平、公正和有序。

对于操纵市场行为，各国普遍要求操纵市场行为人须对善意相对交易人的损失承担赔偿责任。对证券经营机构操纵行为的行政处罚，一般是暂停或取消注册资格、取消证交所会员资格、限制或停止证券交易等。中国则对操纵市场行为主张进行行政制裁，对于情节严重的，可处以一定的刑事处罚。在中国操纵市场犯罪的可处5年以下有期徒刑，并处或单处违法所得1～5倍的罚金。

操纵市场，即证券市场中的操纵行为，指一个人或某一组织，背离自由竞争和供求关系而人为地制造证券行情，制造虚假交易繁荣和虚假价格，诱使一般投资者盲目跟从，参与买卖，从而为自己争取利益的行为。

3. 信息披露制度。信息披露制度，也称公示制度、公开披露制度，是上市公司为保障投资者利益、接受社会公众的监督而依照法律规定必须将其自身的财务变化、经营状况等信息和资料向证券管理部门和证券交易所报告，并向社会公开或公告，以便使投资者充分了解情况的制度。

专栏 17－5

信息披露制度的起源

上市公司信息披露制度是证券市场发展到一定阶段，相互联系、相互作用的证券市场特性与上市公司特性在证券法律制度上的反映。世界各国证券立法莫不将上市公司的各种信息披露作为法律法规的重要内容。信息披露制度源于英国和美国。

英国的“南海泡沫事件”（South Sea Bubble）导致了《1720年防止欺诈法》（*Bubble Act of* 1720）的出台，而后《1844年合股公司法》（*The Joint Stock Companies Act of* 1844）中关于招股说明书的规定，首次确立了强制性信息披露原则（The Principle of Compulsory Disclosure）。

但是，当今世界信息披露制度最完善、最成熟的立法在美国。它关于信息披露的要求最初源于1911年堪萨斯州的《蓝天法》（*Blue Sky Law*）。1929年华尔街证券市场的大阵痛，以及阵痛前的非法投机、欺诈与操纵行为，促使了美国联邦政府1933年的《证券法》和1934年的《证券交易法》的颁布。在1933年的《证券法》中，美国首次规定实行财务公开制度，这被认为是世界上最早的信息披露制度。

资料来源：蒋顺才，刘雪辉，刘迎新．上市公司信息披露［M］．北京：清华大学出版社，2004.

上市公司的信息披露应该真实、准确、完整，同时信息也必须是易获得的和易理解的。这是上市公司信息披露的基本要求。真实性是实现信息披露制度功能的前提条件。发行者公开的信息资料必须符合客观实际，准确无误，不得具有任何虚假成分，不得作虚假表示，也不得以模糊不清的语言使公众对披露的信息产生误解。在实践中可从客观性、规范性、一致性三个方面判断上市公司所公开的信息是否真实。信息披露的准确性是对公开信息的进一步要求，指公开的信息不得含糊其词、模棱两可、存在误导性陈述，致使投资者产生错误认识并作出不合理的投资决策。这一要求强调信息发布者与信息接收者之间，以及各个信息接收者之间，对同一信息在理解上的一致性原则。它与真实性密切相连，真实性是准确性的基础，而准确性又是真实性的合理延伸。信息披露的完整性，又称全面性，是指发行者必须全面披露影响投资者判断投资价值的必备资料，不得有重大遗漏。从质上看，应公开的信息在性质上必须是能够影响上市公司股票的市场价格的重大信息；从量上看，必须能使投资者有足够的投资判断依据。这样，能有效地解决公司经营者与所有者之间的信息不对称状态。信息披露的及时性是信息的重要特征，也是决定信息价值大小的关键因素。信息披露制度旨在准确有效地反映发行公司的现实状况，以作为投资价值判断的依据。为保证公开信息的有用性，必须以信息的最新性、现实性和有效性作为衡量标准。

五、保险业监管

国家对本国保险业的监督管理，一般是通过专门的保险监管职能机构依据法律或行政授权对保险业进行行政管理，以保证保险法规的贯彻执行。

（一） 保险业监管的方式

在各国保险业监管实践中，存在着如下几种方式。

1. 公示主义保险监管方式。公示主义亦称公告管理，指国家对于保险行业的经营不进行直接监督，而将其资产负债、财务成果及相关事项公布于众的管理方式。

2. 准则主义保险监管方式。准则主义亦称规范管理，是由国家通过颁布一系列涉及保险行业运作的法律法规，要求所有的保险人和保险中介人必须遵守，并在形式上监督实行。适用于保险法规比较严密和健全的国家。

3. 批准主义保险监管方式。批准主义亦称实体管理，是国家保险管理机关在制定保险法规的基础上，根据保险法规所赋予的权力，对保险业实行的全面有效的监督管理措施。其监管的内容涉及保险业的设立、经营、财务乃至倒闭清算。其监管的内容具体实际，有明确的衡量尺度，是对保险业监管中最为严格的一种。

（二） 保险业监管的内容

保险业监管的内容主要是根据保险监管的目标来设立的。从原则上来说，保险业监管要达到监督保险人履行偿付承诺、实现公平和效率等目标。人们购买保险的最主要的目的就在于，在发生保险事故的时候，他们能够得到经济上的保障。如果保险人无偿付能力，它就无法提供这种保障，这无疑就失去了保险的本意。正因为如此，许多国家都将偿付能力监管列为第一目标。公平目标的内容是，保证被保险人、保险人、受益人、第三方索赔者、债权人、股东和所有其他与保险交易有关的当事人都能够平等地参与市场交易。效率目标的本意在于向投保人提供优惠保险。公司经营得越有效率，保费就可以越低，这无疑对消费者是十分有利的。

从现实来看，保险业监管主要包括以下内容。

1. 对保险人的监管。对保险人进行监督管理的主要目的在于确保保险人具有从事保险业务的资格和能力。中国对保险人的监管主要体现在对保险人资格的规定、营业统计报表的报送、保险人的整顿、保险人的接管等方面。

关于保险人的资格，各国的法律均做了限定。这些资格主要包括法定的组织形式和一定的资本条件。不同的国家对这些要求有所差别。例如，我国《保险法》规定，设立保险公司，应当具备下列条件：有符合《保险法》和《公司法》规定的章程；有符合《保险法》规定的注册资本最低限额，最低限额为人民币 2 亿元；有具备任职专业知识和业务工作经验的高级管理人员；有健全的组织机构和管理制度；有符合要求的营业场所和与业务有关的其他设施。

关于营业统计报表的报送，中国的法律规定，保险公司应当于每一个会计年度终了后 3 个月内，将上一年度的营业报告、财务会计报告及有关报表报送金融监督管理部门。保险公司编制的营业报告必须如实反映其经营状况，不得弄虚作假，否则应承担相应的法律责任。报告还必须全面，即对保险公司经营中的各方面都要反映出来。保险公司将法律要求的报表报送监管机构以后，还应依照《保险法》及其他法律法规的规定进行公布，使社会公众知晓。

关于保险人的整顿，各国的保险法通常都规定，在特定情况下，可对其进行整顿。例如，我国的法律规定，金融监督管理部门有权检查保险公司的业务状况、财务状况及资金运用状况，有权要求保险公司在规定的期限内提供有关的书面报告和资料。保险人若未按照法律的规定提取或者结转各项准备金，或者未按照规定办理再保险，或者严重违反法律关于资金运用的规定的，由金融监督管理部门责令该保险公司采取措施限期改正。这些措施包括：依法提取或者结转各项准备金，依法办理再保险，纠正违法运用资金的行为，调整负责人及有关管理人员。如果在金融管理部门作出限期改正的决定后，保险公司在限期内未予改正的，由金融监督管理部门作出决定，选派保险专业人员，指定该保险公司的有关人员组成整顿组织，对该保险公司进行整顿。

关于保险人的接管，监管部门一般规定，如果保险公司违反保险法的规定，损害社会公共利益，可能严重危及或者已经危及保险公司的偿付能力，金融监督管理部门可以对该保险公司实行接管。接管的目的是对被接管的保险公司采取必要措施，制止保险公司危害社会公共利益的行为，以保护被保险人的利益，恢复保险公司的正常经营。被接管的保险公司的债权债务关系不因接管而变化。对于被保险人等提出的索赔，被接管的保险公司仍必须办理，不得拒绝，这是由债权债务关系作为默示法律关系所具有的性质所决定的。保险公司作为民事主体，被行政机关接管，仅是其具体管理工作的变化，保险公司作为债权债务民事主体的地位并未改变，其债务应当履行，其享有的债权也同样受法律的保护。

2. 对费率和险种的监管。在绝大多数情况下，保险合同当事人双方的经济地位是不平等的，保险人常处于有利地位。如果保单条款完全由保险人自由拟定，就有可能损害投保人或被保险人的利益。各国立法规定由政府监管部门制定基本保险条款或由其备案，其目的正是为了限制保险人，保障社会公众的利益。

对费率的监管应达到三个目标，即保证费率适当、公道和没有不公平的歧视。适当是指费率必须高到足以保证公司的偿付能力。因此，在制定费率的时候，需要考虑损失的概率、公司经营的费用和投资等各项因素。公道是指适当的费率是要保证保险人的正常经营，但不能为其带来过高的利润。没有不公平的歧视是指费率的不同是建立在风险不同的基础之上的，因此，对相同或相似的风险应当收取相同的费率。对基本险种条款的监管主要体现在监管人员审查保险条款是否有不一致的地方、是否会产生歧义、是否会产生误导等。有的国家的法律甚至要求保单的制作必须符合一定形式的要求。

我国《保险法》规定，商业保险的主要险种的基本保险条款和保险费率，由金融监督管理部门制定。保险公司拟定的其他险种的保险条款和保险费率，应当报金融监督管理部门备案。前者的制定权在金融监督管理部门，后者的制定权在保险公司，但应报请金融监督管理部门备案以接受其监督管理。

3. 对保险公司财务的监管。政府对保险公司财务方面的监管旨在确保保险公司的偿付能力。偿付能力是指保险公司对其所承担的保险责任在发生赔款给付时所具有的经济补偿能力。我国《保险法》规定，保险公司应当具有与其业务规模相适应的最低偿付能力；保险公司的实际资产减去实际负债的差额不得低于金融监督管理部门规定的数额，低于规定数额的，应当增加资本金，补足差额；保险公司成立后，应当按照其注册资本总额的20%提取保证金，存入金融监督管理部门指定的银行，除保险公司清算时用于清偿债务以外，不得动用。各国对偿付能力的监管主要体现在规定和监督各种准备金的提取和投资活动上。

对准备金提取的监管主要体现在对提取准备金的各类别及比率的监管上。准备金是对被保险人的负债，如果没有足够的准备金，就不能保证对被保险人的赔偿和给付。例如，我国《保险法》规定，除人寿保险业务以外，经营其他保险业务，应当从当年自留保险费中提取未到期责任准备金；提取和结转的数额，应当相当于当年自留保险费的50%。经营有人寿保险业务的保险公司，应当按照有效的人寿保险金的全部净值提取未到期责任准备金。此外，保险公司还应当依照有关法律、行政法规及国家财务会计制度的规定提取公积金，例如，依照《公司法》提取法定公积金。为了保障被保险人的利益，支持保险公司稳健经营，保险公司还应当按照中国人民银行的规定提取保险保障基金。如果保险公司未按上述要求提取或结转各项准备金，中国人民银行可责令保险公司限期依法提取或结转各项准备金，还可根据实际情况，调整保险公司的负责人及有关管理人员。

对投资活动的监管主要体现在两个方面：资金的投向和规模。例如，规定保险公司的投资限于哪些方面、多大比例。一般来说，对寿险公司的投资监管较产险公司更为严格。这是因为，寿险合同的期限大部分都较长，有的甚至可以长达被保险人的一生。因此，寿险公司的投资期限一般也都较长，数量大，一旦出现问题，将产生很严重的后果。

4. 对保险中介人的监管。对保险中介人的监管通常可以从正反两个方面进行。正面监管即规定保险中介人必须做什么。例如，大部分国家的法律都规定，保险中介人必须取得营业执照；在取得执照之前必须要通过考试；在从事保险中介工作期间，必须接受继续教育；等等。反面监管即规定保险中介人不能做什么。例如，许多国家的法律都规定，中介人不允许有误导陈述、恶意招揽和保费回扣等行为。误导陈述是指代理人在向投保人介绍公司业务的时候，有意误述公司或保单的有关情况。恶意招揽是指保险中介人诱使投保人取消与另一家保险公司的合同，而购买保险中介人推荐的合同，在这一过程中，保险中介人可能肆意攻击另一家保险公司。保费回扣是指保险中介人向投保人许诺，如果投保人购买了保险，中介人将向其返还保费的一部分。

六、金融控股公司监管

（一）金融控股公司面临特殊风险

自20世纪80年代以来，全球金融服务业经历了极大的变化，其中最引人注目的变化之一就是，不同金融机构之间的传统藩篱被拆除，金融机构的集团化、全能化和全球化成为金融领域的突出现象。金融控股公司作为金融集团的主要形式，经营模式介于全能银行模式和分业经营模式之间。在金融控股模式下，集团是全能的，而子公司仍然是分业的，或者说是专业化的，从而兼顾了安全和效率。金融控股公司形成于分业监管环境和特定的经营文化，以美国最为典型。在中国，尽管目前金融业实行分业经营和分业管理，法律也未明确金融控股公司的法律地位，但在现实生活中已经存在像中国中信集团、中国光大集团、中国平安保险（集团）等直接控股金融企业的金融公司（见表17－2），也存在以各种形式控股证券、保险、城市信用社等金融企业的工商企业。在这些准金融控股公司中，集团附属机构或子公司具有独立法人资格，集团董事会有权决定或影响其子公司最高管理层的任免决定及重大决策。

金融控股公司，指在同一控制权下，所属的实体至少明显地从事银行、证券和保险中两种以上业务的控股公司。

表17－2　中国主要金融控股公司

金融集团公司	控股或参股的金融企业			
	商业银行	证券公司	保险公司	信托公司
中国光大集团	中国光大银行	光大证券	光大永明人寿保险公司	
中国中信集团	中信银行	中信证券	信诚人寿保险公司	中信信托公司
中国平安保险（集团）	平安银行	平安证券	平安保险公司	平安信托投资公司
中国银行	中国银行	中银国际证券	中银保险、中银人寿	
中国工商银行	工商银行	工商东亚、工商国际	太平保险	

金融控股公司是多种金融机构业务的聚合体，也就成为多种风险的聚合体。金融控股公司除了要面对各种专业金融业务的风险之外，还要面对由于存在复杂的组织结构和内部关系网络，在各种金融业务的互动过程中出现的特别风险。根据国际清算银行和世界银行的研究，金融控股公司带来的问题主要有三个方面，即风险传染（risk contagion）、透明度、自主权。在金融控股公司内，内部交易是实现协同效应的重要手段，却带来风险传染的可能：若一个子公司出现经营或财务问题，极容易殃及集团内其他子公司。在金融市场上，投资者和相关利益主体是将经营多种金融业务的金融集团看做是一个整体，即便在集团内部的子公司之间建立了各种“防火墙”，也无法成为市场的“信心防火墙”。同时，金融控股公司规模庞大，子公司众多，集团以及子公司之间组织和管理结构复杂，导致透明度下降。此外，金融控股公司因自主权较大，往往会导致资本重复计算、外部监管困难、业务冲突等问题，这些都会带来新的风险。所以，对金融控股公司的监管具有重要意义。

（二）金融控股公司监管

金融控股公司通过母子公司的形式向国内外客户提供全方位的综合金融服务，对它的外部监管必须在两个层次上展开，即国内监管和跨国监管，这里只探讨国内监管。目前，世界范围主要有两种代表性的监管体制，即分业监管体制和统一监管体制。在统一监管的体制下，对金融控股公司的监管主要有两种模式：一种是以美国为代表的由一个统一的监管机构负责金融控股集团的监管，独立或统一监管机构的下属监管机构分别负责银行、证券、保险子公司的监管（见图17－1）；另一种就是以英国为代表的由一个统一的监管机构负责对金融控股公司和子公司进行全面监管（见图17－2）。

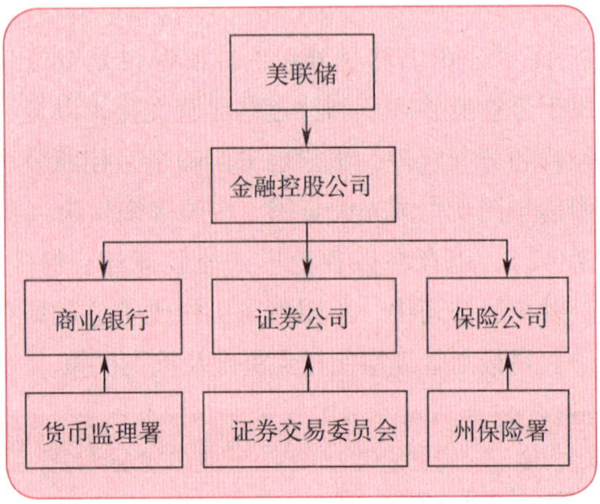

图17－1　美国对金融控股公司的监管

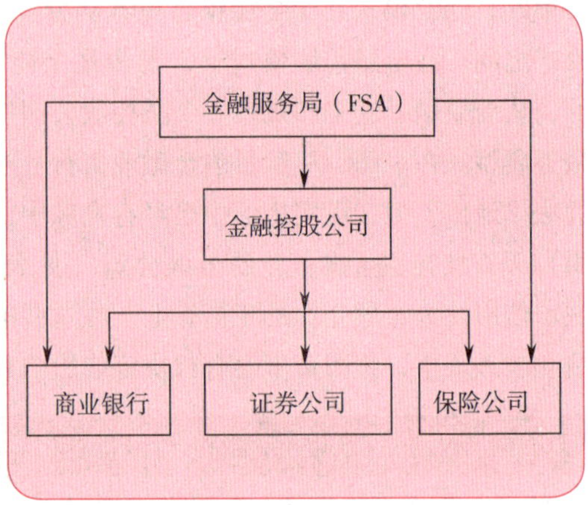

图17－2　英国对金融控股公司的监管

在监管内容上，目前对于金融控股公司的监管主要体现为以下几个方面。

一是金融控股公司治理结构监管。完善的公司治理结构是金融机构稳健运行的基础。相对于一般金融机构来说，金融控股公司的治理更为重要。金融控股公司是一个复杂的利益集合体，面对众多的内部利益主体，如经理层、员工和股东；同时还要面对许多利益相关者，如政府、债权人、客户和消费者等。能否处理好控股公司与这些利益主体之间的关系，关键在于能否建立有效的公司治理结构。对金融控股公司治理的监管涉及两个层次，即对整个控股公司治理结构的监管和对经营性子公司治理结构的监管。

二是金融控股公司的内控制度监管。内部控制制度是金融控股公司控制风险的第一道防线，监管机构鼓励金融集团建立严密的内部风险控制制度，并建立内部信用评估体系。相对于单一金融机构实体来说，金融控股公司的内控制度更为复杂，它具有两重性，即母公司要形成一个监控集团整体风险的内控制度，同时还要监督各子公司建立起适合自身业务特点的内部控制制度。而且由于各个子公司处于同一个母公司的控制下，它们服从相同的利益，难免会产生内部交易。因此，一个有效的金融控股公司的内控制度，必须能够防范专业金融机构的各自业务风险，还要能够控制由于内部交易而可能产生的风险传染、信息不透明及其金融子公司缺乏自主性所带来的风险，实现“效率、透明、合法”三个目标。监管当局会及时检查金融控股公司的内部评估程序和内部控制制度，要求其提供完备的资产分类制度、内部风险评估制度和内部控制制度的详细资料。

三是金融控股公司的市场准入监管。市场准入监管是防范金融控股公司金融风险的第一道防线，市场准入监管的主要内容是明确金融控股公司的设立条件和业务范围以及高级管理人员准入条件。关于金融控股公司的准入条件，各国或地区有不同的规定。

四是资本充足状况监管。资本充足率是保护金融机构债权的核心指标之一，同时也是国际上通用的对金融机构监管的标准之一。独立的银行、证券、保险机构对资本要素的定义及资产和负债评估方法各不相同，因此对资本充足率的要求也不同。在金融控股公司的组织架构下，母公司可以通过各种方法，使各个独立的子公司完全满足本行业的资本充足率的要求，但这并不意味着整个金融集团的资本满足了要求。金融控股公司资本充足监管主要解决资本金重复计算、母公司将债务以股本的形式转移给子公司从而导致杠杆率过高、传导重复计算的机制、金融集团内未受监管的实体承担风险、对受监管子公司参股并审慎处理少数股东与多数股东利益等问题。

五是对金融控股公司管理层的监管。金融控股公司最高管理层人员的品格与能力对金融控股公司的发展有着重要的作用，监管机构应该发展一套指标体系来考核管理人员是否称职，包括在金融部门工作的经验和技能、业务竞争能力、从事整体性业务的能力、在业界的声誉和地位、管理业绩、品行记录等。同时，监管机构还要对金融集团的董事、监事以及主要股东或其他对企业运行有重大影响的个人的行为进行动态监管，使之保持有效的治理结构。

六是强制性信息披露要求。金融控股公司为客户提供综合金融服务，包括银行、证券和保险业务等，金融控股公司在全球基础上的迅速发展给监管部门带来了重大的挑战，仅业务和地域分布广泛这一特点，就要求厘清集团内各法人实体的相互关系及了解某一实体的不利发展对其他实体产生的潜在影响。因此，金融控股公司必须披露自己的组织结构和重大的内部交易，特别是那些可能对集团财务带来不利影响的内部交易。

七是对过度风险集中的监管。风险集中包括金融控股公司的业务过度集中于某一交易对手、地理区域、产业部门或金融市场等。发达市场经济国家对银行、证券、保险机构都制定了防止风险集中的规则。例如，欧盟委员会在 1994 年 1 月 1 日生效的《大型风险披露指令》中规定，银行在单一客户或相关联的客户群中的贷款总额不能超过自有资本金的 40%；澳大利亚监管当局规定，金融控股公司必须向监管当局报告集团对风险集中进行确认、监控和管理的制度与政策，每一个被监管子公司必须满足监管机构制定的对风险集中的限制标准。

七、中国金融监管的历史沿革及新实践

（一）中国金融监管的历史沿革

伴随着我国金融业的发展，我国金融监管版图也在不断革新和重塑，不断适应金融业发展的实际情况是我国金融监管变革的目的，与时俱进、有破有立是这一历程的真实写照。从 1983 年国务院作出《关于中国人民银行专门行使中央银行职能的决定》到 1992 年中国证监会成立，从 1997 年的首次全国金融工作会议提出分业经营、分业管理原则，到 1998 年和 2003 年中国保监会、中国银监会的分别成立，标志着中国金融业分业监管以及中国人民银行专司货币政策、维护金融稳定的格局形成；2017 年 11 月高规格“国务院金融稳定发展委员会”的成立和 2018 年 4 月 8 日中国银保监会的正式挂牌运行，在我国金融业由小到大的发展历程中，我国金融监管也经历了“一行统筹”、“一行三会”分业监管、“一委一行两会”统筹协调的发展历程。

1. 1984—1992 年：中国人民银行集中统一监管。我国真正意义上的金融监管体制改革始于 1984 年。1978 年党的十一届三中全会通过的《中共中央关于加快农业发展若干问题的决定（草案）》拉开了我国金融业发展的大幕，农业银行、中国银行、中国人民建设银行（现建设银行的前身）等一大批银行、保险、信托类金融机构先后恢复或成立。为了提高社会资金的使用效率，1983 年 9 月 17 日，国务院作出《关于中国人民银行专门行使中央银行职能的决定》，并自 1984 年 1 月 1 日起正式实施。1986 年通过的《中华人民共和国银行管理暂行条例》明确了中国人民银行全面管理中国金融机构与金融市场的地位，我国金融监管体系也形成了事实上的综合经营、统一监管的格局。这一监管体制推动了我国金融业务的发展，但在改革开放大力推行和经济转轨初期的大背景下，旺盛的资金需求在加快金融体系建立的同时，也带来了金融“三乱”问题——乱集资、乱设金融机构和乱办金融业务，经济过热现象明显，金融风险不断聚集。

2. 1993—2017 年：“一行三会”分业监管。经济过热居高不下和金融乱象屡禁不止的严峻形势凸显了整顿金融秩序的紧迫性。1993 年 11 月 14 日，党的十四届三中全会通过的《中共中央关于建立社会主义市场经济体制若干问题的决定》提出了对银行业和证券业实行分业管理的思路。同年 12 月 25 日国务院发布《关于金融体制改革的决定》，强调“国有商业银行不得对非金融机构投资”的要求。1995 年颁布实施的第一部《商业银行法》以立法的形式正式明确了分业经营的原则。1997 年亚洲金融危机的爆发以及当时国内经济转轨所带来的双重挑战加快了我国金融秩序的整顿步伐。面对金融市场和金融产品日益复杂化、专业化的现实，在成立证监会的基础上，我国于 1998 年成立了保监会，实现了人民银行宏观监管、证监会和保监会微观监管的分业监管体系。加入世界贸易组织后，我国金融体系开放的步伐不断推进，各大跨国金融机构明显加快了对中国的金融业务布局。外资银行的进入在为我国金融业带来巨大机遇的同时，也带来了巨大挑战。为了规避银行业监管可能出现的监管真空以及提高中国人民银行在履行货币政策职能上的独立性，2003 年银监会正式成立。至此，我国金融业“一行三会”分业监管的体制正式形成，这在一段时期内为我国经济体制转轨提供了相对稳定的金融环境。

3. 2017 年至今：“一委一行两会”协调监管。2008 年美国次贷危机席卷全球，这使得各国重新审视金融创新和金融安全之间的平衡关系。传统的注重微观金融机构稳健运行的微观审慎监管机制并不能有效保证整个金融体系的安全；金融创新提高了金融体系的效率，但也加剧了金融产品的复杂度；金融自由化推动了金融资源的流动，但也提升了金融业务跨市场关联、跨行业联动的特征以及金融风险的易传染性。更加注重金融系统内机构之间所形成的复杂网络的宏观审慎监管和功能监管，以及注重加强投资者保护的行为监管思路逐渐被各国所采纳。

在“一行三会”分业监管格局下，我国金融业规模快速扩张，资本市场从无到有、从小到大，银行理财、保险资管、信托业务等不同行业创新模式层出不穷，并朝着混业经营方向发展，金融融合度不断提升，影子银行持续膨胀，以 P2P 为代表的互联网金融在高举金融创新“大旗”的同时催生了金融市场乱象，资金空转脱实向虚、交叉性金融产品跨市场层层嵌套、银行机构乱做同业和乱做表外业务等不规范行为层出不穷，金融业务在一定程度上偏离了服务实体经济的重心，监管套利、监管空白降低了监管效率。“金融机构跨界扩张”、“金融业务跨界套利”、“金融基础设施割裂”、“金融稳定职能割裂”、“金融消费者保护割裂”和“有限的监管资源割裂”所构成的“两跨界四割裂”表明了既有的分业监管格局与我国金融行业综合经营发展趋势不适应的矛盾。在这一形势下，我国于 2017 年成立了旨在统筹协调金融稳定和改革发展等重大问题的国务院金融稳定发展委员会，第一届委员会成员由国务院副总理、原“一行三会”、国家发展改革委、财政部等部门主要领导构成，同时特设中纪委、中组部、公安部、司法部等 7 个协作单位，以加强监管协作，强化宏观审慎管理和系统性风险的防范。为了解决现行监管体制下存在的监管职责不清晰、交叉监管和监管空白等问题，2018 年 3 月将原银监会和保监会合并组建为中国银行保险监管管理委员会，至此我国“一委一行两会”的统筹协调的新金融监管格局逐步形成。监管的协调性和协作能力得到重视，人民银行宏观审慎管理的职能不断强化，由机构监管向功能监管、行为监管转变的理念表明监管更加重视业务的实质和金融消费者保护。

（二） 中国金融监管的新实践

在单纯的经济周期调控中，金融系统的低效会大幅弱化货币政策向实体经济融资成本的传导，也会阻碍经济政策对资源分配的引导和调配。2008 年由次贷危机引发的全球金融危机在给各国经济带来冲击的同时，也使各国普遍探索针对金融体系进行有效监管的路径。为了应对全球金融危机所带来的负面冲击，各国普遍实施了非常规的宽松政策，这在一定程度上抹平了经济波动，但实体经济复苏乏力使得上述政策更多助推了金融体系的繁荣和资金的空转，我国所面临的“增长速度换挡期、结构调整阵痛期和前期刺激政策消化期”的客观现实使得如何更好地发挥“金融服务实体经济的功能”更加迫切。同时，随着美联储的加息，全球逐步迎来流动性收缩，有效预防金融风险、保障金融安全成为我国国家安全的重要组成部分。在此背景下，党的十九大报告提出了以“防范化解重大风险”为首的三大攻坚战，其中防控金融风险被放在了突出位置。之后，旨在推动功能监管、提高金融服务实体经济效率和化解系统性金融风险的《关于规范金融机构资产管理业务的指导意见》（简称资管新规）迅速推出，重塑了我国资管行业生态；建立科创板并试点注册制以及新修订的《证券交易所管理办法》加速了资本市场监管“以信息披露为核心”的理念；针对金融科技探索试点“沙盒监管”以推动监管创新等一系列金融监管新实践不断推出。

1. 资管新规重塑金融生态。资管新规对低利率环境下我国资产管理行业快速发展所带来的规模扩张泡沫化、通道扩张无序化、杠杆提升高速化、嵌套链条复杂化等一系列行业乱象进行了有效规范，重塑了我国金融生态。

专栏 17－6

资管新规所涉及的政策文件

1. 2017 年 11 月 17 日，人民银行会同银监会、保监会、证监会、国家外汇管理局等部门起草了《关于规范金融机构资产管理业务的指导意见（征求意见稿）》，并向社会公开征求意见。该征求意见稿对我国资管行业中存在的嵌套链条复杂化、通道扩张无序化、无序创新泡沫化、期限错配严重化等一系列风险点进行了严格规制，引起业界震动，2017 年也被视为资管行业的监管大年。

2. 2018 年 4 月 27 日，在广泛征求意见的基础上，人民银行、银保监会、证监会、国家外汇管理局正式发布《关于规范金融机构资产管理业务的指导意见》。该指导意见与征求意见稿相比，既有放松的地方（如过渡期安排、允许一层嵌套），也有趋严的部分，其中资金池、刚性兑付、通道业务完全被禁止，部分资管产品通过分级绕开监管的行为也将受到限制。

3. 从 2018 年 7 月开始，《关于进一步明确规范金融机构资产管理业务指导意见有关事项的通知》《信托部关于加强规范资产管理业务过渡期内信托监管工作的通知》《商业银行理财业务监督管理办法》《证券期货经营机构私募资产管理业务管理办法》《证券公司大集合资产管理业务适用〈关于规范金融机构资产管理业务的指导意见〉操作指引》《商业银行理财子公司管理办法》等一系列具体的政策文件陆续发布，以进一步明确、规范我国资产管理业务的发展。

资料来源：人民银行、银保监会、证监会等联合印发《关于规范金融机构资产管理业务的指导意见》，2018 年 4 月 27 日。

目前，我国从事大资管业务的子行业主要包括银行理财子公司（或银行资管部门）、信托公司、保险资管、券商资管、公募基金公司和私募基金公司等。据测算，在剔除产品互相嵌套之后，2016 年我国资管行业规模已达到 60 万亿元人民币，占当年 GDP 的比例约为 81%。但与此同时，银行理财刚性兑付拉高无风险收益率、信托通道无序扩张降低金融服务实体经济能力、多重嵌套加剧风险的易传染性等资管行业现状凸显了我国资管行业“分业，分而不均；混业，混而不治”的尴尬境地。以银行类金融机构为例，银监会于 2017 年 3 月末启动轰轰烈烈的“三违反、三套利、四不当、十乱象”，共查出问题 5.97 万个，涉及金额 17.65 万亿元。为了提高我国金融监管效率、防止监管套利和监管空白，2018 年 4 月 27 日正式公布的《关于规范金融机构资产管理业务的指导意见》全文共 31 条，“破刚兑、去嵌套、降杠杆”的精神贯穿始终，彰显了监管层“防风险、回归投资本质”的坚定决心。

资管新规系列政策文件以去杠杆、去通道、禁资金池、规范非标、打破刚兑、穿透检查、禁期限错配等为导向，助推资管行业回归“受人之托，代人理财”的本质。同时将按照“新老划断”原则对金融机构已发行的资管产品设置过渡期，过渡期结束后，金融机构将按此规定发行或续期产品，相关部门不一致的规定一律废止。资管新规搭建了由人民银行对资管业务统一监管、“两会”只对机构的行为进行监管的金融监管框架，填补了以往不同监管机构的监管漏洞，挤压了监管套利空间，有利于监管的标准统一与落实到位，未来大资管行业将会更加规范有序发展。

同时，在资管新规框架下的破刚兑和净值化时代，各类资管产品将被打破监管套利空间进行统一化管理，银行、基金、券商、信托、保险等金融机构回归同一起跑线，资管产品只有发行机构的不同，没有产品形态的不同。这对我国金融体系整体风险可防可控、金融机构提升主动管理能力、投资者树立风险意识均具有重要意义。

2. 建立科创板、试点注册制，强化以“信息披露为核心”。2018 年 11 月，习近平总书记在首届“中国国际进口博览会”上宣布，将在上海证券交易所设立科创板并试点注册制。

2019 年 3 月 18 日，上交所科创板发行上市审核系统正式运行，仅仅耗时 4 个月，这在与耗时 10 年之久才正式运行的创业板形成强烈对比的同时，也更加彰显了中国资本市场进一步深化改革的决心和信心，也必将对我国资本市场生态产生深远影响。

根据公开的相关文件，万众瞩目的科创板在标的公司范围、发行定价机制、上市审核安排等方面，均与主板、中小板、创业板具有较大差异。首先，行业范围聚焦具有“硬科技”的战略性新兴产业。科创板的行业定位聚焦于新一代信息技术、高端装备、新材料、新能源、节能环保和生物医药等高科技行业，且区别于模式创新或依靠短时间的高额资金投入获取市场份额或流量的软科技企业（如“抖音”、“今日头条”、“摩拜”等），科创板鼓励、支持需要长时间的投入和持续的积累，并依靠研发成果获取超额利润的硬科技企业，其中医药行业企业要求“取得至少一项核心产品获准开展二期临床试验”，“其他符合科创板定位的企业需具备明显的技术优势并满足相应条件”。其次，在上市指标方面引入“预计市值”，强调市场力量。与主板、中小板、创业板等已有板块上市指标强调公司连续获得正向利润不同，科创板针对一般企业、红筹企业、存在表决权差异的企业分别设定了以市场询价和“预计市值”为核心的多套上市指标体系，其中“预计市值 = 发行后总股本 × 市场询价”，参与询价的对象限定在证券公司、财务公司、基金管理公司、保险公司、信托公司、合格境外机构投资者和私募基金管理人等 7 类专业机构投资者。在按照预计市值申报后，若实际发行情况未达到预计市值，则发行终止。“预计市值”的发行安排强调了二级市场中投资者“用脚投票”的权利，如果 IPO 过程中二级市场投资者不认可，则极有可能出现一、二级市场价格倒挂的现象，该压力迫使上市公司和保荐机构更加勤勉尽责，也使得二者从传统的“合作关系”转向“博弈生存”的局面。最重要的是，科创板对真正落实以信息披露为核心的证券发行注册制进行了重要探索。上交所在受理审核中，着重对申请文件进行齐备性检查，至于企业是否符合科创属性、是否符合科创板发行上市条件等实质性问题，将通过审核问询来实现。同时，科创板实行的是“受理即披露”，所有申报企业的信息，都在第一时间予以披露，有助于加强市场参与者对发行人的认知。此外，科创板还对信息披露第一责任人的发行人和“守门人”的中介机构在信息披露过程中应尽的义务和需承担的相应法律责任进行了明确规定。

专栏 17 -7
科创板规则体系

在上海证券交易所设立科创板是落实创新驱动和科技强国战略、推动高质量发展、支持上海国际金融中心和科技创新中心建设的重大改革举措，是完善我国资本市场基础制度、激发市场活力和保护投资者合法权益的重要安排。科创板的设立及注册制的试点，旨在补齐我国资本市场服务科技创新的短板，是我国资本市场的增量改革。

为了科创板的顺利推出和注册制的先行试点，中国证监会和上海证券交易所紧锣密鼓推出了一系列政策文件，为科创板搭建了完善的框架。其中证监会出台了《关于在上海证券交易所设立科创板并试点注册制的实施意见》《科创板首次公开发行股票注册管理办法（试行）》《科创板上市公司持续监管办法（试行）》三份文件，对科创板企业发行、注册、上市保荐、上市后的公司治理、信息披露、股权激励、退市等一系列环节做了制度安排；作为实质审核部门的上海证券交易所推出了《上海证券交易所科创板股票发行上市审核规则》《上海证券交易所科创板股票上市委员会管理办法》《上海证券交易所科技创新咨询委员会工作规则》《上海证券交易所科创板股票发行与承销实施办法》《上海证券交易所科创板股票上市规则》《上海证券交易所科创板股票交易特别规定》等系列文件，对科创板股票发行上市审核、上市委员会和咨询委员会的构成与职责、科创板股票上市与交易等整体环节作出具体安排。

资料来源：上交所科创板规则总览，2019 年 3 月。

科创板设立的主要目的是在我国资本市场开立一个重要的、更有包容性的板块，支持我国拥有自主创新能力、拥有核心技术的硬科技高新技术企业和战略性新兴企业上市融资、发展壮大，从而实现动能转换、产业结构升级。因此，在科创板的制度设计中在发行上市条件、审核方式、发行定价及配售制度、交易制度、信息披露规则、退市制度等方面均进行了较大的创新和突破。如果科创板运行顺利，将加速中国资本市场的市场化进程，也将倒逼主板、中小板、创业板存量板块的有关制度变革。

3. 试点开展沙盒监管助推金融科技，提升监管包容性。根据金融稳定理事会（FSB）的定义，金融科技为“通过技术手段推动金融创新，形成对金融市场、机构及金融服务产生重大影响的业务模式、技术应用以及流程和产品”。从全球范围来看，具有金融和科技双重属性的金融科技产业的相关投融资规模迅速增长，其中 2018 年的融资规模达 1 118 亿美元，我国以 83 宗交易和 182 亿美元规模在亚洲拔得头筹。

相比于传统金融机构，金融科技更加注重范围效应、规模效应和尾部效应，降低了信息的搜寻成本和产品的交易成本，提高了资源配置的效率和金融的普惠性。但同时科技安全风险和传统金融风险的叠加放大了金融科技的破坏性，尤其是当金融科技的服务对象是小微企业、低收入人群等传统金融机构的“长尾客户”时，金融科技的不稳定会导致金融安全和更为严重的社会安全问题。同时在金融开放和自由化的背景下，金融科技风险的隐蔽性和易传染性也极易造成系统性金融风险，所以如何对金融科技进行有效监管是各国监管机构需要解决的现实问题。

面对蓬勃发展的金融科技，各国监管机构普遍以开放的姿态创新监管模式，力争在金融创新和金融安全之间取得平衡。美国消费者金融保护局（CFPB）在 2012 年 11 月启动“项目催化”计划（project catalyst），通过监管部门和金融创新主体的沟通合作，规范并鼓励能使消费者受益的金融创新。这一计划的理念和措施不断发展和完善，最终成为“沙盒监管”政策（regulation sandbox）。

最早将沙盒监管付诸实践的英国金融行为监管局（FCA）将之定义为“为金融科技创新提供实验服务和产品的空间，且在该空间内企业的创新虽受到严格监控却不受常规法律框架的制约”，新加坡金融管理局（MAS）将沙盒监管的特征概括为“Dream Big，Start Small，Move Fast”。

表 17－3　不同国家和地区沙盒监管实施情况				
国家（地区）	英国	新加坡	加拿大	中国香港
推出时间	2016.5	2016.6	2017.2	2016.9
监管主体	FCA	MAS	证券监管机构组成的伞式组织	香港金管局（HKMA）、证监会和保监会协调
测试主体	金融机构、FinTech	FinTech	FinTech	本地银行
审批机制	定期集中审批	一事一议	一事一议	一事一议
测试周期	6 个月	6～9 个月	1～2 年	视项目而定
退出机制	测试期限满	可申请延期	可申请延期	退出后，仍受 HKMA 监管
投资者保护	事后不追究责任	事后不追究责任	定期、临时报告	测试主体承担责任

资料来源：张景智．“监管沙盒”制度设计和实施特点:经验及启示［J］.国际金融研究，2018（1）.

目前世界上已有英国、澳大利亚、加拿大、瑞士、美国亚利桑那州、中国台湾和中国香港等20多个国家和地区采纳或即将采纳沙盒监管，我国北京、贵阳、赣州等地纷纷开展沙盒监管试点。沙盒监管通过构建一个短周期、小规模的测试环境，形成一套金融创新产品的测试与激励机制，这既有助于缓冲监管对创新的制约作用，又有助于防范金融科技产业所带来的金融风险，从而在鼓励金融创新的同时，提高金融系统的运行效率。同时沙盒监管与我国的“金融试点制度”具有逻辑一致性，但相对于线性运作模式的金融试点制度，沙盒监管综合了线上线下多重优势，在打破地域分割的同时，保证多方立体参与。

本章小结

1. 金融风险特指在资金的融通、经营过程中和其他金融业务活动中，由于各种事先无法预料的不确定因素的影响，金融机构或资金经营者的实际收益或所达水平与预期收益或预期水平发生一定的偏差，从而有蒙受损失和获得额外收益的机会或可能性。一般而言，金融风险有特殊性、双重性、广泛性特征。

2. 金融监管是指金融主管部门依据国家法律法规的授权对金融业的限制、管理和监督。主要是指管理当局对各金融机构的市场准入、市场经营流程和市场退出按照法律和货币政策实施严格管理，通过行政手段严格控制各金融机构设置和其资金营运的方式、方向、结构，甚至严格规定金融业人员的法律资格。随着金融业的发展，监管的对象已经由单一对银行业的监管，发展到了对包括证券、保险等整个金融行业的监管。

3. 金融监管的目标主要是保护金融机构的正常经营活动，保护存款人和投资者的利益；降低金融风险，管理和控制金融危机，避免系统性风险的产生和扩散；规范金融市场参与者的市场行为，打击各种非法交易、非法投机、金融欺诈和其他金融犯罪活动，维护良好的金融秩序；创造公平的市场环境，促进金融市场的有效竞争，提高资源的配置效率。

4. 金融监管的原则各国大致相同，要坚持监管独立、适度、法制、母国与东道国共同监管、动态、内控与外控相结合等原则。金融监管的目标和原则决定了监管的内容，对商业银行的监管是传统监管的主要着力点，也是当今监管工作中的重点。金融监管的内容主要包括从市场准入、业务运营到市场退出的全过程。

5. 金融控股公司带来的问题主要有三个方面，即风险传染、透明度和自主权。对金融控股公司的监管主要体现在治理结构、内控制度、市场准入、资本充足、管理层、信息披露等内容上。

6. 我国目前实行的是“一委一行两会”统筹协调的金融监管格局，更加注重宏观审慎监管、功能监管和行为监管，监管的协调性得到进一步提高。

关键词

金融风险（financial risks）　金融脆弱性（financial fragility）
金融监管（financial supervision）　市场失灵（market failure）
信息不对称性（asymmetric information）　银行业监管（banking supervision）
证券监管（securities regulation）　保险监管（insurance supervision）
宏观审慎监管（macro – prudential regulation）　沙盒监管（regulation sandbox）

重要概念

金融风险　金融监管　资本充足率　非现场监管
内部控制　注册制　内幕交易　操纵市场

思考题

1. 金融风险形成原因有哪些？
2. 金融监管的理论依据是什么？
3. 金融监管的主要内容包括哪些方面？
4. 2008 年全球金融危机之后，各国监管的新实践有哪些？

练习题

1. 金融风险有哪些类型？
2. 金融风险的理论依据是什么？
3. 金融监管应该遵循哪些基本原则？
4. 银行业持续监管的主要内容有哪些？
5. 证券交易如何进行监管？
6. 如何对保险公司进行财务上的监管？

7. 金融控股公司的监管重点主要包括哪些方面?

案例题

海南发展银行于1995年8月18日正式开业，注册资本金为16.77亿元，股东共有47家。由于该行是首家以改组信托公司的方式组建的商业银行，合并的富南国际信托投资公司等5家公司的债务总额44.4亿元一并转入，故其债务为资本金的2.6倍。这样的资产负债比例在新成立的商业银行中绝无仅有。海南发展银行以吸存为重点，不久便陷入高息揽储的怪圈，3年中5万元以上存款平均年利率在15%以上，1997年底106亿元的资金规模中除了40亿元个人储蓄存款外，60多亿元是高成本的同业拆借，银行负担日益沉重。至于1997年12月16日兼并了28家存在严重缺陷的城市信用社，则在客观上进一步促使海南发展银行滑向深渊，“城市信用社的支付危机扩大到海南发展银行，使后者出现流动性危机”（中国人民银行的《处置海南城市信用社支付危机的方案》）。中国人民银行救急的40亿元再贷款用尽后，海南发展银行清偿力丧失，挤提现象越发严重。为了防止出现区域性金融风波，中国人民银行决定关闭海南发展银行。

请结合案例讨论以下两个问题:

(1) 分析海南发展银行关闭的原因。

(2) 海南发展银行关闭对金融监管提出了哪些要求?

扫描二维码可阅读本章精选案例

第十八章
金融发展与金融创新

本章知识结构

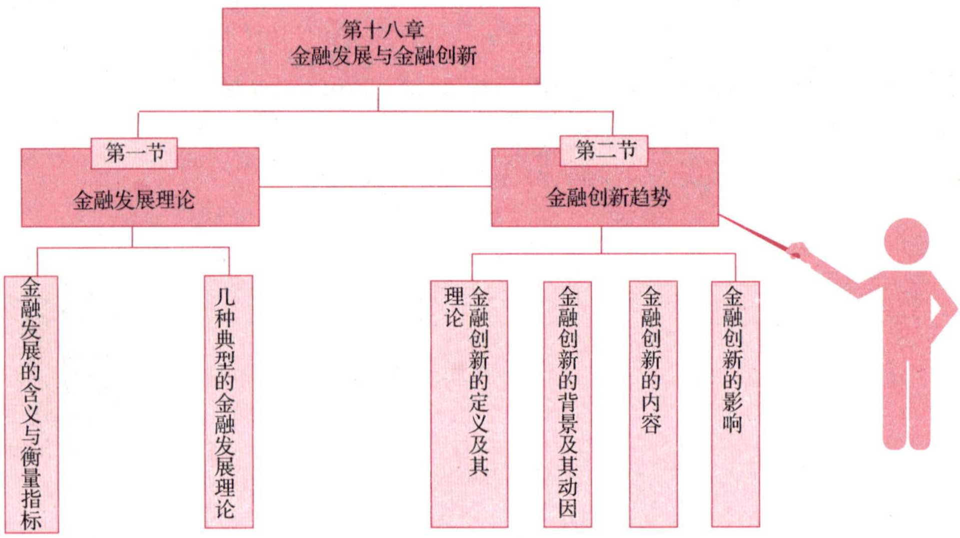

本章学习目标

- 了解金融发展和金融创新的含义；
- 掌握一些衡量金融发展程度的指标；
- 熟悉各阶段金融发展与金融创新理论的内容和政策主张；
- 理解金融创新产生和发展的背景和动因；
- 把握金融创新如何影响金融领域的发展。

章前引例

在世界经济史的发展过程中，拉美的智利被称为充满经验和教训的社会“试验室”。在近50年中几乎每一种主义的理论都在此经历过实践检验。其中，阿连德总统的军事管制经济与1974—1982年的超级货币主义实验中的利率自由化改革最引人注目。从

1974年起，智利新政府在一大批被戏称为“芝加哥男孩”的经济学家推动下，开始了悲壮的货币主义性质的经济自由化改革，其金融改革中的利率自由化改革是最具有悲剧色彩的。1974—1976年，其国内金融自由化改革几乎全部完成。在改革后的头3年，经济增长速度加快，通货膨胀大幅度降低，从1973年的600%以上降至1978年的37.2%，财政赤字得到有效控制，显示出了良好的改革前景。但好景不长，由于利率开放后金融监管机制建设不力，加上银行改制后制度设计上的缺陷，智利出现了一个超高利率时期，1976—1982年年平均实际利率达到32%。按季度统计资料来看，其绝对最高点出现于1982年第四季度，当时按年实际利率折算达到69%。智利的利率改革并未达到政策设计者所预想的动员储蓄、增加投资、促进增长的良性循环目的，反而引起了外资过度流入和比索升值，从1979年6月至1982年第二季度，两年中外资流入翻了两番，比索大约升值了25%，这带来了严重的经济问题。

随着国际收支账户日益恶化，外资流入至1981年后期已大量减少，再加上公众对政府政策成功实现的信心丧失，比索贬值已成共识。至1982年6月，智利政府不得不宣布比索大幅贬值，贬值幅度达18%。此后比索一直处在贬值之中，到1983年时，比索已贬值99%。智利政府不得不出面对之进行挽救，重新将银行收归政府帐下，利率也就不得不被重新管制。

智利利率自由化改革的失败让我们认识到，在金融领域里任何要素的改革创新都具有两面性，应注重趋利避害。

第一节　金融发展理论

一、金融发展的含义与衡量指标

（一）金融发展的含义

金融发展（financial development）主要包括金融资产的发展、金融机构的发展及金融市场的发展。在金融发展与经济发展的关系分析上，美国的格利和肖以及戈德史密斯的理论最为著名。

在格利和肖（Gurley and Shaw）看来，所谓金融发展，主要指各类金融资产的增多以及各类金融机构的设立。在各类金融资产中，货币只是其中一种；在各类金融机构中，银行也只是其中一种。经济发展，金融业随之发展。这种发展不仅表现为各类非货币金融资产的涌现和数量的增多，也表现为各种非银行金融中介机构的建立和发展。

在雷蒙德·W. 戈德史密斯（R. W. Goldsmith）看来，金融发展是指金融结构的变化，研究金融发展就是研究金融结构的变化过程和趋势。他把各种金融现象归纳为三个基本方面，即金融工具、金融机构和金融结构。其中金融结构就是一国现有金融工具和金融机构的形式、性质及其相对规模。不同类型的金融工具和金融机构组合在一起，构成不同特征的金融结构。一般来说，金融结构越复杂，即金融工具和金融机构以及它们的组合数量种类越多、分布越广、规模越大，金融发展的程度就越高，经济也就越发达。

（二）金融发展的衡量指标

对于一国金融的发展程度，西方经济学家主要从两个角度进行衡量分析：一是根据金融发展的含义，通过对金融结构状态的数量指标来衡量；二是通过金融发展状态与经济增长的相互关系来衡量。

1. 金融内部结构指标。

（1）主要金融资产（如短期债券、长期债券、股票等）占全部金融资产的比重；

（2）金融机构发行的金融工具与非金融机构发行的金融工具的比率，该比率是衡量金融机构化（financial institutionalization）程度的尺度；

（3）在非金融机构发行的主要金融工具中，所有金融机构持有的比率，该比率用来进一步衡量金融机构化程度；

（4）主要金融机构如中央银行、商业银行、储蓄机构及保险组织的相对规模大小；

（5）各类金融机构资产之和分别占全部金融机构总资产的比重，该比率为分层比率，用来衡量金融机构之间的相关程度；

（6）主要非金融部门的内部融资（如公司本身的资本积累）和外部融资（主要指通过金融渠道融入的资金）的相对比重；

（7）在外部融资中，国内部门（主要是国内金融机构）和外国贷款人在各类债券和股票等主要金融工具中的相对规模，等等。

2. 金融发展与经济增长的相互关系指标。

{ 金融相关率是指一定时期一国全部金融资产价值与该国经济活动总量的比值。

（1）金融相关率（financial interrelation ratio）。所谓金融相关率，是指一定时期一国全部金融资产价值与该国经济活动总量的比值。金融资产包括：非金融部门发行的金融工具（股票、债券及各种信贷凭证）；金融部门，即中央银行、存款银行、清算机构、保险组织和二级金融交易中介发行的金融工具（通货与活期存款、居民储蓄、保险单等）；国外部门的金融工具。实际统计中，经济活动总量通常用国民生产总值或国内生产总值来表示。

{ 货币化率就是指一国通过货币进行交易的商品与服务的值占整个国民生产总值的比重。

（2）货币化率（monetization rate）。在一国所生产的所有产品和服务中，有的通过货币进行交易，有的不通过货币进行交易。通常我们称通过货币进行交易的经济活动为货币经济，而称不通过货币进行交易的经济活动为自然经济。货币化率就是指一国通过货币进行交易的商品与服务的值占整个国民生产总值的比重。这个比重越高，说明一国的货币化程度越高。随着商品经济的发展，使用货币进行商品和服务交易的范围越来越广，通常我们把这种现象叫做货币化程度的不断提高。

除了以上提到的指标外，还可以根据研究需要构造适宜的指标来对金融发展作实证研究。比如，流动性负债比率，即金融体系的负债（现金＋银行与非银行金融机构的活期以及有息负债）与 GDP 的比值，可以用来衡量金融深度；商业银行——中央银行比率，即商业银行资产除以商业银行与中央银行资产之和，可以用来分析商业银行与中央银行在配置社会储蓄中的规模对比；私人信贷比率，即分配给私人部门信贷与国内总信贷的比率，以及通过金融中介分配给私人部门的信贷与 GDP 的比率，来衡量信贷在私有部门与公共部门之间的分配；股票市场成交量比率（即股票成交量/GDP）以及股票的换手率（即股票成交量/流通股股本），可以用来衡量股票市场发展程度；等等。

（三）金融发展理论沿革

1. 金融发展理论的初级阶段——关于金融发展与经济增长的关系研究。巴杰特（Bagehot，1873）第一个全面考察了金融在经济中的作用，他发现金融体系可以为大型工业项目提供资本融通进而在英国工业革命进程中发挥了关键作用，从而揭开了金融发展理论研究的序幕。此后许多经济学家都致力于金融发展与经济增长之间关系的研究。

（1）古典经济学派理论。古典经济学家遵循萨伊定律，强调货币中性，认为货币供给量的变化并不影响产出、就业等实际经济变量，货币在经济体系中只充当“面纱”角色。古典主义认为，经济增长完全由实物部门决定，任何货币政策都是多余的，甚至是有害的，货币政策的任务仅在于货币购买力。这种认识使得货币理论长期以来不为人们所重视。

（2）货币经济理论。瑞典经济学家维克塞尔最先与“货币面纱论”决裂并创立了货币经济理论，他在《利息与价格》（1898）中首先提出了“自然利率”的概念，认为货币并非“面纱”，而是影响经济的重要因素。后来，凯恩斯真正使这一理论为经济学家所普遍接受，凯恩斯认为货币有着巨大作用，于是提出了管理通货的政策主张，并把货币分析渗透到其理论体系的各个环节中，从而创立了一种新的货币分析方法和货币经济理论。

2. 金融发展理论的形成。

（1）非常信用理论。熊彼特提出非常信用理论，在经济理论史上第一次指出了货币因素对长期经济发展所具有的特殊意义。他把货币理论同经济发展理论结合起来，将货币和信用视为经济发展的重要因素。熊彼特的创新之处在于，他认为银行具有信用创造的能力，并以此推动经济发展。该理论指出了这样一个事实，即在经济发展中，尤其是在经济发展初期，银行信用是金融活动的主要形式。

（2）货币增长理论。美国经济学家托宾首次将货币因素引入经济增长模型，从而为现代货币增长理论的研究开辟了一条新道路。这一理论旨在研究货币与经济增长的内在联系，弥补了实物增长模型忽略货币因素的缺陷。尽管托宾模型的政策结论存在着许多不足之处，但其关键价值在于充分强调了货币的价值储藏功能，并将货币收入列为实际可支配收入的一部分，进而对人们的消费与储蓄行为产生影响。

（3）格利和肖的观点。1955 年和 1956 年格利和肖发表《经济发展中的金融方面》和《金融中介机构与储蓄—投资》两篇论文，揭开了金融发展理论研究的序幕。而后在 1960 年两人共同出版的《金融理论中的货币》一书中，他们试图建立一个以研究多种金融资产、多样化的金融机构和完整的金融政策为基本内容的广义货币金融理论。他们首次通过建立基本模型，分析了金融在经济中的作用，即把储蓄者的储蓄转化为投资者的投资，从而提高全社会的生产性投资水平。格利和肖的理论已初步涉及金融制度变革等金融发展的深层次的制度性因素，为后续的研究指明了方向。

（4）戈德史密斯的金融发展理论。戈德史密斯于1969年出版了《金融结构与金融发展》一书，奠定了金融发展理论的基础，从而成为金融发展理论的鼻祖。他的理论主要包括：其一，首先提出并系统分析了金融结构概念，分析并提出金融结构衡量指标及金融结构类型。其二，研究并揭示金融深化的内在路径和规律。这些规律对当前发展中国家的金融发展仍然具有重要的借鉴价值。其三，提出金融发展与经济增长关系问题的重要性和研究方向。戈德史密斯认为金融发展与经济增长有着密切的联系，并特别强调发达国家与欠发达国家在金融发展中的明显区别。

3. 金融发展理论的建立——金融深化论。麦金农（McKinnon）（1973）和肖（Shaw）（1973）放弃了以发达国家金融体系为研究对象，转而研究发展中国家的金融问题，他们建立了一个分析金融深化和经济增长关系的框架，重点考察了发展中国家特有的金融抑制的现象。他们认为，在发展中国家存在着严重的金融约束和金融压抑现象，这既削弱了金融体系聚集金融资源的能力，又使金融体系发展陷入停滞甚至倒退的局面。两人的不同之处在于：麦金农放弃了传统金融理论中货币与资本相互替代的假设，认为发展中国家落后的金融制度使投资不是依赖于外部融资，而是依靠内部融资，并且提出了衡量金融发展的一个比较著名的指标——M_2/GDP（金融深化指标）。虽然这两人的研究对象是发展中国家的金融问题，没有从更一般意义上来讨论金融发展与经济增长之间的关系，但是由于他们认识到金融发展与经济增长之间的确存在着某种必然联系，因此人们依然把金融抑制和金融深化理论的提出看做是金融发展理论形成的标志。

4. 金融发展理论的发展——金融约束论。赫尔曼（Hellmann）、穆尔多克（Murdock）和斯蒂格利茨（Stiglitz）（1997）从有效需求观点和信息不对称角度对传统的金融深化理论提出挑战，认为金融深化论所竭力倡导的金融自由化战略需要很严格的条件，其理论假定前提为瓦尔拉斯均衡的市场条件，这在现实中难以成立，发展中国家和转型国家通常不具备金融自由化所需的先决条件，必须另辟蹊径，金融约束是一种可行的选择。

二、几种典型的金融发展理论

关于金融发展的比较著名的理论有戈德史密斯的金融结构与发展理论、麦金农和肖的金融深化理论，以及后来兴起的金融约束论。

（一）金融结构与发展理论

1969年，美国经济学家戈德史密斯在《金融结构与金融发展》一书中阐明了金融结构理论。书中，戈德史密斯建立了一个研究金融发展的比较经济学框架，将金融发展史与当代几十个国家的金融结构现状进行了比较研究，采用实证分析的方法，从金融机构和金融工具的角度出发来研究金融发展，得出结论："金融理论的职责就在于找出决定一国金融结构、金融工具存量和金融交易量的主要经济因素，并阐述这些因素怎样通过相互作用，从而形成金融发展。"①

1. 金融结构理论的主要内容。戈德史密斯认为，金融发展主要体现在金融结构的变化上。他指出："各个国家之间在许多方面都存在着差异……但是对于经济分析来说，最重要

① 雷蒙德·W. 戈德史密斯. 金融结构与金融发展［M］. 上海：上海三联书店，1994：第一章.

的也许是金融工具的规模以及金融机构的资金与相应的经济变量（如国民财富、国民产值、资本形式和储蓄）之间的关系。”① 因此，戈德史密斯认为，研究各国金融发展差异，就必须从比较它们的金融结构入手。他把各种金融现象归纳为三个基本方面，即金融工具、金融机构和金融结构。其中，金融工具指对其他单位债权凭证和所有权凭证；金融机构即金融中介机构，它是以金融工具为资产与负债的企业；金融结构即各种金融工具和金融机构的综合，以及工具之间和机构之间的比例关系。

专栏 18－1
雷蒙德·W. 戈德史密斯

美国经济学家雷蒙德·W. 戈德史密斯（Raymond W. Goldsmith），1904 年出生于比利时的布鲁塞尔，1927 年获柏林大学哲学博士，毕业后在德国先后从事统计和金融研究工作。1934 年迁居美国，供职于美国证券交易委员会和美国战争生产理事会，并加入国际收入与财富研究协会委员会，兼任该委员会主席。1956 年至 1961 年为纽约大学经济学教授，1962 年至 1974 年为耶鲁大学经济学教授。

戈德史密斯在其著作《金融结构与金融发展》一书中写道：“金融理论的职责就在于找出决定一国金融结构、金融工具存量和金融交易流量的主要经济因素，并阐明这些因素怎样通过相互作用，从而形成金融发展。”他认为，金融发展就是指金融结构的变化，研究金融发展必须以有关金融结构在短期或长期内变化的信息为基础。他在这些信息资料的基础上找出了各国金融发展的一条共同道路；尽管金融发展的起点和速度都是千差万别的，但没有资料可以证实除了在战争和通货膨胀时期以外有哪一个国家的金融发展偏离了这条道路。

戈德史密斯对于金融结构的考察主要从以下八个方面来进行。

（1）一国金融上层结构与经济基础结构的关系。这是金融结构最基本的方面，这个关系用金融相关率（FIR）表示，即某一时点上现存金融资产总额与国民财富（实物资产总额与对外净资产的和）的比。

（2）金融工具余额在各种主要工具类型的分布状况和金融资产总额在主要经济部门的分布状况，如债券与股票的比重、长短期债券的比重。即使金融相关率相同，由于金融工具结构上的差异，金融对经济发展的影响也会不同。

（3）金融资产总额和各类金融工具余额在各个经济部门之间及其子部门之间的分布状况。这反映了不同金融工具在经济各部门的渗透程度，以及各部门对金融工具的不同偏好。

（4）各种金融机构所持有的金融资产占所有金融资产总额的份额，在金融工具总额中及在主要金融工具余额中所占的份额。这些指标反映了各种金融机构的相对重要性。

（5）金融机构的金融工具余额在金融工具存量中的比率。这一比率称为金融中介率，是反映一国金融上层结构机构化程度的最全面、最重要的指标。

① 雷蒙德·W. 戈德史密斯．金融结构与金融发展［M］．上海：上海三联书店，1994：第一章．

（6）把金融资产存量按金融工具种类和经济部门分类组合，可得到一个金融相关矩阵。该矩阵能清楚地反映各种金融活动的过程。

（7）金融结构流量的分析。金融结构的存量和流量之间存在着密切联系。流量可被看做存量之差，存量可被视为期内流量的积累，对金融机构的流量分析可参照存量分析进行。

（8）分析不同部门的内源融资与外部融资各占的比重，测定各个经济部门和子部门之间资金来源与资金运用的情况。

这八个定量分析金融结构的指标中，最重要的是金融相关率（financial international ratio，FIR）。它的定义是全部金融资产价值与全部实物资产价值（即国民财富）的比，这是衡量金融上层结构相对规模的最广义指标。① 戈德史密斯还指出，“金融相关率的变动反映的是金融上层结构与经济基础结构之间的规模变化关系，它大概可以被视为金融发展的一个基本特点。因为在一定的国民财富或国民收入的基础上，金融体系越发达，金融相关系数也就越高，所以人们推断出，在经济发展的过程中，金融相关率必然会逐步提高，而且可以根据金融相关率来衡量金融发展达到何种水平”。②

戈德史密斯认为，不同的金融相关率总是与不同类型的金融结构相关联。③ 因此，根据金融相关率的高低和其他相关特征，戈德史密斯将金融结构大致分为下述三种类型。

一是金融相关率较低（为1/5～1/2），债权凭证远远超过股权凭证而居于主导地位。这种金融结构反映金融发展初级阶段的特点，存在于18—19世纪中叶的欧洲和北美洲。

二是金融相关率仍然较低，债权凭证仍然大大超过股权凭证，但这种金融结构中，政府和国有金融机构发挥更大作用。在20世纪上半叶，大多数非工业化国家的金融结构属于这种类型。

三是金融相关率较高，约为1（即金融资产总额与国民财富相等）。金融机构日趋多样化，银行体系地位下降，储蓄机构和私人及公共保险组织地位上升。这种金融结构在20世纪初期以来的工业化国家比较常见。

2. 金融结构理论的主要结论。

（1）研究并揭示了金融深化的内在路径和规律。通过对35个国家200多年金融发展历程的比较分析，戈德史密斯认为，虽然各国的金融结构各不相同，但金融发展的道路却只有一条，在这条道路上，金融相关率、金融机构的金融资产额在金融资产总额中的比重、银行体系的地位等方面的变化都呈现出一定的规律性，只是在战争和通货膨胀时期才会出现偏离现象。他认为，尽管各国金融发展的进程不同，存在一些差异，但从基本发展趋势看，发达国家有许多共同之处，而发展中国家也或迟或早地具备了这些共性。通过大量的比较和分析，戈德史密斯总结出金融发展的12条规律。

（2）提出了金融发展与经济增长关系问题的重要性和研究方向。戈德史密斯认为，弄清金融发展与经济发展之间的关系是十分重要的，对这个问题，他也分别从理论和历史两个方面进行了探讨。从理论上讲，金融机构对经济增长的效用必须从总量以及储蓄与投资的分配

① 雷蒙德. W. 戈德史密斯. 金融结构与金融发展［M］. 上海：上海三联书店，1994：44.

② 雷蒙德·W. 戈德史密斯. 金融结构与金融发展［M］. 上海：上海三联书店，1994：44.

③ 雷蒙德·W. 戈德史密斯. 金融结构与金融发展［M］. 上海：上海三联书店，1994：33－34.

这两个方面进行探讨。戈德史密斯认为，一方面，金融机构的存在与发展可有效地增加储蓄和投资的总量；另一方面，金融中介的介入还能有效地将既定的资金分配给收益和效率较高的投资项目，从而使平均的投资效率得到提高。因此，在这种情况下，金融机构的存在与发展可有效地促进经济的增长。从历史经验上讲，在不同国家之间或在同一国家的不同时期之间，金融发展对经济增长的影响大为不同。

（二） 金融深化论

20 世纪 60 年代以来，发展中国家的金融发展问题受到越来越多的关注。1973 年，美国经济学家罗纳德·I. 麦金农（Ronald I. McKinnon）和爱德华·S. 肖（Edward S. Shaw）分别出版了《经济发展中的货币与资本》和《经济发展中的金融深化》，对发展中国家的金融发展及与经济增长的关系和采取的货币金融政策和体制进行了深入探讨，分别提出了金融抑制理论和金融深化理论，建立了一套比较适合发展中国家特征的货币金融理论，在西方金融界引起很大反响。由于这两个理论有许多相似之处，这里我们将它们统称为金融深化论。

1. 金融抑制理论。根据麦金农的分析，所谓金融抑制，是指这样一种现象，即政府对金融体系和金融活动的过多干预压制了金融体系发展，而金融体系的不发展，又阻碍了经济的发展，从而造成金融压制与经济落后的恶性循环。

专栏 18 -2

罗纳德·I. 麦金农

罗纳德·I. 麦金农（Ronald I. McKinnon），1935 年出生于加拿大的埃德蒙特。1956 年获埃尔伯塔大学文学学士学位，1961 年获明尼苏达大学博士学位。他长期执教于美国斯坦福大学经济系，自 1984 年至今一直担任该系 W. D. 依贝尔（William D. Ederle）国际经济学教授。他长期为国际货币基金组织、世界银行、亚洲发展银行以及广大发展中国家政府提供货币政策和经济金融发展的专业咨询。

麦金农教授是世界上首先分析金融压抑对经济发展构成严重障碍的经济学家。他的第一本著作《经济发展中的货币与资本》成功地分析了金融压抑的危害，成为金融发展理论的奠基之作。他在《经济自由化的顺序——向市场经济转型中的金融控制》一书中给出了金融自由化的政策顺序，对发展中国家特别是包括中国在内的中央计划经济国家的转型产生了深远影响。

罗纳德·I. 麦金农

麦金农教授对于国际区域货币汇率安排也造诣颇深。他在 1997 年亚洲金融危机后，提出“东亚货币锚定美元”的主张，引起强烈反响。在《东亚汇率两难和世界美元本位》一书中，麦金农教授更是明确表明了美元作为东亚货币本位的主张以及该主张对于减小汇率波动、维持金融稳定的作用和意义。

麦金农和肖首先分析了发展中国家货币金融理论的特征，认为以发达国家为对象而建立的各种西方货币金融理论和政策并不适合发展中国家。发达国家经济发达、货币金融体制比较完善、金融市场相当活跃。发展中国家的货币金融有其自身的一些落后特征，麦金农和肖将其概括为以下四点。

（1）货币化程度低，即在这个经济中，货币经济所占比重较小，而自给自足的非货币经济所占比重较大。这使得货币在整个经济中所起到的作用受到限制，从而经济效率十分低下，并使得货币政策中调节货币供应量和利率的作用受到限制。

（2）金融制度呈二元结构，即以现代化管理方式经营的大银行和其他金融机构与以传统经营方式经营的钱庄、当铺之类的民间金融机构并存。这种状况使得货币政策和传导机制受到严重的限制和扭曲，从而难以发挥预期的效应。

（3）金融市场落后，经济结构割裂，大量经济单位互相隔绝，缺乏统一的市场制度。这种市场的不完全，表现在金融方面就是金融工具缺乏、经济单位的资金难以相互融通。这种状况不仅限制了通过多种渠道、多种方式大规模进行社会资金融通的能力，从而导致资本形成不足，而且也给政府实施金融政策带来困难。

（4）政府对金融实行严格管制。这主要表现为政府对金融作出种种行政上的限制，对利率和汇率实行严格管制。这使得金融市场特别是国内资本市场发生扭曲，利率和汇率不足以反映资本的稀缺程度。

麦金农和肖认为，造成金融抑制的主要原因是政府对金融过多的不适当管制政策。这些管制主要包括对利率和汇率的限制、信贷配给制，以及对银行之外的其他金融中介的忽视，其中利率管制是金融管制的核心。具体情况如下：

首先，发展中国家金融市场不发达，金融工具缺乏，因此间接融资是最主要的融资方式，银行是投资和融资的主要场所。政府为了刺激经济发展，就会人为地将利率控制在一个较低的水平，从而降低投资成本，增加政府和社会投资。同时，发展中国家通常存在着较高的通货膨胀率，因此导致实际利率可能为负。在此条件下，资金供求双方就会有完全不同的表现，拥有资金闲置的人们不愿意将货币存入银行中，想借款的人们却因为受到很低的实际利息的刺激，其借款需求增强，由此导致资金严重供不应求。

其次，为了平衡这一缺口，政府通过信贷配给制来限制资金需求。这种情况下，金融机构采用配给方式授信，能够获得信贷的大多是政府鼓励支持的产业和地区（国有企业或与官方有关联的企业），对这些企业，政府不仅在信贷上给予倾斜，还实行优惠的差别利率政策，而民间企业只能转向非组织市场和高利贷供给者融资，广大小工商业者处于信贷资金的最劣势，这种资金的严重供给不足大大抑制了一国经济的发展。

另外，较低的国内利率会刺激资金供给者的资金外流，投资于收益率较高的国外金融市场。这时，发展中国家政府为了限制资金外流，往往采取官定汇率和汇率管制措施，这在很大程度上限制了资金出入，也限制了本国经济的发展。

由上述原因造成的金融抑制，对发展中国家经济发展和经济增长的负效应主要表现在以下方面。

（1）负收入效应。由于较低的利率和较高的通货膨胀并存，居民和企业就会尽可能少地以货币形式储蓄财富，因此社会储蓄和投资总额就会减少，从而限制了国民收入的增长。

（2）负储蓄效应。在发展中国家，经济货币化程度很低，金融工具品种单调，通货膨胀率不稳定，同时利率的限制使得储蓄易遭受通货膨胀损失而难以抵补，因此，持有货币的公民更倾向于消费支出、以实物进行保值或向国外进行资金转移来规避负实际利率造成的损失。

（3）负投资效应。在市场分割的情况下，存在着很多收益较高却得不到资金供给的投资机会，而一些收益较低的项目却能得到廉价的贷款，这就会降低投资的实际产出，造成资金的浪费。

（4）负就业效应。由于较低的利率水平使得投资者的资金成本很低，这样，很多投资者就热衷于建立资本密集型的工厂和企业，导致大量的劳动力剩余，使失业率上升。

专栏 18－3
我国 20 世纪 90 年代以后金融抑制的缓解

金融抑制的主要特征是对利率、汇率等价格指标的管制。就利率而言，利率管制的消除即利率市场化或利率自由化对于经济转型国家是一个复杂而敏感的问题。我国在利率市场化改革中遵循了渐进原则。1996 年 1 月 3 日，全国统一的银行间拆借市场试运行，拆借利率由交易双方根据资金供求状况在给定的浮动范围内确定，这是中国利率市场化改革的第一步；同年 6 月 1 日，中国人民银行又在拆借市场上取消了行政性定价，利率完全由交易双方自行议定。1997 年 6 月，银行间债券回购利率基本放开。1998 年 8 月，国家开发银行发债实行市场定价。1999 年 10 月，国债发行首次采用市场招标定价；同年颁布实施了《人民币利率管理规定》，对人民银行和商业银行的利率确定权有了明确的规定。2000 年 9 月，人民银行放开中资银行外币贷款利率，由金融机构根据国际金融市场利率的变动情况自行确定各种外币贷款利率及其计结利息方式；大额外币存款利率由金融机构和客户协商确定，小额外币存款利率由银行业协会统一制定，各金融机构执行。2002 年初，全国 8 个县农村信用社贷款利率最高浮动幅度扩大到 100%，存款利率最高可上浮 50%；同年 9 月提高利率浮动幅度试点扩大到全国。

此后，人民银行不断地扩大存贷款利率的浮动区间，到 2015 年 3 月，存款浮动区间的上限为基准利率的 1.3 倍，下不封底；贷款浮动的下限为基准利率的 0.7 倍，上不封顶。另外一个重要的市场化信号是 2015 年 3 月人民银行行长周小川表示年内会适时出台存款保险条例，这将为存贷款利率的完全放开及进一步的利率市场化奠定坚实的基础。

在汇率方面，1994 年，我国对外汇管理体制进行了重大改革：一是对官方汇率和外汇调剂市场汇率并存的“双重汇率”实行并轨，建立单一的、有管理的浮动汇率制度；二是对境内机构外汇买卖实行银行结售汇制度，并建立全国统一的银行间外汇市场，在各外汇指定银行之间提供外汇买卖和清算服务。1996 年 12 月，我国正式接受《国际货币基金组织协定》第八条款，实现了人民币经常项目下的可兑换。2005 年 7 月 21 日，我国放弃了实质上钉住美元的汇率制，建立了“货币篮子、波动区间和爬行钉住”的汇率制度。这次汇改也在不断地扩大人民币汇率波动的幅度，到 2014 年，允许的波动幅度已由当初的 0.3% 扩大到 2%。汇改的深刻影响也使人民币汇率大幅上升，到 2014 年底的 9 年间，人民币对美元的汇率已累计上升超过 35%。

2014 年中央提出了设立亚洲基础设施投资银行的构想和“一带一路”规划（丝绸之路经济带和 21 世纪海上丝绸之路）势必使中国经济和金融的开放程度得到质的提高，当然也进一步地要求缓解金融抑制问题，这就要求迅速地推进利率和汇率的市场化。

资料来源：李建伟，米建国．我国经济发展中的金融深化与金融抑制［EB/OL］．中国经济新闻网。国研视点，2002－04－29.

2. 金融深化理论。1973年，爱德华·S. 肖提出金融深化理论。与金融抑制相反，所谓金融深化，肖认为是这样一种情形：如果政府取消对金融活动的过多干预，发展中国家货币金融和经济可形成金融改革与经济发展的良性循环。金融深化理论认为，金融与经济发展息息相关，功能健全的金融体系能使较贫困地区的经济增长步伐变得更快，反之，扭曲的金融会阻碍经济的发展。

专栏18－4
爱德华·S. 肖

爱德华·S. 肖教授（Edward S. Shaw，1908—1994），出生于美国的新墨西哥州。1929年在斯坦福大学获学士学位，第二年在该校获硕士学位，1936年又在该校获得博士学位。1941年后，担任斯坦福大学经济系教授，其间曾任经济系主任。1964年至1966年，肖在布鲁金斯学会任研究员，还曾在财政部、美联储和军队任过职。1964年至1967年，肖作为国际发展机构的一员曾在韩国工作过相当长一段时间，亲身经历了这一时期韩国的金融改革。此后，在1967年，肖还受福特基金会的派遣到乌拉圭工作，这使其对一些发展中国家的情况有了较多的了解。1973年前，肖的主要著作有《金融理论中的货币》（与约翰·格利合著）等。

在上述理论和背景的影响下，1973年，肖以《经济发展中的金融深化》一书轰动了经济理论界，并与斯坦福大学另一经济学教授罗纳德·麦金农所著的《经济发展中的货币与资本》一书，在20世纪80年代成为发展经济学中金融理论的代表作，共同构成了金融深化理论的基础。它之所以成为金融深化理论的经典著作，在于它从一个全新的角度对金融与经济发展的关系进行了开创性的研究。

金融深化是一个国家金融和经济之间呈现的相互促进的良性循环状态。麦金农和肖认为，金融抑制是发展中国家的一大发展障碍，要想实现经济迅速增长就必须进行金融深化，进行适当的金融改革，放松过度的政府干预，让金融体系充分发挥其有效配置资源的作用。

根据麦金农和肖的理论，金融深化对经济发展的积极效应可以归纳为四种：

（1）收入效应。肖所谓的收入效应，是指实际货币余额的增长，也即社会货币化程度的提高对实际国民收入增长所带来的影响。金融深化取消对利率和汇率的限制，将有助于增加私人及政府储蓄和国外资本的流入，从而对国民经济起到促进作用。

（2）储蓄效应。金融深化的储蓄效应体现在两个方面：一是金融深化提高了货币的实际收益率，从而鼓励人们的储蓄性行为，带来整个经济储蓄倾向的提高；二是由收入效应引起的，金融深化使得实际国民收入增加，在储蓄条件一定的情况下，社会储蓄总额也按比例相应增加。

（3）投资效应。金融深化引起的投资效应也体现在两个方面：一是储蓄效应增加了投资的总额，使企业融资能力增强，促进投资；二是金融的发展提高了投资的效率，储蓄者和投资者之间的竞争优化了储蓄的分配和使用效率。

（4）就业效应。同样，一方面，货币实际收益率的上升使得投资者资金成本提高，因此投资者将更倾向于以劳动密集型的生产代替资本密集型的生产以节约资本的使用，这样使得社会的就业水平提高；另一方面，由于储蓄发挥合理配置资金的作用，企业竞争加强，进而提高了产品的国际竞争力，出口增加将促进一国就业水平增加。

金融深化的实质就是金融自由化。金融自由化的主要内容有：（1）利率自由化，即政府放弃对利率的管制，让其在市场机制下，由资金供求关系直接决定；（2）机构自由化，即打破金融行业的垄断，尽可能地支持民营金融事业，促进金融机构的自由竞争；（3）汇率自由化，即让外汇自由交易，汇率自由浮动，最终达到外贸自由化。可以说，金融自由化或市场化是推动金融深化的动力，也是发展中国家金融发展的唯一途径。

3. 金融深化论的政策主张。在理论分析的基础上，麦金农和肖制定了一套适应于发展中国家的货币金融政策来推动其金融深化。这些政策主要是：

（1）政府要减少对金融体系和金融市场的过分干预和管制，允许非国家化、非银行化的金融机构存在和发展，鼓励各种性质、各种类型的机构、企业、公众积极参与金融市场活动。

（2）政府要允许市场机制特别是利率、汇率机制自由运行。肖指出：“金融深化意味着利率必须准确反映客观存在的、能替代即时消费的投资机会和消费者对延迟消费的非愿意程度。”① 消除实际利率为负的现象，使利率能够很好地反映储蓄稀缺性，以刺激储蓄，提高资金使用效益。

（3）政府要放弃用通货膨胀刺激经济增长的方法。麦金农和肖认为，经济增长与金融状况是密切相连的。在金融压制的情况下，经济增长受阻，若再实行通货膨胀政策，则将加重金融压制和经济滞胀的恶性循环。因此，政府应在稳定通货、平抑物价的条件下追求经济的增长，而不是依靠增加货币供给来解决资金短缺。

（4）着力于发掘本国资本，减少对外国资金的依赖。麦金农和肖认为，经济发展的优先策略是直接放松国内金融和对外贸易，主要依靠本国资金力量来发展经济，而不是依赖外来资金来消除长期的资金紧张“瓶颈”。

专栏 18－5
20 世纪 70 年代之后的金融深化浪潮

从 20 世纪 70 年代起，世界上掀起了一股金融深化的浪潮，许多发展中国家纷纷着手进行利率自由化的改革。其中有成功的案例，当然不乏失败者。我们来考察四个较为典型的亚洲国家：韩国、印度尼西亚、泰国和印度。前三个国家在亚洲金融危机中未能幸免，而利率自由化又都在危机前的八九十年代完成，而印度既躲过了危机，利率自由化改革又进展得较顺利，至今颇为成功。另外，智利作为拉美发展中国家的代表，其利率自由化改革案例具备典型性。

---

① 爱德华·S. 肖. 经济发展中的金融深化［M］. 上海：上海三联书店，1988：7.

1. 韩国。韩国政府于 1981 年放开商业票据贴现利率，1984 年实现银行间拆借利率和未担保的企业债券发行利率自由化，1986 年 3 月完成大额存单利率、有担保的企业债券利率和金融债的利率自由化，1988 年 12 月放开除一些政策性贷款外的所有贷款利率和 2 年期以上的存款利率。然而改革的效果并不理想，到 1989 年，市场利率大幅上升，韩国政府不得不对利率重新施加管制。第一次利率自由化改革宣告失败。1991 年韩国经济增长放缓，资金需求缓和，市场利率与管制利率的差距缩小。因此，韩国政府从 1991 年 11 月开始了第二次利率自由化改革。这次改革采取渐进方式，特点是较早地、一次性地放开了贷款利率，存款利率和债券利率大致遵循从长期到短期、从大额到小额的放开顺序。但是，韩国受到亚洲金融危机的影响，1999 年存贷款利率均大幅上升，并随之发生了金融危机。

2. 印度尼西亚。20 世纪七八十年代石油价格的大幅涨跌使印度尼西亚的宏观经济极不稳定，金融体系受到极大影响。在 1983 年一次性放开所有存贷款利率限制之后，实际贷款利率长期高达 10% ~15%。继 1997 年亚洲金融危机之后，道德风险导致银行坏账愈积愈重，导致了 2000—2001 年的银行支付危机。

3. 泰国。20 世纪 80 年代前半期，泰国出现了严重的金融系统危机，其后实行了一系列政策以恢复经济和金融稳定：1989 年放开了 1 年期以上定期存款的利率上限，1990 年 3 月放开了所有定期存款的利率上限，1992 年 1 月取消了储蓄存款的利率上限，1992 年 6 月取消了所有贷款利率上限。这些措施使得国内利率与国际市场利率的联系日益紧密，同时也增大了国内金融系统的风险。1997 年，泰国爆发了金融危机，并引发了“多米诺骨牌效应”，是亚洲金融危机的起源。

4. 印度。1991—1992 年的银行系统支付危机之后，印度制订了稳定和自由化改革计划，较好地实现了经济的稳定增长和金融系统的发展，中央政府赤字保持在 GDP 的6% ~10%。改革前，存贷款利率处于完全管制状态。1988 年取消贷款利率上限改为设置下限，1992— 1995 年为定期存款利率设置上限并不断调整上限值，1992 年后优先贷款利率逐渐放开并减少优先贷款种类，1994 年放开了 20 万卢比以上的贷款利率，1995—1997 年从长期存款开始逐渐取消了定期存款利率上限，等等。但是，政府对于包括储蓄存款利率、邮政储蓄利率、非居民持有的卢比存款利率和 20 万卢比以下的贷款利率等利率仍然保持管制。

5. 智利。在 1973 年武装推翻总统阿连德政权后的 10 年里，智利试图从一个半封闭的、受政府干预过多的经济转变成“自由化”世界中的一员，将大多数经济决策权交由市场力量来行使。1974—1976 年，其国内金融自由化改革几乎全部完成，包括银行私有（1976 年完成）、利率自由决定（1977 年 6 月完全放开）、资本账户开放（1979 年 6 月开始，但对短期资本流入仍加以限制）。由于随后的银行危机，改革出现了反复。中央银行以公布指导性利率的形式宣布了第一轮自由化改革产生的市场化利率暂时废止，在银行业重组基本完成之后，中央银行于 1987 年取消了公布指导性利率的做法，转向主要通过公开市场操作来影响国内利率水平。在改革后的头几年，经济增长速度加快，通货膨胀大幅度降低，财政赤字得到有效控制，但好景不长，由于利率放开后金融监管机制建设不力，加上银行改制后制度设计上的缺陷，出现了一个超高利率时期（1976—1982 年），银行大量破产，政府在对银行重组之后，进行了渐进式的第二轮改革，取得成功，经济进入健康发展的轨道。

资料来源：程昆．发展中国家的金融深化与中国金融市场发展研究［M］．北京：中国经济出版社，2004.

（三）金融约束论

进入20世纪90年代，信息经济学的研究成果被广泛应用到各个领域，尤其是应用到对政府行为的分析中。很多经济学家分析了在信息不完全的前提下金融领域的道德风险、逆向选择等问题。1996年，以托马斯·赫尔曼、凯文·穆尔多克、约瑟夫·斯蒂格利茨为代表的新凯恩斯主义经济学家在麦金农和肖的金融深化论基础上，从不完全信息的角度提出了金融约束论，重新审视了金融体系中放松监管与加强政府干预的问题。

1. 金融约束理论内容。金融约束论认为，麦金农和肖的金融深化论的假设前提为瓦尔拉斯均衡市场，即金融市场是完全竞争的，市场中的信息是完善和公开的，存在一个竞争完全不受任何阻碍和干扰的市场结构，且市场中的主体是理性的，然而在现实中，这种均衡条件是难以成立的，况且，由于经济中存在着信息不对称、代理行为、道德风险等，即使在瓦尔拉斯均衡市场条件下，资金资源也难以被有效配置，所以政府的适当干预是十分必要的。

金融约束论认为，政府对金融部门选择性地干预有助于而不是阻碍金融深化，提出经济落后、金融发展程度较低的发展中国家应实施金融约束政策，在一定的前提下（宏观经济稳定、通货膨胀率低且可以预测、正的实际利率），通过对存贷款利率加以控制，对市场准入、市场竞争以及资产替代加以限制等措施，来为金融部门和生产部门创造租金，并提高金融体系运行的效率。

金融约束论中的所谓金融约束是一种选择性干预政策，是指政府通过制定一系列的金融政策，在金融部门和生产部门创造租金机会刺激金融部门和生产部门的发展，从而促进金融深化。这里的租金是指超出市场竞争所得的收益部分，政府可以通过限制利率等金融管制政策来创造租金，也可以采用市场准入限制、定向配给的政策来创造租金。只要政府使银行或企业获得了超出竞争性市场所能得到的收益，而政府本身并不瓜分利益，就可以说政府为它们创造了租金。不同于金融抑制使政府从金融部门攫取租金，金融约束的本质是政府通过制定一系列的金融政策给民间部门创造租金机会，而不是直接向民间部门提供补贴。

2. 金融约束理论的政策主张。金融约束是发展中国家从金融压抑状态走向金融自由化过程中的一个过渡性政策，它针对发展中国家在经济转轨过程中存在的信息不畅、金融监管不力的状态，提出政府应在市场失灵的情况下发挥应有作用。

斯蒂格利茨等提出了一系列适合发展中国家的金融约束政策，以助于政府为银行部门创造租金。

（1）控制存贷款利率，即将存贷款利率控制在一个较低水平上。将存款利率控制在低于市场利率水平之下，有利于降低银行的经营成本，为其创造租金机会，同时还增加了银行内部机会主义行为的机会成本，减少银行自身道德风险，激励银行控制短期行为。在信息不对称的条件下，较高的贷款利率容易引发企业的信用风险，因此政府对贷款利率适当控制有利于减少银行的经营风险。

（2）限制资产替代，即限制居民将银行部门的存款转化为其他资产，如证券、国外资产、非银行部门存款和实物资产。发展中国家经济欠发达，经济发展所需资金不足，在此情况下，如果居民将本就较少的储蓄存款转化为其他资产，将使银行体系的可贷资金减少，企业投资资金来源不畅，这势必会影响本国经济的发展。因此，政府必须采取闲置资产替代政策，保证资金用于发展社会经济。

（3）限制银行业竞争。控制利率只限制了银行间的价格竞争，但银行业的恶性非价格竞争仍可能使租金机会消失，从而危及金融体系的稳定，并进一步影响整个国民经济体系稳定。政府应通过一定的干预，保证金融体系处于健康稳定发展的状态。虽然限制银行业竞争可能使得一些效率较低的银行也受到了保护，但这一成本远低于安全的金融体系给整个经济带来的收益。

另外，金融约束论认为，金融约束不是自由放任和政府干预之间的静态政策权衡，而应该是一种动态的政策制度，应随着经济的发展和金融深化的逐步加深而进行调整。例如，对于金融深化程度较低的国家来说，金融约束可能包括存贷款利率的控制、市场准入限制等，但随着经济的发展，贷款利率控制应先于存款利率控制而被取消。而且，政府在发展公司债券和股票市场的同时，也应适当发展民间债券市场，为那些不能从银行部门和证券市场获得资金的众多中小企业开辟一条扩大资金来源的道路。随着金融深化程度的进一步加深，政府应逐步减少干预，使经济和金融向进一步自由化的方向迈进。

第二节　金融创新趋势

经过近几十年的发展，金融领域的不断创新已经成为当今国际金融界重要的发展趋势之一。它贯穿于现代金融发展的整个过程，决定着金融业发展的质量和程度，对金融业产生了深远而广泛的影响。

一、金融创新的定义及其理论

（一）金融创新的内涵

金融创新（financial innovation）的定义，学术界还没有一个定论，迄今为止，有关金融创新的定义大多是根据熊彼特的创新定义而来的。

专栏 18－6

熊彼特

熊彼特

熊彼特（Joseph Alois Schumpeter，1883—1950），出生于奥匈帝国摩拉维亚省（今捷克境内）特里希镇。1901—1906 年在维也纳大学攻读法学和社会学，1906 年获法学博士学位。1908 年出版经济学理论著作《经济学原理和方法》，奠定了他在奥地利青年经济学家中卓有才华的名声。1909 年返回维也纳接受切尔诺维茨大学的教授职位。1910 年成为格拉茨大学经济学教授。1912 年出版成名作《经济发展理论》（*Theory of Economic Development*）。

熊彼特以创新理论解释资本主义的本质特征，解释资本主义发生、发展和趋于灭亡的结局，从而闻名于资产阶级经济学界，影响颇大。他在

《经济发展理论》一书中提出创新理论以后，又相继在《经济周期》和《资本主义、社会主义和民主主义》两书中加以运用和发挥，形成了以创新理论为基础的独特的理论体系。创新理论的最大特色，就是强调生产技术的革新和生产方法的变革在资本主义经济发展过程中的至高无上的作用。但在分析中，他抽掉了资本主义的生产关系，掩盖了资本家对工人的剥削实质。

熊彼特在《经济发展理论》一书中对金融创新所下定义是：创新是指新的生产函数的建立，也就是企业对生产要素实行新的组合，它包含五种形式：（1）新产品的出现；（2）新生产方法和技术的应用；（3）新市场的开拓；（4）新原材料供应来源的发现；（5）新企业管理方法或组织形式的推广。阿诺德·希尔金（Amold Heertje）认为：创新，总的来说是指所有种类新的发展，金融创新则指改变了金融结构的金融工具的引入和运用。可以看出来，这个定义主要说明金融创新关键是指各种金融工具的创新。大卫·里维林（David Llewellyn）指出，金融创新是指各种金融工具的运用，新的金融市场及提供金融服务方式的发展。显然这个定义包含了更多的内容，指出金融创新主要包括金融工具的创新、市场的创新和服务的创新。美国《银行词典》专门将金融创新定义为“支付制度促进银行及一般金融机构作为资金供求中介作用的减弱或改变”。我国的经济学家厉以宁从目前中国的国情出发来谈金融创新，他指出，金融领域存在许多潜在的利润，但在现行体制下和运用现行手段无法得到这个利润，因此在金融领域必须进行改革，包括金融体制和金融手段方面的改革，这就叫做金融创新。

金融创新（financial innovation）是各种金融要素的重新结合，是指会引起金融领域结构性变化的新工具、新服务方式、新市场以及新体制。

为了更好地理解金融创新，我们需要注意以下几点：（1）金融创新是一个动态过程，它是随着商品经济的发展而出现的。金融创新开始于20世纪60年代初，在70年代展开，80年代最为活跃且形成金融创新浪潮，成为国际金融领域的显著特征。它的发展是随着人们对金融创新认识的不断深化而相应变化的。（2）金融创新是一种商业抉择行为，其动机是利润最大化。在金融环境发生变化时，获取利润的机会增加时，所有理性的人都会追求自己的最大利益。参与金融市场的主体就会设法突破原有的限制，打破原有的均衡状态，以获取最大的利润。成功的金融创新具有相对稳定性，当促成某项金融创新的最初动因消失后，这项创新结果依然存在，并不断发展。金融创新促进了市场的完整性，提高了市场效率。（3）金融创新是市场经济与金融业发展到一定程度的必然结果。金融业总会不时地遇到发展“瓶颈”，在市场经济的背景下，这时候金融市场的各种要素就需要被重新组合、重新设计和重新开发，从而达到资源的最佳配置。在金融创新的过程中，金融机构的业务程序、组织机构以及投入产出都会自行调整，以实现利润的最大化。所以我们说，金融创新是在金融领域内建立新的生产函数。

（二）金融创新的理论

起源于20世纪60年代初的金融创新，一直蓬勃发展到今天。对于金融创新产生的原因，西方经济学家提出了不同的观点，由此形成了许多不同的当代金融创新理论流派。

1. 希尔柏的约束诱导性金融创新理论。该理论的代表人物是希尔柏（W. L. Silber）。该理论主要是从供给角度来探索金融创新的成因。希尔柏从寻求利润最大化的金融公司开始研究金融创新，由此归纳出金融创新是微观金融组织为了寻求利润最大化，减轻外部对其产生的金融压制而采取的自卫行为。

希尔柏认为金融压制主要来自两方面：其一是外部约束，主要是指金融管理当局的各种控制管理和制约；其二是金融机构的内部约束，如企业设置的流动资产比率、资产负债率等一些财务指标。当上述因素阻碍金融机构获取利润最大化时，金融机构就会发明新的金融工具、服务品种和管理方法，以躲避这些约束去创造利润。但这种理论太过于强调“逆境创新”，即当外部强加压制时，金融企业为寻求利润最大化，才会进行各种各样的创新行为，以躲避这些压制获取利润。这种解释很容易将金融创新的原因缩小，因为金融创新还很有可能是企业为了适应宏观经济环境变化而主动进行的创新行为。

2. 制度学派的金融创新理论。这一理论流派的学者较多，主要以戴维斯（S. Davies）、塞拉（R. Sylla）和诺斯（North）等为代表。这种理论认为，作为经济制度的一个组成部分，金融创新应该是一种与经济制度互为影响、互为因果关系的制度改革，金融体系的任何因制度的改革而发生的变动都可以视为金融创新。它们主张从经济发展史的角度来研究金融创新，认为金融创新并不是20世纪电子时代的产物，而是与社会制度紧密相关的。最明显的例子就是1914年美国联邦储备体系和1934年存款保险金制度的建立，虽然它们是政府稳定金融体系而采取的有力措施，但是从制度学派的角度来看，这也是金融创新。然而人们对这一金融创新理论流派的认识似乎很难统一。有人认为，这种金融创新理论实际上是与制度创新紧密联系的，并且是制度创新的一个组成部分。也有人认为，金融监管本身就是金融创新的阻力和障碍，因此必须区分“金融压制”和“金融深化”两个概念，作为金融压制的规章制度无疑是金融改革的对象。

3. 凯恩的规避型金融创新理论。该理论的代表人物是凯恩（E. J. Kane）。所谓规避，就是指对各种规章制度的限制性措施实行回避。规避创新则是回避各种金融控制和管理的行为。它意味着，当外在市场力量和市场机制与机构内在要求相结合，回避各种金融控制和规章制度时，就产生了金融创新行为。

凯恩把市场创新与制度创新看做是相互独立的经济力量与政治力量不断斗争的过程和结果。各种形式的政府管制和控制，性质上都相当于隐含的税收，阻碍了金融机构从事已有的盈利性活动和利用管制以外的利润机会。因此，金融机构会通过创新来规避政府管制，当金融创新可能危及金融稳定和货币政策时，当局又会加强管制，重新在宏观上取得对金融活动的控制权。新管制又会导致新的创新，两者不断交替，形成一个相互推动的过程。

凯恩的理论与现实有一定的差距，主要表现在他所设想的制度创新总是向加强管制型发展，而现实却是制度创新一直主要在向以自由放任为基调的市场创新退却。虽然规避理论说明了它是一些金融创新的源泉，但是它太绝对地排除了其他一些因素的作用和影响，如制度因素的推动力等。技术进步在金融创新中的地位大大加强，如电子货币和网络银行的创新的出现，极大地改变了金融发展的方向。

4. 希克斯和涅汉斯的交易成本创新理论。该理论的代表人物是希克斯（J. R. Hicks）和涅汉斯（J. Niehans）。他们提出的金融创新理论的基本命题为“金融创新的支配因素是降低交易成本”。这个命题包括两层含义：降低交易成本是金融创新的首要动机，交易成本的高低决定金融业务和金融工具是否有实际意义；金融创新实质上是对科技进步导致交易成本降低的反应。

交易成本是个复杂的概念。一种观点认为，交易成本是买卖金融资产的直接费用，其中包括转移资产所有权的成本、经纪人的佣金、借入和支出的非利率成本，即机会成本。另一种观点认为，交易成本除直接费用外，还包括投资风险、资产预期收益率、投资者的收入和财产及货币替代的供给等。

希克斯把交易成本和货币需求与金融创新联系起来考虑，得出了以下的逻辑关系：交易成本是作用于货币需求的一个重要因素，不同的需求产生不同类型的金融工具的要求，交易成本高低使经济个体对需求预期发生变化。交易成本降低的发展趋势使货币向更高级的形式演变和发展，产生新的交换媒介、新的金融工具。不断地降低交易成本就会刺激金融创新，改善金融服务。因此说，金融深化的过程就是不断降低交易成本的过程。

但是交易成本理论有一定的局限性，因为它忽视了交易成本降低并非完全是由科技进步引起的，竞争也会使交易成本不断下降，外部经济环境的变化对降低交易成本也有一定的作用。总之，交易成本理论单纯以交易成本下降来解释金融创新产生的原因，过于简单，但是它仍然不失为研究金融创新的一种有效的分析方法。

5. 金融深化理论。美国经济学家爱德华·S. 肖是这个理论的代表人物。他从发展经济学的角度对金融与经济发展的关系进行了开创性的研究。肖认为，金融在所有国家经济发展中具有重要的作用，金融机制一方面会促使被抑制经济摆脱徘徊不前的局面，加速经济的增长；另一方面，如果金融领域本身被抑制或扭曲的话，则会阻碍和破坏经济的发展。因此要实现经济发展，就必须实行金融先行的政策。金融深化理论在分析方法上，提出“财富的研究比货币的研究更为重要”的观点。肖认为财富的存量才能说明一国的实力，也才可能看出一个国家经济发展的趋势及发展潜力。

6. 理性预期理论。最早提出该理论的代表人物是美国经济学家约翰·穆斯。20 世纪 70 年代初，卢卡斯正式提出了该理论。该理论有两个核心命题：第一，人们看到现实即将发生变化的时候就会从自身利益出发，作出合理的、明智的反应；第二，那些合理的、明智的反应能够使政府的财政政策和货币政策不能取得预期的效果。所以该理论阐述了市场上的金融主体为了自身利益，会提前预期判断政府出台政策的目的，以摆脱政策对自己最大的限制，从而就产生了金融创新。

7. 格林和海伍德的财富增长理论。该理论的代表人物是格林（B. Green）和海伍德（J. Haywood）。他们认为，财富的增长是决定对金融资产和金融创新需求的主要因素。科技进步促使财富增加，避免风险的愿望和行为使金融业得以发展，金融资产日益增加。该理论对金融创新原因的解释具有片面性，从而用该理论去判断 20 世纪 70 年代以后的金融创新，理由就不充分了。

从以上这些金融创新理论来看，各种理论确实都从所处的时间和空间位置为金融创新的产生作了相应的比较好的阐述，但是都偏重于某个方面。事实上，每一种创新都是多种因素共同作用的结果。

二、金融创新的背景及其动因

（一） 金融创新的背景

金融创新是个历史范畴，其发生和发展与特定历史时期的经济发展背景密切相关。在第二次世界大战后，世界经济形势和格局产生了巨大的变化，各国经济保持一个较高的增长率，科学技术进步推动了新的技术革命，同时金融业发展的制度环境也发生了很大的变化，金融创新浪潮也应运而生。

1. 欧洲资本市场和货币市场的形成和发展。第二次世界大战后，科学技术的发展促使生产国际化和市场国际化，这就要求资本的国际化与之配套，日益扩大的国外投资和国际资本流动规模呼唤一个发达、高效的国际融资体系。有几个值得一提的具体因素促成了欧洲货币市场和资本市场的发展。首先，由于“冷战”时期东西方关系恶化，苏联和一些东欧国家就将它们持有的美元余额存入欧洲国家银行，以防美国冻结或没收。其次，1957 年英镑发生危机，为了保卫英镑，英国政府加强了外汇管制，禁止英国商业银行用英镑对非英镑区居民之间的贸易进行融资，因此，英国商业银行纷纷转向美元。1958 年底，西欧一些国家恢复了货币对外自由可兑换性，于是美元在欧洲地区可以自由买卖。最后，从 1958 年起，美国的国际收支逆差逐渐扩大，许多国家就将获得的剩余美元投入到欧洲货币市场。

在这种情况下，美国政府为了限制资本外流，采取了一系列措施：对购买外国证券的美国居民征收利息平衡税（interest equalization tax）；实行对外贷款限制（voluntary foreign credit restraint program）；实施 Q 条例和 M 条例，前者对国内银行的定期存款利率规定了最高上限，后者规定美国银行对外国银行的负债须缴存累进存款准备金。上述种种措施使美国的银行在国内的业务受阻，只得向国外寻求发展，形成美国资金大量外流。正是在这种背景下，欧洲货币市场和欧洲资本市场相继诞生了。

2. 世界石油危机以及由此产生的石油美元的回流。20 世纪 70 年代石油的大幅度提价，致使石油输出国形成巨额的国际收支顺差，大量的美元进入这些国家，并流向全世界，形成一种世界范围内流动性极强的、被称为石油美元的资金力量。石油美元的形成及其回流冲击着国际货币体系和国际金融市场，引起了 70 年代世界经济格局的变化。产油国因石油提价而增加的石油收入，形成国际经常项目的巨额盈余，而非产油国（包括西方工业国家和非产油国的发展中国家），则因为支付昂贵的石油费用而出现了国际收支的逆差。

石油涨价使得世界各国的国际收支都出现了严重的不平衡。国际收支逆差使非产油国不得不进入欧洲货币市场和资本市场寻找资金补充，而欧佩克成员等产油国又因为大量的国际收支顺差，需要进入这两个市场寻找投资机会。这一方面促成了欧洲货币市场和资本市场的发展，另一方面导致巨额石油资金流入西欧、美国，形成了石油美元的回流，即石油美元从石油输出国返回石油进口国。石油美元回流是以在西方工业国家的银行存款和直接投资形式实现的。

石油危机也使得世界经济结构发生了很大的变化。一是各国内部产生行业结构变化，一大批新兴的产业开始崛起；二是各工业国之间经济实力的差距缩小，一些新兴工业国开始崛起。石油输出国的石油美元回流和世界经济结构变化引起了国际收支失衡。其结果是，一方面，加强了石油输入国对欧洲货币市场的依赖，因为这些国家需要寻找合适的融资方式和新的融资工具，以减少石油美元资金受利率和汇率剧烈变动的影响；另一方面，国际收支顺差国为了更好地疏导其剩余资金，满足逆差国的资金需求，也需要利用欧洲货币市场和资本市场的融资机制，加速资本的流动。这些都促使欧洲货币市场和资本市场的业务不断发展。同时，欧洲货币市场和资本市场也不得不根据国际资本运动的规律及时采取一系列的措施，调整业务结构和业务的操作程序，这样因石油危机引起的欧洲货币市场和资本市场的发展本身就孕育了新的一轮金融创新。

3. 国际债务危机的爆发和影响。1982 年 8 月，随着墨西哥、巴西、阿根廷等国相继宣布无力偿还外债，国际性债务危机终于爆发。该危机严重削弱了发达国家和发展中国家的经济，加剧了国际金融的不稳定性。这就要求形成新的融资工具和融资方式，以帮助在不稳定的经济环境中运作的投资融资双方降低风险，增加盈利。

一般来说，国际上解决债务问题的方式主要有三种：第一，调整经济政策以增强偿债能力，包括提高劳动生产率和经济增长率、扩大出口、改善国际收支等。这种方法不仅历时较长，可能降低消费，而且，为维持经济增长需要继续举债，这又将增加偿债负担和风险。第二，减轻债务还本付息的负担，通过再融资办法重新安排债务。在推迟还债期间，债务国可赢得时间纠正某些不恰当的经济政策。第三，采取某种减债方式，包括根据市场或协定的条件来减少债务或利息支付的存量。自 1982 年以来，有关国家和组织为缓解债务危机相继分别采用以上三种方法或混合使用这三种方法。1982 年 8 月，墨西哥陷入债务危机，9 月至 12 月国际清算银行就通过债权债务国的官方渠道向墨西哥提供过渡性融资。1983 年，巴西无力偿还外债，与债权银行签署了一项有关融资的一揽子协议，包括一次性债务重新安排和 45 亿美元的新货币。1985 年 5 月，智利为了减轻偿债过大的压力开始实施综合性债务股权转换计划。其他一些重债务国在国际金融机构及债权银行的协助下，也都采取了类似措施。1989 年，美国财政部部长布雷迪就对由国际货币基金组织和世界银行资助的债务及还本付息削减安排提出了一项计划。从 1990 年起主要执行布雷迪的计划，其基本目的是帮助债务国坚持长期调整计划，主要手段有各种形式的债务和债务利息的削减，包括：债务购回，即旧债按一定折扣交换附有抵押的（以资产作保）新债券；旧债按面值交换新债券（附有低利率条件）；鼓励外逃资本回流和外国直接投资；商业银行暂时有条件地降低现有债务的原订条件。

债务危机爆发至今已有 20 多年了，其对国际金融业产生了深远的影响。首先，国际商业银行不再以 20 世纪 70 年代那样的规模和方式发放贷款。其次，债权人和债务人采取自然风险分担的配套方法来改革旧的融资方式。最后，在处理和缓解债务危机过程中，创造了许多解决债务问题的方法，如债务股权转移、购回旧债发行有抵押条件的新债、债务转换成债券等。国际债务危机在造成国际金融业动荡不安的同时，也极大地促成了金融工具和融资方式的创新。

（二）金融创新的动因

如果说，上述所介绍的是金融创新产生和发展的背景的话，那么金融创新绝对不单纯是一场行业变革、管理更新和机制的重建，科学技术革命和世界范围内的放松金融管制等都是金融创新的直接动因。

1. 科学技术革命扩展了金融创新。20 世纪 70 年代发生了新的科学技术革命，在国外被称为“第四次产业革命”。它以电子计算机、遗传工程、光导纤维、激光、海洋开发技术的广泛应用为根本特征，是人类历史上规模最大、影响最深远的一次科学技术革命。这次新的科学技术革命的核心是微电子技术的发展和广泛运用，它彻底改变了金融观念，直接导致了金融创新和金融革命。随着科学技术的不断进步，电子通信、信息处理及计算机被广泛应用于金融业，使金融创新成为可能。一是它不仅可以使金融机构提供快速便利的金融服务，降低成本费用，而且也促进了金融业务的纵深发展。二是计算机与信息处理过程的改进使金融机构能够对层出不穷的新工具进行设计和定价，并能有效地管理新工具所产生的风险。三是咨询的改善使定价结构更具竞争性，金融机构便于追求更富于创新性的政策；金融服务电脑化和一系列高科技技术在金融领域的应用，为金融业的变革开拓了广阔的道路。没有技术进步的支撑和保障，金融创新是无力的，缺乏快速推广的条件。因此，新的科技革命直接导致了金融业务的创新，也使金融体系发生了根本的变革。

金融科技（FinTech）是指运用前沿科技成果（如大数据、云计算、人工智能、区块链、物联网等）改造或者创新金融产品、服务模式、业务流程，推动金融发展提质增效的一类专业技术。

金融科技的兴起是传统金融行业开始逐步发现前沿技术对于金融业务价值的改善。在初始阶段，主要是探索前沿技术能与哪类金融业务相结合，从而为金融行业带来真正意义上的价值增值。在发展变革中，金融科技在具体金融业务上应用的思路日益清晰，更加关注金融产品差异化定价、智能风控系统、智能营销和客服、智能研究和投资、高效支付清算等。2019 年，中国人民银行颁布了《金融科技（FinTech）发展规划（2019—2021 年）》，金融科技行业正式由价值驱动迈向技术驱动时代。

2. 放宽金融管制与金融自由化推动了金融创新。自 20 世纪 70 年代以来，西方国家出现了放宽管制与自由化势头。放松金融管制包括以下几个方面的内容：取消对存款利率的最高限额，逐步实现利率自由化；允许各金融机构业务交叉，鼓励银行综合化；放松对本国居民和外国居民在投资方面的诸多限制；开放各类金融市场，放宽对资本流动的限制；放松外汇管制；免征税赋，促进证券交易；等等。放松金融管制本身就是一场革命，无论是对利率的管理、银行自身的资产负债管理、非银行金融机构的发展，还是对金融业务交叉方面的变革，都具有决定性的作用。在世界范围的放松金融管制浪潮下，金融机构之间的竞争日趋激烈。金融机构为了增强自身吸引力，扩大市场份额，提高经济效益，开展金融竞争是客观需要，同时也是衡量金融制度好坏的一个重要尺度。因此，金融管制的放松促进了金融竞争，金融竞争产生了创新行为。为此，金融机构一是继续提供传统服务，确保传统业务领域不被对手占据；二是接力创新金融产品，开辟业务新领域来满足客户要求。

3. 规避金融管制需要金融创新。虽然，放松金融管制的浪潮一浪高过一浪，但 20 世纪 80 年代初，发展中国家宣布停付债息而引起的债务危机，使西方许多商业银行受到拖累，出现了严重的财务问题，甚至使整个国际银行业都面临着极大挑战。因此，西方国家在金融的局部领域加强了对银行资本结构的管制，要求银行以较高的资本搭配比率来经营，防止过度信贷导致银行倒闭或金融体系不稳定。筹措新资金的高成本促使各国银行大力拓展对资本搭配比率要求较低的表外业务活动，不仅开发出期权、互换、票据发行便利及远期利率协议等新的表外业务品种，而且对传统的表外业务工具如备用信用证、贷款担保等也进行了创新。20 世纪 70 年代以后，在通货膨胀不断加剧的情况下，市场利率不断上升，受利率管制的商业银行的存款利率大大低于市场利率，结果大量资金直接流向金融市场，商业银行存款急剧下降，资金来源紧缺。在这种情况下，商业银行发行了大额可转让定期存单，绕过定期存款利率的限制，直接在金融市场上筹措资金；储蓄金融机构也开办了可转让支付命令账户等可以变相使用支票的储蓄账户。因此说，规避金融管制成为商业银行金融创新的内在动力。

专栏 18－7
大额可转让定期存单的由来

20 世纪 60 年代，市场利率上下波动，投资者觉得，把闲置资金以活期存款的形式存放在银行，固然方便灵活，但没有利息，以定期存款的方式存在银行，利息与债券、商业票据产生的利息比也是比较低的，而且有上限约束，且定期存款不能转让，提前支取又会损失利息，所以投资者的投资方向由银行存款转向短期债券、商业票据、国库券。对商业银行来说，没有存款就没有贷款。面对这种情况，商业银行发现，它们的经营方式有问题，应当革新。商业银行的传统经营方式仅仅是管理资产，存款增加，就增加贷款或其他形式的投资，资金不足就取回贷款，或出售有价证券；对负债则毫无办法，只能听之任之，客户来存款，就接受，客户不来，就等待，面对新的问题，商业银行认为用这种守株待兔的办法对待客户的存款不能适应新的形势，对存款不能一味等待，如果老是等待，只能眼巴巴地看着社会闲置资金流向国库券和其他短期债券。

1961 年，纽约花旗银行（前身是 First National City Bank）经过深思熟虑，创造出大额可转让定期存单（CDs）这种新的方式，变等待为主动出击，在货币市场上与其他投资方式争资金，以求增加存款。纽约花旗银行在发行存单之前，先取得一些大经济商的支持，保证为存单提供活跃的次级市场。由于一些大经济商的鼎力相助，纽约花旗银行第一次发行存单一举成功。接着，其他银行也立即仿效，从那以后大额可转让定期存单成了短期融资的工具。

银行发行的大额可转让定期存单，在性质上仍属于债务凭证中的本票，由银行允诺到期时还本付息，购买存单的投资者需要资金时，可把存单出售换成现金。存单把存款和短期证券的优点集于一身，既为银行带来了方便，又为客户提供了好处。

存单的利率高于类似偿还期的国库券的利率。这种差异是由存单的信用风险程度比较大决定的，还由于存单的流动性没有国库券的流动性强，二级市场对存单的需求较少，存单的收益纳税面大。在美国，存单收益在各级政府都纳税，现在，各个发行银行的不同也反映了存单的利率差异。存单市场发展的初期，存单的差别是比较小的，可是逐渐地，存单的买者开始对不同的银行发行的存单进行选择，资信高的银行发行的存单利率低，资信差的银行发行的存单利率高。存单的利率是固定的。存单的持有者在卖出存单时，市场现实利率可能与存单上商定利率不一致，可能高于商定利率，也可能低于商定利率。在次级市场上购买存单的人，要求按当时的现实利率计算。因为他若不在次级市场上买存单，而到银行直接买原始存单，只能依据这个当时利率，而在次级市场上买到的存单到期时，银行是按商定利率支付利息的。比如说，存单转让时，市场利率为 10%，而存单利率为 9%，市场利率高于存单商定利率 1%，存单的卖者要把这 1% 补给存单的买者。这就是说，若市场利率高于存单商定利率，存单的卖者有一定损失；若市场利率低于存单商定利率，存单的买者要对卖者支付这两种利率之差。这时，存单卖者得益。

4. 为了减少利率与汇率变动的风险，需要金融创新。20 世纪 70 年代以来，西方国家通货膨胀加剧，市场利率波动频繁，投资风险加大。为了满足客户金融工具必须保值及获利的要求，金融机构相继推出与市场利率挂钩的各种浮动利率的票据、债券与存款单等新的工具。由于第二次世界大战后固定汇率制度的崩溃与浮动利率制度的建立，汇率波动频繁，投资或借贷风险加大。为了减少因汇率波动而带来的风险，各种金融期货、金融期权交易以及各种货币互换等新的金融工具相继应运而生。在各种创新的金融工具中，为了减少利率与汇率风险而创新的金融工具占有很大比重。

三、金融创新的内容

（一） 传统业务创新

银行三大业务指的是负债业务、资产业务和中间业务。现代银行是从古代的钱币兑换业，近代的高利贷银行传统的存、贷、汇业务中吸收精华，并随现代经济的发展而逐渐形成三大业务基本格局的。然而，银行三大业务的每一步发展从本质上说都是金融创新的一个过程，只是随着时间的推移，这些业务创新的意义又被近期创新所掩盖。这里，我们所指的银行三大业务创新主要包括第二次世界大战后，特别是 20 世纪 70 年代以来所涌现的银行业务创新行为，主要反映在商业银行资产负债表以内的创新业务和脱离资产负债表的创新业务上。商业银行资产负债表以内的创新业务主要包括为避开金融法规与管制方面的创新业务、为开拓资金来源而推出的资产负债表以内的创新业务及为躲避风险而形成资产负债表以内的创新业务。

商业银行脱离资产负债表的创新业务在最近 20 年内发展非常快，这类创新业务可以扩大资金来源与运用，而不影响资产负债表总额及其经营活动，归纳起来主要有四个方面：一是贷款出售，是指银行将自己的贷出款项或债权转卖给其他投资者，从而重新获得资金来源。二是担保，是指银行应订立合同双方的要求，出具书面担保文书，以自己的资产作保证，保证债务人应承担的支付或偿付责任。三是支持信用证，是指银行代表自己的客户以信用证形式发行的不可撤销义务。四是承诺，是指银行向自己的客户所作的一种保证，便于客户根据预先所立条款从银行取得贷款。

（二） 支付和清算方式创新

银行的支付和清算业务是银行和中间业务的有机组成部分。银行通过利用自己资产和负债的便利条件为客户提供支付和清算服务，加速自身的资金周转，降低经营成本，促进资产和负债业务的发展。

传统的银行支付和清算系统采取非现金结算方式，即支票、转账结算、信用卡等工具，运用现金、票据、联行往来、邮政汇兑来实现支付和清算。支付和清算方面的创新大致分为两个阶段：第一阶段是对传统支付和清算系统的改良；第二阶段是建立以电子计算机网络运行为基础的支付和清算系统。银行支付和清算系统的创新是电子计算机在金融领域运用所带来的最早的金融创新行为，也是从根本上提高银行经营效率、减低成本、提高利润水平最为关键的步骤，后来出现的各种各样的金融创新都是建立在此基础上的。

专栏 18-8
金融创新的前哨阵地——互联网金融

互联网金融是指依托于支付、云计算、社交网络以及搜索引擎等互联网工具，实现资金融通、支付和信息中介等业务的一种新兴金融。它最初产生和服务于互联网上的商品交易活动，此后延伸到代理基金证券销售和 P2P 网贷等方面。当前互联网金融的业态主要包括第三方支付、P2P、众筹，以及传统金融中介或非金融机构借助网络平台销售金融产品。

第三方支付（third-party payment）的兴起源于网络购物信用中介缺失的需求。2004 年阿里旗下的支付宝正式上线运营，2005 年腾讯旗下的财付通上线运营，到 2009 年中国互联网支付市场规模达到 5 766 亿元人民币，大大小小的企业也达到 300 多家。截至 2014 年，中国人民银行已先后五次向 200 多家网商发放了第三方支付机构的牌照。第三方支付的发展不仅极大地推动了电子商务的大发展，而且在一定程度上创新了货币周转支付体系。

网上销售理财产品起源于网上电子银行而兴盛于余额宝的推出。2013 年 6 月 13 日，支付宝与天弘基金合作推出余额宝。该产品一上线就受到个人投资者的热捧。到 2014 年底，余额宝的用户量已达到 1.85 亿户，总规模达 5 789.36 亿元。除余额宝外，其他电商的产品如腾讯旗下的理财通等也都发展迅速。网上理财产品的发展对传统金融中介的柜面式产品营销模式提出了巨大的挑战。为应对新的形势，从 2013 年开始，工行、交行等各大银行都陆续推出了 T+0 网上理财产品，力图挤压“宝宝”们的发展空间并提升自己的网络化程度。

2007 年，P2P（peer-to-peer lending）金融交易在中国开始出现。到 2013 年底，营运 P2P 网贷平台的机构已达 800 多家，贷款余额大约为 268 亿元；而到了 2014 年底，网贷行业总体贷款余额已达 1 036 亿元，是 2013 年的 3.87 倍。比较著名的网贷机构如陆金所、红岭创投、人人贷和招财宝等的贷款规模都在不断扩大。后来纷纷爆雷，加强风险监管和整顿后，于 2021 年基本全面关闭。

众筹（crowd funding）意为大众筹资或群众筹资，是指特定的发起人利用互联网的各类平台，尤其是社交网络（SNS）等传播的特性，让创业企业、艺术家或个人对公众展示他们的创意及项目，并用团购预购等形式，向网友募集项目资金的模式。当前众筹的发展非常迅猛，从非营利性的艺术创意支持到规定了收益率的项目管理，都已经形成了比较固定的特色化的众筹网站，融资额也不断地上升，但涉及金融业务必须持牌经营并接受监管。

一方面，互联网金融相比传统的柜面式金融而言，具有无可比拟的优势，如成本低廉、创新能力强、不受地域限制、定制性强和方便快捷等；但另一方面，互联网金融的网络技术风险、信用评估环节缺失、利率水平偏高和市场准入门槛低等问题也饱受诟病。互联网金融已经对传统金融模式形成了巨大的挑战，也对金融监管提出了新的要求。虽然互联网金融丝毫没有背离金融业的内核，但它必然会因为其完全的开放性和无限的创新性而引领金融业的新潮流。

（三） 金融机构创新

金融机构创新与金融其他领域的创新有所不同，因为金融机构创新本身是作为各种金融业务创新相适应的形式而出现的，也是本国金融制度创新的有机组成部分。各国的金融制度不尽相同，因而对金融机构的设置、分工等各方面的要求也不一致，金融机构创新的形式也就不一致。世界各国的金融机构创新纵有各种各样原因，大都离不开以下两个基本原因：一是金融自由化促使金融机构从“专业化”向“综合化”方向发展，为各种新金融机构的诞生创造了条件。二是西方各国在第二次世界大战后初期根据经济发展的需要对金融体制进行了改组和整编，也使得其金融体制中金融机构由“专业化”向“综合化”转化。第二次世界大战后经济活动的实际内容发生变化使得各金融机构突破原有的业务分工，在较大范围内开始综合经营，实行多种金融业务交叉，因而出现了大批新的金融机构。

（四） 金融工具创新

20 世纪 70 年代，世界性的通货膨胀导致利率和汇率更加剧烈地波动，整个金融市场以不确定性为主要特征，金融风险增加。在人们要求避免和分散风险以适应变幻莫测的经济形势的呼声中，金融期货市场、期权市场、互换市场等应运而生，与此同时，传统的外汇市场上，外汇交易的创新也层出不穷，从而揭开了金融市场崭新的一页。

在金融市场创新的同时，传统金融工具和融资方式开始创新，创新发展趋势朝着证券化方向演进，成为 20 世纪 80—90 年代金融创新的主要内容。

通常，人们把金融工具创新同逃避金融管制联系在一起。在激烈而充满风险的金融竞争环境里，金融当局总要在一定时期后修订原有的法令、条例，对金融机构实行新的监管办法，而金融机构为了实现股本的盈利目的，也会不断地创造一些令金融当局的管制鞭长莫及的金融工具。这就出现了金融管制与金融工具创新的交替过程（如图 18－1 所示）。

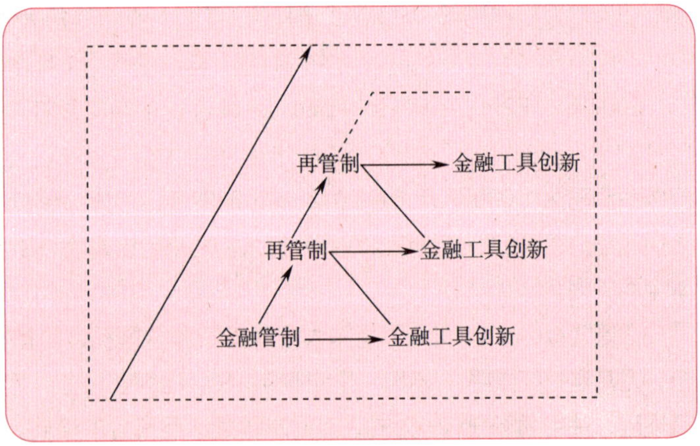

图 18－1 金融管制与金融工具创新的交替过程

（五） 金融学科创新

全球范围内的金融创新对金融业产生了广泛而深刻的影响，同时也对金融学科的创新起到了积极的推动作用。20 世纪 80 年代末和 90 年代初，在金融创新基础上发展起来的金融工程就是金融学科创新的典范。所谓金融工程，是指创造性地运用各种金融工具和策略来解决人们所面临的各种金融问题和财务问题。金融工程作为现代金融学的最新发展，所需要解决的问题是新型金融产品和新型金融技术的设计、开发和实施，它把金融技术和其他科学技术有机地结合在一起，创造性地解决问题。因此，金融工程的精髓在于运用多学科知识在工程技术下创新。从金融工程的发展历史来看，金融工程来源于金融创新，是金融创新的高级阶段；同时，金融工程将金融理论应用工程化以后，反过来又推动了金融的加速发展。

四、金融创新的影响

金融创新的浪潮极大地改变了现代金融发展的一些主要特征，其影响利弊俱存。它在促进金融深化，推动经济发展的同时，也加大了金融机构和金融市场的风险，使金融监管的难度加大。但是从整体看，金融创新的影响是利大于弊的。

（一） 金融创新的正面效应

1. 金融创新提高了金融机构运作的效率并增加了经营效益。金融机构为了追求利润最大化，尽可能地增加自己的收入来源，致使金融市场上新的金融工具、金融业务和金融服务方式或融资技术不断涌现。这无疑将极大地促进金融业与金融市场的蓬勃发展，拓展金融机构的经营活动范围和发展空间，扩大金融机构的业务收入，大幅度地增加金融机构的资产和提高其利润率。同时，金融创新使金融业的竞争更加激烈，金融中介经营活动的自由度大大加强，从以往有限度的竞争向全方位的竞争转化。在激烈竞争的过程中，落后的金融机构将被淘汰，金融业合并与集中的进程将加快。这种结果导致了机构必须强化竞争力才能求得发展，金融创新对金融竞争的强化，既提高了金融机构的整体运作效率，使客户可以享受到快捷便利的金融服务，又进一步促进了金融创新的持续发展。

2. 金融创新推动了金融制度的改革。金融创新使在实行专业化金融制度下的一些金融机构的业务进一步交叉，传统的金融专业分工界限已进一步缩小，甚至有些模糊。在金融不断创新的条件下，出现了新的金融机构与组织，出现了各种各样的非常活跃的市场互助基金组织、金融期货市场等。金融创新使直接融资和间接融资、资本市场和货币市场的界限变得越来越让人分不清。例如，有一种到期可自动转换的债券，按转换期前的期限划分应该属于货币市场融资活动，考虑到转换期后似乎又属于资本市场融资行为。总之，金融创新导致融资制度产生变化，使原本清晰的融资制度变得难以分辨。

3. 金融创新促进了金融市场内容的丰富及其一体化。金融创新使金融工具、金融业务和金融服务方式更加多样化与灵活化，不断满足人们日益提高的对金融资产的不同需要。金融工具的创新种类不断增加，既有基础金融工具与衍生金融工具的组合，如外汇期货、股票期权、债券期货等，也有衍生金融工具之间的搭配，如期货期权、互换期权等由两种衍生工具组合而成的衍生工具。金融创新后的金融市场使市场上广大的投资者提高了持有金融资产的实际收益，增加了金融资产的安全性和流动性，也享受到了完善的金融服务和诸多金融便利。从 20 世纪 60 年代开始，随着各国金融管制的放松以及金融创新的发展，金融市场通过全球化发展逐步联结起来，形成一个无区域、无时间界限和统一的全球金融市场。金融创新加速了国际资本的流动，促进了国际资本市场规模迅速扩大，使其一体化程度加深。有些金融工具或衍生金融工具的交易，本身就要以多个国家的金融市场为基础，是一种跨市场的国际性金融交易。例如，货币互换和利率互换涉及多种货币、多个利率和多个金融市场，这种涉及多个金融市场的金融工具的生成和发展，促进了金融市场在时间上、空间上的一体化。

4. 金融创新解决了各方对融资的要求。金融创新工具对资本的要求不高，因此允许银行在不冻结资本的情况下，调整其利率敏感度。这对于那些努力保持一定资本水平以获得额外收益的金融机构显得尤为重要。金融创新工具还能比传统工具提供更强的清偿能力，有时还使银行减轻未能对资产负债给予足够的套期保值而应承担的法律责任。金融创新工具的主要特点是弹性大，金融机构可以用浮动利率来为客户提供资金。为了避免汇率、利率风险，金融机构可以用准确性大、效率高、方式灵活、成本低的创新方式来调节、控制其风险率，即开展资产负债表以外的创新业务，如利率互惠信贷、可转换债券、金融期货或金融期权等。

专栏 18－9
发行国内首只支持再生纸项目运营的绿色债券

2018 年 2 月，“广州越秀集团有限公司 2018 年度第一期绿色中期票据”由中国银行间市场交易商协会批准注册成功发行。该绿色债券注册金额 40 亿元人民币，预计首期发行金额 20 亿元人民币。所募集资金将全部用于广州造纸集团有限公司位于广东自贸试验区南沙片区的再生纸绿色项目。

该绿色债券由专业第三方机构评估认证，获得国内首个绿色金融人工智能引擎 EnRobot 的环境风险分析技术支持，是中国造纸业首只绿色债券、国内首只支持再生纸项目运营的绿色债券。

实践成效：一是在银行信贷额度紧张的情况下，该绿色债券的发行拓宽了自贸试验区企业的直接融资渠道。二是在春节后市场利率高企、投资情绪不高、发行人预期高涨的情况下，以 5.48%的票面利率成功发行，降低了企业融资成本。三是对我国造纸等传统行业利用绿色金融工具解决融资问题起到了示范作用。

资料来源：中国（广东）自由贸易试验区网站。

（二）金融创新的负面效应

1. 金融创新加大了金融体系面临的风险。在金融创新的发展过程中，利率自由化、银行业务综合化、金融工具系统化及全球金融市场一体化必然带来金融机构间竞争的加剧。这种竞争有助于提高金融效率，但是如果金融机构的经营有悖于业务经营规则和制度规范，同时监管部门监管不力以及经济形势突然发生变化等，个别金融机构有可能发生支付危机或信用风险，从而影响整个金融体系运行的稳定性，加大金融危机发生的概率。

金融创新引致的国际间资本流动和金融市场一体化，使不同国家的金融机构之间、金融市场之间的相互联系和依存度大大增强，一旦某一国家的一个环节出现问题，便会累及其他国家或整个国际金融业，形成“多米诺骨牌效应”，酿成全球金融危机。例如，1994 年墨西哥金融危机不仅影响了拉美国家，对其他地区的国家也有不同程度的影响；1997 年泰国金融危机不仅引发了亚洲金融危机，而且还引起了欧美金融市场的动荡；最明显的例子无疑是美国发生的次级贷款危机，它导致了 2008 年的全球金融危机。

新的金融工具的开发尤其是衍生金融工具出现后，金融市场异化现象开始出现，即高杠杆效应所引起的投机性加剧，无论是远期合约、期货合约、期权，还是互换交易，都不像原生金融交易工具那样需要交易者有实际的资金或相应的资产买卖金融产品。在金融创新的推动下，金融机构资产证券化趋势有了明显的发展。银行持有的证券数量越来越大，在美国，资产证券化已由住宅抵押证券、抵押担保证券等扩大到商业贷款、计算机出租、小企业协会担保贷款以及应收信用卡贷款等的证券化。这种资产证券化，在正常条件下可以提高银行的资产流动性，但是遇到紧缩政策来临，所有的债权人都将自己的债券变现时，情况就会适得其反，这些都增加了金融主体的潜在风险。在美国次级贷款危机中，我们可以看到大量衍生金融工具被开发和应用，如 MBS、CDO 以及 CDO 的衍生金融工具等在次级房贷市场的资金链中的大量应用，这些增大了金融体系面临的潜在风险。

专栏 18 – 10
美国次级贷款及相关证券化产品危机

一直以来，贷款尤其是住房按揭贷款证券化在整个资产证券化产品市场中具有重要地位，截至 2007 年 1 月，美国按揭贷款支持的证券化产品总额达到 5. 7 万亿美元（IMF，GFSR，2007 年 4 月）。

在美国，住房抵押贷款大致分为五类：（1）优级贷款。对象为消费者信用评分最高的个人（信用分数在 660 分以上），月供占收入比例不高于 40% 及首付超过 20% 以上。（2）Alt – A 贷款。对象为信用评分较高但信用记录较弱的人，如自雇以及无法提供收入证明的个人。（3）次级贷款。对象为信用分数较差的个人，尤其信用评分低于 620 分，月供占收入比例较高或记录欠佳，首付低于 20% 的个人。（4）住房权益贷款。对于已经抵押过的资产，若房价总价扣减净值后仍有余额，可以申请再抵押。（5）机构担保贷款。指经由 Fannie Mae、Gennie Mae、Freddie Mac 等政府住房按揭贷款支持机构担保的贷款。1995 年以来，由于美国房地产价格持续上涨，同时贷款利率相对较低，金融机构大量发行次级按揭贷款，到 2007 年初，这类贷款大约为 1. 2 万亿美元，占全部按揭贷款的 14% 左右。按揭贷款经结构性投资工具（SIVs）打包，并据此发行不同等级的抵押支持债券（MBS），这些抵押支持债券的信用评级从 AAA 级、BBB 级一直到权益级均有。一些金融机构再设立 SIVs，购买 MBS 形成资产池，进行下一步证券化操作，形成所谓 MBS CDOs 或 ABS CDOs。同样，这些 CDOs 产品也要经过评级，等级仍然从 AAA 级到权益级。这个过程可以一直继续下去，在 CDOs 的基础上不断发展出新的 CDOs。对于低等级 CDOs 的投资者而言，其收益取决于资产池所产生的现金流在偿付所有优先等级债券持有人之后的剩余，风险相对比较大，但同时杠杆率也比较大，如果作为最原始基础资产的按揭贷款不出现大量违约，收益就比较可观，反之，若基础资产池出现恶化，则层层叠叠不断衍生出的 CDOs 将面临越来越大的风险。

从 2005 年起，美国利率水平开始逐步提高，房价从 2006 年起出现回落，贷款不良率开始上升，进而导致证券化资产质量恶化，相关金融机构出现巨额亏损。其中，那些利用短期融资工具获取资金并以此投资于 CDOs 产品的机构受害尤其巨大。2007 年 4 月，美国第二大次级抵押贷款公司——新世纪金融公司申请破产保护，次贷危机正式揭幕，此后，危机从美国不断传播到全球金融市场，若干金融机构受到牵连，有的破产倒闭。次贷危机成为一段时期内影响全球金融稳定的最主要的危险根源之一。

2. 金融创新降低了金融监管的有效性。衍生工具交易和其他表外业务的迅猛增长，导致金融监管的有效性越来越低。金融创新模糊了各金融机构的界限。由于商业银行日益卷入到投资银行的活动领域，资本流动大量地通过资本市场而不通过信贷途径，商业银行为逃避管制、增强竞争性，大量增加资产负债表以外的业务。监管部门的传统监管方式是对金融机构的财务报表进行审核，从而发现问题，但衍生金融工具和表外业务不反映在财务报表中，这使传统的监管方式无法及时发现风险萌芽，从而实施有效的监管控制。由于对表外业务缺乏统一公认的会计标准，不同金融机构对同一种交易采用不同的会计技术处理方法，加之衍生金融工具有很大一部分是极短时间内通过头寸对冲来实现，即使定期检查金融机构头寸也难以对表外业务的风险程度作出准确、客观的评价。

20 世纪 80 年代金融机构表外业务创新的"四大发明"（票据发行便利、远期利率协议、期权交易、互换交易）灵活性大和杠杆性强，但透明度差，风险具有潜伏性和扩散性，一旦爆发就会给金融机构造成巨大的损失甚至致命的打击，日本的大和银行巨额亏损案和英国的巴林银行破产案都是最明显的例子。对于从事创新工具业务的银行来说，虽然近几年针对表外业务，管理部门加强了银行风险管理质量，但各机构间的管理质量差异很大，创新工具带来的风险仍是普遍存在的。

3. 金融创新减弱了货币政策的实施效果。金融创新改变了货币的结构和内涵，使传统的货币政策调控对象越来越不适应金融环境的变化。人们以货币形式保有资产的欲望下降，货币和其他金融资产之间存在的替代性给中央银行对货币需求进行准确判断增加了难度，从而使货币政策目标的实现难度加大。此外，金融创新后，货币定义不修改则不足以反映货币供应量的真实情况，修改太多则会削弱公众对货币政策的信心，这就使货币政策的制定更加困难。

金融创新扩大了货币供给范围，加大了货币需求的波动性。它不仅改变了货币需求的构成，引起商业性货币需求比重的下降和金融性货币需求的上升，而且使货币需求的决定因素变得更为复杂和不稳定。各因素的影响力及货币需求的函数关系的不确定性更为明显，从而降低了货币需求的稳定性。

金融创新削弱了中央银行控制货币供给的能力。欧洲货币市场的存在和出现，削弱了各国中央银行对国内货币的控制，因为欧洲货币正成为国内货币的近似替代品，当国内货币政策存在一系列管制时，国内资金将转向欧洲货币市场，绕过中央银行的货币控制。同时，融资证券化后存款越来越多地用于证券投资，存款准备金机制覆盖面减少，削弱了货币控制的基础。此外，金融创新可能会使货币政策工具失灵。金融创新削弱了金融管制的效果，使利率限制、法定存款准备金政策、信贷配给等货币政策工具失效；同时金融创新增加了融资渠道，存款机构会尽量少向甚至不向中央银行申请票据贴现，从而使中央银行再贴现率的作用下降。

4. 金融创新使财务报表信息披露功能受到影响。由于金融创新的发展特别是金融机构表外业务的大量运用，财务报表所提供的信息已经远远无法满足投资者和监管机构对金融创新工具的信息需求。按照现行会计方法，创新金融工具还不能正式纳入财务报表，只能作为表外项目的补充说明，与财务报表本身共同构成财务报表体系。美国次级债务危机的发生给我们最大的启示之一，就是统一国际会计准则，完善财务报表制度。

本章小结

1. 金融发展理论即关于金融自身如何发展以及关于金融发展如何作用于经济发展的理论。其研究的核心是有关金融发展和经济发展之间相互联系、相互促进的关系。金融发展，主要包括金融资产的发展、金融机构的发展及金融市场的发展。在格利和肖看来，所谓金融发展，主要指各类金融资产的增多以及各类金融机构的设立。在戈德史密斯看来，金融发展是指金融结构的变化，研究金融发展就是研究金融结构的变化过程和趋势。

2. 西方经济学家提出了对金融发展的衡量指标，主要从两个角度进行衡量分析：一是根据金融发展的含义，通过对金融结构状态的数量指标来衡量；二是通过金融发展状态与经济增长的相互关系来衡量。

3. 金融发展理论的最早研究是关于金融发展与经济增长的关系研究，主要有古典经济学派的金融"面纱"论和瑞典经济学家维克塞尔的货币经济理论。金融发展理论的形成源于熊彼特的非常信用理论、托宾的货币增长理论，格利和肖发表的《经济发展中的金融方面》和《金融中介机构与储蓄—投资》两篇论文，揭开了金融发展理论研究的序幕。戈德史密斯的金融结构与发展理论奠定了金融发展理论的基础。麦金农和肖提出的金融深化论以及赫尔曼、穆尔多克和斯蒂格利茨的金融约束论使金融发展理论得以建立和发展。

4. 金融结构与发展理论从金融机构和金融工具的角度出发来研究金融发展，认为金融理论的职责就在于找出决定一国金融结构、金融工具存量和金融交易量的主要经济因素，并阐述这些因素怎样通过相互作用，从而形成金融发展。

5. 金融抑制是指这样一种现象：政府对金融体系和金融活动的过多干预压制了金融体系发展，而金融体系的不发展，又阻碍了经济的发展，从而造成金融压制与经济落后的恶性循环。肖认为金融深化是这样一种情形：如果政府取消对金融活动的过多干预，发展中国家货币金融和经济可形成金融改革与经济发展的良性循环。

6. 金融约束论认为，政府对金融部门选择性地干预有助于而不是阻碍金融深化，提出经济落后、金融发展程度较低的发展中国家应实施金融约束政策，在一定的前提下通过对存贷款利率加以控制，对市场准入、市场竞争以及资产替代加以限制等措施，来为金融部门和生产部门创造租金，并提高金融体系运行的效率。

7. 金融创新的定义起源于熊彼特对创新的定义。经过近几十年的发展，金融创新的定义不断发展和完善。它是指各种金融要素的重新结合，是指会引起金融领域结构性变化的新工具、新服务方式、新市场以及新体制。

8. 金融创新是个历史范畴。从当代经济学发展来看，构成金融创新的背景主要有三个方面，即欧洲资本市场和货币市场的形成和发展、世界石油危机以及由此产生的石油美元的回流、国际债务危机的爆发和影响。在这些背景下，金融创新的产生有了最基本的温床。

9. 在金融创新发展的过程中，金融创新的内容主要包括传统业务创新、支付和清算方式创新、金融机构创新、金融工具创新、金融学科创新等。这些金融创新内容完善了金融市场的结构，不断激励着金融市场向前发展。

10. 金融创新是一把“双刃剑”，它极大地推动了金融业的发展，但也产生了巨大的金融风险。金融创新的正面效应包括：金融创新提高了金融机构运作的效率并增加了经营效益，金融创新推动了金融制度的改革，金融创新促进了金融市场内容的丰富及其一体化，金融创新解决了各方对融资的要求。金融创新的负面效应包括：金融创新加大了金融体系面临的风险，金融创新降低了金融监管的有效性，金融创新减弱了货币政策的实施效果，金融创新使财务报表信息披露功能受到影响。

关键词

金融发展（financial development）　　金融约束论（theory of financial restraint）
金融深化论（theory of financial deepening）　　证券化（securitization）
金融创新（financial innovation）　　规避创新（innovation avoidance）
金融结构论（theory of financial structure）　　金融科技（FinTech）

重要概念

金融发展　金融相关率　货币化率　金融抑制　金融深化
金融自由化　金融创新　石油美元　结构融资

思考题

1. 金融发展的含义是什么？
2. 金融发展理论的主要发展阶段有哪些？
3. 金融创新的理论有哪些？各种理论的观点是什么？
4. 金融创新的产生和发展以哪些背景为基础？

练习题

1. 简述金融抑制对发展中国家经济的影响。

2. 金融深化论的政策主张有哪些？
3. 金融结构与发展理论的主要内容和结论是什么？
4. 金融创新的定义是什么？金融创新的动因有哪些？
5. 金融创新具体包括哪些内容？
6. 金融创新的正面效应有哪些？金融创新的负面效应有哪些？

案例题

中国的证券化改革尝试最早可以追溯到 1992 年海南三亚市的地产投资券。1996 年广深珠高速公路的离岸证券化融资属于公用设施权益的证券化；中远集团和中集集团都曾有以贸易应收款为支撑在境外发行资产担保商业票据的实践。2005 年，国有银行全面展开证券化试点，国家开发银行发行了 2 期共 100 亿元的资产支持证券（ABS），中国建设银行发行了 30 亿元的抵押支持证券（MBS）。进入 2006 年，国家开发银行的 ABS 产品与券商的试点产品都在一定程度上遭到市场冷遇。请分析：

（1）金融市场创新发展的时机和次序。

（2）国家开发银行 ABS 产品在市场上遭到冷遇的原因。

扫描二维码可阅读本章精选案例

参考文献

［1］弗雷德里克·S. 米什金．货币金融学（第十一版）［M］．北京：中国人民大学出版社，2016.

［2］黄达，张杰．金融学（第四版）［M］．北京：中国人民大学出版社，2017.

［3］李健．金融学（第三版）［M］．北京：高等教育出版社，2018.

［4］王晋忠．衍生金融工具（第二版）［M］．北京：高等教育出版社，2019.

［5］马克思．资本论［M］．北京：人民出版社，2018.

［6］苏宗祥，徐捷．国际结算（第六版）［M］．北京：中国金融出版社，2015.

［7］［美］莫迪凯·E. 克赖宁，唐·P. 克拉克．国际经济学：政策视角［M］．北京：北京大学出版社，2017.

［8］张光平．人民币国际化和产品创新［M］．北京：中国金融出版社，2018.

［9］王晋斌．人民币汇率制度选择的政治和经济分析［M］．北京：中国人民大学出版社，2015.

［10］王广谦．金融中介学（第三版）［M］．北京：高等教育出版社，2016.

［11］李志辉．中国银行业改革与发展：回顾、总结与展望［M］．上海：格致出版社，2018.

［12］戴建兵．中国近代商业银行史［M］．北京：中国金融出版社，2019.

［13］姜建清，蒋立场．近代中国外商银行史［M］．北京：中信出版社，2016.

［14］庄毓敏．商业银行业务与经营（第五版）［M］．北京：中国人民大学出版社，2019.

［15］彼得 S. 罗斯，西尔维娅 C. 赫金斯．商业银行管理（原书第 9 版·中国版）［M］．北京：机械工业出版社，2016.

［16］盛松成，翟春．中央银行与货币供给（第二版）［M］．北京：中国金融出版社，2016.

［17］中国银行间市场交易商协会教材编写组．现代金融市场：理论与实务［M］．北京：北京大学出版社，2019.

［18］王曦，叶茂，郭家新．中国货币市场研究Ⅱ：货币供给与通货膨胀［M］．北京：经济管理出版社，2016.

［19］巴曙松，朱元倩，金玲玲，等．巴塞尔Ⅲ与金融监管大变革［M］．北京：中国金融出版社，2015.

［20］艾伦·S. 布林德．最终贷款人：解密中央银行［M］．上海：格致出版社，2017.

［21］约翰·赫尔．风险管理与金融机构（原书第 4 版）［M］．北京：机械工业出版社，2018.

［22］威廉·戈兹曼．千年金融史：金融如何塑造文明，从 5000 年前到 21 世纪［M］．北京：中信出版社，2017.

［23］霍华德·马克斯．投资最重要的事［M］．北京：中信出版社，2019.

［24］约翰·赫尔．期权、期货及其他衍生产品（原书第 10 版）［M］．北京：机械工业出版

社，2018.

［25］戴维・达斯特．资产配置的艺术［M］．北京：中国人民大学出版社，2014.

［26］本杰明・格雷厄姆．聪明的投资者（第4版）［M］．北京：人民邮电出版社，2016.

［27］阿尔文德・纳拉亚南，约什・贝努，爱德华・费尔顿．区块链技术驱动金融：数字货币与智能合约技术［M］．北京：中信出版社，2016.

［28］乔治・索罗斯．金融炼金术［M］．海口：海南出版社，2016.

［29］纳西姆・尼古拉斯・塔勒布．黑天鹅：如何应对不可预知的未来［M］．北京：中信出版社，2019.

［30］宋逢明．金融工程原理：无套利均衡分析［M］．北京：清华大学出版社，1999.

［31］艾利・赫萨，萨利赫・N. 内夫特奇．金融衍生工具数学导论（原书第36版）［M］．北京：机械工业出版社，2016.

［32］王德河，杨阳．衍生金融工具［M］．北京：中国金融出版社，2016.

［33］汪昌云．金融衍生工具（第三版）［M］．北京：中国人民大学出版社，2017.

［34］保罗・R. 克鲁格曼，茅瑞斯・奥伯斯法尔德，马克・J. 梅里兹．国际金融（第十版）［M］．北京：中国人民大学出版社，2016.

［35］保罗・R. 克鲁格曼，茅瑞斯・奥伯斯法尔德，马克・J. 梅利兹．国际经济学：理论与政策［M］．北京：中国人民大学出版社，2016.

［36］陈岩．国际贸易理论与实务（第4版）［M］．北京：清华大学出版社，2018.

［37］孙天琦．外汇管理体制改革与创新［M］．北京：中国金融出版社，2018.

［38］李晓．国际货币体系改革：中国的视点与战略［M］．北京：北京大学出版社，2015.

［39］迈克尔・梅尔文，斯蒂芬・C. 诺尔宾．国际货币与金融（第八版）［M］．北京：中国人民大学出版社，2016.

［40］约翰・G. 格利，爱德华・S. 肖．金融理论中的货币［M］．上海：格致出版社，2019.

［41］弗雷德里克・费尔德坎普，克里斯托弗・惠伦．金融稳定——欺诈、信心和国家财富［M］．北京：经济管理出版社，2017.

［42］米尔顿・弗里德曼．货币的祸害：货币史上不为人知的大事件［M］．北京：中信出版社，2016.

［43］李波．构建货币政策和宏观审慎政策双支柱调控框架［M］．北京：中国金融出版社，2018.

［44］朱淑珍．金融风险管理（第3版）［M］．北京：北京大学出版社，2017.

［45］吴晓求，等．中国金融监管改革：现实动因与理论逻辑［M］．北京：中国金融出版社，2018.

［46］托马斯・卡吉尔．金融部门、金融监管和中央银行政策［M］．上海：上海社会科学院出版社，2019.

［47］巴曙松，刘晓依，朱元倩，等．巴塞尔Ⅲ：金融监管的十年重构［M］．北京：中国金融出版社，2019.

［48］武长海，涂晟．互联网金融监管基础理论研究［M］．北京：中国政法大学出版社，2016.

［49］贝多广．金融发展的次序［M］．北京：中国金融出版社，2017.

［50］王立民，杨涛．中国金融发展报告（2019）［M］．北京：社会科学文献出版社，2019.

［51］辛乔利．现代金融创新史：从大萧条到美丽新世界［M］．北京：社会科学文献出版

社，2019.

［52］斯蒂芬·G. 切凯蒂，克米特·L. 肖恩霍茨．货币金融学（第三版）［M］．北京：北京大学出版社，2016.

［53］N. 格里高利·曼昆．宏观经济学（第九版）［M］．北京：中国人民大学出版社，2016.

［54］易纲．在全面深化改革开放中开创金融事业新局面——纪念改革开放 40 周年暨中国人民银行成立 70 周年［J］．中国金融家，2018（12）.

［55］周骏．马克思的货币金融理论与四化建设［M］．北京：中国金融出版社，1989.

［56］周骏．货币政策与金融调控［M］．武汉：华中理工大学出版社，1993.

［57］Ludwig Heinrich Edler von Mises, The Theory of Money and Credit, Skyhorse Publishing, 2013.

［58］Anthony Saunders & Marcia Millon Cornett, Financial Markets and Institutions, McGraw – Hill Higher Education, 2008.

［59］Frank J. Fabozzi & Franco Modigliani, Capital Markets : Institutions and Instruments, Prentice Hall, 2002.

［60］Frederic S. Mishkin & Stanley Eakins, Financial Markets and Institutions, Prentice Hall, 2008.

［61］John C Hull, Options, Futures, and Other Derivatives, Prentice Hall, 2014.

［62］John C Hull, Fundamentals of Futures and Options Markets, Prentice Hall, 2013.

［63］Don M. Chance & Roberts Brooks, An Introduction to Derivatives and Risk Management, South Western Educational Publishing , 2012.

［64］Thomas Pugel, International Economics , McGraw – Hill Education, 2015.

［65］Agnes Benassy – Quere & Benolt Cœure & Pierre Jacquet & Jean Pisani – Ferry, Economic Policy: Theory and Practice, OUP USA, 2010.

［66］Andrew Palmer, Smart Money : How High – Stakes Financial Innovation is Reshaping Our World – For the Better, Basic Books , 2015.

21世纪高等学校金融学系列教材

一、货币银行学子系列

★货币金融学（第五版）	朱新蓉	主编	69.00元	2021.05出版
（普通高等教育“十一五”国家级规划教材/国家精品课程教材·2008）				
货币金融学	张　强　乔海曙	主编	32.00元	2007.05出版
（国家精品课程教材·2006）				
货币金融学（附课件）	吴少新	主编	43.00元	2011.08出版
货币金融学（第二版）	殷孟波	主编	48.00元	2014.07出版
（普通高等教育“十五”国家级规划教材）				
现代金融学 ——货币银行、金融市场与金融定价	张成思	编著	58.00元	2019.10出版
货币银行学（第二版）	夏德仁　李念斋	主编	27.50元	2005.05出版
货币银行学（第三版）	周　骏　王学青	主编	42.00元	2011.02出版
（普通高等教育“十一五”国家级规划教材）				
货币银行学原理（第六版）	郑道平　张贵乐	主编	39.00元	2009.07出版
金融理论教程	孔祥毅	主编	39.00元	2003.02出版
西方货币金融理论	伍海华	编著	38.80元	2002.06出版
现代货币金融学	汪祖杰	主编	30.00元	2003.08出版
行为金融学教程	苏同华	主编	25.50元	2006.06出版
中央银行通论（第三版）	孔祥毅	主编	40.00元	2009.02出版
中央银行通论学习指导（修订版）	孔祥毅	主编	38.00元	2009.02出版
商业银行经营管理（第二版）	宋清华	主编	43.00元	2017.03出版
商业银行管理学（第五版）	彭建刚	主编	53.00元	2019.04出版
（普通高等教育“十一五”国家级规划教材/国家精品课程教材·2007/国家精品资源共享课配套教材）				
商业银行管理学（第三版）	李志辉	主编	48.00元	2015.10出版
（普通高等教育“十一五”国家级规划教材/国家精品课程教材·2009）				
商业银行管理学习题集	李志辉	主编	20.00元	2006.12出版
（普通高等教育“十一五”国家级规划教材辅助教材）				
商业银行管理	刘惠好	主编	27.00元	2009.10出版
现代商业银行管理学基础	王先玉	主编	41.00元	2006.07出版
金融市场学（第三版）	杜金富	主编	55.00元	2018.07出版
现代金融市场学（第四版）	张亦春	主编	50.00元	2019.02出版
中国金融简史（第二版）	袁远福	主编	25.00元	2005.09出版
（普通高等教育“十一五”国家级规划教材）				
货币与金融统计学（第四版）	杜金富	主编	48.00元	2018.07出版
（普通高等教育“十一五”国家级规划教材/国家统计局优秀教材）				
金融信托与租赁（第五版）	王淑敏　齐佩金	主编	45.00元	2020.06出版
（普通高等教育“十一五”国家级规划教材）				
金融信托与租赁案例与习题	王淑敏　齐佩金	主编	25.00元	2006.09出版
（普通高等教育“十一五”国家级规划教材辅助教材）				

金融营销学	万后芬		主编	31.00 元	2003.03 出版
金融风险管理	宋清华	李志辉	主编	33.50 元	2003.01 出版
网络银行（第二版） （普通高等教育“十一五”国家级规划教材）	孙　森		主编	36.00 元	2010.02 出版
银行会计学	于希文	王允平	主编	30.00 元	2003.04 出版

二、国际金融子系列

国际金融学	潘英丽	马君潞	主编	31.50 元	2002.05 出版
★国际金融概论（第五版） （普通高等教育“十二五”国家级规划教材/国家精品课程教材·2009）	孟　昊	王爱俭	主编	45.00 元	2020.01 出版
国际金融（第三版）	刘惠好		主编	48.00 元	2017.10 出版
国际金融概论（第三版）（附课件）	徐荣贞		主编	40.00 元	2016.08 出版
★国际结算（第七版）（附课件） （普通高等教育“十二五”国家级规划教材/2012—2013 年度全行业优秀畅销书）	苏宗祥	徐　捷	著	70.00 元	2020.08 出版
各国金融体制比较（第三版）	白钦先		等编著	43.00 元	2013.08 出版

三、投资学子系列

投资学（第三版）	张元萍		主编	56.00 元	2018.02 出版
证券投资学	吴晓求	季冬生	主编	24.00 元	2004.03 出版
证券投资学（第二版）	金　丹		主编	49.50 元	2016.09 出版
现代证券投资学	李国义		主编	39.00 元	2009.03 出版
证券投资分析（第二版）	赵锡军	李向科	主编	35.00 元	2015.08 出版
组合投资与投资基金管理	陈伟忠		主编	15.50 元	2004.07 出版
投资项目评估（第三版）	李桂君 王瑶琪	宋砚秋	主编	60.00 元	2021.06 出版
项目融资（第三版）	蒋先玲		编著	36.00 元	2008.10 出版

四、金融工程子系列

金融经济学教程（第二版）	陈伟忠	陈珩瑱	主编	46.00 元	2016.09 出版
衍生金融工具（第二版）	叶永刚	张　培	主编	37.00 元	2014.08 出版
现代公司金融学（第二版）	马亚明		主编	49.00 元	2016.08 出版
金融计量学	张宗新		主编	42.50 元	2008.09 出版
数理金融	张元萍		编著	29.80 元	2004.08 出版
金融工程学	沈沛龙		主编	46.00 元	2017.08 出版

五、金融英语子系列

金融英语阅读教程（第四版） （北京高等教育精品教材）	沈素萍		主编	48.00 元	2015.12 出版
金融英语阅读教程导读（第四版） （北京高等学校市级精品课程辅助教材）	沈素萍		主编	23.00 元	2016.01 出版
保险专业英语	张栓林		编著	22.00 元	2004.02 出版
保险应用口语	张栓林		编著	25.00 元	2008.04 出版

注：加★的书为“十二五”普通高等教育本科国家级规划教材。

21世纪高等学校保险学系列教材

书名	作者		方式	定价	出版时间
保险学概论	许飞琼		主编	49.80元	2019.01出版
保险学（第二版）	胡炳志	何小伟	主编	29.00元	2013.05出版
保险精算（第三版）	李秀芳	曾庆五	主编	36.00元	2011.06出版
（普通高等教育“十一五”国家级规划教材）					
人身保险（第二版）	陈朝先	陶存文	主编	20.00元	2002.09出版
财产保险（第六版）	许飞琼	郑功成	主编	56.00元	2020.12出版
（普通高等教育“十一五”国家级规划教材/普通高等教育精品教材奖）					
财产保险案例分析	许飞琼		编著	32.50元	2004.08出版
海上保险学	郭颂平	袁建华	编著	34.00元	2009.10出版
责任保险	许飞琼		编著	40.00元	2007.11出版
再保险（第二版）	胡炳志	陈之楚	主编	30.50元	2006.02出版
（普通高等教育“十一五”国家级规划教材）					
保险经营管理学（第二版）	邓大松	向运华	主编	42.00元	2011.08出版
（普通高等教育“十一五”国家级规划教材）					
保险营销学（第四版）	郭颂平	赵春梅	主编	42.00元	2018.08出版
（教育部经济类专业主干课程推荐教材）					
保险营销学（第二版）	刘子操	郭颂平	主编	25.00元	2003.01出版
★风险管理（第五版）	许谨良		主编	36.00元	2015.08出版
（普通高等教育“十一五”国家级规划教材）					
保险产品设计原理与实务	石　兴		著	24.50元	2006.09出版
社会保险（第四版）	林　义		主编	39.00元	2016.07出版
（普通高等教育“十一五”国家级规划教材）					
保险学教程（第二版）	张　虹	陈迪红	主编	36.00元	2012.07出版
利息理论与应用（第二版）	刘明亮		主编	32.00元	2014.04出版

注：加★的书为“十二五”普通高等教育本科国家级规划教材。